JEAN-PAUL SARTRE:

A Bibliography of International Criticism

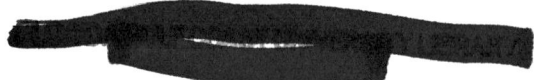

FRONTISPIECE
Copyright N.R.F. Gallimard and Jacques Robert

JEAN-PAUL SARTRE:

A Bibliography of International Criticism

by
ROBERT WILCOCKS

PREFACE
by
MICHEL CONTAT and MICHEL RYBALKA

THE UNIVERSITY OF ALBERTA PRESS
1975

First published by
THE UNIVERSITY OF ALBERTA PRESS
Edmonton   Alberta   Canada
1975

This book has been published with the help of a grant from the Humanities Research Council of Canada, using funds provided by the Canada Council.

Copyright © 1975 The University of Alberta Press

ISBN 0-88864-012-9

All rights reserved. No part of this publication may be reproduced, stored in a retrieval system or transmitted, in any form or by any means, electronic, mechanical, photocopying, recording or otherwise, without the prior permission of the copyright owner.

Printed in Canada by the Printing Services of The University of Alberta

*A l'Autodidacte,
en reconnaissance de son
authentique imbécillité.*

TABLE OF CONTENTS

PRÉFACE	xi
INTRODUCTION	xvii
ACKNOWLEDGEMENTS	xx
POST SCRIPTUM	xxi
PART 1 FICTION	1

100. General Studies: Books	3
101. General Studies: Articles	13
102. *Le Mur:* Studies	25
103. *Le Mur:* Press Articles	27
104. *Le Mur:* Reviews	29
105. *La Nausée:* Studies	33
106. *La Nausée:* Press Articles	41
107. *La Nausée:* Reviews	43
108. *Les Chemins de la liberté:* Studies	47
109. *Les Chemins de la liberté:* Press Articles	49
110. *Les Chemins de la liberté:* Reviews	51

PART 2 DRAMA AND CINEMA	59
(N.B. Film and television versions of the novels and short stories are included in Part I.)	

200. General Studies: Books	61
201. General Studies: Articles This Section includes reviews of *Un théâtre de situations*.	71
202. *Bariona ou le fils du tonnerre:* Studies and Articles	91
203. *Les Mouches:* Studies	93
204. *Les Mouches:* Press Articles	101
205. *Les Mouches:* Reviews	107
206. *Huis clos:* Studies	119
207. *Huis clos:* Press Articles	123

208.	*Huis clos:* Reviews	129
209.	*Morts sans sépulture:* Studies	147
210.	*Morts sans sépulture:* Press Articles and Reviews	149
211.	*La Putain respectueuse:* Studies	155
212.	*La Putain respectueuse:* Press Articles	157
213.	*La Putain respectueuse:* Reviews	163
214.	*Les Jeux sont faits:* Studies	175
215.	*Les Jeux sont faits:* Press Articles	177
216.	*Les Jeux sont faits:* Reviews	179
217.	*Les Mains sales:* Studies	183
218.	*Les Mains sales:* Press Articles	185
219.	*Les Mains sales:* Reviews	195
220.	*L'Engrenage:* Studies	207
221.	*L'Engrenage:* Press Articles	209
222.	*L'Engrenage:* Reviews	211
223.	*Le Diable et le Bon Dieu:* Studies	215
224.	*Le Diable et le Bon Dieu:* Press Articles	219
225.	*Le Diable et le Bon Dieu:* Reviews	227
226.	*Kean:* Studies	241
227.	*Kean:* Press Articles	243
228.	*Kean:* Reviews	247
229.	*Nekrassov:* Studies	253
230.	*Nekrassov:* Press Articles	255
231.	*Nekrassov:* Reviews	261
232.	*Les Sorcières de Salem:* Studies	271
233.	*Les Sorcières de Salem:* Press Articles	273
234.	*Les Sorcières de Salem:* Reviews	275
235.	*Les Séquestrés d'Altona:* Studies	277
236.	*Les Séquestrés d'Altona:* Press Articles	281
237.	*Les Séquestrés d'Altona:* Reviews	289
238.	*Les Troyennes:* Studies	305
239.	*Les Troyennes:* Press Articles	307
240.	*Les Troyennes:* Reviews	309
241.	*Les Faux-Nez:* Articles and Reviews	311
242.	*Typhus:* Articles and Reviews	313

PART 3 LITERARY CRITICISM 315
Sections 300 and 301 include material on *Qu'est-ce que la littérature?* and reviews of *Situations I* and *II.*

300.	General Studies: Books	317
301.	General Studies: Articles	321
302.	*Baudelaire:* Studies	335
303.	*Baudelaire:* Press Articles	337
304.	*Baudelaire:* Reviews	339
305.	*Saint Genet, comédien et martyr:* Studies	343
306.	*Saint Genet, comédien et martyr:* Press Articles	345
307.	*Saint Genet, comédien et martyr:* Reviews	347

308. *L'Idiot de la famille:* Studies	351
309. *L'Idiot de la famille:* Press Articles	353
310. *L'Idiot de la famille:* Reviews	355

PART 4   PHILOSOPHY   361

400. General Studies Books	363
401. General Studies: Articles This Section includes reviews of books on Sartre's philosophy and reviews of his text on Descartes.	393
402. Articles and Polemics on Existentialism	435
403. Articles and Polemics on Marxism	461
404. Articles and Polemics on Structuralism	467
405. The Early Works: *La Transcendance de l'Ego, L'Imagination, Esquisse d'une théorie des émotions, L'Imaginaire:* Studies	471
406. The Early Works: Press Articles and Reviews	475
407. *L'Être et le néant:* Studies	479
408. *L'Être et le néant:* Press Articles and Reviews	489
409. *L'Existentialisme est un humanisme:* Studies	493
410. *L'Existentialisme est un humanisme:* Press Articles and Reviews	495
411. *Critique de la raison dialectique:* Studies	497
412. *Critique de la raison dialectique:* Press Articles and Reviews	507

PART 5   POLITICS   515

500. General Studies: Books	517
501. General Studies: Articles This Section includes reviews of *Portrait de l'antisémite* and *Réflexions sur la question juive.*	523
502. Political Activities: Press Articles and Notices	531
503. *Situations III* to *IX:* Reviews	583
504. Articles on the Award of the Nobel Prize	591
505. *On a raison de se révolter:* Reviews	603

PART 6   GENERAL, AUTOBIOGRAPHICAL AND UNCLASSIFIABLE   607

600. Books	609
601. Studies	625

602. Press Articles and Notices
 (mainly biographical). This Section
 includes reviews of general works on
 Sartre. 631
603. *Les Mots:* Articles and Reviews 667
604. Unclassified Articles 685

PART 7   BIBLIOGRAPHIES 701

700. Bibliography 703

PART 8   APPENDIX 707

800. Material on Sartre published in Yugoslavia 709

AUTHOR INDEX 729

PRÉFACE

Se servir d'une bibliographie, rien de mieux; en faire *une, quelle humilité! Voilà ce que pensent, sans trop oser le dire, bien des gens que leurs recherches amènent à utiliser ces instruments de travail indispensables que sont, selon la formule consacrée, les bibliographies. Que le recensement des écrits consacrés à Sartre fût nécessaire, nous en étions si bien convaincus qu'en présentant en 1970 celui que nous avions fait des* Ecrits de Sartre, *nous annoncions notre intention d'accomplir ce travail. Avouerons-nous que nous avons reculé devant l'ampleur de la tâche? Plus héroïque que nous, et las peut-être d'attendre que nous tenions notre promesse, Robert Wilcocks a entrepris de mener cette tâche à bien. Voici le livre, imposant par la taille et promis à rendre d'inestimables services aux chercheurs. L'auteur nous fait l'amitié de nous demander une préface. Nous qui nous sommes déjà servis de son travail, nous voilà bien embarrassés au moment de le recommander au public. Comment, bibliographes sartriens patentés, échapperons-nous à cette allégorie puante: «la Compétence saluant la compétence»; à ce tableau académique: «la Science établie intronisant la jeune science»; à cette peinture réaliste-socialiste: «Héros du travail accueillant comme un égal un nouveau stakhanoviste de la recherche bibliographique»?*

Avouons crânement ceci: le bibliographe n'est pas un héros, même humble ou simplement modeste, mais un homme de plaisir. Ça sonne un peu XIXe siècle? Disons: un jouisseur. Ça fait Belle Epoque? Eh bien, soyons résolument de notre temps, lacanisons: «là est [i.e. dans la bibliographie] quelque chose de l'ordre du désir». Mieux encore, deleuzo-guattarisons: «quelque part dans la bibliographie ça jouit, ça s'éclate, ça charrie des flux d'intensités libidinales». Voilà enfin le mot lâché: il existe une libido propre au bibliographe, la libido bibliographica, *à rapprocher plutôt de la fameuse* libido sciendi *condamnée par les Pères de l'Eglise, que de la* bibliomanie, *laquelle, au sens propre, est un goût immodéré et exclusif pour les livres rares et par conséquent précieux, donc une passion fâcheusement marchande. Nous n'irons pas jusqu'à prétendre que l'activité du bibliographe est totalement désintéressée: sur le marché universitaire, ça sert—pas beaucoup, mais ça sert—d'avoir publié des bibliographies. Nous affirmons pourtant sans hésiter et nous n'en démordrons pas: l'investissement du bibliographe est infiniment plus libidinal que marchand.*

Si l'on définit la lecture «normale» comme la recherche d'une jouissance dans un texte—et par les temps qui courent nous ne pouvons décemment faire moins—, nous dirons tout net que le bibliographe est un pervers. *Son désir en effet ne porte pas d'abord sur le texte lui-même mais est dévié sur son support référentiel ou sur celui de ses commentaires. A la limite, le bibliographe ne jouit pas du texte mais de sa seule référence et il peut ne* jamais *lire, ou n'éprouver qu'indifférence à la lecture du texte auquel la référence* renvoie, *un peu comme le fétichiste s'excite sur un objet et reste de glace devant la personne réelle que cet objet est supposé représenter à ses yeux. Cependant, une telle grandeur dans la perversion demeure assez rare. De façon moins sublime, le plaisir du bibliographe consiste à différer la jouissance du texte, à s'attarder aux préliminaires du savoir, au* foreplay *de la connaissance. Si l'on se rappelle que la perversion, selon Freud, est une régression au stade anal ou oral provoqué par l'impossibilité d'atteindre à la satisfaction génitale, impossibilité due à l'angoisse de castration et à l'angoisse de mort, on nous permettra de dire que la manie bibliographique est un blocage à un stade inférieur mais néanmoins nécessaire de la connaissance. Pour beaucoup de bibliographes—nous sommes de ceux-là, Robert Wilcocks aussi—l'activité bibliographique est une différance (au sens derridien) de l'écriture. Autrement dit, la bibliographie mène à tout à condition d'en sortir. Soyons sartriens en toute chose: on ne naît pas bibliographe, on le devient. On le devient parce qu'on a besoin d'une bibliographie en vue d'un projet. Ainsi Robert Wilcocks, souhaitant étudier l'accueil fait par ses contemporains à Sartre, à son oeuvre, à sa pensée, à son action, n'aurait certes pas constitué cette bibliographie s'il avait trouvé, toute faite, celle dont il avait besoin. La bibliographie, avant d'être l'objet d'une passion, est un ustensile, on ne le répétera jamais assez. Si vous êtes sur une île déserte, unique rescapé d'un naufrage et complètement démuni, le seul moyen de rejoindre la communauté des hommes est de construire une embarcation suffisamment solide pour vous permettre d'atteindre une terre peuplée. Mais si vous prenez goût à la construction du bateau, si, par perfectionnisme, vous ne cessez de différer le moment de vous en servir pour le but que vous lui avez assigné, si même vous en construisez plusieurs, parfaitement utilisables mais jamais utilisés, c'est que vous êtes devenu la proie d'une passion: de médiation pratique nécessaire à la réalisation d'un projet, le bateau s'est transformé en objet d'une possession qui vous possède. C'est ainsi que des bibliographes d'occasion se sont transformés parfois en bibliographomaniaques, puis, les nécessités sociales aidant, en bibliographes professionnels. N'allons pas leur jeter la pierre: tant qu'ils publient, ils sont utiles (s'ils font bien leur travail). En tout cas, ils ne nuisent à personne, probablement pas même à leur entourage immédiat—qui aurait sans doute plus à souffrir d'eux s'il les empêchait de se livrer à leur manie. Mais il y a des cas où celle-ci atteint un degré tel qu'elle interdit toute communication: ainsi connaissons-nous des bibliographes qui thésaurisent leurs références, retardent à l'infini le moment de les publier, refusent jalousement d'en faire profiter ceux qui pourraient s'en servir. Ceux-là deviennent des* collectionneurs: *en eux la mort—à l'oeuvre dans toute collection, comme on sait—semble avoir définitivement saisi le vif. Mais même chez le bibliographe vivant, modérément anal et non-narcissique, il y a quelque chose qui l'apparente au collectionneur: le désir de ne rien manquer, d'être exhaustif, la visée de la totalité. Or, Jean Baudrillard, après d'autres, a très bien montré que le manque joue un rôle essentiel dans la collection et que celle-ci est faite, en somme,* pour ne pas être achevée. *Tous les bibliographes se plaignent à un moment ou un autre de ce qu'une bibliographie soit comme le tonneau des Danaïdes: impossible à remplir. Mais cette plainte cache une jubilation secrète puisque c'est cette impossibilité même qui permet à leur activité de ne jamais avoir de terme, donc à leur désir de renaître sans cesse. Baudrillard remarque encore que le manque joue un rôle positif pour l'équilibre mental du collectionneur:* «*Le manque est ce par quoi le sujet* [ici, le bibliographe] *se ressaisit objectivement: alors que la présence de l'objet final signifierait au fond la mort du sujet, l'absence de ce terme lui permet de jouer seulement sa propre mort en la figurant dans un objet, c'est-à-dire de la conjurer. Ce manque est vécu comme souffrance mais il est aussi la rupture qui permet d'échapper à l'achèvement de la collection qui signifierait l'élision définitive de la réalité.*» (Le Système des objets, *Gallimard, 1968, p. 130.) La référence manquante est donc* «*l'absente de tous bouquets*». *Plus prosaïquement, elle est ce qui évite au bibliographe de devenir* complètement *fou. C'est cette quête infinie, cet achèvement toujours différé qui fait son bonheur. Car, comme le pervers, comme l'absurde Sisyphe de Camus, il faut imaginer le bibliographe heureux.*

A supposer qu'il ne soit pas lui-même un bibliographe, le lecteur de bibliographies, lui, n'est pas forcément un pervers; mais il est presque toujours de mauvaise foi: d'une part, il se méfie de la bibliographie et la sous-estime—il la tient pour un genre de spécialistes un peu myopes alors que lui, évidemment, est un humaniste au regard qui porte loin—et, d'autre part, il en attend finalement beaucoup. Il sait très bien que la carte n'est pas le territoire et que le volume bibliographique est au corpus étudié ce que sont le Guide Michelin ou le Gault et Millau à la gastronomie. Mais son exigence n'en est pas moins totalitaire: il demande à ce volume d'être à la fois concis et exhaustif, il voudrait qu'il lui communique de la façon la plus économique possible le maximum d'information au prix du minimum d'effort de sa part. Lorsqu'il compulse une bibliographie, le lecteur devient soudain positiviste: il exige de l'auteur la plus grande «*objectivité*», *c'est-à-dire son effacement en tant que sujet, et il le somme de parler la voix anonyme du Savoir. Gare à la notation* «*subjective*»! *Si elle ne se déguise pas en humour ou en ironie, elle sera impitoyablement relevée et mise au compte d'une légèreté coupable. Enfin, dans un ensemble fait structurellement de bribes et de fragments rassemblés le plus souvent de façon artisanale, il s'attend à trouver une continuité et une exactitude sans failles, alors* même qu'il ne peut ignorer que le statut ontologique de la bibliographie—puisque celle-ci appelle nécessairement la lecture d'autres textes—est son insuffisance.

On rapporte généralement la qualité d'un travail bibliographique à son organisation, à ses tables, à ses index, en un mot à un code technique déterminé et perçu comme contraignant; on sait moins que cette qualité se mesure en grande partie aux libertés que l'auteur prend avec ce code, aux risques qu'il accepte d'assumer dans la présentation de ses références et dans la rédaction de ses commentaires. La bibliographie est plus qu'une compilation ou un dénombrement: elle est à un degré second une oeuvre critique qui, pour être fondée sur la litote, n'en doit pas moins, si elle veut mieux cerner son objet, réfléchir sur ses formes et renouveler, sinon réinventer ses codes.

De tout cela, on s'en doute, le lecteur n'a cure: sur le corpus épars et pourtant nécessairement rigide qui lui est offert, il veut pouvoir se mouvoir à son aise, tracer ses propres cheminements, constituer lui-même à tâtons l'ensemble de renseignements dont il a besoin ou qu'obscurément il désire. Lecture vagabonde sur un corps morcelé. Lecture, aussi qui doit pouvoir opérer à plusieurs niveaux: elle est naturellement fonction des propres connaissances du lecteur ou de sa curiosité et elle renvoie à des codes culturels variés qui jouent à l'intérieur de plusieurs unités.

Dans le cas qui nous occupe ici, l'unité globale est évidemment le sujet/objet Sartre, dans toutes ses manifestations, dans son histoire, dans son mythe même. Les unités intermédiaires sont les disciplines et les genres (roman, philosophie, politique...), puis les oeuvres particulières (La Nausée, Le Mur, L'Age de raison...). Une des principales qualités du travail de Robert Wilcocks, on s'en apercevra tout de suite, est l'efficace distribution de ses références. Une autre—et là, comme dans toute bibliographie, la qualité est fonction de la quantité—est l'abondance de ces références elles-mêmes. On verra, par exemple, que Wilcocks répertorie un nombre considérable de textes relatifs à La Nausée. Il élargit ainsi le champ de l'oeuvre elle-même, puisque celle-ci est inséparable de ses commentaires, contrairement à ce qu'affirment les zélateurs du Texte.

L'unité de base, la référence, a pour le lecteur un statut ambigu car elle fonctionne constamment sur un double registre, celui du donné et celui du possible, celui de la certitude et celui du questionnement. Information positive, elle est aussi énigme qui ne cesse de ranimer le projet de la recherche: dans ses divers éléments (nom du critique, titre de son texte, nom du périodique ou du livre, date de publication, et, last but not least, nombre de pages du texte) la référence fournit les réponses aux questions primordiales. Par exemple: Qui a écrit sur La Nausée? Quoi, à peu près? Où, dans quel journal? Quand? Combien? Mais les réponses ne renvoient pas à un plein du Savoir: elles sont lacunaires tant qu'elles ne sont pas mises dans un contexte plus large, approfondies, rapportées à d'autres, intriquées dans un travail de synthèse. Autrement dit, ces réponses induisent à l'infini d'autres *questions. Exemple: Paul Nizan a écrit en 1938 dans* Ce Soir *l'un des premiers comptes rendus de* La Nausée. *Si vous ne savez pas qui était Paul Nizan, les rapports qu'il avait avec Sartre, la place qu'il occupait dans la vie politique et intellectuelle de son temps, etc., la simple référence de son article ne vous parlera pas: elle vous interrogera. Le fait pour Robert Wilcocks de donner cette référence sans aucun commentaire situe évidement le niveau minimum de connaissances qu'il estime pouvoir attendre de celui qui va utiliser son travail. (Pour un lecteur qui se place hors de toute connaissance du «sujet» de la bibliographie, celle-ci peut prendre les allures et le charme déroutant du fantastique: lue pour elle-même et sans idée de travail, une bonne bibliographie procure un plaisir analogue à celui du catalogue borgésien.) Mais même lorsque le compilateur fournit en commentaire une information détaillée sur une référence, celle-ci ne cesse cependant de renvoyer à un texte dont le lecteur ne saurait faire l'économie (sauf dans les cas où, comme le fait parfois Wilcocks, on lui indique que le texte ne vaut pas la peine de se déranger—jugement que le lecteur reste d'ailleurs toujours libre de contester en y allant voir de lui-même).*

Ainsi, de tous les genres que nous connaissons, la bibliographie est sans doute le plus généreux et le plus exigeant: le travail qu'elle accomplit offre une information indispensable mais ce cadeau est un impératif pour un travail à faire. Dira-t-on alors que la perversité du bibliographe consiste finalement à donner du travail aux autres? C'est à l'utilisateur de dire si ce cadeau est ou non empoisonné, car tout dépend de ce qu'il fera lui-même de cette oeuvre ouverte que constitue par excellence la bibliographie.

Michel CONTAT et Michel RYBALKA.

INTRODUCTION

The present work is a comprehensive survey of international criticism on Jean-Paul Sartre. It is not exhaustive, neither is it selective in any strict sense. I have tried, over the past three years to collect as much material as possible using the resources of the libraries of the University of Alberta and of the various archival collections in Paris.

Although this tentative enterprise will, inevitably, have gaps, it is complete in at least three respects. In the first place, it contains every listing in the Fonds Rondel *Coupures de presse* collection. Secondly, it has every entry recorded in the archives of *Le Figaro* and *Le Figaro littéraire* from 1946 to May 1973. In fact, I was able to correct the errors that occasionally occurred in the *Figaro* indexes. Extensive microfilm research would, I am sure, reveal further entries in these two journals. Thirdly, every relevant item in the Gallimard archives has been entered.

As a glance at the table of contents will show, I have tried to include the ephemera (often fascinating) of the daily press as well as the serious critical studies which have appeared in books and learned journals. It is hoped that the reader will be able to use this bibliography in two distinct ways, for it has a double nature. It is intended as a compilation of the essential scholarly and critical texts which the researcher may wish to consult. It is, in other words, a checklist of scholarship in which the entries are catalogued according to their subject-matter. At the same time, I have attempted to offer commentary on, and to quote from, press articles and reviews which may not be readily available. For the most part, I have tried to indicate by quotation the flavour of the period. Sartre's stormy career has naturally produced many violent reactions and frequent misunderstandings. I have recorded here the more significant of these, as well as some of the more interesting perceptive comments of his contemporaries. It is hoped, then, that the reader will be able to *read* at least small parts of this work.

As for the many interviews which Sartre has given over the years, most of the important ones are already cited in Contat and Rybalka, *Les Écrits de Sartre*. Consequently, I have not undertaken to duplicate their work, although, of course, there have been occasional overlaps. Indeed, I see the present bibliography as a useful, and perhaps necessary, appendix to *Les Écrits*. Scholars and students (one hopes that is a tautology) are, therefore, advised to consult both volumes.

A bibliography is expected to be an accurate, neutral compilation of data. The choice of author may be an indication of the taste of the bibliographer; beyond that he should not intrude. It would be as well, therefore, for me to confess at once that I am not a bibliographer. I have tried to present the material compiled in as accurate a way as possible, indeed one reason for undertaking this curious task was that I had found existing works on Sartrean criticism (with the exception of *Les Écrits de Sartre*) so inaccurate at crucial moments. However, I saw no reason to make this work a neutral listing of published material on Sartre. The reader will recognize that I have a definite bias. This is the result, I suppose, of empathy and reflection.

The development of Sartre's thought is a complex and often apparently convoluted affair. To undertake to read any of his works without an understanding of those preceding it is a hazardous enterprise. With the exception, perhaps, of *L'Existentialisme est un humanisme*, Sartre implicitly expects his reader to have read what went before. Many commentators, especially in the field of literary and political journalism, have ignored this rather obvious expectation and have produced in consequence judgements (favourable as well as unfavourable - though more frequently the latter) which are superficial and sometimes dangerous. The danger lies in the possible confusion by future readers of fact, or measured judgement, with whimsical opinion. Of course, Sartre's reputation as a writer and as a thinker will not depend upon the success or failure of the present work; nonetheless, I feel that the use of so many brief quotations from Sartre's contemporaries is an important aspect of this bibliography. It is hoped that the reader will return to the works in question and judge for himself.

The system of division into eight parts (six major ones, in fact) was adopted for reasons of simplicity and utility. The subdivisions within each part are clearly indicated in the table of contents and should not create unusual difficulties, providing the reader bears in mind these rough definitions:

By *Studies* I mean the following: articles in learned journals; books or chapters in books which contribute a detailed study of a particular text; and, occasionally, newspaper articles which have the merit of depth and length (e.g. Aron's introductory survey of the *Critique* which appeared in *Le Figaro littéraire*).

By *Press Articles* I mean material in the daily, weekly, or sometimes monthly, press of an ephemeral nature, normally news items or journalists' comments on Sartre's activities.

By *Reviews* I mean review articles of a specific text (or performance). These occur not only in newspapers but also in learned journals and mid-brow monthlies. They include critical notices of translations as well.

The greatest difficulty of classification has been with material involving Sartre's philosophical and political writings and activities. In Part 4, Philosophy, I have added sections - 402, 403, 404 - on existentialism, marxism, and structuralism, in an effort to unload some of the burden of the more general material in 401. Articles entered in these sections are not normally specific studies of works, but relate to the polemical or survey commentaries that abound on these subjects and in which Sartre is discussed.

In Part 5, Politics, the subdivisions have been of a general nature. Only 503 and 505 deal with specific texts, i.e. *Situations III - IX*, and *On a raison de se révolter*. Articles on Sartre's writings on the Jewish question are included in 501. However, I have had great hesitation about the location of some of the material in this bibliography. When, for example, is an article political and not philosophical? How does one distinguish between Sartre's examination of socio-political problems and his participation in political events? The rough-hewn distinction that I have drawn, not always successfully, has been that theory may be classified under Part 4 and praxis under Part 5. Thus, when Sartre intervenes in a political situation, or writes militantly about a specific political event, then commentary on this is recorded in Part 5.

Where critical works overlap the categories created for this bibliography, I have, for the most part, used a system of double or multiple listing. By the same token, when a drama critic has written about a double-billing (e.g. *Morts sans sépulture* and *La Putain respectueuse*) then his article is entered twice.

A final word about abbreviations. I have tried to avoid them as much as possible. The word for 'university' in various languages has been uniformly abbreviated to 'Univ.'; *Dissertation Abstracts* and the more recent *Dissertation Abstracts International* have been abbreviated to *D.A.* and *Diss. Absts. Int.* respectively; the *Publications of the Modern Language Association of America* are referred to by the commonly accepted *P.M.L.A.*. Some entries, especially brief newspaper items, will be found to have the letters 'N.W.C.' after them. This is a personal recommendation meaning 'Not Worth Consulting'. Needless to say, the reader may ignore this piece of advice.

Notwithstanding the acknowledgements below, I should make clear that the critical comments in this bibliography, and its gaps and possible errors are entirely my own responsibility. If readers have corrections or emendations to make, I would very much appreciate their drawing them to my attention. They may write to me c/o The University Press of Alberta, The University of Alberta, Edmonton, Alberta, T6G 2E1, Canada.

ACKNOWLEDGEMENTS

I should like to take this opportunity of thanking all those who have helped me prepare this work. The University of Alberta has made two research funds available to me for archival work in Paris and for the use of the computer facilities on campus. The staff of the Bibliothèque de l'Arsenal and of the archives of *Le Figaro* and *Le Figaro littéraire* were most considerate. I owe a special debt to the staff at the Gallimard archives for the many kindnesses shown to me. The reference librarians at the Rutherford Libary, The University of Alberta, and in particular Mr David Sharplin, greatly facilitated the task of consultation and verification. I am most grateful to them. I should also like to acknowledge the advice and suggestions of several colleagues and students in the Departments of Comparative Literature, Germanic Languages, Romance Languages and Slavic Languages.

It is a great pleasure to record my thanks to Dr Richard Young for his very kind help in collecting and correcting the Spanish and Latin-American entries. Three graduate students showed extraordinary skill and patience in hunting out awkward items, Mr Kelvin Kirkman, Miss Cécile Lafontaine, and Mr Paul Dubé. I am indebted to them for their enthusiastic assistance. By the same token, I wish to thank Monika Hofmann for her help in Paris in 1973.

Whilst I was in Paris, I had the good fortune to meet the authors of *Les Écrits de Sartre*. The genial spontaneity with which Michel Contat and Michel Rybalka offered their scholarly co-operation and access to their extensive collection of sartriana was a striking example of what Claude-Edmonde Magny would have called «*une conception de la liberté constructive et généreuse*».

My greatest debt, however, is to my companion Meg Gillies for her help in researching this bibliography and for her encouragement in the dark hours.

POST SCRIPTUM

As this work was going to press, I received over 200 items on Sartre in Macedonian, Serbo-Croatian, and Slovenian from the Serbian Academy of Science and Arts in Belgrade. These entries, included in Section 800 *Appendix,* arrived too late for inclusion in the main body of the text. They provide, however, a most valuable source of reference to scholarship and journalism on Sartre in Yugoslavia. The authors' names have not been included in the Index.

I am enormously indebted to the Director of the Library of the Serbian Academy, Professor Djuza Radovich, and to his painstaking librarian, Mrs. Milica Muzijević. It is a great pleasure to acknowledge here my gratitude for their contribution.

1
Fiction

Albérès, R.-M. *Histoire du roman moderne.* Paris: Albin Michel, 1962. 460pp.
  Several brief references to Sartre; see pp.194-198 on narrational technique in Les Chemins.

Albérès, R.-M. *Métamorphoses du roman.* Paris: Albin Michel, 1966. 270pp. See pp.214-221.

Barnes, Hazel E. *The Literature of Possibility.* Lincoln: Univ. of Nebraska Press, 1959; reprinted as *Humanistic Existentialism.* Lincoln: Bison Books, 1962. 418pp.
  On Beauvoir, Camus and Sartre.

Barrère, Jean-Bertrand. *La Cure d'amaigrissement du roman.* Paris: Albin Michel, 1964. 119pp.

Bauer, George H. *Art and the Artist in the Creative Works and Critical Essays of Jean-Paul Sartre.* Dissertation, Indiana University. See *D.A.*, vol.28, no.4-6, October 1967-1968, 2236A.

Bauer, George H. *Sartre and the Artist.* Chicago: Univ. of Chicago Press, 1969. 200pp.

Bergonzi, Bernard. *The Situation of the Novel.* London: Macmillan, 1970. 226pp.

Bernal, Olga. *Alain Robbe-Grillet: Le roman de l'absence.* Paris: Gallimard, 1964.
  Contains many brief but perceptive comments on the ontology of Sartre's fiction.

Bo, Carlo. *Da Voltaire a Drieu la Rochelle.* Milan: 1965.
  Includes «I romanzi di Sartre», pp.245-263.

Bo, Carlo. *Della Lettura e altri saggi.* Florence: Vallecchi, 1953. 494pp.

Boisdeffre, Pierre de. *Métamorphoses de la littérature. Tome 2, de Proust à Sartre.* Paris: Alsatia, 1963.
See «Sartre romancier ou l'ange du morbide», pp.253-274.

Boros, Marie-Denise. *Le Thème de la séquestration dans l'oeuvre littéraire de Jean-Paul Sartre.* Dissertation, U.C.L.A. See *D.A.*, vol.25, no.6, December 1964, 3565-3566.

Boros, Marie-Denise. *Un Séquestré: L'homme sartrien. Étude du thème de la séquestration dans l'oeuvre littéraire de Jean-Paul Sartre.* Paris: Nizet, 1968. 253pp.

Boutang, Pierre, & Bernard Pingaud. *Sartre est-il un possédé?* Paris: La Table Ronde, 1946. 96pp.; rev. ed. 1950.
Pingaud's half «Un univers figé» deals with the novels; whilst Boutang generally prescribes holy water.

Brée, Germaine. «The Writer and Our Time: Malraux, Sartre, Camus». In *Varieties of Literary Experience*, ed. Stanley Burnshaw. New York: New York Univ. Press, 1962. See pp.75-94.

Brombert, Victor. *The Intellectual Hero: Studies in the French Novel, 1880-1955.* Philadelphia: Lippincott, 1961; London: Faber, 1962; Chicago: Univ. of Chicago Press (Phoenix Books), 1964. 255pp.

Brombert, Victor (ed.). *The Hero in Literature.* Greenwich, Connecticut: Fawcett, 1969. 288pp.
Includes Brombert: «Sartre: The intellectual as 'impossible' hero», pp.241-265.

Champigny, Robert. *Le Genre romanesque.* Monte-Carlo: Regain, 1963. 189pp.

Champigny, Robert. *Stages on Sartre's Way, 1938-1952.* Bloomington: Indiana Univ. Press, 1959.
Discusses in detail the relationship between the thought in *L'Être et le néant* and Sartre's literary works.

Cook, Albert. *The Meaning of Fiction.* Detroit: Wayne State Univ. Press, 1960.

Cormeau, Nelly. *Littérature existentialiste. Le roman et le théâtre de Jean-Paul Sartre.* Liège: G. Thone, no date (1950). 108pp.

Cortes y Vázquez, Luis. *Cinco estudios sobre el hablar popular en la literatura francesa.* Salamanca: Univ. de Salamanca, 1964. 132pp. See pp.111-126.

Curtis, Jean-Louis. *Haute École.* Paris: Julliard, 1950. 254pp. Includes «*Sartre et le roman*», pp.165-205.

Diéguez, Manuel de. *L'Écrivain et son langage.* Paris: Gallimard, 1960. 338pp. See pp.234-293.

Doherty, Cyril Michael. *The Theme of Culpability in the Literary Works of Jean-Paul Sartre.* Dissertation, University of Wisconsin, 1973. See *Diss. Absts. Int.*, vol.34, no.10, April 1974, 6635A.

Engler, Winfried. *Der französische Roman von 1800 bis zur Gegenwart.* Munich: Francke-Verlag, 1965. 299pp.
Sartre's fiction discussed in Chapter 13.

Engler, Winfried. *The French Novel from Eighteen Hundred to the Present.* New York: Ungar, 1969.
Tr. of above by Alexander Gode. See pp.201-207 on Sartre's fiction.

Faye, Jean-Pierre. *Le Récit hunique* (Sorel, Sarraute, Robbe-Grillet, Sartre). Paris: Seuil, 1967. 358pp.

Finkelstein, Sidney. *Existentialism and Alienation in American Literature.* New York: International Publishers, 1965. See pp.113-135.

Glicksberg, Charles I. *The Tragic Vision in Twentieth Century Literature.* Carbondale: Southern Illinois Univ. Press, 1963.
Includes «*Existentialism and the Tragic Vision*», pp.97-109.

Goth, Maja. *Kafka et les lettres françaises (1928-1955).* Paris: Corti, 1956. 284pp.
Includes «*Kafka et Jean-Paul Sartre*», pp.137-238.

Haedens, Kléber. *Paradoxe sur le roman.* Paris: Grasset, 1964. 192pp.

Handler, Philip L. *Joyce in France, 1920-1959.* Dissertation, Columbia University. See *D.A.*, vol.27, 1966, 476A.

Harvey, W.J. *Character and the Novel.* Ithaca: Cornell Univ. Press, 1965.
    Includes discussion of Sartre as well as of Dickens, Henry James, and Thomas Mann.

Hatzfeld, H. *Trends and Styles in Twentieth Century French Literature.* Washington, D.C.: Catholic University, 1957.

Hoffman, Frederick J. *The Mortal No: Death and the Modern Imagination.* Princeton: Princeton Univ. Press, 1964.
    See pp.436-452 and other frequent brief references.

Horst, Karl-August. *Das Spektrum des modernen Romans.* Munich: 1960.

Hoy, Nancy, J. *The Theme of Nostalgia for the Lost Paradise of Childhood in Jean-Paul Sartre's Fiction.* Dissertation, New York Univ. See *Diss. Absts. Int.*, vol.32, 5791A.

Itterbeek, Eugene van. *Spreken en zwijgen. Essays over Franse literatuur* (J. Green, J. Gracq, F. Mauriac, P. Reverdy, F. Ponge, J. Supervielle, H. Montherlant, J.-P. Sartre). Hasselt: 1965. See pp.127-137.

Jameson, Fredric. *Sartre: The Origins of a Style.* New Haven & London: Yale Univ. Press, 1961.

Jameson, Fredric. *The Origins of Sartre's Style.* Dissertation, Yale University, 1959.

John, S. *The Literary Technique of Jean-Paul Sartre, with Special Reference to Imagery.* M.A. thesis, University of Wales, 1958.

Kennard, Jean Elizabeth. *Towards a Novel of the Absurd: A Study of the Relationship between the Concept of the Absurd as defined in the Works of Sartre and Camus and Ideas and Form in the Fiction of John Barth, Samuel Beckett, Nigel Dennis, Joseph Heller and James Purdy.* Dissertation, Berkeley. See *D.A.*, vol.29, no.9, March 1969, 3144A.

Kermode, Frank. *Continuities.* London: Routledge & Kegan Paul; New York: Random House, 1968.
    Includes «A hero in bad faith. Sartre and the anti-novel», pp.180-186.

Kern, Edith G. *Existential thought and fictional technique: Kierkegaard, Sartre, Beckett.* New Haven: Yale Univ. Press, 1970. 254pp.

Killinger, John. *Hemingway and the Dead Gods: A Study in Existentialism.* Lexington: Univ. of Kentucky Press, 1960.

Klüber, H. *Das Bild des jungen Menschen in der Dichtung der Epochen.* Münster: 1965. See pp.6-16.

Knabenhaus, Brigitte. *Le Thème de la pierre chez Sartre et quelques poètes modernes.* Zürich: Juris Druck Verlag, 1969. 137pp. (Zürich Univ. dissertation)

Las Vergnas, Raymond. *L'Affaire Sartre.* Paris: Haumont, 1946. 81pp.
   A general, hostile critique of Sartre's fiction. Worth reading for its period flavour and interesting footnotes. Las Vergnas deplores Sartre's «insistance monomaniaque à se rouler dans la gadoue et dans la vomissure» and, in a footnote, compares him to a fox-terrier:
   «J'avais autrefois, quand j'habitais Le Havre, un chien de cette race qui, lorsque je l'amenais au bord de la mer et qu'il apercevait une charogne, filait d'un trait pour se rouler dessus convulsivement. Il était, par ailleurs, d'une intelligence rare».

Le Sage, Laurent. *The French New Novel.* University Park: Pennsylvania State Univ. Press, 1962.
   Includes «Introduction to the New Novel», pp.1-41, where Sartre's influence is discussed.

Lecarme, Jacques. *Les Critiques de notre temps et Sartre.* Paris: Garnier, 1973. 192pp.
   Excellent anthology, includes criticism on Sartre's fiction by Nizan, Camus, Poulet, Raillard, Magny, Blanchot, Curtis, pp.35-72.

Llech-Walter, Colette. *Héros existentialistes dans l'oeuvre littéraire de J.-P. Sartre/ Ekzistencialistaj herooj en la literayura verkaro de J.-P. Sartre.* Perpignan: Centre Culturel Espérantiste, 1958. 71pp.

Magny, Claude-Edmonde. *Littérature et critique.* Paris: Payot, 1971. 452pp.
   Anthology of articles published between 1940 and 1960. Includes many minor references to Sartre. The three major articles are listed separately.

Massey, Irving. *The Uncreating Word. Romanticism and the object.* Bloomington & London: Indiana Univ. Press, 1970. 136pp.

Matthews, Honor. *The Hard Journey. The Myth of Man's Rebirth.* London: Chatto & Windus, 1968. 208pp.
   See «Sartre: roads to freedom», pp.97-113.

Maurois, André. *From Proust to Camus: Profiles of Modern French Writers.* New York: Doubleday, 1966.
   See «Jean-Paul Sartre», pp.299-324.

McElroy, Davis D. *Existentialism and Modern Literature.* New York: Philosophical Library, 1958; New York: Citadel Press, 1963.
   Includes general brief references to Sartre.

McIlvain, B.J. *Point of View in Three Contemporary Works of Fiction.* Dissertation, Indiana University, 1968. See *D.A.*, vol.29, no.2, August 1968, 610A.

Monnier, Jean-Pierre. *L'Age ingrat du roman.* Neuchâtel: la Baconnière, 1967. 174pp.
   Brief comments on Sartre and the novel, pp.71, 102-103, 134.

Mukerjea, S.V. «Sartre as an Artist». In *Disjecta Membra* (Bangalore): 1959, pp.184-189.

Murdoch, Iris. *Sartre, Romantic Rationalist.* Cambridge: Bowes & Bowes, and New Haven: Yale Univ. Press, 1953. Yale paperback 1959.

Nadeau, Maurice. *Le Roman français depuis la guerre.* Paris: Gallimard, 1963. 252pp.
   See «Jean-Paul Sartre romancier», pp.90-100.

Nahas, Hélène. *Étude de la femme dans la littérature existentielle française: Jean-Paul Sartre et Simone de Beauvoir.* Dissertation, Univ. of Minnesota, 1954. See *D.A.*, vol.14, p.1220.

Nahas, Hélène. *La Femme dans la littérature existentielle.* Paris: P.U.F., 1957. 151pp.

Perroud, Robert. *Da Mauriac a gli esistenzialisti.* Milan: Vita e Pensiero, 1955. 267pp. See pp.217-221.

Peters, Renate. *Séquestration et liberté dans les oeuvres romanesques de Jean-Paul Sartre.* M.A. dissertation, Univ. of Saskatchewan, 1972.

Peyre, Henri. *French Novelists of Today.* New York: 1967.
Includes «*Existentialism and French literature: Sartre's novels*», pp.244-274.

Peyre, Henri. *Literature and Sincerity.* New Haven and London: Yale Univ. Press, 1963.

Peyre, Henri. *The Contemporary French Novel.* Oxford and New York: O.U.P., 1955.

Plank, William Gene. *Sartre and Surrealism.* Dissertation, University of Washington, 1972.164pp.
Primary sartrean texts discussed are Le Mur, *and* La Nausée.

Pollmann, Leo. *Der französische Roman im 20. Jahrhundert. Entwurf einer Geschichte des mythischen Selbstverständnisses unserer Zeit.* Stuttgart: Kohlhammer (Sprache und Literatur, 63), 1970. 216pp.

Pollmann, Leo. *Der neue Roman in Frankreich und Lateinamerika.* Stuttgart: Kohlhammer, 1968. 288pp.
Contains frequent references to several of Sartre's fictional and dramatic works.

Pollmann, Leo. *Sartre und Camus: Literatur der Existenz.* Stuttgart: Kohlhammer (Sprache und Literatur, 40), 1967. 224pp.
See pp.11-109 on Sartre's fiction and drama.

Pollmann, Leo. *Sartre and Camus: literature of existence* (Tr. Helen & Gregor Sebba). New York: F. Ungar, 1970. 253pp.

Pouillon, Jean. *Temps et roman.* Paris: Gallimard, 1946. 280pp.
Main interest lies in use of the premises of L'Être et le néant *as a basis for discussing the techniques of the novel.*

Prince, Gerald. *Métaphysique et technique dans l'oeuvre romanesque de Sartre.* Dissertation, Brown University. See *D.A.*, vol.30, no.1, July 1969, 335A-336A.

Prince, Gerald. *Métaphysique et technique dans l'oeuvre romanesque de Sartre.* Geneva: Droz, 1968. 147pp.

Rahv, Betty T. *From Sartre to the New Novel.* Port Washington (N.Y.): Kennikat Press, 1974. Not seen.

Reck, Rima Drell. *Literature and Responsibility; The French Novelist in the 20th Century.* Baton Rouge: Louisiana State Univ. Press, 1969. 306pp.
   Includes «*Jean-Paul Sartre. Ambiguities of moral choice*».

Richards, Lewis A. *The Literary Styles of Jean-Paul Sartre and William Faulkner: An Analysis, Comparison, and Contrast.* Dissertation, Univ. of Southern California. See *D.A.*, vol.24, 1964, 3755-3756.

Rico, L.A. *Le Réalisme littéraire de Sartre. Étude sur le concept phénoménologique de l'apparition et sa transposition dans la technique de la fiction narrative.* Dissertation, U.C.L.A., 1970. See *D.A.*, vol.31, 1970-71, 6628A.

Robbe-Grillet, Alain. *Pour un nouveau roman.* Paris: Éds de Minuit, 1963. 150pp.
   Includes reprint of «*Nature, humanisme, tragédie*» for which article see Section 105.

Sábato, Ernesto. *Tres aproximaciones a la literatura de nuestro tiempo: Robbe-Grillet, Borges, Sartre.* Santiago (Chile): Ed. Universitaria, 1968. 93pp.
   Includes reprint of «*Sartre contra Sartre*», pp.63-93.

Shefner, Helena. *Spiritual Crisis in French Prose Literature, 1940-1944.* Dissertation, Columbia University, 1962.

Shepherd, Leslie A. *The Implosion of Personality in the Modern European Novel.* Dissertation, New York University. See *D.A.*, vol.30, 1969, 340A.

Simon, John K. *The Glance of the Idiot: A Thematic Study of Faulkner and Modern French Fiction.* Dissertation, Yale University, 1963.

Stoltzfus, Ben F. *Alain Robbe-Grillet and the New French Novel.* Carbondale: Southern Illinois Univ. Press, 1964.
   Frequent brief references to Sartre as a novelist in relation to Robbe-Grillet.

Taylor, Hawley Conover. *The Philosophical Novel.* See *D.A.*, vol.30, no.5, November 1969, 2045A.

Thody, Philip. *Jean-Paul Sartre: A Literary and Political Study.* London: Hamilton, 1960; New York: Macmillan; Toronto: Collins. Hamilton Paperback, 1964.

Thody, Philip. *The Vogue of the American Novel in France after 1944: A Study of its Nature, Origins and Literary Influence.* M.A. thesis, London University (King's College), 1953.

Tison-Braun, Micheline. *La Crise de l'humanisme. Le conflit de l'individu et de la société dans la littérature française moderne. II. 1914-1939.* Paris: Nizet, 1967. 472pp.

Ullmann, Stephen. *Language and Style: Collected Papers.* Oxford: Blackwell, 1964.

Varin, René. *L'Érotisme dans la littérature française; morceaux choisis de Pierre Louys à J.-P. Sartre.* Paris: Éd. de la Pensée moderne, 1953. 249pp.

Wang, Joan Parsons. *Joseph Conrad, Proto-existentialist: A Comparative Study of Conrad, Camus, and Sartre.* Dissertation, Indiana University. See *D.A.*, vol.26, 1965, 1051-1052.

Weightman, John. «Jean-Paul Sartre». In *The Novelist as Philosopher*, ed. John Cruickshank. London: O.U.P., 1962, pp.102-127.

Weightman, John. «Jean-Paul Sartre». In *El novelista como filósofo*, ed. John Cruickshank. Buenos Aires: Editorial Paidós (coll. Letras Mayúsculas), 1968. Tr. of preceding entry.

West, Paul. *The Modern Novel.* London: Hutchinson, 1963.

Will, Frederic. *Literature inside out.* Cleveland: 1966.
 Includes «Sartre and the question of character in literature», *pp.94-109.*

Wilson, Edmund. *Classics and Commercials.* New York: Farrar, Strauss, 1950.
 Includes «Sartre: The Novelist and Existentialist».

Zeltner-Neukomm, Gerda. *Das Wagnis des französischen Gegenwartsromans: die neue Welterfahrung in der Literatur.* Hamburg: Rowohlt, 1960. 169pp.
 See «*Das Problem der Existenz*», *pp.40-49.*

Zeltner-Neukomm, Gerda. *La Grande Aventure du roman français au XXe siècle* (Proust, Malraux, Sartre, Camus, St-Exupéry, Sarraute, Beckett, Robbe-Grillet). Paris: 1967. Tr. of the above entry.

Zéraffa, Michel. *Personne et personnage. Le Romanesque des années 1920 aux années 1950.* Paris: Klincksieck (coll. d'esthétique, 5), 1969. 494pp.

GENERAL STUDIES. ARTICLES

Albérès, R.-M. «Aux sources du 'Nouveau Roman': l'impressionnisme anglais». *Revue de Paris*, Year 69, no.5, May 1962, pp.74-86.

Albérès, R.-M. «Gerald Prince: *Métaphysique et technique dans l'oeuvre romanesque de Sartre*». *Revue d'Histoire littéraire de la France*, Year 69, no.6, November-December 1969, pp.1062-1063.
Review.

Alter, Jean V. «Faulkner, Sartre, and the Nouveau Roman». *Symposium*, vol.20, Summer 1966, pp.101-112.

Anon. «'A bas Sartre' dit Somerset Maugham». *Franc-Tireur*, 21 January 1954.
   Brief interview with Maugham which includes the following observation:
«On ne s'occupe plus de vous raconter une histoire. L'important, c'est de montrer des états d'âme ... Dans le roman sartrien vous ne savez jamais où vous en êtes. On vous parle d'un personnage, vous tournez la page, on vous parle d'un autre ...»
N.W.C.

Barilli, Renato. «De Sartre à Robbe-Grillet». In *Un Nouveau Roman: recherches et tradition. La critique étrangère*, ed. J.H. Matthews. Paris: Minard (coll. Lettres modernes), 1964. 255pp. See pp.107-128.

Barnes, Hazel E. «Literature as Salvation in the Work of Jean-Paul Sartre». *American Catholic Philosophical Association Proceedings*, vol.39, 1965, pp.53-68.

Barnes, Hazel E. «Modes of Aesthetic Consciousness in Fiction». *Bucknell Review*, vol.12, March 1964, pp.82-93.
   Also discusses Robbe-Grillet and Camus.

Beigbeder, Marc. «L'homme Sartre». *Opéra*, 6 August 1947.
   Description of general characteristics of Sartre's heroes.

Belvin, Robert W. «Problem of the Literary Artist's Detachment». *Romanic Review*, vol.47, December 1956, pp.270-284.

Bo, Carlo. «Il romanziere e il mondo vischioso». *Aut Aut*, no.51, 1959, pp.169-179.

Bondy, François. «Internationale Zeitschriftenschau: Roman und Fortschrift». *Die Welt der Literatur*, Year 1, no.14, 17 September 1964, p.407.

Boros, Marie-Denise. «L'Antinaturalisme des personnages de Jean-Paul Sartre». *French Review*, vol.40, no.1, October 1966, pp.77-83.
Includes discussion of the plays as well.

Boros, Marie-Denise. «La métaphore du *crabe* dans l'oeuvre littéraire de Jean-Paul Sartre». *P.M.L.A.*, vol.81, no.5, October 1966, pp.446-450.

Bousoño, Carlos. «Arte y moral». *Revista de Occidente*, vol.26, no.77, August 1969, pp.159-175.
General discussion of Sartre's 'engagement' versus aesthetic autonomy of the novel.

Buck, Stratton. «The Uses of Madness». *Tennessee Studies in Literature*, vol.3, 1958, pp.63-71.

Cecchi, Annie. «Sartre's Ambiguous Friend». *Yale French Studies*, no.32, Fall-Winter 1963, pp.133-137.
On the descriptions of Paris in Sartre's fictional works.

Champigny, Robert. «Existentialism and the Modern French Novel». *Thought*, vol.31, 1956, pp.365-384.

Clark, A.F.B. «Jean-Paul Sartre: Philosopher and Novelist». *The Canadian Forum*, vol.37, March 1958, pp.269-271.
On Sartre's successful transition from philosopher to novelist.

Cocking, John M. «Proust's world seen through Sartre, or transcendance transposed». *Forum for Modern Language Studies*, April 1967, pp.172-175.

Cogniat, Raymond. «Illustrations et peintres: Sartre et Spitzer». *Le Figaro*, 27 December 1966, p.10.
On the exhibition of Spitzer's paintings for the lithos of the de luxe edition.

Cormeau, Nelly. «Révolte contre le temps chez les romanciers d'aujourd'hui». *L'Age nouveau*, no.61, May 1950, pp.37-44.

Cysarz, Herbert. «Weltwende im zeitgenössischen Roman». *Universitas*, Year 7, no.4, April 1952, pp.345-355.

Delaunay, Claude. «De Sartre à Malraux». *Revue de la Méditerranée*, vol.8, no.2, March-April 1950, pp.215-228.

Dethier, H. «De held of de persoon en het fundamentele ontwerp bij A. Robbe-Grillet et Sartre». *Tijdschrift van de Vrije Univ. Brussel*, vol.10, 1967-1968, pp.92-113.

Dneprow, W. «Ist die klassische Kunst überholt? Aus den Erfahrungen des westlichen Romans». *Kunst und Literatur*, Year 13, no.9, September 1965, pp.939-967.

Douglas, Kenneth. «Sartre and the Self-Inflicted Wound». *Yale French Studies*, no.9, Spring 1952, pp.123-131.
  Also on Le Diable et le Bon Dieu.

Douglas, Kenneth. «The Self-Inflicted Wound». In *Sartre: A Collection of Critical Essays*, ed. E. Kern (q.v. Section 600), pp.39-46.
  Reprinted from «Sartre and the Self-Inflicted Wound». Yale French Studies.

Dupee, F.W. «An International Episode». *Partisan Review*, vol.13, Spring 1946, pp.259-265.

Émond, Paul. Review of G.J. Prince, *Métaphysique et technique dans l'oeuvre romanesque de Sartre*. *Les Lettres Romanes*, August 1970, pp.298-300.

Eskin, Stanley G. «The political themes in Sartre's literary works». *Midway*, vol.9, no.4, Spring 1969, pp.69-98.

Evans, Robert O. «Existentialism in Greene's *The Quiet American*». *Modern Fiction Studies*, vol.3, Autumn 1957, pp.241-248.

Fauconnier, R.L. «French Novelists in Revolt». *Queen's Quarterly*, vol.63, Winter 1957, pp.608-619.

Fermaud, Jacques. «Humanism in Contemporary French Fiction». *American Society Legion of Honor Magazine*, vol.22, Winter 1951, pp.341-353.

Fitch, Brian T. «Bernanos précurseur de Sartre: aspects sartriens de la dialectique du regard dans l'univers bernanosien». *La Revue des lettres modernes*, nos.127-129, pp.25-41.

Fitch, Brian T. «Le monde des objets chez Malraux et chez Sartre». *Bulletin des Jeunes Romanistes*, no.1, June 1960, pp.22-26.

Fitch, Brian T. «Portrait d'un aliéné, Salavin de Duhamel et quelques parallèles dans la littérature contemporaine». *Bulletin des Jeunes Romanistes*, no.4, December 1961, pp.31-39.

Frank, Rachel. «Unamuno: Existentialism and the Spanish Novel». *Accent*, vol.9, Winter 1949, pp.80-88.

Fritzch, Robert. «Der Mensch in Jean-Paul Sartres erzählerischem Werk». *Welt und Wort*, Year 11, no.3, March 1956, pp.72-76.

Gaulmier, Jean. «Quand Sartre avait dix-huit ans...» *Le Figaro littéraire*, 5 July 1958, p.5.
   Long article, with quotations, on Sartre's early fiction «L'Ange du Morbide» and «Jésus la Chouette». This article has lost most of its interest now that both works have been reprinted in the appendices of Contat and Rybalka. However, one observation is worth quoting:
   « ... ces pages de débutant nous permettent de saisir beaucoup mieux que les chefs d'oeuvre de Sartre les liens qui unissent le roman existentialiste au naturalisme de Zola et de J.-K. Huysmans».

Gee, Kenneth. «Novels - Old and New». *The New English Weekly*, vol.35, 8 September 1949, p.213.

Gershman, Herbert S. «The structure of revolt in Malraux, Camus and Sartre». *Symposium*, vol.24, no.1, Spring 1970, pp.27-35.

Gillon, Adam. «Conrad and Sartre». *The Dalhousie Review*, vol.40, no.1, Spring 1960, pp.61-71.

Gillon, Adam. «The Absurd and 'Les valeurs idéales' in Conrad, Kafka, and Camus». *Polish Review*, vol.6, Summer 1961, pp.3-10.

Glicksberg, Charles I. «The Literature of Absurdity». *Western Humanities Review*, vol.12, 1958, pp.29-38.

Glicksberg, Charles I. «The Literary Struggle for Selfhood». *The Personalist*, vol.42, Winter 1961, pp.52-65.

Goldberg, M.A. «Chronology, Character, and Human Condition». *Criticism*, vol.5, Winter 1963, pp.1-12.

Goldmann, Lucien. «Ny roman og virkelighet». *Vinduet,* Year 18, no.2, 1964, pp.116-126.
Original French text not seen.

Greenberg, Alvin. «The Revolt of Objects: The Opposing World in the Modern World». *The Centennial Review,* vol.13, no.4, Fall 1969, pp.366-388.
A general article which includes frequent reference to Sartre.

Greenwood, E.B. «Literature and philosophy». *Essays in Criticism,* vol.20, no.1, January 1970, pp.5-18.

Guerard, Albert. «French and American Pessimism». *Harper's,* September 1945, pp.267-272.

Hahn, Bruno. «Plan du *Labyrinthe* de Robbe-Grillet». *Les Temps modernes,* no.172, July 1960, pp.150-168.
A 'sartrean' commentary. Only the first three pages discuss Sartre.

Hallier, Jean-Edern. «D'un art sans passé». *Tel Quel,* no.6, Summer 1961, pp.43-47.
Maoist criticism of the 'nouveau réalisme' with brief praise for Sartre & Zola for having avoided «l'aventure réaliste».

Hochland, Jamina. «A theme in Sartre's literary work». *Journal of the British Society for Phenomenology,* vol.1, May 1970, pp.93-99.

Jackson, Christopher. «The Dark Passages: A Study in the Knowledge of Evil in Twentieth-Century Literature». *Adelphi,* vol.23, October-December 1946, pp.29-35.
Also on Malraux, Proust and Vailland.

Jameson, Fredric. «The Rhythm of Time». In *Sartre: A Collection of Critical Essays,* ed. E. Kern (see Section 600), pp.104-120.
Reprinted from Sartre: The Origins of a Style.

Jameson, Storm. «The Novelist Today». *The Virginia Quarterly Review,* vol.25, Autumn 1949, pp.562-574.
Also on Malraux.

Jansen, Conrad. «Sur le roman». *Cahiers des Saisons,* no.22, Summer 1960, p.170.

John, S. «Sacrilege and Metamorphosis: Two Aspects of Sartre's Imagery». *Modern Language Quarterly,* vol.20, no.1, March 1959, pp.57-66.

Jonas, M. «L'anti-héroisme précurseur de R. Martin du Gard (Albert Camus, Jean-Paul Sartre, Simone de Beauvoir, André Malraux)». *French Review*, May 1969, pp.843-845.

Jurt, Joseph. «François Mauriac und Jean-Paul Sartre». *Schweizer Monats-hefte*, Year 50, no.9, December 1970, pp.775-786.

Kahler, Erich. «The Transformation of Modern Fiction». *Comparative Literature*, vol.7, Spring 1955, pp.121-128.

Kern, Edith. «The self and the other: A dilemma of existential fiction». *Comparative Literature Studies*, vol.5, no.3, September 1968, pp.329-337.

Koefoed, Oleg. «L'oeuvre littéraire de Jean-Paul Sartre». *Orbis Litterarum*, vol.6, no.3-4, 1948, pp.209-272, and vol.7, no.1-2, 1949, pp.61-138.

Kuhn, Reinhard. «Proust and Sartre: The Heritage of Romanticism». *Symposium*, vol.18, Winter 1964, pp.293-306.

Lakich, John J. «Metaphysical, ethical and political quest in expressionism and the literature of commitment». *Kentucky Romance Quarterly*, vol.15, no.1, 1968, pp.37-56.

Las Vergnas, Raymond. «En marge du snobisme». *Les Nouvelles littéraires*, no.965, 31 January 1946, pp.1,2.
  A reply to critics of his attacks on Sartre (see this Section & 110). See also Section 100, L'Affaire Sartre.

Las Vergnas, Raymond. «Snobisme de la laideur». *Les Nouvelles littéraires*, no.960, 27 December 1945, pp.1,8.
  Sartre is castigated for the «grossièreté gratuite de son vocabulaire et le climat débilitant de ses récits», particularly in Le Mur and La Nausée; but see also Section 110.

Lauridsen, Helga Vang. «Franske romaner efter krigen». *Athenaeum*, Year 2, no.1, Winter 1947, pp.7-17.

Legros, Georges. «Sartre a-t-il un style?» *Cahiers d'Analyse Textuelle* (Liège), vol.4, 1962, pp.97-109.

Lehan, Richard. «Existentialism in Recent American Fiction: The Demonic Quest». *Texas Studies in Literature and Language*, vol.1, Summer 1959, pp.181-202.

Macksey, Richard. «The Artist in the Labyrinth: Design or *Dasein*». *Modern Language Notes*, vol.77, May 1962, pp.239-256.

Magny, Claude-Edmonde. «Système de Sartre». *Esprit*, Year 13, no.4, March 1945, pp.564-580.
    Includes reference to La Nausée & Le Mur. *Reprinted in* Littérature et critique. *Paris: Payot, 1971, pp.60-75.*

Mahmud, Z.N. «Contemporary Man in Modern Literature: For Them and for Us». *Al Magallah*, December 1961, pp.23-31. Not seen.

Mandel, Oscar. «Artists without Masters». *The Virginia Quarterly Review*, vol.39, Summer 1963, pp.401-419.

Marantz, Enid. «The theme of alienation in the literary works of Jean-Paul Sartre». *Mosaic*, vol.2, no.1, Fall 1968, pp.29-44.
    A general study which also discusses some of the plays.

March, Richard. «Gallic Roundabout II». *New English Weekly*, vol.30, no.24, 27 March 1947, pp.210-211. Not seen.

Marchand, Jean-José. «Le Temps et la technique romanesque selon Jean-Paul Sartre». in *Problèmes du roman*, ed. Jean Prévost. Lyon: Confluences, 1943. 415pp.
    Not seen. I understand this was also published in Brussels (Le Carrefour, 1945. 351pp.) and in that edition, Marchand's essay is on pp.151-158.

Marzac, Nicole A.-D. «Le thème du 'pays-perdu' dans le roman contemporain». *Revue des Sciences humaines*, nlle série, fasc.119, July-September 1965, pp.431-440.

Matoré, Georges. «A propos du vocabulaire des couleurs». *Annales de l'Université de Paris*, Year 28, no.2, April-June 1958, pp.137-150.

Mendes, J. «Ainda a viabilidade do romance existencialista». *Broteria*, no.72, 1961, pp.211-217.

Merleau-Ponty, M. «Jean-Paul Sartre ou un auteur scandaleux». *Le Figaro littéraire*, 6 December 1947, pp.1,3.
    An important article which is a defence of Sartre as a person and as a writer. Includes a photo of Sartre and Domarchi (the latter incorrectly labelled as Merleau-Ponty!).

Miller, Henry. «Leading Books of the Occupation Period». *World Review*, October 1954, pp.66-67, 69. Not seen.

Mondrone, D.(S.J.). «L'opera letteraria di Jean-Paul Sartre». *La Civiltà Cattolica*, Year 99, vol.1, 1948, pp.476-490.

Mondrone, D.(S.J.). «Pessimismo e ottimismo di certa narrativa». *La Civiltà Cattolica*, Year 103, vol.3, 20 September 1952, pp.598-608.

Morrissette, Bruce. «Problèmes du roman cinématographique (Sartre, Robbe-Grillet)». *Cahiers de l'Association internationale des Études françaises*, no.20, May 1968, pp.275-289, 349-352.

Mueller, William R. «A Note on American-European Fiction». *Theology Today*, vol.21, July 1964, pp.221-223.

Murdoch, Iris. «The Existentialist Hero». *The Listener*, 23 March 1950, pp.523-524.

Murdoch, Iris. «The Novelist as Metaphysician». *The Listener*, 16 March 1950, pp.473,476.

Nerlich, Michael. «Der Herrenmensch bei Jean-Paul Sartre und Heinrich Mann». *Akzente*, Year 16, no.5, October 1969, pp.460-479.
   On sexual repression and fascism: discusses *La Nausée* & *L'Enfance d'un chef*.

Nicholson, Hubert. «The Philosophical Novel». *Books of Today*, vol.4, January 1949, pp.1-2.

Onimus, Jean. «L'expression du temps dans le roman contemporain». *Revue de Littérature comparée*, Year 28, no.3, July-September 1954, pp.299-317.

Pérez-Senac, Ramón. «Jean-Paul Sartre, el novelista y el filósofo». *Revista Nacional* (Montevideo), Year 17, no.182, February 1954, pp.199-221.

Peyre, Henri. «American Literature through French Eyes». *The Virginia Quarterly Review*, vol.23, Summer 1947. Not seen.

Prince, Gerald. «La main et la menace de l'en-soi dans l'oeuvre romanesque de Sartre». *Romance Notes*, vol.10, no.1, Autumn 1968, pp.7-10.

Prince, Gerald. «Le symbolisme des noms dans l'oeuvre romanesque de Sartre». *Papers on Language and Literature*, vol.5, no.3, Winter 1969, pp.316-321.

Prince, Gerald. «Le Comique dans l'oeuvre romanesque de Sartre». *P.M.L.A.*, vol.87, no.2, March 1972, pp.295-303.

Robichon, Jacques. «Libérons le roman français de M. Sartre». *Liberté de l'Esprit*, Year 2, no.16, December 1950, pp.263-267.
Interesting as a piece of contemporary polemics.

Royle, P. «Vers une interprétation cohérente de l'oeuvre littéraire de Sartre». *Revue de l'Université Laurentienne*, vol.1, no.1, June 1968, pp.73-76.

Rütsch, Julius. «Situation des französischen Romans». *Trivium*, vol.8, no.1, 1950, pp.1-22.

Sábato, Ernesto. «Sartre contra Sartre o la misión transcendente de la novela». *Sur*, no.311, March-April 1968, pp.31-45; reprinted in no.329, July-December 1971, pp.268-282.
A general essay on Sartre and the novel.

Salvatore, Antonio. «Inquietudine letteraria della Francia di oggi (Jean-Paul Sartre, A. Robbe-Grillet, N. Sarraute)». *Cenobio*, September-October 1966, pp.328-333.

Schlötke-Schröer, Christa. «Pathetische Grundzuge im literarisch-philosophischen Werk von Sartre und Camus». *Zeitschrift für französische Sprache und Literatur*, vol.73, no.1-2, April 1963, pp.17-50.

Shattuck, Roger. «Making Time: A Study of Stravinsky, Proust, and Sartre». *The Kenyon Review*, vol.25, Spring 1963, pp.248-263.

Simon, John K. «Faulkner and Sartre: Metamorphosis and the Obscene». *Comparative Literature*, vol.15, Summer 1963, pp.216-225.

Simon, Pierre-Henri. *Dictionnaire de littérature contemporaine.* Paris: 1962.
Includes «Le roman français de Proust à Sartre», pp.45-53.

Stockwell, H.C.R. «Proust and Sartre». *Cambridge Journal*, vol.7, May 1954, pp.476-487.

Stoltzfus, Ben. «John Dos Passos and the French». *Comparative Literature*, vol.15, Spring 1963, pp.146-163.

Sutherland, Donald. «Time on our Hands». *Yale French Studies*, no.10, Fall-Winter 1952-53, pp.5-13.

Taylor, Robert E. «The *Sex*pressive S in Sade and Sartre». *Yale French Studies*, no.11, Spring-Summer 1953, pp.18-24.

Thody, Philip. «A Note on Camus and the American Novel». *Comparative Literature*, vol.9, Summer 1957, pp.243-249.

Thody, Philip. «French Novelists and the American Novel». *Modern Languages*, vol.37, 1955, pp.7-10.

Torre, Guillermo de. «El Existencialismo en la literatura». *Cuadernos Americanos*, vol.7, no.1, January-February 1948, pp.253-272; and no.2, March-April 1948, pp.223-234. Not seen.

Torre, Guillermo de. «Estética y filosofía del absurdo». *Realidad*, Year 2, no.3, May-June 1948, pp.397-400.
  *General discussion on Camus, Kafka and Sartre (*La Nausée*).*

Trieux, Jean. «French Writing Today». *Now*, vol.6, May-June 1947, pp.15-20.
  A general survey of several authors with brief mention of Sartre.

Ullmann, Stephen. «Style and Personality». *Review of English Literature*, vol.6, April 1965, pp.21-31.

Vial, Fernand. «New Tendencies in the French Novel of Today». *American Society Legion of Honor Magazine*, vol.29, 1958, pp.89-101.

Viatte, Auguste. «M. Jean-Paul Sartre, romancier». *Revue de l'Université Laval*, vol.4, no.6, February 1950, pp.505-509.

Vloemans, Antoon. «Het beeld van de mens en de crisis van de roman». *De Vlaamse Gids*, vol.49, no.8, 1965, pp.496-514.

Waelhens, Alphonse de. «Der Roman des Existentialismus». *Universitas*, Year 1, no.8, November 1948, pp.945-951.

Will, Frederic. «Sartre and the Question of Character in Literature». *P.M.L.A.*, vol.76, September 1961, pp.455-460.

Wilson, Edmund. «Sartre: The Novelist and the Existentialist». In *Sartre: A Collection of Critical Essays*, ed. E.Kern (q.v. Section 600), pp.47-53.
Reprinted from Classics and Commercials.

Zants, Emily. «The Relation of Epiphany to Description in the Modern French Novel». *Comparative Literature Studies*, vol.5, no.3, September 1968, pp.317-328.
Includes passing reference to La Nausée.

Zéraffa, Michel. «The Young Novelists' Problem of Style and Technique». *Yale French Studies*, no.8, Winter 1951-52, pp.3-8.

LE MUR. STUDIES

Ames, Van Meter. «Back to the Wall» *Chicago Review*, vol.13, no.2, Summer 1959, pp.128-143.

Braun, Sidney. «Source and Psychology of Sartre's *Le Mur*». *Criticism*, vol.7, Winter 1965, pp.45-51.

Cohn, Dorrit. «Narrated Monologue: Definition of a Fictional Style». *Comparative Literature*, vol.18, Spring 1966, pp.97-112.
   Analysis of «*L'Enfance d'un chef*».

Elmquist, Claire. «Lucien, Jean-Paul et la mauvaise foi. Une étude sur Sartre». *Orbis Litterarum*, no.26, 1971, pp.222-231.

Greenlee, James. «Sartre's *Chambre*. The story of Eve». *Modern Fiction Studies*, vol.16, no.1, Spring 1970, pp.77-84.

Idt, Geneviève. *Le Mur de Jean-Paul Sartre. Techniques et contexte d'une provocation.* Paris: Larousse, 1972. 223pp.
   An interesting study well worth consulting.

Justus, Pal. «Sartre - as seen by a Hungarian translator». *The New Hungarian Quarterly*, vol.6, no.18, Summer 1965, pp.168-173.
   On the problems of translating these short stories. Also brief mention of Les Mots.

Mackey, David. «Sartre and the problem of madness». *Journal of the British Society for Phenomenology*, vol.1, May 1970, pp.80-82.
   On Sartre's use of his theory of the imagination in La Chambre.

Marcenac, Jean. «Les deux écoles». *Europe*, Year 26, no.35, November 1948, 100-103.
   Includes a paragraph on Le Mur *criticising it as «littérature qui ment». N.W.C.*

Morris, Edward. «Intimacy». *Yale French Studies*, no.1, Spring-Summer 1948, pp.73-79.

Py, Albert. «Le recours à la nouvelle chez J.-P. Sartre: Étude du *Mur*». *Studies in Short Fiction*, vol.3, no.2, Winter 1966, pp.246-252.

Rom, Paul & Ansbacher, Heinz L. «An Adlerian case or a character by Sartre?» *Journal of Individual Psychology*, vol.21, May 1965, pp.32-40.
   Adlerian analysis of «*Érostrate*».

Simon, John K. «Madness in Sartre: Sequestration and the Room». *Yale French Studies*, no.30, December 1963, pp.63-67.
   Brief comparative study of Pierre in La Chambre, *and Frantz in* Les Séquestrés.

Simon, John K. «Sartre's Room». *Modern Language Notes*, vol.79, December 1964, pp.526-538.

Smith, Madeleine. «The Making of a Leader». *Yale French Studies*, no.1, Spring-Summer 1948, pp.80-83.

Virtanen, Reino. «*La Chambre* and *Louis Lambert*: A Brief Comparison». *Symposium*, vol.8, Winter 1954, pp.327-330.

Anon. «*Le Mur* de Jean-Paul Sartre interdit à Buenos-Aires». *Le Figaro*, 25 March 1948, p.3.
   A brief note on the banning and seizure of Le Mur *on the grounds of immorality.* N.W.C.

Anon. «*Le Mur* de Jean-Paul Sartre sera brûlé à Belfast». *France-Soir*, 30 May 1956.
   On the decision of Mr Justice Campbell to rescue the good citizens of Belfast from the dangers of literacy.

Anon. «Athènes: Le traducteur et les éditeurs du *Mur* de J.-P. Sartre acquittés». *Le Figaro*, 6 February 1963, p.9.
   Brief news item. N.W.C.

Anon. «En duplex - radio New York-Paris Sartre face aux étudiants sur R.T.L». *Le Figaro*, 25 October 1967, p.25.
   On the première of Roullet's film.

Anon. «En toutes lettres». *Le Figaro littéraire*, 15 December 1962, p.16.
   Brief item on condemnation of Greek translator Otonos Argyropolous and editors Pierre & Spiros Dimitrakos for publishing obscene material.

Anon. «Le prochain film de J.-P. Sartre sera tourné au mois de mai». *Le Figaro*, 10 March 1948, p.4.
   Three curious paragraphs on a film version of L'Enfance d'un chef *to be called* Les Mains sales.

Anon. «Les éditeurs et le traducteur grecs du *Mur* de Jean-Paul Sartre condamnés pour atteinte à la morale». *Le Figaro*, 10 December 1962, p.8.
   Brief news item.

Anon. «Les Grecs au pied du *Mur*». *Le Figaro*, 21 December 1962, p.6.
   Brief item on the telegram to Greek government sent by French writers.

Anon. «Pour Michel del Castillo jouer *Le Mur* de Sartre c'est ... la barbe». *Le Figaro littéraire*, 2 March 1967, p.2.
Brief item on Roullet and Castillo. N.W.C.

Chauvet, Louis. «Sartre défend *Le Mur*». *Le Figaro*, 6 September 1967, p.22.
On Serge Roullet's film.

Duchene, Anne. «The week on radio». *The Guardian*, 30 October 1967, p.7.
Brief mention of Sartre's radio debate with students on film of Le Mur.

Lennon, Peter. «Wallgame». *The Guardian*, 23 January 1969, p.6.
Brief report on Sartre's letter on the teaching of Le Mur *to children: See* Le Monde *18 January 1969.*

Martin, Marcel. «Entretien. Serge Roullet: '*Le Mur* est une méditation sur la mort'». *Les Lettres françaises*, 1-7 November 1967, pp.16-17.
On the film.

Roullet, Serge. Interview with Roullet on the making of *Le Mur*. *Jeune Cinéma*, no.25 October 1967, pp.29-31.

Treves, Renato. «El 'caso' Sartre en Italia». *Realidad*, vol.2, no.6, November-December 1947, pp.414-417.
On prosecution of Italian publisher for obscenity.

Zand, Nicole. «Entretien avec Serge Roullet: 'Votre vie est au prix des autres'». *Le Monde*, 25 October 1967, p.15.
On the film.

Anon. «A propos d'*Intimité*». *La Nouvelle Revue Française*, no.308, May 1939, p.808.
Editorial defence of Sartre's stories.

Anon. «From Nowhere to Nothing». *Time*, 27 December 1948, p.66.

Anon. «Ideas and Character». *The Times Literary Supplement*, 28 October 1949, p.693.

Anon. Review (not seen). *The New Yorker*, 18 December 1948, pp.107-108.

Baroncelli, Jean de. «*Le Mur*». *Le Monde*, 25 October 1967, p.15.
Review of Serge Roullet's film.

Bertin, Celia. «Des films pour les fêtes». *La Revue de Paris*, Year 14, no.12, December 1967, pp.131-133.
Includes review of Roullet's Le Mur.

Billard, Pierre. «Face à face. Sartre, Camus». *L'Express*, 23-29 October 1967, pp.46-48.
On the films of Le Mur, *and* L'Étranger.

Brasillach, Robert. Review of *Le Mur*, *L'Action française*, 13 April 1939.

Brincourt, André. «'La Chambre' de J.-P. Sartre ou l'antichambre de Michel Mitrani». *Le Figaro*, 17 December 1964, p.15.
Review of T.V. version.

Brincourt, André. «La chambre et l'antichambre. J.-P. Sartre: 'cette trahison, c'est moi qui l'ai commise.'» *Le Figaro*, 22 December 1964, p.15.
Mitrani's reply to Brincourt's criticism and Brincourt's comments.

Camus, Albert. «*Le Mur* by Jean-Paul Sartre». In Camus, *Lyrical and Critical Essays*, selected and tr. by Philip Thody. London: H. Hamilton, 1960, pp.148-150.

Camus, Albert. Review of *Le Mur. Alger républicain*, 12, March 1939. (Reprinted in Pléiade II, *Essais*, pp.1419-1422)

Capdenac, Michel. «Mourir de ne pas mourir». *Les Lettres françaises*, 1 November 1967, p.16.
Review of Serge Roullet's film.

Chapier, Henri. «*Le Mur*». *Combat*, 27 October 1967.
Review of Serge Roullet's film.

Chauvet, Louis. «Tziganes 'heureux' - adaptations 'respectueuses'». *Le Figaro*, 25 October 1967, p.28.
Brief review of Roullet's film.

Estève, Michel. «Notes sur le festival de Venise». *Études*, vol.327, November 1967, pp.528-536.
On Serge Roullet's film (pp.535-536).

Fabron, Michèle. «*Le Mur*. Il sonne le creux». *Minute*, 9-15 November 1967.
Unfavourable right-wing review of Serge Roullet's film.

Farrelly, John. «Fiction Parade». *The New Republic*, vol.120, 24 January 1949, p.24.

Geissman, Erwin W. Review of *Intimacy. Renascence*, vol.6, no.1, Autumn 1953, pp.54-55.

Hopkinson, Tom. «The World of Books: *Intimacy and Other Stories*». *World Review*, New Series 11, January 1950, pp.65-67.

Jacob, Gilles. «*Le Mur*». *Les Nouvelles littéraires*, 26 October 1967.
Favourable review of Serge Roullet's film.

K., A.B. «Die Büchertruhe. Erzählungen von Sartre». *Freies Wort* (Berlin), September 1961.
Brief review of the German text Die Mauer. *N.W.C.*

Lasseaux, Marcel. «*Le Mur*». *Livres de France*, October 1967.
Favourable review of Serge Roullet's film.

Leirens, Jean. «Serge Roullet: *Le Mur*». *Revue Générale Belge*, nos.11-12, December 1967, pp.271-273.
On the film.

Mauriac, Claude. «*Le Mur* de Serge Roullet». *Le Figaro littéraire*, 23-29 October 1967, pp.38-39.
On the film. Mauriac makes the pertinent observation that «Cette attente de la mort des dernières pages de L'Étranger *est tout le sujet du* Mur».

Mauriac, François. «Le Bloc-notes». *Le Figaro littéraire*, 24 December 1964, p.26.
A favourable review of Mitrani's T.V. production of «La Chambre».

McLaughlin, Richard. Review (not seen). *Saturday Review*, 5 February 1949, pp.29-30.

Parrish, Philip. «New Novels». *Tribune*, 4 November 1949, p.20.
Review of Intimacy.

Pritchett, V.S. «Quelques livres de Jean-Paul Sartre». *La France libre*, no.59, 15 September 1945, pp.375-379.
Includes favourable review of Le Mur.

Pugh, G.T. and B.H. Carroll, Jr. Review (not seen). *English Journal*, vol.49, no.3, March 1960, p.209.

Romi, Yvette. «Les bruits de la ville». *Le Nouvel Observateur*, 18-24 May 1966, pp.30-31.
Includes item on the showing of Roullet's film in «une usine désaffectée de Saint-Denis».

Rosenfeld, Isaac. «Sartre's Underground». *The New Republic*, vol.124, 19 May 1952, pp.18-20.

Sternberg, Jacques. «La chambre noire». *Le Nouvel Observateur*, n.s. no.6, 24 December 1964, p.37.

T., A. «*Le Mur*, de Serge Roullet». *Cahiers du Cinéma*, no.195, November 1967, p.32.

Thérive, André. «Sur *Le Mur* de J.-P. Sartre». *Le Temps*, 30 March 1939, p.3.

Tillier, Maurice. «Le dos au Mur». *Le Figaro littéraire*, 13 November 1967, p.34.
On this and other films by Roullet.

Volmane, Vera. «Serge Roullet au pied du *Mur*». *Les Nouvelles littéraires*, 19 October 1967, p.16.
   Interesting interview with Roullet on the film.

Abrams, Fred. «Sartre, Unamuno, and the 'hole theory'». *Romance Notes*, vol.5, no.1, Autumn 1963, pp.6-12.
A contrastive and comparative study of the 'hole theory' in La Nausée *and* Niebla.

Accaputo, Nino. *Di alcuni contemporanei della letteratura francese.* Naples: Pellerano-Del Gaudio, 1955. 60pp.
Includes chapter on La Nausée*: «A proposito di* La Nausée *di Jean-Paul Sartre» which also appeared in* Culture Française *(Bari), April 1956, pp.5-8.*

Arnold, A. James. «*La Nausée* revisited». *French Review*, vol.39, November 1965, pp.199-213.

Arnold, Werner. «Ennui-spleen-nausée-tristesse: Vier Formen literarischen Ungenügens an der Welt». *Die Neueren Sprachen*, vol.65, no.4, 1966, pp.159-173.
On La Nausée*, pp.166-169.*

Axthelm, Peter M. *The Modern Confessional Novel.* New Haven & London: Yale Univ. Press; Montreal: McGill Univ. Press, 1967.
Also includes studies of Bellow, Camus, Dostoevsky, Gide and Golding.

Bachelard, Gaston. *La Terre et les rêveries de la volonté.* Paris: Corti, 1948. 407pp.
See Chapter V, «Les Matières de la mollesse», pp.112-116, where this aspect of Roquentin's nausea is discussed.

Bedner, J. «Quelques aspects psychologiques de *La Nausée*». *Levende Talen*, 1968, pp.510-522.

Bingham, William LeBaron. *The Journal as Literary Form.* Dissertation, University of New Mexico. See *D.A.*, vol.30, no.4, October 1969, 1552A.
Chapter 4 deals with La Nausée.

Bolle, Louis. *Les Lettres et l'absolu: Valéry, Sartre, Proust.* Geneva: Perret-Gentil, 1959. 159pp.
   Includes «*Sur* La Nausée», *pp.121-128.*

Bost, Pierre. «Proust devant une sonate, Sartre devant un air de jazz entendent une seule voix...» *Le Figaro littéraire,* 8 January 1949, pp.1,3.
   An interesting comparative study which Eugenia Zimmerman (q.v. this section) appears not to have consulted.

Boutet de Monvel, Denis. «Du *Voyage au bout de la nuit* à *La Nausée*». *L'Action nationale,* vol.60, no.2, October 1970, pp.168-172.

Bulhof-Rutgers, I. «Verdrinken in de tijd. Ding en tijd in *La Nausée* van Jean-Paul Sartre». *Forum der letteren,* August 1966, pp.137-155.

Champigny, Robert. «Sens de *La Nausée*». *P.M.L.A.,* vol. 70, no. 1, March 1955, pp. 37-46.

Cohn, Robert G. «Sartre versus Proust». *Partisan Review,* vol.28, no.5-6, September-November 1961, pp.633-645.
   Also discusses L'Être et le néant, *and* Qu'est-ce que la littérature?

Cohn, Robert G. «Sartre's First Novel: *La Nausée*». *Yale French Studies,* no.1, Spring-Summer 1948, pp.62-65.

Copleston, Frederick C. «What is Existentialism?» *The Month,* vol.183, January 1947, pp.13-21.
   Also on L'Être et le néant.

Cottier, Georges. «L'homme de la facticité: notes sur *La Nausée* de Jean-Paul Sartre». *Lettres* (Geneva), Year 3, no.1, 1945, pp.33-45.

Dale, J. «Sartre and Malraux: *La Nausée* and *La Voie royale*». *Forum for Modern Language Studies,* October 1968, pp.335-346.

Davis, J.F. «*La Nausée.* Imagery and use of the diary forms». *Nottingham French Studies,* vol.10, no.1, May 1971, pp.33-46.

Dionne, René. «La nausée d'Antoine Roquentin». *Collège et Famille,* no.26, 1969, pp.8-27.

Eberbach, Margaret L. *The Rôle of the Reader: A Study of Ten French Novels of the Twentieth Century.* Dissertation, New York University. See *D.A.*, vol.27, 1966, 769A-770A.

Edwards, M. «*La Nausée* - a symbolist novel». *Adam*, Year 35, no.343-345, 1970, pp.9-21.

Elsen, Claude. «La bibliothèque noire». *La Table Ronde*, no.26, February 1950, pp.134-138.
  Discusses La Nausée, *pp.136-137.*

Falk, Eugene H. *Types of Thematic Structure: The Nature and Function of Motifs in Gide, Camus, and Sartre.* Chicago & London: Univ. of Chicago Press and Toronto: Univ. of Toronto Press, 1967.

Fitch, Brian T. *Le Sentiment d'étrangeté chez Malraux, Sartre, Camus et S. de Beauvoir.* Paris: Minard, 1964. 232pp.
  Includes «Le mirage du moi idéal: La Nausée *de Jean-Paul Sartre», pp.93-139.*

Fitch, Brian T. «L'Évocation du réel dans *La Nausée* de J.-P. Sartre». In *Le Réel dans la littérature et dans la langue.* Paris: Klincksieck, 1967. 324pp. See p.220.

Fletcher, Dennis J. «Sartre and Barrès: Some notes on *La Nausée*». *Forum for Modern Language Studies*, vol.4, no.4, October 1968, pp.330-334.

Fletcher, Dennis J. «The use of colour in *La Nausée*». *Modern Language Review*, vol.63, no.2, April 1968, pp.370-380.

Fort, Keith. *Beyond Despair: A Comparative Study of Four Novels.* Dissertation, University of Minnesota. See *D.A.*, vol.25, 1964, 2511.

Frohock, W.M. *Style and Temper: Studies in French Fiction, 1925-1960.* Cambridge (Mass.): Harvard Univ. Press, 1967. 153pp.
  Includes «Sartre in La Nausée», *pp.94-103.*

Frohock, W.M. «The Prolapsed World of Jean-Paul Sartre». *Accent*, vol.7, no.1, April 1946, pp.2-13.

Funke, H. «Die geschichtslose Welt des Roquentin. Kritische Bemerkungen zum existentialistischen Menschenbild anhand von Sartres Roman *La Nausée*». *Beiträge zur romanischen Philologie*, no.9, 1970, pp.187-198.

Garelli, Jacques. *La Gravitation poétique.* Paris: Mercure de France, 1966. 217pp.
Includes «*Antoine Roquentin ou la faillite de l'*adequatio rei intellectu», *pp.60-63.*

Goldthorpe, Rhiannon. «The presentation of consciousness in Sartre's *La Nausée* and its theoretical basis: Reflection and facticity». *French Studies,* vol.22, no.2, April 1968, pp.114-132.

Goldthorpe, Rhiannon. «The presentation of consciousness in Sartre's *La Nausée* and its theoretical basis, 2. Transcendence and intentionality». *French Studies,* vol.25, no.1, January 1971, pp.32-46.
This and the preceding entry are excellent studies of the «correspondence between literary expression and detailed philosophical theory» in Sartre's first novel.

Gore, Keith O. *Sartre: 'La Nausée' and 'Les Mouches'.* London: Arnold (Studies in French Literature, no.17), 1970. 70pp.

Greene, Francis J. «Louis Guilloux's *Le Sang noir.* A prefiguration of Sartre's *La Nausée*». *French Review,* vol.43, no.2, December 1969, pp.205-214.

Grossvogel, David I. *Limits of the Novel.* Ithaca: Cornell Univ. Press, 1968.
Discusses La Nausée, *pp.226-255.*

Grubbs, Henry A. « Sartre's Recapturing of Lost Time». *Modern Language Notes,* vol.73, November 1958, pp.515-522.
On the analogies between La Nausée *and* A la Recherche....

Guiguet, Jean. «Deux romans existentialistes: *La Nausée* et *L'Étranger*». *French Review,* vol.23, no.2, December 1949, pp.86-91.

Idt, Geneviève. *La Nausée. Sartre.* Paris: Hatier (coll. Profil d'une oeuvre, no.18), 1971. 79pp.

Jameson, Fredric. «The Laughter of Nausea». *Yale French Studies,* no.23, Summer 1959, pp.26-32.

Kermode, Frank. «Literary Fiction and Reality». In *The Sense of an Ending: Studies in the Theory of Fiction,* New York: O.U.P., 1967. See pp.127-152.

Kieffer, René. «'Acklet' av Sartre». *Credo Katolsk Tidskrift* (Uppsala), vol.47, 1966, pp.13-21.

Kruse, Margot. «Philosophie und Dichtung in Sartres *La Nausée*». *Romantisches Jahrbuch*, vol.9, 1958, pp.214-225.

Magny, Claude-Edmonde. «The Duplicity of Being». In *Sartre: A Collection of Critical Essays*, ed. E. Kern (q.v. Section 600), pp.21-30.
Tr. from Les Sandales d'Empédocle.

Marcel, Gabriel. *The Philosophy of Existentialism*, tr. Manya Harari. New York: Citadel Press, 1961.
See «Existence and Human Freedom» (pp.47-90) which includes an interesting analysis of the perception of existence in La Nausée.

Mason, H.A. «Existentialism and Literature». *Scrutiny*, vol.13, September 1945, pp.82-98.
Also on Les Mouches.

Mendel, Sydney. «From Solitude to Salvation: A Study in Development». *Yale French Studies*, no.30, December 1963, pp.45-55.
A discussion of the development from self-consciousness to consciousness via a study of La Nausée. *N.b. the table of contents gives «A Study in Regeneration» as the title.*

Morris, M.M. «Faust à Bouville». *Revue de Littérature comparée*, Year 42, 1968, pp.534-548.

Mullett, Charles F. «The Novelist confronts Clio». *South Atlantic Quarterly*, vol.60, Winter 1961, pp.56-70.

Muzindusi, H.J. *Le Vocabulaire du dégoût dans 'La Nausée' de Jean-Paul Sartre*. Dissertation, Université Lovanium de Kinshasa. 1971.
One copy is available in the office of Les Temps modernes.

Onimus, Jean. «Folantin, Salavin, Roquentin: trois étapes de la conscience malheureuse». *Études*, Year 91, vol.296, January 1958, pp.14-31.

Oxenhandler, Neal. «The Metaphor of Metaphor in *La Nausée*». *Chicago Review*, vol.15, Summer-Autumn 1962, pp.47-54.

Pellegrin, Jean. «L'objet à deux faces dans *La Nausée*». *Revue des Sciences humaines*, n.s. fasc.113, January-March 1964, pp.87-97.

Pohl, Gerhart. «Sartres Seekrankheit». *Aufbau* (Berlin), Year 6, no.2, 1950, pp.170-172.

Porter, Dennis. «Sartre, Robbe-Grillet and the Psychotic Hero». *Modern Fiction Studies*, vol.16, no.1, Spring 1970, pp.13-25.
Comparative study, mainly on La Nausée as far as Sartre's works are concerned.

Portilla, Jorge. «La Náusea y el humanismo». *Filosofía y Letras*, vol.15, no.30, April-June 1948, pp.243-265.

Poulet, Georges. *Études sur le temps humain, III. Le Point de départ*. Paris: Plon, 1964. 238pp.
Includes «La Nausée de Sartre», pp.216-236. Interesting discussion on the importance of the cogito in the novel.

Poulet, Georges. «La 'Nausée' de Sartre et le 'Cogito' cartésien». *Studi Francesi*, vol.5, no.15, September-December 1961, pp.452-462.

Raillard, Georges. *La Nausée de J.-P. Sartre*. Paris: Hachette (coll. poche critique), 1972. 94pp.
A most useful study.

Raillard, Georges. «Actualité de *La Nausée*». *Le Français dans le Monde*, no.39, March 1966, pp.6-13.

Robbe-Grillet, Alain. «Nature, humanisme, tragédie». *La Nouvelle Revue Française*, vol.12, no.70, October 1958, pp.580-604.
Includes discussion (pp.594 et seq.) of the «univers tragifié» of the novel which results from Sartre's understanding of the relationship between man and things.

Saisselin, Remy G. «Bouville ou l'anti-Combray». *The French Review*, vol.33, no.3, January 1960, pp.232-238.

Serrano-Plaja, Arturo. «Náusea y niebla». *Revista de Occidente*, no.78, September 1969, pp.295-328.
Parallel study of La Nausée and Unamuno's Niebla.

Somers, P.P. «Camus *Si*, Sartre *No*». *French Review*, vol.42, no.5, April 1969, pp.693-700.
Comparative study of L'Étranger and La Nausée.

Stringlhamber, P. Louis. «Sur *La Nausée* de Sartre». *Synthèses*, Year 5, no.55, December 1950, pp.68-73.

Verneaux, R. «Esquisse d'une ontologie du créé». *La Revue des Sciences religieuses*, vol.24, 1950, pp.301-314.
   Discussion of pp.169-175 of La Nausée, *and pp.31-32 of* L'Être et le néant.

Wahl, Jean. *Poésie, pensée, perception.* Paris: Calmann-Lévy, 1948. 288pp.
   Includes «Note sur La Nausée», *pp.97-109.*

Walker, Leslie J. «Ryle and Sartre: Discussion of *The Concept of Mind* and *The Diary of Antoine Roquentin*». *The Month*, new series vol.3, no.6, June 1950, pp.432-443.

Watson, Graeme. «Roquentin in Indo-China». *A.U.M.L.A. (Journal of the Australasian Universities Language and Literature Association)*, no.22, November 1964, pp.277-281.

Wilson, Clothilde. «Sartre's Graveyard of Chimeras: *La Nausée* and *Mort de quelqu'un*». *French Review*, vol.38, May 1965, pp.744-753.

Wilson, Colin. *The Outsider.* London: Gollancz; Boston: Houghton Mifflin, 1956.
   Chapter I includes discussion of Roquentin's moments of nausea.

Zimmerman, Eugenia N. «*La Nausée* and the avatars of being». *Mosaic*, vol.5, no.3, 1972, pp.151-157.

Zimmerman, Eugenia N. «*Some of these days.* Sartre's 'petite phrase'». *Contemporary Literature*, No. 11, 1970, pp. 375-388.

Zimmerningkat, Martin. «Das Tempus bei Sartre». *Die neueren Sprachen*, vol.67, no.1, January 1968, pp.27-35.
   A linguistic analysis of past tenses in Sartre's fiction, especially in La Nausée.

Braun, Benoît. «La vie littéraire. Les relectures opportunes». *Beaux-Arts*, 4 July 1954.
   An interesting article on a re-reading of La Nausée. *Braun mentions Alphonse de Waelhens' early praise for «le premier 'roman philosophique' digne de cette appellation» and, later, discusses the cinematic quality of the descriptive passages.*

Chonez, Claudine. «A qui les lauriers des Goncourt, Fémina, Renaudot, Interallié?» *Marianne*, 7 December 1938.

Chonez, Claudine. «Jean-Paul Sartre, romancier-philosophe». *Marianne*, 23 November 1938.
   One of the earliest published interviews with Sartre.

Lapert, Louis. «Le 'coin des vaches'». *Le Figaro littéraire*, 27 December 1952, p.8.
   A letter from a reader (Lapert) on the village near Le Havre on the Rouen road called Bouville:
   «Bouville, dans sa première syllabe rappelle un mot grec signifiant 'boeuf, bovin' et le professeur Sartre a dû sourire d'aise en traduisant l'ensemble du vocable à sa façon: 'coin des vaches'».

Mauriac, François. «Le Bloc-notes». *Le Figaro littéraire*, 6 May 1965, p.16.
   Brief observations on re-reading La Nausée.

Slonim, Marc. «European Notebook». *The New York Times Book Review*, 9 January 1966, p.44.
   Includes section «Camus on Sartre and Absurdity» briefly treating of Camus' review of La Nausée.

LA NAUSÉE. REVIEWS

Anon. «New novels and a new novelist». *The Times Literary Supplement*, 3 December, 1938, p.v.
 Favourable review situating Sartre «midway between Céline and Kafka».

Anon. «One-Man Band». *The Times Literary Supplement*, 21 September 1962, p.744.
 Also on The Imagination, *and* Sketch for a Theory of the Emotions.

Anon. «Superior Being». *The Times Literary Supplement*, 26 March 1949, p.197.

Arland, Marcel. «Essais critiques». *La Nouvelle Revue Française*, Year 26, no.298, July 1938, pp.129-133.

Beattie, Arthur H. «*Nausea*». *The Arizona Quarterly*, vol.16, no.1, Spring 1960, p.96.

Camus, Albert. «*La Nausée* by Jean-Paul Sartre». In Camus, *Lyrical and Critical Essays*, selected and tr. by Philip Thody. London: H. Hamilton, 1960, pp.145-147.

Camus, Albert. Review of *La Nausée*. *Alger républicain*, 20, October 1938. Reprinted in Pléiade II, *Essais,* pp.1419-1422.

Camus, Albert. Review of *La Nausée*, reprinted in extenso. *Le Figaro littéraire*, 2 December 1965, p.4.
 Introduced by Roger Quilliot.

Daniélou, Jean. Review of *La Nausée*. *Études*, vol.327, October 1938, pp.140-141.

Filler, Louis. «Book Notes». *The Antioch Review*, vol.9, no.2, June 1949, pp.252-254.
 Also on What is Literature?.

Finkelstein, Sidney. «Sickness (imported)». *Masses and Mainstream*, vol.2, no.6, June 1949, pp.75-76.

Hartung, Rudolf. «Die Verfremdung des Seins. Zu zwei Romanen: *Der Ekel*; *Zeit der Reife* von Jean-Paul Sartre». *Thema* (Hamburg), no.8, 1950, pp.29-30.

Jaloux, Edmond. «*La Nausée* par J.-P. Sartre». *Les Nouvelles littéraires*, 18 June 1938, p.4.
   Highly favourable review: «oeuvre... profondément originale ... neuve et sans écho».

Johnson, Pamela Hansford. «New Novels». *Tribune*, 18 March 1949, p.18.
   Review of the English translation.

Kermode, Frank. «A Hero in Bad Faith: Sartre and the Anti-Novel». *The New Statesman*, 24 September 1965, pp.439-440.
   Review of Baldick's translation ; also on Mary Warnock The Philosophy of Sartre.

Kutty, Krishnen. «*La Nausée* of Jean-Paul Sartre». *Thought* (Delhi), vol.12, no.25, 18 June 1960, p.12.

Morgan, Claude. «*La Nausée*». *Commune*, no.59, July 1938, p.1379.

Moynahan, Julian. «An Expert Pick of the Pack». *The New York Times Book Review*, 5 December 1965, p.4.

Munson, Gorham. «Things Existing and Oneself Existing». *Saturday Review*, 9 July 1949, pp.8-9.
   Also on What is Literature?.

Nabokov, Vladimir. «Sartre's First Try». *The New York Times Book Review*, 24 April 1949, pp.3,19.

Nizan, Paul. Review of *La Nausée*. *Ce Soir*, 16 May 1938.

Phillips, E.M. Review of Lloyd Alexander's translation. *French Studies*, vol.4, April 1950, pp.175-177.

Pritchett, V.S. «Quelques livres de Jean-Paul Sartre». *La France libre*, vol.10, no.59, 15 September 1945, pp.375-379.

Robin, Armand. «Jean-Paul Sartre: *La Nausée*». *Esprit*, vol.6, no.70, July 1938, pp.574-575.

Taubman, Robert. «Early Sartre». *The New Statesman*, 13 July 1962, p.53.

Thérive, André. «Sur *La Nausée* de J.-P. Sartre». *Le Temps*, 14-15 July 1938, p.3.
  Very favourable review.

Toynbee, Philip. «Growing Isolation». *The Observer*, 29 August 1965, p.21.

Abraham, Pierre. «La liberté et ses chemins». *Europe*, Year 28, no.50, February 1950, pp.54-61.
   The phrase «une excrémentographie très poussée» is, perhaps, indicative of the tone of the review.

Beach, Joseph W. «Sartre's *Roads to Freedom*». *Western Review*, vol.12, no.3, Spring 1948, pp.180-191.

Blotner, Joseph L. *The Political Novel*. New York: Doubleday, 1955.
   Includes «Jean-Paul Sartre: The Shadow of Munich».

Borbas, Laszlo. «The Bourgeoisie in the Post-War Novel». *French Review*, vol.28, 1954, pp.35-43

Chadwick, Anthony Ronald. *An Analysis of 'La Mort dans l'âme'*. M.A. Thesis, McMaster Univ., 1968.

Edinborough, Arnold. «Sartre and the Existentialist Novel». *Queen's Quarterly*, vol.56, no.1, Spring 1949, pp.105-112.

Fowlie, Wallace. «Existentialist Hero: A Study of *L'Age de raison*». *Yale French Studies*, no.1, Spring-Summer 1948, pp.53-61.

Glicksberg, Charles I. «Sartre: Existentialism in Fiction». *Prairie Schooner*, vol.23, no.1, Spring 1949, pp.12-18.
   On The Reprieve.

Harrington, Catherine S. *Southern Fiction and the Quest for Identity*. Dissertation, University of Washington. See *D.A.*, vol.25, 1964, 1210-1212.

Joubert, Ingrid. *Aliénation et liberté dans 'Les Chemins de la liberté' de Jean-Paul Sartre*. Paris: Didier, 1973. 318p.

Joubert, Ingrid. *Aliénation et liberté dans 'Les Chemins de la liberté' de Sartre*. Dissertation, University of Oregon, 1970. See *D.A.*, vol.31, 1970-71, 3552A-3553A.

Kuhn, R. *Der moderne französische Roman*. Berlin: 1968.
   Includes study of Les Chemins de la liberté, *pp.198-212.*

Leclerc, Annie. «De Roquentin à Mathieu». *L'Arc*, no.30, 1966, pp.71-76.

Lehan, Richard. «The Trilogies of Jean-Paul Sartre and John Dos Passos». *Iowa English Yearbook*, vol.9, 1964, pp.60-64.

Lichtenstein, Heinz. «Jean-Paul Sartre's *The Age of Reason*». *Philosophy and Phenomenological Research*, vol.9, September 1948, pp.148-153.

Mason, H.A. «*Les Chemins de la liberté*». *Scrutiny*, vol.14, Summer 1946, pp.2-15.

Peyre, Henri. «Sartre's *Roads to Freedom*». In *Sartre: A Collection of Critical Essays*, ed. E. Kern (q.v. Section 600), pp.31-38.
   Reprinted from Peyre's The Contemporary French Novel.

Picard, Raymond. «L'Art de J.-P. Sartre et les 'hommes de mauvaise volonté'». *La France Libre*, no.64, 15 February 1946, pp.289-296.

Picon, Gaétan. «Sartre et le roman contemporain». *Confluences*, vol.5, no.8, October 1945, pp.883-891.

Powell, Elton George. *The Thematic Structure of Jean-Paul Sartre's 'Les Chemins de la liberté'*. Dissertation, University of North Carolina, 1972. 509pp.

Redfern, W.D. *Paul Nizan. Committed Literature in a conspiratorial World.* Princeton: Princeton Univ. Press, 1972. 233pp.
   Discusses Nizan as a character-source for Les Chemins, *pp.202-214.*

Savage, Catherine. *Malraux, Sartre and Aragon as Political Novelists.* Gainesville: Univ. of Florida Press, 1965.
   See «*Sartre and the Road to Liberty*», *pp.17-42.*

Steinecke, Alan Quentin. «Mathieu - Sartrian existentialist». *South-Central Bulletin*, vol.27, no.1, March 1967, p.16 (Abstract).

Ullmann, Stephen. *Style in the French Novel.* Oxford: Blackwell, 1964. 276pp.
   Examines La Mort dans l'âme, *pp.173-187, and pp.242-259.*

Wardman, H.W. «Sartre and the literature of 'praxis': *Les Chemins de la liberté*». *Essays in French Literature*, no.4, November 1967, pp.44-67.

Anon. «Au sommaire des revues». *Le Figaro littéraire,* 1 January 1949, p.5.
Brief notice that Julliard will henceforth publish Les Temps modernes, *and that the next issue, no.40, will include the first instalment of* La Mort dans l'âme.

Anon. «Depuis hier sur France-Culture une adaptation en 25 épisodes des *Chemins de la liberté* de Jean-Paul Sartre». *Le Figaro,* 15 February 1972, p.27.
Includes photo and list of cast of this radio serial.

Anon. «France-Culture: *Les Chemins de la liberté* de Jean-Paul Sartre». *Le Figaro,* 5-6 February 1972, p.18.
Brief announcement of daily radio series adapted from the novels. N.W.C.

Anon. «Jean-Paul Sartre aux États-Unis». *Le Figaro littéraire,* 31 March 1951, p.9.
Brief review of the critical reception of Troubled Sleep *in the American press.*

Billy, André. «Comment parlons-nous?» *Le Figaro,* 3 November 1945, p.1.
A fussy article on the use of bad language in Les Chemins.

Gazignaire, J.-L. «L'adaptation et ses choix». *Le Figaro,* 11 July 1972, p.17.
Interview with Roger Pillaudin, producer of radio version.

Grisoli, Christian. «Entretien avec Jean-Paul Sartre». *Paru,* no.13, December 1945, pp.5-10.
Includes discussion of the character Brunet.

Muzass, P. «Jean-Paul Sartre publie un nouveau roman...» *Le Figaro,* 12 October 1949, p.7.
Quasi-review in twelve paragraphs.

Russell, John. «French Books, 1939-1946». *The Listener,* 19 September 1946, pp.349-383.

109 LES CHEMINS DE LA LIBERTÉ. PRESS ARTICLES

Wurmser, André. «Les Falsifications de l'histoire contre le roman». *Les Lettres françaises*, no.284, 1949, p.3.

Albert-Hasse, Jane. «*La Mort dans l'âme*». *Franc-Tireur*, 13 October 1949.
Favourable review.

Allen, Walter. «New Novels». *The New Statesman*, 7 February 1948, pp.118-119.
On The Reprieve.

Allen, Walter. Review of *The Age of Reason*. *The Spectator*, 31 January 1947, p.152.

Anon. «Condemned to be Free». *The Times Literary Supplement*, 10 January 1948, p.21.
On The Reprieve.

Anon. «Death of Tragedy». *The Times Literary Supplement*, 5 October 1946, pp.473-475.

Anon. «Existential Purgatory». *Time*, 21 July 1947, pp.94,96.
On The Age of Reason.

Anon. «Fiction: *The Reprieve*». *The Virginia Quarterly Review*, vol.24, no.2, Spring 1948, p.lii.

Anon. «From the Abyss». *Time*, 5 February 1951, pp.84-86.
On Troubled Sleep.

Anon. «J.-P. Sartre: Romancier». *Combat*, 2 March 1946, p.5. Not seen.

Anon. «The Defeated». *The Times Literary Supplement*, 18 August 1950, p.513.
On Iron in the Soul.

Anon. Review (not seen) of *The Age of Reason*. *Kirkus*, vol.15, 1 June 1947, p.289.

Anon. Review (not seen) of *The Reprieve*. *Kirkus*, vol.15, 15 October 1947, p.587.

Anon. Review (not seen) of *Troubled Sleep*. *Kirkus*, vol.18, 15 November 1950, p.682.

Arland, Marcel. *Lettres de France*. Paris: Albin Michel, 1951. 318pp. See pp.128-138.

Béguin, Albert. «*L'Age de raison*». *Esprit*, vol.13, 1 December 1945, pp.969-971.
  A very disapproving review.

Berthel, John H. «*The Age of Reason*». *Library Journal*, vol.72, July 1947, p.1034.

Berthel, John H. «*The Reprieve*». *Library Journal*, vol.72, 1 November 1947, p.1540.

Blanchot, Maurice. *La Part du feu*. Paris: Gallimard, 1949. See pp.195-211.

Blanchot, Maurice. «Les romans de Sartre». *L'Arche*, Year 2, no.10, October 1945, pp.121-134.

Boer, Jo. «De nieuwe roman de Jean-Paul Sartre». *Erasme*, vol.1, 1946, pp.22-24.

Bouillon, G. «Sur *Les chemins de la liberté*. Sartre L'hérésiaque». *Savoir et Beauté*, no.1-2, 1965.

Bousquet, Joe. «Le cabinet de lecture». *Cahiers du Sud*, Year 32, no.274, 2nd semester 1945, pp.845-849.

Brighouse, Harold. «New Novels». *The Manchester Guardian*, 7 February 1947, p.3.

Brownell, Sonia. «Some recent French books». *Horizon*, vol.13, no.73, January 1946, pp.66-71.
  Reviews *L'Age de raison, and Le Sursis*.

Bruch, Jean-Louis. «*La Mort dans l'âme* de Jean-Paul Sartre». *Escorial*, no.63, November 1949, pp.879-881.

Bruch, Jean-Louis. «Jean-Paul Sartre: *La Mort dans l'âme*». *La Revue du Caire*, Year 12, no.126, January 1950, pp.243-247.

Catesson, Jean. «*Les Chemins de la liberté I* et *II*». *Cahiers du Sud*, no.279, 1946, pp.287-294.

Celly, Raoul. «Roman existentialiste». *Revue de la Méditerranée*, vol. 3, no. 12, March-April 1946, pp. 219-223.

Chapin, Ruth. «Sartre: A Novel That is a Danger Signal». *The Christian Science Monitor*, 1 February 1951, p.15.
On Troubled Sleep.

Courcy, Geraldine de. «Contradictory and Tragic». *New York Herald Tribune Books*, 23 November 1947, p.12.
On The Reprieve.

Courcy, Geraldine de. «Sartre's Existential Novel». *New York Herald Tribune Books*, 20 July 1947, p.3.
On The Age of Reason.

Ergmann, Raoul. «Jean-Paul Sartres *Les Chemins de la liberté*». *Schweizer Annalen*, Year 3, no.6-7, 1946-1947, pp.344-350.

Flanner, Janet. «Letter from Paris». *The New Yorker*, 23 April 1949, pp.55-56.

Gant, Roland. «End of a Trilogy». *Public Opinion*, vol.14, 18 August 1950, p.16.

Garagorri, Paulino. «Una novela existencialista de Jean-Paul Sartre». *Insula*, no.14, February 1947, p.2.

Gill, Brendan. Review of *Troubled Sleep*. *The New Yorker*, 10 February 1951, p.101. Not seen.

Granger, Gilles. «Jean-Paul Sartre: *Les Chemins de la liberté*». *Études philosophiques*, January-March 1946, pp.72-75.

Grisoli, Christian. «*Les Chemins de la liberté*». *Paru*, no.13, December 1945, pp.11-17.
Highly favourable review.

Guerin, Raymond. «*Les Chemins de la liberté* de Jean-Paul Sartre». *Juin*, no.4, 12 March 1946. Not seen.

Guerster-Steinhausen, Eugene. «Book Reviews». *Thought*, vol.23, September 1948, pp.554-556.
On The Age of Reason, *and* The Reprieve.

Guisan, Gilbert. «Jean-Paul Sartre». *Gazette de Lausanne*, 31 May 1946.
   Highly favourable review - «Les Chemins de la liberté *sont notre* Éducation sentimentale».

Hart, H.W. «*Troubled Sleep*». *Library Journal*, vol.75, 15 December 1950, p.2150.

Hartung, Rudolf. «Die Verfremdung des Seins. Zu zwei Romanen: *Der Ekel*; *Zeit der Reife* von Jean-Paul Sartre». *Thema* (Hamburg), no.8, 1950, pp.29-30.

Heilman, Robert B. «Recent Fiction». *The Hudson Review*, vol.1, no.1, Spring 1948, pp.108, 112-116.
   On The Age of Reason, *and* The Reprieve.

Hell, Henri. «*Les Chemins de la liberté* par Jean-Paul Sartre». *Fontaine*, vol.9, no.48-49, January-February 1946, pp.352-357.

Heppenstall, Rayner. «New Novels». *The New Statesman*, 15 February 1947, pp.138-139.
   On The Age of Reason.

Hinshaw, Virgil, Jr. Review (not seen) of *The Reprieve*. *Cronos*, vol.4, 1948, p.76.

Hoog, Armand. «*Les Chemins de la liberté* de Jean-Paul Sartre». *Carrefour*, Year 2, no.61, 19 October 1945, p.6.

Kee, Robert. «Fiction». *The Spectator*, 18 August 1950, p.224.
   Review of Iron in the Soul.

Kemp, Robert. «Jean-Paul Sartre - S. de Beauvoir». *Les Nouvelles littéraires*, no.951, 1945, p.3.

Kemp, Robert. «Sartre contre Sartre». *Les Nouvelles littéraires*, no.1154, 13 October 1949, p.2.
   Severe review of La Mort dans l'âme. *Dislikes the «scènes immondes» and the foul language.*

Las Vergnas, Raymond. «Pour un snobisme de la beauté». *Les Nouvelles littéraires*, no.961, 3 January 1946, p.6.
   Generally hostile review: «nous sommes las de cet effort systématique d'avilissement de l'humain».

Le Clec'h, Guy. «Sur *Les Chemins de la liberté.*» *La Nef*, Year 3, no.19, June 1946, pp.93-96.

Lewalter, Chr. E. «Die entsetzliche Freiheit. Zu Jean-Paul Sartres *Aufschub*». *Die Zeit*, Year 5, no.25, 1950, p.4.

LeClerq, Jacques. «Sartre at his Best». *The New Republic*, vol.124, 28 May 1951, p.21.
   Review of Troubled Sleep.

Magny, Claude-Edmonde. «Les romans: existentialisme et littérature». *Poésie 46*, Year 7, no.29, January 1946, pp.58-67.
   Includes interesting comments on the Baudelairean traits of the character Daniel. In a later article «Le temps de la réflexion» (see Section 302) Magny suggests that Sartre was conscious of a certain similarity between himself and Baudelaire and that perhaps Daniel was one of his «possibles». Reprinted in Littérature et critique. *Paris: Payot, 1971, pp.91-100.*

Magny, Claude-Edmonde. Review of *Les Chemins de la liberté*. *Clartés*, no.17, 19 October 1945, p.8.

Marcel, Gabriel. «Sartre. *Les Chemins de la liberté I* et *II*». *La Nef*, Year 2, no.13, December 1945, pp.130-133.
   Marcel has much praise for Sartre's technical achievement, but great doubts about the moral climate of these two volumes. Worth reading for the pertinent comments on Sartre's prière d'insérer.

Mason, H.A. «*Les Chemins de la liberté I & II*». *Scrutiny*, vol.14, no.1, 1946, pp.2-15.

Maulet, Pierre. «Les chemins de la liberté». *Renaissances*, no.17, December 1945, pp.146-147.

Maulnier, Thierry. «*Les Chemins de la liberté*». *Vingtième Siècle*, 8-15 November 1945, p.4.

Mayberry, George. «Last Judgement». *The New Republic*, vol.117, 14 July 1947, pp.28-29.

McClure, Stewart E. Review of *The Age of Reason. Theatre Arts*, vol.31, November 1947, pp.78-80.

McClure, Stewart E. Review of *The Reprieve. Theatre Arts*, vol.32, January 1948, pp.64-65.

McLaughlin, Richard. «Argument for Existentialism». *Saturday Review*, 19 July 1947, p.13.
   On The Age of Reason.

McLaughlin, Richard. «Private Dramas». *Saturday Review*, 6 December 1947, pp.24-25.
   On The Reprieve.

Milano, Paolo. «The Men of Bad Will». *The Nation*, 10 February 1951, pp.136-137.

Millar, Ruby. «Novels». *National and English Review*, vol.135, no.812, October 1950, pp.395-396.

Millar, Ruby. «The Philosopher as Novelist». *The New English Review*, vol.14, no.3, March 1947, pp.322,324.
   On The Age of Reason.

Morton, Frederic. «The Fall of France and its Troubled Sleep in Sartre's Saga». *New York Herald Tribune Books*, 21 January 1951, p.7.

Nadeau, Maurice. «A propos de Louis Guilloux et de Jean-Paul Sartre. Le romancier et ses personnages». *Mercure de France*, vol.307, no.1036, December 1949, pp.698-703.
   Review of La Mort dans l'âme.

O'Brien, Justin. *The French Literary Horizon.* New Brunswick: Rutgers Univ. Press, 1967.
   Includes «Sartre: Roads to Freedom», *pp.313-316.*

O'Brien, Justin. «Sartre's Trilogy Volume One». *The New York Times Book Review*, 13 July 1947, p.4.

O'Brien, Justin. «The Roads to Liberty». *The New York Times Book Review*, 23 November 1947, p.26.
   On The Reprieve.

O'Brien, Justin. «Then came the Nazis». *The New York Times Book Review*, 21 January 1951, p.5.
   On Troubled Sleep.

Ott, Karl-August. «Sartres Appell an unsere Freiheit». *Aussprache* (Biberach), no.1, 1950, pp.100-102.

Painter, George. «New Novels». *The Listener*, 17 August 1950, p.247.
On Iron in the Soul.

Parrot, Louis. «*Les Chemins de la liberté*». *Les Lettres françaises*, no.79, 27 October 1945. Not seen.

Peterson, Virgilia. «*The Age of Reason*». *The Commonweal*, vol.46, no.15, 25 July 1947, p.360.

Peyre, Henri. «French Men against Frenchmen». *Saturday Review*, 20 January 1951, pp.9-10.
On Troubled Sleep.

Raymond, John. «New Novels». *The New Statesman*, 23 September 1950, pp.304,306.
On Iron in the Soul.

Reyes, Salvador. «La novela francesa y otras novelas». *Letras del Ecuador*, no.23, May 1947, p.8.

Rolo, C.J. «Reader's Choice». *The Atlantic Monthly*, vol.187, no.2, February 1951, p.87.
On Troubled Sleep.

Rousseaux, André. «*La Mort dans l'âme*». *Le Figaro littéraire*, 22 October 1949, p.2.
An unfavourable review: « ... cet ouvrage nous paraît des plus faibles ... la tranche de vie est parfaitement imitée, mais elle est en carton peint». *Rousseaux concludes:*
«Si jamais la postérité, faisant retour sur le désastre de notre siècle, se met en quête des oeuvres littéraires qui en auront su prendre la mesure, je ne vois pas que le roman de Sartre ait de quoi retenir son attention».

Rousseaux, André. «*Les Chemins de la liberté*. Les esclaves de Jean-Paul Sartre». *Le Figaro*, 20 October 1945, p.2.
The first of two articles, see also following entry.

Rousseaux, André. «*Les Chemins de la liberté*. Les prisonniers de Jean-Paul Sartre». *Le Figaro*, 27 October 1945, p.2.
This is the second part of his review of Les Chemins.

Rousseaux, André. «Romans sartriens». *France-Illustration*, no.5, 3 November 1945, p.127.

Snow, C.P. «Intelligent M. Sartre». *The Sunday Times*, 6 August 1950, p.3.
   On Iron in the Soul.

Spender, Stephen. «Sartre's Existential Comedy». *The Nation*, 28 February 1948, pp.239-241.
   On The Reprieve.

Thiébaut, Marcel. «Jean-Paul Sartre». *Revue de Paris*. vol.52, no.9, December 1945, pp.103-107.
   A highly favourable and interesting review in spite of Thiébaut's occasional flippancy and obvious dislike of Sartre's universe.

Thomas, Henri. «De l'intime à l'épique: Jean-Paul Sartre». *Terre des hommes*, no.4, 20 October 1945. Not seen.

Trilling, Diana. «Sartre's Research». *The Nation*, 9 August 1947, pp.146-147.

Weightman, John. «Sartre in decline». *Tribune*, no.714, 15 September 1950, pp.24-25.
   On Iron in the Soul.

Wilson, Edmund. «Jean-Paul Sartre on the Impotence of France». *The New Yorker*, 22 November 1947, pp.125-127.
   On The Reprieve.

Wilson, Edmund. «Jean-Paul Sartre, the Novelist and the Existentialist». *The New Yorker*, 2 August 1947, pp.58, 60-63.
   Reprinted in Classics and Commercials. *New York: Farrar, Strauss, 1950, pp.393-403.*

Yanitelli, Victor R. Review of *Troubled Sleep*. *Best Sellers*, vol.10, 15 February 1951, p.201.

Yéfime. «*Les Chemins de la liberté*. Tome II - *Le Sursis*». *Esprit*, vol.13, December 1945, pp.971-973.
   N.B. The preceding pages of this issue (pp.969-971) contain Béguin's review of the first volume.

2
Drama and Cinema

Adamov, Arthur. *Ici et maintenant.* Paris: Gallimard (coll. Pratique du théâtre, no.5), 1964. 243pp.

Alvarez Hernández, Dictino. *Fe y ateismo en el teatro moderno* (Lección inaugural del curso académico 1968-1969). Salamanca: Univ. Pontificia de Salamanca, 1968. 29pp.

Audry, Colette. «La situation de l'héritier dans le théâtre de Sartre». In *Le Théâtre tragique,* ed. Jean Jacquot. Paris: C.N.R.S., 1962. See pp.451-457.

Audry, Colette. «Connaissance de Sartre». Special number («Texte et présentation de Colette Audry») of *Cahiers de la Compagnie Madeleine Renaud-Jean-Louis Barrault,* Year 3, no.13, October 1955. 126pp.

Barnes, Hazel E. *Sartre.* London: Quartet Books, 1974. 148pp.
  A parallel study of Sartre's theatre and philosophy.

Barrault, Jean-Louis. *Réflexions sur le théâtre.* Paris: Vautrain, 1949. 203pp.
  Includes «Rencontre avec Jean-Paul Sartre», pp.132-133.

Barrault, Jean-Louis. *Une Troupe et ses auteurs; extraits et commentaires à propos de: Shakespeare, Molière, Marivaux, Claudel, Gide, Kafka, Feydeau, Achard, Sartre.* Paris: Cie Renaud-Barrault & Vautrain, 1950. 254pp.

Bentley, Eric. *The Playwright as Thinker.* New York: Reynal, 1946; New York: Noonday Press (paperback), 1955.
  Includes «From Strindberg to Sartre», pp.217-246 (1955 ed.).

Bentley, Eric. *The Theatre of Commitment and Other Essays on Drama in our Society.* New York: Atheneum, 1967. 241pp.
  Includes occasional brief references to and discussion of Sartre.

Boisdeffre, Pierre de. *Métamorphoses de la littérature. Tome 2, de Proust à Sartre.* Paris: Alsatia, 1963.
  See «Le Théâtre de Sartre», pp.275-295.

Boros, Marie-Denise. *Un Séquestré: L'homme sartrien. Étude du thème de la séquestration dans l'oeuvre littéraire de Jean-Paul Sartre.* Paris: Nizet, 1968. 253pp.
Also discusses the novels.

Bremen, Rudolph S. *Free Man's Responsibilities in the Theatre of Jean-Paul Sartre.* Dissertation, University of Pittsburgh. See *D.A.*, vol.21, 1960, 619.

Brisson, Pierre. *Propos de Théâtre.* Paris: Gallimard, 1957. 232pp.
Includes «*Le cas Sartre*», *pp.21-53*.

Brombert, Victor. «Sartre and the Drama of Ensnarement». In *Ideas in the Drama*, ed. John Gassner. New York: Columbia Univ. Press, 1964. See pp.155-174.

Champigny, Robert. *Le Genre dramatique. Essai.* Monte-Carlo: Éd. Regain, 1965. 219pp.

Chiappa, Vincenzo. *Pirandello e Sartre.* Florence: Kursaal, 1967.

Chiari, Joseph. *Contemporary French Theater.* New York: Macmillan, 1959.
Includes section on Sartre, pp.141-169.

Cluzel, Magdaleine. *Glimpses of the Theater and Dance.* New York: Kamin, 1953. See pp.38-44.

Coenen-Mennemeier, B. *Einsamkeit und Revolte. Französische Dramen des 20. Jahrhunderts* (Giraudoux, Sartre, Camus, Anouilh, Montherlant, Ionesco, Beckett). Dortmund: 1966.

Cohn, Ruby. *Currents in Contemporary Drama.* Bloomington and London: Indiana University Press, 1969. 276pp.

Corrigan, Robert W. (ed.). *Theatre in the Twentieth Century.* New York: Grove Press, 1963.

Corvin, Michel. *Le Théâtre nouveau en France.* Paris: P.U.F, (coll. Que sais-je?), 1966 (2nd ed.). 127pp.

Croce, Benedetto. *Nuove pagine sparse*, vol.II. Naples, Ricciardi, 1949; Bari: Laterza, 1966. 405pp.
Includes «*Impressioni sul Sartre*», *pp.166-170, 204*. On Sartre's first three published plays.

Curtis, Anthony. *New Developments in the French Theatre.* London: The Curtain Press, 1948.

Dellevaux, Abbé Raymond. *L'Existentialisme et le théâtre de Jean-Paul Sartre.* Brussels: Édit. La Lecture au foyer, 1951; 1953, 2nd edition. 34pp.
Lecture given to the Cercle académique St-Capistran (Brussels) on 21 November 1951.

Dietrich, Margret. *Das moderne Drama. Strömungen - Gestalten - Motive.* Stuttgart: Kröner (Kröners Taschenausgabe, 220), 1961. 648pp.

Diez del Corral, Luis. *La Función del mito clásico en la literatura contemporánea.* Madrid: Ed. Gredos, 1957. 248pp.

Domenach, Jean-Marie. *Le Retour du tragique.* Paris: Seuil, 1967. 298pp.
Sartre is marginally discussed in the following sections: Part I, Chapter 6; Part III, Chapters 1 and 2. But the book is well worth reading.

Dullin, Charles. *Ce sont les dieux qu'il nous faut* (Éd. établie et annotée par Charles Charras. Préface d'Armand Salacrou). Paris: Gallimard, 1969. 316pp.

Dussane, Béatrix. *J'étais dans la Salle.* Paris: Mercure de France, 1963. 228pp.

Duvignaud, Jean. *Le Théâtre et après.* Tournai: Casterman (coll. M.O., 15), 1971. 148pp. See pp.63-66.

Duvignaud, Jean. *Spectacle et société* (Du théâtre grec au happening. La fonction de l'imaginaire dans les sociétés). Paris: Denoel/Gonthier (coll. Bibliothèque Médiations) 1970. 164pp.

Fechter, Paul. *Das europäische Drama. Geist und Kultur im Spiegel des Theaters.* Vol.3: *Vom Expressionismus zur Gegenwart.* Mannheim: Bibliographisches Institut, 1958. 544pp.

Ferrieri, Enzo. *Novità di teatro*, Vol.2. Turin: Ed. Radio Italiana, 1952. 205pp.

Fowlie, Wallace. *Dionysus in Paris: A Guide to Contemporary French Theatre.* New York: Meridian, 1960. See pp.166-183.

Galler, Dieter. *Kretschmers Typologie in den dramatischen Charakteren Jean-Paul Sartres.* Munich: Hueber (Langue et parole. Sprach- und literaturstrukturelle Studien,8), 1967. 90pp.

Gascoigne, Bamber. *Twentieth Century Drama.* London: Hutchinson, 1962.
 Includes «Jean-Paul Sartre, 1905 -», pp.152-157.

Gassner, John. *Dramatic Soundings.* New York: Crown Publishers Inc., 1968. 716pp.
 Includes «The Condemned of Altona», p.554-557.

Gassner, John. *Masters of the Drama.* New York: Dover Publications, 1954 (3rd ed. revised & enlarged). 890pp.

Ginestier, Paul. *Le Théâtre contemporain dans le monde.* Paris: P.U.F., 1961.
 Includes analysis of Les Mains sales, *pp.72-75, plus frequent references to Sartre.*

Gore, Keith O. *The Treatment of Personal Relations in the Plays of Jean-Paul Sartre.* M.A. thesis, University of Wales, 1958.

Grossvogel, David I. *The Self-Conscious Stage in Modern French Drama: Jarry to Beckett.* New York: Columbia Univ. Press, 1958. See pp.123-146.

Guerrero Zamora, Juan. *Historia del teatro contemporáneo,* Vol.III. Barcelona: Juan Flors, 1962. 581pp.
 See «Jean-Paul Sartre», pp.407-449.

Guicharnaud, Jacques & June Beckelman. *Modern French Theatre from Giraudoux to Beckett.* New Haven & London: Yale Univ. Press, 1961.
 See Guicharnaud, «Man and his Acts, Sartre and Albert Camus», pp.131-152.

Heering, H.J. *Tragiek. Van Aeschylus tot Sartre.* s'Gravenhage: L.J.C. Boucher, 1961. 241pp.

Heppenstall, Rayner. *The Intellectual Part.* London: Barrie & Rockliff, 1963. 224pp.
 Discusses the London productions of La P..., Men without Shadows, *and* Huis clos, *pp.76-79.*

GENERAL STUDIES. BOOKS   **200**

Highet, Gilbert. *The Classical Tradition. Greek and Roman Influences on Western Literature.* New York: O.U.P., 1949. 763pp.
  Brief references to Les Mouches *pp.532,538,539.*

Hobson, Harold. *The French Theatre of Today: An English View.* London: Harrap, 1953; New York: Blom, 1965.

Jamet, Claude. *Images mêlées de la littérature et du théâtre.* Paris: Éd. de l'Élan, 1947. 298pp.
  Includes reprint of «*L'enfer selon Saint Sartre*», *pp.13-18. See Section 208.*

Jeanson, Francis. *Sartre par lui-même* (Images et textes présentés par Francis Jeanson). Paris: Seuil (coll. Écrivains de toujours), 1955. 191pp. New edition 1967.

Jones, Robert Emmet. *The Exiled Hero in Contemporary French Drama.* Dissertation, Columbia University. See *D.A.*, vol.14, 1954, 1724-1725.

Jones, Robert Emmet. *The Alienated Hero in Modern French Drama.* Athens (Ga.): Univ. of Georgia Press (Univ. of Georgia Monographs, 9), 1962.

Judrin, Roger. *Moralités littéraires.* Paris: Gallimard, 1966. 231pp.
  Includes «*Une pureté fabuleuse*», *pp.162-168, on* L'Engrenage. *See also* «*Un cathare*», *pp.160-162.*

Kaufmann, Walter. *Tragedy and Philosophy.* New York: Doubleday, 1968.
  Includes «*Are* Dirty Hands *and* The Flies *Tragedies?*» *pp.263-269.*

Kemp, Robert. *La Vie du théâtre.* Paris: Albin Michel, 1956. 333pp.
  See pp.225-238. Reprints reviews of Les Mains sales, Les Mouches, Le Diable et le Bon Dieu.

Kesting, M. *Panorama des zeitgenössischen Theaters.* Munich: 1962.

Klein, Maxine M. *The Theatre of Crisis: A Study of the Plays of Jean-Paul Sartre and Albert Camus.* Dissertation, Cornell University. See *D.A.*, vol.24, 1964, 3881.

Kowatzki, I. *Der Begriff des Spiels als asthetisches Phenomen von Schiller bis Sartre.* Dissertation, Stanford University, 1969. See *D.A.*, vol.30, 1969-70, 5448A.

Krysinski, W. *Essai d'analyse des structures thématiques chez Pirandello et chez certains écrivains français: Gide, Lenormand, de Ghelderode, Sartre et Genet.* Strasbourg: Univ. of Strasbourg, 1967.

Kummer, B. *Fehlentscheidung des deutschen Theaters. Sartre. Kritik und Warnung.* Zeven: 1960.

Lecarme, Jacques. *Les Critiques de notre temps et Sartre.* Paris: Garnier, 1973. 192pp.
Includes criticism on Sartre's theatre by Leiris, Marcel, Laing, Verstraeten, Jeanson, Barthes, Dort, Sandier, pp.73-102.

Leclerc, Guy. *Les grandes aventures du théâtre*, préface de Jean Vilar. Paris: Éds Français Réunis, 1965. 395pp.
See «Les courants contemporains: J.-P. Sartre», pp.334-336.

Lioure, Michel. *Le Drame.* Paris: Colin (coll. U: Série *Lettres françaises*), 1963. 419pp.

Lumley, Frederick. *Trends in 20th Century Drama.* Fairlawn, N.J.: Essential Books; London: Rockliff, 1956.
Includes «Existence in Theory: Jean-Paul Sartre», pp.145-163.

Marcel, Gabriel. *L'Heure théâtrale. De Giraudoux à Jean-Paul Sartre.* Paris: Plon, 1959. See pp.214-219.

Markus, Thomas B. *The Concept of Communion in the Modern French Theater.* Dissertation, Tulane University. See *D.A.*, vol.23, 1963, 4460-4461.

Matthews, Honor. *The Hard Journey. The Myth of Man's Rebirth.* London: Chatto & Windus, 1968. 208pp.
See «The hard journey in the plays of Eliot and Sartre», pp.91-96.

Matthews, Honor. *The Primal Curse: The Myth of Cain and Abel in the theatre.* London: 1967.
See Chapter V, «J.-P. Sartre: The Existentialist Murderer».

Maulnier, Thierry. *Théâtre de France.* Paris: Les Publications de France, 1951. 198pp.
Includes «Du premier au dernier Sartre», pp.64-65.

McCall, Dorothy. *Action and its Image: A Critical Study of the Plays of Jean-Paul Sartre.* Dissertation, University of Colombia, 1967. See *D.A.*, vol.28, no.2, August 1967, 684-685A.

McCall, Dorothy. *The Theater of Jean-Paul Sartre.* New York: Columbia Univ. Press, 1969.

Mennemeier, Fr. N. *Das moderne Theater des Auslandes.* Düsseldorf: 1961.
Includes «Sartre», pp.172-192.

Muller, H.J. *Spirit of Tragedy.* New York: Knopf, 1956.
Includes «Existentialist Tragedy: Sartre», pp.302-311.

Müller, Horst. *Moderne Dramaturgie. Texte zum Verständnis des modernen Theaters.* Frankfurt a/Main: Verlag Moritz Diesterweg (Studientexte für den Deutschunterricht), 1967. 106pp.

Nelson, Robert J. *Play Within a Play: The Dramatist's Conception of his Art: Shakespeare to Anouilh.* New Haven: Yale Univ. Press, 1958.
Includes «Sartre: The Play as Lie», pp.100-114.

Nicoll, Allerdyce. *World Drama.* New York: Harcourt, 1949.
Includes «Theater in the Midst of the War and After», pp.897-918.

North, R.J. *Myth in the Modern French Theatre.* Keele: Univ. of Keele, 1963. 18pp.
Inaugural lecture by Professor North includes brief reference to Les Mouches.

Pandolfi, Vito. *Spettacolo del secolo. Il teatro drammatico.* Pisa: Nistri-Lischi, 1953. 414pp.
Includes «Gli atteggiamenti di J.-P. Sartre», pp.147-150; & «I morti senza sepoltura», pp.272-279.

Raphael, David D. *The Paradox of Tragedy.* London: Allen; Bloomington: Indiana Univ. Press; Toronto: Copp, 1960.

Ray, F.L. *An Analytical Study of Three Representative Existential Dramas of Jean-Paul Sartre in Terms of Aristotelian Structural Criteria of Tragedy.* Univ. of S. Calif., 1966. *D.A.*, vol.28, February 1967, 2652A.

Sandier, Gilles. *Théâtre et combat. Regards sur le théâtre actuel. Essai.* Paris: Stock, 1970. 368pp.

Schulze Vellinghausen, A. *Theaterkritik.* Hanover: 1961.
Includes «Im Räderwerk, Der Teufel und der liebe Gott, Nekrassow, Die Eingeschlossenen», *pp.182-187.*

Scorer, M.P. *Comparison Between Sartre and Anouilh: Their Dramatic Methods.* M.A. thesis, Manchester University, 1953.

Simon, Pierre-Henri. *Théâtre et destin.* Paris: Armand Colin, 1959. 224pp.
Includes «*L'Autre dans le théâtre de Jean-Paul Sartre*», *pp.165-189.*

Singerman, B. *Jean Vilar i drugie.* Moscow: Izdatelstvo V.T.O., 1964. 243pp.
General discussion of modern English, French and German theatre, includes comparative assessment of Sartre and Brecht. (In Russian)

Skloot, Robert. *The Uses of Time in Modern Drama.* Dissertation, Univ. of Minnesota, 1968. See *D.A.*, vol.29, no.8, February 1969, 2829A-2830A.

Stenström, Thure. *Existentialismen. Studier i dess idétradition och litterära yttringar.* Stockholm: Natur och Kultur, 1966. 346pp.
Includes «*Sartres Les Mouches*», *pp.190-260.*

Styan, J.L. *The Dramatic Experience (A Guide to the Reading of Plays).* Cambridge: C.U.P., 1965.

Surer, Paul. *Cinquante ans de théâtre.* Paris: S.E.D.E.S., 1969. 464pp.
See Chapter II, pp.267-277.

Szondi, Peter. *Theorie des modernen Dramas.* Frankfurt a/Main: Suhrkamp, 1966 (Revised ed.). 169pp.
See pp.99-104 on existential theatre, including Les Mouches *and* Huis clos.

Towarnicki, Frederic and Aline Elmayan (eds). *Encyclopédie du théâtre contemporain.* Vol. II: *1914-1950.* Paris: Olivier Perrin, 1959. 211pp.

GENERAL STUDIES. BOOKS **200**

Trooz, Charles de. *Le Concert dans la bibliothèque.* Brussels: 1959.
Includes «*Littérature et impiété*», *pp.137-151.*

Upchurch, Norma. *The Theater of Jean-Paul Sartre: Myth, Freedom and Commitment.* Dissertation, Duke University, 1966. See *D.A.*, vol.27, no.11, May 1967, 3885A.

Ventosa Palanca, S. *El Argot en el teatro de Sartre.* Barcelona: 1958.

Verhoeff, Johan Peter. *Sartre als toneelschrijver. Een literairkritische studie.* Groningen: J.B. Wolters, 1962. 322pp.

Verstraeten, Pierre. *Violence et éthique. Esquisse d'une critique de la morale dialectique à partir du théâtre politique de Sartre.* Paris: Gallimard, 1972.
  An excellent study.

Welsbacher, Richard C. *Four Projections of Absurd Existence in the Modern Theatre.* Dissertation, Ohio State University. See *D.A.*, vol.25, 1965, 7423-7424.

Williams, Raymond. *Drama from Ibsen to Brecht.* London: Chatto & Windus, 1968. 352pp.
  Includes brief references to Sartre and a short discussion of Les Mouches, *pp.225-227.*

Zehm, Günter A. *Jean-Paul Sartre.* Velber bei Hannover: Friedrich Verlag (Dramatiker des Welttheaters, 8), 1965. 154pp.

Zivanovic, Judith K. *Humanism in the Drama of Bertold Brecht and Jean-Paul Sartre.* Dissertation, Univ. of Wisconsin, 1968. See *D.A.*, vol.30, no.1, July 1969, 433A.

Adereth, M. «Sartre and Wesker - Committed Playwrights». *Comment*, vol.4, July-August 1964, pp.18-28.

Ahlenius, Holger. «Från Stockholms teatrar». *Ord och Bild*, Year 58, vol.7, 1949, pp.338-352.

Allen, Marcus. «The Role of the 'Lâche' in the Theatre of Jean-Paul Sartre». *College Language Association Journal*, vol.4, March 1961, pp.175-187.

Ambrière, Francis. «Jean-Paul Sartre au Théâtre Edouard VII». *Opéra*, Year 6, no.189, 12 January 1949, p.3. Not seen.

Ammendola, Rosine. «Le Théâtre de Sartre. Solitude, liberté et responsabilité». *Le Cri du Monde*, March 1969, pp.46-49.

Anex, Georges. «Théâtre par Jean-Paul Sartre». *Formes et Couleurs*, no.3, 1947. Not seen.

Anon. «A la Sorbonne: un 'amphi' de J.-P. Sartre sur le théâtre». *Le Figaro littéraire*, 2 April 1960, p.13.
   A report on Sartre's lecture on Brecht and bourgeois theatre. The article consists mainly of fascinating brief quotes from Sartre, any of which could serve admirably as university exam topics.

Anon. «Chez les écrivains». *Le Figaro littéraire*, 19 March 1960, p.5.
   Brief notice that Sartre will lecture at the Sorbonne on 29 March at the invitation of the Association théâtrale des étudiants de Paris.

Anon. «Chez les écrivains». *Le Figaro littéraire*, 2 January 1960, p.12.
   Brief item on Sartre's return from Ireland following filming of Freud's life. Also includes notice of forthcoming publication by Gallimard of Les Séquestrés d'Altona.

Anon. «Jean-Paul Sartre dramaturge déclare la guerre à la psychologie et se fait l'apôtre du mythe». *La Voix de Paris*, 26 June 1946.

Résumé with many quotes of «Forgers of Myths» which Sartre published in Theater Arts, *vol.30, no.6, June 1946, pp.324-335.*

Anon. «Jean-Paul Sartre veut réformer...les goûts du public». *Le Figaro*, 27 January 1956, p.10.
   Brief item on article by Sartre in Soviet theatre review.

Anon. «Jean-Paul Sartre: 'Raspoutine? J'y réfléchirai...'» *Le Figaro*, 10 November 1959, p.16.
   Brief notice that Sartre might write a filmscript on Rasputin.

Anon. «Jean-Paul Sartre: 'Le cinéma vaut la littérature. Je ferai un film par an.'» *Le Figaro*, 18 March 1955, p.12.
   Brief item, no film titles mentioned.

Anon. «L'existentialisme gagne l'Amérique». *L'Ordre de Paris*, 29 February 1948.
   Brief notice that Thornton Vilder (sic) is working on an adaptation of a Sartre play. N.W.C.

Anon. «Prochaine pièce de Sartre: un néo-misanthrope». *Le Figaro*, 20 November 1962, p.20.
   Brief news item. N.W.C.

Anon. «Sartre écrira le scénario d'un film d'action dès qu'il aura fini d'adapter Les Sorcières de Salem». *Le Figaro*, 18 November 1955, p.10.
   Brief item. N.W.C.

Anon. «Sartre et le théâtre». *Juin*, 23 July 1946.
   Brief résumé of «Forgers of Myths».

Anon. «Sartre et les grands du théâtre». *Le Nouvel Observateur*, 18-25 January 1967, p.33.
   On Sartre's public lecture on the theatre in Bonn on 4 December 1966.

Anon. «Zan-Pol Sartr». *Teatr* (Moscow), Year 17, no.1, 1956, pp.156-159.

Anon. Brief notice that Sartre is preparing a film scenario of Zola's *Germinal. Dimanche Matin*, 22 July 1956.

Anon. Brief notice that Unity theatre club, London, will present a play by Sartre. *Le Figaro*, 4 January 1956, p.8. N.W.C.

GENERAL STUDIES AND PRESS ARTICLES 201

Anon(?). «Die Szene bei Jean-Paul Sartre». *Christ und Welt* (Stuttgart), Year 2, no.32, 1949, p.8.

Anon(?). «L'Homme qui gagne de l'argent au théâtre». *Le Figaro*, 31 December 1946, p.4. Not seen.

Anon(?). «Sartr za frenskata dramaturgija i teatur». *Literaturen Front* (Sofia), Year 12, no.22, 1956, p.6.

Anon(?). «Sartre et le théâtre». *Juin*, 23 July 1946. Not seen.

Aragonés, Juan Emilio. «Jean-Paul Sartre, dramaturgo». *La Estafeta Literaria*, no.392, 23 March 1968, p.33.

Baratier, Jacques. «Pour un théâtre d'engagement...» *Carrefour*, no.3, 9 September 1944. Interview.

Bardèche, Maurice. «Jean-Paul Sartre et 'la Reine de Césarée'». *Les Cahiers des Amis de Robert Brasillach*, no.8, 6 February 1960, pp.95-101.
 This number entitled La Bataille de 'Bérénice'.

Bauzyte, G. «Asmenybes laisves problema Sartre dramaturgijoje». *Literatura*, vol.10, 1967, pp.99-110.

Beigbeder, Marc. «Le théâtre de Sartre». *Éducation nationale*, Year 15, no.25, 24 September 1959, pp.16-17,23.

Beigbeder, Marc. «Théâtre philosophique? Comment le théâtre vient à la philosophie. Comment la philosophie vient au théâtre». *Esprit*, Year 17, no.10, October 1949, pp.552-580.

Beigbeder, Marc. «Théâtre philosophique? II. Sartre». *Esprit*, Year 17, no.12, December 1949, pp.924-942.

Belluc, Roger. «Propos sur le théâtre». *Revue de la Méditerranée*, vol.4, no.20, July-August 1947, pp.466-473. Not seen.

Benítez Claros, Rafael. «Teatro europeo del existencialismo al antiteatro». *Revista de la Universidad de Madrid*, vol.9, no.33, 1960, pp.235-254.

Bentley, Eric. «Sartre's Struggle for *Existenz*». *The Kenyon Review*, vol.10, Spring 1948, pp.328-334.

Bentley, Eric. «Sartre's Struggle for *Existenz*». In *Sartre: A Collection of Critical Essays*, ed. E. Kern (q.v. Section 600), pp.73-79.
   Reprinted from the The Kenyon Review, vol.10, 1948, pp.328-334.

Billard, Pierre. «Sur un scénario de 1000 pages de Jean-Paul Sartre, Montgomery Clift mène à Vienne une étrange enquête». *Le Nouveau Candide*, 2 November 1961.
   On the making of Huston's life of Freud. Little on Sartre. N.W.C.

Blau, Herbert. «Meanwhile, Follow the Bright Angels». *Tulane Drama Review*, vol.5, Autumn 1960, pp.89-101.

Blau, Herbert. «The Popular, the Absurd, and the *Entente cordiale*». *Tulane Drama Review*, vol.5, Spring 1961, pp.119-151.

Boer, Jo. «Aanteekeningen over het hedendaagsche Fransche toneel». *Erasme*, vol.1, 1946, pp.38-52. Not seen.

Boros, Marie-Denise. «L'Antinaturalisme des personnages de Jean-Paul Sartre». *French Review*, vol.40, no.1, October 1966, pp.77-83.
   Includes discussion of the novels as well.

Boucher, Lucienne. «Le nouveau théâtre de Sartre». *Amérique Française*, Year 6, no.2, February 1947, pp.43-46.

Brereton, Geoffrey. «The French Theatre in 1659 and 1959». In *Essays by Divers Hands*, ed. Peter Green. London: O.U.P., 1962.
   See pp.1-15. Discusses, inter alia, the similarity between Corneille and Sartre.

Brisson, Pierre. «Le cas Sartre et le théâtre». *Le Figaro littéraire*, 4 October 1947, pp.1,3.
   An interesting contemporary study of Sartre, including an analysis of Morts sans sépulture, *by the director of* Le Figaro. *At times, the article gives a vivid impression of Sartre the creator. In the following bravoura passage Brisson evokes the bourgeois nightmare that Sartre must have been to many:*
   «*Quasimodo de la matière, avec un torse énorme ceinturé de muscles en cordes, je vois sa mâchoire carrée, ses bras d'acrobate, son effrayante agilité, je le vois glissant d'une lucarne, accroché des doigts à la gouttière, collant la chair de son visage contre une vitre sordide, je le vois demi-homme, demi-monstre, tout en biceps et en cerveau, humant partout les plus fortes senteurs humaines et*

régnant sur un univers de ténèbres, peuplés de masses informes, où il pétrit de ses mains la pâte même des choses».

Brombert, Victor. «Jean-Paul Sartre and the Drama of Ensnarement». *Ideas in the Drama*, vol.7, 1964, pp.155-174.

Brunner, August. Review of Maria Otto *Reue und Freiheit* (q.v. Section 203 or 407). *Stimmen der Zeit*, vol.170, no.8, May 1962, pp.153-154.

Burdick, Dolores M. «The Concept of Happiness in the Modern French Theatre». *Papers of the Michigan Academy of Science, Arts, and Letters*, vol.50, 1965, pp.609-620.

Burgelin, Fr. «Jean-Paul Sartre. *Un théâtre de situations*». *Bulletin du Centre Protestant d'Etudes et de Documentation*, no.186, 1974.
Favourable half-page review. N.W.C.

Cabanis, André. «Jean-Paul Sartre: *Un théâtre de situations*». *L'École* (Paris), 27 April 1974.
Brief review. N.W.C.

Carr, Philip. «The Theatre in Paris». *World Review*, December 1947, pp.41-45.

Charmel, André. «Le théâtre de Jean-Paul Sartre». *Europe*, Year 28, no.50, February 1950, pp. 43-53.

Chazel, Pierre. «Le tragique de la connaissance dans le théâtre de Sartre et de G. Marcel». *Revue d'Histoire et de Philosophie religieuses*, vol.30, 1950, pp.81-92.

Chentrens, Roberto C. «Ricerca dei valori nel teatro di J.-P. Sartre». *Il Pensiero critico*, no.4, October-December 1959, pp.30-62.

Clark, A.F.B. «Jean-Paul Sartre». *The Canadian Forum*, vol.37, April 1958, pp.11-14.
General survey of Sartre's drama.

Clurman, Harold. «Theatre - Mostly Sartre». *The New Republic*, vol.120, 10 January 1949, pp.19-20.

Cohn, Ruby. «Dialogue of Cruelty». *The Southern Review*, vol.3, no.2, April 1967, pp.322-340.
Discusses several modern plays, but Sartre is mentioned frequently.

Curtis, Anthony. «Cross-Channel writing». *Tribune*, 6 April 1951, p.19.
A general survey which includes brief reference to Huis clos, *and* Les Mouches.

D., A. «Teatro de Sartre». *Revista Europa*, no.574, 15 April 1969, p.13.

Damiens, Claude. «Le racisme chez Sartre, Genet et Aymé». *Paris-Théâtre*, Year 15, no.179, 1962, pp.16-17.

Davis, R.G. & Berg, P. «Sartre through Beckett». *The Drama Review*, vol.12, no.1, Fall 1967, pp.132-136.

Dietrich, Margret. «Jean-Paul Sartre und seine existentiellen Dramen: von den *Fliegen* bis zu den *Eingeschlossenen*». *Universitas* (Stuttgart), no.23, 1968, pp.795-799.

Dort, Bernard. «Jean-Paul Sartre nous parle de théâtre». *Théâtre populaire*, no.15, September-October 1955, pp.1-9.
Interview. See also: «Controverse J.-P. Sartre-Jean Vilar» *in* L'Express, *24 November 1955, and the entry under Vilar in this Section.*

Dort, Bernard. «Le Jeu du théâtre et de la réalité». *Les Temps modernes*, no.263, April 1968, pp.1857-1877.
Mentions Les Mains sales, & Les Séquestrés; *but only in passing.*

Douchin, Jacques. «Sources et signification du rire dans le théâtre de Jean-Paul Sartre». *Revue des Sciences humaines*, vol.33, no.131, April-June 1968, pp.307-314.

Dukes, Ashley. «The Scene in Europe». *Theatre Arts*, vol.29, March 1945, pp.145-151.

Elizalde, Ignacio, S.J. «Teatro comprometido». *Razón y Fe*, no.844, May 1968, pp.535-541.

Epting, Karl. «Das Motiv der Gefangenschaft in Sartres Schauspielen und in seiner Philosophie». *Christ und Welt*, Year 13, no.21, 1960, p.16. Not seen.

Erichsen, Sven. «Sartre og Anouilh». *Athenaeum*, Year 1, no.4, Autumn 1946, pp.281-292.

GENERAL STUDIES AND PRESS ARTICLES 201

Falconi, Carlo. «Appunti per un discorso sul teatro esistenzialista francese». *Humanitas*, Year 2, no.11, November 1947, pp.1107-1122.

Fauve, Jacques. «A Drama of Essence: Salacrou and Others». *Yale French Studies*, no.14, Winter 1954-55, pp.30-40.

Fergusson, Francis. «Sartre as Playwright». *Partisan Review*, vol.16, April 1949, pp.407-411.

Ferla, Patrick. «Sartre et le théâtre de... Jean-Paul Sartre». *Tribune-Matin* (Lausanne), 4 February 1974, p.18.
Favourable review of Un théâtre de situations. *N.W.C.*

Ferro, Hellen. «El teatro de Sartre en Buenos Aires». *Ficción*, no.6, March-April 1957, pp.89-92.

Flanner, Janet. «The Paris Theatre». *The Observer*, 15 January 1950, p.6.

Frank, Helmar. «Jean-Paul Sartre: Theatre». *Philosophischer Literaturanzeiger* (Schlehdorf), vol.2, no.4, 1950, pp.145-149.

Fredericia, W. «Bestätigen Jean-Paul Sartres Dramen und Romane sein existenzialistisches Denken?» *Die Zeit*, Year 5, no.17, 1950, p.4. Not seen.

Friedrich, Heinz. «Sartre in der Kirche. Rede in der Paulskirche». *Die Zeit*, Year 5, no.26, 1950, p.3.

Fruchter, N. «Sartre and the Drama of Choice». *Encore*, July-August 1962, pp.35-42.

Gaevskij, V. «Sartre i razvitie sovremennoj francuzskoj dramy». *Teatr* (Moscow), Year 20, no.9, 1959, pp.176-183.
On Sartre and the development of modern French drama.

Galet, Gérard. «Le théâtre allemand». *Verger*, no.4, 1948, pp.90-94. Not seen.

García-Luengo, Eusebio. «Notas sobre el teatro moderno». *Revista*, no.25, 2 December 1952, pp.11-12.

Gassner, John. «Forms of Modern Drama». *Comparative Literature*, vol.7, Spring 1955, pp.129-143.

Geissman, Erwin W. «Existentialist Theater». *Renascence*, vol.3, Spring 1951, pp.160-164.

Ginies, L. «Jean-Paul Sartre dramaturge par le professeur Pierre Vincent et les élèves de l'École d'Art dramatique».
  N.W.C. This unidentified clipping is in Fonds Rondel R. Supp. 5536, p.40.

Glicksberg, Charles I. «Nihilism in Contemporary Literature». *Nineteenth Century and After*, vol.144, October 1948, pp.214-222.
  Includes brief reference to Les Mouches.

Goldmann, Lucien. «Problèmes philosophiques dans le théâtre de Jean-Paul Sartre: l'itinéraire d'un penseur». *L'Homme et la Société*, July-September 1970, pp.5-34.

Goldmann, Lucien. «The theater of Sartre». *The Drama Review*, vol.15, no.1, Fall 1970, pp.102-119.

Gore, Keith O. «The theater of Sartre: 1940-1965». *Books Abroad*, Spring 1967, pp.133-149.
  An interesting general essay.

Gouhier, Henri. «Sens du tragique». *Revue théâtrale*, no.1, May-June 1946, pp.26-34. Not seen.

Gozzi, Luigi. «Nota per une utilizzazione del teatro sartriano». *Il Verri*, Year 5, no.6, December 1961, pp.99-106.

Grodent, Michel. «Sartre: 'Qu'est-ce que c'est devenir rhinocéros?'». *Journal d'Europe*, 23 October 1973, p.63.
  Favourable full-page review of Un théâtre de situations.

Guicharnaud, Jacques. «Man and his Acts». In *Sartre: A Collection of Critical Essays*, ed. E. Kern (see Section 600), pp.62-72.
  Reprinted from Modern French Theatre from Giraudoux to Beckett.

Hamberg, Lars. «Teater». *Nya Argus*, Year 45, no.5, 1 March 1952, p.72. Not seen.

Heidelberger, E. «Schwarzes Theater in Paris». *Umschau* (Mainz), Year 2, 1947, pp.442-449.

Hethmon, Robert H. «Total Theatre and Yeats». *The Colorado Quarterly*, vol.15, no.4, Spring 1967, pp.361-377.
Brief reference to the existentialism of Orestes on p.373.

Heymann, Stefan. «Soll man Existentialphilosophie im Theater predigen?» *Schöpferische Gegenwart* (Weimar), Year 1, no.1, 1948, pp.51-53.

Hjern, Kjell. «Goeteborgsteater». *Ord och Bild*, Year 62, no.7, 1953, pp.373-383.

Hobson, Harold. «French Drama: Occupation Influence Has Dwindled». *The Christian Science Monitor*, 16 December 1950, p.9.

Hubert, René. «Patterns in the Anti-Novel». *Forum*, vol.3, no.8, Fall 1962, pp.11-15. Not seen.

Ingham, Patricia. «The Renaissance of Hell». *The Listener*, 3 September 1959, pp.349-351.
Also on Anouilh, Beckett, and Cocteau.

Ionescu, R. «La Personnalité humaine dans le théâtre de Jean-Paul Sartre». *Analele stiintifice ale Universitatii 'Al. I. Cuza' din Iasi ... Literatura* , 1969, pp.65-72. Not seen.

Jackson, R.F. «Sartre's Theatre and the Morality of Being». In *Aspects of Drama and the Theatre. Five Kathleen Robinson Lectures delivered at the University of Sydney 1961-1963*. Sydney: Sydney Univ. Press, 1965. 197pp. See pp.33-70. This lecture was given on 6 September 1961.

Jäkel, Werner. «Antike Stoffe in einigen Dramen der Gegenwart». *Sammlung*, vol.13, 1958, pp.178-195.

Jeanson, Francis. «Das Thema der Freiheit in Sartres dramatischen Werk». *Antares*, vol.2, no.7, 1954, pp.67-75.

Jeanson, Francis. «Le théâtre de Sartre ou les hommes en proie à l'homme». *Biblio*, Year 34, no.1, January 1966, pp.8-13.

Jeanson, Francis. «Le théâtre de la bâtardise». *L'Avant-Scène*, no.402-403, 1-15 May 1968, p.36.
Special number on Sartre.

John, Robert L. «Jean-Paul Sartres atheistisches Bühnencredo». *Maske und Kothurn*, Year 2, 1956, pp.292-300.

Juin, Hubert. «Dramaturgie de Sartre». *Combat*, 25 May 1955, p.2.
Brief sympathetic account of Sartre's theatre on occasion of Nekrassov.

Juin, Hubert. «Le théâtre de J.-P. Sartre est un 'Théâtre de la Bâtardise'». *Combat*, 26 and 27-28 August 1955.
Excellent general introduction taking as its basis Jeanson's Sartre par lui-même.

Kanters, Robert, et al. «Deux heures avec Sartre». *L'Express*, 17 September 1959, pp.35-37.
Excellent interview well worth consulting. With Kanters were Françoise Giroud, Claude Lanzmann, and F. Erval. See also Section 236.

Kanters, Robert. «La parte del diavolo». *L'Illustrazione*, October 1959, pp.27-30.
Tr. of L'Express *interview of 1959.*

Kanters, Robert. «The Theater». *Evergreen Review*, vol.4, no.11, January-February 1960, pp.143-152.
Tr. of L'Express *interview of 1959.*

Kitchin, Laurence. «The Cage and the Scream». *The Listener*, 24 January 1963, pp.157-159.
Also on Beckett and Ionesco.

Kitchin, Laurence. «The Lion-Tamers». *The Listener*, 16 July 1964, pp.87-89.
On violence in drama, with brief reference to Les Mains sales.

Klein, Maxine. «The philosopher dramatists». *Drama Survey*, vol.6, no.3, Spring 1968, pp.278-287.

Koch, Rosemarie. «Französische Dramatik der Gegenwart». *Aufbau*, Year 3, no.5, May 1947, pp.442-443.

Kundera, Milan. Postface on Sartre's theatre. In Jean-Paul Sartre, *Dramata*, Tr. A.J. Liehm. Prague: Orbis, 1967. See pp.284-295.

Lalou, René. «Engrangements». *Gavroche*, 4 September 1947.
Favourable review of Theatre I.

GENERAL STUDIES AND PRESS ARTICLES 201

Lanza, Giuseppe. «Pirandello e Sartre». *L'Osservatore politico letterario*, vol.7, no.8, August 1961, pp.59-62.

Lasso de la Vega, José S. «Teatro griego y teatro contemporáneo». *Revista de la Universidad de Madrid*, Year 13, no.51, 1964, pp.415-461. On Sartre, pp.450-454.

Le Sage, Laurent. «Return to Melodrama in Paris». *American Society Legion of Honor Magazine*, vol.25, Winter 1954, pp.337-347. Not seen.

Leavitt, Walter. «Sartre's Theater». *Yale French Studies*, no.1, Spring-Summer 1948, pp.102-104.

Lehmann, John. «In Daylight - I». *New Writing and Daylight*, no.6, 1945, pp.7-15.
  A multi-cultural survey including brief discussion of Les Mouches, *and* Huis clos.

Lemarchand, Jacques. «Un auteur dramatique en situation (fausse)». *Le Figaro littéraire*, 29 October 1964, p.7.
  A general survey (favourable) of Sartre's theatrical achievements on the occasion of the Nobel.

Lenoir, Jean-Pierre. «The Season in Paris». *International Theatre Annual*, no.5, 1961, pp.84-102.

Levinson, A. «The Playwright and the Skull». *Modern Language Review*, vol.42, December 1947, pp.4-7.

Lewis, John. «Sartre and Eliot». *Drama*, vol.18, Autumn 1950, p.28.

Lutgen, Odette. «Le phénomène Sartre en Sorbonne». *Combat*, 31 March 1960.
  Calls Sartre «le Brigitte Bardot de la littérature», and discusses more his 'star' impact on his audience than the lecture itself.
  N.W.C.

M., P. «Sartre contre les bourgeois». *Arts*, 18 December 1957.
  A reply to Sartre's «Quand la police frappe les trois coups...» in France Observateur, *5 December 1957.*

Marc'O. «La Création collective». *La Nef*, Year 24, no.29, January-March 1967, pp.75-80.
  General article on the problem of the 'text' in theatrical direction. Sartre mentioned only briefly.

Marcel, Gabriel. «Non, malgré les Sartre et les Genet, tout est loin d'être perdu». *Les Nouvelles littéraires,* 26 May 1960.
   An example of Gabriel Marcel waving his stick at the local hoodlums.

Marcel, Gabriel. «Réflexions du critique». *Revue théâtrale,* vol.2, no.4, 1947, pp.97-99.

Marcel, Gabriel. «Réflexions sur la saison théâtrale parisienne». *Revue théâtrale,* vol.2, no.6, 1947, pp.364-366.

Marcel, Gabriel. «Sartre, Anouilh et le problème de Dieu». *La Nouvelle Revue Canadienne,* vol.1, no.4, September-October 1951, pp.30-38.

Mardoré, Michel. «Age d'or, âge de fer: Notes sur la politique et le cinéma». *Cahiers du Cinéma,* no.175, February 1966, pp.65-68. Not seen.

Massiet, Raymond. «Pour un théâtre au service du peuple. D'espérance, de foi, et d'enthousiasme». *Front national,* 31 August 1946.
   Hostile commentary on «Forgers of Myths» based on Massiet's belief that character psychology is a sine qua non *of good theatre (e.g. that of Claudel, Roussin, & Le Poirier). Good French theatre, unlike that of Sartre, Camus or de Beauvoir, « ... écoute le souffle du coeur et l'appel de l'âme, et sa vie spirituelle qui continue à contraindre et à entraîner les hommes ...»*

Maur, Fabrice. «Théâtre». *Arts Lettres,* no.8-9, 1947, pp.104-108. Not seen.

Mauriac, Claude. «Connaissance théâtrale de Jean-Paul Sartre». *Le Figaro,* 16 November 1955, p.15.
   Review of Colette Audry, et al: Connaissance de Sartre.

Maurin, Mario. «French Literature since World War II, Criticism and Research,2». *Symposium,* vol.11, Spring 1957, pp.8-15.
   A brief bibliography (in French) of critical works on the French theatre.

Mauroc, Daniel. «Sartre et le théâtre engagé». *Combat,* 24 November 1955.
   Brief review of the Cahiers Barrault-Renaud, *no.13* «Connaissance de Sartre».

McLaren, James. «L'Ironie dans le renouveau théâtral du mythe grec». *Création et critique*, vol.1, 1966-1967, pp.42-50.

Mendel, Sydney. «The Descent into Solitude: An Existence Real, Certain and Incurable». *Forum*, vol.3, Fall, 1961, pp.19-24.
Brief general study of La P..., Huis clos, & La Nausee.

Michel, Georges. «Quel public? Quelle participation?» *La Nef*, Year 24, no.29, January-March 1967, pp.65-70.
Generally on the dynamics of modern drama; the conclusion discusses Sartre's term «extéro-conditionnement».

Mignon, P.-L. «Le théâtre de A jusqu'à Z: Jean-Paul Sartre». *L'Avant-Scène*, no.402-403, 1-15 May 1968, pp.33-34.
Special issue on Sartre. Not seen.

Minar, Jaroslav. «Jedno schema existencialistickeho dramatu». *Casopis pro moderni filologii*, no.53, 1971, pp.126-138.

Miserocchi, Manlio. «Teatro francese». *Nuova Antologia*, Year 95, vol.481, fasc. 1918, October 1960, pp.209-222. Not seen.

Mittenzwei, Werner. «Der dramatiker Jean-Paul Sartre». *Sinn und Form*, Year 18, no.4, 1966, pp.1153-1178.

Molnar, Thomas. «The end of the road for twenty years' French theater». *Modern Age*, Spring 1966, pp.161-167.

Némo, Philippe. «Sartre et la grâce». *Le Nouvel Observateur*, 12 June 1972, p.60.
Highly favourable review of Verstraeten's Violence et éthique *(q.v.).*

Nesmond, Philippe. «La Connaissance de Sartre». *Téléradio*, 13 April 1958, pp.42-43.
Preview of the Colette Audry production on France III (19 April 1958).

Nielson, M.L. «Sartre Comes to Denmark». *Western Review*, vol.11, Winter 1947, pp.99-102.

Oertel, Ferdinand. «Um die 'unverkürzte Wirklichkeit.' Das Bild des Menschen und der Welt bei Sartre und Claudel». *Begegnung* (Koblenz), Year 5, 1950, pp.193-195.

Paci, Enzo. «Filosofia e teatro». *Questioni*, no.5-6 October-December 1954, pp.3-8.

Peñalver, Juan. «En el teatro de 1952 el primer personaje». *Revista*, Year 2, no.38, 1-7 January 1953, p.13.

Pérez Minik, Domingo. «Jean-Paul Sartre y el nuevo teatro». *Insula*, Year 3, no.28, April 1948, p.8.

Perraud, François. «Jean-Paul Sartre et son théâtre de la liberté». *Paris-Théâtre*, July 1955. Not seen.

Pierre, André. «Le dégel théâtral dans l'Europe de l'Est». *Le Monde*, 2 January 1965, p.10.

Pivot, Bernard. «Jean-Paul Sartre: 'Genet, Ionesco, Beckett ... forment le théâtre critique'». *Le Figaro littéraire*, 26 January 1967, p.2.
  Brief comments and quotes from Sartre's lecture «Mythe et réalité du théâtre» published in Le Point, *no.7, January 1967, pp.20-25.*

Pons, Christian. «Eliot et Sartre. De *Huis clos* à *Fin de carrière* ou de la *Liberté de la pureté*». *Cahiers du Sud*, Year 52, no.382, May-June-July 1965, 3 pages at end of issue (unpaginated).

Quinn, Bernard J. «The authentic woman in the theater of Jean-Paul Sartre». *Language Quarterly*, vol.10, no.3-4, pp.39-44.

Rabi. «Les thèmes majeurs du théâtre de Sartre». *Esprit*, Year 18, no.10, October 1950, pp.433-456.

Raymond, John. «Paperback pick». *Punch*, 5 February 1969, p.215. *On* Nekrassov, Kean, The Trojan Women.

Reiss, T.J. «Psychical distance and theatrical distancing in Sartre's drama». *Yale French Studies*, no.46, 1971, pp.5-16.

Ridge, George R. «Meaningful Choice in Sartre's Drama». *French Review*, vol.30, May 1957, pp.435-441.

Rindauer, Gerhart. «Endspiel und neuer Anfang». *Forum* (Vienna), Year 8, no.95, November 1961, pp.412-413. Not seen.

Rocquet, Claude-Henri. «Écrits de Sartre sur le théâtre». *La Quinzaine littéraire*, 16-28 February 1974, pp.34-35.
Review of Un théâtre de situations *and Verstraeten's* Violence et éthique.

Rose, Marilyn G. «Sartre and the Ambiguous Thesis Play». *Modern Drama*, vol.8, May 1965, pp.12-19.

Rosenberg, Merrill A. «Vichy's theatrical venture». *Theatre Survey*, vol.11, no.2, November 1970, pp.124-150. Not seen.

Roud, Richard. «Ionesco, the opposite of sameness». *Encore*, vol.3, no.5, June-July 1957, pp.36-41. Not seen.

Rudnitzkii, K. «Tri grani vremeni». *Novyi Mir*, Year 41, no.3, March 1965, pp.255-258.
Review of Singerman, B. Jean Vilar i drugie. *Sartre compared with Brecht on pp.257-258.*

Rybalka, Michel. «Sartre et le cinéma». *L'Esprit Créateur*, vol.8, no.4, Winter 1968, pp.284-292.
History of Sartre's interest and activity in the cinema.

Salmona, Bruno. «Dio nel teatro di Jean-Paul Sartre». *Ephemerides Carmeliticae*, no.1, 1965, pp.173-186.

Sandier, Gilles. «Brecht entre Claudel et Sartre». *Arts*, no.884, 3-9 October 1962, p.8.
Review of Brecht's *Dans la Jungle des Villes.*

Sandier, Gilles. «Pourquoi *Rodogune*?» *Arts*, 15-21 December 1965, p.42. Not seen.

Sandier, Gilles. «Socrate dramaturge». *L'Arc*, no.30, 1966, pp.77-86.
On the imbalance between philosophy and dramatic poetry in Sartre's theatre.

Santoni, Ronald E. «Sartre et le théâtre». *L'Avant-Scène*, no.402-403, 1-15 May 1968, pp.11-14.
Special number on Sartre.

Sartre, et al. «Le théâtre peut-il aborder l'actualité politique? Une 'table ronde' avec Sartre, Butor, Vailland, Adamov». *France Observateur*, 13 February 1958.

201   GENERAL STUDIES AND PRESS ARTICLES

Schlocker, G. «Heiliger und Teufelsmesse. Ein Querschnitt durch Pariser Theater von heute». *Schweizer Monatshefte* (Zürich), Year 39, 1959/1960, pp.1028-1032.

Schneider, Pierre. «Play and Display». *The Listener*, 28 January 1954, pp.174-176.
 General article on the moribund state of the French theatre with occasional references to Sartre.

Schnitzler, Henry. «World Theatre: A Mid-Century Appraisal». *Educational Theatre Journal*, vol.6, December 1964, pp.289-302.

Sebastin. «Jean-Paul Sartre et le siècle d'or (Propos d'histoire théâtrale en marge de l'actualité)». *Arts*, no.315, 15 June 1951, p.1.

Siepmann, E.O. «The New Pessimism in France». *Nineteenth Century and After*, vol.143, May 1948, pp.275-278.
 Mainly a severe criticism of Anouilh, but Sartre is also briefly castigated.

Sion, Georges. «La vie théâtrale». *Revue Générale Belge*, no.64, March 1951, pp.820-826. Not seen.

Sion, Georges. «Le théâtre contemporain ou la confession du XXe siècle». *Revue Générale Belge*, Year 91, 15 May 1955, pp.1161-1171. Not seen.

Sion, Georges. «Trois mois de théâtre». *La Revue Générale Belge*, no.14, December 1946, pp.292-298. Not seen.

Smith, H.A. «Dipsychus among the Shadows». *Contemporary Theatre*, vol.20, 1962, pp.139-163.

Speaight, Robert. «Sartre and Eliot». *Drama*, vol.17, Summer 1950, pp.15-17.

Spivack, Charlotte. «The Estranged Hero of Modern Literature». *North Dakota Quarterly*, vol.29, Winter 1961, pp.13-19.
 Includes passing reference to Sartre's Orestes.

Stein, Elliott. «Letter from Paris». *The Nation*, 1 March 1958, pp.194-196.
 On Sartre's reaction to the production of Brasillach's La Reine de Césarée.

Stern, Alfred. «El teatro filosofico de Jean-Paul Sartre». *La Torre* (Puerto Rico), Year 19, no.72, April-June 1971, pp.11-28.

Stratford, Philip. «Creativity and Commitment in Contemporary Theatre». *Humanities Association of Canada Bulletin*, vol.15, Autumn 1964, pp.35-39.

Strozier, W.A. «Motivation of action in Corneille and Sartre». *South Atlantic Bulletin*, vol.20, no.1, May 1954, pp.11-12 (Abstract).

Strozier, W.A. «The Dramatic Heroes of Jean-Paul Sartre». *South Atlantic Quarterly*, vol.15, January 1950, pp.10 et seq.

Surer, Paul. «Études sur le théâtre français contemporain XI. Le théâtre depuis la Libération: Jean-Paul Sartre; Albert Camus». *L'Information littéraire*, Year 13, no.4, September-October 1961, pp.145-153.

Szogyi, Alex. «Sartre and the Greeks: A vicious magic circle». In *The Persistent Voice: Essays on Hellenism in French Yiterature since the 18th Century in Honor of Henri M. Peyre*, ed. Walter G. Langlois. New York: New York Univ. Press; Geneva: Droz, 1971. 217pp. See pp.159-172.

Talmey, Allene. «Paris quick notes: About Sartre, Gide, Cocteau and the theatre». *Vogue*, vol.103, no.2, February 1947, pp.58-59,102. N.W.C.

Taper, Bernard. «Report from Frankfurt». *The Nation*, vol.164, no.18, 1 May 1948, pp.464-465.
   Of historical interest only. Brief mention of popularity in post-war Frankfurt of French plays.

Thiébaut, Marcel. «Le théâtre en France de 1939 à 1946». *La Revue Internationale de Théâtre*, vol.1, October-December 1947, pp.41-47.

Thiébaut, Marcel. «Le Théâtre à Paris pendant la guerre». *Cornhill Magazine*, no.964, April 1945, pp.334-338.

Tindemans, C. «Jean-Paul Sartre Un théâtre de situations». *Streven* (Antwerp), 1 March 1974, p.621.
   Brief review. N.W.C.

Travers, P.L. «A Diatribe». *New English Weekly*, vol.30, no.1, 17 October 1946, pp.8-9. Not seen.

GENERAL STUDIES AND PRESS ARTICLES

Van Geelen, J. No title. *Litterair Paspoort*, June-July 1958.
Brief discussion of Sartre's film scenarios, including the charmingly misnamed Les Yeux sont faits. *N.W.C.*

Verstraeten, Pierre. «Violence et morale. Esquisse d'une morale dialectique à travers le théâtre de Sartre». *Morale enseignante*, vol.9, no.35, 1960, pp.1-43; and vol.10, no.37-38, 1961, pp.1-35.

Verstraeten, Pierre. «Grâce et destin. Esquisse d'une morale dialectique à travers le théâtre de Sartre». *Morale enseignante*, vol.16, no.62-63, 1967, pp.38-119.

Verstraeten, Pierre. «Jean-Paul Sartre: 'Je ne suis plus réaliste'». *Gulliver*, no.1, November 1972, pp.39-46.
An important and interesting interview by the author of Violence et éthique *(q.v. Section 200)*. The scope goes beyond Verstraeten's book and Sartre's theatre; but these serve as the bases of the discussion. Well worth consulting.

Vial, Fernand. «Montherlant and the Post-War Drama in France». *American Society Legion of Honor Magazine*, vol.22, Spring 1951, pp.59-74.

Vilar, Jean. «Jean Vilar s'explique...» *Bref*, no.7, 15 October 1955.
An interview in which Vilar replies to Sartre's criticism of the T.N.P. *(see* Théâtre populaire, *no.15)*. This interview is reprinted in Jean Vilar: Le théâtre service public *(ed. Armand Delcampe), Paris: Gallimard (coll. Pratique du théâtre), 1975, pp.188-191.*

Visentin, Giovanni. «La presenza di Dio nel teatro contemporaneo». *Idea*, Year 5, no.36, 6 September 1953, p.5.

Voss-Bark, Conrad. «The Bristol stage: The whole town can't be wrong». *Facet*, vol.2, no.2, August 1947, pp.92-94. Not seen.

Votaw, A. «Literature of Extreme Situations». *Horizon*, vol.20, no.117, September 1949, pp.149-150.
On violence in modern literature. Brief references to Sartre; mentions the tortures in Morts sans sépulture.

Vowles, Richard B. «Existentialism and Dramatic Form». *Educational Theatre Journal*, vol.5, October 1953, pp.215-219.

Walker Linares, Francisco. «El teatro de Jean-Paul Sartre». *Atenea*, Year 24, vol.88, no.269-270. November-December 1947, pp.352-366.

GENERAL STUDIES AND PRESS ARTICLES

Wardman, H.W. «Sartre and the Theatre of Catharsis». *Essays in French Literature*, no.1, November 1964, pp.72-88.

Wax, Emmanuel. «Successes and Failures in the French Theatre». *The Listener*, 19 June 1947, pp.955-966.

Weber, Hildegard. «Sartre in der Paulskirche. Tagung des Deutschen Volksbühnenverbandes». *Wirtschafts-Zeitung* (Stuttgart), Year 5, no.52, 1950, p.7.

Weidner, Walther. «Sartre und Claudel». *Besinnung* (Nurenberg), Year 2, 1947, pp.208-210.

Weidner, Walther. «Sartre und das Theater». *Besinnung*, Year 2, 1947, pp.211-212.

Werrie, Paul. «Jean-Paul Sartre y su teatro existencialista». *Arbor*, vol.9, no.28, April 1948, pp.589-596.

Wiemken, H. «Der 50 jährige Jean-Paul Sartre». *Volksbühne* (Hamburg), Year 5, no.12, 1955, pp.224-226.

Williams, Raymond. «Tragic Despair and Revolt». *Critical Quarterly*, vol.5, Summer 1963, pp.103-115.

Worsley, T.C. «Two Plays of Ideas». *Britain Today*, no.190, February 1952, pp.28-31. Not seen.

Wreszin, Michael. «Jean-Paul Sartre: Philosopher as Dramatist». *Tulane Drama Review*, vol.5, Spring 1961, pp.34-57.

Wurtenberg, Gustav. «Sartre, Heiseler und die Angst». *Zeitwende* (Munich), Year 22, 1949/1950, pp.374-376.

Zivanovic, Judith K. «Sartre's drama». *Modern Drama*, no.14, 1971-72, pp.144-154.

BARIONA OU LE FILS DU TONNERRE.
STUDIES AND ARTICLES

Esslin, Martin. «Sartre's nativity play». *Adam*, Year 35, no.343-345, 1970, p.36.

Hasenhüttl, Gotthold. «Gott ohne Gott. Ein Dialog mit J.-P. Sartre». In *Bariona oder der Donnersohn*, tr. G. Hasenhüttl. Graz/Cologne: Verlag Styria, 1972. 336pp.

Krauss, Henning. «*Bariona*. Sartres Theaterauffassung im Spiegel seines ersten Dramas». *Germanisch-romanische Monatsschrift*, vol.19, no.2, April 1969 pp.179-194.

Quinn, Bernard J. «The politics of despair versus the politics of hope: A look at *Bariona*, Sartre's first 'pièce engagée'». *French Review*, vol.45, no.4 (Special number), 1972, pp.95-105.

Roure, Rémy. «Jean-Paul Sartre a sauvé une âme». *Le Figaro littéraire*, 26 March 1960, p.1.
   A touching account of the power of Sartre's histrionic ability in the rôle of Balthazar. According to Roure, Sartre, playing one of the magi in La Naissance du Christ *(sic), caused the conversion of one of the camp doctors in Stalag XIID.*

LES MOUCHES. STUDIES

Abrahamson, E. *The Adventures of Odysseus.* St Louis: 1960.
Includes «*Contemporary French Plays from Ancient Sources: Sartre's* Les Mouches », *pp.57-65.*

Anon(?). «Diskussion über *Die Fliegen*». *Überblick* (Munich). 1948(?).
Not verified.

Artinian, Robert W. «Foul Winds in Argos: Sartre's *Les Mouches*». *Romance Notes*, vol.14, 1972, pp.7-12.

Astruc, Alexandre. «Sartre, le théâtre et la liberté». *Verger* (Baden-Baden/Paris), Year 1, no.2, June 1947, pp.13-16.
Article follows brief note by Sartre introducing production of play in Germany by the Compagnie des Dix.

Astruc, Alexandre. «Freiheit und Schicksal in Sartres Dramen». *Quelle Heft* (Urach), vol.1, no.2, 1947, pp.4-8.
Tr. of preceding entry.

Astruc, Alexandre. «Notas para una estética de la tragedia». *Sur*, Year 15, no.138, April 1946, pp.44-51.
Also on Antigone, *and Giraudoux's* Électre.

Aylen, Leo. *Greek Tragedy and the Modern World.* London: Methuen, 1964.
Includes study of Les Mouches, *pp.293-311.*

Barzel, W. «Blinde Freiheit. Zu einem Stück von Sartre». *Stimmen der Zeit* (Freiburg), vol.141, 1947, pp.217-223.

Baurle, Wilhelm. «Die menschliche Freiheit in Sartres *Fliegen*». *Blätter der Freiheit* (Heidelberg), Year 1, no.13, 1949, pp.9-10.

Beardsworth, P. *A Comparison of Dramatic Methods and the Presentation of Ideas in the Plays of Sartre and Anouilh with Special Reference to* Les Mouches *and* Antigone. M.A. thesis, Manchester University, 1953.

Belli, Angela. *Ancient Greek Myths and Modern Drama. A study in continuity.* London: Univ. of London Press, 1968. 201pp.
Includes «*Jean-Paul Sartre:* Les Mouches», *pp.70-97.*

Belli, Angela. *The Use of Greek Mythological Themes and Characters in Twentieth Century Drama: Four Approaches.* Dissertation, New York University. See *D.A.*, vol.27, no.11, May 1967, 3832A.

Bentley, Eric. «Jean-Paul Sartre, Dramatist». *The Kenyon Review*, vol.8, Winter 1946, pp.66-79.
Also discusses Huis clos.

Bespaloff, Rachel. «Réflexions sur l'esprit de la tragédie». *Deucalion*, no.2, *Cahiers de philosophie.* Paris: Fontaine, 1947, pp.169-193.

Bukala, C.R. «Sartre's Orestes: An instance of freedom as creativity». *Philosophy Today*, vol.17, Spring 1973, pp.40-51.

Burdick, Dolores M. «Imagery and Plight in Sartre's *Les Mouches*». *French Review*, vol.32, January 1959, pp.242-246.

Burdick, Dolores M. «The Concept of Character in Giraudoux's *Électre* and Sartre's *Les Mouches*». *French Review*, vol.33, December 1959, pp.131-136.

Burian, Jarka M. *A Study of Twentieth-century Adaptations of the Greek Atreidae Dramas.* Dissertation, Cornell University. See *D.A.*, vol.15, 1955, 2524.

Caballero y Lastras R., Daniel. «*Las Moscas* de Sartre, metafísica de la náusea». *Mercurio Peruano*, vol. 30, no. 268, July 1949, pp.291-300.

Campbell, Jeff H. «Orestes in contemporary drama». *South-Central Bulletin*, 27, no.1, March 1967, p.14.(abstract).

Cawdrey, M. «*Les Mouches* de Sartre: Interprétation du symbolisme». In *Proceedings: Northwest Conference on Foreign Languages*, ed. Mordaunt, J.L., April 1968, Univ. of Victoria, pp. 50-54.

Conacher, D.J. «Orestes as Existentialist Hero». *Philological Quarterly*, vol.33, October 1954, pp.404-417.

Debusscher, G. «Modern masks of Orestes. *The Flies* and *The Prodigal*». *Modern Drama*, no.12, 1969-1970, pp.308-318.

Defradas, Jean. «D'Homère à Jean-Louis Barrault: Esquisse d'une histoire de l'Orestie». *L'Information littéraire*, Year 9, no.1, January-February 1957, pp.17-24.

Dickinson, Donald Hugh. *Problems of Religion and Myth in Modern Drama: 1914-1950.* Dissertation, Northwestern University. See *D.A.*, vol.22, 1962, 3773.

Dickinson, Donald Hugh. *Myth on the Modern Stage.* Urbana: Univ. of Illinois Press, 1969. 359pp.
Includes «*Jean-Paul Sartre: Myth and anti-myth*», *pp.219-247*.

Ekman, H.G. «Jean-Paul Sartres *Les Mouches*. En tekstanalys». *Edda*, no.6, 1968, pp.372-379.

Éliade, Irina. «Le mythe antique dans le théâtre français contemporain: Giraudoux, Cocteau, Anouilh, Sartre». *Studii de Literatura Universala*, vol.10, 1967, pp.79-97.
In Rumanian, abstract in French.

Eylau, H.U. & B. Scheidt. «Die Freiheit, ein Mörder zu sein? Eine Kontroverse um Sartres *Fliegen*». *Quelle Heft* (Urach), Year 2, no.4, 1948, pp.110-114.

Frèches, Claude-Henri. *La Liberté tragique et le thème du rachat de Sophocle à Jean-Paul Sartre.* Sao-Paulo: Univ. de Sao Paulo (Boletim no.201. Lingua e Lit. Francesa, 2), 1958. 79pp. See pp.57-72.

Freeze, Donald J. «Zeus, Orestes and Sartre: an interpretation of *The Flies*». *The New Scholasticism*, vol.44, no.2, Spring 1970, pp.249-264.

Fuhrmann, Günther. *Der Atriden-Mythos im modernen Drama. Hauptmann - O'Neill - Sartre.* Dissertation. Univ. of Würzburg, 1950.

Gassner, John. *The Theater in Our Time.* New York: Crown Press, 1954.
Includes «*Sartre and Piscator:* The Flies», *pp.337-341*.

Girard, René. «A propos de Jean-Paul Sartre: rupture et création littéraire». In *Les Chemins actuels de la critique*, ed. Georges Poulet. Paris: Plon, 1967. 515pp. See pp.393-411; reprinted in Coll. 10:18, 1970, pp.223-242.
   An interesting study of the pairs of opposing concepts that are contained in the dialectic of Les Mouches *and* Les Séquestrés d'Altona. *Worth consulting.*

Gore, Keith O. *Sartre: 'La Nausée' and 'Les Mouches'.* London: Arnold (Studies in French Literature, no.17), 1970. 70pp.

Green-Armytage, A.H.N. «Eumenides: Two Modern French Plays». *Downside Review*, vol.70, October 1952, pp.394-403.

Guyon, Bernard. «Sartre et le mythe d'Oreste». Presented to the Association G. Budé, VIIe Congrès Aix-en-Provence, 1-6 April 1963. In *Actes du Congrès*. Paris: Minard (coll. Les Belles Lettres), 1964. pp.42-54.

Hamburger, Käte. *Von Sophokles zu Sartre. Griechische Dramenfiguren antik und modern.* Stuttgart: Kohlhammer, 1962. 221pp.
   Discusses character of Oreste (pp.52-62) and Électre (pp.68-71).

Hamburger, Käte. *From Sophocles to Sartre*, Tr. Helen Sebba. New York: Ungar, 1969. 186pp.

Hanzeli, Victor E. «The Progeny of Atreus». *Modern Drama*, vol.3, May 1960, pp.75-81.

Hastings, P.G. «Symbolism in the Adaptations of Greek Myth by Modern French Dramatists». *Nottingham French Studies*, vol.1, May 1962, pp.25-34.
   Also on Anouilh, Cocteau and Giraudoux.

Henn, T.R. *The Harvest of Tragedy.* London: Methuen, 1956.
   Includes «The Transmigration of the Greek», *pp.233-243 on Anouilh, Camus, Cocteau and Sartre (*Les Mouches*).*

Highet, Gilbert. «The Reinterpretation of Myths». *The Virginia Quarterly Review*, vol.25, Winter 1949, pp.99-115.
   Also on Anouilh, Cocteau, Gide and Giraudoux.

Juhasz, Leslie A. *Sartre: No Exit, The Flies, and Other Works.* New York: Monarch Press (Monarch Study Guide), 1965.

Kahn, Ludwig W. «Freedom: An Existentialist and Idealist View». *P.M.L.A.*, vol.64, March 1949, pp.5-14.
Comparative study of this play and Wilhelm Tell *by Schiller.*

Kaufmann, Walter. «Nietzsche between Homer and Sartre. Five Treatments of the Orestes Story». *Revue internationale de Philosophie*, Year 18, no.67, 1964, pp.50-73.

Kuchler, Walther. «Gedanken zu Jean-Paul Sartres Drama *Les Mouches*». *Neuphilologische Zeitschrift* (Hannover), Year 1, 1949, pp.16-31.

Leefmans, Bert Mallet-Prevost. *Modern Tragedy: Five Adaptations of 'Oresteia' and 'Oedipus the King'.* Dissertation, Columbia University. See *D.A.*, vol.14, 1954, 127-128.

Leites, Nathan. «Trends in moral temper». *American Imago*, 1948, pp.3-37.

Lerner, Max. *Actions and Passion.* New York: Simon and Schuster, 1949.
Includes «Sartre's Orestes: The Free Man in an Age of Fear», pp.49-51.

Mason, H.A. «Existentialism and Literature». *Scrutiny*, vol.13, September 1945, pp.82-98.
Also on La Nausée.

Neuhaus, R. & J. Bahr. «*Die Fliegen.* Freiheit gegen Glauben». *Göttinger Universitätszeitung*, Year 3, no.6, 1948, pp.9-11.

Nordheim, Werner von. «Drei Atriden-Dramen von Euripides, Hauptmann und Sartre - vergleichen mit Goethes *Iphigenie*». *Wirkendes Wort*, vol.11, 1961, pp.162-172.

Otto, Maria. *Reue und Freiheit. Versuch über ihre Beziehung im Ausgang von Sartres Drama.* Munich and Freiburg: Karl Alber (Symposion: Philosophische Schriftenreihe), 1961. 159pp.
Study of the concepts of remorse and freedom in Les Mouches *and* L'Être et le néant.

Pacaly, J. «Notes sur une lecture des *Mouches* à la lumière des *Mots*». *Études philosophiques et littéraires*, March 1968, pp.43-47.
Brief but interesting observations on the Jupiter-Karl Schweitzer, Oreste-Poulou parallels.

Peacock, Ronald. *The Art of Drama.* London: Routledge & Kegan Paul, 1957.
Includes «Drama and Myth», pp.234-237.

Rickman, H.P. «The Death of God». *The Hibbert Journal,* vol.59, April 1961, pp.220-226.

Royle, Peter. «The ontological significance of *Les Mouches*». *French Studies,* vol.26, 1972, pp.42-53.

Royle, Peter. *L'Enfer et la liberté.* Étude de *Huis clos* et des *Mouches.* Quebec: Presses de l'Université Laval, 1973. 260pp.

Rubinstein, L.H. *Entretiens sur l'art et la psychanalyse.* Paris: 1968.
Includes «Les Oresties dans la littérature avant et après Freud. Sartre, Giraudoux, Yourcenar», pp.224-241.

Sarrochi, Jean. «Sartre dramaturge: *Les Mouches* et *Les Séquestrés d'Altona*». *Travaux de linguistique et de littérature* (Strasbourg), vol.8, 1970, pp.2, 157-172.

Schmauch, J. «Die Freiheit und *Die Fliegen* von Jean-Paul Sartre». *Seele* (Regensburg), Year 28, 1952, pp.35-38.

Seidlin, Oskar. «The Orestia Today: A Myth Dehumanized». *Thought,* vol.34, Autumn 1959, 434-452.

Slochower, Harry. «The Function of Myth in Existentialism». *Yale French Studies,* no.1, Spring-Summer 1948, pp.42-52.

Spoerri, Theophil. «*Les Mouches* de Jean-Paul Sartre». *Lettres* (Geneva), Year 3, no.1, 1945, pp.11-28.

Spoerri, Theophil. «The Structure of Existence: *The Flies*». In *Sartre: A Collection of Critical Essays,* ed. E. Kern (See Section 600), pp.54-61.
Reprinted from Die Struktur der Existenz.

St. Aubyn, F.C. & R.G. Marshall (eds.). *Les Mouches.* New York, Evanston & London: Harper & Row, 1963.
Includes useful basic introduction, pp.1-23.

Stabryla, Stanislaw. «Funkcja mita w *Muchach* Sartre'a». *Ruch Literacki,* no.4, 1965, pp.171-179.

Stamm, Rudolf. «The Orestes Theme in Three Plays by Eugene O'Neill, T.S. Eliot, and Jean-Paul Sartre». *English Studies* (Gronigen), vol.30, 1949, pp.244-255.

Stenström, Thure. «Jean-Paul Sartre's first play (*The Flies*)». *Orbis litterarum*, no.1-4, 1967, pp.173-190. Not seen.

Stenström, Thure. «Sartres *Les Mouches*». In *Existentialismen*. Stockholm: Natur och Kultur, 1966, pp.190-260.
 Not seen; but, reputedly, one of the best studies available on this play.

Stockum, Th. C. van. «Jean-Paul Sartre's drama *Les Mouches* (1943) en de moderne hernieuwing van de Orestes-mythe». *Levende Talen*, no.224, 1964, pp.72-88.

Van Laere, Francis. «La liberté sur le vif. Sartre et *Les Mouches* aujourd'hui». *Synthèses*, October-November 1967, pp.21-31.
 An interesting study well worth consulting.

Vietta, Egon. «Sartres *Fliegen* und das existentielle Philosophieren». *Hamburgische akademische Rundschau*, Year 2, 1947/1948, pp.513-524.

Vogel, Heinrich. *Freiheit und Reue. Das Evangelium und 'Die Fliegen' von Sartre.* Berlin: 1948. 36pp.

Weber, Carl August. «Sartre *Die Fliegen*». *Literarische Revue* (Munich), Year 3, no.2, 1948, pp.111-115.

Weisert, John J. «Two Recent Variations of the Orestes Theme». *Modern Language Journal*, vol.35, May 1951, pp.356-363.

Anon. «*Les Mouches* au Vieux-Colombier». *L'Aurore*, 12 January 1951.
   Short article-interview with Hermantier.

Anon. «'Les collaborateurs ont obligé le théâtre Sarah Bernhardt à retirer ma pièce' (J.-P.S. 1951)». *Rivarol*, 25 January 1951, p.8.
   Brief summary of critical comment from other papers. Following this is a long extract from Laubreaux's war-time article in the Fascist Je suis partout. *The writer concludes that the best critique of the play was provided by Frau F. Straub in* Pariser Zeitung, *18(?) June 1943. She is quoted as follows:*
   «La ligne de la tragédie est fort belle, mais elle se perd en de longs et monotones débats, dans une endormante perquisition des caractères».

Anon. «Domaine étranger». *Le Littéraire*, 29 March 1947, p.4.
   Brief news item. Play to be presented in New York by Vassar Experimental Theater.

Anon. «Du 6 au 10 juillet Raymond Hermantier présentera *Les Mouches*, *Andromaque*, et *Jules César* au Festival de Nîmes». *Combat*, 24 April 1950.
   General, brief article. N.W.C.

Anon. «J.-Paul Sartre assiste à Stockholm à la première représentation des *Mouches*». *Cité-Soir* (sic, Fonds Rondel writing illegible), 26 September 1945.
   An article which mentions the Swedes' ignorance of Sartre but passion for things French. All seats for the first performance had been sold before the correspondent left Stockholm. The last paragraph is worth quoting for its reference to the political aspect of the play and for the unconscious humour of the comparison of Sartre's works with such export commodities as wine and perfume:
   «La tragédie d'Électre, le problème de la liberté qui précipite Oreste dans son destin malgré l'opposition des dieux, le symbole évident et très actuel pour la France, qui a fait le succès de cette pièce lorsqu'elle a été jouée par Charles Dullin ... ne manqueront pas d'intéresser et d'émouvoir le public de Stockholm. La France a besoin de se faire connaître à l'étranger. ... ce sont des pièces

comme Les Mouches *qui constituent notre principale richesse qui sont peut-être, avec nos vins, nos parfums et nos livres, les seuls produits d'exportation que l'étranger ne regarde pas avec méfiance».*

By way of digression, one may recall that this mercantile imagery was employed, or borrowed, by Debrix in his crass attack on Sartre in Paris, les Lettres, les Arts *in December of the same year:*

«... *la firme Sartre et Cie domine le marché, toute concurrence écrasée ... Chaque jour les camions de l'absurde sortent en files serrées des fabriques existentialistes. Ils inondent de leur anthracite jusqu'aux marchés étrangers».*

Anon. «Jean-Paul Sartre à l'Hôtel de Rohan». *Le Figaro*, 7 April 1965, p.30.
Brief news item on forthcoming performance during the Festival du Marais. N.W.C.

Anon. «L'Évêque évangélique de Berlin proteste contre la présentation d'une pièce de M. J.-P. Sartre». *L'Ordre de Paris*, 10 March 1948.
Brief item, with quotes, on Dr Otto Dibelius' sermon which compares Sartre's philosophy to Nazism:
«*Il est inconcevable qu'on puisse prendre chez nous aujourd'hui la responsabilité de pareilles représentations. Jean-Paul Sartre n'admet pas le repentir. Il interprète idéologiquement, à sa façon, la liberté, reprenant ainsi la doctrine propagée par le national-socialisme».*

Anon. «La pièce de Sartre *Les Mouches* sera montée au Caire la saison prochaine». *Le Figaro*, 5 July 1960, p.15. Only in 'V' edition.

Anon. «Nîmes aura son festival et ses 'nuits de théâtre'». *Le Figaro*, 18 April 1950.
General article on the festival, brief mention of Sartre's play.

Anon. «Sartre zwischen vier Sektoren». *Die Zeit*, Year 3, no.7, 1948, p.6.
On Sartre's visit to Berlin.

Anon. «6 acteurs parisiens commanderont à 150 amateurs sous les ordres de Raymond Hermantier». *L'Aurore*, 26 May 1950.
Short general article without interest.

Anon. Article on the critical and popular reception of *Les Mouches*. *Comoedia*, 19 June 1943.
  Not seen. Extracts quoted in Contat and Rybalka, p.89.

Anon. Brief notice that Sartre will attend Warsaw première of Polish version of *Les Mouches*. *Le Figaro*, 24 September 1957, p.16.
  N.W.C.

Anon. Excellent photo of the costumes of the first production. *Comoedia*, 5 June 1943.

Anon(?). «Missverständnisse um Sartre». *Unterwegs* (Berlin), no.1, 1948, pp.41-47.

Brive, Constantin. «Tour à tour vierge, parricide, Erynnie ou harpie, Raymond Hermantier met en scène *Les Mouches* de Jean-Paul Sartre». *Combat* , 3 January 1951.
  Fascinating account of Hermantier in rehearsal for the Vieux-Colombier reprise of the Nîmes production.

Devay, Jean-François. «Après l'ukase des communistes nîmois contre Sartre, Raymond Hermantier: 'Je jouerai *Les Mouches* envers et contre tous!'» *Combat*, 22 May 1950.
  On the resolve of the Communist members of the Nîmes municipality to condemn «la prose morbide et désespérée de M. Sartre» and to create mayhem if the play is not withdrawn.

Devay, Jean-François. «La petite guerre Sartre-Hermantier». *Opéra*, 10 January 1951.
  Intriguing but journalistic account of the behind-the-scenes problems including Sartre's insistence that Olga Dominique play Électre. It would also appear that Sartre financed the rehearsals of the Vieux-Colombier reprise.

Dullin, Charles. «Ce soir *Les Mouches*». *La Gerbe*, 3 June 1943.
  A brief observation on the problems of the text and the methods of production:
  « *L'oeuvre de J.-P. Sartre offrait pas mal de problèmes à résoudre. Le thème est simple, l'action rapide et directe. La pièce a changé plusieurs fois d'aspect, mais sa forme moderne impose à l'acteur un jeu nuancé où le tragique se masque souvent sous l'ironie*».

G., A. «Du 21 juin au 10 juillet Nîmes organise son Festival». *Ce Matin-Le Pays*, 18 April 1950.
  General article on the festival, brief mention of Sartre's play. N.W.C.

Herbst, W. «*Die Fliegen.* Gedanken zu Sartres Drama». *Kirche* (Berlin-Dahlem), Year 3, no.10, 1948, p.1.

Hermantier, Raymond. «Nous ne vivons que pour cette corrida». *Combat*, 29 May 1950.
   A lyrical evocation of the problems of the festival; but no specific mention of Les Mouches.

Jeener, J.-B. «Hermantier fera sa rentrée parisienne avec *Les Mouches* de Jean-Paul Sartre». *Le Figaro*, 11 January 1951, p.6.
   The title is misleading. Only the last quarter of this article-interview is on Les Mouches. *Sartre states that he has cut the text by 45 minutes.*

Jeener, J.-B. «Racine, Sartre, Shakespeare, à la voix d'Hermantier vont inaugurer le 'premier Festival de Nîmes'». *Le Figaro*, 5 June 1950.
   Interesting brief comment on Hermantier's staging of Les Mouches*:*
   «*Mais pour Sartre, notre homme fera appel à quatre nègres dont l'un se profilera sur le ciel, debout sur le cintre ruiné du temple. Puis surgissant au feu d'un projecteur se dressera Zeus lui-même - dans le civil, Raymond Hermantier*».

Laubreaux, Alain. «Bilans d'une époque». *Je suis partout*, 18 June 1943, p.7.
   A long, personal attack on Charles Dullin which includes several references to Les Mouches*:*
   « ... *ce bric-à-brac cubiste et dadaïste, usé comme les routes ... ce morne académisme des défuntes avant-gardes ... après* Les Mouches ... *M. Charles Dullin, en se survivant, ne survit à rien*».

Lerminier, Georges. «Raymond Hermantier met en scène Shakespeare, Racine et Sartre». *L'Aube*, 4 July 1950.
   Brief, general article. N.W.C.

Macchia, Giovanni. «Sartre ed Eschilo». *La Nuova Europa*, Year 2, no.52, 30 December 1945, p.7.

Manzella Frontini, G. «Sartre e *Le Mosche*». *Ausonia*, Year 2, no.13-14, June-July 1947, pp.23-24.

Novy, Yvon. «Ce que nous dit Jean-Paul Sartre de sa première piece». *Comoedia*, 24 April 1943, p.1.
   Article-interview. Cf. Contat & Rybalka, pp.89-90.

Prasteau, J. «Jean-Paul Sartre fait sa rentrée au théâtre». *Le Figaro littéraire*, 6 January 1951, p.10.
Announces that Hermantier's production is to be performed at the Vieux-Colombier. However, most of this brief article is gossip about the forthcoming Le Diable et le Bon Dieu.

Roux, François de. «Liberté et décentralisation». *Le Figaro littéraire*, 3 June 1950, p.1.
Short commentary on banning of Raymond Hermantier's production by municipality of Nîmes.

Schnir, M.-R. «*Les Mouches* de Jean-Paul Sartre». *Reflets* (Lyon), June-July 1955.
Discussion on forthcoming reprise at the Festival de Lyon.

Styan, J.L. «Myth and the modern playgoer». *The CEA Critic*, vol.33, no.1, November 1970, p.32.

Tanoux, Jean. «Sartre était absent à la générale des *Mouches*». *Opéra*, 17 January 1951.
Uninteresting social gossip.

Verdot, Guy. «*Les Mouches* vont bourdonner au Vieux-Colombier». *Franc-Tireur*, 8 January 1951.
Brief, uninteresting item on reprise rehearsals. N.W.C.

Verdot, Guy. «Aux arènes de Nîmes Hermantier entreprend un travail de Romain. Mais lui laissera-t-on monter *Les Mouches* de Jean-Paul Sartre?» *Franc-Tireur*, 20 May 1950.
A general article on the forthcoming Festival d'art dramatique de Nîmes. Mentions Hermantier's financial problems and «certaines difficultés politiques soulevées par une fraction de la municipalité nîmoise (qui) ont, paraît-il, surgi au sujet de la pièce de Sartre».

Alter, André. «Mais où sont *les Mouches* d'antan?» *L'Aube*, 19 January 1951.
On the whole an unfavourable review:
« ... *la pièce elle-même a bien vieilli, non point par son contenu spirituel et philosophique ... mais, par sa forme, par cette hésitation perpétuelle entre le drame et la tragédie, par la place trop grande laissée à la pure discussion».*

Anon. «*Die Fliegen* - abstrakt!» *Ruf* (Munich), Year 3, no.6, 1948, p.13.

Anon. «*Die Fliegen.* Deutsche Uraufführung in Düsseldorf». *Theater der Zeit* (Berlin), Year 3, 1948, pp.32-34.

Anon. «*No Exit and The Flies*». *The New Yorker*, 8 March 1947, pp.95-96.
Review of the Stuart Gilbert translation.

Anon. «Au Théâtre de la Cité *Les Mouches*». *L'Oeuvre*, 7 June 1943.
Brief hostile review. Considers Sartre to be a poor disciple of Giraudoux. Contat gives Laubreaux as author of this article.

Anon. «Dramatised Philosophy». *The Times Literary Supplement*, 21 December 1946, p.627.
Review of the Stuart Gilbert translation.

Anon. «Sartre: *Die Fliegen.* Aufführung in Berlin». *Bühnenkritik* (Augsburg), no.2, 1948, pp.23-26.

Anon. «Sartre: *Die Fliegen*». *Weltbild* (Mainz), Year 3, no.1, 1948, p.16.

Anon. Review (not seen). *The New Statesman*, 1 December 1951, p.620.

Anon. Review (not seen). *Forum*, vol.107, June 1947, pp.541-545.

Armory. «Quand volent les Euménides». *Les Nouveaux Temps*, 13 June 1943.
Apparently missing the point of the play completely, this critic writes:
«M. Jean-Paul Sartre a voulu évoquer une Grèce antique, dont le culte des morts, la croyance en leur survivance périodique, mais invisible, aurait égalé les superstitions des peuplades noires et les farouches démonstrations qu'elles inspirent encore sous certaines latitudes». *In consequence (?) an unfavourable review.*

Audouard, Yvan. «*Les Mouches* de Jean-Paul Sartre se sont prises dans les toiles d'Hermantier». *France-Dimanche*, 21 January 1951.
A frivolous, occasionally amusing, 'éreintage' of Hermantier's production.

B., L. «Au théâtre de la Cité». *Le Matin*, 16 June 1943.
Short review, hostile to the production but « ... j'aurais sans doute du plaisir, au contraire, à en lire le manuscrit...»

Barjavel, René. «Au Festival de Nîmes *Les Mouches* se posent sur le temple de Diane». *Paris-Presse-l'Intransigeant*, 9-10 July 1950.
A short review more favourable to the production than to the play itself:
« ... plus oeuvre de philosophe que d'homme de théâtre ... L'erreur, c'était d'avoir voulu confronter un texte fait pour la toile peinte avec un décor qui ne supporte rien d'artificiel».

Beigbeder, Marc. «Au théâtre du Vieux-Colombier volent *les Mouches* de Jean-Paul Sartre». *Le Parisien libéré*, 16 January 1951.
A luke-warm review of the play - «une pièce d'idées, et même, très précisément, d'exposition philosophique» - *and of its performance.*

Beigbeder, Marc. «Le coup d'essai de Raymond Hermantier est un coup de maître». *Le Parisien libéré*, 10 July 1950.
«Les Mouches...n'ont obtenu...qu'un succès d'estime ... elles ne pouvaient toutefois être mieux mises en scène et dans plusieurs détails, en particulier pour les Érynnies, Hermantier a même battu son maître Charles Dullin ...»

Bentley, Eric. «Their Punishment fits their Crime». *The New York Times Book Review*, 23 February 1947, p.20.
Review of No Exit and The Flies, *tr. Stuart Gilbert. New York: Knopf, 1947.*

LES MOUCHES. REVIEWS 205

Berland, Jacques. «*Les Mouches*». *Paris-Soir*, 15 June 1943.
  Brief, luke-warm review:
  «*Il y a dans l'ensemble de fort beaux moments soigneusement pensés et écrits. Mais M. Jean-Paul Sartre me paraît être davantage essayiste qu'auteur dramatique*». *In addition, Berland was highly critical of Dullin's retrospective avant-garde production.*

Blake, Patricia. «Sartre's Theatre». *Partisan Review*, vol.14, May-June 1947, pp.313-316.
  Review of No Exit and The Flies, *tr. Stuart Gilbert. New York: Knopf, 1947.*

Brown, Ivor. «Old Words for New». *The Observer*, 2 December 1951, p.6.
  Includes a review of the Group Theatre production of Stuart Gilbert's translation.

Cartier, Jacqueline. «Théâtre de Saint-Maur. *Les Mouches* à voir pour Électre et Oreste». *France-Soir*, 28 November 1969.
  Brief favourable review of the reprise by André Reybaz and the Centre dramatique du Nord.

Castelot, André. «*Les Mouches* au théâtre de la Cité». *La Gerbe*, 17 June 1943.
  Two short extracts give the tone of this review:
  « ... *c'est l'*Électre *de Jean Giraudoux, repensée par un dadaïste ou un surréaliste attardé ... pour ne pas dire quelque névrotique*» *and* «*La mise en scène les décors et les costumes des* Mouches *relèvent de ce défunt et cacochyme surréalisme. Quel bric-à-brac démodé que toute cette* diptérologie*!*»

Deml, F. «Die Fliegenplage droht Berlin». *Rundfunk* (Berlin), Year 3, no.4, 1948, p.4.

Devay, Jean-François. «Nîmes a frémi avec *Les Mouches*...» *Combat*, 10 July 1950.
  Highly favourable review:
  «*Le plein air pour un texte comme pour un comédien, c'est le terrain de la vérité. La pièce de Sartre a ses beautés et ses défauts qui, de la nudité somptueuse de ces murs et de cette nuit, ont surgi hier en un flagrant-délit que nul peut-être n'attendait si révélateur ... les comédiens d'Hermantier ont donné à l'appel prométhéen une violence et une tendresse désespérée qui coup par coup touchaient sourdement le coeur de cet immense peuple accouru pour ce jeu tragique ...*»

Eaton, Walter Prichard. «A Doctrine of Despair». *New York Herald Tribune Books*, 16 March 1947, p.20.
　Review of No Exit and The Flies, *tr. Stuart Gilbert. New York: Knopf, 1947.*

Ergmann, R. «Uraufführung des Schauspiels *Die Fliegen*». *Bühnenkritik* (Augsburg), no.7, 1947, pp.1-3.

Estang, Luc. «*Les Mouches* de M. Jean-Paul Sartre». *La Croix*, 20 January 1951.
　A luke-warm review. The hesitation stems partly from Estang's dislike of the mise-en-scène and partly from his realisation that the play was anti-Christian.

Étiemble, René. «Jean-Paul Sartre, *Les Mouches*». *Valeurs* (Alexandria), no.1 1945, pp.78-80.

Favalelli, Max. «Au Vieux-Colombier *Les Mouches* de Jean-Paul Sartre». *Paris-Presse*, 16 January 1951.
　Praises the production, but not the acting, nor, in fact, the play itself:
　« ... c'est le premier exercice d'un philosophe qui n'a point su couler sa démonstration intellectuelle dans une armature dramatique...»

Finot, L.-J. L. «*Les Mouches* au Théâtre de la Cité». *Semaine à Paris*, 1-13 July 1943.
　Brief favourable review with some reservations, e.g.:
　«Oeuvre intéressante, certes, et d'une écriture solide, mais l'auteur, en traitant ce sujet a voulu traiter aussi trop de problèmes à la fois - ceux de la liberté de l'homme, du remords, de la haine, de la fatalité, bien d'autres encore ...»

Florenne, Yves. «Les 'nuits du théâtre' à Nîmes: *Les Mouches* et *Andromaque*». *Le Monde*, 12 July 1950.
　A rather luke-warm review. The critic, in common with several others, preferred the first half of the play to the last half. However, the whole performance was, for Florenne, no more than a second coming of «le premier essai d'information dramatique de la pensée sartrienne».

Florenne, Yves. «Dernier regard sur la Provence dramatique». *Gazette des Lettres*, 2 September 1950.
　A repeat of his earlier conclusions in Le Monde, *12 July 1950:*
　«Une brusque ligne de faite marque le passage du versant grec au versant sartrien et, dès lors, rien ne va plus: la lumière dramatique nous abandonne».

Freedley, George. «*No Exit and The Flies*». *Library Journal*, vol.72, 15 March 1947, p.466.
Review of the Stuart Gilbert translation.

Gandon, Yves. «*Les Mouches*». *France-Illustration*, no.278, 10 February 1951, p.160.

Hensel, Georg. « *Die Fliegen* haben noch nicht ausgespielt». *Theater Heute*, Year 2, no.1, January 1961, p.18.

Hofer, W. «Deutsche Erstaufführung von Sartres *Fliegen* in Düsseldorf». *Rheinischer Merkur* (Koblenz), Year 2, no.43, 1947, pp.3-4.

Jeener, J.-B. «Au théâtre du Vieux-Colombier *Les Mouches* de Jean-Paul Sartre». *Le Figaro*, 16 January 1951, p.6.
  A luke-warm review, the result, on one level at least, of a misunderstanding of the play:
  « ... Les Mouches *ne possèdent pas de vrais personnages, et les héros de cette tragédie, qui offre la liberté comme le fruit d'une responsabilité totalement assumée, ne sont pas entièrement libérés ... Il s'ensuit quelques maladresses particulièrement visibles ...*»

Jeener, J.-B. «Jules César-Hermantier a gagné la bataille de Nîmes». *Le Figaro littéraire*, 15 July 1950.
  In spite of the title, this includes Jeener's review of Les Mouches. *He found the production better than the play* «*cette pièce nous apparut comme une belle ruine (elle a d'admirables restes) au milieu d'autres ruines*».

Joly, G. «A Nîmes la Romaine Raymond Hermantier tour à tour Marc Antoine et Jupiter a reçu les honneurs du triomphe». *L'Aurore*, 10 July 1950.
  Brief highly favourable review of the production; but at the expense of the play, e.g. «*Jamais le théâtre engagé ne fut mieux dégagé de sa gangue existentialiste ...*»

Joly, G. «Au Vieux-Colombier: *Les Mouches* sécrètent leur miel amer». *L'Aurore*, 16 January 1951.
  A brief history of the performances of the play (Dullin, 1943; Hermantier, 1950) followed by a short paragraph of criticism praising the Hermantier production (and not the play).

Kanters, Robert. «Le Théâtre: Quatre grands et quelques autres». *Cahiers du Sud*, Year 38, vol.33, no.305, 1951, pp.136-142.
  Very critical of the Hermantier production and of the play itself.

Lardner, John. «Cold for May». *The New Yorker*, 24 May 1947, pp.48-49.

Laubreaux, Alain. «L'épate Mouches». *Je suis partout*, 11 June 1943, p.7.
   A long, hostile review, perhaps to be expected in this Fascist newspaper. Laubreaux is critical of Dullin's «esthétique d'une époque périmée» and of Sartre's play «ennuyeuse à suivre et pénible à écouter». He concludes:
   «Le poème du remords humain qu'il a l'ambition de symboliser dans ces singulières messagères du néant se résout par une affreuse élégie de la charogne ... M. Sartre ... confectionne avec préméditation des bouquets d'acariens. Il peint dans un cloaque à l'aide de ce que vous pensez. Mais cela n'est horrible que dans l'intention».

Laubreaux, Alain. «Théâtre de la Cité, *Les Mouches* pièce en trois actes et quatre tableaux de M. Jean-Paul Sartre». *Le Petit Parisien*, 5 June 1943.
   An unfavourable review. Laubreaux accuses the author and producer of old-fashioned 'modernism' and at the same time finds the play too 'literary': « ... sa pièce pesante et longue, se développe dans un style délibérément littéraire auquel on trouve plus d'Atrée que d'attraits».

Lavondes, A. «Le Festival de Nîmes». *Réforme*, 22 July 1950.
   Review of the whole festival, includes brief favourable comment on Les Mouches .

Leclerc, Guy. «*Les Mouches* conte aride». *Humanité-Dimanche*, 21 January 1951.
   Brief hostile review: « ... comme cela date! Voilà que le Maître ennuie jusqu'à l'élégant public du Vieux-Colombier! Son temps est bien révolu».

Leiris, Michel. «Oreste et la Cité». In *Brisées*. Paris: Mercure de France, 1966, pp.74-78.
   Revised version of the 1943 clandestine text.

Leiris, Michel. «Oreste et la Cité». *Les Lettres françaises* (clandestines), no.12, December 1943.
   Unsigned article which unequivocally states the political significance of the play.

Lemarchand, Jacques. «*Les Mouches* de Jean-Paul Sartre». *Le Figaro littéraire*, 6 August 1964, p.11.
Highly favourable review of production by the Compagnie Jean Deschamps on tour in the South of France.

Lemarchand, Jacques. «Les Nuits du théâtre de Nîmes: *Andromaque, Les Mouches* de J.-P. Sartre». *Combat*, 11 July 1950.
Hardly a review, since Lemarchand could not get into the arena, but had to listen from outside. He relies, he says, on the article of his colleague Devay (q.v.).

Lennig, W. «Der Abfall vom Menschen (Sartres *Die Fliegen* im Hebbeltheater unter Jürgen Fehlings Regie)». *Sonntag* (Berlin), Year 3, no.2, 1948, p.7.

M., Ch. «Dans la Grèce de Jean-Paul Sartre le Vaudou est toujours tabou». *Rivarol*, 25 January 1951, p.8.
Hostile to the production and to the play, e.g.:
« ... incapable de faire vivre des personnages et d'animer une action M. Sartre (a) recouru à des grossièretés de langage, à des cris informes, à tout un bazar de chiennerie et d'obscénité ...»

Mankowitz, Wolf. Review (not seen) of the Stuart Gilbert translation. *Politics and Letters*, vol.1, Summer 1947, pp.68-70.

Marcel, Gabriel. «*Les Mouches*». *Les Nouvelles littéraires*, 18 January 1951.
Highly favourable review with a curious comment on Oreste's impassivity at the end of the play:
«Sans du tout s'en rendre compte, Sartre a conçu une sorte de Parsifal du crime, ou plus exactement de la pureté dans le crime. Et, par delà Wagner, on entrevoit d'autres leitmotive, tous d'inspiration germanique».

Mauduit, Jean. «*Les Mouches*». *Témoignage chrétien*, 2 February 1951.
«*J'ai toujours soutenu que* les Mouches *étaient la meilleure pièce de Sartre... Or voici que je reviens tout dépité de la représentation qu'en donne, au Vieux-Colombier, Raymond Hermantier ... Quoi! cette dissertation de Khâgneux incorrigible!*»
Mauduit blames Hermantier entirely for his disappointment whilst accepting that one can no longer see the play in the Vichy context, for it is «par excellence la pièce de la révolte contre Dieu».

Maulnier, Thierry. «*Les Mouches*». *Revue universelle*, no.62, 25 July 1943, pp.155-157.

Maulnier, Thierry. «*Les Mouches*». *France Libre* (London), 15 March 1944, pp.397-401. Not seen.

Maulnier, Thierry. No title given in Fonds Rondel. *Combat*, 19 January 1951.
  A meditation of the significance of Oreste's act following a visit to the Vieux-Colombier production. He poses the question:
  «*Il resterait à savoir si le sentiment de la culpabilité dans l'homme peut, même pour les besoins de la fiction dramatique, être traité seulement comme une invention mystificatrice des puissants avides de pouvoir, s'il ne répond pas à quelque plus profond mystère ...*» Refusing Oreste's final position, Maulnier concludes: «*Toute liberté ne porte pas en elle sa propre justification*».

Méré, Charles. «Théâtre de la Cité *Les Mouches*». *Aujourd'hui*, 12 June 1943.
  Although the review is humorously critical, Méré concludes: «*Cela dit, allez voir cette étonnante pièce. Elle vaut, comme on dit, le voyage!*»

Merleau-Ponty, Maurice. «*Les Mouches*». *Confluences*, vol.3, no.25, 1943, pp.514-516.

Milroy, Vivian. «Two Plays by Jean-Paul Sartre». *The New English Weekly*, vol.31, no.16, 31 July 1947, pp.142-143.
  Review of the Stuart Gilbert translation.

Moneyron, Lucie. «Le premier Festival d'Art dramatique de Nîmes consacre Raymond Hermantier». *L'Aube*, 11 July 1950.
  General review, includes short favourable paragraph on Les Mouches:
  «*Les personnages tirés de ce vieux fond héllène ... nouent ici une tragédie moderne. Aussi Hermantier n'a-t-il pas hésité à faire intervenir des danses nègres, donnant la préséance au 'primitif' sur l'archaïque*».

Neveux, Georges. «*Les Mouches* de Jean-Paul Sartre au Théâtre de la Cité». *Cahiers du Sud*, vol.19, no.260, October 1943, pp.825-828.

Phelan, Kappo. «Stage and Screen: *The Flies*». *The Commonweal*, vol.46, no.4, 9 May 1947, pp.93-94.

Poirot-Delpech, Bertrand. «Arles: *les Mouches*, de Sartre par la Compagnie Deschamps». *Le Monde*, 28 July 1964, p.9.

Purnal, Roland. «Au théâtre de la Cité *Les Mouches*». *Comoedia*, 12 June 1943, pp.1,4.
More favourable to the play than to the production. As for the text: «*l'oeuvre...me laisse insatisfait en dépit de certains passages d'une indéniable beauté*».

R., J.-F. «Au Vieux-Colombier *Les Mouches*». *Arts*, 19 January 1951.
Favourable review of the production, but J.-F. R. thinks Olga Dominique mis-cast as Électre.

Ransan, André. «Théâtre du Vieux-Colombier *Les Mouches* de Jean-Paul Sartre». *Ce Matin-Le Pays*, 16 January 1951.
Ransan describes his displeasure in no uncertain terms:
«*Que tout cela est donc pesant, confus, tarabiscoté, et que ce jargon philosophico-sartrien est donc fatigant et ennuyeux! Nous sommes ici loin de la perfection dramatique ... des* Mains sales».
Ransan was equally unimpressed by Hermantier's production.

Rapin, Maurice. «*Les Mouches* de Sartre». *Le Figaro*, 29-30 November 1969, p.26.
Favourable review of the production at Théâtre du Val-de-Marne (Saint-Maur).

Ricou, Georges. «Théâtre de la Cité *Les Mouches*». *La France socialiste*, 12 June 1943.
A review which is much more critical of the production than of the text itself.

Rostand, Maurice. «*Les Mouches* au théâtre de la Cité». *Paris-Midi*, 7 June 1943.
A favourable review:
« *... un ouvrage exceptionnel par l'ampleur du développement, la puissance cosmique, la résonance métaphysique ... C'est la Grèce vue à travers l'angoisse moderne*».

Roulet, Lionel de. «Jean-Paul Sartre, *Les Mouches*». *La France Libre*, March 1944, pp.397-398. Not seen.

Russell, John. «The Existentialist Theatre». *Horizon*, vol.11, May 1945, pp.319-328.

S., R. de. «Une reprise inutile *Les Mouches* de J.-P. Sartre». *Réforme*, 24 February 1951.
   Hostile review by a critic whose spiritual toes had obviously been stepped on:
   «*Non, M. Sartre, la vraie Religion du Christ ne vit pas tant de cette fétide atmosphère de délectation morose trouvée dans l'auto-accusation, le remords défaitiste et la haine de soi ... Notre Religion ne connaît pas les mouches. Notre Dieu n'est pas ce spectre hideux au masque impitoyable ...*»

Sartre, J.-P. «Jean-Paul Sartre à Berlin: Discussion autour des *Mouches*». *Verger*, vol.1 (sic), no.5, 1948, pp.109-123.
   With Jürgen Fehling, W. Karsch, M. Lusset and others. See Contat and Rybalka, pp.189-190.

Saurel, Renée. «Vieux-Colombier *Les Mouches* de Jean-Paul Sartre». *Combat*, 16 January 1951, p.2.
   «*Épurée, réduite à l'essentiel, la pièce est forte et belle. Je crains que la mise en scène de M. Raymond Hermantier n'ait pas tiré le meilleur parti de cette version nouvelle*».

Straub, Frédérique. Review of *Les Mouches* (not seen). *Pariser Zeitung*, 17 June 1943.
   For brief comment on this article see Contat and Rybalka, p.89, or the anonymous article of the critical reception of the play during the War in *Rivarol*, 25 January 1951, p.8 (q.v. Section 204).

Sueur, Georges. «*Les Mouches* de Sartre au Centre dramatique du Nord». *Le Monde*, 27 November 1969.
   On the whole a favourable, interesting review on the reprise at the Théâtre de Saint-Maur. Sueur notes that André Reybaz involves the public:
   «*Quelques 'morts d'Argos' se mêlent au public pour interpeller les autres personnages sur la scène; à l'inverse, c'est le public qu'Egisthe invective pour lui imputer tous les crimes de la cité*».

Verdot, Guy. «De l'arène à la Tour Magne... *Les Mouches* et *Andromaque* au festival de Nîmes». *Franc-Tireur*, 11 July 1950.
   Favourable to the production but not to the play: «*Les Mouches ont beaucoup souffert de voir étaler sous les étoiles leur intellectualisme et leur littérature ...*»

Verdot, Guy. «Les mouches ont bourdonné sur la colline sacrée. Ouverture du VIIe Festival de Lyon-Charbonnières au théâtre romain de Fourvière». *Franc-Tireur*, 24 June 1955.

LES MOUCHES. REVIEWS 205

Favourable review of the open-air reprise by Véra Korène with Gabriel Cattand as Oreste and Maria Mauban as Électre. Verdot still has doubts about the dramatic strength of the play.

Vietta, Egon. «Die Gegenwart im Spiegel der Antike (Gerh. Hauptmann und Jean-Paul Sartre)». *Die Zeit*, Year 2, no.23, 1947, p.3.

Williams, A. «Paris Faces the Winter». *The Spectator*, 21 September 1945, p.264.

Worsley, T.C. «Ustinov and Sartre». *The New Statesman*, 1 December 1951, pp.620-622.

Alberts, J.C.P. *La Porte ouverte/De Open Hel.* The Hague: 1949.
This is not a study, but supplementary scenes invented by Alberts for Huis clos.

Astruc, Alexandre. «*Huis clos*». *Poésie 44*, no.21, 1944, pp.99-107.

Astruc, Alexandre. «The European Audience: Jean-Paul Sartre and *Huis clos*». *New Writing and Daylight*, vol.6, 1945, pp.136-142.

Baudet, Jany. «O olhar em *Huis clos*». *Suplemento Literario* (Sao Paulo), 20 June 1970, p.6.
A French translation (5 typed pp. foolscap) entitled «*Le Regard dans* Huis clos *de Jean-Paul Sartre*» *is available in the Gallimard dossier Sartre 1969.*

Bentley, Eric. «Jean-Paul Sartre, Dramatist». *The Kenyon Review*, vol.8, Winter 1946, pp.66-79.
Also discusses Les Mouches.

Beyerle, Marianne. «Die Modernisierung der Hölle in Sartres *Huis clos*». In *Aufsätze zur Themen- und Motivgeschichte: Festschrift für Hellmuth Petriconi*. Hamburg: Cram, de Gruyter, 1965. 195pp. See pp.171-188.

Blitgen, M.J.C. «No Exit: The Sartrean Idea of Hell». *Renascence*, vol.19, 1967, pp.59-63.

Borel, Pierre-Marie. «Quelques explications sur *Huis clos* de J.-P. Sartre». *Montpellier-Université*, 31 November 1957, pp.2,8.
A common-sense discussion of the play in relation to the concept of being in L'Être et le néant.

Cargo, Robert T. «Sartre's *Huis clos*». *Explicator*, vol.24, May 1966, Item 76.

Cate, Hollis L. «The final line of Sartre's *No Exit*». *Notes on Contemporary Literature*, vol.2, no.5, 1972, pp.9-10.

Cohn, Ruby. «Hell on the Twentieth-Century Stage». *Wisconsin Studies in Contemporary Literature*, vol.5, Winter-Spring 1964, pp.48-53.
  Also discusses Shaw and Frisch.

Coursedon, Jean-Pierre. «Introduction to *Huis clos*». In *Anthology of 20th Century French Theater*, ed. Jacques Guicharnaud. Paris/New York: Paris Book Center, 1967. See pp.505-515.

Drieu la Rochelle, P. *Sur les écrivains* (Essais critiques réunis, préfacés et annotés par F. Grover). Paris: Gallimard, 1964. 364pp. See «*Sartre*. Huis clos», *pp.302-304*.

Flügel, Heinz. «Sartres Hölle». *Hochland* (Munich), Year 43, 1950/1951, pp.365-373.

Gomel, Jacques. «Procès à *Huis clos*». *Cahiers de notre jeunesse*, no.20, February 1945, pp.49-55.

Gill, Austin. «A Context for *Huis clos*». *The Oxford Magazine*, 8 March 1962, pp.239-240.

Hardee, A. Maynor. «Garcin and Sisyphus». *Discourse*, vol.12, no.2, Spring 1969, pp.226-230.

Juhasz, Leslie A. *Sartre: No Exit, The Flies, and Other Works*. New York: Monarch Press (Monarch Study Guide), 1965.

Kern, Edith. «Abandon Hope, All Ye...» *Yale French Studies*, no.30, December 1963, pp.56-60.

Loeb, Ernst. «Sartre's *No Exit* and Brecht's *Good Woman of Setzuan*: A Comparison». *Modern Language Quarterly*, vol.22, September 1961, pp.283-291.

Parsons, H.L. «Existential Hell». *Journal of Religious Thought*, vol.21, no.1, 1964-65, pp.25-42.

Pucciani, Oreste F. «The 'Infernal Dialogue' of Giraudoux and Sartre». *Tulane Drama Review*, vol.3, May 1959, pp.57-75.

Tauxe, Henri-Charles. «Sartre - A propos de 'l'enfer, c'est les autres'». *Panorama*, February 1962, p.4.
  A short, sensible article on this phrase, dismissing the pessimism that many had seen in it.

Tober, J. «*Huis clos* ou l'illusion par le théâtre moderne». *Cahiers des Étudiants romanistes*, no.2, 1964, pp.124-135.

Truchet, Jacques. «*Huis clos* et *L'État de siège*, signes avant-coureurs de l'anti-théâtre». In *Le Théâtre moderne, II*, ed. Jean Jacquot. Paris: C.N.R.S., 1967. See pp.29-36.

Wasintynski, Jeremi. «Symbolikken i Sartres *Stengte Døren*». *Vinduet*, Year 12, no.4, 1958, pp.306-314.

Weimar, Karl S. «No Entry, No Exit: A Study of Borchert with Some Notes on Sartre». *Modern Language Quarterly*, vol.17, no.2, June 1956, pp.153-165.
   Comparative study of The Man Outside *and* No Exit.

West, Paul. «Humanism and the Place of Charity». *The Hibbert Journal*, vol.60, 1961-62, pp.236-242.

Anon. «*Huis clos* au cinéma». *Le Littéraire*, 28 September 1946, p.4.
    Brief notice that Sartre & Beauvoir will go to Rome for filming of play. N.W.C.

Anon. «*Huis clos* de Jean-Paul Sartre porté à l'écran par Jacqueline Audry». *Combat*, 17-18 July 1954.
    Only a brief notice.

Anon. «*Huis clos* de Sartre». *Le Figaro*, 20 September 1965, p.23.
    Brief announcement of radio performance of the play with preface to be read by Sartre.

Anon. «*Huis clos* pour Michel Vitold au Gymnase». *Le Parisien libéré*, 14 June 1961.

Anon. «*Huis clos*. La P... respectueuse». *Presse Magazine*, 19 June 1961.

Anon. «Anmerkungen zu Sartres *Hinter verschlossenen Türen*». *Gegenwart* (Freiburg), Year 5, no.10, 1950, p.19.

Anon. «Avec *Cocktail Party* T.S. Eliot s'opposera à Jean-Paul Sartre». *Paris-Presse l'Intransigeant*, 25 March 1954.
    Brief item on the Vieux-Colombier production of The Cocktail Party *seen as a reply to Sartre: «T.S. Eliot répond 'L'Enfer, c'est nous-mêmes'». N.W.C.*

Anon. «Ça et là». *Le Littéraire*, 5 October 1946, p.4.
    Brief notice of ban on B.B.C. production of play.

Anon. «Ce drame a fait rire les Américains». *France-Soir*, 15-16 December 1946.
    Brief item including photo of New York production. Play taken as a comedy by some Americans. N.W.C.

Anon. «Jacqueline Audry va transformer Bormes-les-Mimosas (Var) en ville sud-americaine». *France-Soir*, 10 June 1954.
    Short article on the making of the film.

Anon. «Jean-Paul Sartre à la Comédie-Caumartin». *Libération*, 15 May 1953, p.2.
   Photo of Balachova, Vitold and Sylvia in reprise production.

Anon. «Jean-Paul Sartre et Claude Dauphin sont lauréats du 'Prize Donaldson'». *Le Figaro*, 17-18 August 1947, p.1.
   Brief item on Sartre's winning prize for best play in New York season 1946-1947.

Anon. «L'Enfer de M. Sartre». *Tel Quel*, 13 August 1946, p.6.
   Brief item on reprise of Huis clos *at la Potinière.*

Anon. «Le théâtre». *Le Figaro*, 11 September 1946.
   Photo of Potinière reprise.

Anon. «Le Nobel du microsillon». *Le Figaro*, 31 October-1 November 1964, p.19.
   Brief news item on recording by Sartre of Huis clos. *N.W.C.*

Anon. «Madeleine Robinson triomphe à Moscou». *Le Monde*, 11 October 1966, p.16.
   Brief item on the first performance of Huis clos *in the U.S.S.R.*

Anon. «On a fêté la 100e de *Huis clos*». *Libération*, 1-2 October 1944.
   Brief gossip item. N.W.C.

Anon. «Pour *Huis clos* Pierre Laroche et Jacqueline Audry ont mis une fenêtre à l'enfer de Sartre». *Franc-Tireur*, 6 August 1954.
   General article on the filming of Huis clos.

Anon. «Sartre donne les clefs de 'L'enfer c'est les autres'». *Le Figaro littéraire*, 7 January 1965, p.2.
   Brief item, followed by quotation, on Sartre's preface to the Deutsche Grammophon recording.

Anon. «Une brillante 100e au Vieux-Colombier». *Ce Soir*, 30 September 1944.
   Brief gossip item. N.W.C.

Anon. «Une pièce de Jean-Paul Sartre inspire un ballet». *Le Figaro*, 22 April 1957, p.6.
   On Sonate à Trois *by Maurice Béjart.*

Anon. «Yves Déniaud dans *Huis clos*». *Le Figaro*, 12 April 1954, p.10.
   Brief news item. N.W.C.

Anon. «Zweimal Höllen - Sartre». *Die Zeit*, no.17, 1950, p.4.

Anon. Brief notice on return of actress Rita Gam to appear in film *No Exit*. *Le Figaro*, 21 June 1962, p.22. N.W.C.

Anon. Brief notice that *Huis clos* and *La P...* have been published in Esperanto. *Le Figaro*, 13 May 1964, p.24. N.W.C.

Anon. Brief notice that Lord Chamberlain has banned play in London. *Le Figaro*, 18 July 1946, p.3. N.W.C.

Braun, H. «Sartre in und um München. Notizen zu zweimal *Huis clos*». *Rheinischer Merkur* (Koblenz), Year 5, no.17, 1950, p.6.

Brincourt, André. «Un reportage sur l'enfer de Jean-Paul Sartre». *Le Figaro*, 12 August 1965, p.10.
 On forthcoming T.V. version of Huis clos *, includes interview with Mitrani.*

C., J.-L. «Sartre au théâtre du Gymnase. Reprise de *Huis clos* et de la *P... respectueuse*». *Combat*, 10-11 June 1961.

Carrière, Paul. «Fidélité à l'oeuvre originale...Tel est l'impératif auquel obéira Jacqueline Audry en portant à l'écran *Huis clos* de Sartre». *Le Figaro*, 16 April 1953, p.6.

Chauvet, Louis. «Griffith et Jean-Paul Sartre au Festival de Venise». *Le Figaro*, 27 August 1947, p.1.
 Brief notice on Vieux-Colombier troupe performing play at La Fenice theatre.

Cottier, Georges. «*Les Autres* de Jean-Paul Sartre». *Labyrinthe* (Geneva), no.9, 1945, p.11.

Curtis, Jean-Louis. «Un huis-clos très public». *Le Nouvel Observateur*, no.47, 6-12 October 1965, p.31.

Drese, Claus Helmut. «Die Hölle des Bewusstseins. Zu Sartres *Geschlossener Gesellschaft* und Eliots *Cocktail Party*». *Das literarische Deutschland* (Heidelberg), Year 2, no.20, 1951, p.3.

Fabre, Jacqueline. «Pour Gaby Sylvia, Arletty et Frank Villard la descente aux enfers s'effectue en ascenseur». *Libération*, 9 July 1954.
 On the film by Jacqueline Audry.

Favali, O. «*Huis clos* à New York». *Opéra*, 18 December 1946. Not seen.

Fayard, Jean. «Vivent les autres» *Le Figaro*, 3 November 1965, p.1.
Discussion on the phrase «*l'enfer c'est les autres*».

Ferjac, Pierre. «Claude Dauphin part pour l'Amérique où il jouera *Huis clos*... en anglais». *Ce Soir*, 1-2 September 1946.
Dauphin to perform in Thornton Wilder's translation. Interview. N.W.C.

Fordavid. Drawing of Gaby Sylvia and Michel Vitold. *Les Lettres françaises*, 30 September 1944. N.W.C.

Gehlen, Arnold. «Über *Huis clos* um Jean-Paul Sartre». *Wiener Literarisches Echo*, no.1, October-December 1948, pp.4-7.

Grosrichard, Yves. «Au Théâtre du Gymnase: *Huis clos* et *La Putain respectueuse* de Jean-Paul Sartre». *France-Soir*, 15 June 1961.

H., C. «Au Vieux-Colombier Gaby Sylvia qui transportait des armes dans une voiture d'enfant va rejouer *Huis clos* de Jean-Paul Sartre». *Libération*, 8 September 1944.
Interview with A. Badel, director of the Vieux-Colombier. Anecdotally interesting post-Liberation revelations:
«*Nous avons eu les pires ennuis avec* Huis clos. *La piece a été autorisée par la censure allemande, puis interdite, puis à nouveau autorisée ... Bref, le Vieux-Colombier était visé! ... Si nous étions découverts, c'était pour tout le monde Compiègne ... ou la rue Lauriston (Gestapo H.Q.)*».
This is a reference to the involvement of the Company with the Resistance movement. Gaby Sylvia, Badel's wife, was a gun-runner, and « ... dans cette maison tout le monde a travaillé pour la libération. Sartre et Vitold faisaient partie de la radio résistante; Raymond Rouleau était brancardier F.F.I».

Holzamer, Karl. «Die Wahrheit in Scherben». *Rheinischer Merkur* (Koblenz), Year 4, no.29, 1949, pp.3-4.

Paget, Jean. «Les Mardis du Théâtre. Le théâtre annexé». *Combat*, 20 June 1961.

Peloux, Jean. «Comment, à huis clos, Sartre et Camus devenaient acteurs». *Le Figaro littéraire*, 18-24 August 1969, p.18.

Valogne, Catherine. «*Huis clos* de Jean-Paul Sartre revu par Jacqueline Audry». *Les Lettres françaises*, 16 September 1954.
   Interview with Audry on the film, with extracts from the scenario.

Verney, Alain. «Sartre à l'index?» *Franc-Tireur*, 14-15 July 1946.
   Chatty article on Lord Chamberlain's refusal to allow play on the public stage in London. N.W.C.

Alter, André. «Théâtre». *Témoignage chrétien*, 30 June 1961.
   Brief review of the Gymnase reprise of Huic clos *and* La P....

Ambrière, Francis. «*Huis clos et La P... respectueuse*». Paris *Comoedia*, 19 May 1953.
   Highly favourable review:
   «Huis clos *d'une part, sur le plan de l'homme* La Putain respectueuse *d'autre part, sur le plan de l'anecdote transcendée, demeurent les deux ouvrages où M. Sartre, comme dramaturge et comme 'penseur', s'est le plus heureusement exprimé*». *But this, at the expense of later creations (e.g.* Les Mains sales, *or* Le Diable et le Bon Dieu*) which Ambrière considers as* «*le phénomène affligeant d'un créateur tombé à l'emploi des recettes*».

Anon. «*Huis clos* de Jean-Paul Sartre au Gymnase». *Les Lettres françaises*, 22 June 1961.

Anon. «*Huis clos* et *La P... respectueuse*. Les enfers de Sartre». *Démocratie 61*, 22 June 1961.
   Favourable review of the Gymnase reprise.

Anon. «*Huis clos* sur le petit écran». *L'Express*, 11-17 October 1965, pp.56-57.

Anon. «*Huis clos*. Bien trop clos!» *L'Humanité-Dimanche*, 2 January 1955.
   Very short review of Jacqueline Audry's film.

Anon. «*Huis clos*. Bonnes à tuer». *Les Nouvelles littéraires*, 30 December 1954.
   Unfavourable review of the film adaptation by Pierre Laroche and Jacqueline Audry.

Anon. «*Huis clos*». *La Croix*, 29-30 September 1946.
   Curiously favourable in that the author sees some moral law behind the play.

Anon. «*No Exit and The Flies*». *The New Yorker*, 8 March 1947, pp.95-96.
   Review of the Stuart Gilbert translation.

Anon. «Aux Galeries: *Huis clos*». *La Libre Belgique*, 17 March 1946.
Favourable review: «une tragédie condensée chargée d'une violence et d'une cruauté peu commune dans le théâtre contemporain».

Anon. «Dramatised Philosophy». *The Times Literary Supplement*, 21 December 1946, p.627.
Review of the Stuart Gilbert translation.

Anon. «Eternity in a Drawing Room». *The Times Literary Supplement*, 9 February 1946, p.68.
Review of the text.

Anon. «L'Enfer de Jean-Paul Sartre et celui de Georges Arnaud». *L'Express*, 23 May 1953.
Comparative assessment of Huis clos and Arnaud's Les Aveux les plus doux. Arnaud's play, which I haven't read, was obviously pretty powerful stuff according to this critic:
« ... si à la pièce de Sartre, on est attentif et parfois envoûté, à la pièce d'Arnaud on est angoissé, suant, haletant, accablé, détruit».

Anon. «Le film qu'on peut voir cette semaine. *Huis clos*». *Le Canard enchaîné*, 29 December 1954.
Brief review.

Anon. «New Plays in Manhattan». *Time*, 9 December 1946, p.83.

Anon. «Three in a Room». *Newsweek*, 9 December 1946, p.92.

Anon. «Tout juste le purgatoire. *Huis clos*, d'après la pièce de Jean-Paul Sartre». *L'Express*, 31 December 1954.

Anon. Review (not seen). *Theatre World*, vol.42, August 1946, p.8.

Anon(?). «*Huis clos* de Jean-Paul Sartre». *Aspects de la France*, 7 July 1944.

Frivolous and hostile: «Enfantillage satanique ... la morale en semble empruntée au prêche d'un curé de campagne». Author's name illegible in Fonds Rondel R. Supp 1600, p.54.

Anon(?). «Reprises et nouveautés». *La Croix*, 29-30 September 1946.
Brief, relatively favourable review of Potinière reprise. Play seen as a quasi-Christian work.

Arlaud, R.-M. «*Huis clos*. Le néant tout nu». *Combat*, 1-2 January 1955.
   Review of the film by Jacqueline Audry.

Armory. «*Huis clos*». *Les Nouveaux Temps*, 6 June 1944.
   Favourable. Compares play to Sutton Vane's Outward Bound. *Little understanding of the text.*

Arnaud, P. «Au Théâtre du Vieux-Colombier». *Scène-Monde*, July 1944.
   Brief favourable review. N.W.C.

Arout, Gabriel. «Au Vieux-Colombier Jean-Paul Sartre inaugure la saison du théâtre libéré». *Carrefour*, 23 September 1944.
   A misunderstanding of the text leads Arout to have reservations about the «tourment moral» of the characters; but otherwise, a highly favourable review.

Aubert, René. «*Huis clos* et *Les Frères Karamazov*». *Paysage*, 26 September 1946.
   Unfavourable. «...*les personnages mis sur scène par M. Sartre ne sont que les porte-parole du philosophe qui, ayant une thèse à démontrer, a confondu l'art dramatique avec une tribune*».

Audiberti, Jacques. «Pour Sartre commence la nuit de la gloire». *Arts*, 22 May 1953.
   A lyrically favourable review of Huis clos, *worth quoting for its splendid use of mixed metaphors:*
   «*Le quadrimoteur mental de Sartre nous conduit beaucoup plus loin que le rêve des poètes qualifiés ... La prose de Sartre ... démarre, roule, file. Ni maquillage, ni rubans. La phrase est d'un naturel à hurler. La pensée naît, comme une vitesse, comme une odeur, des chocs entre les protagonistes. Ici la mobilité véloce, ininterrompue, est la surface de l'éternelle fatalité*».
   The review includes a brief comment on La P... *which, says Audiberti, is nowhere near as powerful as* Huis clos.

Ayer, A.J. «Secret Session». *Polemic*, no.2, January 1946, pp.60-63.
   Review of published text.

Baignères, Claude. «Au Théâtre en Rond: reprise de *Huis clos*». *Le Figaro*, 3 April 1956, p.10.
   Favourable review.

Baroncelli, Jean de. «*Huis clos*». *Le Monde*, 30 December 1954.
   Review of the film. Considers it lacks credibility on the screen.

Beigbeder, Marc. «De l'arrière-garde à l'avant-garde». *Temps présent*, 1 December 1944.
Fonds Rondel clipping (in R. Supp. 1600, p.81) suggests this includes a review of Huis clos. *Not seen.*

Beigbeder, Marc. «De Sartre à Pagnol, on change d'univers». *Les Lettres françaises*, 21 May 1953.
A thoughtful favourable review of the Comédie-Caumartin reprise.

Benard, Pierre. «On était enfin entre soi...pour la vraie générale de Huis clos». *Front national*, 24 September 1944.
Brief favourable review of post-Liberation première. N.W.C.

Bentley, Eric. «Their Punishment fits their Crime». *The New York Times Book Review*, 23 February 1947, p.20.
Review of No Exit and The Flies, *tr. Stuart Gilbert. New York: Knopf, 1947.*

Blake, Patricia. «Sartre's Theatre». *Partisan Review*, vol.14, May-June 1947, pp.313-316.
Review of No Exit and The Flies *tr. by Stuart Gilbert.*

Bourget-Pailleron, Robert. «Revue dramatique». *Revue des deux Mondes*, 1 July 1961, pp.151-153.
Review of the Gymnase reprise.

Brincourt, André. «L'enfer c'est les autres». *Le Figaro*, 12 October 1965, p.21.
Highly favourable review of Mitrani's T.V. production.

Brown, John Mason. «The Unbeautiful and the Damned». *Saturday Review*, 28 December 1946, pp.26-29.

C.,P. «Les films nouveaux: *Huis clos*». *Le Figaro*, 31 December 1954.
Brief review.

Campbell, Michael. «Hell in Heaven: or the Swiss Sofa». *The Listener*, 30 January 1964, p.199.
On a German production by a Christian rep. company bringing the message to the Swiss village of Saanen.

Capron, Marcelle. «Un gala Jean-Paul Sartre à la Comédie-Caumartin». *Combat*, 16 May 1953.
Highly favourable review of both plays.

Castelot, André. «Le Théâtre. *Huis clos* et *Le Souper interrompu* au théâtre du Vieux-Colombier». *La Gerbe*, 8 June 1944.
   A highly unfavourable review, although Sartre is given credit for his talent as a writer. One of the few critics to complain about the «construction chaotique» of the play. The main attack, however, is against the play's immorality, for which it should be banned:
   «*Il serait ... souhaitable qu'un Conseil de l'Ordre des auteurs dramatiques ... puisse interdire, non pour médiocrité, mais pour laideur néfaste, une ordure aussi écoeurante que* Huis clos, *ordure de valeur sans doute, ordure dont la moisissure est surtout interne, mais ordure tout de même ... n'ayons pas peur des mots!*»

Cauchois, P. «Un événement théâtral: *Huis clos* de J.-P. Sartre au Vieux-Colombier». *Chantiers*, 25 June 1944.
   A highly enthusiastic and intelligent review. One of the few early critics to mention the door which Garcin opens towards the end of the play:
   «*... toute la possibilité humaine pèse lourdement dans l'instant bref où la porte qui cède devant lui signifie que l'homme est toujours libre. Cette sublime idée ne fait que passer mais c'est lui-même qui refermera la porte et retournera à l'enfer qu'il s'est donné faute d'avoir usé de sa liberté et de sa volonté*».

Chaperot, Georges. «Vieux-Colombier. *Huis clos*». *Cri du Peuple*, 24-25 June 1944.
   An enthusiastic review based on a misunderstanding of the play:
   «*j'avoue avoir été bouleversé par la sincérité qui émane de cette oeuvre et son accent désespéré ... C'est plus d'une fois qu'on songe aux plus âpres visions d'un Dostoievsky*».

Chapuis, Pierre. «*Huis clos* de Jean-Paul Sartre». *Combat*, 20 September 1944.
   Favourable with some reservations. N.W.C.

Charensol, Georges. «*Huis clos*». *Les Nouvelles littéraires*, 30 November 1954.
   Review of the film «tentative intéressante pas entièrement réussie».

Chéronnet, Louis. «*Huis clos* de J.-P. Sartre au Vieux-Colombier». *Beaux-Arts*, 16 June 1944.
   Favourable:
   «*La puissance de talent de J.-P. Sartre purifie tout ce qui ici*

pourrait paraître malsain, éclaire tout ce qui semble trouble. Et une telle évocation nous bouleverse parce qu'elle nous fait toucher à l'essence même du tragique».

Craipeau, Maria. «*Huis clos* à New-York». *Franc-Tireur*, 28 November 1946.
　　On Dauphin's No Exit. Poorly acted, badly received. Garcin has become a French collaborator. N.W.C.

Dauphin, Claude. «Exit of No Exit». *Opéra*, 21 May 1947.
　　On the New York production.

Dazy, René. «*Huis clos* ou l'enfer vu par Jean-Paul Sartre et Jacqueline Audry». *Libération*, 25-26 December 1954.
　　Favourable review of the film.

Denis. «*Huis clos* de Jean-Paul Sartre au Vieux-Colombier». *Le Peuple*, 18 November 1944.
　　Uninteresting but favourable review. N.W.C.

Desson, Guy. «*Huis clos*». *Le Populaire*, 19 September 1944.
　　Highly favourable, but naive review. N.W.C.

Dornes, Roger. «A la Potinière. *Huis clos*». *Spectateur*, 24 September 1946.
　　Highly favourable review of the acting of Vitold, Balachova & Alfa. No mention of the text. N.W.C.

Dutourd, Jean. «Le diable et le bon Sartre». *Carrefour*, 29 December 1954.
　　Highly favourable review of the film.

Eaton, Walter Prichard. «A Doctrine of Despair». *New York Herald Tribune Books*, 16 March 1947, p.20.
　　Review of No Exit and The Flies, *tr. Stuart Gilbert. New York: Knopf, 1947.*

Favalelli, Max. «*Huis clos* à la Comédie-Caumartin». *Paris-Presse l'Intransigeant*, 16 May 1953, p.8.
　　Highly favourable review of acting and production. Sees Huis clos *as a 'chef d'oeuvre', whereas* La P... *is revealed as merely a mediocre satire. For a totally opposite viewpoint see Joly in* L'Aurore, *15 May 1953.*

Favalelli, Max. «*Huis clos*». *Aux Écoutes*, 23 June 1961.
　　Review of the reprise at the Théâtre du Gymnase.

Faydit de Terssac, Jean. «Descente aux enfers. Vieux-Colombier: *Huis clos*». *Pays libre*, 25 June 1944.

A mixed bag. On the one hand «*une pièce qui comptera parmi les oeuvres marquantes de l'année*»; *but,* «*l'auteur se complaît dans la putréfaction*». *The dialectic of the play has been totally misunderstood, e.g.:*

«*Sartre remet en question le fameux problème de la liberté ... il s'agit de déterminer si Garcin, Inès et Estelle peuvent éviter de s'infliger les tortures naturelles par la force de leur vouloir, ou bien, au contraire, si les dés ne sont pas jetés d'avance par une puissance supérieure les ayant toujours désignés comme devant se rejoindre pour leurs plus grands châtiments. L'auteur semble pencher pour cette dernière version ...*»

Féraudy, Jacques de. «De l'enfer au néant». *Pilori*, 15 June 1944.

The tone is unfavourable, but no criticism is apparent. Garcin is confused with a deserter of World War II (called by the writer «*la guerre juive que nous subissons*»*).*

Francis, Robert. «Du ciel à l'enfer». *Réveil du Peuple*, 4 June 1944.

An early example of gutter press hostility by a critic who (one presumes) has not seen the play. For Francis, Huis clos *had three acts and Gaby Sylvia was* «*nulle dans le personnage de la lesbienne*». *The latter comment is correct, of course: the rôle was played by Tania Balachova. As an example, strictly for the record, of the gratuitously vulgar style:*

«*... chaque fois que M. Sartre lève la jambe quelque part, dans un livre ou sur la scène d'un théâtre, une petite troupe de jeunes gens impubères et de vieillards impuissants se charge d'y venir renifler avant de manifester son contentement ... cette fois M. Sartre a déposé son petit pipi sur la scène du Vieux-Colombier*».

Freedley, George. «No Exit and The Flies». *Library Journal*, vol.72, 15 March 1947, p.466.

Review of the Stuart Gilbert translation.

Gaillard, Pol. «Nous ne sommes pas en enfer». *Les Lettres françaises*, 27 September 1946.

Interesting article. Claims Sartre had to invent hell in order to advance the thesis «*l'enfer c'est l'existence des autres*».

Gaillard, Pol. «Pièces noires». *La Pensée*, nlle série, no.1, October-November-December 1944, pp.108-117.

See pp.110-112: «*L'optimisme de Jean-Paul Sartre*».

Gautier, Jean-Jacques. «Au Gymnase *Huis clos* et *La P... respectueuse* de Jean-Paul Sartre». *Le Figaro*, 15 June 1961, p.22.

Gély, Jean. «Tragédies du désespoir». *La Marseillaise*, 19 October 1944.
   On *Huis clos and* Le Malentendu. *Admires the dramatic tension of the play but considers it too full of despair:*
   «Elle creuse en sol aride, d'où ne jaillira jamais l'eau de l'espoir. Ces hommes sont damnés parce qu'ils n'ont pas su sortir d'eux-mêmes, parce qu'ils sont uniquement préoccupés, non pas d'agir, mais de s'analyser».

Gibbs, Wolcott. Review (not seen). *The New Yorker*, 7 December 1946, p.69.

Gilder, Rosamund. «*No Exit*». *Theatre Arts*, vol.31, January 1947, p.16.

Gill, Austin. «The Philosophy of J.-P. Sartre». *The Listener*, 10 October 1946, pp.481-482.

Girard, Marcel. «Échec existentialiste. A Prague le théâtre de Jean-Paul Sartre est accueilli avec réserves». *Parallèle 50*, 31 May 1947.
   Review of performance & reception of A.-J. Liehm's translation produced by the Mestske komorni divadlo.

Goujerval, Jean. «*Huis clos* au Vieux-Colombier. Incapables par nous-mêmes de faire le bien». *Réforme*, 5 May 1945.
   A Christian commentary deploring the absence of Love and God in Sartre's work; but, nonetheless, Goujerval has, in a way, curiously understood the play very well. E.g.: «Garcin, Inès et Estelle m'accusent, tandis qu'ils se débattent dans le filet de l'oiseleur ...»

H., C. «Au Vieux-Colombier *Huis clos* 1 acte de Jean-Paul Sartre». *Libération*, 20 September 1944.
   Favourable. N.W.C.

Hanzeli, Victor E. Review of the school text edition edited by Jacques Hardré and George B. Daniel. *French Review,* vol.37, no.3, January 1964, pp.363-364.

Herbault, Jean. «Théâtre». *Images de France*, July 1944.
   Brief, ironically lukewarm review. «Comme on sort de ce spectacle complètement dégoûté, il peut avoir une action moralisatrice». *N.W.C.*

Huismans, Georges. «La saison des reprises. *Huis clos* et *Une balle perdue* au Théâtre de la Potinière». *La France au Combat*, 26 September 1946.
   A favourable review which attempts to understand the 'donnée métaphysique' of the play without really succeeding.

Intérim. «*Huis clos* un film infernal». *L'Aurore*, 1-2 January 1955.

Intérim. «La générale libre du Vieux-Colombier. *Huis clos* de J.-P. Sartre». *Défense de la France*, 22 September 1944.
   A mixed review full of misunderstanding: « ... un acte qui relève moins du théâtre que de la littérature et beaucoup plus de la vulgarisation mystique que de la philosophie». But, having compared the beginning to Sutton Vane's *Outward Bound* and the end to Strindberg's *Dance of Death*, he concludes: «Malgré tant de lectures, M. Jean-Paul Sartre affirme son talent en un dialogue d'une belle qualité».

Jamet, Claude. «J.-P. Sartre en un ensemble deux pièces». *France réelle*, 29 May 1953.
   Favourable review of the Comédie-Caumartin reprise «la tragédie surracinienne de ... trois êtres». But see also entry under 213.

Jamet, Claude. «L'enfer selon saint Sartre». *Germinal*, 30 June 1944.
   A highly favourable review: «c'est Racine tel qu'en lui-même (horriblement) l'éternité le changerait». Admires the dramatic intensity of the play, «on est pris haletant de bout en bout»; but seems to ignore the intellectual side: «Les pensées sont de surcroît; la pièce n'en a pas besoin».

Jeener, J.-B. «A la Comédie-Caumartin reprise de *Huis clos*». *Le Figaro*, 16-17 May 1953.
   «... une oeuvre magnifique et terrible. Le cercle est bouclé. On y étouffe». Praises acting and production.

Joly, G. «A la Comédie-Caumartin *Huis clos* et *La P... respectueuse*». *L'Aurore*, 15 May 1953.
   Feels that *Huis clos* has lost its force and novelty.

Kanters, Robert. «Quinze ans après: Pour la reprise de *Huis clos* et de *La Putain respectueuse*, Robert Kanters fait le bilan des neuf pièces de Sartre». *L'Express*, 22 June 1961, pp.39-40.

Kemp, Robert. «A la Comédie-Caumartin, une soirée Sartre». *Le Monde*, 16 May 1953.
  Highly favourable review of both Huis clos *and* La P....

Krutch, Joseph Wood. «Drama». *The Nation*, 14 December 1946, p.708.

L., J. «Au Vieux-Colombier. *Huis clos*». *Vedettes*, 24 June 1944.
  A superficial but highly favourable review:
  «*une très belle pièce, d'une violence extraordinaire et d'une grandeur dans l'abject qui exprime le plus mystérieux fond de l'âme humaine, et atteint l'essence des choses*».

Lang, André. «*Huis clos*». *France-Soir*, 4 January 1954.
  Review of the film.

Lang, André. «Voyage aux enfers». *Concorde*, 10 October 1946.
  Favourable. But misunderstands point of the play, in consequence of which Sartre's 'pessimisme' is condemned.

Lapierre, Marcel. «Un petit tour en enfer. *Huis clos* de Jean-Paul Sartre au Vieux-Colombier». *L'Atelier*, 10 June 1944.
  Scanty, frivolous review. Vaguely unfavourable. N.W.C.

Laubreaux, Alain. «Enfer et damnation». *Je suis Partout*, 9 June 1944.
  A totally hostile review intent on discovering Sartre's plagiarisms: «*cette métaphysique empruntée à l'*Eurydice *de M. Jean Anouilh...*»; *the setting from Barbusse's* L'Enfer; *Garcin* «*arrive de chez Dostoievsky après un petit séjour chez André Malraux...*»; *as for Estelle,* «*ses certificats sont signés de M. François Mauriac*»; *and Inès, well,* «*vous la reconnaissez: c'est la* Prisonnière *de M. Édouard Bourdet, poussée au noir satanique*».

Laubreaux, Alain. «Le Théâtre». *Le Petit Parisien*, 3 June 1944.
  A vague and uninteresting review of the première. N.W.C.

Le Cyclope. «*Huis clos*». *Le Figaro littéraire*, 21 October 1965, p.10.
  Highly favourable review of Mitrani's T.V. production.

Legay, Jacques. «Le cinéma: *Huis clos*». *La Revue Nouvelle*, Year 11, no.3, 15 March 1955, pp.308-310.

Lejeune, C.A. «Hotel in Hell». *The Observer*, 6 December 1959, p.24.
  Review of the film.

Lemarchand, Jacques. «*Huis clos* au Théâtre de la Potinière».
Combat, 26 September 1946.
Favourable review.

Lemarchand, Jacques. «Au théâtre Gramot *Huis clos* de Jean-Paul Sartre». *Le Figaro littéraire*, 8 July 1965, p.14.
Highly favourable review.

Lemarchand, Jacques. «Sartre et Pirandello au Théâtre en Rond». *Le Figaro littéraire*, 7 April 1956, p.12.
Brief favourable review of reprise by original director, Michel Vitold.

Lenormand, H.-R. «Vieux-Colombier: *Huis clos* de M. J.-P. Sartre». *Panorama*, 22 June 1944.
Without having really understood Sartre's intentions, this lengthy article is (perhaps surprisingly) one of the most sensitive and appreciative of the first reviews. He criticizes:
«*Ces raccourcis énigmatiques, cette pudeur devant l'émotion, cette haine des larmes, qui caractérisent l'art de M. Sartre*», *as a result of which* «*La tragédie, comprimée à l'extrême, de M. Sartre nous fait avaler à petites gorgées rapides le poison qui nous est destiné*». *But he concludes:* «*Il est possible qu'à sa troisième pièce, M. Sartre s'élève au rang d'un Dostoievsky dramaturge*».

Lerminier, Georges. «*Huis clos* et *La P... respectueuse*». *Gazette de Lausanne*, 17-18 June 1961.
Review of the Gymnase reprise.

Lerminier, Georges. «La Comédie-Caumartin reprend *Huis clos* et *La P... respectueuse* de Jean-Paul Sartre». *Le Parisien libéré*, 16 May 1953.
Brief favourable review of the Caumartin reprise of both plays. Lerminier concludes:
«*Si l'amateur de théâtre est voué à l'enfer, je vois bien que son châtiment sera d'assister à la représentation éternelle de* Huis clos. *Mais si notre damnation est aussi notre plaisir?*»

Lockspeiser, Edward. «It's the talk of Paris». *Tribune*, 13 April 1956, p.8.
Includes a review of the Theatre en Rond production.

Lohner, Heinrich. «Entrüstung in Köln. Sartres *Huis clos* im Studio Köln». *Die Zeit*, Year 4, no.30, 1949, p.3.

Lumsden, James A. «Sartre and Strindberg». *The Times Literary Supplement*, 23 November 1946, p.577.
   Review of English text.

Magny, Claude-Edmonde. «L'enfer des autres. *Huis clos* par Jean-Paul Sartre au Théâtre du Vieux-Colombier». *Les Lettres françaises*, 23 September 1944, p.7.
   Enthusiastic. A sensitive and intelligent review well worth consulting. Magny draws an interesting parallel between Garcin and Ferral of La Condition humaine*:*
   «*Ainsi ... Ferral ... humilié par une femme, sent qu'il n'est plus que la somme de ses actes, rien d'autre; il découvre brusquement qu'il n'a jamais trouvé que lui dans les rapports ... qu'il a avec les autres; aussi est-il à la merci de leurs jugements: s'il paraît devant les femmes, c'est pour se faire juger par elles; il recherche l'amitié du vieux Gisors parce qu'il a besoin de son intelligence pour se justifier. A cause de sa solitude sa force apparente n'est que fragilité*».

Mankowitz, Wolf. Review (not seen) of the Stuart Gilbert translation. *Politics and Letters*, vol.1, Summer 1947, pp.68-70.

Marcabru, Pierre. «*Huis clos* et *La P... respectueuse*. Deux pièces de Sartre qui ont pris du ventre». *Arts*, 21 June 1961.
   On Gymnase reprise.

Marcel, Gabriel. «*Huis clos* et le visage infernal de l'expérience humaine». *Horizons* (Nantes), no.1, 1945, pp.60-64.

Marcel, Gabriel. «*Huis clos*». *Les Nouvelles littéraires*, no.925, 1945, p.6(?).
   German version in Theater der Zeit, *no.3, 1947, pp.13-15.*

Marcel, Gabriel. «Deux pièces de Sartre». *Les Nouvelles littéraires*, 21 May 1953.
   Favourable review of the Comédie-Caumartin reprise: «*ce spectacle est d'une rare qualité*».

Marcel, Gabriel. «Le Théâtre». *Hommes et Mondes*, vol.1, no.4, November 1946, pp.195-198.
   Not a review, but general reflections on theatre inspired by Marcel's understanding of Huis clos.

Marein, J. «Die Hölle und die Dirne in den Kammerspielen Hamburg». *Die Zeit*, Year 4, no.16, 1949, p.3.

Martain, Gilles. «*Hobson's Choice*: une fresque à la Dickens». *Rivarol*, 30 December 1954.
   Mainly a review of David Lean's film; but the first part is devoted to Huis clos.

Maulnier, Thierry. «Reprise de *Huis clos*». *Spectateur*, 17 September 1946. Not seen.

Mauriac, Claude. «*Huis clos*». *Le Figaro littéraire*, 1 January 1955.
   Review of the film by Jacqueline Audry.

Méré, Charles. «De l'enfer au paradis». *Aujourd'hui*, 17-18 June 1944.
   A brief, curious review in which Méré is so revolted that he is finally fascinated:
   «*Strindberg lui-même est dépassé! ... C'est tellement horrible que cela finit par devenir beau*».

Mignon, P.-L. «A la Potinière réouverture des débats sur *Huis clos*». *Front national*, 14 September 1946.
   Unfavourable. Objects to the philosophical demonstration «*(qui) fait plus figure d'exemple astucieusement et laborieusement élaboré par un magister que d'histoire tragique jetée sur les planches par un dramaturge*». N.W.C.

Milroy, Vivian. «Two Plays by Jean-Paul Sartre». *The New English Weekly*, vol.31, no.16, 31 July 1947, pp.142-143.
   Review of the Stuart Gilbert translation.

Miranda. «*Huis clos* par Jean-Paul Sartre». *Réveil des Jeunes*, 1 April 1945.
   Favourable but uninteresting. N.W.C.

Mitchell, Barbara. «*In Camera* by Jean-Paul Sartre and *A Social Success* by Max Beerbohm». *The Oxford Magazine*, 15 February 1962, p.202.
   Brief, favourable review of the performance by the Meadow Players at the Playhouse.

Mohy, Simone. «*Huis clos* de J.-P. Sartre». *Le Franciste*, 17 June 1944.
   Naïvely impressed by the play's 'style' and naïvely disgusted by its content. N.W.C.

Morelle, Paul. «*Huis clos* et la *P... respectueuse* de Jean-Paul Sartre au Gymnase». *L'Information*, 17 June 1961.

Morelle, Paul. Review of the Gymnase reprise. *Libération*, 17-18 June 1961.

Morgan, Frederick. «The Season on Broadway». *Sewanee Review*, vol.55, April 1947, pp.346-347.

Nathan, George J. «*No Exit*». in *Theater Book of the Year 1947-48*. New York: Knopf, 1948. See pp.30-33.

Néry, Jean. «*Huis clos*». *Franc-Tireur*, 24 December 1954.
Generally favourable review of the film, with some reservations about the adaptation for the screen.

Novy, Yvon. «A la Potinière. Reprise de *Huis clos*». *Cité Soir*, 13 September 1946.
Highly favourable.

P.F. «Michèle Alfa jugée à huis clos». *Résistance*, 12 September 1946.
Funny, but hardly a review, e.g. «C'est bon de se plonger dans la boue infernale, c'est radioactif, ça vous existentialise un spectateur radicalement».

Paget, Jean. «Au Théâtre du Gymnase reprise de *Huis clos* et *La P... respectueuse* de Jean-Paul Sartre». *Combat*, 19 June 1961.

Paris, André. «Au Théâtre des Galeries *Huis clos* et *La P... respectueuse*». *Le Soir* (Brussels), 6 February 1957.
Favourable review of the production by Marcelle Dambremont.

Pelorson, Georges. «Les loups entre eux». *Révolution*, 10 June 1944.
Admires the play but finds it too intellectual - «la conscience à l'état pur». Concludes:
«La pièce est de notre temps: elle plaira pour cela. De même qu'un jour, pour cela aussi, elle sera rejetée (et par M. Sartre un des premiers, je l'espère): lorsque nous nous serons débarrassés un bon coup de la nausée qui nous oppresse».

Peman, José María. «En torno al teatro de Sartre: *El Otro*». *La Estafeta Literaria*, no.392, 23 March 1968, pp.4-8.

Phelan, Kappo. «The Stage and Screen: *No Exit*». *The Commonweal*, vol.45, no.9, 13 December 1946, pp.229-230.

Pingaud, Bernard. «*Huis clos* ou la téléfraction». *Les Temps modernes*, no.235, December 1965, pp.1144-1146.
Review of television production.

Poirot-Delpech, B. «*Huis clos* et *La P... respectueuse* de Jean-Paul Sartre». *Le Monde*, 16 June 1961.
Review of the Gymnase reprise.

Pomerait, André de. «*Huis clos* à laPotinière». *Paroles françaises*, 22 September 1946.
Favourable. «*...sa qualité purement dramatique et son extrême habileté à mouler sa philosophie dans une forme que je dirais théâtrale si elle n'était encore plus près de la vie que du théâtre*».

Potter, Stephen. «Plays». *The New Statesman*, 27 June 1946, pp.63-64.

Purnal, Roland. «Générales et Premières». *Comoedia*, 10 June 1944.
Favourable. Purnal is lyrical in his praise.
«*C'est un chef d'oeuvre d'angoisse et d'âpreté douloureuse, un chant qui vient de l'abîme. Il faut remonter jusqu'à Strindberg pour trouver quelque chose d'aussi fort*».

Quinto, José María de. «Dos dramas de Sartre». *Insula*, Year 23, no.257, April 1968, pp.15-16.
Review of Spanish production of A puerta cerrada. *See also 213.*

Raine, Kathleen. «Closed Session». *The New English Review*, vol.12, no.2, February 1946, pp.181-183.
Review of the English text.

Renaitour, Jean-Michel. «Au Vieux-Colombier *Le Souper interrompu* et *Huis clos*». *L'Oeuvre*, 3-4 June 1944.
Favourable with reservations. Little understanding of the play, however. It reminds Renaitour, as it did several other French critics, of Sutton Vane's Outward Bound.

Rey, Étienne. «*Huis clos, Le Souper interrompu*. Théâtre du Vieux-Colombier». *France-Europe*(?), 28 June 1944.
Superficial review which damns with faint praise. The play has been misunderstood, e.g.: «*Ces trois êtres ... traduisent si bien ... le pessimisme absolu de l'auteur*». *N.B. The name of the periodical is illegible in Fonds Rondel R. Supp 1600, p.45.*

Richardson, Maurice. «Damnation in Triplicate». *The Observer*, 8 November 1964, p.25.
Review of T.V. production on B.B.C.-1.

Ricou, Georges. «Théâtre du Vieux-Colombier. *Huis clos* de Jean-Paul Sartre». *La France socialiste*, 17 June 1944.
Hostile review: «Atmosphère de Grand-Guignol...quelle dépravation intellectuelle... Quelle curieuse prédilection pour les situations et les personnages faisandés!»

Ro., J. «*Huis clos* l'enfer de Sartre». *La Croix*, 7 February 1955.
On the film by Jacqueline Audry.

Roedig, Charles F. Review of text (not seen). *Modern Language Journal*, vol.47, April 1963, p.181.

Rostand, Maurice. «*Huis clos* au Vieux-Colombier». *Paris-Midi*, 4 June 1944.
A favourable review aware of the play's possible greatness: «elle constitue peut-être une date du théâtre».

Russell, John. «The Existentialist Theatre». *Horizon*, vol.11, May 1945, pp.319-328.

S., G. «*Huis clos*. Les pavés de l'Enfer». *Les Lettres françaises*, 6 January 1955.
On the film by Jacqueline Audry.
«Ces trois personnages sont trop en quête d'une réalité sociale pour qu'on puisse vraiment s'intéresser à eux. On songe moins à les plaindre qu'à se boucher le nez devant trois poubelles groupées par la seule nécessité de défendre et d'illustrer une thèse artificielle».

Sanvic, Romain. «Enfers». *Vrai* (Brussels), Year 3, no.12, 23 March 1946.
Favourable - «L'enfer qu'invente M. Jean-Paul Sartre surpasse en horreur et en cruauté tout ce qu'a créé l'imagination de Dante».

Saurel, Renée. «Reprise de *Huis clos* au Théâtre en rond». *L'Information*, 31 March 1956.
High praise, «reste le chef d'oeuvre contemporain de la pièce en un acte».

Schamhardt, F. «De moderne hel». *Litterair Paspoort*, Year 1, no.3, May 1946, pp.12-13.

Silvain, Jean. «*Huis clos* et *Le Souper interrompu* au Vieux-Colombier». *Appel*, 15 June 1944, p.5.
Highly unfavourable:
«*Des jeunes gens, des snobs vieillots, se pâment d'aise devant l'obscurité voulue d'un texte épouvantablement littéraire... On ne peut rêver d'une chose plus ennuyeuse et, en même temps, aussi lugubrement malsaine. Les personnages se roulent avec délice dans la fange. L'ordure est leur raison d'être*».

Stokes, Sewell. «English Spotlight». *Theatre Arts*, vol.30, November 1946, pp.673-675.

Susini, Germaine. «A la Potinière. Reprise de *Huis clos* de J.-P. Sartre». *Paris-Matin*, 14 September 1946.
Brief, favourable review. N.W.C.

Tardieu, Jean. «Au Vieux-Colombier. *Huis clos*». *Ce Soir*, 20 September 1944.
Enthusiastic review of post-Liberation reprise: «*Notre liberté recouvrée, en écartant de cette puissante vision tout risque du malentendu, lui donnait un éclat nouveau et jamais l'admirable 'engagement' d'une telle oeuvre dans son époque ne nous était apparu avec autant de force*».

Taylor, John R. «Drama». *The Listener*, 3 December 1964, p.915.
Review of T.V. production on B.B.C.-1, with Harold Pinter as Garcin, Jane Arden as Inès and Catherine Woodville as Estelle.

Touchard, P.-A. «Deux bons spectacles au Vieux-Colombier». *Le Parisien libéré*, 27 September 1944.
A curious title given the hostility of the review: «*Je n'aime pas le climat de ce théâtre, à la fois, didactique, intellectuel et malsain ...*» *etc.*

Troyat, Henri. «*Huis clos*». *La Nef*, vol.2, no.4, 1945, pp.154-155.

Truffaut, François. «*Huis clos* de Jacqueline Audry». *Arts*, 5-11 January 1955.
Interesting commentary on the film.

Vague, Jean. «*Huis clos*». *Lettres*, no.1., 1945, pp.76-78. Not seen.

Vincent, Gérard. «L'enfer des chevaux de bois. A propos de *Huis clos* de M. J.-P. Sartre». *Nouvelle Jeunesse*, 5 October 1944.
A misreading of the play which makes of it a totally pessimistic

tract. But, in spite of his criticisms, Vincent notes «on voit cependant combien cette pièce donne à penser». A strange comment in the context of this review. N.W.C.

Vinneuil, François. «Enfer inutile». *Dimanche-Matin*, 2 January 1954.
Unfavourable review of the film.

W., J. «*La P... respectueuse, Huis clos*. La vie en noir». *Pourquoi pas?* (Brussels), 8 February 1957.
Review of the double bill at the Théâtre des Galeries directed by Paul Anrieu and Marcelle Dambremont. N.W.C.

Warnod, André. «Au théâtre de la Potinière *Huis clos* et *Une balle perdue*». *Le Figaro*, 12 September 1946.
Favourable review of reprise with Vitold, Balachova and M. Alfa.

Worsley, T.C. «Vicious Circle». *The New Statesman*, 12 February 1955, pp.209-210.
On London reprise by Old Vic Company.

Wyatt, Euphemia. Review (not seen). *The Catholic World*, vol.164, January 1947, pp.358-359.

Young, S. «Weeknesses». *The New Republic*, vol.115, no.23, 9 December 1946, p.764.

Abraham, Claude K. «A Study in Autohypocrisy: *Morts sans sépulture*». *Modern Drama*, vol.3, February 1961, pp.343-347.

Bolle, Christiane. «En relisant *Morts sans sépulture*». *Marginales*, no.24, February 1969, pp.64-66.

Brunot, Henriette. «*Morts sans sépulture*». *Psyché*, vol.1, no.2, 1946, p.258-262.

Paulus, Claude. «Notes sur *Morts sans sépulture* de Jean-Paul Sartre». *Synthèses*, Year 2, no.10, 1948, pp.113-117.

Pouillon, Jean. «Philosophisches Theater». *Umschau* (Mainz), Year 2, 1947, pp.425-432.

Sion, Georges. «Sartre, et puis Shakespeare». *Revue Générale Belge*, no.24, October 1947, pp.932-938.

MORTS SANS SÉPULTURE.
PRESS ARTICLES AND REVIEWS

Alter, André. «Spectacle Jean-Paul Sartre au théâtre Antoine».
L'Aube, 19 November 1946. Unfavourable.

Ambrière, Francis. «Les spectacles». *Mercure de France*, vol.299, no.1001, January 1947, pp.133-136.
Unfavourable review of this play on p.136.

Anon. «*Three Plays*». *The New Yorker*, 15 October 1949, p.126.

Anon. «A Londres». *Le Figaro*, 17 July 1947, p.3.
On Sartre's visit to London re. this play and La P.... *Not seen.*

Anon. «Dramatischer Existentialismus». *Theater der Zeit* (Berlin), Year 2, no.3, 1947, pp.12-13.

Anon. «Du Sartre, encore du Sartre, toujours du Sartre». *Forces françaises*, 26 October 1946. Not seen.

Anon. «Incident au théâtre Antoine». *Le Monde*, 9 November 1946, p.6.
On the uproar created by the 'realism' of the torture scenes.

Anon. «Les Autrichiens s'évanouissent en voyant la pièce de Sartre: Morts sans sépulture». *Paris-Presse l'Intransigeant*, 5 July 1952.
Brief account of the disorder created by the torture scenes at the Josefstaedter Theater. Mentions that the play was generally well received except by the critic of the Communist newspaper Volksstimme.

Anon. «New Plays in Manhattan». *Time*, 3 January 1949, p.49.

Anon. «Sartre unter Vorzensur. *Tote ohne Begräbnis* in Hamburg». *Die Zeit*, Year 5, no.20, 1950, p.3.

Anon. «Scandale à Paris». *France-Dimanche*, 17 November 1946.
Ostensibly an account of the violence of the torture scene (with photo); but for the most part a chatty piece on Sartre's private life - e.g. one learns that he uses Kiwi shoe polish sent to him by English admirers!

Anon. «Two Sartre plays». *The Times*, 18 July 1947, p.2.

Anon. Review (not seen). *America*, vol.82, 14 January 1950, p.448.

Anon. Review (not seen). *The New Statesman*, 26 July 1947, p.70.

Anon. Review (not seen). *Theatre World*, vol.43, September 1947, p.8.

Anon. Review (not seen). *U.N. World*, vol.1, February 1947, p.60.

Anon. Review of *Three Plays*. The Booklist and Subscription Books Bulletin, vol.46, 15 October 1949, p.61. Not seen.

Anon. Review of *Three Plays*. *Kirkus*, vol.17, 1 July 1949, p.346.

Anon(?). «'*Morts sans sépulture* n'est pas une pièce sur la Résistance,' nous dit Jean-Paul Sartre». *Combat*, 30 October 1946, p.4.

Audouard, Yvan. «*Morts sans sépulture* et *La P... respectueuse* de Jean-Paul Sartre». *Libération-Soir*, 19 November 1946.

Augagneur, Marcel. «Deux pièces de M. Jean-Paul Sartre. ...interchangeables comme les pièces détachées d'automobile». *France-Soir*, 20 November 1946.
As title indicates a hostile and frivolous review.

Avran, Jean. «*Morts sans sépulture* et *La Putain respectueuse* de Jean-Paul Sartre». *Ce Soir*, 14 November 1946.
Brief and savagely critical review.

Avran, Jean. «Les faux scandales: *La Putain respectueuse. Morts sans sépulture*». *La Marseillaise*, 14-20 November 1946.
A longer version of the above article.

Bauer, Gérard. «Le Théâtre». *Revue de Paris*, Year 54, no.6, June 1947, pp.147-150.
Favourable with reservations, «(Sartre) y a réussi mais par des moyens dont le réalisme rend l'ouvrage éphémère».

Belliard, Maxime. «Les nouvelles oeuvres de Jean-Paul Sartre». *France libre*, 19 November 1946.
Briefly devastating.

Bertrand, P. «Jean-Paul Sartre a impressionné le public britannique». *Le Figaro*, 19 July 1947, p.4.
Brief item on London performance. N.W.C.

Beyer, William. «The State of the Theatre: Lafayette Lands Again». *School and Society*, vol.69, 29 January 1949, pp.82-87.

Blanquet, Marc. «Jean-Paul Sartre installe l'existentialisme chez Antoine». *Opéra*, no.78, 6 November 1946, p.3.
Interview. Also on La Putain respectueuse.

Bohne, Regine. «*Tote ohne Begräbnis*.. Ein Stück von Sartre und eine Diskussion in Hamburg». *Frankfurter Hefte*, Year 5, no.7, 1950, p.781.

Brandstrup, Ole. «French Autumn in Copenhagen». *Theatre Newsletter*, vol.1, 19 April 1947, p.4.

Brisson, Pierre. «Le cas Sartre et le théâtre». *Le Figaro littéraire*, 4 October 1947, pp.1,3.
For details see entry under Section 201.

Carat, Jacques. «Théâtre Antoine: *Morts sans sépulture* et *La Putain respectueuse* par Jean-Paul Sartre». *Paru*, no.26, January 1947, pp.42-45.

Cogniat, Raymond. «*Morts sans sépulture*». *Arts*, 22 November 1946.
Favourable to the play but with reservations about the mise-en-scène and interpretation.

Eaton, Walter Prichard. «Sartre Trio». *New York Herald Tribune Books*, 28 August 1949, p.7.
Review of Three Plays.

Engelhard, Hubert. Review. *Réforme*, 23 November 1946. Not seen.

Fergusson, Francis. «Sartre as Playwright». *Partisan Review*, vol.16, April 1949, pp.407-411.
Review of Sartre Three Plays. *New York: Knopf, 1949.*

Fournier, Louis. «Spectacle Sartre». *Forces françaises*, 28 November 1946. Not seen.

Freedley, George. «*Three Plays*». *Library Journal*, vol.74, 15 September 1949, p.1328.

Gabriel, Gilbert W. «The Victors and the Venial». *Theatre Arts*, vol.33, March 1949, p.17.

Gaillard, Pol. «Romane und Philosophie enttäuschen, Komödien und Dramen - das ist ihr Weg». *Theater der Zeit*, Year 2, no.3, 1947, p.15.

Gandrey-Rety, Jean. «*Morts sans sépulture*». *Arts*, no.95, 29 November 1946, p.7.

Gandrey-Rety, Jean. «*Morts sans sépulture* ou la putain scandalisée». *Arts*, no.94, 22 November 1946, p.7.

Gardel, Francis. «L'Existentialisme à la recherche de son *Hernani. Morts sans sépulture* et *La P... respectueuse*». *Résistance*, 16 November 1946.

Gassner, John. Review (not seen). *Forum*, vol.111, March 1949, pp.162-163.

Gautier, Jean-Jacques. «Au Théâtre Antoine: *Morts sans sépulture* et *La Putain respectueuse*». *Le Figaro*, 13 November 1946, p.4.
Highly unfavourable review.

Gibson, Rochelle. «Drama Notes». *Saturday Review*, 31 December 1949, p.30.
Review of Three Plays.

Griffel, R.-A. «Voltaire! et le théâtre des nerfs». *L'Étoile du Soir*, 3 December 1946.
Criticizes Sartre for the torture scenes and for quoting Voltaire.

K., H. «Les deux pièces de M. Jean-Paul Sartre». *Le Monde*, 5 November 1946, p.6. Interview.

K., Y. «Au théâtre Antoine *Morts sans sépulture* de Jean-Paul Sartre». *Paris-Matin*, 13 November 1946.

Kemp, Robert. «*Morts sans sépulture*, au théâtre Antoine». *Le Monde*, 15 November 1946, p.6.

Kemp, Robert. «Une affaire 'classée': Les deux pièces de J.-P. Sartre». *Le Monde*, 22 November 1946, p.3.

Ladbroke, Lewis. «The Theatre - *Men without Shadows*, and *The Respectful Prostitute*». *The Spectator*, 25 July 1947, p.108.

Lagarde, Pierre. «*Morts sans sépulture, La Putain respectueuse* de Jean-Paul Sartre». *Libération*, 12 November 1946.

Las Vergnas, Raymond. «Spectacles de rentrée». *Entente*, no.58, December 1946, pp.10,12,14,16.

Leclerc, Guy. «Au théâtre Antoine: *Morts sans sépulture. La Putain respectueuse*». *L'Humanité*, 20 November 1946, p.4.

Lemarchand, Jacques. «*Morts sans sépulture* et *La Putain respectueuse* au théâtre Antoine». *Combat*, 10 November 1946, p.3.

Lemarchand, Jacques. «Sartre en discussion». *Combat*, 9 November 1946.
   Favourable review.

Marcel, Gabriel. «Deux pièces nouvelles de Jean-Paul Sartre». *Les Nouvelles littéraires*, no.1007, 1946, p.8. Not seen.

Marcel, Gabriel. «Le Théâtre. Deux pièces de Jean-Paul Sartre». *Hommes et Mondes*, vol.2, no.6, January 1947, pp.192-196.
   Appreciates dramatic force, rejects violent realism and accuses Sartre of sadism.

Marcel, Gabriel. «Sartre and Barrault: The Paris Spotlight». *Theatre Arts*, vol.31, February 1947, pp.44-45.

Maulnier, Thierry. «*Morts sans sépulture* et *la P... respectueuse*». *Spectateur*, 19 November 1946.
   Maulnier had serious reservations about the efficacy of physical violence on stage, e.g.:
   «*Le rideau aurait dû tomber avant l'étranglement du gosse: au théâtre, la seule puissance vraiment convaincante est celle du langage*».

Nathan, George J. «*The Victors*». In *Theater Book of the Year 1948-49*. New York: Knopf, 1949. See pp.221-223.

Phelan, Kappo. «The Stage and Screen: *The Victors*». *The Commonweal*, vol.49, no.14, 14 January 1949, p.352.

Pioch, Georges. «Tortures tortionnaires». *Tel Quel*, 19 November 1946, p.6.
   «*Ouvrage pensé, repensé, surpensé...*»

Pomerait, André de. «*Morts sans sépulture* au théâtre Antoine».
Paroles françaises, 15 November 1946, p.5.
Unfavourable review. N.W.C.

Pontalis, J.-B. «Vitold aux prises avec la pièce de Sartre».
Spectateur, 29 October 1946.
Rehearsal impressions.

Rastier, Jacques. «Saint-Germain des Écuries». *La Gazette des Lettres*, 23 November 1946.
Dyspeptic condemnation of the violence and supposed obscenities of Morts sans sépulture *and* La P....

Rinieri, Jean-Jacques. «Jean-Paul Sartre - *Morts sans sépulture* - *La Putain respectueuse*». *La Nef*, no.26, January 1947, pp.155-158.

S., C.-W. «*Morts sans sépulture* a eu à Copenhague une première mouvementée». *Le Figaro*, 6 November 1946, p.4.
On the Danish world première a few days before the Paris opening.

Siewert, Eva. «Sartre in Berlin». *Neues Europa* (Stuttgart), Year 3, no.6, 1948, p.2.

T., L. «*Morts sans sépulture, La Catin respectueuse* au Théâtre Antoine». *L'Ordre*, 15 November 1946.
An extremely hostile review, Sartre is accused of obscenity and cheap stage tricks.

Touchard, Pierre-Aimé. «A propos du théâtre de Jean-Paul Sartre». *Le Parisien libéré*, 14 November 1946.

Touchard, Pierre-Aimé. «Au théâtre Antoine. Deux pièces de Jean-Paul Sartre». *Le Parisien libéré*, 11 November 1946.
Brief review. N.W.C.

Touchard, Pierre-Aimé. «Spectacle Jean-Paul Sartre au théâtre Antoine». *Opéra*, 13 November 1946, p.3.

Varloot, Jean. «Snobismus modernsten Stils: Nihilismus». *Theater der Zeit*, Year 2, no.3, 1947, p.17.

Warnod, André. «La torture pose le problème de la liberté humaine, nous dit J.-P. Sartre». *Le Figaro*, 1 November 1946, p.4.
Interview.

Ewing, James. «Sartre's existentialism and *The Respectful Prostitute*». *Southern Quarterly*, vol.7, no.2, January 1969, pp.167-174.

Guthke, Karl S. *Wege zur Literatur.* Berne & Munich: Francke Verlag, 1967.
Includes «Der zerbrochene Krug *und* La Putain respectueuse», *pp.55-60. Reprint of article in* Die Neuren Sprachen.

Guthke, Karl S. «Kleists *Zerbrochener Krug* und Sartres *La Putain respectueuse*». *Die Neueren Sprachen*, no.10, 1959, pp.466-470.

Hammond, Robert M. «French Film Scenarios». *French Review*, vol.32, no.1, October 1958, pp.44-51.
Not a study, but a catalogue of the Hammond Collection of Scenarios (Univ. of Arizona) which holds a copy of the unpublished film-script.

Sakari, A. «Jean-Paul Sartre néologiste malgré lui». *Neuphilologische Mitteilungen* (Helsinki), vol.51, 1950, p.130-132. Not seen.

Salel, J.-C. «*Morts sans sépulture* et *La Putain respectueuse* au théâtre Antoine». *Juin,* 12 November 1946.

Wright, Richard. «Introductory Note to *The Respectful Prostitute*». In *Art and Action: 10th Anniversary Issue.* New York: Twice-a-Year Press, 1948, pp.14-16. Not seen.

Anon. «*Huis clos. La P... respectueuse*». *Presse Magazine*, 19 June 1961.

Anon. «*La P... respectueuse* est plus réaliste au théâtre qu'au cinéma». *Paris-Presse l'Intransigeant*, 10-11 May 1953.
   Brief item with photos on the reprise at the Comédie-Caumartin with Héléna Bossis and Roland Bailly.

Anon. «*La P... respectueuse* a été présentée par M. Dupont au Conseil municipal». *Combat*, 6 December 1945, p.3. N.W.C.

Anon. «A Londres». *Le Figaro*, 17 July 1947, p.3.
   On Sartre's visit to London re. this play and Morts sans sépultures. *Not seen.*

Anon. «Autour de la scène». *Le Figaro*, 9 August 1951, p.6.
   A news item on the banning of a performance produced by a black company in Harlem.

Anon. «Barbara Laage lie son sort à celui de la P... respectueuse». *Combat*, 9 January 1952.
   Brief news item plus photo of Laage signing film contract. N.W.C.

Anon. «Des points de suspension. La plus sartrienne de toutes». *Le Littéraire*, 16 November 1946, p.1.
   Idle twaddle.

Anon. «Double fin». *Le Figaro*, 19 July 1954, p.8.
   Brief item on Russians wanting 'happy end' version of the play.

Anon. «J.-P. Sartre aura le même 'décorateur' français que Renoir et Chaplin». *Le Figaro*, 10 January 1952, p.6.
   News item re. filming crew. N.W.C.

Anon. «J.-P. Sartre va-t-il créer un incident à la 'Constituante' italienne?» *Le Figaro*, 11 February 1948, p.4.
   Two paragraphs on the banning of the play in Italy. Mentions that La P... *has already been performed in London, Stockholm, Prague, Budapest, Athens, New York and in South America.*

Anon. «Jean-Paul Sartre à la Comédie-Caumartin». *Libération*, 15 May 1953, p.2.
   Photo of Balachova, Vitold and Sylvia in Huis clos *and brief caption on double reprise of this and* La P....

Anon. «La fleur de ...Laage». *Franc-Tireur*, 12-13 January 1952.
   Brief news item re. film contract. N.W.C.

Anon. «La Putain respectueuse». *Tel Quel*, 5 November 1946, p.6.
   Brief item on Métro insistence that posters may appear only if 'Putain' is replaced by 'P....'.

Anon. «La Respectueuse est plus respectable à New-York qu'à Paris». *V*, 20 February 1949.
   A news item with two photos illustrating the difference between the bed scenes as played by Ann Dvorak in New York (fully-clothed, with some ankle showing) and Héléna Bossis in Paris (knickers and stocking-tops well-displayed).

Anon. «Les Italiens et le respect». *Le Figaro*, 6 February 1948, p.4.
   Brief paragraph on Milan première of the play. N.W.C.

Anon. «Marcel Herrand sera le sénateur de la *P... Respectueuse*». *Paris-Presse*, 2 May 1952.
   Brief news item. N.W.C.

Anon. «Quand un adjectif devient substantif...» *Provençal-Dimanche* (Marseilles), 24 March 1974.
   Preview article for the T.V. reprise with Elizabeth Wiener, Claude Dauphin and Georges Claisse.

Anon. «Quinze ans après avoir créé le rôle, Héléna Bossis revient sur le boulevard en *P... respectueuse*». *L'Aurore*, 12 June 1961.

Anon. «Revanche de Sartre aux U.S.A. La ...*respectueuse* triomphe dans un bas-quartier de New-York». *Le Monde*, 6 January 1950.
   News item about shortened version of the play performed at the Selwyn cinema on 42nd Street in between film-shows.

Anon. «Sartre interdit à Chicago». *L'Époque*, 8 December 1948.
   Brief item on Chicago police commissioner's action. Notes that play has run for 42 weeks in New York.

Anon. «Spécial Sartre. *La Putain respectueuse. Le Diable et le Bon Dieu*». *L'Avant-Scène*, no.402-403, 1-15 May 1968. 106pp. Not seen.

Anon. «Tourné à Paris par un Italien dans une ambiance américaine...» *Franc-Tireur*, 5-6 April 1952.
Insignificant 'news' item on international nature of the cast & technical crew of the film.

Anon. Brief announcement of forthcoming opera by Olivier Bernard based on *La P... respectueuse*. *Le Figaro*, 6 October 1967, p.30. N.W.C.

Anon. Brief article on request by M. Dupont that *La P... respectueuse* be banned. *Le Figaro*, 21 November 1946.

Anon. News item. *La P...* performed in Moscow under the title *Elizza. Nekrassov* to be played there as *Vérité seule*. *Le Figaro*, 15 November 1955, p.10. N.W.C.

Anon. Photo of Laage and Bryant with caption. *Le Figaro*, 7 May 1952.

Anon. Photo of Roland Bailly, Héléna Bossis & Michel Fabrice in Comédie-Caumartin reprise. *L'Humanité*, 12 June 1953.

Arenal, Humberto. Review of *La Putain respectueuse*, *Revolución*, 19 March 1960.
Includes interview.

B., M. «Dans *La P... respectueuse* de Jean-Paul Sartre au Théâtre du Gymnase Héléna Bossis joue toujours le rôle de Lizzie». *L'Humanité*, 17 June 1961.

Bertrand, P. «Jean-Paul Sartre a impressionné le public britannique». *Le Figaro*, 19 July 1947, p.4.
Brief item on London performance. N.W.C.

C., J.-L. «Sartre au théâtre du Gymnase. Reprise de *Huis clos* et de la *P... respectueuse*». *Combat*, 10-11 June 1961.

Carrière, Paul. «Pagliero changera les poteaux-indicateurs de la route de Mantes pour les extérieurs du film qu'il tourne d'après J.-P. Sartre». *Le Figaro*, 7 April 1952.
The title says as much as the article.

Chérubin. «Points de suspension». *Le Figaro littéraire*, 17 October 1953, p.1.
A brief anecdote reported by Queneau on the misunderstanding in a provincial town as to where the 'points de suspension' should

be placed in the advertisements. In consequence, the play was announced as La Putain r..........

Cohen, Francis. «Marcel Pagliero nous parle de *La P... respectueuse*». *Humanité-Dimanche*, 26 October 1952.
   Uninteresting interview with Pagliero on the making of the film.

D., J. «La P... respectueuse a reçu le tout cinéma à Atlanta-sur-Seine». *Libération*, 18 April 1952.
   Brief article on filming. N.W.C.

Fayol, André. «La peur des mots». *Le Monde*, 10-11 November 1946, p.1. N.W.C.

Grosrichard, Yves. «Au Théâtre du Gymnase: *Huis clos* et *La Putain respectueuse* de Jean-Paul Sartre». *France-Soir*, 15 June 1961.

Heer, Friedrich. «Sartre sieht Amerika». *Die österreichische Furche* (Vienna), Year 6, no.5, p.7.

Hensel, Georg. «Die ehrbare Anklage». *Neue literarische Welt* (Heidelberg), Year 4, no.9, 1953, p.9.

Jack, Homer A. «Censoring Sartre». *The Nation*, 12 March 1949, p.305.

K., H. «Les deux pièces de M. Jean-Paul Sartre». *Le Monde*, 5 November 1946, p.6. Interview.

Marcerou, Jacques. «Jean-Paul Sartre va faire ses débuts de metteur en scène avec *La Putain respectueuse*». *Libération*, 30 October 1946. Interview.

Morellet. «Jean-Paul Sartre, le métro et la morale respectueuse». *Paroles françaises*, 15 November 1946.
   Brief item on the 'P....' posters in the Métro. N.W.C.

O'Keefe, Winston. «'Tis Pity She's Respectful». *Theatre Arts*, vol.33, March 1949, pp.49-50.
   On the Chicago banning.

Paget, Jean. «Les Mardis du Théâtre. Le théâtre annexé». *Combat*, 20 June 1961.

Sennep. Cartoon of «La ... Respectueuse». *Le Figaro*, 10 November 1946, p.4.

Spiraux, Alain. «Héléna Bossis redevient une *P... respectueuse*». *Paris-Jour*, 18 June 1961.

Strapontin. «Saint-Étienne ne reçoit pas *La Respectueuse*». *L'Aurore*, 2-3 January 1954.
  News item. Play considered too scandalous, so touring company under Rasimi to perform in three neighbouring towns. N.W.C.

Tessier, Carmen. «*La P... respectueuse* a franchi clandestinement le rideau de fer». *France-Soir*, 23 October 1953.
  Brief item on an 'unofficial' showing of the film in East Germany. N.W.C.

LA PUTAIN RESPECTUEUSE. REVIEWS 213

Alter, André. «Spectacle Jean-Paul Sartre au théâtre Antoine». *L'Aube*, 19 November 1946.
Has praise for La P..., *but not for* Morts sans sépulture.

Alter, André. «Théâtre». *Témoignage chrétien*, 30 June 1961.
Brief review of the Gymnase reprise of Huis clos *and* La P....

Ambrière, Francis. «*Huis clos* et *La P... respectueuse*». *Paris Comoedia*, 19 May 1953.
Highly favourable review, for details see entry under 208.

Ambrière, Francis. «Les spectacles». *Mercure de France*, vol.299, no.1001, January 1947, pp.133-136.
Brief, highly favourable review on p.136.

Anon. «*Huis clos* et *La P... respectueuse*. Les enfers de Sartre». *Démocratie 61*, 22 June 1961.
Favourable review of the Gymnase reprise.

Anon. «Three Plays». *The New Yorker*, 15 October 1949, p.126.

Anon. «L'Enfer de Jean-Paul Sartre et celui de Georges Arnaud». *L'Express*, 23 May 1953.
Photo of La P... *with unfavourable caption «ne supporte pas la comparaison avec* Huis clos».

Anon. «M. Sartre's Thriller». *The Times Literary Supplement*, 15 February 1947, p.93.
Review of the text.

Anon. «New Play in Manhattan». *Time*, 5 April 1948, p.46.

Anon. «Sartre on Broadway». *Newsweek*, 29 March 1948, p.82.

Anon. «Two Sartre plays». *The Times*, 18 July 1947, p.2.

Anon. Review (not seen). *America*, vol.73, 28 February 1948, pp.613-614.

Anon. Review (not seen). *Interracial Review*, vol.21, March 1948, p.566.

Anon. Review (not seen). *U.N. World*, vol.1, February 1947, p.60.

Anon. Review of *Three Plays*. *Kirkus*, vol.17, 1 July 1949, p.346.

Anon. Review of *Three Plays*. *The Booklist and Subscription Books Bulletin*, vol.46, 15 October 1949, p.61. Not seen.

Arlaud, R.-M. «Le film du jour. *La P... respectueuse*». *Combat*, 9 October 1952.
A fairly favourable review.

Audiberti, Jacques. «Pour Sartre commence la nuit de la gloire». *Arts*, 22 May 1953.
Brief comment on the Comédie-Caumartin reprise. The play suffers from comparison with Huis clos.

Audouard, Yvan. «*Morts sans sépulture* et *La P... respectueuse* de Jean-Paul Sartre». *Libération-Soir*, 19 November 1946.

Augagneur, Marcel. «Deux pièces de M. Jean-Paul Sartre. ...interchangeables comme les pièces détachées d'automobile». *France-Soir*, 20 November 1946.
As title indicates a hostile and frivolous review.

Avran, Jean. «*Morts sans sépulture* et *La Putain respectueuse* de Jean-Paul Sartre». *Ce Soir*, 14 November 1946.
Brief and critical, although less critical of this play than of Morts.

Avran, Jean. «Les faux scandales: *La Putain respectueuse. Morts sans sépulture*». *La Marseillaise*, 14-20 November 1946.
A longer version of the above article.

B., S. «L. P..... R..........». *Réforme*, 18 October 1952.
After a brief joke about the title, S.B. complains that the 'happy end' of the film destroys the whole moral force of the play.
«Je reproche à ce film de nous faire croire que le paradis sur Terre est pavé de bonnes intentions. Je lui reproche de donner ici-bas à chacun selon son mérite».

Baignères, Claude. «Aux Mathurins... *La P... respectueuse*». *Le Figaro*, 13-14 November 1965, p.22.
A luke-warm review.

Bauer, Gérard. «Le Théâtre». *Revue de Paris*, Year 54, no.6, June 1947, pp.147-150.
   Favourable. Reckons that this play will survive longer than Morts sans sépulture.

Bazin, André. «La P... respectueuse et respectable». *Le Parisien libéré*, 15 October 1952.
   Review of the film: «une mise en scène intelligente et vigoureuse qui sait conserver dans son ton une intime affinité avec l'oeuvre de Sartre».

Beigbeder, Marc. «De Sartre à Pagnol, on change d'univers». *Les Lettres françaises*, 21 May 1953.
   Favourable review of the Comédie-Caumartin reprise.

Bernard, Marc. «Le Théâtre». *Les Nouvelles littéraires*, 18 November 1965, p.13.
   Favourable review of the Mathurins reprise with Silvia Monfort as Lizzie. N.W.C.

Beyer, William. «The State of the Theater: New Blood». *School and Society*, vol.47, 28 February 1948, pp.163-168.

Bouissounouse, Janine. «*La P... respectueuse* une vision implacable de l'Amérique d'aujourd'hui». *Ce Soir*, 10 October 1952.
   «le film...est le plus violent et en même temps le plus généreux réquisitoire contre le racisme américain ...»

Bourget-Pailleron, Robert. «Revue dramatique». *Revue des deux Mondes*, 1 July 1961, pp.151-153.
   Review of the reprise at the Gymnase.

Brown, John Mason. «Guignol à la Sartre». *Saturday Review*, 13 March 1948, pp.26-27.

Cadieu, Martine. «Une 'comédie musicale': *La P... respectueuse* au Théâtre-Maison de la Culture à Caen». *Les Lettres françaises*, 25-31 October 1967, p.22.

Capron, Marcelle. «Un gala Jean-Paul Sartre à la Comédie-Caumartin». *Combat*, 16 May 1953.
   Highly favourable review of both plays.

Carat, Jacques. «Théâtre Antoine: *Morts sans sépulture* et *La Putain respectueuse* par Jean-Paul Sartre». *Paru*, no.26, January 1947, pp.42-45.

Charensol, Georges. «*La P... Respectueuse*». *Les Nouvelles littéraires*, 23 October 1952.
   Highly critical of the scenario. Conclusion:
   « ... si le thème fourni par Sartre est d'une lourdeur et d'une bassesse insupportables, ses collaborateurs ont montré, au contraire, beaucoup de dignité ...»

Chauvet, Louis. «De Sartre à Colette». *Le Figaro*, 10 October 1952.
   Very brief, favourable review of the film. N.W.C.

Cohen, Francis. «De la vérité à l'écran, ou le fils de Taft n'est pas un conquérant solitaire». *La Nouvelle Critique*, Year 4, no.40, November 1952, pp.103-109.
   On the film.

Curtiss, Thomas Q. «Jean-Paul Sartre's Dixieland in Paris». *New York Herald Tribune* (Paris ed.), 14 October 1952.
   An angry review of the film: « ... a crude dramatization of a Pravda *editorial... poorly made... absurdly wrong*».

Devay, Jean-François. «*La P... respectueuse* aux cinémas Balzac, Helder, Scala et Vivienne». *Paris-Presse l'Intransigeant*, 15 October 1952.
   « ... un film bien fait, bien joué, souvent émouvant». *But Devay objects to the absolute nature of Sartre's criticism of American racism:*
   «Tel qu'il est, ce film constitue un réquisitoire qui ne vise pas seulement les racistes américains, mais les Américains dans leur ensemble».

Dognon, André du. «Un film...noir». *France réelle*, 17 October 1952.
   A favourable 'review,' though, for the most part, it simply tells the narrative.

Dutourd, Jean. «Une respectable, Gide et moi». *Carrefour*, 17 October 1952.
   An intelligent review of the film which questions the validity of the «happy end *édifiante et grandiose», and the way in which Pagliero handled the characterization of Fred, Lizzie and the Senator.*

Eaton, Walter Prichard. «Sartre Trio». *New York Herald Tribune Books*, 28 August 1949, p.7.
   Review of Three Plays.

Engelhard, Hubert. Review. *Réforme*, 23 November 1946. Not seen.

Erdmann, G. «*Die ehrbare Dirne* - Jean-Paul Sartres Bekenntnis zur Zukunft». *Unsere Universität* (Greifswald), no.1, 1953/1954, pp.10-11. Not seen.

Erpenbeck, Fritz. «*Die ehrbare Dirne* von Jean-Paul Sartre in den Kammerspielen der Städtischen Theater Leipzig». *Theater der Zeit*, Year 9, no.5, 1954, pp.40-43.

Favalelli, Max. «*Huis clos* à la Comédie-Caumartin». *Paris-Presse l'Intransigeant*, 16 May 1953, p.8.
 Admires the production and acting, but feels that La P*.. is merely a mediocre satire. For a totally opposite viewpoint see Gustave Joly in* L'Aurore*, 15 May 1953.*

Fergusson, Francis. «Sartre as Playwright». *Partisan Review*, vol.16, April 1949, pp.407-411.
 Review of Three Plays.

Fournier, Louis. «Spectacle Sartre». *Forces françaises*, 28 November 1946. Not seen.

Frank, Nino. «Vraie et fausse Amérique». *Arts*, 24-30 October 1952.
 Unfavourable review of the film - «*un ouvrage naïf, agaçant et passablement ennuyeux*». *But this critic's opinion is hard to take seriously, given his unusally rosy, if not naïvely insane, view of Europe:*
 «*En Europe, continent relativement civilisé, il ne se trouverait personne pour défendre l'atrocité dont font preuve les Américains dans leurs rapports avec les nègres: ce plaidoyer ne peut donc convaincre que les convaincus*».

Freedley, George. «*Three Plays*». *Library Journal*, vol.74, 15 September 1949, p.1328.

Gabriel, Gilbert W. «*The Respectful Prostitute*». *Theatre Arts*, vol.32, Spring 1948, pp.31-32.

Gandrey-Rety, Jean. «*Morts sans sépulture* ou la putain scandalisée». *Arts*, no.94, 22 November 1946, p.7.

Gardel, Francis. «L'Existentialisme à la recherche de son *Hernani*. *Morts sans sépulture* et *La P... respectueuse*». *Résistance*, 16 November 1946.

Gautier, Jean-Jacques. «Au Gymnase *Huis clos* et *La P... respectueuse* de Jean-Paul Sartre». *Le Figaro*, 15 June 1961, p.22.

Gautier, Jean-Jacques. «Au Théâtre Antoine: *Morts sans sépulture* et *La Putain respectueuse*». *Le Figaro*, 13 November 1946, p.4.
Highly unfavourable review.

Gibbs, Wolcott. «Hollywood, Shaw, and Sartre». *The New Yorker*, 27 March 1948, pp.45-48.

Gibson, Rochelle. «Drama Notes». *Saturday Review*, 31 December 1949, p.30.
Review of Three Plays.

Girard, Marcel. «Échec existentialiste. A Prague le théâtre de Jean-Paul Sartre est accueilli avec réserves». *Parallèle 50*, 31 May 1947.
Review of performance & reception of A.-J. Liehm's translation produced by the Mestske komorni divadlo.

Honig, H.O. «Sartres Schauspiel - meisterhaft dargestellt. Zur Aufführung der *Ehrbaren Dirne* in den Kammerspielen der städtischen Theater Leipzig». *Heute und Morgen* (Schwerin), no.5, 1954, pp.300-301.

Jamet, Claude. «J.-P. Sartre en un ensemble deux pièces». *France réelle*, 29 May 1953.
For Jamet, La Putain *is «trop belle et trop facile... Jean-Paul Sartre enfonce une porte ouverte». There is a certain humour in the presentation of Sartre-the public thinker which may raise a smile:*
« ... *il prétend atteindre et remuer le grand public, sinon les masses, et par tous les moyens, tour à tour boulevardier (ou presque), grandguignolesque ou mélodramatique on sent qu'il a quitté la chaire pour la tribune; il a posé sa veste; sa technique se fait directe comme un coup de poing, un coup de poing, souvent, qui frise le coup bas; le tout est qu'il porte bien là où il doit porter, - contre les Collabos, les Cocos ou les Amerlos, selon la saison».*

Jeener, J.-B. «A la Comédie-Caumartin reprise de *Huis clos*». *Le Figaro*, 16-17 May 1953.
Praises acting and production but feels that La P... *has suffered from the ravages of time.*

Joly, G. «A la Comedie-Caumartin *Huis clos* et *La P... respectueuse*». *L'Aurore*, 15 May 1953.
Favourable review. Is surprised to note that La P.. *has retained its impact over the years, whereas* Huis clos *has lost its force and novelty.*

Kanters, Robert. «Quinze ans après: Pour la reprise de *Huis clos* et de *La Putain respectueuse*, Robert Kanters fait le bilan des neuf pièces de Sartre». *L'Express*, 22 June 1961.

Kemp, Robert. «A la Comédie-Caumartin, une soirée Sartre». *Le Monde*, 16 May 1953.
   Highly favourable review of both plays.

Kemp, Robert. «Une affaire 'classée': Les deux pièces de J.-P. Sartre». *Le Monde*, 22 November 1946, p.3.

Lafargue, André. «*La P... respectueuse* - P. comme pastiche». *Ce Matin-Le Pays*, 14 October 1952.
   «Un médiocre pastiche des films américains... qui est de mauvais goût et risque de nous faire du tort auprès de l'opinion mondiale».

Lagarde, Pierre. «*Morts sans sépulture, La Putain respectueuse* de Jean-Paul Sartre». *Libération*, 12 November 1946.

Lang, Renée B. «Sartre, Jean-Paul, *La Putain respectueuse*». *French Review*, vol.20, no.6, 1947, pp.490-491.

Las Vergnas, Raymond. «Spectacles de rentrée». *Entente*, no.58, December 1946, pp.10,12,14,16.

Le Clec'h, Guy. «*La P... respectueuse* de Sartre prend de grands airs à Caen». *Le Figaro littéraire*, 16-22 October 1967, p.38.
   On the forthcoming performance at the Théâtre-Maison de la Culture à Caen of the opera version with music by Olivier Bernard and directed by Pierre Barrat.

Leclerc, Guy. «Au théâtre Antoine: *Morts sans sépulture. La Putain respectueuse*». *L'Humanité*, 20 November 1946, p.4.

Lemarchand, Jacques. «*Morts sans sépulture* et *La Putain respectueuse* au théâtre Antoine». *Combat*, 10 November 1946, p.3.

Lemarchand, Jacques. «Sartre en discussion». *Combat*, 9 November 1946.
   Favourable review.

Lerminier, Georges. « *Huis clos* et *La p... respectueuse*». *Gazette de Lausanne*, 17-18 June 1961.

> *Review of the Gymnase reprise. Lerminier dislikes the facile moralism and the melodrama, he compares this play, unfavourably, to Genet's* Les Nègres:
> « ... on mesure la distance entre Sartre et Genet. Même analyse et mêmes procédés. Même générosité. Mais La P... ressortit à l'esthétique naturaliste, avec des traces de Faulkner ou de Tennessee Williams. Genet est un poète dramatique, c'est-à-dire qu'il secrète naturellement une mythologie».

Lerminier, Georges. «La Comédie-Caumartin reprend *Huis clos* et *La P... respectueuse* de Jean-Paul Sartre». *Le Parisien libéré*, 16 May 1953.
> *Brief, favourable review of both plays -* «*des chefs-d'oeuvre*».

Marcabru, Pierre. «*Huis clos* et *La P... respectueuse*. Deux pièces de Sartre qui ont pris du ventre». *Arts*, 21 June 1961.
> *On Gymnase reprise.*

Marcel, Gabriel. «Deux pièces nouvelles de Jean-Paul Sartre». *Les Nouvelles littéraires*, no.1007, 1946, p.8. Not seen.

Marcel, Gabriel. «Deux pièces de Jean-Paul Sartre». *Hommes et Mondes*, vol.2, no.6, February 1947, pp.192-196.
> *Complains that the play is indicative of Sartre's ingratitude towards the Americans:* « ... il est indécent ... de répondre à cette hospitalité par une charge injurieuse et sans nuances». *By 1953, Marcel had changed his mind, see below.*

Marcel, Gabriel. «Deux pièces de Sartre». *Les Nouvelles littéraires*, 21 May 1953.
> *Favourable review of the Comédie-Caumartin reprise. Prefers* La P... *as a play to* Huis clos *because of*
> « ... les événements qui se sont déroulés depuis lors (sa création en 1946), non seulement aux États-Unis mais ailleurs, et particulièrement en Afrique du Sud. Ils ont montré, hélas! que la pièce de Sartre est rigoureusement accordée à l'affreuse réalité raciste qui se développe sous nos yeux ...»

Marcel, Gabriel. «Sartre and Barrault: The Paris Spotlight». *Theatre Arts*, vol.31, February 1947, pp.44-45.
> *Includes unfavourable review of this play. Also on* Morts sans sépulture.

Marein, J. «Die Hölle und die Dirne in den Kammerspielen Hamburg». *Die Zeit*, Year 4, no.16, 1949, p.3.

Marshall, Margaret. «*The Respectful Prostitute*». *The Nation*, 28 February 1948, pp.257-258.

Maulnier, Thierry. Article on *La Putain respectueuse*. *Spectateur*, 19 November 1946.

Mauriac, Claude. «Vérités et mensonges de *La P... respectueuse*». *Le Figaro littéraire*, 25 October 1952.
  The film is held to be superior to the play, but Mauriac finds that whereas the theatre revealed a particular truth, the film generalises and produces, in consequence, a lie - i.e. that all Americans are racists:
  «Là est l'imposture vraie de La P... respectueuse. Le film, non la pièce: car la convention du théâtre le frappe de nos jours d'innocuité. Tandis que, dans un film bien fait, tout est en apparence vérité, même le mensonge. Il y aurait une étude à faire sur la mauvaise foi au second degré de cet homme de bonne foi qu'est Sartre».

Morelle, Paul. « *Huis clos* et la *P... respectueuse* de Jean-Paul Sartre au Gymnase». *L'Information*, 17 June 1961.

Morelle, Paul. Review of the Gymnase reprise. *Libération*, 17-18 June 1961.

Nathan, George J. «*The Respectful Prostitute*». in *Theater Book of the Year 1947-48*. New York: Knopf, 1948. See pp.258-261.

Paget, Jean. «Au Théâtre du Gymnase reprise de *Huis clos* et *La P... respectueuse* de Jean-Paul Sartre». *Combat*, 19 June 1961.

Paris, André. «Au Théâtre des Galeries *Huis clos* et *La P... respectueuse*». *Le Soir* (Brussels), 6 February 1957.
  Favourable review of the production by Paul Anrieu.

Paris, André. «Au Théâtre Molière, *La P... respectueuse* et *On purge bébé*». *Le Soir* (Brussels), 30 November 1962.
  Favourable review of production by Georges Jamin, with Ginette Leclerc, Raymond Peira and Marcel Louma.

Phelan, Kappo. «The Stage and Screen: *The Respectful Prostitute*». *The Commonweal*, vol.47, no.23, 19 March 1948, p.566.

Pioch, Georges. «Tortures tortionnaires». *Tel Quel*, 19 November 1946, p.6.
  Briefly favourable: «*plein de vérité et ce n'est pas sans courage*».

Poirot-Delpech, Bertrand. «*Huis clos* et *La P... respectueuse* de Jean-Paul Sartre». *Le Monde*, 16 June 1961.
  Review of the Gymnase reprise:
  «*A l'inverse de* Huis clos *et de la plupart des pièces de Sartre où se développe la totalité d'un système de pensée avec ses prolongements divergents et ses doutes,* La P... respectueuse *est conçue pour illustrer une réflexion limitée et élémentaire, telle que les* Lehrstücke *de Brecht ... Si juste que soit le propos, si authentique que soit l'anecdote choisie, leur traduction scénique apparaît aujourd'hui d'une grosseur et d'un schématisme déconcertants ... Sartre n'a pas cherché à faire oeuvre théâtrale, mais à agir sur le public ...*»

Poirot-Delpech, Bertrand. «*Soudain...l'été dernier*, de T. Williams; *La P... respectueuse* de J.-P. Sartre». *Le Monde*, 13 November 1965, p.16.

Quinto, José María de. «Dos dramas de Sartre». *Insula*, Year 23, no.257, April 1968, pp.15-16.
  Review of Spanish production of La Puta respetuosa, *situating Sartre in relation to other avantgardists.*

Rastier, Jacques. «Saint-Germain des Écuries». *La Gazette des Lettres*, 23 November 1946.
  Dyspeptic condemnation of the violence and supposed obscenities of La P... *and* Morts sans sépulture.

Sadoul, Georges. «Respectueuse?...Ou irrespectueuse? *La P... respectueuse* un film de Marcel Pagliero et Charles Brabant, d'après Jean-Paul Sartre». *Les Lettres françaises*, 16-23 October 1952.

Saint-Pierre, Michel de. «Oeuvres légères». *Témoignage chrétien*, 31 October 1952.
  «*Les films de Sartre présentent...un aspect didactique et un aspect léger qui ne laissent pas d'être irritants. Nous le voyons s'emparer d'un grave problème, jouer avec lui, en disserter, l'enrouler voluptueusement dans les anneaux d'une dialectique peu serrée*».

Shaw, Irwin. «Theatre: Triumph Downtown». *The New Republic*, vol.118, 23 February 1948, pp.29-30.

Sylvain, Patrice. «*La P... respectueuse*». *L'Aurore*, 8 October 1952.
  This 'review' *tells the story of the film. No critical comment at all.*

LA PUTAIN RESPECTUEUSE. REVIEWS 213

T., L. «*Morts sans sépulture, La Catin respectueuse* au Théâtre Antoine». *L'Ordre*, 15 November 1946.
An extremely hostile review. L.T. uses catin *as a respectful substitute for «la brutalité, bien inutile, du titre».*

Touchard, Pierre-Aimé. «A propos du théâtre de Jean-Paul Sartre». *Le Parisien libéré*, 14 November 1946.

Touchard, Pierre-Aimé. «Au théâtre Antoine. Deux pièces de Jean-Paul Sartre». *Le Parisien libéré*, 11 November 1946.
Brief review.

Touchard, Pierre-Aimé. «Spectacle Jean-Paul Sartre au théâtre Antoine». *Opéra*, 13 November 1946, p.3.

W., J. «*La P... respectueuse, Huis clos.* La vie en noir». *Pourquoi pas?* (Brussels), 8 February 1957.
Review of the double bill at the Théâtre des Galeries directed by Paul Anrieu and Marcelle Dambremont. La P... was considered «ce mélo aux intentions lourdement appuyées».

Wyatt, Euphemia. Review (not seen). *The Catholic World*, vol.167, April 1948, p.71.

Zimmermann, H.-J. «Noch einmal: Kleists *Zerbrochener Krug* und Sartres *La Putain respectueuse*». *Die neueren Sprachen*, no.10, 1960, pp.485-488.

LES JEUX SONT FAITS. STUDIES

Baskin, William H. «The Circle as Symbol of the Absurd in *Les Jeux sont faits*». *Romance Notes*, vol.1, November 1959, pp.13-17.

Hammond, Robert M. «French Film Scenarios». *French Review*, vol.32, no.1, October 1958, pp.44-51.
Not a study, but a catalogue of the Hammond Collection of Scenarios (Univ. of Arizona) which holds a copy of the unpublished film-script.

Lausberg, Heinrich. «Einführung in Sartres *Les Jeux sont faits*». *Archiv für das Studium der Neuren Sprachen*, vol.196, no.1, July 1959, pp.16-35.

Morrissette, Bruce. «Problèmes du roman cinématographique». *Cahiers de l'Association Internationale des Études Françaises*, no.20, May 1968, pp.275-289.
Brief comment on cinematic qualities of Les Jeux sont faits.

Saint-Pierre, Michel de. «Autour d'un film de Jean-Paul Sartre». *Études*, no.256, February 1948, pp.256-262.

Zeltner, Gerda. «Zu Sartres *Les Jeux sont faits*». *Neue Schweizer Rundschau*, Year 17, no.9, January 1950, pp.581-586.

Anon. «Berlin accueille Sartre». *France Hebdo*, 24 February 1948.
Brief item on showing of film in Berlin. Mentions unfavourable commentary by Neues Deutschland. *N.W.C.*

Anon. «Chez les écrivains». *Le Figaro littéraire*, 15 November 1958, p.5.
Brief notice that the new theatre at Munster presented the world première of the stage version on 31 October 1958.

Anon. «Comment Jean-Paul Sartre vint au cinéma». *Images du Monde*, 15 July 1947.
With photo of Sartre & Marcel Pagliero. Brief general item. N.W.C.

Anon. «Jean-Paul Sartre donne aux filmologues une leçon de cinéma appliqué». *Samedi-Soir*, 27 September 1947.
Lengthy article on Sorbonne film congress. Only last paragraph mentions Sartre. N.W.C.

Anon. «Les films que vous pourrez voir cette semaine». *L'Aurore*, 10 December 1947.
Very brief review.

Anon. «Les films que nous verrons. *Les Jeux sont faits*». *France libre*, 17 December 1947.
Brief article.

Briac, Claude. «Interprète de Jean-Paul Sartre, Micheline Presle 'meurt deux fois'». *L'Intransigeant*, 1-2 June 1947.

Carrière, Paul. «*Les Jeux sont faits*? Tout le contraire d'un film existentialiste, nous dit Jean-Paul Sartre». *Le Figaro*, 29 April 1947.
Brief interview.

Carrière, Paul. «Jean-Paul Sartre se justifie devant les 'filmologues'». *Le Figaro*, 20 September 1947, p.4. N.W.C.

Frossard, André. «Sartre humoriste». *A Présent*, 20 February 1948.
Almost a review of the film. N.W.C.

Guth, Paul. «Jean-Paul Sartre aux prises avec les spirites». *Le Figaro littéraire*, 31 January 1948, p.3.
An amusing account of a spiritualist lecture given by M. Henri Regnault («vice-président de l'Union spirite»). M. Regnault decided to expose the error of Sartre's views on the after-life. His arguments follow from an all too literal reading of the text of the play.

Marion, Denis. «*Les Jeux sont faits*». *Combat*, 12 December 1947.
Very brief article. N.W.C.

Marion, Denis. «J.-P. Sartre à Camus». *Combat*, 20 November 1947, p.2.

Moisdon, René. «En Anjou J.-P. Sartre pape de l'existentialisme termine un scenario de film». *Le Parisien libéré*, 7 January 1947.
Brief and frivolous interview. N.W.C.

V., J.-P. «*Les Jeux sont faits*. Jean Delannoy tournera la semaine prochaine le premier film de Sartre». *Combat*, 19 April 1947.

Viterbo, Raoul. «Le public parisien face à l'existentialisme». *Spectateur*, 7 January 1948.
On audience reaction rather than the film itself.

A., G. «*Les Jeux sont faits*. Jean-Paul Sartre au cinéma». *Franc-Tireur*, 27 December 1947.
   Brief but highly favourable review.

Anon. Review (not seen). *The New Yorker*, 4 December 1948, p.178.

Anon. Review (not seen). *Vogue*, 1 November 1948, p.129.

Anon. Review of text *The Chips are Down. The Booklist and Subscription Books Bulletin*, vol.45, 1 February 1949, p.193. Not seen.

Blake, Patricia. «Creative and Critical Works by Sartre». *The New York Times Book Review*, 14 November 1948, p.46.
   On The Chips are Down, *and* Anti-Semite and Jew, *tr. Alfred Werner.*

Borel, Richard. «... Rien ne va plus». *Gavroche*, 21 December 1947.

Bower, Anthony. «Films». *The Nation*, 12 February 1949, p.193.

Breton, Guy. «Où il semble que pour Jean-Paul Sartre *Les Jeux sont faits*». *L'Époque*, 17 January 1948.
   A favourable two-part review. The second article (same title) appeared in the following issue, 18 January 1948.

Carrier, Denise. «*Les Jeux sont faits*». *Paru*, no.40, 1948, pp.123-125.

Charensol, Georges. «Le Cinéma: *Les Jeux sont faits*». *Les Nouvelles littéraires*, 11 December 1947, p.6. Not seen.

Duran, Henri. «*Les Jeux sont faits*». *La Bataille*, 7 January 1948.

Elsen, Claude. «Cinéma 'imprimé'. Les jeux sont faits mais les chemins de la liberté sont coupés...» *Réforme*, 19 November 1947.
   An interesting review in spite of the frivolous title.

Farber, H. «Die Toten in der Schau Sartres. Bemerkungen zu J.-P. Sartres Film *Das Spiel ist aus*». *Die Kommenden* (Freiburg), Year 4, no.7, 1950, p.6.

Gautier, Jean-Jacques. «*Les Jeux sont faits*». *Le Figaro*, 20 December 1947, p.4.
  Hostile and superficial review.

Guerard, Albert J. «The Diderot of Our Age». *The Nation*, 27 November 1948, pp.608-609.

Hatch, Robert. «Movies: The Bookie Always Wins». *The New Republic*, vol.120, 14 February 1949, p.29.

Henry, Maurice. «Un film raconté. *Les Jeux sont faits*». *Le Pays*, 14 January 1948.

Hofmann, P. «Er-Sartre». *Action*, 27 December 1947.
  Accuses Sartre of plagiarising Plato - «le vieux mythe d'Er à la sauce des temps modernes ... Comme Pierre, Er, le guerrier de Platon, était descendu aux enfers ...»

Hühnerfeld, Paul. «*Das Spiel ist aus*». *Die Zeit*, Year 4, no.16, 1949, p.3.

Jeanne, René. «Sartre au cinéma: déception. *Les Jeux sont faits*». *La France au combat*, 23 December 1947.

Lafargue, André. «*Les Jeux sont faits*». *Paris-Matin*, 16 December 1947.
  Brief review.

Listopad, F.(?). «*Les Jeux sont faits*». *Parallèle 50*, 3 January 1948.

Mauriac, Claude. «Premières réflexions sur *Les Jeux sont faits*». *Le Figaro littéraire*, 13 December 1947.
  Mainly on the text of the scenario which Mauriac finds admirable.

Mauriac, Claude. «*Les Jeux sont faits*». *Le Figaro littéraire*, 27 December 1947.
  Sequel to his earlier article. Is disappointed by the film itself.

Petit, L. «*Les Jeux sont faits*». *La Vie intellectuelle*, vol.16, no.7, 1948, pp.123-126.

Pinto, Alfonso. «*Les Jeux sont faits*, de Jean Delannoy». *Revista*, no.30, 6 November 1952, p.11.

Quéval, Jean. «Jean-Paul Sartre, Jean Delannoy, Jean Painlevé, Georges Rouquier, Nicole Vedrès et quelques autres». *Mercure de France*, vol.301, no.1012, December 1947, pp.708-711.

Rives, Jacques. «Un film de Jean-Paul Sartre et de Jean Delannoy: *Les Jeux sont faits*». *Le Populaire*, 27 December 1947.
Brief, relatively favourable review.

Sadoul, Georges. «Beaucoup de bruit pour une omelette. *Les Jeux sont faits*». *Les Lettres françaises*, 29 December 1947.
Much more critical of the scenario than of the film itself.

Servent, Gaston. «*Les Jeux sont faits* ou un au-delà qui confine au néant». *L'Intransigeant*, 3 January 1948.
Brief review.

Voyeur. «The New Films». *Theatre Arts*, vol.33, April 1949, pp.6, 86-88.

Biermez, Jean. «A propos des *Mains sales*». *Les Temps modernes*, no.36, September 1948, pp.574-576.

Caruso, Paolo. «Una intervista a Jean-Paul Sartre». In Sartre, J.-P., *Le Mani sporche* (tr. V. Sermonti). Turin: Giulio Einaudi, 1964. pp.136-149.
This interview, translated into French by Philip Berk, appears in extenso in Sartre's Un Théâtre de situations, *pp.250-265.*

Daniel, George. «Hoederer versus Hugo in *Les Mains sales* of Sartre». *South Atlantic Bulletin*, vol.22, May 1954, pp.11 et seq. Not seen.

Glicksberg, Charles I. *The Tragic Vision in Twentieth Century Literature*. Carbondale: Southern Illinois Univ. Press, 1963.
Includes «Existentialism versus Marxism», pp.126-136.

Glicksberg, Charles I. «Existentialism versus Marxism». *Nineteenth Century and After*, vol.147, May 1950, pp.335-341.

Gutwirth, Marcel. «Jean-Paul Sartre à l'école de Pierre Corneille». *Modern Language Notes*, vol.79, no.3, May 1964, pp.257-263.
On similarities between Cinna *and* Les Mains sales.

Jung, Edmond. «Explication de texte et grammaire structurale. Jean-Paul Sartre, *Les Mains sales*, 6e. tableau, scène IV». *Cahiers pédagogiques*, no.86, December 1969, pp.55-59.

Mendel, Sydney. «The Ambiguity of the Rebellious Son». *Forum*, vol.4, Spring 1966, pp.32-36.

Pucciani, Oreste F. (ed.). *The French Theater Since 1930*. Boston: Ginn, 1954.
Anthology which includes Les Mains sales, *with useful introduction, pp.315-327.*

Scruggs, Charles E. «T.S. Eliot and J.-P. Sartre: Towards the Definition of the Human Condition». *Appalachian State Teachers College Faculty Publications*, 1965, pp.24-29.

Styan, J.L. *The Elements of Drama.* Cambridge: C.U.P., 1960. *Includes «Les Mains sales», pp.239-243.*

Zehm, Günter A. «Über den Nihilismus bei Brecht, Sartre und Camus». *Frankfurter Hefte,* Year 17, no.7, July 1962, pp.474-482.

Anon. «*Les Mains sales* sont jouées et seront tournées en Angleterre». *Combat*, 25 August 1948.
   Brief news item on the English version performed at the Garrick Theatre. Play to be filmed by Gabriel Pascal.

Anon. «*Les Mains sales* devant la justice». *L'Époque*, 23 November 1948.
   Brief résumé of Sartre-Nagel hearing. Rondel R. Supp. 2571 also attributes this to L'Aurore, 23 November 1948.

Anon. «*Les Mains sales* continuent à Vienne malgré lui». *Le Figaro*, 19 January 1955, p.10. Only in *Départementale* edition.

Anon. «*Les Mains sales* de J.-P. Sartre». *Le Figaro littéraire*, 3 April 1948, p.1.
   Brief announcement of the new play and photo of the murder scene. One interesting comment, of a historical nature:
   «Le thème sartrien évoque assez bien la situation d'un lundi d'août 1944 lorsqu'il fut question de trêve dans l'insurrection de Paris, mais l'auteur a brouillé la trace: l'affaire se passe dans les Balkans entre Armée Rouge et Allemands».

Anon. «*Les Mains sales* devant les tribunaux de Paris». *Le Figaro*, 8 December 1948, p.4. *Matinale* edition only.

Anon. «A huis clos J.-P. Sartre reproche à son 'agent littéraire' d'avoir, pour les USA, traduit 'Mains sales' par 'Gants rouges'». *France-Soir*, 24 November 1948.
   Brief résumé of Sartre v. Nagel.

Anon. «Dernières répétitions au Théâtre Antoine. *Les Mains sales*, nouvelle pièce de M. Jean-Paul Sartre». *Spectateur*, 30 March 1948. N.W.C.

Anon. «Huis clos à propos des *Mains sales*». *Le Figaro*, 23 November 1948, p.2.
   On Sartre's lawsuit against his editor Nagel concerning the author's rights.

218 LES MAINS SALES. PRESS ARTICLES

Anon. «Il ne faut pas confondre *Les Gants rouges* et *Les Mains sales*». *Le Figaro*, 21 February 1949, p.4.
 A brief news item on the New York version Red Gloves *and Sartre's repudiation of it.*

Anon. «Il y a 'crime passionnel' et 'crime passionnel'». *Le Figaro*, 21-22 March 1948, p.4.
 A brief note that the provisional title of the play is the same as that of a novel by L.C. Royer. N.W.C.

Anon. «In Vienna Theater Sartre tries to block *Dirty Hands* staging». *The New York Herald Tribune* (Paris), 24 September 1954.
 A dramatic account of Sartre's ultimatum to Leon Epp director of the Volkstheater.

Anon. «J.-P. Sartre auteur 'maudit'». *Le Monde*, 9 December 1948.
 Works condemned by the Holy Office, USSR complaint to Finland on Helsinki performance of this play and Chicago banning of La P....

Anon. «J.-P. Sartre auteur maudit et discuté». *France-Hebdo*, 14 December 1948.
 Brief item on USSR criticism of Helsinki production, New York criticism of Broadway production, & Chicago ban on La P....

Anon. «J.-P. Sartre contre Nagel». *L'Aurore*, 26 November 1948.
 Brief item. N.W.C.

Anon. «Jean-Paul Sartre et *Les Mains sales*». *Le Figaro*, 17 November 1952, p.12.
 A news item on Sartre's refusal to allow the Theater am Parkring, Vienna, to perform the play because it might be construed as anti-Stalinist.

Anon. «J.-P. Sartre ne reconnaît plus *Les Mains sales*». *L'Aurore*, 24 September 1954.
 On Sartre's Viennese press conference concerning the Volkstheater production. N.W.C.

Anon. «Jean-Paul Sartre ne veut pas que l'on tripote *Les Mains sales*». *Combat*, 22 November 1948.
 On Sartre v. Nagel. Sartre claims U.S. version may have reduced play to «une oeuvre anticommuniste».

Anon. «J.-P. Sartre renie *Les Mains sales*». *Le Parisien libéré*, 24 September 1954.
Brief news item on the Viennese production against Sartre's wishes. N.W.C.

Anon. «Jean-Paul Sartre s'élève contre la représentation des *Mains sales* à Vienne». *Le Monde*, 25 September 1954.
Brief item on Volkstheater production.

Anon. «Joué malgré lui». *Le Figaro*, 24 September 1954, p.11.
Brief item on Viennese performance.

Anon. «Joué malgré lui: à Vienne *Les Mains sales*». *Le Figaro*, 24 September 1954, p.4.
Longer item than the above. Only in the 'V' edition.

Anon. «L'écrivain J.-P. Sartre veut rompre avec son éditeur et s'adresse au tribunal». *Le Parisien libéré*, 23 November 1948.
Brief résumé of Sartre-Nagel hearing.

Anon. «La bataille des *Mains sales*. 'Je demanderai 300 millions de dommages-intérêts à Sartre s'il fait encore une seule remarque désagréable,' dit le producteur américain». *Paris-Presse*, 28-29 November 1948.

Anon. «La pièce de Jean-Paul Sartre sera-t-elle jouée à Vienne malgré le véto de l'auteur?» *Le Figaro*, 19 November 1952, p.7.
Brief news item. N.W.C.

Anon. «La pièce de Sartre *Gants rouges* est retirée de l'affiche à New-York». *L'Aurore*, 14 March 1949.
Brief item. N.W.C.

Anon. «La prudence». *Le Figaro littéraire*, 19 March 1949, p.1.
Brief mention of short-lived success of play in Finland (where Hoederer was portrayed as Stalin). Play was banned following a diplomatic note from U.S.S.R.

Anon. «La 100e des *Mains sales*». *Combat*, 30 June 1948.
Brief item. Includes photo of Berriau, Cocteau and Sartre.

Anon. «Le différend Sartre-Parkring Theater de Vienne (suite)». *Le Figaro*, 22-23 November 1952, p.13.
Brief news item. N.W.C.

Anon. «Les démêlés de J.-P. Sartre avec son éditeur M. Nagel». *Le Figaro*, 26 November 1948, p.6.
   On the court proceedings.

Anon. «Les représentations des *Mains sales* à Vienne sont ajournées». *Le Figaro*, 20 November 1952, p.10.
   Brief news item. N.W.C.

Anon. «M. J.-P. Sartre: 'Je ne désavoue pas *Les Mains sales*, mais je regrette l'usage qui en a été fait'». *Combat*, 24 September 1954.
   On the Viennese performance at the Volkstheater. See also the editorial in Combat *on 30 September 1954.*

Anon. «M. J.-P. Sartre se plaint que ses droits moraux aient été mal défendus». *Le Populaire de Paris*, 23 November 1948.
   Brief résumé of Sartre v. Nagel.

Anon. «M. Jean-Paul Sartre contre son éditeur». *Le Figaro*, 19 May 1949, p.2.
   Brief item on the Nagel affair.

Anon. «M. Jean-Paul Sartre déclare: 'Je ne désavoue pas *Les Mains sales* mais j'en interdis la représentation à Vienne pendant le Congrès de la Paix.'» *Le Figaro*, 18 November 1952, p.12.
   A brief news item.

Anon. «M. Jean-Paul Sartre et son éditeur M. Louis Nagel annoncent que leur différend est réglé». *Le Figaro*, 23 June 1949, p.2.
   Five paragraph news item. N.W.C.

Anon. «M. Jean-Paul Sartre fait interdire à Anvers une représentation des *Mains sales*». *Le Monde*, 20 December 1966, p.24.
   Short item on the fact that Sartre has not authorized this production.

Anon. «M. Jean-Paul Sartre obtient la désignation d'un administrateur provisoire». *L'Époque*, 26 November 1948.
   Brief item on Sartre-Nagel affair.

Anon. «M. Jean-Paul Sartre tente d'interdire la représentation à Vienne des *Mains sales*». *Le Monde*, 19 November 1952, p.7.

Anon. «On n'en est pas venu aux mains à la première des *Mains sales*». *L'Aurore*, 2 April 1948.
   First night gossip.

Anon. «Sartre est bien embêté. Mais personne ne le plaint». *Franc-Tireur*, 25 September 1954.
On Volkstheater production in Vienna against Sartre's wishes.

Anon. «Sartre partout...Moscou proteste». *Le Figaro*, 9 December 1948, p.4.
A short item on the Russian protest to Finland about the production of the play in Helsinki.

Anon. «Sartre songe à recourir à l'Ambassade de France aux USA». *Combat*, 29 November 1948.
Brief item on attempts to obtain text of American translation.

Anon. «The producer speaks: Sartre's *Soiled Hands* - an interview with Peter Glanville». *Theatre Newsletter*, 29 May 1948, p.5.

Anon. «Une grande première au Théâtre Antoine. *Les Mains sales* de Jean-Paul Sartre». *Franc-Tireur*, 3 April 1948.
Simply an outline of the play. N.W.C.

Anon. «Une nouvelle pièce de Sartre: *Les Biens de ce monde*». *Libération*, 18 February 1948.
Brief notice on what was to become Les Mains sales. *N.W.C.*

Anon. Announcement that French and English versions of play will be filmed in London. *Le Figaro*, 18-19 April 1948, p.4. N.W.C.

Anon. Brief news item on the Sartre-Nagel affair. *Le Figaro*, 16 June 1949, p.2. N.W.C.

Anon. Brief note that Sartre has lost his case against the Fakkel Theater Antwerp for presentation without authorization. *Le Figaro*, 6 June 1968, p.2. N.W.C.

Anon. Editorial. *Combat*, 30 September 1954.
Polemical condemnation of the Viennese performance against Sartre's wishes:
«La dignité est compromise lorsqu'une oeuvre est utilisée contre son auteur. Non point seulement contre sa volonté, mais lorsque le fait de la diffuser ou représenter porte un préjudice moral à l'ensemble des écrits, de la lutte et de la vie de cet auteur».

Anon. Photo and caption (Fr. Périer & Marie Olivier). *Le Figaro*, 2 April 1948, p.1.

Anon(?). «A propos des *Mains sales*». Conseil de vigilance doctrinaire du Diocèse de Besançon, Besancon, 15 January 1949.
   Not seen, unfortunately.

Anon(?). Interview with Sartre. *Franc-Tireur*, 25 March 1948.
   Not seen. Mentioned by Costa in Action, *31 March 1948.*

Baude, Pierre-André. «Demain, au Théâtre Antoine, Jean-Paul Sartre prendra position devant le problème de l'engagement politique». *L'Aube*, 1 April 1948, p.2. Interview.

Belluc, Roger. «Propos sur le théâtre». *Revue de la Méditerranée*, vol.6, no.6, November-December 1948, pp.737-738.
   On Sartre's complaints about the American adaptation of his play.

Ben. «*Les Mains sales*». *Carrefour*, 8 April 1948.
   Cartoon and brief insignificant text. N.W.C.

Dornand, Guy. «Drame politique puis crime passionnel ... Jean-Paul Sartre nous parle de sa prochaine pièce». *Franc-Tireur*, 25 March 1948. Interview.

E.S.L. «L'éditeur Nagel répond à J.-P. Sartre: 'Je n'ai pas fait de vous une machine à gagner de l'argent pour les autres'». *Combat*, 24 November 1948.
   On Nagel's press conference.

Foy, Louis. «Charles Boyer:'C'est pour défendre Sartre que je reviens au théâtre...» *Paris-Presse*, 9 December 1948.
   Uninteresting interview with Boyer. The title seems to be quite unjustified in that Boyer merely claims that he wanted a good French play for his return to the stage. He admits, incidentally, that «nous avons adapté sa pièce aux besoins de la langue anglaise et au public américain».

Foy, Louis. «Jean-Paul Sartre proteste contre *Les Mains sales* américaines». *Paris-Presse-l'Intransigeant*, 8 February 1949.
   Brief résumé of Sartre interview in Theatre Arts.

Foy, Louis. «Les gangsters new-yorkais menacent de mort Jean-Paul Sartre. Ils ne veulent pas qu'on joue *Les Mains sales*». *Le Monde*, 2 December 1948.
   The title, unusually dramatic for Le Monde, *reflects the tone of this brief item. In New York, Miss Dalrymple had received an*

unpleasant anonymous phone-call, and in France, Sartre had been threatened by persons unknown.

Gandrey-Rety, Jean (?). «*Les Nains sales* ou les nez morveux». *Arts*, 16 April 1948.
   In Rondel collection. Not on Sartre's play at all; but about the rehabilitation of 'collaborateurs'.

Gaston-Chérau, Bernard, & Jeener, J.-B. «'L'affaire Sartre' vue de Broadway... et de Paris». *Le Figaro*, 29 November 1948, p.4.

Gaston-Chérau, Bernard. «Charles Boyer vient de créer *Les Mains sales* en Amérique». *Le Figaro*, 12 November 1948.
   Chatty item on the Newhaven première. N.W.C.

Gordon, René. «Au Théâtre Antoine avant la création de *les Mains sales* Jean-Paul Sartre nous dit». *L'Ordre*, 31 March 1948.
   Uninteresting interview.

Guilly, René. «Dans *Les Mains sales* Jean-Paul Sartre pose le problème de la fin et des moyens». *Combat*, 31 March 1948, p.2.
   Interesting interview with Sartre.

Gun, Nerin. «Les Américains s'ennuient aux *Mains sales*». *Opéra*, Year 6, no.188. 5 January 1949, p.3.
   An uninteresting news item. Kohut suggests that the author's name is Nevin Grin. I suspect he confronted the same problems of illegibility of the handwriting in the Fonds Rondel collection as I did. The passage of time has converted the baroque loops of the former archivists into rococo enigmas. Perhaps Kohut is correct?

Jeener, J.-B. «Quand Jean Cocteau, le poète met en scène le philosophe J.-P. Sartre». *Le Figaro*, 30 March 1948, p.4.
   Interview.

Kemp, Robert. «Les Gants et les mains ou J.-P. Sartre tripatouillé». *Bataille*, 1 January 1949.
   On textual differences of New York version. Calls Sartre «le Jansénius de l'existentialisme».

Lange, Raymond. «Affluence-record à New-York pour voir *Les Mains sales*. La location atteint déjà 100 millions». *L'Aurore*, 9 December 1948. N.W.C.

Le Masque de Verre. «Patte blanches et mains sales». *La Bataille*, 7 April 1948.
Gossipy rubbish.

Louis-Piechaud. «Le Gant rouge». *L'Époque*, 24 November 1948.
Brief article. Points out this was one of Sartre's projected titles and that Rostand wrote a vaudeville play with same title.

Magnan, Henry. «Avec J.-P. Sartre avant la première de *Les Mains sales*». *Le Monde*, 25 March 1948, p.6.
Interview. Quotes Sartre as saying: «Si, pour ne pas donner raison aux événements, mon jeune idéaliste en vient à abattre son maître, il le tue, bien que convaincu de la vanité de son geste. En somme ma pièce aurait tout aussi bien pu s'appeler Les Mains pures».

Néry, Jean. «Jeanne d'Arc et Barbe-Bleue seront les vedettes des *Mains sales* d'après J.-P. Sartre». *Franc-Tireur*, 4 May 1951.
Chatty item on filming of scenario. N.W.C.

Outie, Claude. «Avant la première de *Mains sales* au Théâtre Antoine peut-on entrer dans un parti quelconque sans se salir les mains? nous demande J.-P. Sartre, écrivain engagé». *L'Aurore*, 30 March 1948.
Uninteresting interview. Mentions the previous possible titles: Les Biens de ce monde; Tout est bien qui finit bien; Les Gants rouges; Crime passionnel.

Rivera de Ventosa, F. «Sartre: *Les Mains sales* y *La Critique de la raison dialectique*». *Punta Europa*, no.102, 1964, pp.62-66.

Rousseau, R. «Jean-Paul Sartre: résumer la vie d'un homme en une pièce». *Le Figaro*, 15 April 1949, p.4.
A short news item on a performance at Nice. The title refers to a new project contemplated by Sartre - presumably Le Diable et le Bon Dieu?

Schrumpf. «*Die schmutzigen Hände*». *Filmforum*, Year 2, no.11, 1953, p.6.
On the filming of the play.

Séailles, André. «Jean-Paul Sartre va-t-il se renier?» *Preuves*, no.23, January 1953, pp.105-106.
Comments on Sartre's attempts to stop Viennese production.

Vivet, J.-P. «'On joue en Amérique une pièce dont j'ignore le texte,' nous déclare Jean-Paul Sartre». *Combat*, 27-28 November 1948, pp.1,2.
  Uninteresting interview.

W., A. «La centième des *Mains sales*». *Le Figaro*, 30 June 1948.
  Brief news item. N.W.C.

Y. «Du roman à la scène puis à l'écran». *Tribune de Genève*, 15 July 1949.
  Brief notice that Sartre is working on film scenario. N.W.C.

Alter, André. «Au théâtre Antoine *Les Mains sales* de Jean-Paul Sartre». *L'Aube*, 7 April 1948, p.2.
   Favourable, with some important reservations - «une action assez touffue et sans cesse primée par l'exposé idéologique autant que par la coupe artificielle en six tableaux».

Altman, Georges. «En lisant *Les Mains sales* de Jean-Paul Sartre. Il s'agit bien d'une grande pièce révolutionnaire». *Franc-Tireur*, 5 June 1948.

Ambrière, Francis. «*Les Mains sales* au théâtre Antoine». *Opéra*, 7 April 1948, pp.1,3.
   One of the few highly unfavourable reviews. Accuses Sartre of romanticism, technical virtuosity for its own sake and invraisemblance. *He concludes:*
   «Il entre trop d'eau de rose dans son vitriol, et d'artifice dans son mécanisme». The first comment is a most unusual one in Sartrean criticism and worth quoting for its novelty.

Anex, G. «*Les Mains sales* par Jean-Paul Sartre». *Formes et Couleurs*, no.4, 1948. Not seen.

Angioletti, G.B. «Mani sporche». *Il Mondo*, Year 1, no.6, 26 March 1949, p.6.

Anon. «*Les Mains sales* avec Pierre Brasseur et Daniel Gélin». *Le Populaire de Paris*, 4 September 1951.
   Favourable review of film. N.W.C.

Anon. «*Three Plays*». *The New Yorker*, 15 October 1949, p.126.

Anon. «Boyer on Broadway: He Scores Without Kisses or Sighs in *Red Gloves*, Sartre's New Play». *Life*, 3 January 1949, pp.49-52.

Anon. «Boyer Gloves». *Newsweek*, 13 December 1948, p.84.

Anon. «Editorial». *World Review*, August 1948, p.6.

Anon. «New Play in Manhattan». *Time*, 13 December 1948, p.69.

Anon. «Notes about contributors». *Transition 48*, no.2, 1948, p.151.

Anon. «Red Kid Gloves and Dirty Hands». *Newsweek*, 24 May 1954, p.94.

Anon. «Sartre: *Schmutzige Hände*». *Der Spiegel*, Year 6, no.48, 1952, p.32.

Anon. «Throwaway lines». *The Times Literary Supplement*, 22 September 1966, p.879.
   On the Cranston P.E.N. debate on translations and the American version of the play.

Anon. «Un mélodrame psycho-intellectuel de Jean-Paul Sartre (au théâtre Antoine) *Les Mains sales*». *A Présent*, April 1948.
   A mixed review which considers the play merely a well-made melodrama.

Anon. Review (not seen). *Sign*, vol.28, February 1949, p.49.

Anon. Review (not seen). *Theatre World*, vol.44, August 1948, p.6.

Anon. Review (not seen). *The New York Times Magazine*, 11 July 1948, p.20.

Anon. Review of *Three Plays*. *Kirkus*, vol.17, 1 July 1949, p.346.

Anon. Review of *Three Plays*. *The Booklist and Subscription Books Bulletin*, vol.46, 15 October 1949, p.61. Not seen.

Anon(?). «Des mains sales mais honnêtes». *Carrefour*, 7 April 1948.
   Highly critical of the play:
   «*Ce qui lui manque, c'est sans doute un peu de sang vivant. Tout ce sang répandu n'est que sérum artificiel. On n'oublie pas une seconde que les revolvers et les esprits sont chargés à blanc. Les personnages ne sont que des porteurs d'idées ... Olga sort tout droit d'un roman policier pour lecteurs de quatorze ans et Jessica n'a pas un gramme de chair vivante sur ses osselets d'oiseau*».

Arlaud, R.-M. «*Les Mains sales...* Brasseur et Gélin jouent *Antigone*». *Combat*, 1 September 1951.
   Highly favourable review of the film.

Bauer, Gérard. «Le Théâtre». *Revue de Paris*, Year 55, no.5, May 1948, pp.151-155.
   Highly favourable review.

Beyer, William. «The State of the Theatre: Lafayette Lands Again». *School and Society*, vol.69, 29 January 1949, pp.82-87.

Borne, Étienne. «Théâtre et politique». *L'Aube*, 28 April 1948.
   Sensibly rejects the anti-communist thesis that other critics had proposed and, having compared the play to Hamlet, writes:
   «*Le héros de Shakespeare essayait de croire aux fantômes et tuait par ordre d'un fantôme; le héros de Sartre essaie de croire au parti communiste et tue par ordre du parti communiste; mais Sartre n'a pas plus écrit sa pièce contre le communisme que Shakespeare n'avait écrit la sienne contre les fantômes*».

Brown, John M. «The Boudoir versus the Kremlin». *Saturday Review*, vol.32, no.1, 1 January 1949, pp.24-27.

Carat, Jacques. «*Les Mains sales* de Jean-Paul Sartre». *Paru*, no.42, 1948, pp.130-132.

Chalais, François. «*Les Mains sales*». *Aux Écoutes*, 9 April 1948.
   Uninteresting, mildly favourable review. N.W.C.

Charensol, Georges. «Le Cinéma». *Les Nouvelles littéraires*, 20 September 1951.
   Favourable with some reservations. N.W.C.

Clurman, Harold. «Theatre: Red Faces». *The New Republic*, 20 December 1948, pp.28-29.

Cogniat, Raymond. «*Les Mains sales*». *Arts*, 9 April 1948.
   Brief, on the whole favourable review of the acting and direction.

Costa, Jean. «*Les Mains sales*». *Action*, 31 March 1948.
   A preview report on the play after watching the rehearsals. N.W.C.

Craipeau, Maria. «Avec ces *Gants rouges* on ne reconnaît plus *Les Mains sales*. Première à New-York de la pièce 'américanisée' de Jean-Paul Sartre». *Franc-Tireur*, 6 December 1948.
   Craipeau describes in some detail the plot differences (e.g. Hugo kills Hoederer and Jessica) and the aesthetic differences. One understands why Sartre was so furious about the continued performance of what Craipeau calls this 'parodie d'une pièce de Sartre.' She adds that the political situation of the play was largely ignored and that the psychology of the characters was crudely sketched as in a comic strip cartoon.

Curtis, Anthony. «High Stakes». *Tribune*, 29 July 1949, p.18.
   Review of the published English translation.

Dahlhaus, Carl. «Sartres *Schmutzige Hände*». *Blätter des deutschen Theaters in Göttingen*, no.5, 1950/1951. Not seen.

Delpech, Jeannine. «*Les Mains sales*». *Les Nouvelles littéraires*, 15 April 1948.
   Highly favourable review.

Dognon, André du. «*Les Mains sales* ou l'assassin par persuasion». *Paroles françaises*, 10 September 1951.
   A rambling and confused review. N.W.C.

Dubreuilh, Simone. «*Les Mains sales*». *Libération*, 3 September 1951.
   Review of film: « ... une réussite formelle, et cela en dépit de lourdes maladresses d'exposition et de transition». *N.W.C.*

Duras, Marguerite. «Sartre et l'humour involontaire». *Action*, April 1948.
   An amusing and hostile review.
   «Dès les premières répliques de la pièce j'ai été entraînée dans une atmosphère courtélino-shakespearienne qui est proprement irrésistible ... Le travail de Sartre, quelles qu'aient pu être ses intentions, est fait à merveille pour satisfaire dans un public (bourgeois) un appétit de voyeur».

Dussane, Béatrix. «*Les Mains sales*, cinq actes de Jean-Paul Sartre». *Mercure de France*, vol.303, no.1018, 1 June 1948, pp.314-317.

Eaton, Walter Prichard. «Sartre Trio». *New York Herald Tribune Books*, 28 August 1949, p.7.
   Review of Three Plays.

Ehrenbourg, Ilya. «Contre le mensonge politique. Faulkner et Sartre vus par un écrivain soviétique». *Les Lettres françaises*, 10 February 1949, pp.1,6.
   Long, vituperative condemnation of Sartre's works in general, and of this play in particular: «c'est un pamphlet anticommuniste et antisoviétique mûrement réfléchi. Nous avons devant nous non pas un franc-tireur, mais un bon soldat qui défile allègrement quelque part entre le 'démoniaque' Koestler et le pratique Kravchenko».

Engelhard, Hubert. «*Les Mains sales*». *Réforme*, 8 September 1951.
Unfavourable - «... film...long, ennuyeux, mort...A aucun moment on ne croit à la réalité de ce pays occupé». N.W.C.

Engelhard, Hubert. «Il est vain d'espérer vivre autrement que *les Mains sales* affirme Jean-Paul Sartre». *Réforme*, 10 April 1948.
Sees in the play a mixture of authenticity and cardboard characterization and wonders: «ne serait-ce pas, en somme, la bouffonnerie ou la gentillesse d'un monde qui se sait condamné?»

Favalelli, Max. «Au Théâtre Antoine *Les Mains sales* de Jean-Paul Sartre». *Paris-Presse*, 3 April 1948.
Highly favourable review:
«Ces six tableaux sont construits avec une rigueur totale... mis à part quelques rares couplets lyriques bien surprenants sous sa plume, quelle splendide langue que celle de ce dialogue dur, osseux ainsi qu'un silex tout crépitant d'étincelles».

Fergusson, Francis. «Sartre as Playwright». *Partisan Review*, vol.16, April 1949, pp.407-411.
Review of Sartre, Three Plays. New York: Knopf, 1949.

Fleming, Peter. «The Theatre - *Crime Passionnel*». *The Spectator*, 13 August 1948, p.205.

Foy, Louis. «Charles Boyer est acclamé mais la critique malmène Jean-Paul Sartre». *Paris-Presse*, 7 December 1948.
Brief review of New York press reaction.

Frank, André. «Hier soir, Au théâtre Antoine. *Les Mains sales* se sont lavées en public». *Le Populaire de Paris*, 3 April 1948.
Favourable: «...une oeuvre rigoureuse et tendue».

Freedley, George. «*Three Plays*». *Library Journal*, vol.74, 15 September 1949, p.1328.

G. L. «Dans *Les Mains sales* J.-P. Sartre sacrifie son héros, mais François Périer gagne la partie». *L'Aube*, 4 April 1948.
Brief but enthusiastic review of Périer's performance.

Gabriel, Gilbert W. «Realism - in the Red». *Theatre Arts*, vol.33, January 1949, pp.18,20.

Gaillard, Pol. «Quand le mensonge ridiculise, c'est Sartre qui a les mains sales». *Les Lettres françaises*, 8 April 1948.
The expected Party attitude. In brief, wicked Sartre has

produced a silly play. Gaillard refers to the «anticommunisme militant de Jean-Paul Sartre» and concludes that if the play is successful «il aura seulement donné une preuve de plus que les anticommunistes sont de fiéffés imbéciles».

Gandon, Yves. «*Les Mains sales*». *France-Illustration*, no.133, 17 April 1948, pp.384-385.

Gandrey-Rety, Jean. «*Les Mains sales*». *Arts*, no.161, 9 April 1948, p.7.
Admires the structure of the play and Sartre's dramatic talent but has serious reservations about its socio-political accuracy. These are developed more fully in a second article (see next entry) which is well worth reading.

Gandrey-Rety, Jean. «Sartre et le parti prolétarien - *Les Mains sales* II». *Arts*, no.163, 23 April 1948, p.7.

Gassner, John. Review (not seen). *Forum*, vol.111, March 1949, p.162.

Gaston-Chérau, Bernard. «*Les Mains sales* à New York». *Le Figaro*, 8 December 1948, p.4.
Résumé of New York press reviews.

Gautier, Jean-Jacques. «Au théâtre Antoine: *Les Mains sales*». *Le Figaro*, 3 April 1948, p.3. Only in second Paris edition.

Gautier, Jean-Jacques. «La vie théâtrale: *Les Mains sales*». *Hommes et Mondes*, no.23, June 1948, pp.342-345.

Gibbs, Wolcott. «Communism in Graustark». *The New Yorker*, 11 December 1948, pp.57-58.

Gibson, Rochelle. «Drama Notes». *Saturday Review*, 31 December 1949, p.30.
Review of Three Plays.

Gordeaux, Paul. «Au théâtre Antoine. *Les Mains sales* ou l'homme qui assassina trop tôt». *L'Intransigeant*, 4 April 1948.
Uninteresting but favourable review:
«une tragédie par vigueur mâle et noble d'un dialogue qui abonde en formules saisissantes». *The review is followed by a brief blow-by-blow account of Sartre's life and works.*

Gouhier, Henri. «Théâtre: Sartre *Les Mains sales*». *La Vie intellectuelle*, Year 16, no.7, July 1948, pp.121-122.

Guyo, Pierre-Jean. «*Les Mains sales*». *La Croix*, 8 September 1951.
Favourable. Sees the film as an anti-stalinist polemic.

Huismans, Georges. «*Les Mains sales*». *France-Hebdo*, 13 April 1948.
Favourable, but N.W.C.

J.B. «A propos des *Mains sales*». *Libération*, 7 September 1951.
Critical of the film, but, by implication, of the play as well - «... *une action qui fourmille d'invraisemblance*».

J.G.W. «*Les Mains sales*». *Twentieth Century*, vol.152, October 1952, pp.362-364.
Review of the film.

Jacobi, Johannes. «*Schmutzige Hände*. Sartre-Aufführung in Berlin». *Die Zeit*, Year 4, no.4, 1949, p.3.

Joly, G. «*Les Mains sales* au théâtre Antoine». *L'Aurore*, 4 April 1948.
Enthusiastic review - «*construite avec rigueur, menée sans défaillance*». *Finds the play nonpolitical:*
«*(elle) ne sacrifie à la dialectique marxiste que le minimum indispensable à l'intelligence du conflit et à la compréhension des personnages. Il ne s'agit point d'une pièce politique. L'auteur pose les données du problème et s'abstient de prendre parti*».

Kanters, Robert. «Le théâtre et son public en 1949». *La Table Ronde*, no.20-21, August-September 1949, pp.1424-1429.

Kemp, Robert. «*Les Mains sales* au théâtre Antoine». *Le Monde*, 4 April 1948.
Has three major criticisms: 1. the political situation of 'Illyrie' is invraisemblable; *2. Jessica's amorous embrace of Hoederer is a mechanical necessity of the plot not in keeping with her character; 3.* «*Il faudrait au moins une scène de plus pour que ce thème du revirement, si tragique, et la révolte désespérée de Hugo s'établissent en pleine lumière ...*»
Apart from these criticisms, Kemp is enthusiastic:
«Les Mains sales, *dès le début vous prennent à la gorge et ne vous lâchent pas. La claire vigueur du dialogue, où les formules ramassées et dynamiques explosent à chaque instant ...*» *and so on. It should be added that Kemp sees the play as* «*plus psychologique que partisane*».

Kemp, Robert. «*Les Mains sales*». *Une Semaine dans le Monde*, 10 April 1948.
   Favourable review longer than that which appeared in Le Monde, *but not worth consulting separately.*

Krutch, Joseph Wood. «Drama». *The Nation*, 25 December 1948, pp.731-732.

Laforgue, René. «A propos des *Mains sales* de Sartre». *Psyché*, June 1948, pp.652-654.

Lagarde, Pierre. «*Les Mains sales* de Jean-Paul Sartre au Théâtre Antoine». *Libération*, 4 April 1948.
   Highly favourable review.

Lalou, René. «Des hommes et des marionnettes». *Gavroche*, 14 April 1948.
   Favourable review. The title is misleading. It refers ('des hommes') to Sartre's play and ('des marionnettes') to a review of G. Baty's «marionnettes à la française».

Lasky, Melvin J. «Die vertauschten Hănde». *Der Monat*, Year 1, no.4, 1948, pp.102-104.

Lattmann, Dieter. «*Schmutzige Hände*». *Die neue Schau* (Kassel), Year 10, 1949, p.245. Not seen.

Lauwick, Hervé. «*Les Mains sales*». *Noir et Blanc*, 19 September 1951.
   Uninteresting but favourable review of the film. Includes wisecracks about Sartre's philosophy very typical of the popular reaction to existentialism which as such, but only as such, are worth quoting:
   «On a bâti des bistros répugnants et un mouvement de bébop idiot sur une oeuvre philosophique très haute, qui n'apporte absolument rien et n'a pas été lue par plus de vingt et une personnes. Et encore la vingt et unième l'a-t-elle lue dans une salle d'attente de gare ... Et quant aux 19e et 20e, elles l'ont lue parce que prêtée par le bibliothécaire de leur prison».

Leclerc, Guy. «Monsieur Sartre a les mains sales». *L'Humanité*, 7 April 1948, p.4.
   The traditional party-line condemnation.

Lemarchand, Jacques. «*Les Mains sales* de Jean-Paul Sartre». *La Gazette des Lettres*, 17 April 1948.

Lemarchand, Jacques. «*Les Mains sales*». *Caliban*, June 1948, pp.52-53.

Lemarchand, Jacques. «*Les Mains sales* au théâtre Antoine». *Combat*, 6 April 1948, p.2.
   Favourable. Makes an interesting, if dubious, observation: «Ce serait un peu... trahir... sa pièce - que dire: Sartre pose le problème de la fin et des moyens. Parce que Sartre parle, très précisément, des attitudes possibles des membres du parti communiste faisant de la resistance en un pays occupé par les Allemands».

MacArthur, Roderick. «Author! Author?» *Theatre Arts*, vol.33, March 1949, pp.11-13.

Marcel, Gabriel. «*Les Mains sales*». *Les Nouvelles littéraires*, no.1080, 1948, p.8. Not seen.

Marcel, Gabriel. «Fin de saison». *Les Nouvelles littéraires*, no.1088, 1948, p.8. Not seen.

Marion, Denis. «*Les Mains sales*». *La Bataille*, 14 April 1948.
   Favourable, but considers play not as great as Huis clos. Surprisingly, finds Jessica «le personnage psychologiquement le plus intéressant». Marion criticizes Sartre's handling of Communists' dialogue as unrealistic.

Martin, G.-H. «*Les Mains sales* fraîchement accueillies par la presse de New-York». *France-Soir*, 7 December 1948.
   Quotes Brooks Atkinson. Also mentions that Chicago police have banned La P....

Mauduit, Jean. «*Les Mains sales* de J.-P. Sartre au théâtre Antoine. Nous voilà propres!» *Témoignage chrétien*, 9 April 1948.
   Generally unfavourable. Complains that the characters lack freedom and that the play is structured like a novel.

Maulnier, Thierry. «*Les Mains sales* de J.-P. Sartre». *Revue de la pensée française*, vol.7, no.6, 1948, pp.39-42.

Maulnier, Thierry. «*Les Mains sales*. Pièce en deux actes de J.-P. Sartre». *Spectateur*, 6 April 1948
   Generally favourable - «incontestablement une grande réussite théâtrale» - but the praise is muted by a comparison with Montherlant:
   «Jean-Paul Sartre abuse un peu de la violence mélodramatique

des situations et sa pièce n'atteint pas le grand style littéraire du Maître de Santiago par exemple».

In the penultimate paragraph, Maulnier has confused Olga and Jessica, describing the former as «*(une) inconsciente et habile petite femelle*».

Maulnier, Thierry. «Avec *Les Mains sales* Jean-Paul Sartre ouvre un débat de conscience interdit aux militants communistes». *Le Figaro littéraire*, 10 April 1948, p.6.

On the whole a sympathetic review which discusses at some length the question of principle versus expediency. In conclusion, Maulnier states:

«*M. Jean-Paul Sartre s'est définitivement classé parmi les intellectuels petits-bourgeois qui font le jeu de la réaction*». This is presumably intended as a compliment.

Michel, Jacqueline. «*Les Mains sales*». *Le Parisien libéré*, 5 September 1951.

Unfavourable review of film: «*... un découpage qui... fait d'une pièce solidement construite un hâchis cinématographique*».

Nathan, George J. *Theater Book of the Year 1948-1949.* New York: Knopf, 1949.

See «Red Gloves», *pp.193-196.*

Pingaud, Bernard. «Le théâtre et le monde reel». *La Table Ronde*, no.6, June 1948, pp.1033-1037.

Riese, Laura. «Lift in New Curtains». *The Canadian Forum*, vol.28, no.335, December 1948, p.208.

Rinieri, Jean-Jacques. «Jean-Paul Sartre - *Les Mains sales*». *La Nef*, no.42, May 1948, pp.139-142.

Rivoyre, Christine de. «*Les Mains sales*». *Le Monde*, 4 September 1951.

Highly critical of way in which play was adapted and edited for the screen ; disliked Brasseur as Hoederer.

Roux, François de. «*Les Mains sales* de J.-P. Sartre au théâtre Antoine». *L'Époque*, 6 April 1948.

Favourable with one curious criticism:

«*Cette fameuse liberté que Jean-Paul Sartre a réclamée avec tant d'insistance pour les personnages de roman, il s'arrange pour la refuser aux personnages de son drame. Ce ne sont les*

personnages ... qui font leur destin. Leur destin est accompli aussitôt qu'ils se montrent».
One other feature of Roux's article, is that he sees the theme of political assassination as more significant than that of means and ends.

Saint-Pierre, Michel de. «D'après la pièce de Jean-Paul Sartre, *Les Mains sales*». *Témoignage chrétien*, 7 September 1951.
Highly critical of Sartre and the play, but impressed by acting and directing of the film.

Sauvage, Leo. «*Red Gloves* and *Dirty Hands*». *The Nation*, 1 January 1949, pp.19-20.

Schneider, Isidor. «Theatre: *Dirty Hands*». *Masses and Mainstream*, vol.2, no.1, January 1949, pp.88-92.

Sénart, Philippe. «Le théâtre: En attendant les trois coups». *Hommes et Mondes*, no.27, October 1948, pp.362-365.
Includes a favourable review of the play and production (especially François Périer and André Luget).

Soriano, Francesco. «*Les Mains sales* di J.-P. Sartre». *Vita e Pensiero*, Year 31, 1948, pp.418-422.

Sturani, Enrico. «*Le Mani sporche* di Sartre». *Belfagor*, Year 19, no.3, 31 May 1964, pp.351-354.

Thiébaut, Marcel. «*Les Mains sales*». *Journal de Genève*, 30 May 1948.
Favourable, but felt the play was too intellectual.

Travers, P.L. «*Crime Passionnel*». *The New English Weekly*, vol.33, no.14, 15 July 1948, pp.152-153.

Treich, Léon. «*Les Mains sales* de J.-P. Sartre au théâtre Antoine». *L'Ordre*, 6 April 1948.
Enthusiastic review - «la maîtrise de Sartre y est totale».

Worsley, T.C. «Sleepy Bears: Some New Plays of 1948». In *Penguin New Writing*, no.35, 1948, pp.82-90.
Includes review of London production of Crime Passionnel.

Worsley, T.C. «The Theatre». *The New Statesman*, 26 June 1948, p.520.
  Review of the London production of Crime Passionnel.

Wyatt, Euphemia. Review (not seen). *The Catholic World*, vol.168, January 1949, pp.322-323.

Frois, C. «Sartre, *L'Engrenage*». *Le Français dans le Monde*, no.66, July-August 1969, pp.54-55.

L'ENGRENAGE. PRESS ARTICLES 221

Anon. Brief news item on presentation of film *L'Engrenage* at Zürich. *Le Figaro*, 11 December 1952, p.6. N.W.C.

Carlier, Jean. «On joue à Kiel une pièce de Sartre inconnue en France». *Combat*, 25 January 1954.
 On Oskar Walterlin's adaptation of the scenario of L'Engrenage *for the theatre. Includes brief description of the 'modernist' mise en scène.*

D., L. «Avant-première: Sartre mis en scène par Jean Mercure». *Le Monde*, 20 February 1969, p.23.
 Includes interview with Mercure.

Fabre-Luce, Alfred. «J.-P. Sartre a les mains propres». *Combat*, 24 February 1969, pp.1,10.
 Critical observations on Sartre's politics on the occasion of the Jean Mercure production at the Théâtre de la Ville. Fabre-Luce sees the play uniquely in terms of Soviet policies: «Il (Sartre) a fondu dans le héros qu'il nous présente le Staline de la dékoulakisation et le Dubcek du compromis».

Jaubert, Jacques. «Raymond Pellegrin, le tyran de Sartre, n'est plus un inconditionnel du théâtre». *Le Figaro littéraire*, 3-9 March 1969, p.39.

Olivier, Jean-Jacques. «Le Théâtre de la Ville crée *l'Engrenage* de J.-P. Sartre». *Combat*, 18 February 1969.
 A preview article which includes a brief interview with Raymond Pellegrin (Aguerra).

Varenne, Françoise. «Sartre ouvre le spectacle à coups de mitraillette». *Le Figaro*, 19 February 1969, p.28.

Bastide, François-Regis. «*L'Engrenage* de Jean-Paul Sartre». *Les Nouvelles littéraires*, 6 March 1969, p.13.

Caviglioli, François. «Cambriolage chez Sartre». *Le Canard enchaîné*, 5 March 1969.
  Frivolous, amusing and hostile review: «*Jean Mercure a dû cambrioler l'appartement de Sartre pour faucher cette absence de pièce*».

Choupaut, Yves-Marie. «Au Théâtre de la Ville *L'Engrenage* de Jean-Paul Sartre. Une question de temps». *Paris-Normandie*, 21 March 1969.
  Feels that Sartre has failed in this play because the historical time of Latin America is not that of Sartre's Europe.

Colberg, Klaus. «Sartre-Film auf dem Theater. Uraufführung im Zürcher Schauspielhaus». *Neue literarische Welt* (Heidelberg), Year 3, no.24, 1952, p.8.

Elgozy, Georges. «L'engrenage de Sartre a les dents dures». *Réalités*, March 1969.
  A favourable review which praises the actuality of the 1946 text:
  «*A 64 ans, criblé de flèches par les structuralistes, truffé d'anathèmes par les communistes orthodoxes, lardé d'insultes par les conservateurs, le Saint-Sébastien du 'socialisme humain' tient toujours le coup, garde l'oreille des étudiants, fait recette*».

Galey, Matthieu. «*L'Engrenage* de Jean-Paul Sartre. L'illusion des mains propres». *Combat*, 1-2 March 1969.
  On the whole a favourable review of the production and the text. For Galey, however, the interest of the play lies more in its psychological portrayal of a man grappling with power than with any specific or general political content.

Gautier, Jean-Jacques. «Au théâtre de la ville *L'Engrenage* de Jean-Paul Sartre». *Le Figaro*, 27 February 1969, p.26.
  Gautier thought the play was dreadful:

«*Le thème est vieux comme les rues. La démonstration aussi plate que prévisible; avec ... tous les clichés de la mythologie sartrienne, mais sans pensée, sans idées, sans formules, sans la moindre petite flamme, la moindre envie de dire quelque chose, le moindre élan créateur, la plus infime parcelle de sincérité*».

Gisselbrecht, André. «Surtout riche de paroles ...» *L'Humanité*, 27 February 1969.
  Unfavourable: «... *une pièce longuette et bavarde ... un mélodrame mi-abstrait, mi-sentimental, un brouillon des* Mains sales».

Kourilsky, Françoise. «Le brouillon des *Mains sales*». *Le Nouvel Observateur*, 10 March 1969.
  Highly critical of Jean Mercure's production and of Sartre's text:
  «... *nous sommes en 1969 et le texte de Sartre a vieilli. Pour que les récents événements de Tchécoslovaquie puissent donner un regain d'actualité au procès de Jean Aguerra accusé par un tribunal populaire d'avoir cédé aux exigences d'un voisin puissant et trahi la révolution, il eût fallu que* l'Engrenage *dévoile réellement les rouages de l'impérialisme. Or tout ici tourne autour de la morale des* Mains sales».

Lemarchand, Jacques. «*L'Engrenage* au Théâtre de la Ville». *Le Figaro littéraire*, 10-16 March 1969, p.29.
  Unfavourable: «*Ce que la récente reprise de* Le Diable et le Bon Dieu *mettait bien en lumière - un romantisme un peu naïf - dans l'oeuvre dramatique de Sartre, cet* Engrenage *le fait resplendir, jusqu'à l'accablement*».

Lerminier, Georges. «Au Théâtre de la Ville. *L'Engrenage* de Jean-Paul Sartre». *Le Parisien libéré*, 1 March 1969.
  Unfavourable review. N.W.C.

Lorne, Claude. «Sartre, no! Tchékov, si!» *Rivarol*, 27 March 1969, p.14.
  «*Ce philosophe doit être aux anges: rien, en effet, ne se rapproche davantage du néant qui lui est cher que cette pièce à thèse vieillote, lourdaude, endormante, gonflée de songes creux et de mots vides*».

Marcabru, Pierre. «Mais pourquoi Sartre a-t-il sorti *L'Engrenage* du tiroir où il pourrissait?» *Paris-Presse-l'Intransigeant*, 5 March 1969, p.2.
  A lengthy disquisition on Sartre's political and aesthetic naivety.

Megret, Christian. «Un Sartre un peu vieillot». *Carrefour*, 5 March 1969.
   Criticizes the existence of Aguerra's love life as invraisemblable *(on the grounds that revolutionary chaps don't have world enough or time for such things) and, curiously, the 'pessimistic' end of the play. Megret also has reservations about the structure of the scenario.*

Patri, Aimé. «*L'Engrenage* par J.-P. Sartre». *Paru*, no.52, 1949, pp.37-39.

Poirot-Delpech, Bertrand. «*L'Engrenage* de Jean-Paul Sartre». *Le Monde*, 27 February 1969, p.23.
   Most unfavourable: « ... une caricature des naïvétes mélodramatiques dont Sartre est capable».

Schauder, Karlheinz. «*Im Räderwerk* von Macht und Gewalt. Sartre und der Film». *Kultur* (Munich), Year 6, no.105, 1957/1958, p.13.

Verdot, Guy. «Jean-Paul Sartre n'a pas cessé d'exister». *Notre République*, 14 March 1969.
   One of the few favourable reviews.
   «... *l'actualité demeure ... Peut-être plus encore que dans* les Mains sales *et dans* Nekrassov, *l'auteur de* l'Engrenage *nous montre bien celui (le sujet politique) qui happe, puis absorbe, puis écrase et digère un homme passé de la lutte clandestine au pouvoir... Réserve faite sur le découpage... j'avoue que j'ai été constamment empoigné par cette lente marche vers une abdication, vers le broyage d'une nouvelle main par l'engrenage politique qui justifie le titre».

Vigneron, Jean. «Au théâtre de la Ville *L'Engrenage* de Jean-Paul Sartre». *La Croix*, 9-10 March 1969.
   A complete éreintage. *Vigneron criticizes, inter alia, the cinematic origins of the work (making it ill-suited for the stage) and its 'old-hat' political style:*
   «*Il faut au spectacle qui se veut politique emprunter d'autres voies, celles, par exemple, du cinéaste Costa-Gavras dans* Z, *dont l'efficacité ridiculise plus encore* l'Engrenage».

Weiner, Judith. «Sartre fait déshabiller Marie Dubois sur scène ... dans le noir, pour *l'Engrenage*». *France-Soir*, 27 February (?) 1969. No date in Gallimard archives.
   Brief uninteresting review in spite of the promising title. N.W.C.

Bab, Julius. *Über den Tag hinaus. Kritische Betrachtungen.*
Heidelberg: 1960.
  Includes «Sartres Götz von Berlichingen», *pp.251-253.*

Blanchet, André. *La Littérature et le spirituel.* Paris: Aubier, 1959.
  Includes article on Le Diable et le Bon Dieu, *pp.251-268.* Also discusses Sartre-Camus, *pp.269-279.*

Blanchet, André. «Comment Jean-Paul Sartre se représente le diable et le bon Dieu». *Études*, vol.270, no.9, September 1951, pp.230-241.

Champigny, Robert. «Comedian and Martyr». In *Sartre: A Collection of Critical Essays*, ed. E. Kern (see Section 600), pp.80-91.
  Reprinted from Stages on Sartre's Way.

Chastaing, Maxime. «Existentialisme et imposture». *La Vie intellectuelle*, vol.20, no.11, November 1952, pp. 57-68.
  Casuistically critical of the apparent contradictions of existentialism. There is some interest in Chastaing's interpretation of the play as a Christian work.

Douglas, Kenneth. «Sartre and the Self-Inflicted Wound». *Yale French Studies*, no.9, Spring 1952, pp.123-131.
  Also on the novels.

Duméry, Henry. «Le Dieu de Sartre est-il celui des chrétiens?» *Esprit*, nlle série, Year 20, no.1, 1952, pp.118-124.

Fagone, V. «Sartre, il diavolo e il buon Dio». *La Civiltà Cattolica*, Year 114, vol.4, no.2722, 16 November 1963, pp.360-373.

Fergnani, Franco. «*Le Diable et le Bon Dieu* nell'evoluzione filosofica di Jean-Paul Sartre». *Rivista di Filosofia*, no.54, January-March 1963, pp.65-89.

Frank, Joseph. «God, Man, and Jean-Paul Sartre». *Partisan Review*, vol.19, March-April 1952, pp.202-210.

Gerrard, Charlotte F. *Heresy on the French Stage, 1950-1952, in Le Profanateur, Malatesta, Le Diable et le Bon Dieu, and Bacchus.* Dissertation, University of Pittsburgh. See *D.A.*, vol.27, 1966, 772A.

Hambro, Carl. «Sartres nye skuespill *Le Diable et le Bon Dieu*». *Vinduet,* Year 5, no.7, 1951, pp.547-556.

Horst, Karl-August. «Sartre oder die Kunst im Vakuum». *Merkur,* Year 6, no.8, 1952, pp.744-757.

John, Robert L. «Jean-Paul Sartres atheistisches Bühnencredo». *Maske und Kothurn,* Year 2, 1956, pp.293-300.

Kahler, Erich. «Doctor Faustus from Adam to Sartre». *Comparative Drama,* vol.1, Summer 1965, pp.75-92.

Launay, Claude. *Le Diable et le Bon Dieu. Sartre.* Paris: Hatier (coll. Profil d'une oeuvre, no.15), 1970. 64pp.

Lewis, A. *The Contemporary Theatre.* New York: Crown, 1962.
   Includes «The French Theatre - Giraudoux, Sartre, Camus», *pp.191-217.*

Mermier, G. «Cervantes' *El Rufián dichoso* and Sartre's *Le Diable et le Bon Dieu*». *Modern Languages,* vol.48, no.4, December 1967, pp.143-147.

Ramona Rey, María. «La última pieza de Sartre y su moral». *Revista de Guatemala,* 2nd series, Year 1, vol.4, January-February-March 1952, pp.215-224.

Ricoeur, Paul. «Réflexions sur *Le Diable et le Bon Dieu*». *Esprit,* Year 19, no.184, November, 1951, pp.711-719.
   A thoughtful study, well worth consulting.

Ricoeur, Paul. «Sartre's *Lucifer and the Lord*». *Yale French Studies,* no.14, Winter 1954-55, pp.85-93.
   Translation of preceding entry.

Ridge, George R. «*Le Diable et le Bon Dieu*: Sartre's Concept of Freedom». *Shenandoah,* vol.9, Winter 1958, pp.35-38.

LE DIABLE ET LE BON DIEU. STUDIES

Simon, Pierre-Henri. «Jean-Paul Sartre fait le procès de Dieu». In *L'Esprit et l'histoire. Essai sur la conscience historique dans la littérature du XXe siècle.* Paris: Armand Colin, 1954; Paris: Payot, 1969. 204pp. See pp.146-151 (Payot).

Trooz, Charles de. «Littérature et impiété». *Revue Générale Belge*, Year 90, 15 April 1954, pp.893-906.
Also on Cocteau's Bacchus.

Vier, Jacques. *Littérature à l'emporte-pièce.* Paris: Éd du Cèdre, 1961. 177pp. See pp.87-92.

Wisser, Richard. «Jean-Paul Sartre y el buen Dios». *Folia Humanistica* (Barcelona), July-August 1965, pp.605-629.

Wisser, Richard. «Jean-Paul Sartre und der 'liebe Gott'». *Zeitschrift für Religions- und Geistegeschichte*, vol.19, no.3, 1967, pp.235-263.

Anon. «*Le Diable et le Bon Dieu* interdits par l'évêque de Liège». *L'Aurore*, 15 October 1952.
   Brief item. N.W.C.

Anon. «*Le Diable et le Bon Dieu* triomphe à Bruxelles malgré l'interdit de l'évêque de Liège». *Paris-Presse l'Intransigeant*, 23 October 1952.

Anon. «Avec *Le Diable et le Bon Dieu* Jean-Paul Sartre et Pierre Brasseur font leur rentrée au théâtre». *Combat*, 5-6 March 1951. N.W.C.

Anon. «Ces visages vous parlent du diable et de dieu». *Le Figaro littéraire*, 9 June 1951, p.12.
   Six fine photos of the leading characters.

Anon. «Der neue Sartre». *Geistiges Frankreich* (Vienna), Year 5, no.209, 1951.

Anon. «François Périer au T.N.P». *Le Monde*, 16 November 1968, p.15.
   Interview with Périer on the Georges Wilson reprise.

Anon. «J.-P. Sartre a mis le Diable et le Bon Dieu dans sa poche». *La Presse*, 9-15 June 1951.
   Brief article on rehearsals. Includes photo of Brasseur as Goetz. N.W.C.

Anon. «J.-P. Sartre et le Siècle d'or». *Arts*, 15 June 1951, p.1.

Anon. «Jean-Paul Sartre modifie sa pièce *Le Diable et le Bon Dieu*. Pierre Brasseur interprétera - plus tard - la nouvelle version». *Le Figaro* , 12 January 1956. N.W.C.

Anon. «Jean-Paul Sartre: 'Je n'en pense pas moins'». *Opéra,* 9 May 1951, p.1.

Anon. «L'Évêque de Liège condamne la dernière pièce de Jean-Paul Sartre». *Le Figaro*, 15 October 1952, p.6.
   A brief, general item on the hostile reaction of the Belgian Catholics to the French company's tour of Belgium.

Anon. «L'Évêque de Liège contre J.-P. Sartre». *Combat*, 15 October 1952.
   Short article on Mgr. Kerkhofs' interdiction. Includes extensive quotation from the episcopal letter: «une pièce de théâtre qui constitue une diabolique insulte à Dieu et à la foi catholique ... d'un auteur ... qui se présente lui-même comme l'un des protagonistes de l'existentialisme athée, justement stigmatisé par Sa Sainteté Pie XII comme la sombre philosophie du désespoir».

Anon. «L'Évêque de Liège contre J.-P. Sartre». *Libération*, 15 October 1952.
   Brief item. N.W.C.

Anon. «L'Évêque de Liège défend à ses fidèles de voir *Le Diable et le Bon Dieu*». *Paris-Presse l'Intransigeant*, 5 October 1952.
   Brief item. Also mentions demonstrations by Catholic students at Mons against the play.

Anon. «L'Évêque de Metz contre J.-P. Sartre». *Combat*, 31 October 1952.
   Brief item on Mgr. Heintz's interdiction of the play. N.W.C.

Anon. «La première de la pièce de Jean-Paul Sartre *Le Diable et le bon Dieu* a eu lieu hier soir au théâtre Antoine». *Le Monde*, 9 June 1951.
   Brief news item. N.W.C.

Anon. «La Haye: polémiques religieuses en Hollande pour la pièce de Sartre». *Le Figaro*, 23 December 1960, p.11. Only in 'P.I.' edition.

Anon. «Le cardinal Gerlier contre une pièce de Sartre». *Le Figaro*, 8 December 1952, p.11.
   A news item on the speech to pilgrims by the Archbishop of Lyons.

Anon. «M. Claude Baldy (confiseur): 'J'ai écrit ma première pièce pour rectifier *Le Diable et le Bon Dieu* de Sartre'». *France-Soir*, 13 February 1954.
   Brief article on Baldy's Si vous aimez ceux qui vous aiment. *N.W.C.*

Anon. «Périer joue Sartre». *Le Figaro*, 9-10 November 1968, p.22.
Announcement and photo of the T.N.P. production.

Anon. «Pierre Brasseur sera la vedette du prochain film de Vittorio de Sica». *Paris-Presse l'Intransigeant*, 30 December 1952.
Hardly relevant to Sartre, but mentions that the play is on tour (Rouen, Le Havre, Grenoble, Toulouse, Perpignan and Angouleme) and that some bishops have forbidden their flocks to see it.

Anon. «Sartre antwortet der Kritik». *Geistiges Frankreich* (Vienna), Year 5, no.212, 1951.

Anon. «Sartre: Bekenntnis zum Bart». *Der Spiegel*, Year 5, no.24, 1951, pp.36-37.

Anon. «Spécial Sartre. *La Putain respectueuse. Le Diable et le Bon Dieu*». *L'Avant-Scène*, no.402-403, 1-15 May 1968. 106pp. Not seen.

Anon. «Une pièce nouvelle de Jean-Paul Sartre verra bientôt le jour». *Le Figaro littéraire*, 28 April 1951, p.10.
Includes four interesting photos of the early stages of rehearsal.

Aubry, Jacques. «Pour *Le Diable et le Bon Dieu*: pantalons à carreaux et sifflet à roulette ont salué le triomphe de Pierre Brasseur». *L'Aurore*, 8 June 1951.
Brief report of audience reaction on the first night. Ten curtain calls for Brasseur and only one interruption during the play (caused by the 'false miracle' scene).

B., C. «Entre le ciel et la terre, Pierre Brasseur tiendra la scène 4 heures pour *Le Diable et le Bon Dieu*». *Combat*, 5 June 1951.
Includes photos of Brasseur and Marie-Olivier in costume.
N.W.C.

B., J.-F. «Le Diable et le Bon Dieu (selon Jean-Paul Sartre) ont exigé 300 kilos de clous». *Libération*, 2-3 June 1951, p.2. N.W.C.

Bouvard, Philippe. «Un Brasseur allemand». *Le Figaro*, 7 June 1956, p.10.
On Bochum production with Hans Messemer as Goetz.

Brive, Constantin. «Au Théâtre Antoine, Simone Berriau joue sur Sartre et le Bon Dieu. Mais, confesse-t-elle si l'auteur avait été inconnu, on n'aurait pas accepté la pièce». *Combat*, 7 July 1951.
  As the title indicates, this is more on the theatre than on Sartre. N.W.C.

Brule, Claude. «La nouvelle pièce de Sartre: *Le Diable et le Bon Dieu*». *Opéra*, 25 April 1951.
  On the background of the play and the rehearsals. Brule says that the original title was La Vengeance d'un nègre, *which was discarded in favour of* La Passion *(title registered with the Société des auteurs on 30 May 1949). The final title was found in December 1950.*

Brule, Claude. «Maria Casarès entre le diable Brasseur et le dieu Sartre». *Opéra*, 30 May 1951.
  Includes three photos of Casarès. Article of general interest only. N.W.C.

Carlier, Jean. «Les metteurs en scène allemands cherchent des voies nouvelles». *Combat*, 26 January 1954.
  General article, but which includes the following interesting description of the Kiel and Hanover production:
  «Dans *Le Diable et le Bon Dieu*, à Kiel et Hanovre, une sorte de passerelle tubullaire se dresse côté cour, à la hauteur d'un balcon-squelette où apparaît côté jardin l'évêque. L'une et l'autre symbolisent ainsi, jusqu'à la fin, même lorsque leur nécessité scénique ne se fait plus sentir, le *diable face au* Bon Dieu *pendant que seules des toiles de fond différentes et extrêmement stylisées indiquent avec quelques accessoires mobiles les changements de lieux.*
  *Les costumes obéissent au même symbolisme: Goetz et ses soldats, reîtres allemands, représentés au coeur de cette Allemagne qui les a engendrés cinq siècles plus tôt sous l'apparence du 'Superman' des 'Science Fiction novels', pour bien marquer une fois de plus le mépris de l'anecdote visuelle et la volonté de soumission à l'esprit d'une oeuvre».

Chauffier, Louis-Martin, Marcel Haedrich et al. «Dès que deux personnes s'aiment, elles s'aiment contre Dieu». *Paris-Presse-L'Intransigeant*, 7 June 1951.
  Interview with Sartre.

Chonez, Claudine. «Si Dieu existe, nous dit Sartre à propos de sa pièce, le Bien et le Mal sont identiques». *L'Observateur*, 31 May 1951.
  Interview.

Collazo. «Que es *Le Diable et le Bon Dieu*?» *Insula*, Year 7, no.73, January 1952, pp.11-12.

Copfermann, Emile. «Avant-première: Georges Wilson répète *Le Diable et le Bon Dieu*». *Les Lettres françaises*, 13-19 November 1968, p.21.

Duché, Jean. «Jean-Paul Sartre répond à la critique dramatique et offre un guide au spectateur...» *Le Figaro littéraire*, 30 June 1951, p.4.
  Interesting interview, see Contat and Rybalka, pp.239-240.

Escudero, Gonzalo. «Aventura demoniaca de Jean-Paul Sartre». *Letras del Ecuador*, no.69, July 1951, p.1.

Favalelli, Max. «Les bistros bénissent le Diable et le Bon Dieu». *Ici-Paris*, 18 June 1951.
  Unimportant gossip on the increased trade resulting from a four hour play.

Ferral, Roger. «Il a fallu 19,400 heures de travail pour que *Le Diable et le Bon Dieu* puissent se disputer Pierre Brasseur chaque soir pendant quatre heures». *France-Soir*, 31 May 1951, p.2.
  The title says everything.

Forestier, Jacques. «Jouvet attend Sartre». *Opéra*, 7 February 1951.
  Gossip item on Sartre's retreat to the Angevin village of Le Touez to write up the play from his notes. N.W.C.

Forestier, Jacques. «Les six affiches du diable. Sartre candidat à l'enfer». *Opéra*, 6 June 1951.
  Uninteresting gossip about who should be billed as 'starring' in the play. N.W.C.

Forestier, Jacques. «Sartre le Diable et le Bon Dieu». *Opéra*, 3 January 1951.
  A long and somewhat unreliable account of the plot. N.W.C.

H.M. «*Le Diable et le Bon Dieu* 'revus' par Jean-Paul Sartre, accueillis avec enthousiasme au Théâtre Antoine». *Le Populaire de Paris*, 13 June 1951.
  Gossipy rubbish on first nighters. N.W.C.

H.M. «La 'générale' de huit heures». *Le Monde*, 13 June 1951.
  'Mondain' gossip on who was at the opening night. N.W.C.

Hanoteau, Guillaume. «Pour survivre: Le théâtre mobilise toutes ses gloires». *Paris-Match*, 21 September 1968, pp.72-79.
 Includes brief reference to the Georges Wilson production at the T.N.P. N.W.C.

Jeener, J.-B. «Avec *Le Diable et le Bon Dieu*...» *Le Figaro*, 2-3 June 1951, p.6.
 Interview without much interest.

Millet, R. «Remous italiens autour d'une pièce de Sartre». *Le Figaro*, 21 December 1962, p.20.
 The Catholics of Genoa were upset by a performance of this play.

Péju, Marcel. «Le Diable et le Bon Dieu, nous dit Sartre, c'est la même chose ... moi je choisis l'homme». *Samedi-Soir*, 2-8 June 1951.

Rivoyre, Christine de. «Avant-première au Théâtre Antoine. Jean-Paul Sartre nous présente *Le Diable et le Bon Dieu*». *Le Monde*, 31 May 1951, p.6.
 Article-interview without interest except for two observations by Sartre:
 «... ma pièce est avant tout une pièce de foules. Les personnages principaux ne sont justifiables et compréhensibles que grâce aux foules qu'ils animent» and;
 «Cette période (1524) m'a semblé suggestive pour notre époque. Voilà pourquoi je l'ai utilisée. Mais ma pièce n'est pas symbolique. Il faut se garder de la traduire mot à mot. Elle n'est pas historique non plus. Les personnages qu'elle met en scène sont bien datés, mais je les ai tous inventés. On a beaucoup parlé de Luther ... mais son nom n'est pas prononcé une seule fois pendant les quatre heures du spectacle».

Santerre, F. de. «Sartre attendait ses interprètes sur la rive gauche». *Le Figaro*, 22 November 1968, p.28.

Sanvoisin, Gaétan. «Grâce à Jean-Paul Sartre, *Le Diable et le Bon Dieu* vont s'affronter sur la scène du théâtre Antoine». *Ce Matin*, 6 June 1951. N.W.C.

Sanvoisin, Gaétan. «Sans le tirer par la queue, Jean-Paul Sartre conduit le diable au théâtre Antoine». *Ce Matin-Le Pays*, 21 February 1951.
 Magnificent example of French journalism at its most frenzied:
 «Songez! Le Diable! Après la putridité des **Mouches**, après

l'arrogance publicitaire de La Putain respectueuse, *après le mépris d'hygiène des* Mains sales ... *voici Lucifer, Satan, Belzébuth, le démon, le prince des ténèbres!*»

Sylvain, Patrice. «Un brain-trust du théâtre préside à la création de la pièce de J.-P. Sartre: *Le Diable et le Bon Dieu*». *L'Aurore*, 4 June 1951.
   General comments on the play - «véritable Bible de l'athéisme» - and gossip about the costume problems of Mme Schiaparelli. N.W.C.

Valogne, Catherine. «Querelles de ménage ou l'association Jouvet-Sartre». *Arts*, no.313, 1 June 1951, p.2.
   Brief item on the problems of cutting the text.

Verdot, Guy. «Au Théâtre Antoine, *Le Diable et le Bon Dieu* se sont disputé hier soir l'âme de Pierre Brasseur et de Jean Vilar». *Franc-Tireur*, 12 June 1951.
   Brief notice on first night. N.W.C.

Abram, Paul. «*Le Diable et le Bon Dieu* de M. Jean-Paul Sartre au Théâtre Antoine». *Libération*, 13 June 1951.
Highly enthusiastic, if naive, review.

Almont, Maxime. «240 minutes durant, J.-P. Sartre distille le désespoir et l'ennui». *Combat*, 13 June 1951.
A very dreary review indeed by a critic who has evidently understood little of the play. Of Goetz, at one point, Almont writes «Sa philosophie est simpliste:'Je suis militaire, donc je tue,' dit-il» having completely missed the double irony of the phrase. This is surprising given that the audience recognized at least the contemporary political implications of Goetz's remark.

Alter, André. «D'un théâtre qui se veut athée, *Le Diable et le Bon Dieu* de Sartre». *Terre humaine*, no.7, July 1951, pp.112-119.

Ambrière, Francis. «*Le Diable et le Bon Dieu* par M. Jean-Paul Sartre». *Les Annales-Conférencia*, Year 58, nlle série, no.9, July 1951, p.43.

Anon. «Au T.N.P. *Le Diable et le Bon Dieu* de Jean-Paul Sartre». *Paris-Normandie*, 6 December 1968.
Highly favourable review of the Périer-Wilson reprise.

Anon. «Au T.N.P. *Le Diable et le Bon Dieu*: Sartre date comme le père Combes». *Minute*, 28 November-4 December 1968.
On the Périer-Wilson reprise. Hardly a review; but includes a gaudy touch of Right-wing rhetoric:
«*C'est toujours le même délayage dilatoire, fait de fatras verbeux, de prêchi-prêcha agnostique, de pathos soporifique et de palabres interminables comme des dinosaures*».

Anon. «Two French playwrights». *The Times Literary Supplement*, 13 February 1953, p.108.
Unfavourable review of the published text (tr. Kitty Black) - «*The play is a mere flux of words*».

Anon. Review of the English translation. *The Booklist and Subscription Books Bulletin*, 1 June 1960, p.596.

Arnold, Paul. «Jean-Paul Sartre's New Play». *Theatre Arts*, vol.35, October 1951, pp.24-25,87.
   Review tr. into English by Edith Samuel.

Auzias, Jean-Marie. «Un théâtre de complicité». *Esprit*, Year 20, no.1, 1952, pp.125-127.

Bastide, François-Régis. «*Le Diable et le Bon Dieu* de Jean-Paul Sartre». *Les Nouvelles littéraires*, 28 November 1968, p.13.
   On the reprise at the T.N.P.
   Highly favourable to the play, the production, and particularly Périer's performance as Goetz. Sees the play as less shocking to Catholics than many had thought in 1951:
   «Aujourd'hui, je crois que les croyants les plus ardents entendront la pensée de Sartre avec le plus profond respect ... Le vrai sujet du Diable et le Bon Dieu c'est, bien entendu la mort de Dieu, mais c'est, en même temps, l'amour du prochain. La question posée par Sartre, c'est: 'Comment nous aimer les uns les autres, consciemment, réciproquement, dans une même entreprise choisie, d'amour et d'espoir, maintenant que Dieu est mort?'»

Beckmann, Heinz. «Drama gegen Gott. Zu Sartres neuem Bühnenstück *Der Teufel und der liebe Gott*». *Rheinischer Merkur*, Year 6, no.45, 1951, p.7.

Beigbeder, Marc. «*Le Diable et le Bon Dieu* professent pendant quatre heures la philosophie de Jean-Paul Sartre au Théâtre Antoine». *Le Parisien libéré*, 13 June 1951.
   Unfavourable review: « ... toutes les apparences d'une dissertation ... déroulement plutôt embarrassé, chevauchant, débordant ... formules (qui) tournent souvent au verbiage».

Bock, Hartmut. «Ein negatives Lutherdrama. Zu Jean-Paul Sartres Stück: *Der Teufel und der liebe Gott*». *Zeichen der Zeit* (Berlin), Year 10, no.2, 1956, pp.65-69.

Bondy, François. «*Der Teufel und der liebe Gott*. Zur Uraufführung von J.-P. Sartre: *Le Diable et le Bon Dieu*». *Weltwoche* (Zurich), no.919, 1951, p.5.

Brée, Germaine. Review (not seen). *The New Leader*, 25 April 1960, p.27.

Carat, Jacques. «*Le Diable et le Bon Dieu* de Jean-Paul Sartre». *Monde nouveau-Paru*, Year 7, no.51-52, 1951, pp.93-97.

Caviglioli, François. «Une dizaine de Sartre». *Le Canard enchaîné*, 27 November 1968.
  On the T.N.P. reprise. The title refers to the three stages of Goetz's evolution plus the seven other major characters - all seen as aspects of Sartre himself.

Chalencey, Jacques. «Sartre 51-68». *Pourquoi*, January 1969, pp.110-114.
  A favourable review of the Périer-Wilson reprise at the T.N.P.

Chambrillon, Serge. «*Le Diable et le Bon Dieu*». *Économies et Réalités mondiales*, July 1951, pp.165-168.
  Has many reservations about the text itself: « ... le spectacle l'emporte aisément sur l'oeuvre ... Si ... une telle pièce est le reflet de notre époque, alors c'est que nous sommes parvenus à dramatiser les discussions d'écoles et les altercations de tribune ...»

Clurman, Harold. «Theatre: French Immorality». *The New Republic*, 23 July 1951, p.22.

Clurman, Harold. «Theatre: The New Moralities». *The New Republic*, 6 August 1951, pp.21-22.

Cogniat, Raymond. «*Le Diable et le Bon Dieu*». *Arts*, 22 June 1951, p.2.
  Favourable: «... pièce admirablement construite, fortement charpentée, avec une grande puissance dramatique dont la tension se maintient jusqu'à la fin».

Colberg, Klaus. «Sartre streitet wider Gott». *Neues Abendland* (Augsburg), Year 7, no.1, 1952, pp.58-60.

Copperman, Annie. «*Le Diable et le Bon Dieu*». *Les Échos*, 29 November 1968.
  Favourable review of the Périer-Wilson reprise at the T.N.P.

Curtis, Anthony. «Plays from France». *The New Statesman*, 14 February 1953, pp.182-184.

Daniel-Rops. «Daniel-Rops face à Sartre: Le blasphème dérisoire». *L'Aurore*, 9-10 June 1951.
  The ambiguity of the title was presumably not intended. The article is very confused in its argumentation. From the basic false premise that Le Diable et le Bon Dieu *is a «pièce à thèse», Daniel-Rops seems to stagger between two methods of attack: first, on*

the level of literary and dramatic criticism (in spite of his disclaimer - «*Il ne m'appartient pas de faire ici la critique dramatique*»); *secondly, on the level of what might be called theology. Daniel-Rops' conclusion* «*une pièce révélatrice par ce qu'elle trahit autant que décevante par ce qu'elle affirme*» *is equally suitable for his article.*

Daniel-Rops. Review (not seen). *The Tablet*, 30 June 1951, p.525.

Debouzy, Jacques. «*Le Diable et le Bon Dieu,* de Jean-Paul Sartre mise en scène de Hans Schalla, avec le Schauspielhaus de Bochum». *Théâtre populaire,* no.19, July 1956, pp.75-77.
   Probably one of the most lucid reviews ever written of this play.
   «*Le souci de Sartre était donc, semble-t-il, de dépersonnifier le héros (au sens traditionnel du mot), de montrer sa venue à l'être par l'identification du choix libre à une situation historique déterminée. Il fallait montrer la mise graduelle en situation de Goetz, au lieu de l'engagement individuel spectaculaire*».
   Debouzy criticizes the cabotin *element of Brasseur's interpretation and equally that of Messemer in the Bochum production:*
   «*Ce qu'on peut reprocher au Schauspielhaus c'est de nous avoir présenté moins un homme sartrien en situation, éprouvant sur le mode de la comédie l'inanité de certains* commencements absolus, *que l'arrivée du héros nietzschéen dans le royaume des hommes*».

Doblhoff, Lily. «J.-P. Sartres neues Drama. Zur Uraufführung von Sartres *Der Teufel und der liebe Gott* in Paris». *Universitas,* Year 6, no.11, November 1951, pp.1273-1274.

Dumur, Guy. «La biscotte et le pain complet». *Le Nouvel Observateur,* 25 November 1968, p.46.
   Highly favourable review of the Périer-Wilson reprise.

Dumur, Guy. «Reprise au T.N.P. *Le Diable et le Bon Dieu*». *La Gazette de Lausanne,* 30 November-1 December 1968, p.29.
   Favourable, uninteresting review.

Ellmer, Paul. «Sartres *Götz von Berlichingen. Le Diable et le Bon Dieu*». *Die Zeit,* Year 6, no.25, 1951, p.5.

Estang, Luc. «Au Théâtre Antoine. *Le Diable et le Bon Dieu* de Jean-Paul Sartre». *La Croix,* 16 June 1951.
   A strange review which would have us believe that the play

may be turned against itself and read as a tract on grace. As for Goetz cheating to lose: «*Le pari pour la foi implique déjà la grâce*».

Hence, the play is «*une espèce de démonstration* a contrario *du mystère de la sainteté ... elle exprime moins un* athéisme *au sens rigoureux du terme qu'un* antithéisme».

Flanner, Janet. «Letter from Paris». *The New Yorker*, 30 June 1951, pp.42-45.

Frank, André. «Jean-Paul Sartre au Théâtre Antoine. *Le Diable et le Bon Dieu* ou le drame grandiose de Goetz et du néant». *Le Populaire de Paris*, 15 June 1951.
An enthusiastic review lacking in depth.

Frank, Joseph. «God, Man and Jean-Paul Sartre». *Partisan Review*, vol.19, March 1952, pp.202-210.

Freedley, George. «Title». *Library Journal*, vol.85, 15 February 1960, pp.774.
Review of English translation of this play and Kean, *and* Nekrassov.

Galey, Matthieu. «*Le Diable et le Bon Dieu* de Jean-Paul Sartre. La malédiction de la liberté». *Combat*, 23-24 November 1968, p.12.
On the T.N.P. reprise. Galey finds that the play has taken on a new significance since May 1968:
«*Nasty ... pourrait être un 'cégétiste', alors que Karl est un 'enragé', qui prône l'action immédiate et la provocation seul moyen efficace de détruire une société mal faite. Des répliques nous stupéfient, car on les croyait écrites depuis le mois de juin. Celle-ci, par exemple, 'Le désordre est le meilleur serviteur de l'ordre établi.'... Il me semble que le nouveau public de Sartre sera davantage sensible à cet aspect social et politique de la pièce qu'au grand débat métaphysique dont elle est animée*».

Gandon, Yves. «*Le Diable et le Bon Dieu*». *France-Illustration*, no.298, 30 June 1951, p.700.

Gandrey-Rety, Jean. «*Le Diable et le Bon Dieu* au théâtre Antoine». *Ce Soir*, 13 June 1951.
A lyrical and favourable review of the play, but with little comprehension of its subject. The main interest of this review lies in its evocation of Brasseur-Goetz:

« ... volcan en action ... Sans avoir même à forcer ses talents ni à hausser le ton. Un sourd grondement venu du coffre barytonnant et le cratère lâche ses torrents de blasphèmes, de plaintes souriantes, de prières sacrilèges, d'épouvantements et de provocations au ciel et à la terre. Pierre Brasseur me fait songer à Fafner, le musical monstre Wagnérien qui rêve en dormant et rugit quand il s'éveille».

The review ends with a strange interpretation of the Goetz-Hilda relationship: « ... pour moi, c'est Hitler et Éva Braun. Supposez qu'Adolf et son Éva ne soient pas crevés dans le bunker...»

Gautier, Jean-Jacques. «*Le Diable et le Bon Dieu* de Jean-Paul Sartre». *Hommes et Mondes*, Year 6, no.60, July 1951, pp.286-291.

Gautier, Jean-Jacques. «Au théâtre Antoine *Le Diable et le Bon Dieu* de Jean-Paul Sartre». *Le Figaro*, 13 June 1951, p.6.

Gautier, Jean-Jacques. «Au Festival d'Art dramatique de Paris Le Schauspielhaus de Bochum présente: *Le Diable et le Bon Dieu*». *Le Figaro*, 8 June 1956, p.10.
   Gautier has great praise for all, especially for Hans Messemer as Goetz.

Gautier, Jean-Jacques. «Au T.N.P. *Le Diable et le Bon Dieu*». *Le Figaro*, 23-24 November 1968, p.26.
   A favourable review:
   «Avec le temps, la pièce a acquis un accent plus dur dans le meilleur sens du mot. Maintes circonstances font qu'elle nous touche davantage. En cours de route, nous avons, nous aussi, appris la valeur des vérités qu'elle contient, et nous demeurons étonnés de les entendre formuler avec une vigueur si tranquille».

Geissman, Erwin W. Review of published text. *Renascence*, vol.6, no.1, Autumn 1953, pp.54-55.

Gouhier, Henri. «Théâtre. Sartre: *Le Diable et le Bon Dieu*». *La Vie intellectuelle*, Year 19, no.8, July 1951, pp.124-130.

Gutiérrez, Félix. Review (not seen). *Masses and Mainstream*, vol.13, May 1960, p.62.

Jamet, Claude. «*Le Diable et le Bon Dieu* de Jean-Paul Sartre au Théâtre Antoine». *Paroles françaises*, 16 June 1951.

Very hostile review the tone of which is admirably captured in these fragments:
«*Mais laissons là l'ignoble et d'ailleurs cafouilleuse 'philosophie' de M. J.-P. Sartre, dont sans doute un médecin spécialiste des refoulements pourrait seul rendre compte valablement ... une pièce plus ennuyeuse que* Les Mouches *... plus confuse, plus pesante ... plus puante ... Quant aux gros mots qui émaillent de loin en loin cet accablant fatras, ils n'étonnent même plus: on sait M. J.-P. Sartre a la langue, si j'ose m'exprimer ainsi, plus merdoyante que verdoyante*».

Junge, Hermann. «*Der Teufel und der liebe Gott*». Die neue Furche (Tübingen), Year 6, 1952, pp.346-349.

Kanters, Robert. «L'Enfant de Zévaco et de saint Thomas». *L'Express*, no.907, 25 November-1 December 1968, pp.46-47.
On the T.N.P. reprise.

Kanters, Robert. «*Le Diable et le Bon Dieu*». Cahiers du Sud, no.307, 1951, pp.503-505.

Kemp, Robert. «Au théâtre Antoine *Le Diable et le Bon Dieu* de Jean-Paul Sartre». *Le Monde*, 13 June 1951, p.9.
Favourable review of the play - « *...une pièce riche d'idées, excitante, blessante parfois; une grande pièce*».

Knight, William J. «*Le Diable et le Bon Dieu*». New York Herald Tribune (Paris), 20 June 1951.
Superficial review with occasional praise but objections to bad language.

Lauwick, Hervé. «*Le Diable et le Bon Dieu*». Noir et Blanc, 20 June 1951.
Unfavourable: «*une conférence, non une pièce*».

Le Grix, François. «Spectacle d'un temps. *Le Diable et le Bon Dieu* de Sartre, ou la preuve par l'absurde». *Écrits de Paris*, no.81, July 1951, pp.103-115.

Leclerc, Guy. «La nouvelle pièce de M. Jean-Paul Sartre: *Le Diable et le Bon Dieu* a fait bâiller le 'Tout Paris'». *L'Humanité Dimanche*, 17 June 1951.
Finds play long and boring. Concludes: «*Mais il manque à sa pièce l'essentiel: ce que les chrétiens appelleraient une âme. Disons simplement: la chaleur humaine. Et l'honnêteté intellectuelle aussi*».

Lemarchand, Jacques. «*Le Diable et le Bon Dieu* au Théâtre National Populaire et *Nekrassov* au Théâtre National de Strasbourg». *Le Figaro littéraire*, 2-8 December 1968, pp.37-38.

Lemarchand, Jacques. «*Le Diable et le Bon Dieu* de Jean-Paul Sartre au théâtre Antoine». *Le Figaro littéraire*, 16 June 1951, p.10.
  Highly favourable review of the play and the production.

Lemarchand, Jacques. «*Le Diable et le Bon Dieu*». *Le Figaro littéraire*, 3 August 1970, p.38.
  A favourable review of the reprise by Georges Wilson for the Avignon Festival.

Lemarchand, Jacques. «Au théâtre des Nations: Wedekind et J.-P. Sartre». *Le Figaro littéraire*, 4 May 1957, p.13.
  Brief review of two performances by the Bochum theatre company with Hans Messemer as Goetz.

Lerminier, Georges. «Au T.N.P. *le Diable et le Bon Dieu* de Jean-Paul Sartre». *Le Parisien libéré*, 29 November 1968.
  A favourable review of the Wilson reprise.

Lipsett, Richard. Review (not seen). *The Theatre*, vol.2, April 1960, p.46.

Lüthy, Herbert. «Jean-Paul Sartre et le Bon Dieu». *Preuves*, no.5, July 1951, pp.7-11.
  The conclusion to this article was reprinted under the title «Sartre et le drame de l'intellectuel bourgeois» in Preuves, *February-March 1969, p.118 on the occasion of the T.N.P. reprise. For Lüthy,* Le Diable et le Bon Dieu *is «une nouvelle variante des* Mains sales». *He adds:*
    «*Dans la mesure où Sartre s'est mis en scène dans le personnage de Hugo et dans le double personnage de Goetz et de Heinrich, son théâtre a valeur de témoignage ... le problème central ... est celui des rapports entre 'l'intellectuel et le prolétariat' et des rapports entre 'l'intellectuel et le communisme'*».
  However, Lüthy sees nothing new in the 'message' of the play:
    «*Il est difficile de prendre au tragique la tragédie d'une intelligence qui ne sait se faire entendre du peuple, lorsqu'elle n'a pas de vérité plus nouvelle à lui révéler que 'Dieu est mort' et 'Le bien et le mal ne sont que des boniments'. Ces révélations ne sont déjà que trop familières à l'épicier du coin*».

Lüthy, Herbert. «Jean-Paul Sartre und der liebe Gott». *Christ und Welt*, Year 4, no.27, 1951, p.8.

Lüthy, Herbert. «Jean-Paul Sartre and God». *Twentieth Century*, vol.150, September 1951, pp.221-230.

Madral, Philippe. «L'homme en train de se dire». *L'Humanité*, 25 November 1968, p.10.
   By and large a favourable review of the T.N.P. reprise, but with the following reservation:
   «*Sans doute son propos de montrer sur une scène l'homme* en train de se faire *est-il au coeur même d'une définition d'un théâtre réaliste moderne (e.g. Brecht), mais Sartre réduit souvent, dans sa pratique, cette définition à une mise en scène de l'homme* en train de se dire. *C'est en ce sens que son oeuvre a du mal à échapper, par sa* structure dramatique, *au vieux théâtre psychologique, même si les thèmes qu'elle développe le mettent en pièces*».

Marcabru, Pierre. «Goetz, seul avec le ciel vide au-dessus de sa tête». *France-Soir*, 27 November 1968, p.2.
   Highly favourable review of the Périer-Wilson reprise at the T.N.P.

Marcel, Gabriel. «*Le Diable et le Bon Dieu*». *Les Nouvelles littéraires*, 14 June 1951, p.10.
   Unfavourable review - «*le caractère blasphématoire de certaines scènes me paraît proprement odieux ...*» *Conclusion:*
   «*L'ouvrage est au fond une côte mal-taillée entre la pièce historique et la pièce métaphysique, avec prépondérance de ce second aspect. Mais les circonstances politiques, auxquelles, au fond, l'auteur ne s'intéresse peut-être plus guère que le spectateur, alourdissent démesurément l'ouvrage*».

Marcel, Gabriel. «Au coin du sacrilège». *Les Nouvelles littéraires*, 26 December 1968, p.13.
   On the T.N.P. reprise.

Mauduit, Jean. «*Le Diable et le Bon Dieu*». *Témoignage chrétien*, 22 June 1951.
   A weird review which leaves one with the impression that Mauduit enjoyed the play; but decided that it was nonetheless bad. His main complaint is Sartre's excessive rationalism «*incapable de voir plus loin que les frontières de l'humain! Voué à l'enseignement primaire*».

Maulnier, Thierry. «*Le Diable et le Bon Dieu*». *Revue de Paris*, no.75, December 1968, p.123.
On the T.N.P. reprise.

Maulnier, Thierry. «Le Théâtre: *Le Diable et le Bon Dieu*». *Revue de Paris*, Year 58, July 1951, pp.147-151.
Long description of the narrative which considers only the anti-Christian aspects of the play.

Maulnier, Thierry. «Y a pas d'Bon Dieu». *Combat*, 29 June 1951.
A long-winded soliloquy which doesn't even possess the quotable diatribe.

Mauriac, François. «Sartre l'athée providentiel». *Le Figaro*, 26 June 1951, p.1.
A lamentable piece of nonsense, the tone of which is conveyed by the opening lines:
«'Ils blasphèment ce qu'ils ignorent...' Ces premiers mots d'un fragment de Pascal suffisent à expliquer notre indifférence devant le blasphème de Sartre». Needless to say, Mauriac's 'indifférence' leads him to write a lengthy article almost worthy of Bossuet.

Megret, Christian. «Des personnages qui pensent ... et qui vivent». *Carrefour*, 4 December 1968.
A highly favourable, if somewhat superficial, review of the Périer-Wilson reprise at the T.N.P. Megret is particularly impressed by the range and artistry of Sartre's style:
«C'est une voix qui excelle en tous registres, d'ordinaire incompatibles. Entre L'Être et le néant *et la chanson* la Rue des Blancs-Manteaux, *il y a le maximum d'octaves. Ce philosophe d'accès difficile est, à ses heures, orfèvre du langage. Il sait très bien faire sonner le mot, rythmer la période. Il est précieux, à l'occasion».*

Mouillaud, Maurice. «*Le Diable et le Bon Dieu* de J.-P. Sartre». *La Nouvelle Critique*, Year 3, no.29, September-October 1951, pp.78-83.

Mourre, Michel. «Avec les recettes du Théâtre Antoine, J.-P. Sartre devrait s'acheter un catéchisme». *Combat*(?), 29 June 1951.
Feeble discussion on the cause/effect problem of the dice scene.

Nepveu-Degas, Jean. «*Le Diable et le Bon Dieu*». *L'Observateur*, no.61, 14 June 1951, pp.22-23.
Enthusiastic review.

Nimier, Roger. «*Le Diable et le Bon Dieu*». *Opéra*, 13 June 1951.
Favourable review.

Olivier, Claude. «Le jeu des mots». *Les Lettres françaises*, 11 December 1968, p.14.
On the whole favourable, but Olivier is careful to point out the limits of the play and the dangers of seeing it as a prophecy of May 1968.

Parquin, Jean. «Le cheval en est mort». *La Table Ronde*, no.43, July 1951, pp.161-166.

Peyre, Henri. «Jean-Paul Sartre: The Philosopher as Playwright». *The New York Times Book Review*, 6 March 1960, p.5.
Review of English translation of this play and Kean, and Nekrassov.

Poirot-Delpech, B. «*Le Diable et le Bon Dieu*, au T.N.P». *Le Monde*, 23 November 1968, p.15.

Portal, Georges. «Un pauvre diable et un faux Dieu». *Écrits de Paris*, no.278, February 1969, pp.124-128.
Unpleasant, vituperative and rambling article. Only the last page discusses the play and the critical comment is limited to the following quip:
«M. Jean-Paul Sartre est aussi peu fait pour parler des choses de l'âme qu'un âne pour diriger une symphonie de Mozart».

Pugh, G.T. and B.H. Carroll, Jr. Review of *The Devil and the Good Lord and Two Other Plays*. *English Journal*, vol.49, no.4, April 1960, p.277.

Ramier, Jean. «Sartre, *Le Diable et le Bon Dieu*». *Culture française*, no.15, 1968, p.384.
On the T.N.P. reprise.

Ransan, André. «Jouant le jeu du bien et du mal, Jean-Paul Sartre est un bon petit diable... mais un mauvais 'Bon Dieu'». *Ce Matin-Le Pays*, 13 June 1951.
As the title indicates, a pleasantly foolish review which shows little understanding of the play and, in consequence, finds it «touffue et étouffante comme une forêt vierge». Nonetheless Ransan has praise for the cast.

Robichon, Jacques. «Dieu, le Diable, et M. Sartre, ou la partie perdue». *Liberté de l'Esprit*, Year 3, no.23, July-September 1951, pp.220-222.
Hostile nonsense.

Rosbo, Patrick Kerlero de. «Au Théâtre National Populaire: *Le Diable et le Bon Dieu* de Jean-Paul Sartre (mise en scène de Georges Wilson)». *Paris-Théâtre*, no.260-261, 1969, pp.36-37.

Rosita. «Au Théâtre Antoine *Le Diable et le Bon Dieu*». *Rolet*, 7 February 1952.
A brief plot outline and little else. N.W.C.

Russell, John. «Sartre and Claudel: *Le Diable et le Bon Dieu, Partage de Midi*». *World Review*, new series, vol.35, January 1952, pp.34-38.

Sandier, Gilles. «*Le Diable et le Bon Dieu*». *La Quinzaine littéraire*, no.63, 15 December 1968, p.29.
Favourable review of the T.N.P. reprise.

Savary, Léon. «*Le Diable et le Bon Dieu* de Jean-Paul Sartre au théâtre Antoine». *Tribune de Genève*, 19 October 1951.
A long discussion on the problem of Evil in the Christian cosmology. Savary concludes that the play is inadequate on any serious level as an anti-Christian demonstration:
«Le mystère du mal est insoluble; mais la foi est la foi; et qui a la foi ne sera pas gêné du tout par l'horrible histoire de Goetz et par tout ce qui l'entoure».

Sénart, Philippe. «La revue théâtrale. Victor Hugo: *Ruy Blas*; J.-P. Sartre, *Le Diable et le Bon Dieu*». *La Revue des deux Mondes*, n.s. no.1, 1 January 1969, pp.159-165.

Simon, Alfred. «Sartriens et batraciens». *Esprit*, Year 36, no.377, January 1969, pp.106-108.

Speaight, Robert. «Philosophy in the French Theatre Today». *The Listener*, 119 February 1953, pp.308-309.
Review of the published text.

Thévenaz, Pierre. «Après la représentation de *Le Diable et le Bon Dieu*, Sartre s'est laissé voler sa pièce par Brasseur». *Gazette de Lausanne*, 22-23 November 1952, pp.7,11.
A review which includes interesting discussion on the play and which criticizes the 'cabotin' performance of Brasseur. Worth consulting.

Toynbee, Philip. «Sartre and the Absolute». *The Observer*, 15 February 1953, p.9.
Review of the published text.

Triolet, Elsa. «Le grand jeu. Au Théâtre Antoine: *Le Diable et le Bon Dieu*». *Les Lettres françaises*, 14 June 1951.
An interesting article which discusses in some detail the problem of historical analogy. She finds the rôle of Nasty particularly revealing this respect (i.e. a 20th century proletarian leader in a 16th century situation) and concludes that Sartre has presented a false problem.

Varenne, Roger. «Les fidèles de Sartre ont seize ans». *Le Figaro*, 15 November 1968, p.30.
A review of the audience rather than of the play.

Verdot, Guy. «Au théâtre Antoine *Le Diable et le Bon Dieu*. Jean-Paul Sartre choisit l'homme». *Franc-Tireur*, 13 June 1951.
A favourable review with some reservations: the text lacked poetry and characters lacked depth.

Verdot, Guy. «Quand le diable fait oraison». *Notre République*, 29 November 1968, p.7.
In spite of some hesitations about the length of the play, Verdot was moved to write the following eulogy:
«On voit à quel point Sartre est fidèle à lui-même, à ses idées maîtresses, dans cette oeuvre qui est, en quelque sorte, un transfert dramatique de ses propres combats, une illustration de son oeuvre philosophique. Ce que nul ne pourra jamais contester, c'est la droiture de Sartre, c'est la constance de son attitude personnelle».

Vier, Jacques. «A propos de la reprise de la pièce de Jean-Paul Sartre *Le Diable et le Bon Dieu*». *L'Homme Nouveau*, 21 December 1968, p.14.
A hostile Catholic diatribe against the Périer-Wilson peprise:
«La pièce de Jean-Paul Sartre pousse l'obscénité de l'esprit aussi loin que son essai sur Jean Genet conduisait l'obscénité des moeurs... C'est peinturluré en porte à faux sur l'abîme divin, sonorisé en blasphèmes dialectiques, adroitement ponctué d'ordures pour prévenir l'assoupissement...»

Vigneron, Jean. «Double retour de Jean-Paul Sartre au T.N.P. *Le Diable et le Bon Dieu* ... sans oublier l'homme». *La Croix*, 1-2 December 1968, p.13.
Favourable. Vigneron prefers Périer's interpretation of Goetz to

that of Brasseur, but makes the following strange comment in his praise of Périer:

«*François Périer ... convaincrait presque de la sincérité ascétique de son personnage. Et, contrairement au dessein profond de Sartre, nul spectateur ne peut vraiment croire, quittant le T.N.P., que le Goetz de demain sera aussi férocement inhumain que celui d'avant-hier*».

Walker, Roy. «When will the London Theatre produce Sartre's Masterpiece?» *Theatre*, vol.7, no.161, 6 December 1952, pp.17-19.

Weales, Gerald. «Whatever happened to Jean-Paul Sartre?» *The Hudson Review*, vol.13, no.3, Autumn 1960, pp.465-469.
Review of the English text.

White, Jack Palmer. «French Theatre». *Continental Daily Mail*, 15 June 1951.
Unfavourable and uninteresting review.

Winner, Percy. «Tract for the Times». *The New Republic*, 10 September 1951, p.9.

Wolff, Walter. «Jean-Paul Sartre: *Der Teufel und der liebe Gott*». *Die Kommenden* (Freiburg), Year 6, no.11, 1952, p.6.

Fetscher, Iring. «Jean-Paul Sartres *Kean*». *Antares*, Year 2, no.6, 1954, pp.52-55.

Maanen, W. van. «Kean: From Dumas to Sartre». *Neophilologus* (Groningen), vol.56, 1972, pp.221-230.

Ubersfeld, Annie. «Structures du théâtre d'Alexandre Dumas père». *Linguistique et littérature*: Colloque de Cluny, special no. of *La Nouvelle Critique*, 1968.
   Includes a comparative study of Sartre-Dumas.

A. de P. « 'Kean' est-il Pierre Brasseur, Jean-Paul Sartre ou Alexandre Dumas». *Climats*, 26 November 1953.

Anon. «Au théâtre Sarah-Bernhardt la première de *Kean*». *L'Aurore*, 17 November 1951.

Anon. «Brillants débuts de *Kean*». *Paris-Presse l'Intransigeant*, 18 November 1953.

Anon. «Comment Alexandre Dumas acheta lui-même trois places pour Kean le 29 Septembre 1836, pour toucher 2000 francs-or». *Libération*, 19 November 1953.

Anon. «Dans *Kean* Pierre Brasseur sera à la fois Kean et Othello». *Libération*, 11 November 1953.

Anon. «Jean-Paul Sartre a récrit *Kean* pour permettre à Pierre Brasseur de succéder à Frédéric Lemaître». *Paris Comoedia*, 28 October 1953.

Anon. «Jean-Paul Sartre dans son adaption de *Kean* a été bon pour les critiques». *L'Aurore*, 18 November 1953.

Anon. «Jean-Paul Sartre et Brasseur répètent *Kean*». *Paris-Presse l'Intransigeant*, 4 November 1953.

Anon. «Kean, c'est tout le drame de l'acteur de génie». *Ciné-Club*, numéro spécial, April 1954.
Interview with Sartre.

Anon. «Le décor de *Kean*». *Les Nouvelles littéraires*, 5 November 1953.

Anon. «Le document de la semaine: Pierre Brasseur va offrir *Kean* à Dumas père pour son 150e anniversaire». *Arts*, 5 November 1953.

Anon. «Les scrupules de Pierre Brasseur dans la préparation de *Kean*». *Le Figaro*, 13 June 1953.

Anon. «Pierre Brasseur a demandé à Jean-Paul Sartre de collaborer avec Alexandre Dumas». *L'Aurore*, 15 June 1953.

Anon. «Pierre Brasseur incarnera Kean, le prestigieux acteur qui jouait avec les lions et les courtisanes». *Bientôt Presse-Magazine*, 3 November 1953.

Anon. «Pierre Brasseur: 'Le portrait du vrai Kean reste à faire!'» *L'Aurore*, 22 December 1953.

Anon. «Prix de l'appendicite de Brasseur: 25 millions». *Paris-Match*, 27 February 1954.
   News item on Brasseur's illness, includes brief reference to film adaptation by Astruc. N.W.C.

Anon. «Un amiral se plaint de Jean-Paul Sartre». *Paris-Presse l'Intransigeant*, 21 November 1953.
   Brief item on a letter received by Brasseur complaining about the anachronism of the departure to America (Act V) «sur le paquebot Washington». *Kean died in 1833, the first trans-atlantic liner was in 1838, and the* Washington *did not come into service until 1864!*

Brasseur, Pierre. «J'ai poursuivi Kean à travers Londres». *Paris Comoedia*, 11 November 1953.

Carlier, Jean. «Avant la création de *Kean* par Pierre Brasseur au Théâtre Sarah-Bernhardt Jean-Paul Sartre: 'Mon adaption d'Alexandre Dumas ne sera pas une pièce de Jean-Paul Sartre.'» *Combat*, 5 November 1953.
   Interview with Sartre.

Duché, Jean. «Quand Sartre 'rewrite'(sic) Dumas pour s'amuser et exaucer Brasseur». *Le Figaro littéraire*, 7 November 1953, p.3.
   Interview.

Estang, Luc. «*Kean* d'Alexandre Dumas adapté par Jean-Paul Sartre». *La Croix*, 27 November 1953.

Faure, J.-P. Brief item on the film version of *Kean. Paris-Presse l'Intransigeant.* N.W.C.

Guermantes. «De Dumas père à Jean-Paul Sartre». *Le Figaro*, 16 November 1953, p.1.
   Brief item. N.W.C.

J. de B. «Brasseur dans Brasseur. *Kean* (Sarah-Bernhardt)». *Dimanche Matin*, 22 November 1953.

J.C. «Pierre Brasseur dans *Kean* dira un texte d'Alexandre Dumas profondément revu et corrigé par Jean-Paul Sartre». *L'Aurore*, 4 November 1953.

Jeener, J.-B. «Jean-Paul Sartre: 'Pourquoi j'ai modernisé Dumas'». *Le Figaro*, 4 November 1953, p.10.
Interview.

L., A. «Pierre Brasseur fera revivre Kean à travers Alexandre Dumas et Jean-Paul Sartre». *Le Parisien libéré*, 9 November 1953.

Laroche, Pierre. «Dupont-Trauner a mis Kean dans ses meubles». *Paris-Comoedia*, 25 November 1953.
General article on the sets for the production.

M., P. «En marge d'une 100. Alexandre Dumas ne serait pas l'auteur de *Kean*». *Libération*, 18 March 1954.
On authorship of Frédéric de Courcy with facsimile of letter from Théaulon (director of the old Théâtre des Variétés) requesting de Courcy's collaboration with Dumas.

Macaigne, Pierre. «Kean et son clochard». *Le Figaro*, 18 November 1953.

Magnan, Henry. «Ah Ce coquin, ce coq...de *Kean*». *Combat*, 19 November 1953.
Gossipy article on first-nighters. N.W.C.

Magnan, Henry. «Frédéri(x..) Lemaître 'Kean' ou... Pierre Brasseur? l'acteur, cet inconnu...» *Combat*, 6 November 1953.

Morelle, Paul. «Jean-Paul Sartre a coupé *Kean* (la pièce d'Alexandre Dumas) aux mesures de Pierre Brasseur». *Libération*, 4 November 1953, p.2.

Robert, Jacques. «J'ai vu Pierre Brasseur démolir le théâtre Sarah-Bernhardt en jouant *Kean*». *Samedi-Soir*, 19 November 1953, p.8.
Very little on the play; mainly an enthusiastic account of Brasseur's flamboyant life-style.

Saurel, Renée. «La véritable figure de Kean». *Les Lettres françaises*, 12-19 November 1953, p.6.
Interview with Sartre.

Tessier, Carmen. «La meilleure réplique de *Kean* (de J.-P. Sartre) est de Pierre Brasseur». *France-Soir*, 19 November 1953.
   Mainly first-night gossip. N.W.C.

Veronesi, G. «Il *Kean* di Dumas nel rifacimento di Sartre». *Il Nuovo Corriere*, 27 December 1953.

Alter, André. «Kean ou l'acteur selon Jean-Paul Sartre». *Témoignage chrétien*, 18 December 1953.

Ambrière, Francis. «Les pièces du mois: Kean ...» *Les Annales-Conférencia*, Year 60, nlle série, no.38, December 1953, pp.34-37.
 The review of Kean *(p.37) is brief and unfavourable. N.W.C.*

Ambrière, Francis. «Un drame romantico-existentialiste». *Paris-Comoedia*, 25 November 1953.

Anon. «Au théâtre Sarah Bernhardt. *Kean*». *Tribune des Assurances*, 2 April 1954.
 Brief favourable review of the occasion of the hundredth performance. N.W.C.

Anon. «*Kean* d'Alexandre Dumas adapté par Jean-Paul Sartre». *Arts*, 19-25 November 1953.
 Favourable; but highly critical of the last act:
 «*Le rideau se baisse sur l'inoubliable visage de Brasseur, barbouillé de la suie d'Othello. En fait, la pièce est terminée, tout est dit, et magistralement. Or, un inutile dernier acte replonge les personnages dans la vulgarité fade d'une comédie en caleçon. L'ultime demi-heure réalise ce tour de force de rendre indifférents, voire même déplaisants, des personnages qui nous avaient jusque-là touchés au coeur*».

Anon. «*Kean* Comédien et martyr». *L'Express*, 21 November 1953.
 Sees the play as an unsuccessful dramatization of the Saint Genet. *Complains that Sartre did not handle the adaptation with sufficient skill:*
 «*... sa transposition reste timide, un jeu de normalien amoureux d'anachronismes ou de rapprochements inattendus*».

Anon. «*Kean* par Alexandre Dumas». *Sports Police*, May 1954.
 Very brief hostile review of published text. N.W.C.

Anon. «*Kean*. Rendons à Sartre ce qui n'est pas à Dumas». *Arts*, 26 November 1953.
 Comparison of the two texts.

228   KEAN. REVIEWS

Anon. «*Kean*». *L'Humanité Dimanche*, 27 November 1953.

Anon. «Voici Kean: un comédien nommé Brasseur. Jean-Paul Sartre a collaboré pour lui avec Dumas». *Paris-Presse l'Intransigeant*, 19 November 1953.
    Includes eleven photos by Philippe Charpentier of the main scenes of the play.

Audouard, Yvan. «Pour Brasseur Sartre a fait du Guitry avec du Dumas (père)». *France-Dimanche*, 22 November 1953.
    Highly critical of Brasseur's performance and of Sartre's choice of text.

Canard, Jérôme. «A la Rôtissoire. Pierre Brasseur dans Kean-Kong». *Le Canard enchaîné*, 25 November 1953.
    Unfavourable. 'Canard' is particularly critical of Brasseur's cabotin *style.*

Carat, Jacques. «Le Théâtre. *Kean*». *Preuves*, January 1954, pp.73-75.
    Critical, as was Kemp, of the actuality of the play given the change in the societal acceptability of the actor since the early nineteenth century. Has praise for Brasseur.

Chonez, Claudine. «Le Théâtre». *France-Asie*, March 1954.
    Brief favourable review; sees Sartre's Kean as an existential hero concerned with his own néant.

Curtiss, Thomas Quinn. «Theater in Paris. Pierre Brasseur as Kean». *New York Herald Tribune* (Paris), 14 December 1953.

Deboisge, Gilles. «Les pièces du mois: Anouilh, *L'Alouette*; Giraudoux, *Pour Lucrèce*; Sartre, *Kean*». *France-Illustration*, no.406, January 1954, pp.901-904.

Dulac, Sébastien. «Une pièce de Dumas remaniée par J.-P. Sartre permet à Pierre Brasseur d'être à Paris un Kean éblouissant». *L'Éventail*, 27 November 1953.
    Highly favourable review of the text and the production.

Dumur, Guy. «*Kean ou désordre et génie*, drame d'Alexandre Dumas, adapté par Jean-Paul Sartre, mise en scène de Pierre Brasseur, au théâtre Bernhardt». *Théâtre populaire*, no.4, November-December 1953.

248

Favalelli, Max. «*Kean* au théâtre Sarah-Bernhardt. L'un des derniers monstres sacrés». *Paris-Presse l'Intransigeant*, 20 November 1953.
   On the whole favourable, but with reservations about the Othello scene: «... ce sketch humoristique désamorce complètement l'effet de violence que doit procurer l'apostrophe de Kean au prince de Galles».

Flanner, Janet. «Letter from Paris». *The New Yorker*, 19 December 1953, p.85.

Garambe, B. de. «Théâtre Sarah-Bernhardt: *Kean* d'Alexandre Dumas adapté par Jean-Paul Sartre. Jean-Paul Sartre ne fera jamais d'Alexandre Dumas un bon élève». *Rivarol*, 27 November 1953.
   One of the rare hostile reviews of this play. The traditional right-wing vocabulary is hauled out to castigate Sartre:
   «*Les discours du barde des* Temps modernes *sont ici parfaitement insupportables. Ils s'insinuent dans le texte de Dumas, comme des vers dans une viande faisandée, et ils grouillent, grosses larves blanches, avec une insolente agressivité. Ce sont des étrangers, ils vivent de* Kean *mais n'appartiennent pas à sa chair. Ces parasites apparaissent à chaque instant, brisant l'action, sapent ce magnifique monument d'éloquence boursouflée*».

Gautier, Jean-Jacques. «Au théâtre Sarah-Bernhardt: Pierre Brasseur dans *Kean*». *Le Figaro*, 19 November 1953, p.10.
   A favourable review with, in common with most other critics, great appreciation of Brasseur.

Gordeaux, Paul. «Kean d'Alexandre Dumas adapté par Jean-Paul Sartre ou Désordre et génie de Pierre Brasseur». *France-Soir*, 19 November 1953.

Guignebert, Jean. «*Kean* d'Alexandre Dumas adapté par Jean-Paul Sartre». *Libération*, 19 November 1953.
   Favourable review. N.W.C.

Heltier, Eric. «*Kean* d'Alexandre Dumas et Jean-Paul Sartre avec Pierre Brasseur». *Réforme*, 23 January 1954.
   Favourable, has praise for the text of Sartre:
   «*Celui-ci a adapté le maître avec une très grande subtilité. Il commence avec Dumas, continue avec Sartre et finit avec Dumas. C'est-à-dire que nous commençons et terminons avec de la comédie pure. Ainsi la comedie ne perd à aucun moment ses*

droits, même si le second acte est assez tragique, en ce sens que J.-P. Sartre joue 'piano forte' sur le paradoxe du comédien ...»

Joly, Gustave. «*Kean* de Dumas père revu et corrigé par Jean-Paul Sartre». *L'Aurore*, 19 November 1953.
   Highly favourable review; but Joly found the last act weak and unnecessary.

Kemp, Robert. «*Kean*». *Le Monde*, 19 November 1953. Favourable.

Lalou, René. «*Kean, ou désordre et génie*». *Les Nouvelles littéraires*, 26 November 1953.
   Mostly favourable, but considers the Othello scene badly written - «bavardages prosaïques et confus» - . Lalou discusses the successes and the difficulties of the Dumas-Sartre text:
   «*Cette paradoxale collaboration entre Dumas et Sartre explique à la fois la riche complexité d'un* Kean *romantico-existentialiste et les inégalités de son développement. Fascinés par un premier acte ou les deux thèmes furent exposés avec une verve éblouissante, nous sommes un peu déçus par le dernier qui n'est plus que piétinements avant l'indispensable liquidation. La raison en est, à mon avis, qu'il s'est produit, au cours du deuxième acte, une curieuse dissociation entre l'élément Dumas et l'élément Sartre*».

Le Gant de Crin. «Pierre Brasseur dans *Kean*». *Le Dauphine Libéré*, 26 November 1953.
   Highly favourable review of the adaptation and the production.

Lebesque, Morvan. «Monstres sacrés.*Kean* d'Alexandre Dumas, adaption de Jean-Paul Sartre au Théâtre Sarah-Bernhardt». *Carrefour*, 25 November 1953.

Leclerc, Guy. «*Kean* avec Pierre Brasseur». *L'Humanité*, 20 November 1953.
   Brief, favourable review.

Lemarchand, Jacques. «*Kean* de Jean-Paul Sartre d'après Alexandre Dumas au théâtre Sarah-Bernhardt». *Le Figaro littéraire*, 28 November 1953, p.12.
   A highly favourable review, although it tends to be a eulogy of Pierre Brasseur rather than of the text which is hardly mentioned. In this respect, Lemarchand's review is typical of most of the Paris press articles.

Lerminier, Georges. «Pierre Brasseur joue *Kean* (de Dumas et Sartre), drame du comédien, ce mal aimé». *Le Parisien libéré*, 19 November 1953.
   One of the few articles to be critical of the text, Brasseur and the décor.
   «A cette version ... il faudrait mettre en sous-titre, non plus 'le génie ou le désordre', ce qui est fort romantique, mais 'l'être et le néant' ... Brasseur, aux prises avec Kean, Othello et soi-même, jouait moins le désordre aux prises avec le génie que le drame existentiel du comédien, écartelé entre les incarnations successives que sont ses rôles (et il n'existe vraiment pour lui-même et pour autrui que lorsqu'il est Romeo, Hamlet ou Othello) et sa misérable existence d'homme ... Les décors de Trauner ... sont lourds, de couleurs peu heureuses et d'une architecture gratuitement bizarre».

Maulnier, Thierry. «Kean». *Revue de Paris*, Year 61, January 1954, pp.147-150.

Maulnier, Thierry. «Sartre, Dumas et Brasseur à Sarah-Bernhardt». *Combat*, 19 November 1953.

Ravon, Georges. «Kean. Un prestigieux spectacle Brasseur sur un mauvais thème de Dumas et Sartre». *Semaine du monde*, 28 November 1953.
   Praise for Brasseur, and brief hostile comment on the text.
   N.W.C.

Rivollet, André. «*Kean*». *Juvénal*, 27 November 1953.
   Favourable. N.W.C.

Savary, Léon. «*Kean* avec Pierre Brasseur». *La Tribune de Genève*, 27 November 1953.

Sée, Edmond. «Kean». *Paris-Normandie*, 27 November 1953.
   Has reservations about the adaptation «un peu trop intellectualiste à mon sens»; *but has great praise for Brasseur:* «admirable de verve gouailleuse, de sincérité frémissante, d'autorité, d'ampleur sonore».

Triolet, Elsa. «Saint-Kean. Au théâtre Sarah-Bernhardt *Kean ou désordre et génie*». *Les Lettres françaises*, 26 November 1953.

Barthes, Roland. «*Nekrassov* juge de sa critique». *Théâtre populaire*, no.14, July-August 1955, pp.67-72.

An excellent blend of common sense and perceptive polemical writing. It exposes not merely the motives for the 'éreintage' of the play, but, equally, the misunderstandings when the critics favoured the play (especially the Sibilot-Inspecteur scene).

Bensimon, Marc. «*Nekrassov* ou l'antithéâtre». *French Review*, vol.31, no.1, October 1957, pp.18-26.

Oxenhandler, Neal. «*Nekrassov* and the Critics». *Yale French Studies*, no.16, Winter 1955-56, pp.8-12.

Selz, Jean. «*Nekrassov*». *Les Lettres nouvelles*, Year 3, no.29, July-August 1955, pp.130-134.

Anon. «*Nekrassov* passera définitivement le 2 juin». *L'Aurore*, 28-29 May 1955.
   Brief interview with Simone Berriau.

Anon. «Autour de la scène». *Le Figaro*, 25 July 1955, p.10.
   A brief news item announcing that Nekrassov *will be performed in Moscow under the title* Rien que la vérité. *The Russian text will be by Ilya Ehrenbourg and O. Savitch.*

Anon. «Autour de la scène». *Le Figaro*, 28 May 1955, p.12.
   News item. Opening postponed to 2 June 1955. N.W.C.

Anon. «Autour de la scène». *Le Figaro*, 2 June 1955, p.12.
   News item. New postponement to 8 June 1955. N.W.C.

Anon. «Éditorial: *Nekrassov*». *Théâtre populaire*, no.13, May-June 1955, pp.1-2.
   This appears to have been written by Roland Barthes. It indicates support for the play and notes that in the following number a dossier will be opened on its critical reception.

Anon. «Et voici Nekrassov». *Libération*, 4-5 June 1955.
   Photo of Vitold as Nekrassov plus caption.

Anon. «Explosions au théâtre Antoine à propos de la pièce 'crypto' de Jean-Paul Sartre». *Le Figaro*, 10 May 1955, p.10.
   Simply an inaccurate description of the plot. Cf. Sartre's amusing comment on this article in his interview with Leclerc in L'Humanité:
   «Le Figaro *a publié un article de provocation. Il a dit qu'il s'agissait d'une pièce 'crypto-communiste'. On a perdu le sens du grec au* Figaro. Crypto *veut dire* caché. *Or je ne cache nullement mon intention: je veux montrer le mal que peut faire une campagne de presse anticommuniste».*

Anon. «L'homme dont on va parler, Nekrassov». *La Croix*, 3 June 1955.
   Brief account of the plot, plus «Sartre espère-t-il devenir l'Aristophane de notre temps? L'est-il?»

Anon. «La présentation de *Nekrassof* (sic) de J.-P. Sartre sera retardée mais jusqu'à quand?» *L'Aurore*, 14-15 May 1955.
  Gossip on rehearsal problems including departure of Louis de Funès from cast. N.W.C.

Anon. «Le journal des coulisses. J.-P. Sartre déclare la guerre à la grande presse». *Paris-Presse-l'Intransigeant*, 29 March 1955.
  Brief news item on forthcoming production at the Théâtre Antoine.

Anon. «Le *Nekrassov* de J.-P. Sartre prend corps au Théâtre Antoine». *Le Monde*, 15-16 May 1955.
  Brief news item without interest.

Anon. «Le Théâtre Antoine connaît une vie plus qu'agitée». *L'Aurore*, 24 May 1955.
  Gossip on rehearsal problems: «*l'atmosphère orageuse du théâtre Antoine ne se détend pas ... deux 'clans' se sont formés... celui de l'auteur ... et de Vitold (Nekrassov) qui ne veulent absolument pas passer le 31 mai, celui de la directrice, Simone Beriau (sic) et du metteur en scène, Jean Meyer qui estiment ... que les disputes ont assez duré ...*»

Anon. «Lecture de *Nekrassov*». *Combat*, 13 July 1955.
  On publication of Nekrassov in Les Temps modernes, *quotes extracts from dialogue between Sibilot and l'inspecteur, and notes that there will be a reprise of the play after 1 September.*

Anon. «Nouvel accès de fièvre autour de *Nekrassov*». *Le Figaro*, 24 May 1955.
  Brief item on the rehearsal problems. N.W.C.

Anon. «Quand l'auteur livre par fragments le texte de sa pièce». *Le Figaro*, 21-22 May 1955, p.12.
  Brief news item. N.W.C.

Anon. «Sartre au Théâtre Antoine». *Combat*, 30 March 1955.
  Brief news item on forthcoming rehearsals of Georges Nekratoff (sic). N.W.C.

Anon. «Sartre succédera à Feydeau au théâtre Antoine». *Le Figaro*, 4 January 1955, p.10.
  Three paragraph news item. N.W.C.

Anon. «Sartre: Trauerspiel vor der Première». *Der Spiegel*, no.26, 1955, pp.34-35.

Chiaromonte, Nicola. «Sartre e la farsa». *Il Mondo*, Year 7, no.29, 19 July 1955, p.8.

Chonez, Claudine. «Avec Jean-Paul Sartre à la veille de *Nekrassov*». *France Observateur*, 9 June 1955, p.27.
Interview with Sartre.

Daix, Pierre. «*Nekrassov* ou le défi de la critique au public». *Les Lettres françaises*, 23 June 1955.
A passionate plea for the play and a sharp criticism of the general 'éreintage'. Daix suggests that the government had no need to censor the play (as it had in the case of Vailland's Le Colonel Forster plaide coupable):
«Cette fois-ci, le gouvernement a fait confiance à sa presse. Le calcul était excellent. Les critiques dont les employeurs ont pu se reconnaître dans Nekrassov, se sont pris d'émulation à qui vitupérerait le plus une telle audace».

Florenne, Yves. No title. *Le Monde*, 13 October 1955.
On publication of text in Les Temps modernes and on the 'affaire Nekrassov' editorial of Théâtre Populaire. A refutation of Barthes' attack on the bourgeois press:
«Pourquoi soupçonner tant de noirceur, je ne sais quelle conjuration bourgeoise, dans un mouvement, dans un penchant spontané et naturel?» Why indeed? In fact, Florenne may well be right, but if such is the 'natural' reaction of the bourgeois press then Sartre's comments to Montigny (q.v.) are all the more justified.

Hanoteau, Guillaume. «Le rideau se lève sur l'affaire Nekrassov». *Paris-Match*, 11 June 1955.

Japon, Jacques. «M. Sartre et le communisme». *L'Indépendant du Sud-Ouest*, August 1955.
Hostile comments on Sartre's treatment of anti-communism in the French press.

Jolivet, Alcide. «Excusivité bidon. Une interview de Jean-Paul Sartre». *Dimanche Matin*, 12 June 1955, pp.1,11.
Not an interview, but a mildly amusing parody of the ones Sartre gave during the Nekrassov rehearsals.

Leclerc, Guy. «'En dénonçant dans ma nouvelle pièce les procédés anticommunistes, je veux apporter une contribution d'écrivain à la lutte pour la paix,' nous déclare Jean-Paul Sartre». *L'Humanité*, 8 June 1955, p.2.

Interview with some interesting comments by Sartre on the problems of writing for a modern theatre of the people.

Leconte, Claude-Henry. «La dure bataille de *Nekrassov* laisse intacte le moral de la troupe». *Combat*, 2 June 1955.
Unimportant interview with Simone Berriau.

Macaigne, Pierre. «M. Jean-Paul Sartre aime les farces...et les têtes de rechange». *Le Figaro*, 8 June 1955, pp.1,12.

Magnan, Henry. «Avant la création de *Nekrassov* au Théâtre Antoine Sartre nous dit...» *Le Monde*, 1 June 1955, p.9.
See résumé of interview in Contat & Rybalka, p.284.

Magnan, Henry. «La première de *Nekrassov* au Théâtre Antoine». *Le Monde*, 8 June 1955.
Amusing description of audience: «ce soir le Tout-Paris se partage entre la salle qu'il occupe et la scène qui le démasque».

Maulnier, Thierry. «L'opium du peuple». *Le Figaro*, 4 July 1955, p.1.
Condemns the simplistic pro-soviet approach of Nekrassov.

Maulnier, Thierry. «Nekroutchov?» *Le Figaro*, 18 July 1956, p.1.
On Krushchev's revelations of stalinist atrocities and Sartre's blindness in Nekrassov.

Mithois, J.-P. «Jean-Paul Sartre veut inviter les journalistes aux répétitions de *Georges Nekrassov*». *Le Figaro*, 30 March 1955, p.10.
A news item. «Sartre se défend d'avoir voulu faire une 'critique virulente' de la grande presse».

Montigny, Serge. «A la veille de la première de *Nekrassov*, Jean-Paul Sartre: 'Au train où vont les réactions je ne suis pas sûr que ma pièce trouve un public.'» *Combat*, 7 June 1955, pp.1-2.
Interview. See Contat and Rybalka, p.285; but the following comment by Sartre is also worth quoting:
«Je sais qu'il existe un excellent Topaze *de Marcel Pagnol, mais je parle pour ma part d'une satire qui porte sur la structure même de la société. En Grèce, il existait dans l'antiquité une sorte de fonction satirique, mais de nos jours cela n'existe plus et je m'aperçois après les premières réactions qui ont salué les répétitions de* Nekrassov *que le théâtre satirique aura du mal à s'imposer ...* Nekrassov *s'en prend à une partie intouchable de la société».*

Morelle, Paul. «J.-P. Sartre '*Nekrassov* n'est pas une pièce à clef'». *Libération*, 7 June 1955, p.2.
   Interview, includes photo of Armontel as Palotin. See Contat & Rybalka, p.285.

Palinure. «Empressons-nous de rire de tout...» *Combat*, 1 June 1955, p.2. N.W.C.

Rolland, J.-F. «Jean-Paul Sartre vous parle de *Nekrassov*: La pièce vise les institutions et non les individus». *L'Humanité*, 19 June 1955.
   Interview.

Sennep. «Nekrassov». *Le Figaro*, 14 June 1955.
   Cartoon of Sartre brandishing a cat-o'-nine-tails with the caption 'Le knout de la satire: - Clac Claque! La claque!'

V.-H., D. «*Nekrassov*». *Bulletin des Lettres* (Lyons), 15 May 1956. N.W.C.

Valensi, Raphael. «J.-P. Sartre: 'Il n'y a pas de méchants dans *Nekrassov*.'» *L'Aurore*, 7 June 1955.
   Interview, includes photo of Jean Parédès & Marie-Olivier as Sibilot & Véronique. See Contat & Rybalka p.285.

Wurmser, André. «Victor Hugo 'agent de Moscou'?» *L'Humanité*, 24 June 1955.
   A spirited attack on Le Figaro *for its attitude to those who found* Nekrassov *funny.*

A., J.-P. «Théâtre. *Nekrassov*». *Education Nationale*, 16 June 1955. Briefly unfavourable. N.W.C.

Abirached, Robert. «*Nekrassov* par le Théâtre National de Strasbourg». *La Nouvelle Revue Française*, no.33, 1969, pp.313-314.

Alter, André. «*Nekrassov*, un pétard mouillé de Jean-Paul Sartre». *Témoignage chrétien*, 24 June 1955.
  A very confused review which reveals the critic's genuine bewilderment when confronted by the play. Not entirely unfavourable, however, «il y a d'excellentes scènes dans ce spectacle».

Anon. «Des répliques qui feront le tour de Paris». *Libération*, 13 June 1955.
  A favourable review on the whole: «la première partie est menée à une allure excellente, la seconde est comme moins alerte».

Anon. «La critique n'a pas été tendre pour *Nekrassov*». *Combat*, 15 June 1955.
  Extracts from several of the Parisian press reviews.

Anon. «Rocambole et la guerre froide». *Horizon*, July-August 1955, pp.12-17.
  Favourable review with (pp.15-17) an excerpt from Scene IV.

Aubray, Pierre. «Sartre, autour de *Nekrassov* candidat au Prix Staline». *Le Bulletin de Paris*, 10 June 1955, p.12.
  A mixed review which finally condemns the play because of Sartre's double standards.

Beigbeder, Marc. «*Nekrassov*...le Rire au service d'une vérité». *Les Lettres françaises*, 15 June 1955.
  Includes previously unpublished scene from the play.

Berchet, H.-F. «Les Livres». *La Tribune de Lausanne*, 15 July 1956.
  Brief favourable review of the published text. N.W.C.

Bergeaud, Jean. «*Nekrassof* (sic), de Sartre, est-il une satire ou une pirouette?» *L'Effort Algérien*, 30 June 1955.
   An unfavourable review. Sees the play as no more than a student rag-week sketch.

Bourget-Pailleron, R. «Revue dramatique». *Revue des deux Mondes*, July 1955, pp.143-146.
   A mixed review: B.-P. admires the comic quality of certain scenes and the excellence of the acting and production, but finds the pro-Communist bias of the play unpalatable.

Carat, Jacques. «*Nekrassov* de Jean-Paul Sartre». *Preuves*, no. 53, July 1955, pp. 74-76.

Cocteau, Jean. «Jean Cocteau prend parti pour *Nekrassov*». *Libération*, 20 June 1955.
   Public letter from Cocteau supporting Sartre. It is reprinted here in extenso:
   «Je m'élève contre cette étrange loi qui semble devoir vouer à une manière d'échec toute attitude neuve. Une époque comme la nôtre qui se pique de clairvoyance et d'intellectualisme, devrait être plus ouverte à ce qui s'écarte d'une routine qu'on ne reconnaît plus comme telle parce qu'elle se fonde sur des audaces de la veille.
   La pièce de Sartre est neuve. Elle bouscule tous les petits engagements confortables où chacun s'était installé en se recommandant de Sartre. Dans Nekrassov, il se moque gracieusement des personnes qui l'ont mal suivi et mal entendu. On ne saurait s'imaginer plus de grâce, plus d'aisance, de malice sans l'ombre de méchanceté que dans cet opéra-bouffe, dans cette revue de fin de siècle. Je suppose que le Mariage de Figaro dut être une aventure de même ordre.
   Je félicite Sartre de tout coeur».

Dort, Bernard. «*Nekrassov*, farce de Jean-Paul Sartre, mise-en-scène de Jean Meyer, au Théâtre Antoine». *Théâtre populaire*, no.14, 1955, pp.102-104.

Dumur, Jean-A. «Une farce de Jean-Paul Sartre: *Nekrassov*». *Gazette de Lausanne*, 25-26 June 1955.
   The first three-quarters of the review is unrestricted praise:
   «un agréable plaisir. Le plaisir de voir fustiger la grande presse à sensation ... Nekrassov est une farce, avec les caractéristiques du genre: sa caricature, sa schématisation, son outrance même ... (et) le rire, qui éclate et disparaît comme les bulles de savon».

However, the last two paragraphs show a curious change of tone (as if the editor were looking over his shoulder) and render meaningless the favourable comments previously quoted:
«*Pour tout dire* Nekrassov *manque curieusement d'éclat. ... ses coups de fouet se perdent ... Sartre n'est pas le seul responsable pour ce demi échec - de cet échec total proclame la presse parisienne quasi unanime. Je pense que la pièce est mal servie par ses interprètes*».

Engelhard, Hubert. «*Nekrassov* de Jean-Paul Sartre au théâtre Antoine». *Réforme*, 25 June 1955.
A mixed review. Considers the play too close to «*l'actualité politique*» *and suggests* «*n'est-ce pas un non-sens du seul point de vue de la création artistique?*» *On the other hand, Engelhard appears to contradict himself in the next paragraph:* «*Ce n'est pas de notre temps qu'elle rend compte mais de quelques phénomènes parasites qui sont sans portée générale*».

Ewbank, E. «La chronique littéraire». *La Lanterne*, 6 June 1956.
A mixed review of the published text.

F. «Première soirée sous l'occupation soviétique: *Nekrassov*». *Rivarol*, 9 June 1955.
Brief caustic commentary on the pro-Soviet nature of the play.

Favalelli, Max. «*Nekrassov* au théâtre Antoine. Sartre héritier direct de Montéhus». *Paris-Presse l'Intransigeant*, 15 June 1955.
A highly unfavourable review written in a quasi-humorous style. The tone may be judged by the following:
«*Sartre nous avait déjà fait le coup dans* Le Diable et le Bon Dieu *en décrochant son téléphone et en composant un faux numéro: 'Allo, Dieu?... Personne ne répond ... Ergo le ciel est vide.' Dans* Nekrassof *(sic), il ne recrute ses adversaires que parmi les poltrons, les débiles mentaux et les faussaires. Ce qui lui facilite bougrement la victoire. Dans ce guignol idéologique on ne rosse que d'un côté*».

Findlater, Richard. «First-class theatre - third class politics». *Tribune*, 13 January 1956, p.8.

Flanner, Janet. «Letter from Paris». *The New Yorker*, 2 July 1955, p.58.

Florenne, Yves. «*Nekrassov*». *Hommes et mondes*, July 1955, pp.590-594.
Favourable review.

G., F. «Sartre à la 'une'». *L'Express*, 10 June 1955.
Highly unfavourable:
«*Confuse, laborieuse, interminable, cette farce a la tristesse vaine des caricatures où l'on ne reconnaît pas les traits des victimes*».

Garambe, B. de. «Quatre heures d'ennui progressiste». *Rivarol*, 15 June 1955.
« ... *Nekrassov présente les graves signes d'une décadence mystérieuse. En excluant la thèse politique traitée d'une manière parfaitement incohérente et fort maladroite, on se trouve en présence d'une oeuvre qui tient du canular normalien et de la représentation de patronage rouge ... Un échec complet*».

Garnier, Christine. «Théâtre Antoine: *Nekrassov* de J.-P. Sartre». *Aux Écoutes*, 17 June 1955.
Unfavourable. N.W.C.

Gautier, Jean-Jacques. «Au théâtre Antoine *Nekrassov* de Jean-Paul Sartre». *Le Figaro*, 13 June 1955, p.12.
Highly unfavourable review of which the first paragraph sets the tone:
«*Seigneur que de bruit pour si peu de chose! Quand on pense à tout le savant tapage organisé autour de cette pièce, on reste confondu de tant d'insignifiance*». *His critique is, briefly, this:* « ... *la pensée est d'inspiration pauvre et la littérature qui en resulte mauvaise. Et le style à la fois emphatique. Et voilà l'ensemble vulgaire. Et la pièce inexistante*».

Gautier, Jean-Jacques. «Strasbourg: *Nekrassov* de Jean-Paul Sartre». *Le Figaro*, 12 November 1968, p.28.
On the whole a favourable review of the Gignoux production at Strasbourg. It is instructive to compare this review with the earlier one on the Paris production.

Gordeaux, Paul. «Au théâtre Antoine *Nekrassov* Farce en 8 tableaux de M. J.-P. Sartre». *France-Soir*, 14 June 1955.
Highly unfavourable:
« ... *tant de tintamarre, de brouillamini, de fusées fumeuses et de pétards mouillés, laissent éberlué, ahuri, déçu et assommé*».
Poor M. Gordeaux found himself in this lamentable state because the foolish Sartre had forgotten the rules of farce laid down by Feydeau : «*on peut aller aussi loin que l'on veut dans la fantaisie et l'abracadabrant, mais à une condition - que le point de départ soit plausible, logique, vraisemblable*».

Guignebert, Jean. «*Nekrassov* Une farce de J.-P. Sartre au Théâtre Antoine». *Libération*, 15 June 1955.
   Hardly favourable:
   «*On est contraint de s'en tenir au grotesque des procédés de propagande, sans pouvoir s'en prendre à la substance de cette propagande et aux réalités de son inspiration*».

Hilaire, Georges. «L'Être et le Néon». *Dimanche-Matin*, 19 June 1955.
   A strange and wonderful review which seems to have misunderstood completely the purpose and achievement of the play. Or, perhaps not, given the resentment behind the gratuitous attack on Sartre's past career:
   «*Partisan de l'intégration de la dialectique française dans le 'Grossdeutschland' de la métaphysique ... conformisme, raisonné, profitable et propre à affirmer, devant l'occupant, le prestige de l'esprit universitaire vichyssois ...*» *and so on.*

Joly, Pierre. «Le Tout-Paris a été séduit par l'impertinant *Nekrassov*». *Paris-Normandie*, 10 June 1955.
   Highly favourable. Compares the play to Tartuffe.

Kemp, Robert. «*Nekrassov* au théâtre Antoine». *Le Monde*, 14 June 1955.
   Highly unfavourable:
   «*Pour rire aux huit sketches de M. Jean-Paul Sartre il faut vraiment être décidé à rire; être doué d'une sympathie effrénée pour le marxisme, et d'une haine féroce contre ses adversaires ... Dès le début, c'est manqué. Cela sonne faux ... On sent l'auteur congestionné par l'effort, et ruisselant d'une sueur généreuse ... Le sujet n'était pas tout mauvais. Mais quelle peine s'est donnée M. Sartre, pour le gâter!*»

Le Grix, François. «La rencontre de Jacques Laurent et de Jean-Paul Sartre». *Écrits de Paris*, no.129, August 1955, pp.96-104.
   Highly unfavourable review.

Le Masque. «...Et pourtant ils ont tous ri». *L'Humanité*, 26 June 1955.
   A review of critical reactions to the play (Gautier, Joly, Passeur, Serant et al.) and a demonstration by quotation and hearsay that they found the play funny, but were obliged by their editors to be more 'objective' in their judgements.

Lebesque, Morvan. «Enfin un théâtre satirique» *Carrefour*, 15 June 1955, p.10.
A highly favourable review, although Lebesque finds the opening and the finale wanting.
«*Mais entre ce début et cette conclusion,* Nekrassov *comporte des scènes admirables de facture, de mouvement et de style ... nous nous trouvons ici devant un grand écrivain en pleine possession de ses moyens, un homme qui puise dans une sincérité indiscutable une indignation et une verve partisanes sans doute mais dignes de notre respect*».

Leclerc, Guy. «Au théâtre Antoine, *Nekrassov* de Jean-Paul Sartre fait rire les honnêtes gens, grimacer les crapules et réfléchir tout le monde». *L'Humanité*, 13 June 1955.
A most favourable review in which Leclerc is only too happy to note the distress which the play caused the 'grande presse' on the night of the preview:
«*On les a vus samedi, quitter leur fauteuil dès le baisser du rideau et s'en aller - tel M. Thierry-Maulnier - l'oeil sombre et la queue basse, ruminant des articles et des 'mots' pleins de fiel. Leur faire cela à eux! Trousser en public les dessous crasseux de leur 'Grande Presse'! ... j'imagine déjà les articles qui vont paraître ce matin*».
In fact, in spite of his partisanship, Leclerc was absolutely correct in his estimation of the general critical reaction. However, there is a discrepancy between his account of the mood of the critics and that described by Le Masque in L'Humanité, *26 June 1955.*

Lemarchand, Jacques. «*Le Diable et le Bon Dieu* au Théâtre National Populaire et *Nekrassov* au Théâtre National de Strasbourg». *Le Figaro littéraire*, 2-8 December 1968, pp.37-38.

Lemarchand, Jacques. «*Nekrassov* de Jean-Paul Sartre au théâtre Antoine». *Le Figaro littéraire*, 18 June 1955, p.12.
Highly unfavourable review of the play:
« *... ni une farce, ni une comédie de moeurs, ni une satire aristophanique, c'est simplement une pièce hâtivement conçue et une pièce médiocre. C'est une pièce tout à fait irréfléchie et qui va tout à l'encontre de son propos ... Sartre est l'inventeur de ce genre dramatique neuf: la farce à thèse*».

Lerminier, Georges. «Au théâtre Antoine *Nekrassov* de Jean-Paul Sartre». *Le Parisien libéré*, 13 June 1955.
Unfavourable review. Sees in the character Nekrassov Romains' Lamendin (in Donogoo*) plus* «*quelques traits existentialistes*».

There is, however, praise for Vitold's incarnation of the character:
« ... *excellent, détendu, plein d'humour noir. Il rend le personnage vraisemblable et attachant, autant qu'un fourbe peut l'être*». As for Sartre's attack on the Press: «*Sa caricature est superficielle, mal dessinée. On ne reconnaît personne. Et il n'y a finalement personne à reconnaître*».

Lüthy, Herbert. «Sartre und das Nichts». *Der Monat*, Year 7, no.83, August 1955, pp.407-414.
   Polemical attack on Nekrassov *and Sartre's attitude to Communism in the 1950's.*

Magnan, Henry. «Hier au Théâtre Antoine. Première de *Nekrassov*». *Combat*, 9 June 1955, p.1.

Magnan, Henry. «*Nekrassov* a passé de bonnes vacances, merci...» *Les Lettres françaises*, 14 September 1955.
   A much more detailed review of press reaction to the play than Le Masque in L'Humanité, *though written from a similar viewpoint. Magnan is most sympathetic to the play -* «*une des plus révélatrices expériences théâtrales de ce temps*» *- and he refutes the notion of caricature in the play with the brusque, but in my view accurate, comment that* «*la réalité dépasse la fiction*».

Magnan, Henry. «*Nekrassov* Ô mon bel inconnu». *Combat*, 15 June 1955.
   An article well worth consulting for its brief but piquant compte-rendu of hostile critical opinion including Jean-Jacques Gautier (whose reviews are responsible, so Magnan claims, for determining 65% of the ultimate box-office receipts). Magnan further adds that he immensely enjoyed the play:
   « ... *j'adore* Nekrassov ... *Pour une fois, je trouve démasqués les 'vilains' sans aucune thèse à l'appui. Pas un des personnages de* Nekrassov *qui ne soit divers, multiple, foisonnant de vérité humaine*».

Marcabru, Pierre. «*Nekrassov*». *La Parisienne*, July 1955, pp.813-814.
   Hostile, sarcastic commentary.

Marcabru, Pierre. «Au théâtre Antoine *Nekrassov*, Farce en 8 tableaux de J.-P. Sartre». *Arts*, 13 June 1955.
   Marcabru does his best to discourage his readers:
   «*Une farce qui s'avance à pas d'éléphant, des répliques lourdes comme des menhirs, une finesse de rhinocéros*». *He portrays*

Sartre alternately as a dusty old schoolteacher trying to write, or as an eager young neophyte of the Communists «c'est un modeste et prudent garçonnet, il saura toujours plaire à ses maîtres».

Marcel, Gabriel. «Le Théâtre. *Nekrassov*». *Les Nouvelles littéraires*, 16 June 1955.

« ... l'affaire Kravchenko vue dans la perspective de l'Humanité... a, jusqu'à un certain point, fourni son sujet à l'auteur». Marcel has some praise for the play in spite of certain structural weaknesses, but condemns it strongly on political grounds:

« ... cette pièce, pour peu qu'on la prenne au sérieux, peut être très légitimement jugée dangereuse et même toxique, car elle tend à porter au compte d'une hystérie publicitaire ou d'un maccarthisme imbécile, les inquiétudes trop légitimes que nous pouvons entretenir quant au destin des pays libres ...»

Maulnier, Thierry. «*Nekrassov* au Théâtre Antoine». *Combat*, 13 June 1955.

A hostile criticism - as might be expected. Two basic arguments presented: 1. Things aren't really like that in the 'grande presse' which relies on its readers and not on government ministers; 2. The play is bad anyway:

« ... après un départ brillant ... (elle) s'essouffle vite, et s'égare interminablement ... cela est long, terriblement long, d'une longueur qui finit par devenir accablante».

Maulnier, Thierry. «Le Théâtre. *Nekrassov*». *La Revue de Paris*, 1 July 1955, pp.152-155.

As savagely critical as his earlier review: « ... une pièce trop longue, verbeuse, déséquilibrée, mal construite, écrite à la hâte...»

Maulnier defends the critics who panned the play and argues that they did so not from any ulterior motives, but because it was objectively bad.

Pascal, Jérôme. «*Nekrassov* au Théâtre Antoine». *Tribune des Nations*, 24 June 1955.

Pascal finds the play more than a mere farce, and underlines the tragic strength of the second half:

«Nous retrouvons ici, avec une force intacte, un des thèmes essentiels de Sartre. Le fouet de la satire alors fait saigner. Et la farce cède. Les fantoches arrachent leurs masques pour décrouvrir leur passion. La peur surgit, et la férocité de la peur, et cette découverte qu'il faut se tenir enfin dans un camp ou dans l'autre, 'salaud' ou victime, qu'Arsène Lupin n'est qu'un mythe et, bref, qu'il n'y a plus de quoi rire».

Poirot-Delpech, Bertrand. «*Nekrassov*, de Jean-Paul Sartre». *Le Monde*, 13 November 1968, p.25.

Rolland, J.-F. «Avec *Nekrassov* Jean-Paul Sartre fait rire aux dépens de l'anticommunisme». *L'Humanité*, 12 June 1955.
  The first paragraph is an enthusiastic review of Sartre's talents, the remainder is an exhaustive account of the narrative of the play, followed by examples of American MacCarthyism which illustrate the need for a satire such as Nekrassov.

Sabran, Béatrice. «*Nekrassov* ou la chèvre et le chou». *Aspects de la France*, 14 June 1955.
  Having criticized Le Figaro *for its premature denunciation of the play, Sabran savages it herself:*
  «*Quelle déception d'être obligé de dire que* Nekrassov *est une pièce ratée et que les chacals, qui cette fois n'ont pas attendu le cadavre pour le déchiqueter, vont en tirer pretexte à rouler l'auteur et son thème dans la raclure des trottoirs!*»

Schmidt, Albert-Marie. Review of published text. *Réforme*, 25 August 1956.
  «*...savoureuse pièce à lire qui sera rangée parmi les chefs d'oeuvre de la comédie aristophanique européenne*».

Sée, Edmond. «*Nekrassov*». *Paris-Normandie*, 24 June 1955.
  Most disappointed by the play.

Selz, Jean. «*Nekrassov*». *Les Lettres nouvelles*, July-August 1955, pp.130-134.
  A luke-warm review. Selz draws an interesting parallel between certain scenes of Gogol's The Inspector-General *(*Le Révizor*) and* Nekrassov.

Serant, Paul. «*Nekrassov* de J.-P. Sartre. Un pétard mouillé bourré de littérature». *Carrefour*, 15 June 1955.
  Serant is critical of Sartre's partiality:
  «*Sartre a évoqué quelques vérités. Mais en limitant sa farce à ce seul aspect de l'information contemporaine, il a, du même coup, accrédité beaucoup de mensonges*».
  Serant's article opens with an amusing pastiche of the plot of Nekrassov *as it would have been written by a bourgeois writer:*
  «*Un marlou nègre de Pigalle, recherché par la police pour trafic de drogue, se réfugie chez le directeur-philosophe d'une importante revue progressiste. Il lui fait croire qu'il est le grand chanteur noir Bobson et qu'il a dû quitter clandestinement New York ...*» *etc.*

T. «Nekrassov-qui-peut». *Le Canard enchaîné*, 15 June 1955.
  On the whole a favourable review. Gives the Lazareff - Peyrolles affair as the origin of the play. Taking this key, T. proposes that Palotin is Pierre Lazareff; Nekrassov is Beria; and Mme Bounoumi, Germaine Peyrolles!

Terrex, Jean-Luc. «*Nekrassov* ou les dangers de l'engagement». *La Table Ronde*, September 1955, pp.135-137.
  Not so much a review of the play as a series of reflexions on the consequences of political commitment in the Sartrean sense.

Thiébaut, Marcel. «Jean-Paul Sartre tire sur les bourgeois». *Journal de Genève*, 10 July 1955.
  A hostile éreintage:
  «... ce n'est pas tant le 'sujet' qui vous horripile. C'est la lente et perpétuelle intrusion d'une pâteuse philosophie ... C'est surtout le ton. Il est perpétuellement faux. Ce n'est pas en vain qu'un réquisitoire haineux s'insinue entre toutes les phrases d'une prétendue farce. Tous les effets s'engluent dans cette pâte acide».

Verdot, Guy. «*Nekrassov* de Jean-Paul Sartre au Théâtre Antoine». *Franc-Tireur*, 13 June 1955.
  Regrets the length of the play and the mixture of styles: « ... que vient faire Corneille chez Aristophane?» *A long, confused review which says little whilst giving the impression that the play was bad.*

Versini, Georges. «*Nekrassov* de J.-P. Sartre suscitera des polémiques. Mais la pièce serait plus 'efficace' si elle était amputée d'un tiers». *Le Progrès* (Lyon), 17 June 1955.

Vigneron, Jean. «*Nekrassov* de Jean-Paul Sartre». *La Croix*, 17 June 1955.
  A rather angry review, most unfavourable: «à tous égards, une mauvaise pièce... Non, vraiment, M. Sartre n'a rien compris aux vrais problèmes».

Worsley, T.C. «The Arts and Entertainment - A Political Farce». *The New Statesman*, 14 January 1956, pp.40-41.

Fischer-Mayenburg, Ruth. *Die Hexen von Salem.* Not a study, but a translation of Sartre's scenario for dubbing. Typescript at the Stattliches Filmarchiv der DDR (E. Berlin), & at the Deutsche Kinemathek (W. Berlin).

Ulrich, Ursula O. *The Salem Witch Hunt in Arthur Miller's The Crucible and its French Adaptions to Stage and Screen.* Ph.D. Dissertation in preparation, Dept. of Comparative Literature, Univ. of Alberta.

Anon. «*Hexenjagd* (*Les Sorcières de Salem*)». *Illustrierte Film-Bühne vereinigt mit dem Illustrierten Film-Kurier*, no.4258, n.d.
   Apparently a cinema brochure for the German showing of the film.

Anon. «*Hexenjagd*». *Kleine Filmkunstreihe*, 26, Göttingen: Walter Kirchner, n.d.
   West German pamphlet on the German language version of the film.

Anon. «*Les Sorcières de Salem*». S.N. Pathé-Cinéma, n.d.
   Publicity synopsis, including two 'échos de presse' one by Rouleau.

Anon. «*Les Sorcières de Salem*». *Les Nouveaux Films français*, n.d. (1957).
   Publicity brochure including «Comment Raymond Rouleau tourne Les Sorcières de Salem». *Copy exists in B.N. (Paris).*

Anon. «Jean-Paul Sartre: Dix heures par jour consacrés au cinéma». *Le Figaro*, 15 December 1955, p.12.
   Brief article on Sartre's haste to finish the script. N.W.C.

Anon. «Sartre revient au cinéma. Pour commencer il adoptera *Les Sorcières de Salem*». *Le Figaro*, 17-18 September 1955, p.10.
   Brief news item. N.W.C.

Anon. «*The Witches of Salem*». Time, 5 January 1959, p.84.
Praise for Sartre's script but «like Miller has failed to extricate the essential lesson, the innermost horror of the episode...» The critic further complains that for Sartre the event was «no more than an early example of American class warfare».

Anon. «Theater: Sartre. An der Elbchaussee». *Der Spiegel*, Year 13, no.41, 7 October 1959, pp.74-77.
Generally favourable review; but mainly an extensive discussion of the plot.

Baroncelli, Jean de. «Le Cinéma: *Les Sorcières de Salem*». *Le Monde*, 2 May 1957, p.9.
Praise for actors & script, but feels that the film is a «demi-échec» because of its lack of «rigueur tragique».

Crowther, Bosley. «*The Witches of Salem*». *The New York Times*, 9 December 1958, p.54.
Highly favourable, «Powerful compelling French film...improvement on Miller's play».

Hartung, Philip T. «Many things to many people». *Commonweal*, vol.9, 2 January 1959, pp.363-364.
Brief highly favourable review. N.W.C.

Hérin, Philippe. «*Les Sorcières de Salem*». *Elle*, 29 April 1957.
A highly favourable review of the film. N.W.C.

McCarten, John. «Miller Resartus». *The New Yorker*, vol.34, 13 December 1958, p.110.
Favourable review with some reservations.

Moullet, Luc. «Un faux bon sujet:*Les Sorcières de Salem*». *Cahiers du Cinéma*, vol.12, no.72, June 1957, p.48.
Most unfavourable. «fausse profondeur du sujet, technique prétentieuse et mise-en-scène glaciale ... Sartre reprend et élargit les défauts de ses plus mauvaises pièces. On pense à l'échec de Morts sans sépulture».

N., C. «*Les Sorcières de Salem*». *Radio, Cinéma, Télévision* (Revue hebdo. catholique), no.382, 12 May 1957, p.49.
   Generally favourable whilst criticizing Sartre's general attacks on religion.

Stengele, Roger. «De décevantes *Sorcières de Salem*». *Revue Générale Belge*, Year 93, no.7, July 1957, pp.161-163.

Walsh, Moira. «Cinema». *America* (National Catholic Weekly Review), vol.100, no.15, 17 January 1959, pp.480-482.
   Brief mixed review. Dislikes Sartre's Communist 'partyliner' beliefs. If these exist, it is difficult to find them in this film. Ms. Walsh, however, obviously has an eye for detail.

Weber, Eugene. «*The Crucible*». *Film Quarterly*, vol.12, Summer 1959, pp.44-45.
   A luke-warm review, «Sartre...cannot resist the temptation to develop Miller's juxtaposition of Privileged and Underprivileged».

Audry, Colette, Gabriel Marcel, E. Richer, B. Poirot-Delpech. «Débat sur *Les Séquestrés d'Altona*». In *Controverses. Théâtre; roman; cinéma* . Paris: Fayard (*Recherches et Débats*, no.32), September 1960. See pp.42-66.

Bach, Max & Huguette L. Bach. «The Moral Problem of Political Responsibility: Brecht, Frisch, Sartre». *Books Abroad*, vol.37, Autumn 1963, pp.378-384.

Bergen, Paul. «*Les Séquestrés d'Altona*». *La Nouvelle Critique*, no.121, December 1960, pp.136-141.
   An interesting and well-argued reply to Gisselbrecht's criticisms (see below). This short article says much about the aesthetics and political thought of the play and is well worth consulting.

Contat, Michel. *Explication des 'Séquestrés d'Altona' de Jean-Paul Sartre*. Paris: Minard (coll. Archives des Lettres modernes, no.89), 1968.
   Excellent analysis of the play relating it to the concepts of the Critique.

Dort, Bernard. «Frantz notre prochain?» in *Théâtre public*. Paris: Seuil, 1967. See pp.129-135.

Fields, Madeleine. «De la *Critique de la raison dialectique* aux *Séquestrés d'Altona*». *P.M.L.A.*, vol.78, no.5, December 1963, pp.622-630.
   An interesting parallel study of the two works.

Galler, Dieter. «Le portrait d'un schizophrène dans la pièce de Jean-Paul Sartre *Les Séquestrés d'Altona*». *The South Central Bulletin*, vol.29, no.4, Winter 1969, pp.136-138.

Galler, Dieter. «The different spheres of sequestration in Jean-Paul Sartre's play *Les Séquestrés d'Altona*». *The South Central Bulletin*, vol.29, no.3, October 1969, p.102.(abstract)

Girard, René. «A propos de Jean-Paul Sartre: rupture et création littéraire». In *Les Chemins actuels de la critique*, ed. Georges Poulet. Paris: Plon, 1967. 515pp. See pp.393-411; reprinted in Coll. 10:18, 1970, pp.223-242.
   An interesting study of the pairs of opposing concepts that are contained in the dialectic of Les Mouches and Les Séquestrés d'Altona. Worth consulting.

Gisselbrecht, André. «A propos des *Séquestrés d'Altona*». *La Nouvelle Critique*, vol.11, no.111, December 1959, pp.119-129; and no.114, March 1960, pp.101-119.

Goldthorpe, Rhiannon. «Sartre's Theory of Imagination and *Les Séquestrés d'Altona*». *Journal of the British Society for Phenomenology*, vol.4, no.2, May 1973, pp.113-122.

Lacroix, Jean. *Panorama de la philosophie française contemporaine.* Paris: P.U.F., 1966.
   See Chapter VIII, «Les Séquestrés d'Altona *ou le tragique moderne*».

Lacroix, Jean. «*Les Séquestrés d'Altona* et le tragique moderne». *Cahiers de l'ISEA*, March 1964, pp.115-126.
   n.b. ISEA are the initials of the Institut de science économique appliquée. Reprinted in the preceding entry.

Lausberg, Heinrich. *Interpretationen dramatischer Dichtungen.* Munich: 1962.
   Includes «Das Stück Les Séquestrés d'Altona von Sartre», see *pp.93-229; 233-238.*

Lorris, Robert. «*Les Séquestrés d'Altona*: terme de la queste orestienne». *French Review*, vol.44, no.1, October 1970, pp.4-14.

Ofstad, Harald. «Ondska och ofrihet: Sartres *Fangarna i Altona* i belysning av hans filosofi». *Bonniers Litterära Magasin*, Year 33, no.6, July-August 1963, pp.468-476.

Palmer, Jeremy. «*Les Séquestrés d'Altona*: Sartre's black tragedy». *French Studies*, April 1970, pp.150-162.

Pucciani, Oreste F. «*Les Séquestrés d'Altona*». In *Sartre: A Collection of Critical Essays*, ed. E. Kern (q.v. Section 600), pp.92-103.
   Reprinted from Tulane Drama Review.

Pucciani, Oreste F. «*Les Séquestrés d'Altona* of Jean-Paul Sartre». *Tulane Drama Review*, vol.5, Spring 1961, pp.19-33.

Rutten, Willy. «Het problem van de vrijheid bij J.-P. Sartre». *De Vlaamse Gids*, vol. 45, 1961, pp.107-114.

Sarocchi, Jean. «Sartre dramaturge. *Les Mouches* et *Les Séquestrés d'Altona*». *Travaux de linguistique et de littérature*, vol.8, no.2, 1970, pp.157-172.

Tembeck, Robert. «Dialectic and time in *The Condemned of Altona*». *Modern Drama*, vol.12, no.1, May 1969, pp.10-17.

Thody, Philip (ed). *Les Séquestrés d'Altona.* London: Univ. of London Press, 1965.
  Contains good introductory study (pp.14-36) and notes (pp.216-219).

Verhoeff, Johan Peter. «Existentialisme en psychiatrie in *Les Séquestrés d'Altona*». *Het Franse Boek*, no.37, 1967, pp.77-81.

Vial, Fernand. «Two Highlights of the Theatrical Season in France: *Tête d'or* and *Les Séquestrés d'Altona*». *American Society Legion of Honor Magazine*, vol.31, 1960, pp.15-32.

Williams, J.S. «Sartre's dialectic of history. *Les Séquestrés d'Altona*». *Renascence*, no.22, 1969-1970, pp.59-68,112.

Witt, Mary Ann. «Confinement in *Die Verwandlung* and *Les Séquestrés d'Altona*». *Comparative Literature*, no.23, 1971, pp.32-44.

Abirached, Robert. «Pourquoi je monte un chef-d'oeuvre». *Le Nouvel Observateur*, no.43, 8-15 September 1965, p.27.
   Interview with François Périer on the reprise at the Théâtre de l'Athénée.

Anon. «*Les Séquestrés d'Altona*, Nouveau titre de la pièce de Jean-Paul Sartre qui devait s'appeler *L'Amour*». *France-Soir*, 24 May 1959.
   Short news item of no interest whatever.

Anon. «*Les Séquestrés d'Altona* sur la scène...judiciaire». *Le Figaro*, 28 April 1966, p.10.
   Interesting résumé of the 'Conférence Berryer.' Cf. Contat & Rybalka, p.333.

Anon. «*Les Séquestrés d'Altona*: première reportée à ce soir». *Le Parisien libéré*, 23 September 1959.

Anon. «A la Renaissance. Rentrée de Jean-Paul Sartre». *Combat*, 18 September 1959.
   Brief news item, outlines theme of play.

Anon. «Après huit ans d'absence. Serge Reggiani revient au théâtre dans la pièce de Jean-Paul Sartre». *France-Soir*, 10 September 1959.
   Short résumé of the play, brief but to the point. N.W.C.

Anon. «Autour de la scène». *Le Figaro*, 16-17 May 1959, p.12.
   Brief item noting that Evelyne Rey & Marie Olivier have been engaged for new play now announced as Les Séquestrés d'Allenburg.

Anon. «Blouson noir depuis 1944, Reggiani devient officier allemand grâce à Sartre». *L'Intransigeant*, 2 September 1959.
   Short article on Reggiani and his new rôle as «un tricheur monumental, grotesque».

Anon. «Chez les écrivains». *Le Figaro littéraire*, 8 August 1959, p.7.
   Brief notice that Les Séquestrés de l'Altona*(sic) will be performed at the Théâtre Antoine, and that the* Critique de la raison dialectique *will be published by Gallimard in October.*

Anon. «Chez les écrivains». *Le Figaro littéraire*, 29 August 1959, p.2.
   Brief correction. Altona *to be performed at Renaissance and not at Théâtre Antoine. N.W.C.*

Anon. «Chez les écrivains». *Le Figaro littéraire*, 17 September 1960, p.3.
   Brief item. Film rights sold, Film to be made by J. Mankiewicz or Jules Dassin. In fact, the film was eventually made by De Sica and produced by Carlo Ponti.

Anon. «De Sica at last to start his film from Sartre». *The Times*, 11 May 1962, p.12.

Anon. «Décor trop léger, texte trop long: la première de Sartre n'a pas eu lieu hier à la Renaissance». *France-Soir*, 23 September 1959.

Anon. «Deuxième contretemps pour la pièce de J.-P. Sartre: Reggiani malade». *L'Oeuvre*, 23 September 1959. N.W.C.

Anon. «Générale des *Séquestrés d'Altona*». *Le Figaro*, 25 September 1959, p.16.
   A gossip item which mentions that the play received a standing ovation and that the following luminaries were present: Edgar Faure, Jean Vilar, Orson Welles, J.-L. Barrault and Madeleine Renaud, André Barsacq, Salacrou, Sagan and Auric.

Anon. «Incident 'technique' à la Renaissance, la première publique de la pièce de Jean-Paul Sartre a dû être ajournée». *Le Figaro*, 22 September 1959, p.16.

Anon. «J.-P. Sartre dirige *Les Séquestrés d'Altona* à la Renaissance». *Journal de Dimanche*, 5 September 1959.
   Large photo of rehearsal with brief item on secrecy maintained by Sartre.

Anon. «Jean-Paul Sartre accueilli par Véra Korène au théâtre de la Renaissance». *Le Figaro*, 8 May 1959, p.12.
   Play announced as Sur l'Amour. *N.W.C.*

Anon. «Jean-Paul Sartre: 'Voici l'histoire des *Séquestrés d'Altona*.'»
Le Figaro, 11 September 1959, p.14.
   Interview. Brief outline of plot.

Anon. «Jean-Paul Sartre: le huis clos est levé». *Le Figaro littéraire*,
12 September 1959, p.12.
   Photo of Sartre at rehearsals with Reggiani and Evelyne Rey.
   Brief caption.

Anon. «Jean-Paul Sartre: Intrigue sentimentale à cinq personnages».
Le Figaro, 29 May 1958, p.16.
   Three paragraphs on what Le Figaro *calls 'une histoire*
   d'amour' N.W.C.

Anon. «La pièce de Sartre *Sur l'Amour* sera donnée au théâtre
Antoine au début de la saison prochaine». *Le Figaro*, 13 January
1959, p.12. Only in 'V' edition.

Anon. «La pièce de Sartre a débuté hier». *Le Figaro*, 24 September
1959, p.16. N.W.C.

Anon. «La première des *Séquestrés d'Altona* a eu lieu hier soir». *Le*
Parisien libéré, 24 September 1959.

Anon. «La première des *Séquestrés d'Altona* est reportée à ce soir».
Le Monde, 23 September 1959.

Anon. «Musique soviétique pour Sartre». *Le Figaro*, 19 April 1962,
p.19.
   Brief item: Shostakovitch to write film music for Carlo Ponti
   production.

Anon. «Nouvel ajournement à la Renaissance. Serge Reggiani grippé
n'a pu jouer *Les Séquestrés d'Altona*». *Le Monde*, 23 September
1959. N.W.C.

Anon. «Nouvel ajournement de la pièce de Sartre». *Le Figaro*, 23
September 1959, p.18. N.W.C.

Anon. «On dit que...» *Le Figaro*, 27 June 1957, p.12.
   Brief news item. Sartre is writing a new play for Théâtre
   Antoine. N.W.C.

Anon. «Petites nouvelles». *Le Monde*, 4 December 1965, p.16.
   Brief news item on forthcoming production by André Reybaz at
   the Théâtre national de Gand.

Anon. «Sartre et Crébillon». *Le Nouvel Observateur*, 7 July 1965, pp.28-29.
A brief item on Yvette Étiévant's rôle.

Anon. «Sartre succédera à Miller l'an prochain au théâtre Antoine. Il mettra lui-même sa pièce en scène». *Le Figaro*, 19 June 1958, p.16. N.W.C.

Anon. «Six rappels pour *Les Séquestrés d'Altona*». *Le Monde*, 25 September 1959, p.13.

Anon(?). «Lettera da Parigi: Il prestigio del teatro». *L'Osservatore politico letterario*, vol.6, no.1, January 1960, pp.116-118. Not seen.

Audouard, Yvan. «Jean-Paul Sartre nous vous avons compris». *Paris-Presse-l'Intransigeant*, 12 September 1959.
Brief pseudo-interview. N.W.C

Autrusseau, Jacqueline. «*Les Séquestrés d'Altona*. Jean-Paul Sartre: 'Frantz non plus n'était pas nazi.'» *Les Lettres françaises*, 17-23 September 1959, pp.1,9.
Interview without depth.

Berger, Pierre. «*Les Séquestrés d'Altona* viennent sur scène. Jean-Paul Sartre fait sa rentrée après quatre ans de retraite». *Paris-Journal*, 12 September 1959. N.W.C.

Bernard, René. «La nouvelle pièce de Sartre: *Les Séquestrés d'Altona*: sommes-nous coupables?» *Arts*, no.737, 26 August-1 September 1959, pp.1,7.
General article giving the theme of the play as «la culpabilité de tous les hommes devant la guerre». Includes brief details of cast and the renovations carried out at the Théâtre de la Renaissance.

Busse, Walter, and Günther Steffen. «Wir alle sind Luthers Opfer». *Der Spiegel*, no.20, 11 May 1960, pp.70-79.
Extracts of this interview appeared in L'Express, *26 May 1960.*

C., J.-L. «L'eau à la bouche». *Le Nouvel Observateur*, 15-21 September 1965, pp.24-25.
Generally on the Paris theatre scene, includes a brief mention of Les Séquestrés.

Cartier, Jacqueline. «Feu vert à la Renaissance pour la première (très applaudie) des *Séquestrés d'Altona*». *L'Aurore*, 24 September 1959.

Chapsal, Madeleine. «*Les Séquestrés d'Altona*. Sartre surveille le lancement d'une tragédie, celle des hommes du demi-siècle». *L'Express*, 10 September 1959.
    Long interview worth consulting for the occasional interesting observation by Sartre, e.g.:
    «... j'ai voulu introduire dans Les Séquestrés d'Altona *une dimension qui ne se trouvait pas dans* Huis clos: *le passé. On parlait du passé dans* Huis clos, *mais il n'intervenait pas pour modifier le présent. Ici les personnages sont tout le temps commandés, tenus par le passé comme ils le sont les uns par les autres. C'est à cause du passé, du leur, de celui de tous, qu'ils agissent d'une certaine façon. Comme dans la vie réelle».*

Chonez, Claudine. «A la veille de la première des *Séquestrés d'Altona*, Sartre fait le point». *Libération*, 21 September 1959.
    Sartre dismisses the idea that the play was ever going to be about love:
    «*C'est de la pure blague! Un titre qu'on m'a attribué dans les journaux bourgeois sans que j'en aie, moi, la moindre idée. Je ne ferai jamais une pièce d'amour ...*»

Craipeau, Maria. «Entretien avec Sartre». *France Observateur*, 10 September 1959.

Dort, Bernard. «*Les Séquestrés d'Altona* nous concernent tous». *Théâtre populaire*, no.36, 1959, pp.1-13.

Fabre, Jacqueline. «Sartre fait sa rentrée au théâtre (de la Renaissance) avec une pièce sur les séquelles de la défaite allemande». *Libération*, 14 September 1959, p.2.
    Short interview in which Sartre is quoted without comment. The editorialist describes the play as «*un 'huis clos' à cinq*».

Frank, Bernard. «*Les Séquestrés d'Altona*. S.O.S. Sartre appelle Sartre». *Arts*, 30 September-6 October 1959, pp.1,8.
    A long and uninteresting digression on Sartre's post-war career. The last paragraph, however, does mention that Frank has seen the play and liked it.

Giannoli, Paul. «Devant les portes closes, les spectateurs mécontents disaient: Sartre nous fait le coup des 'Liaisons'». *Paris-Presse l'Intransigeant*, 23 September 1959.
    With photo of Reggiani & Evelyne Rey.

Godard, Colette. «Sartre, Vilar, François Périer. Des projets explosifs». *Les Nouvelles littéraires*, Year 43, no.1974, 1 July 1965, p.13.
   Includes brief interview with Sartre. N.W.C.

Haroche, Charles. «Entretien avec Jean-Paul Sartre». *France nouvelle*, no.725, 17 September 1959, pp.24-25.

Huguenin, Jean-René. «Une vedette de retour». *Arts*, no.740 16-22 September 1959, pp.1-2.
   In fact, little of this long article is on the play. For the most part it is a résumé of Sartre's career. This extract will give an idea of the humorous thoughtlessness of the author:
   « ... rendu responsable du boogie-woogie, de l'acte gratuit et de la marijuana, Sartre cesse d'être un écrivain célèbre pour devenir une curiosité nationale, un monstre exhibé derrière la cage de verre du Flore ...»

Jacques-Louis. «Sartre: Succès: oui - Triomphe: non». *Paris-Jour*, 25 September 1959.
   Frivolous description of opening night. With photos of Sartre & Evelyne Rey.

Kanters, Robert, et al. «Deux heures avec Sartre». *L'Express*, 17 September 1959, pp.35-37.
   A wide-ranging interview, including discussion of Brecht, but the focal point is Les Séquestrés.

Koehler, Alain. «Entretiens avec Jean-Paul Sartre». *Perspectives du Théâtre*, no.3, March 1960, pp.18-23; and no.4, April 1960, pp.5-9.

Lacroix, Jean-Paul. «Le 'séquestré d'Altona' condamné à un deuxième suicide». *Paris-Presse*, 29 April 1966.
   On the 'Conférence Berryer' mock-trial of Frantz (cf. Contat and Rybalka, p.333).

Leon, Georges. «A propos des *Séquestrés d'Altona*, Jean-Paul Sartre nous dit: 'On ne peut émouvoir qu'avec de vrais problèmes...'». *L'Humanité*, 16 September 1959, p.2.

Marlotte, Edouard. «Pour sa rentrée, il a choisi la Renaissance. Jean-Paul Sartre, pape oublié de l'existentialisme repart à la conquête de Paris». *Paris-Journal*, 9 September 1959.
   Long-winded 'popular' trash. The title of the play is given as Les Naufragés d'Altona. *N.W.C.*

Maulnier, Thierry. «De *Boy Friend* aux *Séquestrés d'Altona*». *Revue de Paris*, Year 72, no.9 October 1965, pp.116-119.

Mauriac, François. «Le séquestré du Paris-Rome». *Le Figaro littéraire*, 5 March 1960, pp.1,2.
An account of the reflections inspired by reading the play on the train to Rome.

P. St. «24 heures de retard pour la nouvelle pièce de Sartre, *Les Séquestrés d'Altona*: un décor s'est effondré (explication officielle)». *L'Aurore*, 22 September 1959.
Includes two photos of play.

Perrin, Michel. «La monnaie de la pièce de Sartre. *Les Séquestrés de Chambourcy*». *Les Nouvelles littéraires*, 15 October 1959.
A pastiche of the opening scenes of the play; with more talent it would have been humorous.

Reggiani, Serge. «Monocle à l'oeil pendant 2 heures 30 - 1800 lignes de texte». *Arts*, 30 September-6 October 1959.
Some interesting comments by the actor on the rôle of Frantz von Gerlach.

Saint Phalle, Thérèse de. «François Périer a suivi les leçons d'un prof de philo nommé Jean-Paul Sartre». *Le Figaro littéraire*, 9-15 September 1965, p.8.

Sarraute, Claude. «*Les Séquestrés d'Altona*. Jean-Paul Sartre: 'Il ne s'agit ni d'une pièce politique... ni d'une pièce à thèse.'» *Le Monde*, 17 September 1959, p.12.
Interview.

Sauvage, Léo. «Pas de critiques américains aux *Séquestrés d'Altona* stipule Sartre, sa pièce ayant été 'condensée'». *Le Figaro*, 28-29 April 1962, p.18.

Schaeffer, Marlyse. «De 20h.30 à 0h.25 *Les Séquestrés d'Altona* ont été menés à un train d'enfer. 18 rappels à la fin». *France-Soir*, 25 September 1959, p.9.
Hyperbolic article on the general success of the play. The traditionally more sober Le Monde *reported only six curtain calls.*

Schaeffer, Marlyse. «La mère de Sartre: 'Pauvre Poulou! dès qu'il touche au théâtre les ennuis arrivent'». *France-Soir*, 24 September 1959, p.9.

236   LES SÉQUESTRÉS D'ALTONA. PRESS ARTICLES

> *Gossip article in which one learns that Sartre's mother reads her son's plays but does not see them, being hard of hearing; that Sartre relaxes by playing Bach on the piano; that the chair he uses has the words «souvenir de mariage» engraved upon it; and, finally, that Simone Berriau and Sartre have resolved their differences over the length of the play.*

Sennep. Cartoon: «*Les Séquestrés d'altona* vus par Sennep». *Le Figaro*, 28 September 1959, p.14.

Soupiron, Paul. «Pour ou contre une pièce de Sartre: Référendum auprès des abonnés du théâtre des célestins (à Lyon)». *Le Figaro*, 20 February 1961, p.6.

Tynan, Kenneth. *Tynan: Right and Left.* New York: Atheneum, 1967.
    See pp.302-312 for his interview with Sartre on Les Séquestrés.

Tynan, Kenneth. «Jean-Paul Sartre». *Die Zeit*, Year 16, no.28, 1961, p.8; and no.29, p.8.
    Tr. of Tynan's interview with Sartre.

Vossen, Frantz. «Sartre und sein Franz von Gerlach». *Magnum* (Cologne), no.27, December 1959, pp.65-67.

Abirached, Robert. «*Les Séquestrés d'Altona*». *Études,* vol.303, 1959, pp.238-41.

Alter, André. «*Les Séquestrés d'Altona* ont vieilli». *Témoignage chrétien,* 23 September 1965.
On the reprise by François Périer at the Théâtre de l'Athénée.

Alter, André. «*Les Séquestrés d'Altona.* Un poème philosophique de J.-P. Sartre». *Témoignage chrétien,* 16 October 1959.
Favourable review. Compares the play to «une ample symphonie ... elle est réellement musicale, comme on le dit d'un poème ...» Alter discerns three major themes:
« ... la culpabilité de l'homme en général, la culpabilité de l'Allemagne et l'image que l'avenir se fera de notre temps. Ainsi fidèle à sa conception du 'théâtre de situations', Sartre 'réalise l'unité de tous les spectateurs', en les plaçant devant les situations qui incarnent des problèmes dont la solution les concerne directement».

Alvarez, A. «The Arts and Entertainment: The Paris Scene». *The New Statesman,* 21 November 1959, pp.704,706.

Anon. «*The Condemned of Altona*». *America,* 19 February 1966, pp.272-273.
Review of Lincoln Center production.

Anon. «Inside the Room». *Newsweek,* 14 February 1966, p.88.
Review of Lincoln Center production.

Anon. «Lincoln Centre Repertory picks up with *Altona*». *The Times,* 15 March 1966, p.13.

Anon. «Sartre - Première: Vorm Krabben Tribunal». *Der Spiegel,* no.20, 1960.

Anon. «Sartre Revival opens Paris Theatre Season». *The Times,* 4 October 1965, p.14.

Anon. «Sartre: An der Elbchaussee». *Der Spiegel*, no.41, 1959, pp.74,77.

Anon. «The unfabulous Invalid». *Time*, 18 February 1966, p.67. *Review of Lincoln Center production.*

Anon. «Two Highlights of the Theatrical Season in France». *American Society Legion of Honor Magazine*, vol.31, 1960, pp.15-32.

Anon. Article on Paris production. *The New York Times Magazine*, 29 November 1959, p.84.

Anon. Review (not seen). *Bookmark*, vol.21, June 1962, p.257.

Anon. Review (not seen). *The Virginia Quarterly Review*, vol.37, no.3, Summer 1961, p.lxxxvi.

Anon. Review (not seen). *The Times*, 15 March 1966, p.13.

Anon. Review of the published text. *Kirkus*, vol.29, 1 January 1961, p.49.

Anon. Review of the published text. *The Booklist and Subscription Books Bulletin*, 15 May 1961, p.564.

Anon(?). «*Les Séquestrés d'Altona* divisent le public et la critique». *L'Illustre Théâtre*, Year 5, no.14, 1959, pp.46-47. Not seen.

Bauchère, Jacques. «*Les Séquestrés d'Altona* de Jean-Paul Sartre. Mais si ce n'était pas de Sartre» *Réforme*, 3 October 1959.
    Unfavourable review: «cette pièce démesurément longue, souvent lourde et parfois ennuyeuse ... est un énorme et prétentieux galimatias malgré quelques surprenantes richesses».

Ben. «Sartre habille en S.S. son ennemi personnel: l'affreux 'para'». *Rivarol*, 1 October 1959.
    A very long review which consists mainly in relating the narrative of the play. On the whole unfavourable, although the first act was appreciated.

Benayoun, Robert. «Les infortunes de Jean-Paul Sartre». *France Observateur*, 21 November 1963, pp.17-18.
    On the film.

Berger, Pierre. «*Les Séquestrés d'Altona*: La théorie de la tragédie en veston». *Paris-Jour*, 26-27 September 1959.
> Favourable review, but considers play too long. Berger's observations on the thematic content indicate a lack of awareness of what the play was really about:
> «En réalité, il y a au moins trois pièces en une: la faillite du mauvais orgueil; l'amour impossible (Frantz se déchire un moment entre un furtif inceste avec une soeur aussi 'séquestrée' que lui et son éblouissement devant sa jolie belle-soeur, autre 'séquestrée'). Quant à la troisième pièce possible, c'est le cheminement de tous vers la séquestration».

Berger, Pierre. «*Les Séquestrés d'Altona*. Lisez et méditez». *Paris-Jour*, 4 March 1960.
> Brief review of published text. «Jamais on n'a été si loin dans la définition de la vulnérabilité totale de l'homme».

Bökenkamp, Werner. «Existentielle Autopsie». *Frankfurter Allgemeine Zeitung*, 14 October 1959, p.14.

Bory, Jean-Louis. «Sartre grosso modo». *Arts*, 20-26 November 1963.
> On the film.

Bourget-Pailleron, Robert. «Revue dramatique». *Revue des deux Mondes*, 15 October 1959, pp.726-728.
> Hostile criticism, e.g.:
> «... le spectateur prête l'oreille à ce débordement d'un lyrisme sans contrôle et se demande si l'existentialisme doit conduire à pasticher le père Hugo dans ses pires égarements».

Brustein, Robert. «Sartre: The Janus of Modern Dramatists». *The New Republic*, 26 February 1966, pp.42-43.
> On Lincoln Center production.

Caillens, J. «Jean-Paul Sartre. *Les Séquestrés d'Altona*». *Havre Libre*, 15 October 1959.
> Favourable review. N.W.C.

Cajoli, Vladimiro. «*I sequestrati di Altona* di J.P. Sartre». *Idea*, Year 16, no. 5, May 1960, pp. 345-346.

Capelle, J.-L. «*Les Séquestrés d'Altona*». *France-Nouvelle*, 22-28 September 1965.
> On the reprise by François Périer at the Théâtre de l'Athénée.

Capron, Marcelle. «Au Théâtre de la Renaissance *Les Séquestrés d'Altona* de J.-P. Sartre». *Combat*, 26 September 1959.
   On the whole a favourable review, but Capron suggests that the content of the play would have been better served by the novel genre.

Carat, Jacques. «Sartre le séquestré». *Preuves*, Year 9, no.105, November 1959, pp.66-69.
   An interesting but unfavourable review: «... la pièce ne vit pas, parce qu'aucun souffle de sensibilité ne l'anime, parce que les personnages ne sont que les éléments d'une démonstration, d'un débat abstrait où ils semblent eux-mêmes comprendre les premiers ce qu'ils ont pour fonction de signifier».

Carduner, Jean. Review of the published text. *The French Review*, May 1961, pp.598-599.
   Favourable, uninteresting. N.W.C.

Cartier, Jean-Albert. «Chronique du théâtre». *Beaux-Arts* (Brussels), 23 October 1959. A favourable review, but N.W.C.

Clurman, Harold. «Theatre». *The Nation*, 21 February 1966, pp.222-224.
   On Lincoln Center production.

Clurman, Harold. «Theatre». *The Nation*, 20 August 1960, pp.98-99.
   Includes a brief review of the Paris production.

Clurman, Harold. «Theatre». *The Nation*, 1 July 1961, pp.17-19.
   A review of the London production.

Cooke, Richard P. «Black Illusion». *The Wall Street Journal*, 7 February 1966, p.14.
   On Lincoln Center production.

Corrales Egea, José. «Carta de París. Dos estrenos y un premio». *Insula*, Year 13, no.157, December 1959, pp.7,11.
   Includes review of Les Séquestrés.

Craig, H.A.L. «Come to Judgement». *The New Statesman*, 28 April 1961, pp.680-681.

Czanerle, Maria. Review of the Polish production. *Teatr* (Warsaw), no.23, 1961.
   Not seen. A résumé of Czanerle's apparently highly critical review appeared in French in Le Théâtre en Pologne *(Warsaw)*, January 1962.

Daix, Georges. «*Les Séquestrés d'Altona*. En analysant les suites psychologiques de l'hitlérisme, la pièce de J.-P. Sartre manifeste un pessimisme absolu: il est impossible de ne pas être criminel». *La France catholique*, 2 October 1959.

Dallas, Ian. «The New Sartre». *Encore*, January-February 1960, pp.28-34.

Doglio, M. «Teatro» *Vita e Pensiero*, Year 43, no.2, March 1960, pp.206-208.

Dort, Bernard. «*Les Séquestrés d'Altona* au théâtre de la Renaissance». *Théâtre populaire*, no.35, 1959, pp.85-91.

Dort, Bernard. «La pièce de Sartre: *Les Séquestrés d'Altona*». *Gazette de Lausanne*, 3 October 1959.
Favourable with some reservations: «*(La pièce) oscille entre le théâtre purement verbal - dont les tragédies de Racine, ou, plus près de nous, les pièces de Genet peuvent nous fournir un bon exemple - et un théâtre de critique comme celui de Brecht*».

Dumoulin, J.-C. «Le Théâtre: *Les Séquestrés d'Altona*». *Tribune des Nations*, 21 September 1959.
Favourable review. N.W.C.

Dumur, Guy. «*Les Séquestrés d'Altona*». *Gazette de Lausanne*, 18-19 September 1965.
On the reprise by François Périer at the Théâtre de l'Athénée.

Dumur, Guy. «Merveilleux Reggiani». *Le Nouvel Observateur*, 22-29 September 1959, p.33.

Dussane, Béatrix. «*Les Séquestrés d'Altona*». *Mercure de France*, no.337, 1959, pp.503-504.

Épinay-Burgard, Georgette d'. «*Les Séquestrés d'Altona*». *Choisir* (Geneva), January 1961, pp.24-26.
Favourable, interesting review.

Favalelli, Max. «*Les Séquestrés d'Altona* ». *Paris-Presse l'Intransigeant*, 26 September 1959.
Favourable review with the exception that Favalelli feels Act IV to be too long - «*on s'enlise, on tourne en rond, on piétine*».

Favard, Jérôme. «*Les Séquestrés d'Altona* de Jean-Paul Sartre au Théâtre de la Renaissance». *L'Humanité-Dimanche*, 27 September 1959.
Highly favourable review.

Fernandez, Dominique. «*Les Séquestrés d'Altona*». *Vita e pensiero*, Year 43, 1960, pp.206-208.

Fernandez, Dominique. «*Les Séquestrés d'Altona*». *La Nouvelle Revue Française*, Year 7, no.83, 9 November 1959, pp.893-897.
A highly critical but not unsympathetic review:
«*... la pièce n'est pas aussi indigne de Sartre qu'on l'a prétendu. On y admire cette fière passion intellectuelle qui a toujours été sa note dominante, ce découpage précis et dur des idées, un mélange d'intransigeance et de désinvolture qui n'est pas sans séduire, par l'absence même de poésie*».

Findlater, Richard. «Trial by Theatre». *Time and Tide*, 4 May 1961, p.735.

Flanner, Janet. «Letter from Paris». *The New Yorker*, 2 October 1965, pp.206,208.

Gandrey-Rety, Jean. «Le point critique du tragique». *Les Lettres françaises*, 1 October 1959, p.6.
A rather rambling review. On the whole favourable:
« *... une pièce intéressante, par les questions qu'elle pose, et plus encore, peut-être par celles qu'elle vous amène à vous poser*».

Gascoigne, Bamber. «A Share in Guilt». *The Spectator*, 28 April 1961, p.608.
Review of the London production.

Gassner, John. *Dramatic Soundings.* New York: Crown Publishers inc., 1968. 716pp.
Includes review of the play, pp.554-557.

Gautier, Jean-Jacques. «La Renaissance: *Les Séquestrés d'Altona*». *Le Figaro*, 26-27 September 1959, p.16.
A savage criticism of the style and structure of the play in the well-known Gautier manner: «*Quelle lourdeur dans cet esprit embourbé, quel dérèglement, quelle incontinence verbale, et quelle complaisance!*»

Gautier, Jean-Jacques. «Au théâtre de l'Athénée: *Les Séquestrés d'Altona* de Jean-Paul Sartre». *Le Figaro*, 16 September 1965, p.6.
A mixed review. Still highly critical of the structure of the play.

Gérald. «Le Théâtre». *Les Annales*, 1 November 1959, pp.56-57.
Favourable review. N.W.C.

Gordeaux, Paul. «Au théâtre de la Renaissance: *Les Séquestrés d'Altona*. Cinq actes de Jean-Paul Sartre, Huis (presque) clos». *France-Soir*, 26 September 1959, p.10.
Favourable review: « ... *dialogue riche, charnu, dense, plein de pensée et de formules, et donnant, presque à tout coup, matière à réfléxion* ...»

Gouhier, Henri. «Intrigue et action: de B. Shaw à Sartre». *La Table Ronde*, no.143, November 1959, pp.173-178.

Gr. R. «Les critiques n'ont pas compris de la même façon *Les Séquestrés d'Altona*». *France-Soir*, 1 October 1959.
A brief amusing round-up of the diverse comments of the Paris press.

Grandpré, Pierre de. «Le théâtre à Paris». *Le Devoir* (Montreal), 5 December 1959.
A highly enthusiastic review:
«*Cette pièce d'une grandeur sombre et désespérée, où des allusions à la vie politique contemporaine peuvent se discerner à tout moment, édifie avec vigueur, comme d'habitude, un orgueilleux arsenal d'idées; mais pour une fois ... ces idées solidement organisées ressemblent à des cris du coeur*».

Guereña, Jacinto-Luis. «Crítica de libros». *Revista Internacional y Diplomática* (Mexico), September 1960, p.64.
Brief, favourable review of the published text. N.W.C.

Guereña, Jacinto-Luis. «Teatros y novelas de Francia». *El Universal* (Caracas), 24 August 1960.
Brief, favourable review of the published text, different from previous entry but N.W.C.

Hardwick, Elizabeth. «We are all murderers». *The New York Review of Books*, 3 March 1966, pp.6-7.
On Lincoln Center production.

Hecquet, Stephen. «*Les Séquestrés d'Altona*: Idées en uniforme». *Aux Écoutes*, 2 October 1959.
A foolishly hostile diatribe with hardly any serious criticism. N.W.C.

Hewes, Henry. Review of Lincoln Center production. *Saturday Review*, 19 February 1966, pp.52-53.

Hoehl, Egbert. «Zwischen Sartre und deutscher Wirklichkeit». *Die andere Zeitung*, 10 October 1963.
Detailed interesting review of De Sica's film version.

Jamet, Claude. «*Les Séquestrés d'Altona*». *Écrits de Paris*, November 1959, pp.83-89.

Jamet, Dominique. «*Les Séquestrés d'Altona* de Jean-Paul Sartre. 'Dis-moi qui tu hais...'» *Combat*, 1 October 1959.
A strangely hostile review which concerns itself more with Sartre than with his play, presumably on the following grounds:
«*Sartre est ainsi fait qu'il n'a jamais pu démontrer son talent sans étaler son âme, que l'oeuvre est absolument indissociable de l'homme*».

Jaubert, J.-C. «*Les Séquestrés d'Altona*». *Paris-Normandie*, 17 September 1965.
Unfavourable review of the reprise at the Théâtre de l'Athénée by François Périer.

Joly, G. «*Les Séquestrés d'Altona* ... Match à huis clos entre le diable et le bon dieu». *L'Aurore*, 26 September 1959.
Favourable review: « ... *un dialogue d'une saveur amère et d'un percutant relief, au service d'une lucidité que ne brouille point la secrète tendresse qu'il porte à ses personnages*».

Kanters, Robert. «*Les Séquestrés d'Altona*, une prise de conscience tragique». *L'Express*, 8 October 1959.
A long well balanced article which praises the moral impact of the play whilst regretting certain «*formules trop faciles*» *and its length.*

Kanters, Robert. «Panorama 1960». *Cahiers du Sud*, Year 48, no.358, December 1960-January 1961, pp.455-461.

Kauffmann, Stanley. «Sartre's Theatre and Ours». *The New York Times*, 13 February 1966, pp.x1, x3.
On Lincoln Center production.

L., G. «Sartre le séquestré». *Esprit*, Year 33, no.12, December 1965, pp.1155-1156.
Unfavourable. Critical of Sartre's lack of 'poetry' and excessive philosophy. The latter, however, is not discussed.

Lalou, René. «*Les Séquestrés d'Altona*». *Éducation nationale*, no.27, 8 October 1959, p.18.

> *Finds Frantz's transition from madness to suicidal despair too arbitrary and the whole play lacking in profound emotion.*

Lanza, Giuseppe. «Il teatro: Vecchie signore e sequestrati». *L'Osservatore politico letterario*, vol.6, no.3, March 1960, pp.114-117.

Le Gallois, Francis. «Sartre schockiert Bourgeoisie. Theaterbrief». *Sonntag* (Berlin), Year 15, no.9, 1960, p.16. Not seen.

Lebesque, Morvan. «Long peut-être mais sublime». *Carrefour*, no.785, 30 September 1959, p.26.
> *Enthusiastic praise for the play:*
> «... ce qui attirera sur (cette pièce) le plus des colères, c'est ce qui fait très précisément sa grandeur et sa beauté: son admirable souffle poétique et surtout, dans un monde en proie à la distraction, son intolérable lucidité... D'inoubliables répliques fusent à tous moments. Des longueurs, oui, certes, mais comme il y en a dans Dostoievsky, par exemple: insupportables seulement pour ceux (ils sont nombreux!) qui ne savent pas écouter».

Lerrant, Jean-Jacques. «*Les Séquestrés d'Altona*». *Le Progrès* (Lyon), 25 February 1961.
> *Favourable review.*

Leclerc, Guy. «*Les Séquestrés d'Altona*». *L'Humanité*, 16 September 1965.
> *On the reprise by François Périer at the Théâtre de l'Athénée.*

Leclerc, Guy. «Au Théâtre de la Renaissance. *Les Séquestrés d'Altona* de Jean-Paul Sartre (Une oeuvre monumentale)». *L'Humanité*, 26 September 1959, p.2.

Leirens, Jean. «*Les Séquestrés d'Altona*». *Le Phare Dimanche*, 10 July 1960. Not seen.

Lelong, M.H.(o.p.). «Jean-Paul Sartre, Témoin du Christianisme». *Témoignage chrétien*, 23 October 1959.
> *A bizarre inconsequential 'dialogue' between a friend recently returned from Japan and Lelong. Hardly dramatic criticism, and only worth consulting for its curiosity value.*

Lemarchand, Jacques. «Pour ceux qui verront, dans dix ans *Les Séquestrés d'Altona*...et pour ceux que l'oeuvre de Sartre surprendrait aujourd'hui même». *Le Figaro littéraire*, 3 October 1959, p.12.

> For Lemarchand, the play is «une expérience de laboratoire menée d'une main extraordinairement ferme jusqu'à son terme». But he considers that by 1970 the play will no longer be performed or understood.

Lemarchand, Jacques. «*Les Séquestrés d'Altona* à l'Athénée». *Le Figaro littéraire*, 23 September 1965.
> Favourable review of the reprise, but with some reservations about «la complexité romanesque et souvent mélodramatique» of the text.

Lerminier, Georges. «*Les Séquestrés d'Altona* de Jean-Paul Sartre». *Le Parisien libéré*, 26 September 1959.
> Favourable review: «Des scènes de révolte d'une incontestable beauté». Unlike Favalelli, Lerminier greatly appreciated Acts II and IV but found the last act «d'une conduite et d'une facture qui semblent parodier le théâtre fin de siècle».

Lerminier, Georges. «*Les Séquestrés d'Altona*». *Le Parisien libéré*, 17 September 1965.
> Unfavourable review of the Périer reprise at the Théâtre de l'Athénée.

Leuzinger, Pierre. «*Les Séquestrés d'Altona* de Jean-Paul Sartre». *La Tribune de Genève*, 8 October 1959.
> An intelligent and perceptive review, for the most part favourable.

Lubasz, Henri. Review (not seen). *The New Leader*, 24 April 1961, p.21.

Mackworth, Cecily. «Letter from Paris». *Twentieth Century*, vol.166, December 1959, pp.451-461.
> Includes review of Les Séquestrés d'Altona; but the article is general in nature discussing many authors.

Marcabru, Pierre. «*Les Séquestrés d'Altona*, drame bourgeois analyse lucide d'une décomposition». *Arts*, 30 September-6 October 1959, p.8.
> Highly critical of the old-fashioned form of the play: «... cette énorme carcasse est un drame bourgeois, et qui date d'une époque où les bourgeois pouvaient encore trouver dans leurs histoires de familles de quoi fabriquer des drames époustouflants ...» Nonetheless, Marcabru greatly admires what he takes to be Sartre's exploration of the human conscience:

«Les Séquestrés d'Altona *ont une odeur de caveau. Sartre descelle la dalle, et un souffle fade nous frappe au visage. Il sont dedans, tous alignés, toute la famille von Gerlach, bien pourrissante, bien juteuse. Et Sartre les exhume, un à un, et commence l'autopsie cadavérique, une dissection à la Xavier Bichat, savante, attentive, puissante, et que rien ne distrait*».

Marcabru, Pierre. «Reggiani fascine et irrite». *Arts*, 20-25 September 1965.
On François Périer reprise at the Théâtre de l'Athénée.

Marcel, Gabriel. «Sartre nous tient enfermés quatre heures avec *Les Séquestrés d'Altona*». *Les Nouvelles littéraires*, 15 October 1959, p.10.
An unusually honest review which highly recommends the play: «*La conception de l'oeuvre est originale et forte. L'exposition est magistrale et la construction rigoureuse ... elle (la pièce) se situe aux antipodes de tout ce que je pense et n'ai cessé de défendre depuis que je réfléchis. Ce n'est pas une raison pour que je lui refuse mon estime, et même, d'une certaine manière, mon admiration*». Praise indeed!

Marcel, Gabriel. «*Les Séquestrés d'Altona*». *Les Nouvelles littéraires*, 23 September 1965.
On the reprise by François Périer at the Théâtre de l'Athénée.

Maulnier, Thierry. «Le théâtre: Marcel Aymé, Sartre, Anouilh». *Revue de Paris*, Year 66, no.11, November 1959, pp.147-150.

McCarten, John. «Unmitigated Gloom». *The New Yorker*, 12 February 1966, p.110.
On Lincoln Center production.

Morelle, Paul. «*Les Séquestrés d'Altona* de Jean-Paul Sartre au théâtre de la Renaissance». *Libération*, 26 September 1959, p.2.
Highly favourable review with some unusual comments, e.g.: «*Cette fois Sartre introduit dans son oeuvre ... la notion de fatalité, d'écrasement de l'homme par l'événement. A la notion de responsabilité il incorpore celle d'innocence*».

Mury, Gilbert. «Une oeuvre maîtresse: *Les Séquestrés d'Altona* de J.-P. Sartre». *France nouvelle*, 14 October 1959.
A thoughtful and favourable review. The only serious reservation concerns the jealousy scene between Werner and Johanna.

P., P. «Sartre et sa ménagerie». *Libre Belgique*, 3 March 1960.
A review of the published text containing 14 exclamation-marks, 11 rhetorical question-marks and little else.

Paget, Jean. «*Les Séquestrés d'Altona*». *Combat*, 16 September 1965.
On reprise by François Périer at the Théâtre de l'Athénée.

Poirot-Delpech, Bertrand. «*Les Séquestrés d'Altona* de Jean-Paul Sartre au Théâtre de la Renaissance». *Le Monde*, 26 September 1959, p.12.
Delpech gives the story of the play, but says nothing whatever about its merits.

Poirot-Delpech, Bertrand. «*Les Séquestrés d'Altona*». *Le Monde*, 16 September 1965.
On the François Périer reprise at the Théâtre de l'Athénée.
A favourable review of the play itself - «... on retrouve à travers tout son théâtre ce souci de prendre des distances avec l'événement et d'explorer un mythe. A cet égard les Séquestrés restent aussi exemplaires et passionnants qu'au premier soir». - with some reservations about the Périer production.

Popkin, Henry. «Plays from France, England and Ireland». *New York Herald Tribune Books*, 3 September 1961, p.13.
Review of the published text.

Portal, Georges. «Un séquestré du temps qui passe: Jean-Paul Sartre». *Écrits de Paris*, no.181, April 1960, pp.97-102.
Highly unfavourable review, including scathing criticism of Sartre's literary ability: «Il ne sera jamais qu'un écriveur, non point un écrivain ... c'est un Falstaff sans roi pour le rappeler à l'ordre et le ramener à la raison ...»

Pucciani, Oreste F. «Letter from Paris». *The Nation*, 26 December 1959, pp.492-493.

Riu, Federico. «*Los secuestrados de Altona*». *Revista Nacional de Cultura*, Year 29, no.179, January-Febuary, March 1967, pp.30-33.

Roberts, Peter. «*Altona* in England». *Plays and Players*, vol.8, no.9, June 1961, pp.5,18.

Rosseels, Maria. «Sartre en de levenswalg-mode». *De Standaard der Letteren*, 17 April 1960.
Review of the published text.

Roy, Claude. «*Les Séquestrés d'Altona*». *Libération*, 16 March 1960, p.2.
  Favourable review of published text. The power of the play made greater by the reading of it.

Sabran, Béatrice. «Du Sartre pour gogos». *Aspects de la France*, 23 October 1959.
  A most unfavourable review: «*du très mauvais théâtre, du théâtre immobile, mortellement ennuyeux*». *The only critic I have read who roundly (and in my view correctly) condemns the grandguignol style of acting of Reggiani. The following comment is worth quoting:*
  «*Je conseille à Serge Reggiani d'aller à la Salpetrière aux cours du professeur Delay (s'ils existent encore). Il verra comme les fous sont calmes, atrocement, bizarrement calmes, comme ils en imposent, comme l'univers de la folie est logique et fascinant à la façon d'un sombre soleil qui finirait par aveugler et faire douter de la raison de l'homme sensé, si celui-ci ne réagissait pas par l'épouvante ou par le rire*».

Sandier, Gilles. «Décevante reprise d'un *Huis clos* à deux étages». *Arts*, no.1014, 22-28 September 1965, p.19.
  On the reprise by François Périer at the Théâtre de l'Athénée.

Schumann, Carl. «Sartres deutsches Nachkriegs-Panoptikum. Deutsche Erstaufführung von *Die Eingeschlossenen* in den Münchner Kammerspielen». *Frankfurter Hefte*, Year 15, 1960, pp.442-444.

Scolari, B. «*I sequestrati di Altona* di Jean-Paul Sartre». *Il Ragguaglio Librario*, June 1960, pp.130-131.
  Extensive, and critical, review of the published text.

Secret, Daniel. «La dernière pièce de J.-P. Sartre». *Médecine*, no.107, 1959, pp.45-46.
  Highly favourable. Compares the lyricism of certain passages to that of Genet and Beckett. Secret makes the following sensible comment on the Father and the Son:
  «*... ces deux personnages représentent à leur façon une soif de l'absolu et en même temps une forme d'individualisme qui, dans le cas de cette double Allemagne ici représentées, n'a pu s'exercer en dehors des forces collectives qui les ont finalement vaincues*».

Sée, Edmond. «*Les Séquestrés d'Altona* de Jean-Paul Sartre». *Paris-Normandie*, 30 October 1959.
  A brief, mixed review. N.W.C.

Selz, Jean. «*Les Séquestrés d'Altona*». *France Observateur*, 1 October 1959.

Selz, Jean. «*Les Séquestrés d'Altona*». *Les Lettres nouvelles*, 7 October 1959, pp.12-14.
Favourable review which includes the following interesting comment:
«*L'éclairage du drame doit ainsi son instabilité à une articulation quasi pirandellienne et ce lent mouvement de descente dans ce puits à triple fond où se terre la vérité, cette tâtonnante approche des faits qui élucident le mystère d'un homme, contribuent pour une grande part à la tension dramatique qui traverse* Les Séquestrés d'Altona».

Simon, Alfred. «Un et un font un». *Esprit*, Year 27, no.11, November 1959, pp.547-551.

Simon, Alfred. «Zwei Premièren: Sartre und Claudel». *Dokumente 61* (Französische Kultur), 1961, pp.58-59.

Smit, Gabriel. «Sartres grote spektakelstuk». *Roeping*, vol.36, 1961, pp.586-589.

T. «*Les Séquestrés d'Altona de Jean-Paul Sartre*». *Le Canard enchaîné*, 30 September 1959.
Favourable review, but vehement feeling that the play was too long. This is partly explained by the uncomfortable position of the critic:
«*Mais sacré bon dieu de cher maître, si pendant vos représentations vous vous étiez installé au strapontin 126 bis, vous auriez su où les faire vos coupures, et sans chinoiseries!*»

Thespis. «Theatre Notes». *English*, vol.13, Autumn 1961, pp.230-233.
Reviews of several plays running in London including Altona *at the Saville Theatre.*

Todd, Olivier. «Paris Letter». *The Hudson Review*, vol.12, no.4, Winter 1959, pp.586-592.

Touchard, Pierre-Aimé. «*Les Séquestrés d'Altona*». *La Nef*, vol.16, no.31, October 1959, pp.89-91.
Highly favourable review; but not really worth consulting.

Trewin, J.C. «Talking it out». *The Illustrated London News*, 6 May 1961, p.768.
Review of the London production.

V., C. «*Les Séquestrés d'Altona.* Ce n'est pas le chef-d'oeuvre de Sartre». *La Tribune de Lausanne,* 4 October 1959.
   «... *une oeuvre pénible, comme tout le théâtre de Sartre, qui n'exalte pas, qui pèse sur vous texte et gestes et vous laisse l'esprit lourd, mais qui ne provoque pas*».

Versini, Georges. «*Les Séquestrés d'Altona.* Une oeuvre trop encombrée qui atteint parfois à la grandeur tragique». *Le Progrès* (Lyon), 25 September 1959.

Vigneron, Jean. «*Les Séquestrés d'Altona* de Jean-Paul Sartre au Théâtre de la Renaissance». *La Croix,* 2 October 1959.
   A long article giving the 'Christian' - i.e. Catholic - viewpoint of a «*texte impossible*». There is little criticism, most of the article being a rehash of the play's narrative lines. There is good reason for this however, since, for Vigneron, «*un tel spectacle n'est destiné à aucun chrétien*». Thus his readers may have cocktail-party knowledge of the play without having committed the sin of seeing it.

Vigneron, Jean. «*Les Séquestrés d'Altona*». *La Croix,* 25 September 1965.
   On reprise by François Périer at the Théâtre de l'Athénée.

Weales, Gerald. «A Bunch of Plays». *The Hudson Review,* vol.14, no.2, Summer Summer 1961, pp.319-320.
   Review of published text.

West, Anthony. «*The Condemned of Altona:* 'Amateurism'». *Vogue,* 15 March 1966, p.58.
   Review of Lincoln Center production.

Wilbur, Richard. «*Les Séquestrés d'Altona*». *Partisan Review,* vol.29, no.4, Fall 1962, pp.603-608.
   Review of published text.

Zéraffa, Michel. «*Les Séquestrés d'Altona*». *Europe,* no.367-368, November-December 1959, pp.272-274.
   Highly favourable review:
   «*(Sartre) a osé casser son propre système, sa propre pensée ... La mauvaise foi demeure au coeur du sujet, mais elle nous est montrée en existence, et non plus comme une sorte de péché absolu. Aussi* Les Séquestrés d'Altona *sont-ils la pièce où Sartre se raconte lui-même, nous prouvant que sa maturité, si elle lui donne un 'sens de l'humain' plus large que jadis, porte plus que jamais à combattre pour une humanité plus rationnelle, plus libre*».

LES TROYENNES. STUDIES

Dirat, M. «Euripide traduit par Sartre: étude d'une version des *Troyennes*». *Bulletin de la société toulousaine d'études classiques*, no.158, March 1966.

Krauss, Henning. «Sartres Adaptation der euripideischen *Troerinnen*». *Germanisch-romanische Monatsschrift*, vol.19, no.4, October 1969, pp.444-454.

Lanowski, J. «O *Trojankach* Eurypidesa-Sartre'a». *Dialog*, July 1966, pp.100-107.

Pagano, Giacomo M. «Mito e modernità in *Les Troyennes* di J.-P. Sartre». *Rivista di Studi Crociani*, Year 4, fasc.2, April-June 1967, pp.186-197.

LES TROYENNES. PRESS ARTICLES 239

Domenech, R. «Por qué *Las Troyanas*?» *Cuadernos Hispanoamericanos*, no.185, May, 1965, pp.402-406.

Flanner, Janet. «Letter from Paris». *The New Yorker*, 17 April 1965, pp.183-184.

Halimi, Gisèle. Interview on *Les Troyennes*. *Nin* (Belgrade), 28 March 1965.
Ms. Halimi, it will be remembered, was one of the defence laywers for the 'Réseau Jeanson', and has also acted as Sartre's counsel.

Laubreaux, Raymond. «Euripide, Sartre et Cacoyannis». *Le Nouvel Observateur*, no.16, 4 March 1965, p.26.

Pingaud, Bernard. «*Les Troyennes*: Jean-Paul Sartre s'explique». *Bref* (Journal du T.N.P.), no.83, February 1965.
Interview.

Romi, Yvette. «On a parlé d'eux cette année». *Le Nouvel Observateur*, 29 December 1965, pp.20-21.
Includes a very brief item on Sartre's writing of Les Troyennes *and mentions his refusal to lecture in America.*

Santerre, F. de. «Sartre, spectateur des *Troyennes*». *Le Figaro*, 11 March 1965, p.26.
Brief news item. N.W.C.

Abirached, Robert. «L'Europe c'est l'enfer». *Le Nouvel Observateur*, no.19, 25 March 1965, p.33.

Anon. «A Few Sartrean Reflections». *The Times Literary Supplement*, 2 June 1966, p.492.
Review of several books including Gallimard edition of the play.

Gautier, Jean-Jacques. «Au T.N.P. *Les Troyennes* d'Euripide. Adaptation de Jean-Paul Sartre». *Le Figaro*, 19 March 1965, p.26.
Highly favourable review.

Gouhier, Henri. «Les Grecs à Paris - Présences de Pirandello». *La Table Ronde*, no.210-211, July-August 1965, pp.131-135.

Hobson, Harold. «Educating Edinburgh». *The Sunday Times*, 4 September 1966, p.24.
On the Frank Dunlop production at the Edinburgh Festival.

Jones, D. «Edinburgh Pop». *The New Statesman*, 9 September 1966, pp.369-370.
On the Frank Dunlop production at the Festival.

Kanters, Robert. «Sartre contre les dieux». *L'Express*, no.718, 22-28 March 1965, pp.58-59.

Lemarchand, Jacques. «*Les Troyennes* au T.N.P». *Le Figaro littéraire*, 25 March 1965, p.24.
Brief favourable review.

Mauriac, Claude. «*Les Troyennes* d'Euripide adaptation de Jean-Paul Sartre». *Le Figaro*, 14 February 1966, p.16.
Highly favourable review.

Roy, Claude. «Quand deux 'traîtres' se rencontrent». *Le Nouvel Observateur*, no.20, 1 April 1965, pp.25-26.

Trewin, J.C. «Theatre». *The Illustrated London News*, 10 September 1966, p.30.
Review of the Frank Dunlop production.

Anon. «Lausanne a la primeur d'une pièce de J.-P. Sartre». *Le Figaro*, 3 December 1948, p.4.

Anon. «Décor de western par Sartre...au Mexique». *Le Figaro*, 21 May 1953, p.6. N.W.C.

Anon. «Gérard Philippe lit un scénario de Sartre...» *Le Figaro*, 8 December 1952, p.6.
 On the tentative film project Typhus *or* Les Orgueilleux.
 N.W.C.

Carrière, Paul. «Aurenche a 'mexicanisé' le scénario de Sartre, et le film change de titre». *Le Figaro*, 29 May 1953, p.10.
 Brief item. N.W.C.

Donald Duck. «Les Orgueilleux». *Le Canard enchaîné*, 2 December 1953.
 Brief favourable review of Yves Allegret's film starring Michèle Morgan and Gérard Philipe. Notes that Sartre withdrew his name from the titles. N.W.C.

Frank, Nino. «Petit cinéma sentimental». *La Gazette des Lettres*, 15 April 1950.
 On the author's work with Sartre on the scenario for Typhus .

3
Literary Criticism

Bauer, George H. *Sartre and the Artist.* Chicago: Univ. of Chicago Press, 1969. 200pp.
   Includes an important study of all of Sartre's major essays in aesthetics. Well worth consulting.

Bolle, Louis. *Les Lettres et l'absolu: Valéry, Sartre, Proust.* Geneva: Perret-Gentil, 1959. 159pp.
   Includes «J.-P. Sartre et la littérature», pp.75-84.

Bonnet, Henri. *De Malherbe à Sartre, essai sur les progrès de la conscience esthétique.* Paris: Nizet, 1964. 159pp.

Brooks, Cleanth. *William Faulkner: The Yoknapatawpha County.* New Haven & London: Yale Univ. Press, 1963.
   See pp.328-329 on Sartre's essay on The Sound and the Fury.

Church, Margaret. *Time and Reality: Studies in Contemporary Fiction.* Chapel Hill: Univ. of North Carolina Press, 1963.
   Includes discussion of Sartre on Faulkner.

Colwell, Charles C. *The Judgement of Literature.* Dissertation, Emory University. See *D.A.*, vol.20, 1959, 1782-1783.

Doubrovsky, Serge. *Pourquoi la nouvelle critique: Critique et objectivité.* Paris: Mercure de France, 1966. 262pp. See pp.242-257.

Fowlie, Wallace. *The French Critic 1549-1967.* Carbondale: Southern Illinois Univ. Press; London: Feffer & Simons, 1968. 184pp.
   See Chapter 5, pp.56-71; and Chapter 9, pp.142-150.

Jones, R.E. *Panorama de la nouvelle critique en France de G. Bachelard à J.-P. Weber* (Bachelard, Poulet, Richard, Sartre, Starobinski, Mauron, Goldman, Barthes). Paris: 1968.

Kohut, Karl. *Was ist Literatur? Die Theorie der 'littérature engagée' bei Jean-Paul Sartre.* Marburg: 1965. Dissertation.

Krauss, Henning. *Die Praxis der 'littérature engagée' im Werk Sartres, 1938-1948.* Heidelberg: 1970.

Le Sage, Laurent. *The French New Criticism: An Introduction and a Sampler.* University Park: Pennsylvania State Univ. Press, 1967. 219pp.
   See «Jean-Paul Sartre», pp.133-140.

Lecarme, Jacques. *Les Critiques de notre temps et Sartre.* Paris: Garnier, 1973. 192pp.
   Anthology including criticism on Sartre's criticism by Blin, Claudel, Bataille, Doubrovsky, Robert, Burgelin, Bersani, pp.103-136.

Magny, Claude-Edmonde. *Précieux Giraudoux.* Paris: Seuil, 1945. 120pp.
   Chapters II & IV contest Sartre's position in «*M. Jean Giraudoux et la philosophie d'Aristote*».

Martins, Wilson. *Imagens da Franca: livros, homens, coisas.* Curitiba: Ed. da Revista *Logos*, 1952. 278pp.
   Includes «*J.-P. Sartre e la critica literaria*».

Mauriac, François. *Mémoires intérieurs.* Paris: Flammarion (Poche), 1959. 384pp.
   See pp.72-74 on Sartre's Baudelaire, *and pp.304, 315, 316 for other minor references.*

Morpurgo-Tagliabue, Guido. *L'Esthétique contemporaine: une enquête.* Milan: Marzorati, 1960.
   Includes a chapter on existentialism and aesthetics.

Nadeau, Maurice. *Le Roman français depuis la guerre.* Paris: Gallimard, 1963. 252pp.
   See «*Sartre, théoricien du roman*», *pp.82-86 and extracts from Jacques Laurent's* «*Paul et Jean-Paul*», *pp.200-203.*

Paulhan, Jean. *Petite Préface à toute critique.* Paris: Éds de Minuit, 1951. 110pp.
   Includes «*Jean-Paul Sartre n'est pas en bons termes avec les mots*», *pp.79-88;* & «*Sartre voit la littérature à l'envers*», *pp.97-106.*

Ricardou, Jean. *Pour une Théorie du nouveau roman.* Paris: Seuil (coll. 'Tel Quel'), 1971. 265pp.
   See especially Chapter I, pp.9-27, for a reply to the poetry/prose question in Qu'est-ce que la littérature ?.

Rossi, Lino. *Arte-Critica. Filosofia.* Bologna: R. Patron, 1965.
Includes «Sartre e il problema della critica», pp.231-267.

Rousseaux, André. *Littérature du vingtième siècle, 5.* Paris: Albin Michel, 1955. 268pp.
Includes reprint of «La littérature selon Jean-Paul Sartre», pp.25-33.

Suhl, Benjamin. *Jean-Paul Sartre: The Philosopher as Literary Critic.* New York: Columbia Univ. Press, 1970. 311pp.
Interesting study. Well worth consulting.

Suhl, Benjamin. *Sartre: The Philosopher as a Literary Critic.* Dissertation, Colombia University, 1968. See *D.A, vol.32, 1971-72, 457A.*

Yon, André F. *Contemporary French Philosophical Literary Criticism.* Dissertation, Pennsylvania State University. See *D.A., vol.20, 1959, 1798-1799.*

Includes criticism of *Qu'est-ce que la littérature?*

Addamo, Sebastiano. «J.-P. Sartre: Che cos'è la letteratura?» *Il Ponte*, Year 16, no.8-9, August-September 1960, pp.1331-1332. Not seen.

Ames, Van Meter. «Existentialism and the Arts». *Journal of Aesthetics and Art Criticism*, vol.9, March 1951, pp.252-256.

Anon. «A propos du 'François Mauriac' de Sartre». *La Nouvelle Revue Française*, no.306, March 1939, p.535.
   A brief rejoinder to Rousseaux's article in La Revue universelle, 15 February 1939.

Anon. «Autumn Leaves. *Literary and Philosophical Essays*, by Jean-Paul Sartre». *Time*, 24 October 1955, p.96 (Canadian edition).

Anon. «Beyond Ennui. *What is Literature?*» *Time*, 2 May 1949, pp.101,102,104.
   Includes review of Nausea.

Anon. «Faulkner: Gide, Malraux, Sartre le jugent». *Arts*, no.877, 11-17 July 1962, p.3.

Anon. «Jean-Paul Sartre without Nobel or Lenin». *The Times Literary Supplement*, 5 November 1964, pp.989-990.
   Includes review of Essays in Aesthetics.

Anon. «M. Sartre translated into English under the title *What is Literature?*» *The Times Literary Supplement*, 15 December 1950, p.801.
   «There are no reasons for virtue in M. Sartre's ethical system, and in his literary criticism much clamour for good writing but no sensible criterion of what is good».

Anon. «Modern de Tocqueville». *Newsweek*, 24 October 1955, pp.109-110.
   Review of Literary and Philosophical Essays *(tr. Annette Michelson). Discusses Sartre's observations on America.*

Anon. «*Qu'est-ce que la littérature?* essai par Jean-Paul Sartre». *Signes du Temps*, January 1965.
   Brief favourable review of the Collection Idées reprint. N.W.C.

Anon. «Sartre et le silence de François Mauriac». *Le Monde (des livres)*, 1 March 1969, p.iii.
   On the famous essay of this «grand matraqueur de la littérature d'avant-guerre».

Anon. «Sartre, Jean-Paul. *What is Literature?*» *The Booklist and Subscription Books Bulletin*, vol.45, 15 July 1949, p.389.

Anon. «The Collective Writer. M. Sartre's recently published volume *Situations, II*». *The Times Literary Supplement*, 25 September 1948, p.541.

Anon. «Thirty years on». *The Times Literary Supplement*, 21 September 1967, p.839.
   On Peter Owen, Authors Take Sides on Vietnam, includes reference to Qu'est-ce que la littérature?

Anon(?). «Quand Jean-Paul Sartre règle ses comptes». *La Bataille*, 27 August 1947.
   Favourable review, with quotes, of last part of Qu'est-ce que la littérature?

Anon(?). «Esthètes et butors». *Les Lettres françaises*, no.95, 15 February 1946. Not seen.

Anon(?). «Man schreibt für seine Zeit». *Der Monat*, Year 1, no.1, 1948/1949, pp.47-51. Not seen.

Artinian, Robert W. «Sartre's Nineteenth Century: A critique of his criticism». *South Atlantic Bulletin*, vol.37, no.1, 1972, pp.39-45.

Bannon, Barbara A. «Forecast of Paperbacks. *Essays in Aesthetics*. Jean-Paul Sartre». *Publishers' Weekly*, vol.190, no.3, 18 July 1966, p.79.

Barga, Corpus. «Carta de París». *Realidad*, Year 1, vol.2, no.6, November-December 1947, pp.394-401.
   Generally on post-war Paris; but includes comment on Qu'est-ce que la littérature?

Barrett, William. «Sparks from the Mind of an Idea Man. *Literary and Philosophical Essays*, by Jean-Paul Sartre». *The New York Times Book Review* , 23 October 1955, p.28.
«*How strange that this acute mind should be such a baby in actual politics, stupidly allowing himself to be used time and again by the Communists*».

Barrett, William. «The End of Modern Literature. *What is Literature?* by Jean-Paul Sartre». *Partisan Review*, vol.16, no.9, September 1949, pp.942-950.
«*Probably a moment like this in literary history could not be prolonged any further. Sartre's is perhaps the first conscious announcement that the conditions of literature must return to a lower and less ambitious level ...*»

Baudouin, Dominique. «Sartre et langage». *Pacific Coast Philology*, vol.7, 1972, pp.11-19.

Bauer, Gérard. «Le Théâtre». *Revue de Paris*, Year 54, no.6, June 1947, pp.147-150.
Review of Morts and sépulture *and* La P... *which includes a discussion of* Qu'est-ce que la littérature?, *pp.147-148.*

Beaujour, Michel. «Sartre and Surrealism». *Yale French Studies*, no.30, December 1963, pp.86-95.

Benamou, Michel. «Recent French poetics and the spirit of Mallarmé». *Contemporary Literature*, vol.11, no.2, Spring 1970, pp.217-225.

Benjamin, A. Cornelius. «*Essays in Aesthetics*, by Jean-Paul Sartre». *The Journal of Higher Education*, vol.35, no.2, February 1964, pp.116-117.

Berthel, John H. «Sartre, Jean-Paul. *What is Literature?*» *Library Journal*, vol.74, 15 April 1949, p.661.

Bespaloff, Rachel. «A propos de *Qu'est-ce que la littérature?*: Réflexions sur une exégèse». *Fontaine*, Year 11, no.63, November 1947, pp.704-719. Not seen.

Blackham, Harold John. «Sartre on Literature and Life». *Literary Guide*, vol.70, May 1955, pp.11-12.

Blot, Jean. «François Mauriac et la forêt magique». *La Nouvelle Revue Française*, no.199, July 1969, pp.80-84.
　Includes a latterday refutation of «*M. François Mauriac et la liberté*».

Bluestone, George. *Novels into Film. The Metamorphosis of Fiction into Cinema.* Berkeley: Univ. of California Press; London: C.U.P., 1957.
　Discusses Qu'est-ce que la littérature?, *pp.4-5, 11, 12, 31-32.*

Bourgeois, Pierre. «Sartre et Mallarmé». *Le Journal des Poètes*, Year 36, no.2, April 1966, p.2.

Brée, Germaine, and Eugenia Zimmerman. «Contemporary French Criticism». *Comparative Literature Studies*, vol.1, no.3, 1964, pp.175-196.
　A general review of the state of French criticism with a page on Sartre.

Brochier, J.-J. «Les Huns et les autres». *L'Arc*, no.30, 1966, pp.65-70.
　The title is an oblique reference to J.-P. Faye's article (q.v.) in Les Lettres françaises.

Brombert, Victor. «Camus and the Novel of the 'Absurd'». *Yale French Studies*, no.1, Spring-Summer 1948, pp.119-123.
　Includes discussion of Sartre's review of L'Étranger.

Buin, Yves. «Sartre parle». *Clarté*, no.55, March-April 1964, pp.41-47. Interview.

Carrouges, Michel. *André Breton et les données fondamentales du Surréalisme.* Paris: Gallimard (coll. Idées), 1950. 376pp.
　See pp.300-313 on «Situation de l'écrivain en 1947». *Critical of Sartre's attack on Surrealism.*

Cater, Catherine. Review of *What is Literature?* (not seen). *The Midwest Journal*, vol.3, Summer 1951, pp.97-98.

Champigny, Robert. *Pour une esthétique de l'essai; analyses critiques: Breton, Sartre, Robbe-Grillet.* Paris: Minard, 1967.
　See pp.29-57 for an astringent but lucid critique of Qu'est-ce que la littérature?

Champigny, Robert. «Langage et littérature selon Sartre». *Revue d'Esthétique*, vol. 19, no. 2, April-June 1966, pp. 131-148.

Champigny, Robert. «Sartre, Jean-Paul. *Essays in Aesthetics*». *The Modern Language Journal*, vol.48, no.3, March 1964, pp.185-186.

Collins, James. Review of *Literary and Philosophical Essays* (not seen). *America*, vol.95, 19 May 1956, p.205.

Coulmas, D. Review of Karl Kohut's thesis «Was ist Literatur?» (q.v.). *Romantisches Jahrbuch*, 1967, pp.195-199.

Cranston, Maurice. «Three Existentialists. *Literary and Philosophical Essays*. By Jean-Paul Sartre». *The Manchester Guardian*, 24 June 1955, p.6.

Croce, Lidia de Caprariis. «Sartre o la poesia negra». *Lo Spettatore Italiano*, no.1, January 1950, pp.11-13.

Cuénot, Claude. «Littérature et philosophie chez Sartre». *Renaissances*, no.21, May 1946, pp.49-61.

Davy, Marie-Madeleine. «Jean-Paul Sartre. *Situations I*». *La Nef*, March 1948, pp.154-156.

Davy, Marie-Madeleine. «Les *Situations* de Jean-Paul Sartre». *Adam*, vol.16, no.179, February 1948, pp.15-16.

Delay, Jean. «André Gide et Martin du Gard». *Le Figaro littéraire*, 22-28 January 1968, pp.12-15.
Excerpts from Delay's book giving du Gard's opinion of Qu'est-ce que la littérature?

Derins, Françoise. «Une conférence de J.-P. Sartre». *La Nef*, Year 4, no.32, July 1947, pp.165-166.
Summary and review of «Kafka, écrivain juif».

Derycke, Gaston. «Jean-Paul Sartre et le roman». *Cahiers du Sud*, Year 27, no.225, June 1940, pp.387-392.

Desternes, Jean. «'Vous nous embêtez avec Faulkner le vieux,' disent les Américains». *Combat*, 3 January 1947.
Interview. See Camus' reply in Combat, *17 January, and François Mauriac's in* Combat, *26-27 January.*

Douglas, Kenneth. «Blanchot and Sartre». *Yale French Studies*, No.3, Spring-Summer 1949, pp.85-95.
Includes discussion of Sartre's study of Blanchot in Situations I.

Dufrenne, Mikel. «Critique littéraire et phénoménologie». *Revue internationale de Philosophie*, nos.68-69, 1964, pp.193-208.

Duthuit, Georges. «Sartre's Last Class». *Transition 48*, vol.1, nos.1, 2, 3, and 4, 1948, pp.7-20, 98-116, 47-61, and 96-104 respectively.
Broad examination of Qu'est-ce que la littérature?

Eco, Umberto. «Crosscurrents- IV. Sociology and the Novel». *The Times Literary Supplement*, 28 September 1967, pp.875-876.
Passing references to Qu'est-ce que la littérature?

Ehrmann, Jacques. «Of Rats and Men: Notes on the Prefaces». *Yale French Studies*, no.30, December 1963, pp.78-85.

El'sbert, Ja. E. «On reactionary existentialist concepts in foreign literature, esthetics and literary criticism». (our tr.) *Izvestija Akademii Nauk S.S.S.R. Otdelenie literatury i jazyka*, vol.17, no.5, 1958, pp.393-400.

Erlich, Victor. «A Note on Sartre's Poetics». *Bucknell Review*, vol.9, May 1960, pp.123-129.

Étiemble, René. «Heureux les écrivains qui meurent pour quelque chose». *Combat*, 24 January 1947, p.2.
Not seen. On La Responsabilité de l'écrivain?

Fiedler, Leslie A. «The Pope and the Prophet». *Commentary*, vol.21, February 1956, pp.190-195.
Includes a review of Literary and Philosophical Essays. *The 'pope' refers to Sartre, the 'prophet' to Camus.*

Fontaine, François. *La Littérature à l'encan.* Paris: Laffont, 1967.
Minor discussion on Qu'est-ce que la littérature?*, pp.31-34.*
N.W.C.

Forster, Kurt W. «The Image of Freedom: An Inquiry into the Aesthetics of Schiller and Sartre». *British Journal of Aesthetics*, vol.5, January 1965, pp.46-52.

Gaillard, Pol. «Polémiques: Pour qui écrit Sartre?» *La Pensée*, nlle série, no.15, November-December 1947, pp.110-112.

Garrison, W.E. Review of *What is Literature?*« *The Christian Century*, vol.66, 11 May 1949, pp.592-593.

Gide, André. Attack on Sartre's «Présentation des *Temps modernes*». *Terre des Hommes*, no.8, 17 November 1945. Not seen.

Girard, René. «La Notion de structure en critique littéraire». In *Quatre Conférences sur la «Nouvelle critique»*. Supplement to *Studi francesi*, no.34, January-April 1968. See pp.68-69.
  Only brief mention of Sartre.

Goldstein, Walter. «The Slavery of the Judges. *Literary and Philosophical Essays*, by Jean-Paul Sartre». *The Chicago Review*, vol.11, no.2, Summer 1957, pp.101-106.

Gorer, Geoffrey. «Pompous Pilot: *What is Literature?* By Jean-Paul Sartre». *The Listener*, 22 June 1950, p.1073.

Grande, Félix. «Los amores reñidos». *Cuadernos Hispanoamericanos*, no.232, April 1969, pp.174-180.
  General article, marginally on Qu'est-ce que la littérature?

Grover, P.R. «The relevance of Sartre's *Qu'est-ce que la littérature?*» *The Critical Survey*, vol.3, no.1, Winter 1966, pp.42-51.

Hahn, Otto. «L'oeuvre critique de Sartre». *Modern Language Notes*, vol.80, no.3, May 1965, pp.347-363.

Hardré, Jacques. «Jean-Paul Sartre: Literary Critic». *Studies in Philology*, vol.55, January 1958, pp.98-106.

Hawkins, D. Review of *Literary and Philosophical Essays* (not seen). *Blackfriars*, vol.36, September 1955, p.342.

Henriot, Émile. «Écrire pour son temps». *Journal de Genève*, 5-6 December 1948.
  Critical review of Qu'est-ce que la littérature? *Rejects as dangerous the notion of commitment in literature: «c'est à la propagande qu'aboutit la littérature engagée».*

Hoffman, Frederick J. «Norman Mailer and the Revolt of the Ego». *Wisconsin Studies in Contemporary Literature*, vol.1, Fall 1960, pp.5-12.
  Brief comments on Sartre's article on Dos Passos.

Holdheim, William W. «Mauriac and Sartre's Mauriac Criticism». *Symposium*, vol.16, Winter 1962, pp.245-258.

Holloway, John. «Some Existentialists. *Literary and Philosophical Essays*. By Jean-Paul Sartre». *The Spectator*, 1 July 1955, p.20.

Horst, Karl-August. «Sartre oder die Kunst im Vakuum». *Merkur*, Year 6, no.54, August 1952, pp.744-757.

Hughes, Robert. Review of *Essays in Aesthetics* (not seen). *The Times*, 23 August 1964, p.26.

Humeau, Edmond. «Sartre est-il engagé?» *Le Populaire*, 18 September 1947.
  An enthusiastic socialist review of Qu'est-ce que la littérature?

Isère, Jean. «Ambiguïté de l'esthétique de Sartre». *French Review*, vol.21, no.5, March 1948, pp.357-360.
  An unfavourable critique of Qu'est-ce que la littérature?

Isère, Jean. «Sartre vs. Proust». *The Kenyon Review*, vol.9, no.2, Spring 1947, pp.287-289.
  Criticism of Sartre's attitude to literature in the presentation of Les Temps modernes.

Jean, Raymond. «La parole poétique». *L'Arc*, no.30, 1966, pp.60-64.
  On prose/poetry question in Qu'est-ce que la littérature?

Jean, Raymond. «Quand Sartre sonne le glas. La technique de la lucidité divine». *Le Monde des livres*, 15 March 1969, p.IV.
  On the influence of Sartre's attack on Mauriac, thirty years after.

Jean, Raymond. «Sartre, Mallarmé et le langage». *Le Monde*, 30 April 1966, p.13.
  Discusses poetry/prose problem raised in Verstraeten interview in Revue d'Esthétique, *vol.18, fasc.3-4, July-December 1965, pp.306-334.*

Josipovici, G. «Sartre and the 'nouveau roman'». *Adam*, Year 35, no.343-345, 1970, pp.98-99.

Kanapa, Jean. «Critique de la critique». *Les Lettres françaises*, no.199, 1948, p.5.

Kanters, Robert. Review of *Situations II*. *La Gazette des Lettres*, 4 September 1948.

Keene, Dennis. «Engagement». *Essays in Criticism*, vol.14, July 1964, pp.285-300.

Kemp, Robert. «La Vie des livres. Curiosités». *Les Nouvelles littéraires*, 16 September 1948, p.2.
Review of Situations II.

Kopeczi, Bela. «A propos des vues esthétiques de J.-P. Sartre». *Acta Litteraria Academiae Scientiarum Hungaricae*, no.9, 1967, pp.243-260.

Kovač, Ciril. «Mauriac in Sartre». *Prostor in Čas* (Yugoslavia), vol.4, 1972, pp.428-438.

Lalou, René. «*Situations I*, par Jean-Paul Sartre». *Les Nouvelles littéraires*, no.1065, 1948, p.3.

Latil-Le Dantec, Mireille. «Roman et mauvaise conscience». *La Table Ronde*, no.188, September 1963, pp.76-99.

Laufer, Roger. «Sartre as Literary Critic». *The Meanjin Quarterly*, vol.18, Winter 1959, pp.427-434.

Le Sage, Laurent. «French Literature since World War II, Criticism and Research,3: The Novel». *Symposium*, vol.11, Spring 1957, pp.16-24.
Sartre mentioned very briefly.

Le Sage, Laurent. «Paul Valéry and Jean-Paul Sartre: A confrontation». *Modern Language Quarterly*, vol.32, no.2, June 1971, pp.189-205.

Le Sage, Laurent. «The New French Literary Critics». *American Society Legion of Honor Magazine*, vol.37, 1966, pp.75-86.

Leduc, V. «Le désert de M. Sartre». *Action*, 10-16 August 1947.
Long, hostile review of last part of Qu'est-ce que la littérature? *from P.C. viewpoint.*

Les Alguazils. «Florilège». *Le Figaro littéraire*, 14 June 1947, p.2.
Brief item on the Kafka lecture. N.W.C.

Les Alguazils. «Un tarif de vedette». *Le Figaro littéraire*, 7 June 1947, p.2.
News item on Sartre's box office success for his lecture on Kafka at Salle d'Iéna. N.W.C.

Levi, Peter,(S.J.). «*What is Literature?* by Jean-Paul Sartre». *Notes and Queries*, vol.15, no.9, September 1968, pp.358.

Linden, George W. «Findings on the Loss of Hope. *Essays in Aesthetics*, by Jean-Paul Sartre». *Saturday Review*, 14 September 1963, p.37.

Major, Jean-Louis. «Le philosophe comme critique littéraire». *Dialogue*, vol.4, no.2, September 1965, pp.230-242.

Manousos, D. Review of *Literary and Philosophical Essays* (not seen). *Books and Bookmen*, vol.14, February 1956, p.248.

Marchand, Jean-José. «Sartre et les *Temps modernes*». *Le Magasin du Spectacle*, no.1, April 1946, pp.135-143.

Maulnier, Thierry. «Feuilleton littéraire: Littérature et liberté». *Hommes et Mondes*, no.11, June 1947, pp.316-323.
   Essay in favour of Sartre's idea of commitment.

Maulnier, Thierry. «Feuilleton littéraire: *Situations* et situation de Sartre». *Hommes et Mondes*, no.29, December 1948, pp.712-716.
   Review of Situations II.

Maulnier, Thierry. «Jean-Paul Sartre et le suicide de la littérature». *La Table Ronde*, no.1, February 1948, pp.195-210.

Maulnier, Thierry. «La littérature est-elle justifiable?» *L'Arche*, Year 3, no.12, December 1945-January 1946, pp.91-101.
   A detailed critique of the presentation of Les Temps modernes.

Mauriac, Claude. «Sartre contre Breton». *Carrefour*, Year 4, no.156, 10 September 1947, p.7.

Maurois, André. Review of *Situations II*. *Opéra*, 20 October 1948.

Mennemeier, Fr. N. «J.-P. Sartre und die Literatur». *Rheinischer Merkur* (Koblenz), Year 6, no.8, 1951, pp.10-11.

Morpurgo-Tagliabue, Guido. «Estetica ed etica di Sartre». *Aut Aut*, no.51, 1959, pp.195-203, and no.52, 1959, pp.254-266.

Morpurgo-Tagliabue, Guido. «Literature and Poetry». In *Sartre: A Collection of Critical Essays*, ed. E. Kern (q.v. Section 600), pp.129-135.
   Reprinted from L'Esthétique contemporaine.

Munson, Gorham. «Things Existing and Onself Existing. *What is Literature?* by Jean-Paul Sartre». *Saturday Review*, 9 July 1949, pp.8-9.

Nerlich, Michael. «Karl Kohut: *Was ist Literatur? Die Theorie der 'Littérature engagée' bei Jean-Paul Sartre*». *Romanische Forschungen*, vol.80, no.2-3, 1968, pp.510-511.

O'Brien, Conor Cruise. *Writers and Politics.* New York: Pantheon Books, 1965.
  Includes «Sartre as Critic», pp.72-75. Review of Sartre's Literary and Philosophical Essays.

O'Donnell, Donat. «Sartre as a Critic. *Literary and Philosophical Essays*». *The New Statesman*, 27 August 1955, pp.247-248.

Patri, Aimé. «A propos de *Qu'est-ce que la littérature?*» *Paru*, no.46, September 1948, pp.7-12.

Patri, Aimé. «Responsabilité de l'écrivain selon Daniel Parker et Jean-Paul Sartre». *Paru*, no.36, November 1947, pp.6-14.
  Demolition by irony. A boutade, as Kenneth Douglas observed.

Paulhan, Jean. «Jean-Paul Sartre n'est pas en bons termes avec les mots». *La Table Ronde*, no.35, November 1950, pp.9-20.
  Highly critical review of Situations I.

Pingaud, Bernard. «Critique traditionnelle et nouvelle critique». *La Nef*, Year 24, no.29, January-March 1967, pp.41-56.
  Sartre's criticism briefly contrasted with that of the structuralists.

Pingaud, Bernard. «Merleau-Ponty, Sartre et la littérature». *L'Arc*, no.46, 1972, pp.80-87.

Pivot, Bernard. «Présentification en chair et en os du signifié par l'auteur des *Mots*». *Le Figaro littéraire*, 10 February 1966, p.2.
  Brief comment on, and extract from, Verstraeten's interview with Sartre on «*L'écrivain et sa langue*» *in the* Revue d'Esthétique, *no.3-4, 1965.*

Pritchett, V.S. Review of *What is Literature?* (not seen). *The New Statesman*, 17 June 1950, pp.688-689.

Pucciani, Oreste F. «The Universal Language of Symbolism». *Yale French Studies*, no.9, Spring 1952, pp.27-35.
On Qu'est-ce que la littérature ?

R., J.-F. «'Kafka' par Jean-Paul Sartre». *Arts*, 6 June 1947.
Brief favourable review of the Kafka lecture given at the Salle d'Iéna.

R.L.H. «*Essays in Aesthetics*. By Jean-Paul Sartre». *The Personalist*, vol.45, no.3, Summer 1964, pp.424-425.

Rau, Catherine. «The Aesthetic Views of Jean-Paul Sartre». *Journal of Aesthetics and Art Criticism*, vol.9, no.2, December 1950, pp.139-147.

Rayford, Julian Lee. «*Essays in Aesthetics*, by Jean-Paul Sartre». *The American Book Collector*, vol.15, no.4, December 1964, p.5.

Read, Herbert. «A Revolutionary Humanist. *Literary and Philosophical Essays*. By Jean-Paul Sartre». *The Listener*, 9 June 1955, pp.1033.

Rodríguez Bustamente, Norberto. «J.-P. Sartre: Qué es la literatura?...» *Sur* (Buenos Aires), no.202, August 1951, pp.63-67.

Rousseaux, André. «La littérature selon Jean-Paul Sartre». *Le Figaro littéraire*, 6 September 1947, p.2.
Interesting article, one of the first, incidentally, to draw the parallel between Bourget and Sartre which was later taken up by Jacques Laurent.

Rousseaux, André. Critique of Sartre's «M. François Mauriac et la liberté». *La Revue universelle,* 15 February 1939.
Rousseaux is scandalized by Sartre's attack.

Rousselot, Jean. «Jean-Paul Sartre et l'avenir de la littérature». *France-Asie*, vol.4, no.39, June 1949, pp.1088-1092.

Roy, Claude. «Les ensembliers de Venise et Rome». *Le Nouvel Observateur*, no.49, 20-26 October 1965, pp.28-29.
Short introduction to text of Sartre's «Avante-garde? de quoi et de qui?»

Saget, Justin. «Billets doux». *Terre des Hommes*, 8 December 1945.
On Sartre's article in the second number of Temps modernes.

«Notre plaisantin, après avoir tiré nombre de sonnettes, prend la fuite, riant sans doute de nous voir, comme des concierges sur le pas de leurs portes, le menacer de gestes vains. C'est bien un peu ce que nous avions prévu. Mais s'il sauve ainsi ses derrières, il perd le chef!»

Savage, D.S. «Jean-Paul Sartre and 'Committed Literature'». *The European,* vol.5, July 1953, pp.17-32.

Schlumberger, Jean. «A propos de deux manifestes. La littérature continue». *Le Littéraire,* 10 August 1946, p.1.
 On Sartre's «Présentation des Temps modernes», and Dubuffet's preface to the catalogue for his exhibition.

Seghers, Pierre. «Letter from Paris». *Poetry London,* vol.5, no.20, November 1950, pp.19-22.
 Brief reference to Qu'est-ce que la littérature? *, but article is of a very general literary nature.*

Sigaux, Gilbert. «Engagement et solitude de l'écrivain». *Gazette des Lettres,* 20 September 1947.
 On Qu'est-ce que la littérature?

Singer, Irving. «*Essays in Aesthetics.* By Jean-Paul Sartre». *The Philosophical Review,* vol.74, July 1965, pp.401-402.

Sowder, William. «Christmas as Existential Hero». *University Review,* vol.30, June 1964, pp.279-284.
 Includes mention of Sartre's essay on Faulkner.

Spender, Stephen. «Books and Writers. Sartre: *What is Literature?*» *The Spectator,* 14 July 1950, p.55.

Stevens, Linton C. «Major Trends in Post-War Criticism». *South Atlantic Bulletin,* vol.23, no.3, January 1957, p.14. Not seen.

Subercaseaux S., Bernardo. «Recuento crítico de las ideas estéticas de Sartre». *Boletín del Instituto de Filología de la Univ. de Chile,* vol.22, 1971, pp.149-175.

Thody, Philip. «Jean-Paul Sartre as a Literary Critic». *London Magazine,* vol.7, November 1960, pp.61-64.

Thompson, Lawrence. *William Faulkner: An Introduction and Interpretation.* New York & London: Holt, Rinehart & Winston (2nd ed.), 1967.
 Highly critical of Sartre's essay on Faulkner, see p.50.

Tortel, Jean. «Les Vitres fermées». *Cahiers du Sud*, Year 32, no.274, 2nd Semester 1945, pp.841-844.
   General article in favour of commitment in literature. Sartre mentioned in passing.

Vendôme, André. «Jean-Paul Sartre et la littérature». *Études*, vol.259, no.40, October 1948, pp.39-54.

Verstraeten, Pierre. «L'écrivain et sa langue». *Revue d'Esthétique*, vol.18, no.3-4, July-December 1965, pp.306-334.
   Very important article-interview. Discussion includes the structuralist controversy.

Viatte, Auguste. «Les idées littéraires de M. Jean-Paul Sartre». *Revue de l'Université Laval*, vol.3, no.4, December 1948, pp.320-325.

Warnock, Mary. «*Essays in Aesthetics.* By Jean-Paul Sartre». *The British Journal of Aesthetics*, vol.5, no.1, January 1965, pp.88-91.

Wellek, René. «The Main Trends of Twentieth-Century Criticism». *The Yale Review*, vol.51, Autumn 1961, pp.102-118.

Whiting, Charles G. «The Case for 'Engaged' Literature». *Yale French Studies*, vol.1, no.1, Spring-Summer 1948, pp.84-89.

Willingham, John R. «Sartre, Jean-Paul. *Literary and Philosophical Essays*». *Library Journal*, vol.80, no.20, 15 November 1955, p.2609.

Wilson, Colin. «Existential Criticism». *The Chicago Review*, vol.13, no.2, Summer 1959, pp.152-181.
   Includes brief discussion of Sartre's philosophical theories as a basis for existentialist criticism.

Wissant, André de. «*Qu'est-ce que la littérature?*: Jean-Paul Sartre». *Sud-Ouest*, 5 January 1966.
   Long, favourable review-article on the occasion of the paperback edition.

Anglès, Auguste. «Sartre versus Baudelaire». *Yale French Studies,* no.2, Fall-Winter 1948, pp.119-124. Tr. by C. Messner.

Bataille, Georges. *La Littérature et le mal.* Paris: Gallimard, 1957.
See «*J.-P. Sartre: Baudelaire*», *pp.35-67.*

Bataille, Georges. «Baudelaire 'mis à nu,' l'analyse de Sartre et l'essence de la poésie». *Critique,* no.8-9, January-February 1947, pp.3-27.

Blanchot, Maurice. «L'Échec de Baudelaire». *L'Arche,* Year 3, no.24, 1947, pp.80-91; and no.25, 1947, pp.97-107.

Blin, Georges. *Le Sadisme de Baudelaire.* Paris: Corti, 1948. See pp.101-140.

Blin, Georges. «Jean-Paul Sartre et Baudelaire». *Fontaine,* no.59, April 1947, pp.3-17 and no.60, May 1947, pp.200-216.

Bolle, Louis. *Les Lettres et l'absolu: Valéry, Sartre, Proust.* Geneva: Perret-Gentil, 1959. 159pp.
Includes «*Sartre et Baudelaire*», *pp.85-106.*

Chacal, Rosa. «Baudelaire y el *Baudelaire* de Sartre». *Sur* (Buenos Aires), no. 171, January 1949, pp. 17-34.

Fumet, Stanislas. «Face à face: Baudelaire-Sartre». *La Table Ronde,* no.232, May 1967, pp.6-19.

Grangier, Édouard. «Sartre als Richter über Baudelaire». In *Frankreichs zeitgenössische Literatur. Geist und Gestalt,* ed. Emile Callot. Stuttgart: Verlag Schmiedel, 1949. 178pp. See pp.148-178.

Jourdain, Louis. «Sartre devant Baudelaire». *Tel Quel,* no.19, Autumn 1964, pp.70-85, and no.21, Spring 1965, pp.79-95.

Kushner, Eva. «Sartre et Baudelaire». In *Baudelaire: Actes du colloque de Nice, 25-27 mai 1967.* Paris: Minard, 1968. 220pp. See pp.113-124.

Laaban, Ilmar. «Sartres frihet och Baudelaires». *Prisma*, Year 2, no.4, 1949, pp.70-80.

Loisy, Jean. «Sartre et Baudelaire». *Points et Contrepoints*, no.75, December 1965, pp.4-10.

Lupo, Valeria. «Un affronto a Baudelaire». *Humanitas*, Year 4, no.4, April 1949, pp.404-419.

Magny, Claude-Edmonde. «Le temps de la réflexion: Jean-Paul Sartre et la Littérature». *Esprit*, Year 16, no.144, April 1948, pp.686-703.
  Includes a general criticism of existential psychoanalysis.
  Reprinted in Littérature et critique. *Paris: Payot, 1971, pp.167-184.*

Michaud, Guy. «Baudelaire devant la nouvelle critique (Sartre, Richard, Poulet, et al.)». In *Baudelaire: Actes du colloque de Nice, 25-27 mai 1967*. Paris: Minard, 1968. 220pp. See pp.139-154.

Turnell, Martin. Review-article (not seen). *The Changing World*, vol.1, May 1948, pp.83-93.

Whitaker, Marie. «Sartre and Baudelaire». *Standpunte* (South Africa), no.79, 1968, pp.35-40; and no.80, 1968, pp.27-35. Not seen.

Doneux, G. «Regard sur Sartre à travers Baudelaire». *Marginales*, February 1970, pp.15-18.

F.P. «Chronique des chroniques et revue des revues». *Action*, no.34, 27 April 1945.

Rybalka, Michel. «Le *Baudelaire* de Sartre». *Adam*, Year 34, no.331-333, 1969, pp.31-32.

Alvarez, A. «The School of Brilliance». *The Spectator*, 2 October 1964, pp.441-442.
   On Baudelaire, *also on* Words.

Anon. «Distorting Mirror. J.-P. Sartre: *Baudelaire*. Précédé d'une note de Michel Leiris». *The Times Literary Supplement*, 20 May 1949, p.326.

Anon. «Jean-Paul Sartre without Nobel or Lenin». *The Times Literary Supplement*, 5 November 1964, pp.989-990.
   Includes review of the Turnell translation.

Audry, Colette. «Sur une introduction à Baudelaire». *Cahiers du Sud*, vol.26, no.284, 1947, pp.621-629.

Bianchini, Levi. «J.-P. Sartre - *Baudelaire*». *Annali Neuropsichiatria e Psicoanalisi*, Year 2, no.2, 1955.

Billy, André. «Baudelaire devant Bourget, Apollinaire et Sartre». *Le Littéraire*, 8 February 1947, p.2.
   An interesting comparative review. On the whole, highly favourable: «l'analyse la plus approfondie qui ait jamais été faite du cas Baudelaire».

Carruth, Hayden. «Sartre on Baudelaire». *The Nation*, 26 August 1950, p.192.

Chiari, Joseph. «Baudelaire. *Baudelaire*. By J.-P. Sartre». *The Manchester Guardian*, 27 January 1950, p.4.
   «M. Sartre ... is not, and does not claim to be, a literary critic. He has no feeling for words, or for beauty as such, and poetry becomes under his piercing gaze the clinical manifestation of a pathological case».

Dahlberg, Edward. «The Poet Who Hated Nature». *The New York Times Book Review*, 6 August 1950, p.6.

Davy, Marie-Madeleine. «Jean-Paul Sartre: *Baudelaire*». *La Nef*, February 1948, pp.146-148.

Dinnage, Paul. «The Private Life of Baudelaire». *The Spectator*, 10 February 1950, p.190,192.

Forge, Andrew. «Starving Man». *The New Statesman*, 18 December 1964, p.971.

Hamburger, Michael. «Sartre and Baudelaire». *World Review*, May 1950, pp.52-57.

Leiris, Michel. *Brisées*, Avec un portrait de l'auteur par Picasso. Paris: Mercure de France, 1966. 302pp.
 Includes *«Sartre et Baudelaire», pp.120-124.*

Lévy, Yves. «Baudelaire vu par Jean-Paul Sartre». *Paru*, no.27, February 1947, pp.73-77.

MacCarthy, Desmond. Review (not seen). *The Times*, 5 March 1950, p.3.

Madaule, Jacques. «Baudelaire». *Cahiers du Monde nouveau*, April 1948, p.115.

Meyerhoff, Hans. «Existential Analysis». *Partisan Review*, vol.17, no.7, September-October 1950, pp.752-755.

Neveux, Georges. «Sartre, Baudelaire et la liberté». *La Nef*, April 1947, pp.138-141.

Parisse, Jacques. «*Baudelaire*, par Jean-Paul Sartre». *La Wallonie*, 23 August 1963, p.6.

Patri, Aimé. «Sur le 'cas Baudelaire'». *Paru*, no.42, May 1948, pp.5-9.

Picon, Gaétan. «Sartre juge de Baudelaire». *Gazette des Lettres*, vol.3, no.32, 22 March 1947, pp.8-9.

Read, Herbert. «*Baudelaire* by Jean-Paul Sartre. Trans. by Martin Turnell». *The Listener*, 26 November 1964, pp.851,853.

Roditi, Edouard. «*Baudelaire* by Jean-Paul Sartre». *Poetry*, vol.77, no.2, November 1950, pp.100-103.

Rousseaux, André. «Le Baudelaire de Sartre». *Le Figaro littéraire*, 31 May 1947, p.2.
An excellent review which analyses with some perception the philosophical basis of Sartre's essay.

Saget, Justin. «Baudelaire vu par Jean-Paul Sartre». *Combat*, 22 November 1946.

Salel, Jean-Claude. «A propos du *Baudelaire* de Jean-Paul Sartre». *La Table Ronde*, no.3, March 1948, pp.470-475.

Tremblay, N.J. «*Baudelaire* by Jean-Paul Sartre. Trans. from the French by Martin Turnell». *The Arizona Quarterly*, vol.7, no.1, Spring 1951, pp.94-96.

Vendôme, André. Review of *Baudelaire*. *Études*, vol.259, November 1948, pp.263-264.

Weightman, John. «Sartre on Baudelaire». *Tribune*, no.682, 3 February 1950, pp.20-21.

Wilson, Edmund. Review (not seen). *The New Yorker*, 13 January 1951, pp.76,78,81.

Wollheim, Richard. Review (not seen). *The New Statesman*, 27 May 1950, pp.612-613.

Astaldi, Maria Luisa. «Genet e Sartre». *Studi di letteratura francese*, vol.89, no.1, 1967, pp.1-7.
General article. N.W.C.

Barish, Jonas A. «The Veritable Saint Genet». *Wisconsin Studies in Contemporary Literature*, vol.6, Autumn 1965, pp.267-285.
Parallel study of this and Les Mots.

Bataille, Georges. *La Littérature et le mal.* Paris: Gallimard, 1957.
On Sartre and Genet, pp.199-202.

Bataille, Georges. «Jean-Paul Sartre et l'impossible révolte de Jean Genet». *Critique*, Year 7, no.65, October 1952, pp.819-832, and no.66, November 1952, pp.946-961.

Bolle, Louis. *Les Lettres et l'absolu: Valéry, Sartre, Proust.* Geneva: Perret-Gentil, 1959. 159pp.
Includes «Saint Genet ou la théologie du voyou», pp.107-119.

Champigny, Robert. «Sartre on Good and Evil: Translations from and Comments on *Saint Genet, comédien et martyr*». *The Journal of Philosophy*, vol.54, 23 May 1957, pp.314-335.

Coe, Richard N. *The Vision of Jean Genet.* London: Owen, 1968.
Whilst not a study of Sartre's work, this book contains frequent important discussions of, and quotations from, Saint Genet.

Cooper, David. «Sartre on Genet». *New Left Review*, no.25, May-June 1964, pp.69-73.

Elsen, Claude. «Épiménide à Saint-Germain-des-Prés». *La Table Ronde*, no.58, October 1952, pp.137-141.

Girard, René. «Existentialism and Criticism». *Yale French Studies*, no.16, Winter 1955-56, pp.45-52.

Heist, Walter. *Genet und Andere. Excurse über eine faschistische Literatur von Rang.* Hamburg: Claasen Verlag, 1965. 206pp.
See pp.176-206.
Also discusses Sartre's fiction.

Le Huenen, R. and P. Perron. «Temporalité et démarche critique chez J.-P. Sartre». *Revue des Sciences humaines,* no.148, 1972, pp.567-581.

Lovitt, Charles. *Sartre's Use of Genet.* Dissertation, Colombia University, 1965. See *D.A.,* vol.27, no.2, August 1966, 506-507A.

McMahon, Joseph H. *The Imagination of Jean Genet.* New Haven & London: Yale Univ. Press, 1963. 273pp.
Includes occasional and curiously inept discussion of Saint Genet.

Nelson, Benjamin. «Sartre, Genet, Freud». *Psychoanalytic Review,* vol.50, Fall 1963, pp.155-171.

Royce, Barbara C. «*La Chute* and *Saint Genet*: The Question of Guilt». *French Review,* vol.39, April 1966, pp.709-716.

Sempé, J.C. «Méditations sur Saint Genet comédien et martyr...» *Entretiens psychologiques* (Toulouse), no.9,1963, pp.197-224.

St. Aubyn, F.C. «Sartre and the Essential Genet». *Symposium,* vol.7, Summer 1954, pp.82-101.

Thody, Philip. *Jean Genet. A Study of His Novels and Plays.* London: Hamilton, 1968. 261pp.
Contains many references to Saint Genet.

Vigevani, Roberto. «Sartre, Genet e una psicologia marxista». *Il Ponte,* vol.25, no.10, 31 October 1969, pp.1355-1359.

Walther, E. and Max Bense. «Sartre und Genet». *Augenblick,* Year 3, no.4, September-October 1958, pp.13-18.

SAINT GENET, COMÉDIEN ET MARTYR. PRESS ARTICLES

Anon. «Nouvelles diverses». *Le Figaro*, 4 June 1952, p.13.
Very brief (one paragraph) assessment of Saint Genet. *N.W.C.*

Anon. «Poète maudit. Diebstahl in Versen». *Der Spiegel*, Year 4, no.32, 10 August 1950, pp.27-28.
Long article on Genet with occasional references to Sartre's forthcoming 'preface'.

Mauriac, François. «L'Excrémentialisme». *Le Figaro*, 15 August 1950, p.1.
The famous editorial on Mauriac's reactions to reading the first part of Saint Genet *in* Les Temps modernes. *It is worth consulting for its polemical verve.*

Adler, Renata. «All-Saints. *Saint Genet: Actor and Martyr*». *The New Yorker*, 9 November 1963, pp.237-238.

Anon. «Be Shocked. *Saint Genet: Actor and Martyr*». *Newsweek*, 30 September 1963, pp.86-87.

Anon. «Out of evil». *The Times Literary Supplement*, 20 March 1953, p.189.
   A detailed full-page analysis.

Anon. «Outside the Walls. Jean-Paul Sartre: *Saint Genet, Actor and Martyr*». *The Times Literary Supplement*, 8 April 1965, pp.265-266.

Anon. «The Case of Jean Genet. *Saint Genet* by Jean-Paul Sartre». *Time*, 11 October 1963, pp.98,100 (Canadian edition).
   On Frechtman translation.

Balakian, Nona. «End Papers. *Saint Genet: Actor and Martyr*». *The New York Times*, 13 January 1964, p.33.

Barrett, William. «Demonic Saint. *Saint Genet, Actor and Martyr*». *The Atlantic Monthly*, vol.212, no.4, October 1963, pp.156-157.

Brée, Germaine. «*Saint Genet: Actor and Martyr* by Jean-Paul Sartre». *Modern Drama*, vol.7, no.1, May 1964, pp.101-103.

Caute, David. «Meet the Saint. *Saint Genet: Actor and Martyr*». *The Spectator*, 31 January 1964, p.150.

Collins, James. «*Saint Genet* By Jean-Paul Sartre». *America*, vol.109, no.25, 21 December 1963, pp.807-808.

Cordle, Thomas. «*Saint Genet: Actor and Martyr*. By Jean-Paul Sartre». *The South Atlantic Quarterly*, vol.63, Summer 1964, pp.442-443.

Cranston, Maurice. «Existentialist hagiography». *The Guardian*, 6 December 1963.

De Graaf, D.A. «Jean-Paul Sartre en de psychologie van de misdadiger». *Nieuwe Rotterdamse Courant*, 22 August 1953.
   Sees the work as a paradoxical 'Anti-morale' replacing the 'Morale' promised at the end of L'Être et le néant. *The interest of this hypothesis is lessened by the fact that Sartre has written the promised book. The manuscript will be published posthumously.*

DeMott, Benjamin. «Poets, Presidents and Preceptors. *Saint Genet, Actor and Martyr*». *Harper's*, vol.227, October 1963, p.116.

Douglas, Kenneth. «A Searchlight on Genet. *Saint Genet: Actor and Martyr*. By Jean-Paul Sartre». *The Virginia Quarterly*, vol.40, no.1, Winter 1964, pp.154-157.

Driver, Tom F. «The Spiritual Diabolism of Jean Genet. *Saint Genet: Actor and Martyr*, by Jean-Paul Sartre». *The Christian Century*, vol.80, no.47, 20 November 1963, pp.1433-1435.

Elevitch, Bernard. «Sartre and Genet. Jean-Paul Sartre, *Saint Genet* Trans. by Bernard Frechtman». *The Massachusetts Review*, vol.5, no.2, Winter 1964, pp.408-413.

Falconi, Carlo. «Jean-Paul Sartre e la giustificazione del male». *Idea*, Year 4, no.47, 23 November 1952, p.2.

Fowlie, Wallace. «The Art and the Conscience of Jean Genet. Jean-Paul Sartre, *Saint Genet, Actor and Martyr*». *The Sewanee Review*, vol.72, no.2, April-June 1964, pp.342-348.

Frank, Joseph. «Existentialist Ethics». *The New Republic*, vol.149, 7 September 1953, pp.18-20.
   Extensive and critical review which concludes with an attack on Sartre's political bad faith.

Frey, Ugo. «Sartre-Genet binomio pericoloso». *Foglio letterario* (Switzerland), 9 May 1953.

Guicharnaud, Jacques. «An Existential Analysis of Genet. *Saint Genet: Actor and Martyr*». *The Yale Review*, vol.53, no.3, March 1964, pp.435-440.

Haden, James C. «Books in the Field: Philosophy». *Wilson Library Bulletin*, vol.40, no.5, January 1965, pp.422-431.
   Reviews of the Critique; Saint Genet; *and books on Sartre by Cumming, Desan, Laing.*

Hell, Henri. «Sartre en proie à Genet». *Combat*, 16 October 1952.
Long and generally favourable review.

Kemp, Robert. «Répugnances». *Les Nouvelles littéraires*, 14 August 1952, p.3.

Knilli, F. «*Saint Genet Komödiant und Martyrer*». *Wort in der Zeit*, vol.7, no.3, March 1961, pp.40-42.

Lange, Victor. «The Solitude of Jean Genet. *Saint Genet* by Jean-Paul Sartre trans. by Bernard Frechtman». *The New Republic*, vol.149, 23 November 1963, pp.23-26.
Also on Genet's Our Lady of the Flowers.

Mauriac, François. «Les Tribulations d'un 'rat visqueux'». *Le Figaro*, 21 August 1952, p.1.

Nyren, Dorothy. «Sartre, Jean-Paul. *Saint Genet: Actor and Martyr*». *Library Journal*, vol.88, 15 October 1963, p.3847.

Peuchmaurd, J. «Cachez ce saint...» *Arts*, no.382, October 1952.

Pippitt, Aileen. Review of *Saint Genet* trans. by Frechtman (not seen). *Book-of-the-Month Club News*, October 1963, p.11.

Podhoretz, Norman. Review of *Saint Genet* trans. by Frechtman (not seen). *Show*, vol.4, January 1964, p.37.

Ricks, Christopher. «Dejecta. *Saint Genet*. By Jean-Paul Sartre. Trans. by Bernard Frechtman». *The New Statesman*, 10 January 1964, pp.46-47.

Roudiez, Léon S. «Mind of a Genius. The Evil and the Ecstasy. *Saint Genet: Actor and Martyr*, by Jean-Paul Sartre». *Saturday Review*, 26 October 1963, pp.38-39.

Simon, John. «Epistemological flip-flop. *Saint Genet, Actor and Martyr*». *Book Week: The Sunday Herald Tribune Magazine*, 29 September 1963, pp.5,25.

Sontag, Susan. *Against Interpretation*. New York: Farrar, Strauss & Giroux, 1966; and Dell (paperback),1969.
Includes «Sartre's Saint Genet », *pp.100-106 (Dell ed.).*

Sontag, Susan. «The Flowers of Evil. *Saint Genet*. By Jean-Paul Sartre. Trans. by Bernard Frechtman». *Partisan Review*, vol.30, no.3, Fall 1963, pp.441-446.
«*It is hard to get over one's exasperation with Sartre for this cancer of a book, grotesquely verbose, its cargo of brilliant ideas borne aloft by a tone of viscous solemnity and by ghastly repetitiveness*».

Stéphane, Roger. «Quand, à propos de Genet, Sartre parle de l'homme». *L'Observateur*, 7 April 1952, pp.17-19.
Opposes Sartre's views on homosexuality.

Szogyi, Alex. «The Art of the Philosopher and the Thief. *Saint Genet: Actor and Martyr*». *The New York Times Book Review*, 29 September 1963, pp.4,24.

Turnell, Martin. «*Saint Genet, Actor and Martyr*. By Jean-Paul Sartre». *The Listener*, 19 December 1963, p.1037.

Weightman, John. «The Philosopher and the thief». *The Observer*, 1 December 1963, p.24.

Yanitelli, Victor R. Review of *Saint Genet*, trans. by Frechtman (not seen). *Best Sellers*, vol.23, 1 December 1963, p.329.

Adamowski, T.H. «The Condemned of Rouen: Sartre's Flauberts».
Novel, vol.6, no.1, Fall 1972, pp.79-83.

Améry, Jean. «Die Wörter Gustave Flauberts: Über Jean-Paul
Sartres *L'Idiot de la famille*». *Merkur*, vol.25, 1971, pp.1197-1212.

Aronson, Ronald. «*L'Idiot de la famille*: The ultimate Sartre?»
Telos (St. Louis), no.20, Summer 1974, pp.90-107.
    An interesting commentary which includes a parallel discussion on Starkie and Sartre on Flaubert.

Boisdeffre, Pierre de. «Chronique du mois: La revue littéraire».
Revue des deux Mondes, July 1971, pp.181-187.

Daix, Pierre. «Le Flaubert de Sartre. I. Position du problème». *Les Lettres françaises*, 19 May 1971.

Daix, Pierre. «Le Flaubert de Sartre. II. Une biographie cubiste».
Les Lettres françaises, 26 May 1971, pp.4-5.

Daix, Pierre. «Le Flaubert de Sartre. III. Questions de méthode».
Les Lettres françaises, 2 June 1971.
    These three articles are an excellent introduction to L'Idiot. *Well worth consulting.*

Eck, Marcel, Dr. «*L'Idiot de la famille*. 2. La maladie et la personnalité de Flaubert selon Sartre». *La Nouvelle Presse médicale*, vol.1, no.12, 18 March 1972, pp.825-828.
    The second of two articles discussing the medical reliability of Sartre's diagnosis. Worth consulting. The first article (not seen) was entitled «La psychanalyse de Flaubert selon Sartre» *and appeared in* La Nouvelle Presse médicale, *vol.1, no.10, 4 March 1972, pp.685-688.*

Fabre-Luce, Alfred. «Sartre par Flaubert». *Revue des deux Mondes*, October 1972, pp.44-61.
    Dated «Croisset, 1880», *this is a malicious and delicious criticism of* L'Idiot *via a sustained and successful pastiche of Flaubert writing to Louis Bouilhet. Worth reading, for fun.*

Gore, Keith O. «Sartre and Flaubert: From Antipathy to Empathy». *Journal of the British Society for Phenomenology*, vol.4, no.2, May 1973, pp.104-112.

Leonard, J. «A propos de 'La conscience de classe chez Flaubert' selon Jean-Paul Sartre». *Les Amis de Flaubert*, no.31, December 1967, pp.25-27.

Marchand, Jacqueline. «Sartre, Flaubert et Dieu». *Raison Présente*, no.33, January-February-March 1975, pp.65-77.

Mouchard, Claude. «Un roman vrai?» *Critique*, vol.27, December 1971, pp.1029-1049.
  A detailed review-article worth consulting.

Nadeau, Maurice. «Sartre et *l'Idiot de la famille*». *La Quinzaine littéraire*, no.119, 1-15 June 1971, pp.3-4.

Nadeau, Maurice. «Sartre et *l'Idiot de la famille* (suite)». *La Quinzaine littéraire*, no.120, 16-23 June 1971, pp.8-9.

Nadeau, Maurice. «Sartre et *l'Idiot de la famille* (suite et fin)». *La Quinzaine littéraire*, no.121, 1-15 July 1971, pp.11-12.
  These three articles provide an interesting guided tour round the first volume.

Pinto, Eveline. «La 'névrose objective' chez Sartre (*L'Idiot de la famille*, Tome III). Sartre historien». *Les Temps modernes*, no.339, October 1974, pp.35-76.
  An interesting commentary on Sartre's analysis of the relationships between 'structures sociales' and 'structures de conscience' in Volume III. Well worth consulting, even if the style is sometimes a little arid.

Rybalka, Michel. «Comment peut-on être Flaubert?» *Le Nouvel Observateur*, 17 May 1971, pp.53-55.

Anon. «France-Culture. L'idiot de la famille ou le procès d'un mal-aimé». *Le Figaro*, 26 March 1973, p.31.
  On Anouk Adelmann's five-part programme devoted to Sartre's works.

Anon. «Jean-Paul explique Gustave». *Le Figaro*, 18 November 1966, p.15.
  Brief quotes from the extracts in Les Temps modernes. *N.W.C.*

Anon. «Malraux, Sartre, Aragon ont un manuscrit dans leur tiroir». *Le Figaro*, 13 April 1966, p.14.
  Brief item including mention of Sartre's Flaubert. *N.W.C.*

Anon. «Sartre, Flaubert et leur ennemi commun: le bourgeois». *Le Figaro*, 23 May 1966, p.25.
  Six paragraphs on the Temps modernes *extracts of the* Flaubert.

Anon. Brief notice of «La conscience de classe chez Flaubert» in May issue of *Les Temps modernes*. *Le Figaro littéraire*, 26 May 1966, p.2. N.W.C.

Bersani, Jacques. «L'Idiot et sa famille». *Combat*, 3 June 1971, p.8.

Boisdeffre, Pierre de. «L'Élève Flaubert devant le professeur Sartre». *Les Nouvelles littéraires*, 14-20 August 1972, pp.3-4.

Boulanger, Nicole. «Flaubert pour 68?» *Le Nouvel Observateur*, 27 December 1967 - 2 January 1968, p.33.
  Press article announcing forthcoming volume I of L'Idiot.

Brincourt, André. «L'abus de pouvoir des mots». *Le Figaro littéraire*, 11 June 1971, p.27.

Contat, Michel and Michel Rybalka. «Sartre et Flaubert. *L'Idiot de la famille* un an après». *Le Monde*, 30 June 1972, pp.13,17.
  Excellent introduction to Volume III by way of a pertinent review of the critical reception of the first two volumes with a lucid commentary on Sartre's intention and achievement.

309 L'IDIOT DE LA FAMILLE. PRESS ARTICLES

Contat, Michel and Michel Rybalka. «Un entretien avec Jean-Paul Sartre. 'J'ai voulu montrer un homme et montrer une méthode'». *Le Monde*, 14 May 1971, pp.17, 20-21.
   An extensive interview dealing with the first two volumes. Well worth consulting. This interview was reprinted in full in Rumanian in România literara, *Year 4, no.26, pp.30-32.*

Pivot, Bernard. «Sartre très familier». *Le Figaro littéraire*, 24 November 1966, p.2.
   Brief unsigned comment on Sartre's vocabulary in the Flaubert. N.W.C.

Redon, J. Large cartoon of Sartre becoming Flaubert. *Le Figaro littéraire*, 7 May 1971, p.31.

Ade, Georges. «Sartre zegt alles over Flaubert». *de Nieuwe*, 7 January 1972, pp.13-14.

Anon. «Flaubert au microscope». *Les Amis de Flaubert*, no.26, May 1965, p.44.

Anon. «Flaubert, c'est moi». *Times Literary Supplement*, 29 September 1972, pp.1155-1156.
Review of Volume III.

Anon. «Idiot und Genie». *Der Spiegel*, no.27, June 1971, pp.127-128.

Anon. «Livres». *Edmagramme* (Quebec), 8 September 1972, p.4.
Review of Volume III.

Anon. «The son as father of the man». *The Times Literary Supplement*, 24 September 1971, pp.1133-1135.

Barberis, Pierre. «Flaubert pour quoi faire?» *Le Monde*, 2 July 1971, p.17.

Bersani, Jacques. «*L'Idiot de la famille* (tome III) de Jean-Paul Sartre». *Le Monde*, 4 August 1972.
Interesting, favourable review.

Blaisy, Quentin. « *L'Idiot de la famille* essai de Jean-Paul Sartre». *Valeurs actuelles*, 21 June 1971.

Bocchi, Lorenzo. «Monumentale saggio sull'autore di *Madame Bovary*. Sartre psicanalizza Flaubert». *Corriere della Sera*, 11 May 1971.
Favourable half-page review. N.W.C.

Bökenkamp, Werner. «Der Idiot der Familie». *Frankfurter Allgemeine Zeitung*, 2 June 1971, p.28.

Braun, Claus. «Herkulisch. Bemerkungen zu Jean-Paul Sartres neuestem Werk *L'Idiot de la famille*». *Basler Nachrichten*, 13 May 1971.

This half-page review article also appeared in the following Swiss newspapers: Vaterland, *12 May 1971*; St Galler Tagblatt, *25 May 1971*; Die Tat, *12 June 1971*.

Brenner, Jacques. «Sartre, critique traditionnel et novateur». *Paris-Normandie*, 4 June 1971.

Brochier, Jean-Jacques. «Sartre critique littéraire». *Magazine littéraire*, no.55-56, September 1971, pp.24-28.

Burgelin, Claude. «Lire *L'Idiot de la famille*?» *Littérature* (Univ. of Paris), vol.6, 1972, pp.111-120.

Campos, Alcides. «Sartre e a Analise Humana». *Jornal de Letras* (Rio de Janeiro), October 1971.
   Review of the first two volumes. Originally appeared as «L'Idiot de la famille *de Jean-Paul Sartre*» *in A Capital, 1 September 1971, p.6 where the author's name is given as Alcides de Campos.*

Champigny, Robert. «Trying to understand *L'Idiot*». *Diacritics*, vol.2, no.2, Summer 1972, pp.2-6.
   A breezy but perceptively critical review-article. Well worth consulting.

Chavardès, Maurice. «*L'Idiot de la famille* de Jean-Paul Sartre». *Témoignage chrétien*, 26 May 1971.

Chavardès, Maurice. «Une radiographie de Gustave Flaubert». *Témoignage chrétien*, 27 July 1972, p.20.
   A full-page review of Volume III.

Cismaru, Alfred. «Enduring existentialists: Sartre and de Beauvoir in their golden age». *Antioch Review*, vol.31, no.4, Winter 1971-72, pp.557-564.
   Reviews of Beauvoir's La Vieillesse *and Sartre's* L'Idiot *(pp.561-564).*

Debray-Genette, R. «La découverte de la forme». *Le Monde*, 2 July 1971, pp.16-17.
   Interesting and largely sympathetic 'structuralist' interpretation of L'Idiot de la famille.

Doubrovsky, Serge. «Une étrange toupie». *Le Monde*, 2 July 1971, pp. 16-17.
   A brilliant review article well worth reading.

Dubois, Pierre H. «Wat kan men van iemand weten?» *Het Vaderland Weekjournaal*, 9 October 1971, p.3.
   Full-page review-article of the first two volumes

Dubois-De Bruijn, S. «Sartre projecteert Flaubert». *Litterair Paspoort*, February 1972, pp.21-22.

Fanti, Giorgio. «Sartre riscopre Flaubert». *Paese sera*, 16 May 1971, p.32.

Fischer, Klaus. «Sieben Jahre in Flauberts Gesellschaft». *Stuttgarter Zeitung*, 19 June 1971, p.52.
   Substantial review-article on the first two volumes.

Frank, Bernard. «En attendant Flaubert». *Nouvel Adam*, no.2 September 1966.
   On the extracts published in Les Temps modernes.

Gascht, André. «De Bouvard à Roquentin à travers deux mille pages. Le *Flaubert* de Sartre: une animosité fascinée». *Le Soir* (Brussels), 26 May 1971.

Giron, Roger. «En 2136 pages (pour commencer!) Sartre règle un compte avec Flaubert». *France-Soir*, 3 June 1971.

Guéhenno, Jean. «Heureuses névroses». *Le Figaro*, 3 May 1973, p.1.

Haroche, Charles. «Jean-Paul Sartre et *L'Idiot de la famille*». *France Nouvelle*, September 1972, pp.27-28.
   General review of all three volumes.

Jannoud, Claude. «Dans *L'Idiot de la famille* Sartre est tour à tour philosophe, historien, critique, romancier, poète, classique et révolutionnaire». *Le Figaro littéraire*, 7 May 1971, p.33.

Jannoud, Claude. «Flaubert vu par Sartre, ou le bourgeois malgré lui». *Le Figaro littéraire*, 26 August 1972, pp.9-10.
   Review of Volume III.

Jean, Georges. «Sartre et 'les bruits qui parlent'». *L'Éducation*, 10 February 1972, pp.18-20.
   Interesting review, with pedagogical reflexions, on the first two volumes.

Jespers, Henri-Floris. «Boren naar de bronnen van de biografie». *Knack-Magazine*, 23 February 1972, pp.67-68.
  Includes brief review of the first two volumes. N.W.C.

Juin, Hubert. «Le face à face Sartre-Flaubert». *Combat*, 3 June 1971, pp.8-9.

Juin, Hubert. «Flaubert dans sa névrose et dans son temps». *Combat*, 14 September 1972.
  Review of Volume III.

Kattan, Naim. «Le *Flaubert* de Sartre. De l'acteur à l'auteur». *Le Devoir* (Montreal), 7 August 1971.

Kemp, Peter. «Sartres *Flaubert*». *Politiken* (Copenhagen), 1 September 1971.
  Detailed review-article.

Lecarme, Jacques. «Sartre et son double». *La Nouvelle Revue Française*, April 1972, pp.84-88.
  Lecarme is critical of the biographical reliability of the first part of L'Idiot.

Levin, Harry. «A Literary Enormity: Sartre on Flaubert». *Journal of the History of Ideas*, vol.33, no.4, 1972, pp.643-649.

Lundkvist, Artur. «Sartre avslöjar Flaubert». *Dagens Nyheter* (Stockholm), 15 September 1971, p.6.
  Review of the first two volumes.

Nadeau, Maurice. «Flaubert 'écrivain du Second Empire'». *La Quinzaine littéraire*, 1-15 October 1972, pp.19-20.
  Interesting review of Volume III. Worth consulting.

Ormesson, Jean d'. «Le premier de la classe». *Les Nouvelles littéraires*, 21 May 1971, p.6.

Orwell, Sonia. «Sartre on Flaubert - or himself?» *Europa Magazine*, vol.1, no.6, 1971, pp.37-38.

Ouellet, Réal. «Jean-Paul Sartre *L'Idiot de la famille*». *Études littéraires*, December 1972, pp.519-527.
  General review of all three volumes.

Peyret, Jean-François. «L'amateur d'échec». *Le Nouvel Observateur*, 15 January 1973, pp.56-58.
Review of Volume III.

Pignarre, R. «Flaubert vu par Sartre». *Les Livres*, April 1972, p.48.
Review of the first two volumes.

Reichler, Claude. «Le Flaubert de Sartre: au-delà d'un règlement de comptes, l'esquisse d'une théorie de la connaissance». *Journal de Genève*, 5-6 June 1971, p.13.

Revel, Jean-François. «Jean-François Revel a lu le Flaubert de Sartre». *L'Express*, 17-23 May 1971, pp.69-71.

Robert, Marthe. «Le tribunal ou l'analyse». *Le Monde*, 2 July 1971, p.16.
An interesting review from the psychoanalytic viewpoint.

Roig, Rosendo. «El último libro de J.-P. Sartre. *El idiota de la familia*». *Ya* (Madrid), 4 July 1972.
Reprinted in C.Q.D. (Como Queríamos Demostrar, Valencia), November-December 1972, p.19.

Ronfani, Ugo. «J.-P. Sartre psicanalizza l'idiota della famiglia». *Il Giorno*, 19 May 1971, p.7.

Roy, Claude. «L'oncle Gustave en flagrant délit». *Le Nouvel Observateur*, no.229, 31 March-6 April 1969, pp.35-37.

Schlocker, Georges. «Der totale Flaubert». *Die Presse* (Vienna), 22-23 May 1971, p.7.
Half-page review-article of the first two volumes. Reprinted as «Flaubert ohne Ende - ein neues Werk von Sartre» in St Galler Tagblatt, *30 May 1971, p.7; a slightly abridged version appeared under the title «Forschungsreise zu Flaubert» in* Die Welt, *11 June 1971.*

Simon, Pierre-Henri. «Flaubert disséqué par Sartre». *Le Monde*, 2 July 1971, p.13.
General review of the first two volumes.

Souchet, Claude-Roland. «*L'Idiot de la famille* par Jean-Paul Sartre». *Jeune-République*, July-October 1971, pp.14-15.
Review of the first two volumes.

Souchet, Claude-Roland. «La bourgeoisie déclinante». *Jeune-République*, July-October 1972, pp.11-12.
Review of Volume III.

Thibaudeau, Jean. «*L'Idiot de la famille*». *La Nouvelle Critique*, April 1972, pp.56-57.
Review of the first two volumes.

Tufte, Leif. «Flaubert under Sartres mikroskop». *Aftenposten* (Oslo), 20 August 1971.
Review of the first two volumes.

Vaes, Guy. «Sartre et Flaubert: Les belles névroses». *Spécial*, 2 June 1971, pp.52-54.
Favourable, very general review.

Vandromme, Pol. «*L'Idiot de la famille* de Jean-Paul Sartre». *Le Rappel* (Belgium), 18 June 1971.
A light-weight review. N.W.C.

Weightman, John. «The Idiot-Genius». *Cambridge Review*, 19 November 1971, pp.49-52.
A critical, appreciative and very witty review well worth reading for its elegant mixture of awe and reprimand. Reprinted as «Battle of the Century - Sartre vs. Flaubert» in The New York Review, *6 April 1972, pp.10 et seq.*

4
Philosophy

Abbagnano, Nicola. *Storia della filosofia,* Vol.III. Turin: U.T.E.T., 1963. 905pp. (Revised 2nd edition).
See especially, pp.863-874.

Allen, Edgar Leonard. *Existentialism from Within.* London: Routledge & Kegan Paul; New York: Macmillan, 1953.
Includes «Man and his Freedom», pp.50-98.

Allers, Rudolf. *Existentialism and Psychiatry.* Springfield, Illinois: Thomas, 1961.
Includes «Existentialism», pp.29-49.

Alonso-Fueyo, Sabino. *Existencialismo y existencialistas.* Valencia: Editorial Guerri, S.A., 1949. 241pp.
On G. Marcel and Sartre.

Anderson, Adèle B. *The Political Implications of Jean-Paul Sartre's Concepts of Freedom and Responsibility.* Dissertation, Claremont Graduate School. See *D.A.*, vol.28, no.10, April 1968, 4218A.

Arntz, Joseph Th. . *De liefde in de ontologie van J.-P. Sartre.* Nijmegen: Drukkerij Gebr. Janssen, 1960. 350pp. Published doctoral thesis of Univ. of Nijmegen.

Aron, Raymond. *L'Opium des intellectuels.* Paris: Calmann-Lévy, 1955.
Includes frequent reference to the political philosophy of Sartre and the editorialists of Les Temps modernes.

Aron, Raymond. *The Opium of the Intellectuals* (Tr. by Terence Kilmartin). London: Secker & Warburg, 1957. 324pp.

Aron, Raymond. *Marxism and the Existentialists.* (Tr. H. Weaver, R. Addis, and J. Weightman). New York; Evanston; London: Harper and Row, 1969. 176pp.

Aron, Raymond. *D'une Sainte Famille à l'autre: essais sur les marxismes imaginaires.* Paris: Gallimard, 1969.
See especially «Remarques sur les rapports entre l'existentialisme et le marxisme», pp.27-61.

400 GENERAL STUDIES. BOOKS

Aron, Raymond. *Los Marxismos imaginarios de Sartre a Althusser.* Caracas: Monte Avila, 1969. 172pp.

Aronson, A.R. *Art and Freedom in the Philosophy of Jean-Paul Sartre.* Dissertation, Brandeis University, 1968, See *D.A.*, vol.29, no.8, February 1969, 2747A.

Audry, Colette. *Sartre et la réalité humaine* (Présentation, choix de textes, bibliographie par Colette Audry). Paris: Seghers (coll. Philosophes de tous les temps, no.23), 1966. 192pp.

Balmas, E. *Situazioni e profili, I.* Milan: 1960.
  Includes: «*Il filosofo Sartre*», pp.45-79.

Barnes, Hazel E. *An Existentialist Ethics.* New York: Knopf, 1967.
  Includes «*Sartre's Choice*», pp.29-48.

Barnes, Hazel E. *Sartre.* London: Quartet Books, 1974. 148pp.
  A parallel study of Sartre's theatre and philosophy.

Barnes, Hazel E. *The Literature of Possibility.* Lincoln: Univ. of Nebraska Press, 1959; reprinted as *Humanistic Existentialism.* Lincoln: Bison Books, 1962. 418pp.
  On Beauvoir, Camus and Sartre.

Barrett, William. *Irrational Man: A Study in Existential Philosophy.* New York: Doubleday, 1958.
  Includes chapter on Sartre, see pp.213-234.

Beauvoir, Simone de. *L'Existentialisme et la sagesse des nations.* Paris: Nagel, 1948.

Beck, Robert N. *Perspectives in Philosophy.* New York: Holt, Rinehart & Winston, 1961.
  See Chapter VI, and especially, on Sartre, pp.363-367.

Benda, Julien. *Tradition de l'existentialisme ou les philosophies de la vie.* Paris: Grasset, 1947. 122pp.
  General mention of Sartre throughout.

Benda, Julien. *Trois idoles romantiques. Le dynamisme. L'existentialisme. La dialectique matérialiste.* Geneva/Annemasse: Éds du Mont-Blanc, 1948. 175pp.

Berdiaeff, N. *Au Seuil de la nouvelle époque.* Neuchâtel: Delachaux & Niéstle, 1947.
Includes «Sartre et le destin de l'existentialisme», pp.129-140.

Berdiaeff, N. *Towards a New Epoch.* London: Bles, 1949.
Translation of 1947 Neuchâtel edition.

Berofsky, Bernard (ed.). *Free Will and Determinism.* New York: Harper & Row, 1966.

Bettler, Alan Raymond. *A Chronicle of the Beginnings of French Existentialism.* See *D.A.*, vol.31, no.5, November 1970, 2432A.

Beyer, Wilhelm Raimund. *Vier Kritiker: Heidegger, Sartre, Adorno, Lukacz.* Cologne: 1970.

Bierling, R. F. *Het Existentialisme.* The Hague: 1947.

Binnie, Donald J. *Art, Freedom and Morality in the Philosophy of Jean-Paul Sartre.* M.A. thesis, McMaster University (Canada), 1961.

Bluestone, Natalie. *Time and Consciousness in Jean-Paul Sartre and William James.* Dissertation, Johns Hopkins University, 1962.

Boas, G. *Dominant Themes of Modern Philosophy.* New York: Ronald Press, 1957. See pp.646-652.

Bobbio, Norberto. *La Filosofia del decadentismo.* Turin: 1944.

Bobbio, Norberto. *The Philosophy of Decadentism: A Study in Existentialism*, (Tr. D. Moore). Oxford: Blackwell; New York: Macmillan, 1948.
Includes «The Decadentism of Sartre», pp.53-60.

Bochenski, I.M. *Europäische Philosophie der Gegenwart.* Berne: Francke, 1948. See pp.174-177.

Bodart, Roger. *Dialogues européens (de Montaigne à Sartre).* Brussels: Éds des Artistes, 1950. 175pp.
Includes «L'humanisme de Jean-Paul Sartre, ou la vie avortée», pp.133-146.

Bollnow, Otto F. *Französischer Existentialismus.* Stuttgart: Kohlhammer, 1965.

Borello, Oreste. *L'Estetica dell'esistenzialismo.* Messina Florence: G. d'Anna (Biblioteca di cultura contemporanea, 50), 1956. 327pp.

Borrello, Oreste. *Studi su Sartre.* Bologna: Capelli (Biblioteca di cultura filosofica, no.29), 1964. 151pp.

Brantl, George E. *The Tragic Commitment: An Essay in Existentialist Metaphysics.* Dissertation, Columbia University. See *D.A.*, vol.17, 1957, 1783.

Brecht, Franz Joseph. *Einführung in die Philosophie der Existenz.* Heidelberg: Heidelberge Schriften, 1948. 199p.

Breisach, Ernst. *Introduction to Modern Existentialism.* New York: Grove Press, 1962.
Includes «Jean-Paul Sartre: Man - Master and Useless Passion», pp.94-106.

Breton, Stanislas. *Situation de la philosophie contemporaine.* Lyons: Vitte, 1954.

Brufau Prats, Jaime. *Moral, vida social y derecho en Jean-Paul Sartre.* Salamanca: Univ. de Salamanca (Acta Salmanticensia. Derecho, 20), 1967. 141pp.

Brulé, Michel. *Le Problème de la mort dans la philosophie contemporaine française de l'existence, G. Marcel et Jean-Paul Sartre.* Paris: 1966.

Bryant, D.S. *Bases for Educational Theory in the Philosophy of Jean-Paul Sartre.* Dissertation, Stanford University, 1966. 373pp.

Buber, Martin. *Eclipse of God: Studies in the Relation between Religion and Philosophy.* New York: Harper, 1951; Harper Torchbook, 1957. See pp.65-70.

Bubner, Rüdiger. *Phänomenologie, Reflexion und cartesianische Existenz. Zu Sartres Begriff des Bewusstseins.* Heidelberg: 1964.

Bukala, C.R. *Intersubjectivity in Sartre's Dramatic Philosophy.* Dissertation, Boston College, 1970. See *D.A.*, vol.31, 1970-71, 4834A.

Burke, David R. *An Examination of Jean-Paul Sartre's Conception of Freedom.* Dissertation, Michigan State University. See *D.A.*, vol.26, 1966, 4725-4726.

Callot, Emile. *Von Montaigne zu Sartre. Die Entwicklungen der französischen Philosophie vom 16 Jahrhundert bis zur Gegenwart.* Meisenheim and Vienna: Westkulturverlag, 1952. 206pp.

Campbell, Karlyn. *The Rhetorical Implications of the Philosophy of Jean-Paul Sartre.* Dissertation, Univ. of Minnesota, 1968. See *D.A.*, vol.29, no.10, April 1969, 3701A.

Campbell, Robert. *Jean-Paul Sartre ou une littérature philosophique.* Paris: Pierre Ardent (coll. Aux sources, no.2), 1945. 277pp. Revised and augmented editions in 1947 and 1965.

Campbell, Robert. *L'Existentialisme.* Paris: Foucher (coll.'Expliquez-moi'), 1960. See pp.48-55.

Caradang, Amado I. *Jean-Paul Sartre and his Atheism.* Dissertation, University of Notre Dame. See *D.A.*, vol.27, 1967, 2555A-2556A.

Carette, R. *Sartre et la philosophie du possible.* Ghent: Édit. J.D.S., 1953. 64pp.

Carp, E.A.D.E. *Teilhard, Jung en Sartre over evolutie.* Utrecht-Antwerp: Uitgeverij 'Het Spectrum,' 1969. 186pp.

Carp, E.A.D.E. *Zelfonthulling in het mensbeeld van Jean-Paul Sartre.* Antwerp: Standaard W.U.; Rotterdam: Univ. Pers Rotterdam, 1970. 205pp.

Carpenter, Peter. *The leap of Faith and Heroic Despair. A Comparison of the Philosophies of Authentic Existence according to S. Kierkegaard and J.-P. Sartre.* Master's dissertation, McGill University, 1966.

Cavaciuti, S. *L'Ontologia di Jean-Paul Sartre.* Milan: Marzorati Editore (Publicazioni dell'Istituto di Filosofia. Facoltà di Magistero dell'Università di Genova, VII.), 1969. 100pp.

Cera, Giovanni. *Sartre tra ideologia e storia.* Bari: Ed. Laterza (coll. Biblioteca di cultura moderna, no.723), 1972. 211pp.

Chariot, Pierre. *Sartre y el existencialismo* (Enciclopedia Popular Illustrada). Barcelona: Plaza & James, 1963. 76pp.

Chiodi, Pietro. *L'Esistenzialismo.* Turin: Loescher, 1957. 223pp.

Choron, Jacques. *Death and Western Thought.* New York: Collier Books, 1967.

Choron, Jacques. *La Mort et la pensée occidentale* (Tr. by Monique Manin). Paris: Payot, 1969. 258pp.

Chung, Ha Eun. *Alienation in the Writings of Hegel, Marx, and the Existentialists.* Dissertation, Pittsburgh Theological Seminary, 1962.

Coates, J.B. *The Crisis of the Human Person: Some Personalist Interpretations.* London: Longman, 1949.

Cochrane, Arthur C. *The Existentialists and God.* Philadelphia: Westminster Press, 1956.

Coffy, Chanoine Robert. *Dieu des athées: Marx, Sartre, Camus.* Lyons: Chronique sociale de France, 1965. 176pp.

Collins, James. *The Existentialists: A Critical Study.* Chicago: Henry Regnery, 1952; rev. ed., Gateway Paperback, 1959.
   Includes «Sartre's Postulatory Atheism», pp.40-87 (Gateway), and many other references to Sartre.

Copleston, Frederick C. *Contemporary Philosophy: Studies in Logical Positivism and Existentialism.* London: Burns & Oates; Westminster (Maryland): Newman Press, 1956.

Cording, Richard Arnold. *Sartre's Theory of Freedom.* Dissertation, Univ. of Missouri, 1969. See *D.A.*, vol.30, no.4, October 1969, 1595A-1596A.

Cortese, Luigi. *Il Problema della prassi in Sartre.* Rome: Caltanisetta, S. Sciascia, 1966. 45pp.

Cranston, Maurice. «The Later Thought of Jean-Paul Sartre». In *Modern Occasions*, ed. Philip Rahv. New York: Farrar, Strauss & Giroux, 1966. See pp.181-201.

Cumming, Robert Denoon (ed.). *The Philosophy of Jean-Paul Sartre.* New York: Random House, 1965. 491pp.
   An anthology. Reviews are listed in section 401.

Cumming, Robert Denoon. «The Literature of Extreme Situations». In *Aesthetics Today*, ed. Morris Philipson. Cleveland: Meridian Books, 1961. See pp.377-412.

Davidson, Robert F. (ed.). *The Search for Meaning in Life: Readings in Philosophy.* New York: Holt, Rinehart & Winston, 1962.
   See pp.345-353 on Sartre's existentialism.

Deledalle, Gérard, & D. Huisman (Eds.). *Les Philosophes français d'aujourd'hui par eux-mêmes. Autobiographie de la philosophie française contemporaine*. Paris: C.D.U., 1963. 402pp.
   Includes Alphonse de Waelhens on Sartre, pp.344-357, and Marc Beigbeder, «Ce qui a pu le faire», pp.302-313.

Deledalle, Gérard. *L'Existentiel. Philosophies et littératures de l'existence.* Paris: Renée Lacoste, 1949. 291pp.

Delfgaauw, B.M.I. *Existentiele Verwondering.* Amsterdam: 1947.

Delfgaauw, B.M.I. *Pre-adviezen over het existentialsime: het 'atheistisch existentialisme': Nietzsche, Heidegger, Sartre.* The Hague: 1947.

Delfgaauw, B.M.I. *Wat is existentialisme?.* Amsterdam: Noord-hollandsche uitgevers (coll. Uit leven en wetenschap, no.14), 1948. 100pp.
   In Dutch. Erroneously given as What is Existentialism? *by Belkind.*

Delfgaauw, B.M.I. *Wat is existentialisme?.* Baarn: Het Wereldvenster, 1969. 7th revised edition. 132pp.

Dempsey, Peter. *The Psychology of Sartre.* Eire: Cork Univ. Press, 1950, and Westminster (Maryland): Newman Press.
   A Catholic (Thomist) examination of Sartre's thought.

Denat, Antoine. *Vu des antipodes. Synthèses critiques.* Paris: Didier, 1969.
   See «Le moi, le monde et Dieu», pp.11-17; «Dialogue et dialectique», pp.18-27; «Critique littéraire et langage philosophique», pp.28-47.

Dresden, S. *Existentie-philosophie en literatururbeschouwing.* Amsterdam: J.M. Meulenhoff, 1946. 39pp.

Duché, Jean. *Liberté européenne.* Paris: Flammarion, 1949. 302pp.
   See pp. 133-140 for reprint of article-interview with Sartre first published in Le Littéraire, *13 April 1946.*

Dufrenne, Mikel, and Paul Ricoeur. *Karl Jaspers et la philosophie de l'existence.* Préface de Karl Jaspers. Paris: Seuil, 1947. 416pp.

Durand, Gilbert. *Les Structures anthropologiques de l'Imaginaire.* Paris: P.U.F. (coll. Bibliothèque de philosophie contemporaine), 1963.

Durand, R. P. *Sartre ou la liberté sans Dieu.* Marseilles: Conférence C.I.T.A., 1963. 14pp.

Dutt, K. Guru. *Existentialism and Indian Thought.* New York: Philosophical Library, 1960.

Earle, William. «Sartre: Man as the Impossibility of God». In *Christianity and Existentialism,* ed. John Wild. Evanston: Northwestern Univ. Press, 1963. See pp.88-112.

Eck, Marcel, Dr. *L'Homme et l'angoisse.* Paris: Arthème Fayard (coll. Le Signe, no.18), 1964. 262pp. See pp.63-69 and passim.

Edmondson, P.E. *Sartrean Freedom: A Changing Perspective.* Dissertation, Duke University, 1967. See *D.A.*, vol.28, no.9, March 1968, 3726A.

Eeden, H. van. *De Rorschach-proef en de verbeeldingsphenomenologie van Jean-Paul Sartre.* Nijmegen: Dekker & Van de Vegt, 1946. 32pp.

Egebak, Niels. *Indskrifter: Essays om faenomenologi og aetetik.* Fredensborg: Arena, 1967. 244pp.

Ehrlich, Robert S. *Twentieth Century Philosophers.* New York: Monarch Press (Monarch Study Guide), 1965.
   Includes «Sartre», *pp.99-103.*

Ell, Johannes. *Der Existenzialismus in seinem Wesen und Werden.* Bonn: Mensch und Welt, volume 6, 1955. 151pp.

Elveton, R.O. *The Concept of the Phenomenon.* Dissertation, Northwestern University, 1967. See *D.A.*, vol.28, 1968, 3712A.

Espiau de la Maestre, André. *Der Sinn und das Absurde: Malraux - Camus - Sartre - Claudel - Péguy.* Salzburg: O. Müller, 1961. 411pp. See pp.87-133.

Espiau de la Maestre, André. *Literatur und christlicher Glaube.* Würzburg: 1968.
    See «*Gott und Mensch bei Sartre und Camus*», pp.93-126.

Fabro, Cornelio. *L'Assoluto nell'esistenzialismo.* Catania: Guido Miano ed., 1954. 121pp.
    Includes «*L'esclusione dell' assoluto in Sartre*», pp.67-76.

Fabro, Cornelio. *Problemi dell'esistenzialismo.* Rome: Ed AVE, 1945. 139pp.

Fallico, Arturo B. *Art and Existentialism.* Englewood Cliffs: Prentice-Hall, 1962.

Fantone, Vicente. *El Existencialismo y la libertad creadora; una crítica al existencialismo de Jean-Paul Sartre.* Buenos Aires: Argos, 1948. 181pp.

Farber, M. (ed.). *Philosophic Thought in France and the United States.* Buffalo: University of Buffalo Press, 1950.

Fields, Belden. *An Examination of the ontological foundations of the political theory of Jean-Paul Sartre.* 1965(?).
    Quoted in M.-A. Burnier, Les Existentialistes et la politique, p.34, note 3. However, I have not been able to trace this work anywhere. Is it a misprint for Madeleine Fields (q.v. Section 411)?

Figurelli, Roberto. *Jean-Paul Sartre. Do ateismo ao antiteismo.* Porto Alegre (Brazil): Grafica da Univ. do Rio Grande do Sul, 1962. 77pp.

Filiasi Carcano, P. et al. *Filosofia dell'alienazione e analisi esistenziale.* Rome: 'Archivio di filosofia', 1962.

Fingarette, Herbert. *Self-deception.* New York: Humanities Press, 1969. 171pp.
    See «*Sartre and* mauvaise foi», pp.92-100.

Fink, Paul F. (ed.). *The Challenge of Philosophy.* San Fransisco: Chandler, no date.
    Includes «*Jean-Paul Sartre: An Existentialist Approach to Metaphysics*», pp.415-426.

Flam, Leopold. *De Krisis van de burgerlijke moraal; van Kierkegaard tot Sartre.* Antwerp: Uitg. Ontwikkeling, 1956. 176pp.

Flam, Leopold. *Ontbinding en protest. Van Marquis de Sade tot Sartre.* Antwerp: Uitg. 'De Sikkel', 1959. 155pp.

Flam, Leopold. *Profielen van Plato tot Sartre.* Antwerp: Uitg. 'De Sikkel', 1957. 185pp.

Forest, Aimé. *Témoignages.* Paris: Cahiers de la Pierre-qui-vit, 1947. Includes «*L'essence et l'existence*», pp.212-215.

Foulquié, Paul. *L'Existentialisme.* Paris: P.U.F., 1947. 128pp.

Foulquié, Paul. *Existentialism* (Tr. Kathleen Raine). London: Dobson, 1949; New York: Roy, 1950.

Friedmann, Maurice. *To deny our Nothingness: Contemporary Images of Man.* London: Gollancz, 1967. Includes «*The atheist existentialist: Nietzsche and Sartre*», pp.243-261.

Fritz, Egon. *Theologie ohne Gott.* Versuch über die menschliche Existenz in der modernen französischen Philosophie. Zürich: Artemis, 1946.

Frolla, L. *L'Évolution de la pensée philosophique à travers les âges.* Geneva: Mont Blanc, no date (1949). 254pp.

Frutos, Eugenio. *El Humanismo y la moral de J.-P. Sartre (crítica).* Saragossa: 1949.

Fu, Wei-hsun. *Contemporary Ethical Autonomism. A Critical Study of Sartre and Hare.* Dissertation, Univ. of Illinois, 1969. See *D.A.*, vol.30, 1969-70, 3053A.

Gabriel, Leo. *Existenzphilosophie von Kierkegaard bis Sartre.* Vienna: Verlag Herold (coll. Wissenschaft und Weltbild), 1951. 416pp. See pp.223-272.

Gabriel, Leo. *Existenzphilosophie.* Munich: 1968. Includes «*Sartre, l'homme se fait*», pp.166-201.

Gackstetter, D. *Philosophie und Literatur bei Sartre.* Munich: 1968.

Gagey, Jacques. *Gaston Bachelard ou la conversion à l'imaginaire.* Paris: Marcel Rivière et Cie., 1969. 303pp.

Garaudy, Roger. *Perspectives de l'homme.* Paris: P.U.F., 1959. 3rd edition 1961.
   Includes chapter on Sartre and «marxisme et philosophie de l'existence *lettre de Jean-Paul Sartre», pp.112-113.*

Garelli, Jacques. *La Gravitation poétique.* Paris: Mercure de France, 1966. 217pp.
   Includes «*Existence et ontologie dans l'oeuvre de Sartre», pp.52-57.* See also entry under 100.

Gemmer, Anders. *Jean-Paul Sartres Eksistentialisme, en kritisk Vurdering.* Copenhagen: E. Munksgaard, 1947. 61pp.

Gignoux, Victor. *La Philosophie existentielle. Kierkegaard, Jaspers, Heidegger, Jean-Paul Sartre, Gabriel Marcel.* Paris: Lefebvre, 1950; 2nd edition, 1955. 94pp.

Gill, J.H.(ed.). *Philosophy Today, No.3.* New York: Macmillan, 1970.
   Includes reprint of M. Natanson «*Phenomenology and Existentialism: Husserl & Sartre on intentionality», pp.61-71.*

Goldstein, Walter Benjamin. *Jean-Paul Sartre und Martin Buber; eine vergleichende Betrachtung von Existentialismus und Dialogik.* Jerusalem: R. Mass, 1965. 120pp.

Greene, Norman N. *Jean-Paul Sartre: The Existentialist Ethic.* Ann Arbor: Univ. of Michigan Press, 1960, and London: Cresset Press, 1961.

Greene, Norman N. *Jean-Paul Sartre as Critic of Political Ideologies.* Dissertation, University of Michigan. See *D.A.*, vol.20, 1959, 1847.

Grene, Marjorie. *Introduction to Existentialism.* Chicago & London: Phoenix Books, 1963. 149pp.
   Originally published as Dreadful Freedom. *Chicago: University of Chicago Press, 1948. A good introduction. Pages 41-94 are specifically on Sartre (and Heidegger).*

Grene, Marjorie. *Sartre.* New York: New Viewpoints, 1973. 301pp.

Grevillot, J.-M. *Les Grands Courants de la pensée contemporaine; existentialisme, marxisme, personnalisme chrétien.* Paris: Éd. du Vitrail, 1948. 305pp.
   Includes «*L'existentialisme de M. Sartre», pp.1-64.*

Hana, Ghanem-Georges. *Freiheit und Person: Eine Auseinandersetzung mit der Darstellung J.-P. Sartres.* Munich: Beck, 1965. 176pp.

Hanly, C.M.T. *The Nature of Freedom in the Philosophy of Sartre.* Dissertation, Univ. of Toronto, 1964. See *D.A.*, vol.27, no.3, September 1966, 798A.

Harper, Ralph. *Existentialism: A Theory of Man.* Cambridge (Mass.): Harvard Univ. Press, 1948.
 Includes a chapter on Sartre.

Haug, Wolfgang Fritz. *Jean-Paul Sartre und die Konstruktion des Absurden.* Frankfurt-am-Main: Suhrkamp Verlag, 1966. 248pp.

Hellerich, G. *An Investigation into the Educational Implications of Sartre's Notion of 'being with' and the Reaction of Martin Buber.* Dissertation, Univ. of Kansas, 1967. See *D.A.*, vol.28, no.12, June 1968, 4951A.

Henri-Hayem, Elisabeth. *Sartre contre l'homme.* Annemasse (Haute-Savoie): Éds. l'Effort humain, 1947. 27pp.

Herra, R.A. *Sartre y los prolegómenos a la antropología.* Costa Rica: Ciudad Univ. Rodrigo Facio, 1968. 230pp.

Hitz, Hermann. *Der Charakter des Sartreschen Humanismus in begriffsanalytischer Hinsicht. Die Funktion des Theorems vom Urentwurf.* Würzburg: (doctoral dissertation), 1960.

Hofer, Hans. *Existenz und Nihilismus bei Nietzsche und drei verwandten Denkern.* Berne: 1953.

Hoffman, K. *Existential Philosophy: A Study of its Past and Present Forms.* Dissertation, Harvard University, 1949.

Holz, Hans Heinz. *Der Französische Existentialismus. Theorie und Aktualität.* Munich: Speyer, 1958.

Holz, Hans Heinz. *Jean-Paul Sartre. Darstellung und Kritik seiner Philosophie.* Meisenheim-am-Glan: Westkulturverlag A. Hain, 1951. 139pp.

Houbart, Jacques. *Un Père dénaturé. Essai critique sur la philosophie de Jean-Paul Sartre.* Paris: Julliard, 1964. 218pp.

GENERAL STUDIES. BOOKS   **400**

Hübscher, Arthur. *Philosophen der Gegenwart.* Munich: 1949.

Hyppolite, Jean. *Figures de la pensée philosophique.* Paris: P.U.F., 1972. In two volumes, 1064pp.
   Chapter XIV in Vol.II is on Sartre.

Izard, Georges. *L'Homme est révolutionnaire.* Paris: Grasset, 1945. 315pp.
   Sartre discussed on pp.144-178, 189, 199, 227, 228.

Jaquette, W.A. *Value, Nothingness and Sartre.* Dissertation, University of Missouri, 1969. See *D.A.*, vol.30, 1969-70, 3503A.

Jeanson, Francis. *Le Problème moral et la pensée de Sartre* (lettre-préface de Jean-Paul Sartre). Paris: Éd. du Myrte, 1947. 384pp.

Jeanson, Francis. *Le Problème moral et la pensée de Sartre* (lettre-préface de Jean-Paul Sartre. Suivi de 'Un Quidam nommé Sartre'). Paris: Seuil, 1965. 347pp.

Jeanson, Francis. *Lignes de départ.* Paris: Seuil, 1962. 213pp.
   Includes «Les caractères existentialistes de la conduite humaine selon Jean-Paul Sartre», pp.153-177.

Jeanson, Francis. *Sartre* (Tr. Augusta Mattioli). Verona: A. Mondadori (Enciclopedia popolare Mondadori, no.37), 1961. 191pp.

Jeanson, Francis. *Sartre.* Paris: Desclée de Brouwer (Les écrivains devant Dieu, no.9), 1966. 142pp.

Jolivet, Régis. *Französische Existenzphilosophie.* Berne: 1948.

Jolivet, Régis. *Les Doctrines existentialistes de Kierkegaard à Jean-Paul Sartre.* Abbaye de Saint Wandrille: Éd. de Fontenelle, 1948. 375pp.

Jolivet, Régis. *Las Doctrinas existencialistas desde Kierkegaard a J.-P. Sartre* (Tr. Arsenio Pacios). Madrid: Ed. Gredos (Biblioteca universitaria Gredos, no.8), 1969. 409pp.

Jolivet, Régis. *Le Problème de la mort chez MM. Heidegger et J.-P. Sartre.* Abbaye de Saint Wandrille: Éd. de Fontenelle, 1950. 110pp.

Jolivet, Régis. *Sartre ou la théologie de l'absurde.* Paris: Arthème Fayard, 1965. 163pp.

Jolivet, Régis. *The Theology of the Absurd.* Westminster (Maryland): Newman Press, 1967.

Jones, W.A. *The Development of the Social Philosophy of Sartre.* Dissertation, Notre-Dame University, 1970. See *D.A.*, vol.31, 1970-71, 4840A.

Jones, W.R. *Sartre's Philosophical Anthropology in Relation to his Ethics: A Criticism of Selected Critics.* Dissertation, Brown University, 1969. See *D.A.*, vol.31, no.1, July 1970, 425A.

Juin, Hubert. *Jean-Paul Sartre ou la condition humaine.* Paris/Brussels: Éd. de La Boétie, 1946. 82pp.

Kaelin, Eugene F. *An Existentialist Aesthetic: The Theories of Sartre and Merleau-Ponty.* Madison: Univ. of Wisconsin Press, 1962. See pp.19-155.

Kaelin, Eugene F. «Three Stages on Sartre's Way: An Essay in Contemporary French Philosophy». In *European Philosophers Today*, ed. George L. Kline. New York: Quandrangle Books, 1965. See pp.89-111.

Kaufmann, Walter. *From Shakespeare to Existentialism.* New York: Beacon Press, 1959; and Anchor Books, 1960.
Contains frequent but brief references to Sartre.

Kemp, Peter. *Det ulykkelige begaer: Grundtanken i Jean-Paul Sartres filosofi.* Copenhagen: Gyldendal, 1966. 125pp.

Kenevan, P.B. *Time, Consciousness, and the Ego in the Philosophy of Sartre.* Dissertation, Northwestern University, 1969. See *D.A.*, vol.30, no.7, January 1970, 3054A.

Kingston, Frederick Temple. *A Comparison of Christian and Non-Christian Existentialism as exemplified by the Works of Contemporary French Writers.* Dissertation, Oxford (Christ Church), 1954.

Knight, Everett W. *The Objective Society.* New York: Braziller, 1960. 137pp.
See pp.115-122 and passim. This interesting essay uses rather than analyses Sartrean concepts.

Knittermeyer, Heinrich. *Die Philosophie der Existenz von der Renaissance bis zur Gegenwart.* Vienna: Humboldt Verlag, 1952. 504pp. See pp.366-400.

Koch, Adrienne D. *Philosophy for a Time of Crisis.* New York: Dutton, 1959.

Kockelmans, Joseph J. *Phenomenology.* New York: Doubleday (Anchor Books), 1967. 555pp.
   Excellent introduction to Husserl's thought. Reprints Natanson's «Phenomenology & Existentialism», (q.v. Section 405), pp.338-348.

Kopper, Joachim. *Die Dialektik der Gemeinschaft.* Frankfurt: 1960.

Kropp, Gerhard. *Von Lao-Tse zu Sartre; ein Gang durch die Geschichte der Philosophie.* Berlin: Gebrüder Weiss, no date. 255pp.

Kropp, Gerhard. *De Lao-Tse a Sartre. Introducción a la historia de la filosofía* (Tr. Alfredo Cahn). Buenos Aires: Compañía General Fabril, 1960. 253pp.

Krosigk, F. von. *Philosophie und politische Aktion bei Jean-Paul Sartre.* Munich: Beck (Münchener Studien zur Politik, 11), 1969. 190pp.

Kwant, Remy C. *From Phenomenology to Metaphysics. An Inquiry into the Last Period of Merleau-Ponty's Philosophical Life.* Pittsburgh: Duquesne Univ. Press; Louvain: Nauwelaerts, 1966. 246pp.
   Includes «Merleau-Ponty's Criticism of Sartre's Dialectic Philosophy», pp.130-156 (primarily on L'Être et le néant *and the* Critique*).*

Lacroix, Jean. *L'Échec.* Paris: P.U.F., 1965 (2nd. revised ed.). 116pp.

Lacroix, Jean. *Marxisme, existentialisme, personnalisme: présence de l'éternité dans le temps.* Paris: P.U.F., 1949. 120pp. 6th edition, 1966. 123pp.

Lafarge, René. *La Philosophie de Jean-Paul Sartre* (preface by P. Foulquié). Toulouse: Privat (coll. Regard), 1967. 157pp.

Lafarge, René. *Jean-Paul Sartre: His philosophy* (Tr. Marina Smyth-Kok, with preface by P. Foulquié). Dublin: Gill & Macmillan, 1970. 198pp.

Laforgue, René. *Au-delà du scientisme.* Geneva: Éds du Mont-Blanc, 1963. See pp.232-236.

Laín Entralgo, Pedro. *La Espera y la esperanza. Historia y teoría del esperar humano.* Madrid: Ed. Revista de Occidente, 1957.
See entry in section 407 for article abstracted from this book.

Laing, R.D. *The Divided Self: A Study of Sanity and Madness.* London: Tavistock Publications, 1960.

Laing, R.D. *The Self and Others: Further Studies in Sanity and Madness.* London: Tavistock Publications, 1961.

Laing, R.D. & A. Esterson. *Sanity, Madness and the Family.* London: Tavistock Publications, 1964.
This and the two preceding entries are also available in Penguin editions. They are included here because the thought of Sartre has contributed significantly to the development of the practical and theoretical psychiatry of Laing.

Laing, R.D., & D.G. Cooper. *Reason and Violence: A Decade of Sartre's Philosophy, 1950-1960.* Forward by Sartre. London: Tavistock Publications, 1964; New York: Pantheon Books, 1971. 184pp.

Larroyo, Francisco. *El Existencialismo, sus fuentes y direcciones.* Mexico: Ed. Stylo, 1951. 227pp.

Lauer, Quentin. *The Triumph of Subjectivity: An Introduction to Transcendental Phenomenology.* New York: Fordham Univ. Press, 1958. This was later published as *Phenomenology: Its Genesis and Prospect.* New York: Harper Torchbooks, 1965. 185pp.
Although mainly an exposition of Husserl's thought, Sartre is discussed in some detail, pp.173-180 (Torchbook ed.).

Lecarme, Jacques. *Les Critiques de notre temps et Sartre.* Paris: Garnier, 1973. 192pp.
Anthology including criticism on Sartre's philosophy by Magny, Blin, Gorz, Lévi-Strauss, pp.145-168.

Leddy, Joseph P. *A Critical Analysis of Jean-Paul Sartre's Existential Humanism with Particular Emphasis upon his Concept of Freedom and its Moral Implications.* M.A. thesis, University of Windsor (Canada), 1963.

Lee, Edward N. & Maurice Mandelbaum (eds). *Phenomenology and Existentialism.* Baltimore: The Johns Hopkins Press, 1967.
  Includes Edie, James M. «Sartre as phenomenologist and as existentialist psychoanalyst», pp.139-178.

Lefebvre, Henri. *Le Langage et la société.* Paris: Gallimard (coll.Idées), 1966. 376pp.
  Brief discussion of Sartre's understanding of language in L'Être et le néant, *pp.19-21.*

Lenz, Joseph. *Der moderne deutsche und französische Existentialismus.* Trieste: 1951.

Lepp, Ignace. *Existence et existentialisme.* Paris: Éd du témoignage chrétien, 1947. 100pp.

Lepp, Ignace. *Psychanalyse de l'athéisme moderne.* Paris: 1961.
  Includes «L'athéisme de Sartre», pp.192-202.

Lessing, Arthur. *'Man is Freedom': A Critical Study of the Conception of Human Freedom in the Philosophies of Martin Heidegger and Jean-Paul Sartre.* Dissertation, Tulane University. See *D.A.*, vol.28, 1967, 1470A.

Lichtheim, George. *The Concept of Ideology and Other Essays.* New York: Random House, 1967.
  Includes «Philosopher in revolt», pp.282-288; and «Sartre, Marxism and History», pp.289-345.

Lilar, Suzanne. *A propos de Sartre et de l'amour.* Paris: Grasset, 1967. 277pp.

Louis, Chanoine Michel. *Humanisme et religion I. L'expérience athée: Nietzsche, Sartre, Malraux.* Paris: Aumônerie catholique du Lycée Janson de Sailly, 1965. 61pp.

Lukacs, Georg. *Existentialisme ou marxisme?.* Paris: Nagel (coll. Pensées), 1948. 300pp. See pp.141-160 & passim.

MacCabe, Joseph. *The Meaning of Existentialism.* Girard, Kansas: Haldeman-Julius, 1946. Not seen.

Madinier, Gabriel. *La Conscience morale.* Paris: P.U.F., 1954.
  Discusses Sartre's ontology, pp.36-43. 5th edition, 1966. 120pp.

Magny, Claude-Edmonde. *Les Sandales d'Empédocle: essai sur les limites de la littérature.* Neuchâtel: la Baconnière (coll. Être et penser, cahiers de philosophie -II), 1945. 290pp. See pp.105-173.

Maier, Willi. *Das Problem der Leiblichkeit bei Jean-Paul Sartre und Maurice Merleau-Ponty.* Tübingen: Max Niemeyer (Forschungen z. Pädagogik und Anthropologie, 7), 1964. 104pp.

Maire, Gilbert. *Une Régression mentale d'Henri Bergson à Jean-Paul Sartre.* Paris: Grasset, 1959. 210pp.
   Includes «Jean-Paul Sartre: un existentialiste utilitaire», pp.187-204.

Manno, Ambrogio. *L'Esistenzialismo di J.-P. Sartre.* Naples: Istituto di Scienze e Lettere, S. Chiara, 1958. 64pp.

Manser, Anthony R. *Sartre: A Philosophic Study.* London: Athlone Press, and New York: O.U.P., 1966.
   Excellent general introduction to Sartre's works (including fiction and drama).

Marcel, Gabriel. *Les Grands Appels de l'homme contemporain.* Paris: Éds. du Temps présent, 1946.
   Includes «L'homme selon Sartre» and «L'existence et la liberté humaine chez Sartre», pp.111-176.

Marcel, Gabriel. *The Philosophy of Existence.* London: Harvill Press, 1948; New York: Philosophical Library, 1949.
   General criticism of Sartre, pp.32-66.

Marín Ibáñez, Ricardo. *Libertad y compromiso en Sartre.* Valencia: Diputación Provincial de Valencia, 1959. 226pp.

Marsak, Leonard M. *French Philosophers from Descartes to Sartre.* New York: World, 1961.

Martin-Deslias, Noël. *Jean-Paul Sartre ou la conscience ambiguë.* Paris: Nagel, 1972. 214pp.

Martin, Vincent. *Existentialism. Kierkegaard, Sartre and Camus.* Washington, D.C.: Thomist Press, 1962. 48pp.

Masullo, Aldo. *La Communità come fondamento. Fichte, Husserl, Sartre.* Naples: Libreria Scientifica Ed., 1965. See pp. 345-466.

Mauro, A. *L'Esistenzialismo di Sartre.* Naples: 1958.

Mayano, Pedro B. *L'Homme libre à la lumière de la phénoménologie ontologique.* Doctoral dissertation, Univ. de Louvain, 1954.

Mays, Wolfe, and S.C. Brown (eds.). *Linguistic Analysis and Phenomenology.* London: Macmillan, 1972. 307pp.
   The papers collected here include frequent reference to Sartre.

McMahon, Joseph. *Humans being: The World of Jean-Paul Sartre.* Chicago and London: Univ. of Chicago Press, 1971. 404pp.

Melchiorre, Virgilio. *Libertà e responsabilità.* Padua: Ed. Gregoriana, 1967. 156pp.
   Includes «Sartre, Spinoza e S. Agostine», pp.14-38.

Merleau-Ponty, Maurice (ed.). *Les Philosophes célèbres.* Paris: Lucien Mazenod, 1956.
   Includes Alphonse de Waelhens, «Sartre», pp.344-350.

Merleau-Ponty, Maurice. *Le Visible et l'invisible.* Paris: Gallimard, 1964. See Chapter 2.

Merleau-Ponty, Maurice. *Sens et non-sens.* Paris: Nagel, 1948.
   Includes, inter alia, a reprint of «La querelle de l'existentialisme», pp.123-144.

Meyer, Hans. *Geschichte der abendlandischen Weltanschauung.* Vol.5: *Die Weltanschauung der Gegenwart.* Würzburg: F. Schonigh, 1949. 571pp.
   Includes «Jean Sartre (sic) und Gabriel Marcel», pp.470-476.

Mihalich, Joseph C. *The Notion of Value in the Existentialism of Jean-Paul Sartre.* Dissertation, Georgetown University. See *D.A.*, vol.26, 1965, 3407.

Möller, Joseph. *Absurdes Sein? Eine Auseinandersetzung mit der Ontologie J,-P. Sartres.* Stuttgart: Kohlhammer, 1959. 230pp.

Molnar, Thomas. *Sartre: Ideologue of our time.* New York: Funk & Wagnalls, 1968. 143pp.

Molnar, Thomas. *Sartre, Philosophe de la contestation.* Paris: Le Prieuré, 1969. 189pp.

Monthaye, Gaston. *L'Athéisme, le communisme, l'existentialisme; analyse critique.* Paris: Librairie Mercure, 1948. 59pp.

Morris, Phyllis. *Sartre's Concept of a Person.* Dissertation, University of Michigan, 1969. See *D.A.*, vol.30, no.5, November 1969, 2081A.

Mottier, G. *Déterminisme et liberté.* Neuchâtel: La Baconnière, 1948. See Chapter 8.

Mounier, Emmanuel. *Carnets de route (III), L'Espoir des désespérés.* Paris: Éds. du Seuil, 1953.

Mounier, Emmanuel. *Introduction aux existentialismes.* Paris: Denoël, 1947. 156pp.
Reprinted from the series of articles in Esprit *from April-October 1946.*

Mounier, Emmanuel. *Existentialist Philosophies: An Introduction* (Tr. E. Blow). London: Rockliff; New York: Macmillan, 1948. Tr. of the 1947 Paris text.

Mueller, Fernand-Lucien. *L'Irrationalisme contemporain: Schopenhauer, Nietzsche, Freud, Adler, Jung, Sartre.* Paris: Payot (Petite bibliothèque Payot, no.159), 1970. 160pp.

Müller-Schwefe, H.R. *Atheismus.* Stuttgart: 1962.

Müller-Schwefe, H.R. *Existenzphilosophie. Das Verständnis von Existenz in Philosophie und christlichen Glauben. Eine Begegnung.* Zürich: 1961. 278pp. See pp.74-90.

Müller, Max. *Existenzphilosophie im geistigen Leben der Gegenwart.* Heidelberg: Kerle, 1949.

Murdoch, Iris. *Sartre, Romantic Rationalist.* Cambridge: Bowes & Bowes, and New Haven: Yale Univ. Press, 1953. Yale paperback 1959.

Murphy, Richard T. *Phenomenology and the Dialectic: A Study of Pre-reflexive Consciousness in the Phenomenological Theories of Husserl, Sartre, and Merleau-Ponty.* Dissertation. See *D.A.*, vol.24, 1963, 779-780.

Naess, Arne. *Four modern philosophers: Carnap, Wittgenstein, Heidegger, Sartre* (Tr. Alastair Hannay). Chicago and London: Univ. of Chicago Press, 1968. 367pp.
See «Jean-Paul Sartre», pp.265-359.

Naville, Pierre. *Les Conditions de la liberté.* Paris: Sagittaire, 1947.

Naville, Pierre. *Psychologie, marxisme, matérialisme. Essais critiques.* Paris: Rivière, 1946. 207pp. 2nd revised edition 1948, 311pp.

Nicol, Eduardo. *Historicismo y existencialismo, la temporalidad del ser y la razón.* Mexico City: Colegio de México, 1950. 375pp.

Niel, André. *Jean-Paul Sartre. Héros et victime de la 'conscience malheureuse.' Essai sur le drame de la pensée occidentale.* Paris: Éd. 'Courrier du Livre' (coll. l'Université permanente), 1966. 190pp.

Niel, André. *Les grands appels de l'humanisme contemporain. Christianisme, marxisme, évolutionnisme, existentialisme ... et après?.* Paris: Éd. 'Courrier du Livre', 1966. 136pp.

Niftrik, G.C. van. *De boodschap van Sartre.* Nijkerk: G.F. Gellenbach, 1967. 216pp. Not seen.

Odajnyk, Walter. *Marxism and Existentialism.* New York: Doubleday (Anchor Books), 1965.
    On Sartre's unsuccessful attempts to synthesize existentialism and marxism.

Olafson, Frederick A. *Principles and Persons: An Ethical Interpretation of Existentialism.* Baltimore: Johns Hopkins Press, 1967.

Ortégat, Paul. *Intuition et religion. Le problème de l'existentialisme.* Louvain: Éd. de l'Institut supérieur de philosophie; Paris: Vrin, 1947. 248pp.

Paci, Enzo. *Ancore sull'esistenzialismo.* Turin: 1956.

Pagano, Giacomo M. *Sartre e la dialettica.* Naples: Giannini, 1970. 270pp.

Paissac, Henry. *Le Dieu de Sartre.* Paris/Grenoble: Arthaud, 1950. 158pp.

Papone, A. *Esistenza e corporeità in Sartre. Dalle prime opere all'«Essere e il Nulla».* Florence: Felice Le Monnier, 1969. 157pp.

Passmore, John A. *A Hundred Years of Philosophy.* Harmondsworth: Penguin, 1968. 639pp.
    Includes «Existentialism and Phenomenology», *pp.476-516.*

Patte, Daniel. *L'Athéisme d'un chrétien; ou, un chrétien à l'écoute de Sartre.* Paris: Nouvelles Éditions latines, 1965. 187pp.

Pederson, Olaf. *Van Kierkegaard tot Sartre.* Amsterdam: Het Wereldvenster, 1951. 3rd edition 1956. 159pp.

Pesch, Edgar. *L'Existentialisme: essai critique.* Paris: Éd. Dynamo, 1946. 62pp.

Pierce, Roy. *Contemporary French political thought.* London: 1966. Includes «Jean-Paul Sartre: existential marxist», pp.148-184.

Pintos, J.-L. *El Ateismo del último Sartre. La línea evolutiva de su actitud atea.* Madrid: Ed. Razón y Fe, 1968. 166pp.

Plessen, J. *Inleiding tot het denken van Sartre.* Assen: Born (coll. Hoofdfiguren van het menselijk denken, 5), 1959. 48pp.

Podleck, A. *Der Leib als Weise des in-der-Welt Seins.* Bonn: H. Bouvier, 1956.

Polack, Frederick L. *The Image of the Future.* New York: Oceana, 1961.
    Criticizes existentialist thinking, and Sartre in particular, for a lack of utopian vision. See Sargent's refutation Section 409.

Presseault, Jacques. *L'Être-pour-autrui dans la philosophie de Jean-Paul Sartre.* Brussels/Paris: Desclée de Brouwer; Montreal: Éds. Bellarmin, 1970. 269pp.

Pruche, Benoît. *Existentialisme et acte d'être.* Paris/Grenoble: Arthaud, 1947. 117pp.

Pruche, Benoît. *L'Homme de Sartre.* Paris/Grenoble: Arthaud, 1949. 128pp.

Quiles, Ismael. *Sartre y su existencialismo.* Madrid: Espasa-Calpe, 1967. 3rd edition. 157pp.

Quiles, Ismael. *Sartre. El existencialismo del absurdo.* Buenos Aires: Espasa-Calpe (coll. La Filosofía de nuestro tiempo, no.5), 1949. 2nd edition 1952.

Rabil, Albert. *Merleau-Ponty: Existentialist of the Social World.* New York: Columbia University Press, 1967. 331pp.

Rainho, A.A. Leite. *Filosofias do concreto.* Lisbon: Unitao Grafica, 1957. 494pp.

Ramsey, P. *Nine Modern Moralists.* Englewood Cliffs: Prentice-Hall, 1962.
 Includes «Jean-Paul Sartre: Sex in Being», pp.71-109.

Rauch, Leo. *Intentionality and its Development in the Phenomenological Psychology of Edmund Husserl.* Dissertation, New York University, 1968. See *D.A.*, vol.29, 1968, 937-938A.

Rave, D. *Phänomenologische Ontologie und dialektische Anthropologie. Zur Philosophie von Sartre.* Frankfurt: 1967.

Read, Herbert. *Existentialism, Marxism and Anarchism: Chains of Freedom.* London: Freedom Press, 1949.
 Includes frequent brief references to Sartre.

Reboul, Olivier. *L'Homme et ses passions d'après Alain.* Paris: P.U.F., 1968, 2 vols.
 Includes «Discussion: Alain et Sartre», pp.127-132; and «L'inconscient: Alain, Freud et Sartre», pp.146-150.

Redeker, Hans. *Existentialisme. Een doortocht door philosophisch frontgebied.* Amsterdam: De Bezigebij, 1956. 224pp.

Reding, Marcel. *Die Existenzphilosophie: Heidegger, Sartre, Gabriel Marcel und Jaspers in Kritisch-systematischer Sicht.* Düsseldorf: L. Schwann (Philosophische Beiträge zur Erkenntnis der Menschenwirklichkeit), 1949. 236pp.

Reding, Marcel. «Heidegger und Sartre». in *Der Mensch vor Gott. Festschrift für Theodor Steinbuchel.* Düsseldorf: 1948. See pp.333-348.

Revel, Jean-François. *Contre-censures.* Paris: Pauvert, 1966. 389pp.
 Includes «Philosophie et politique chez Sartre», pp.220-225; and «De l'insoumission philosophique» (review of Houbart, Un Père dénaturé, q.v. this Section), pp.202-205.

Revel, Jean-François. *Pourquoi des philosophes?.* Paris: J.-J. Pauvert (coll. Libertés, 1), 1964. 184pp.
 See «Appendice 4. Le malheur d'être philosophe», pp.284-290.

Richter, Liselotte. *Jean-Paul Sartre oder die Philosophie des Zwiepalts*. Ein Vortrag mit Exkurzen. Berlin: G. Spielberg Chronos Verlag, 1949. 46pp.

Richter, Liselotte. *Jean-Paul Sartre*, tr. Fred. D. Wieck. New York: Ungar, 1970. 118pp.

Richter, Liselotte. *Jean-Paul Sartre*. Berlin: Colloquium Verlag (Köpfe des XX. Jahrhunderts, 23), 1961. 94pp.

Rideau, Émile. *Paganisme et christianisme*. Tournai: Casterman, 1953. 254pp.

Rintelen, Fritz-Joachim von. *Beyond Existentialism* (Tr. Hilda Graef). London: Allen & Unwin, 1961. 264pp.
    Sartre mentioned frequently (and critically) throughout. Original title: Philosophie der Endlichkeit.

Rovatti, A. P. *Che cosa ha veramente detto Sartre*. Rome: Ubaldini, 1969. 196pp.
    Primarily an exposition of Sartre's philosophical thought, but includes (Chapter 4) a section on the novels and plays.

Salvan, Jacques. *The Scandalous Ghost: Sartre's Existentialism as Related to Vitalism, Humanism, Mysticism, Marxism*. Detroit: Wayne State Univ. Press, 1967.
    Preface includes interview with Sartre.

Sanborn, Patricia F. *Existentialism*. New York: Pegasus, 1968. 192pp.

Sánchez Villaseñor, José. *Introducción al pensamiento de Jean-Paul Sartre*. Mexico City: Ed. Jus, 1950. 60pp.

Santucci, A. *Esistenzialismo e filosofia italiana*. Bologna: 1959.
    See, in particular, pp.228 et seq.

Sartre, J.-P., et al. *Marxisme et existentialisme*. Controverse sur la dialectique par Jean-Paul Sartre, Roger Garaudy, Jean Hyppolite, Jean-Pierre Vigier, J. Orcel. Paris: Plon (coll. Tribune libre), 1962.

Scarpelli, Umberto. *Esistenzialismo e marxismo. Saggi sulla giustizia*. Turin: Taylor (Coll. di filosofia, no.6), 1968 (3rd ed.). 124pp.

Schacht, Richard. *Alienation*. New York: Doubleday, 1971.
    Includes «Alienation in Sartre's Major Works», pp.226-239.

Schacht, Richard. *The Category of Alienation.* Dissertation, Princeton University, 1967. See *D.A.*, vol.28, 1968, 516A.

Schaepman, P.M. *The Philosophy of Existence.* M.A. thesis, London University (University College), 1958.

Schaff, Adam. *A Philosophy of Man.* London: Lawrence & Wishart, 1963. 139pp.
  English tr. of Filozofia czlowicka. Marksizm e egzystencializm. Warsaw: 1962.

Schaff, Adam. *Marx oder Sartre? Versuch einer Philosophie des Menschen.* Berlin: Deutscher Verlag der Wissenschaften VEB, 1965. 175pp. Tr. from the Polish by Erna Reifer.

Schaldebrand, Mary Aloysius. *Phenomenologies of Freedom.* Washington, D.C.: Catholic University of America, 1960.
  On Sartre and Gabriel Marcel.

Schlisske, Günther. *Die Ontologie Jean-Paul Sartres als subjektiver Idealismus.* Munich: 1961.

Schneider, Friedrich. *Philosophie der Gegenwart.* Munich: Ernst Reinhardt, 1953.
  Pp.30-32 give a general outline of Sartre's philosophy.

Schrag, Calvin O. *Existence and Freedom: Towards an Ontology of Human Finitude.* Evanston: Northwestern University Press, 1961.
  On Kierkegaard, Heidegger, Jaspers, Sartre, Marcel, and Berdyaev.

Scott, Nathan A. *The Unquiet Vision: mirrors of man in existentialism.* New York: The World Pub. Co., 1969.
  Includes «Jean-Paul Sartre - Advocate of responsibility in solitude», pp.120-149.

Selle, Mgr.H. *Un Duel à quatre: Saint-Thomas, Kant, Bergson, Sartre.* Vion (Sarthe): La Chapelle du Chêne, 1954. 62pp.

Sève, Lucien. *La Philosophie française contemporaine et sa genèse de 1789 à nos jours.* Paris: Éds. sociales, 1962.
  Criticises the transcendental basis of Sartre's historical materialism.

Shearson, W.A. *The Notion of Encounter in Existentialist Metaphysics... in Kierkegaard, Sartre and Buber.* Dissertation, Univ. of Toronto, 1970. See *D.A.*, vol.32, 1971-72, 3374A-3375A.

Shouery, Imad T. *The Psychological Origins of Jean-Paul Sartre's Concept of Freedom.* Dissertation, Univ. of Oklahoma, 1968. See *D.A.*, vol.28, 1968, 4668A.

Skjervheim, Hans. «Deltakar og tilskodar». In *Brytninger i tidens tankeliv*, ed. A. Aarnes and E.A. Wyller. Oslo: Johan Grundt Tanum (Ide og tanke, 1), 1960. 164pp.

Smith, Colin. *Contemporary French Philosophy: A Study in Norms and Values.* London: Methuen, 1964.
Includes «*The Search for Significance: Sartre*», *pp.27-47.*

Smith, Vincent E. *Idea-Men of Today.* Milwaukee: Bruce, 1950.
Includes «*Sartre's Refuge in Atheism*», *pp.288-310.*

Solomon, Robert C. *From Rationalism to Existentialism. The Existentialists and their nineteenth century backgrounds.* New York: Harper & Row, 1972.
See especially Chapter 7, *pp.245-322.*

Solomon, Robert C. (ed.). *Phenomenology and Existentialism.* New York: Harper & Row, 1972. 530pp.
Anthology which includes extracts from Sartre's philosophy and (pp.510-518) a reprint of the 1970 interview which first appeared in the New Left Review, *no.58, 1970.*

Sonnemann, Ulrich. *Existence and Therapy: An Introduction to Phenomenological Psychology and Existential Analysis.* New York: Grune & Stratton, 1954.

Soper, William W. *The Self and its World in Ralph Barton Perry, Edgar Scheffield Brightman, Jean-Paul Sartre, and Soeren Kierkegaard.* Dissertation, Boston University. See *D.A.*, vol.23, 1962, 1042-1043.

Spiegelberg, Herbert. *The Phenomenological Movement. A Historical Introduction. Chapter XIV. The Essentials of the Phenomenological Method.* The Hague: M. Nijhoff, 1965. Offprint, paginated 653-701.
Sartre is mentioned only in passing; but the off-print is valuable as an introduction to the background of Sartre's thought.

Spoerri, Theophil. *Die Herausforderung des Existentialismus.* Hamburg: 1951.

Spoerri, Theophil. *Die Struktur der Existenz.* Zürich: Speer-Verlag, 1951.
 A translated chapter on Les Mouches *appeared in Kern, Edith.* Sartre: A Collection of Critical Essays, *q.v. Section 600 or 203.*

Stefani, Mario. *La Libertà esistenziale in J.-P. Sartre.* Milan: Soc. Ed. (coll. Vita e pensiero), 1949. 120pp.

Stefanini, Luigi. *Estetica dell'esistenzialismo.* Padua: 1952.

Stern, Alfred. *Sartre: His Philosophy and Existential Psychoanalysis.* New York: The Liberal Arts Press, 1953. 223pp.; Dell, 1967. 2nd revised & enlarged edition. 276pp. Also, London: Vision Press, 1968.

Straelen, Van H. *Man the Lonely. Preface to existentialism.* Tokyo/London: 1952.

Streller, Justus. *Zur Freiheit verurteilt. Ein Grundriss der Philosophie Jean-Paul Sartres.* Hamburg: Meiner, 1952. 118pp.

Streller, Justus. *Jean-Paul Sartre: To Freedom Condemned* (Tr. & intro. by Wade Baskin). New York: Philosophical Library, 1960.

Struyker Boudier, C.E.M. *Jean-Paul Sartre. Een inleiding tot zijn denken.* The Hague: Lannoo (coll. Denkers over God en wereld, 14), 1967. 198pp.

Stumpf, Samuel E. *Socrates to Sartre: A History of Philosophy.* New York: McGraw-Hill, 1966.

Stur, E.J. *Der Begriff der Freiheit bei Jean-Paul Sartre.* Dissertation, Vienna, 1950. 210pp.

Theisen, Josef (ed.). *Écrivains existentialistes: Jean-Paul Sartre, Albert Camus, Gabriel Marcel.* Munich: M. Hueber Verlag, 1969. 35pp.

Theunissen, Michael. *Der Andere. Studien zur Sozialontologie der Gegenwart.* Berlin: De Gruyter, 1965. 538pp.
 Mainly on Sartre's precursors Husserl and Heidegger.

Thévenaz, Pierre. *De Husserl à Merleau-Ponty. Qu'est-ce que la phénoménologie?* Neuchâtel: la Baconnière, 1966. 118pp.
  Includes: «La phénoménologie de Sartre», pp.79-102.

Thévenaz, Pierre. *What is Phenomenology?* (Tr. James M. Edie, C. Courtney, P. Brockelman). London: Merlin Press; Chicago: Quadrangle Books, 1962.

Thyssen, Johannes. *Realismus und moderne Philosophie.* Bonn: 1959.
  The two Kant-Studien articles (q.v. section 401) are reprinted here pp.92-138.

Tillich, Paul. *The Courage to Be.* New Haven: Yale Univ. Press, 1952; Yale paperback, 1959.
  See pp.143-144 and 149-152.

Tiryakian, Edward A. *Sociologism and Existentialism: Two Perspectives on the Individual and Society.* Englewood Cliffs: Prentice-Hall, 1962.
  See «Sartre: The Subject's Relationship to the Social Object», pp.130-133.

Truc, Gonzague. *De Jean-Paul Sartre à Louis Lavelle, ou Désagrégration et réintégration.* Paris: P. Tissot, 1946. 220pp.
  See «Une philosophie et une littérature de la désagrégation: J.-P. Sartre», pp.15-130.

Tymieniecka, Anna-Teresa. *Phenomenology and Science in Contemporary European Thought*, Foreword by I.M. Bochenski. New York: Farrar, Strauss and Cudahy, 1962.

Ussher, Arland. *Journey Through Dread.* New York: Devin-Adair; London: Darwen-Finlayson, 1955; Reissued New York: Biblo & Tannen, 1968.
  Includes «Sartre: The Shudder before the Other Person», pp.93-146.

Vaccari, G. *Filosofia dell'immaginario ed esistenzialismo.* Pavia: 1952.

Van Overbeke, P.M. *Philosophes d'aujourd'hui en présence du droit: Sartre, Husserl, Gabriel Marcel, Teilhard de Chardin, Ernst Bloch, Reinach.* Paris: Sirey (Archives de philosophie du droit, 10), 1965. 376pp.

Vancourt, R. *Marxisme et pensée chrétienne.* No place (Lille): Bloud and Gay, 1948. 304pp.
Sartre and Beauvoir are discussed frequently throughout.

Vedaldi, Armando. *Esistenzialismo.* Verona: M. Lecce, 1947. 174pp.
On Marcel, Sartre and Camus.

Vestre, Bernt. «Jean-Paul Sartre og frihetsproblemet». In *Brytninger i tidens tankeliv*, ed. A. Aarnes and E.A. Wyller. Oslo: Johan Grundt Tanum (Ide og tanke, 1), 1960. 164pp.

Vietta, Egon. *Theologie ohne Gott. Versuch über die menschliche Existenz in der modernen französischen Philosophie.* Zürich: Artemis-Verlag, 1946.

Virasoro, Rafael. *Existencialismo y moral. Heidegger y Sartre.* Santa Fe (Argentina): Castellivi, 1957. 78pp.

Wahl, Jean. *Esquisse pour un tableau des catégories de la philosophie de l'existence.* Paris: Tournier et Constans (Les Cours de Sorbonne), no date. 68pp.

Wahl, Jean. *Esquisse pour une histoire de l'existentialisme. De Kierkegaard à Kafka, Heidegger et Sartre, et une introduction à la pensée contemporaine .* Paris: Éd. de l'Arche, 1949. 160pp.

Wahl, Jean. *La Pensée de l'existence.* Paris: Flammarion, 1951. 290pp.

Wahl, Jean. *Les Philosophies de l'existence.* Paris: Colin, 1954. 176pp.

Wahl, Jean. *Petite Histoire de l'existentialisme, suivie de Kafka et Kierkegaard, commentaires.* Paris: Éd. Club Maintenant, 1947. 131pp.

Wahl, Jean. *A Short History of Existentialism* (Tr. Forrest Williams & Stanley Maron). New York: Philosophical Library, 1949. See pp.27-30.

Wahl, Jean. *Philosophies of Existence. An Introduction to the Basic Thought of Kierkegaard, Heidegger, Jaspers, Marcel, Sartre* (Tr. F.M. Lory). London: Routledge &Kegan Paul, 1969. 126pp.

Warnock, Mary. *Existentialist Ethics.* London: Macmillan; New York: St. Martin's Press, 1967. 58pp.
 See «J.-P. Sartre», pp.18-52.

Warnock, Mary. *The Philosophy of Sartre.* London: Hutchinson; New York: Hillary House, 1965. Paperback edition, New York: Barnes & Noble, 1967.

Wild, John D. *Existence and the World of Freedom.* Englewood Cliffs: Prentice-Hall, 1963.

Wilde, Jean T. & William Kimmel (eds). *The Search for Being.* New York: Twayne, 1962.
 Includes «Introduction to Sartre», pp.217-220.

Wilson, Colin. *Introduction to the New Existentialism.* London: Hutchinson: 1966; Boston: Houghton Mifflin, 1967. 188pp.
 Sartre is frequently mentioned; pp.26-31 examine his pessimism.

Wisdavet, Wit. *Sartre's and the Buddhist's Concept of Man.* Dissertation, Indiana University. See *D.A.*, vol.25, 1964, 544.

Wolman, Benjamin B.(ed.). *Scientific Psychology.* New York: Basic Books, 1965.
 Includes Robert D. Cumming, «Existentialist psychology in action», pp.384-401.

Wolter, A.B. «Jean-Paul Sartre: Philosopher of Thought and Nausea». In *Twentieth Century Thinkers*, ed. J.K. Ryan. New York: Alba House, 1965. See pp.331-352.

Zaner, Richard M. *The Problem of embodiment. Some contributions to a phenomenology of the body.* The Hague: M. Nijhoff, 1964.
 Includes «Sartre's ontology of the body», pp.57-125.

Zimmerman, Eugenia. *Metaphysics and Technique in the Expository Prose of Jean-Paul Sartre: 1936-1960.* Dissertation, University of Wisconsin. See *D.A.*, vol.26, 1965, 3358.

Zuidema, Syste U. *Nacht zonder dageraad. Naar aanleiding van het atheistisch en nihilistisch existentialisme van Jean-Paul Sartre.* Franeker: Wever, 1948.

Includes reviews of Sartre's introduction to Descartes.

A. F. «Sartre, J.-P. *The Philosophy of Jean-Paul Sartre*, ed. by Robert D. Cumming». *The Review of Metaphysics*, vol.19, March 1966, pp.599-600.

A. F. «Sartre, J.-P. *The Philosophy of Existentialism*. ed. Wade Baskin». *The Review of Metaphysics*, vol.19, March 1966, pp.599-600.

Adler, F. «The Social Thought of Jean-Paul Sartre». *American Journal of Sociology*, vol.55, November 1949, pp.284-294.

Adorno, Theodor W. «Zur Dialektik des Engagements». *Die neue Rundschau*, Year 73, no.1, 1962, pp.93-110.

Adorno, Theodor W. «Commitment». *The New Left Review*, nos.87-88, September-December 1974, pp.75-89.
Translation by Francis McDonagh of the previous article. Includes a general discussion on the philosophical and political problems of art for, in particular, Sartre and Brecht.

Albérès, R.-M. «Autenticidad y libertad en Jean-Paul Sartre». *Sur*, Year 16, no.162, April 1948, pp.86-101.
Sartre's philosophy as seen through his literature.

Alexander, Ian W. «*Jean-Paul Sartre. Darstellung und Kritik seiner Philosophie*. By Hans Heinz Holz». *The Philosophical Quarterly*, vol.3, no.13, October 1953, pp.369-370.

Alexander, Ian W. «La philosophie existentialiste en France. Ses sources et ses problèmes fondamentaux». *French Studies*, vol.1, no.2, Spring 1947, pp.95-114.

Alexander, Ian W. «The Phenomenological Philosophy in France». In *Currents of Thought in French Literature. Essays in Memory of G.T. Clapton.* Oxford: Blackwell, 1965.
See pp.325-351. Mainly on Merleau-Ponty.

Allen, Edgar Leonard. «Justification and Self-Justification in Sartre». *Theology Today*, vol.18, July 1961, pp.150-158.

Allers, Rudolf. «Bemerkungen über das Weltbild in anankastischen Syndromen und in der Philosophie von Jean-Paul Sartre». *Jahrbuch für Psychologie und Psychotherapie*, Year 6, 1958, pp.203-208.

Allers, Rudolf. «Natanson, Maurice: *A Critique of Jean-Paul Sartre's Ontology*». *Erasmus*, vol.5, no.17-18, 25 September 1952, cols.543-545.

Ames, Van Meter. «Mead and Sartre on Man». *The Journal of Philosophy*, vol.53, 15 March 1956, pp.205-219.

Anders, Günther. «Nihilismus und Existenz». *Die neue Rundschau*, Year 57, October 1946.

Anderson, D. «Images of Man in Sartre and Camus». *Modern Churchman*, vol.8, October 1964, pp.33-45.

Anderson, Thomas C. «Is a Sartrean ethics possible?» *Philosophy Today*, vol.14, Summer 1970, pp.116-140.

Anderson, Thomas C. «Neglected Sartrean arguments for the freedom of consciousness». *Philosophy Today*, vol.17, Spring 1973, pp.28-38.
   Mainly on La Transcendance de l'Ego *and* L'Être et le néant. *Well worth consulting.*

Andrada, C.S. «The sartrean atheism». *Unitas*, June 1967, pp.301-330.
   Not seen. I am not certain if this is in English.

Anguita, Eduardo. «El mito de Sisifo». *La Torre* (Puerto Rico), Year 10, no.38, April-June 1962, pp.75-83.
   On Sartre and Camus and aspects of the Sisyphus myth.

Anon. «A Few Sartrean Reflections». *The Times Literary Supplement*, 2 June 1966, p.492.
   Reviews of Fell, Jeanson and Jolivet on Sartre, and of Sylvie Le Bon's edition of La Transcendance de l'ego.

Anon. «I am what I do». *The Times Literary Supplement*, 9 January 1969, p.43.
   Review of Cumming's The Philosophy of Jean-Paul Sartre.

Anon. «Jean-Paul Sartre als Philosoph. Zur Sozialpsychologie des Existentialismus». *Befreiung* (Aarau, Switzerland), Year 1, 1953, pp.229-231.

Anon. «Le marxisme de J.-P. Sartre». *Le Nouvel Observateur*, 25 February 1965, pp.30-31.
A brief analysis of Wilfrid Desan's Le Marxisme de J.-P. Sartre.

Anon. «M. Sartre and his Critics». *The Times Literary Supplement*, 4 November 1955, pp.649-650.
Reviews of Stern, Sartre: His Philosophy and Psychoanalysis, *and Jeanson*, Sartre par lui-même.

Anon. «Sartre and sex». *The Times Literary Supplement*, 10 August 1967, p.709.
Review of A Propos de Sartre et de l'amour, *by Suzanne Lilar.*

Anon. «Sartre, Jean-Paul. The Philosophy of Existentialism, ed. by Wade Baskin». *Choice*, vol.3, no.1, March 1966, p.40.

Anon. «Sartre, Jean-Paul. The Philosophy of Jean-Paul Sartre. Ed. by Robert Denoon Cumming». *The Booklist and Subscription Books Bulletin*, vol.61, no.18, 15 May 1965, p.886.

Anon. «Sartre? Maladroit mais sincère». *Le Figaro*, 25 February 1965, p.11.
Brief review of Patri-Audry debate.

Anon. «Situation in common». *The Times Literary Supplement*, 4 August 1967, p.708.
Review of Sartre, A Philosophic Study, *by Anthony Manser.*

Anon. Brief notice on B.B.C. radio debate between Ayer and Hampshire on Sartre. *Le Figaro*, 23 July 1958, p.3. N.W.C.

Anon. Review of *The Philosophy of Jean-Paul Sartre*, ed. by R.D. Cumming. *Choice*, vol.2, July-August 1965, p.306.

Anon. Review of *The Philosophy of Jean-Paul Sartre*, ed. by R.D. Cumming. *Kirkus*, vol.33, 1 February 1965, p.158.

Anon(?). «*Le Problème moral et la pensée de Sartre* par Francis Jeanson». *Le Figaro*, 15 October 1947, p.2.
Not seen. Presumably a review.

Arendt, Hannah. «Reflexion über die Gewalt». *Merkur*, Year 24, 1970, pp.1-24.

Arntz, Joseph T.C. «L'athéisme au nom de l'homme? L'athéisme de Sartre et de Merleau-Ponty». *Concilium*, no.16, 1966, pp.59-64.

Aronson, Ronald. «Interpreting Husserl and Heidegger: The Root of Sartre's Thought». *Telos* (St Louis), no.13, Fall 1972. Not seen.

Aronson, Ronald. «Sartre's Individualist Social Theory». *Telos*, no.16, Summer 1973. Not seen.

Arregue de Dell'Oca, Cristino. «La praxis sartreana como interiorización de reciprocidad». *Cuadernos Uruguayos de Filosofía* (Montevideo), vol.5, 1968, pp.17-59.

Atwell, John E. «'Existence precedes essence'». *Man and World*, vol.2, no.4, November 1969, pp.580-591.

Ayer, A.J. «The Definition of Liberty: Jean-Paul Sartre's Doctrine of Commitment». *The Listener*, 30 November 1950, pp.633-634.

Bachmann, Jakob. «Das heutige Denken von Jean-Paul Sartre: Situation und Freiheit». *Universitas* (Stuttgart), vol.27, no.7, 1972, pp.693-698.

Balliu, J. «De Autofinaliteit der Vrijheid bij Sartre». *Dialoog*, vol.6, 1965-1966, pp.32-43 and 273-293.

Balzer, Carmen. «El problema del ateismo en Sartre». *Sapientia*, vol.21, 1966, pp.17-26.

Bambrough, André. «Principia metaphysica». *Philosophy*, vol.39, no.148, April 1964, pp.97-109.

Barnes, Hazel E. «Jean-Paul Sartre and the Haunted Self». *Western Humanities Review*, vol.10, Spring 1956, pp.119-128.

Barnes, Hazel E. «Jean-Paul Sartre and the Outside World». *Chicago Review*, vol.15, Summer 1961, pp.107-112.

Barnes, Hazel E. «Adler and Sartre: a comment». *Journal of Individual Psychology*, vol.21, no.2, November 1965.

Barnes, Hazel E. «Transcendence toward what: Is the Universe like us?» *Religious Humanism*, vol.4, Winter 1970, pp.11-14.

Baron, R. «La pensée de Jean-Paul Sartre». *L'Ami du Clergé*, 1 December 1966, pp.697-701.

Baumgardt, D. «Conflictos morales insolubles: Su interpretación en la filosofía existencial y en la tradición judeo-cristiana». *Cuadernos Hispanoamericanos*, vol.15, no.90, 1956, pp.100-114. Not seen.

Baumgardt, D. «Unlösbare moralische Konflikte. Ihre Auslegung im Judentum, Christentum und in der Existenzialphilosophie». *Zeitschrift für Religions- und Geistesgeschichte*, Year 11, 1959, pp.297-314. Not seen.

Beatty, Joseph. «Forgiveness». *American Philosophical Quarterly*, vol.7, July 1970, pp.246-252.

Beaufret, Jean. «Martin Heidegger et le problème de la vérité». *Fontaine*, Year 11, no.63, November 1947, pp.758-785. Not seen.

Berger, Gaston. «The different trends of contemporary French philosophy». *Philosophy and Phenomenological Research*, vol.7, no.1, September 1946, pp.1-11.

Bergeron, André. «L'autoposition du moi par la conscience morale». *Dialogue*, vol.3, no.1, June 1964, pp.1-24.

Bertman, Martin A. «Existenz politics: Camus and Sartre». *Agora*, Fall 1969, pp.23-32.

Bertrand, René. «Note sur l'essence et l'existence». *Revue de Métaphysique et de Morale*, vol.51, 1946, pp.193-199.

Biemel, Walter. «Das Wesen der Dialektik bei Hegel und Sartre». *Tijdschrift voor Filosofie*, Year 20, 1958, pp.269-300.

Biemel, Walter. «Sartre: interpretación del cuerpo». *Convivium*, no.21, 1966, pp.65-76.

Birault, Henri. «Pour ou contre l'ontologie: Réflexions sur l'histoire de la pensée existentielle». *Critique*, vol.16, no.153, February 1960, pp.139-157.

Blackham, Harold John. «Anguished Responsibility». In *Sartre: A Collection of Critical Essays,* ed. E. Kern (q.v. Section 600), pp.166-171.
   Reprinted from Six Existentialist Thinkers.

Blair, R.G. «Imagination and freedom in Spinoza and Sartre». *Journal of the British Society for Phenomenology,* vol.1, May 1970, pp.13-16.

Blondel, Maurice. «The Inconsistency of Jean-Paul Sartre's Logic». *The Thomist,* vol.10, no.4, October 1947, pp.393-397.

Blondel, Maurice. «Inconsistencia da logica de J.-P. Sartre». *Rivista Portuguesa de Filosofia,* vol.4, no.1, 1948, pp.48-52.
   Tr. of the preceding entry.

Bochenski, I.M. «Jean-Paul Sartre». *Philosophisches Jahrbuch der Gorres-Gesellschaft,* vol.58, no.3, 1948, pp.282-283.
   On Sartre's debt to Heidegger.

Bodart, Roger. «L'Humanisme de Jean-Paul Sartre ou la vie avortée». *Empreintes,* no.2, 1947, pp.29-37.
   Reprinted in Dialogues européens. *Brussels: Éd. des Artistes, 1950.*

Bonilla, Luis. «El dualismo del bien y del mal». *La Estafeta Literaria,* no.353, 24 September 1966, pp.12-13.

Boorsch, Jean. «Sartre's View of Cartesian Liberty». *Yale French Studies,* no.1, Spring-Summer 1948, pp.90-96.

Borrello, Oreste. «Il soggesttivismo nel pensiero estetico di Jean-Paul Sartre». *Rassegna di Scienze filosofiche,* vol.12, 1959, pp.317-338.

Borrello, Oreste. «L'intuizione nella psicologia fenomenologica di Jean-Paul Sartre». *Rivista de Filosofia,* vol.53, 1962, pp.128-158.

Borrello, Oreste. «La psicanalisi esistenziale e il problema dell'arte in Jean-Paul Sartre», in *Aspetti dell'estetica odierna.* Naples: Prima Editorial del Mezzogiorno, 1962. 190p.

Borrello, Oreste. «Ontologia e fenomenologia estetica di Jean-Paul Sartre». *Aut Aut,* no.51, July 1959, pp.204-210.

Borrello, Oreste. «Sartre e la psicologia fenomenologica dell'immaginazione». *Rassegna di Scienze filosofiche*, vol.15, 1962, pp.169-199 and 319-339

Bortolaso, G. (S.J.). «Esistenzialismo ateo ed esistenzialismo teistico di Luigi Stefanini». *La Civiltà Cattolica*, Year 103, vol.3, no.2453, 6 September 1952, pp.495-508.
Review of Stefanini's book.

Bortolaso, G. (S.J.). «Umanismo ateo». *La Civiltà Cattolica*, Year 113, vol.2, 1962, pp.535-544. Not seen.

Botti de González, Judith. «Etapas en la evolución del pensiamento de Jean-Paul Sartre desde el punto de vista ético». *Sapientia*, vol.22, no.83, January-March 1967, pp.41-59.

Bouchard, Claude. «Sartre et Dieu». *Incidences* (Ottawa), no.7, January 1965, pp.18-26.

Bouillard, Henri. «Francis Jeanson: *Le Problème moral et la pensée de Sartre*». *Études*, vol.257, no.6, June 1948, pp.406-407.

Boyancé, Pierre. «Épicure et M. Sartre». *Revue philosophique de la France et de l'Étranger*, Year 78, vol.143, no.7-9, 1953, pp.426-431.

Brandi, C. «Sulla filosofia di Sartre». *L'Immagine*, no.4-5, 1947.

Braun, Sidney D. «Existentialism in the classroom». *Modern Language Journal*, vol.39, no.7, November 1955, pp.348-350.
On problems of teaching Sartre to college students who do not understand philosophy.

Breton, Stanislas. «Le principe d'intentionnalité de la conscience implique-t-il l'athéisme?» *Sapientia Aquinatis*, vol.1, pp.409-417. Not seen.

Brinker, M. «The doctrine of *l'engagement* and the evolution of Sartre's aesthetics: 1938-1964». *Hasifrut*, vol.1, 1969, pp.640-664.
In Hebrew; with summary in English.

Brisbois, Edmond. «Le sartrisme et le problème moral». *Nouvelle Revue théologique*, vol.74, January and February 1952, pp.30-48, and pp.124-145.
A Jesuit study which sees Sartre's work as valuable but nihilist.

Broudy, H.S. «Sartre's existentialism and education». *Educational Theory*, vol.21, Spring 1971, pp.155-177.

Bruch, Jean-Louis. «Perspectives morales de la philosophie existentielle». *La Revue du Caire*, Year 17, no.172, September 1954, pp.99-103.

Bruch, Jean-Louis. «Wo steht heute der Sartre'sche Existentialismus?» *Antares*, Year 5, no.5, August 1957, pp.48-49.
General remarks on Sartre's philosophy. Main reference is to L'Être et le néant.

Brunner, August. Review of Espiau de la Maestre *Der Sinn und das Absurde* (q.v. Section 400). *Stimmen der Zeit*, vol.170, no.8, May 1962, pp.153.

Buber, Martin. «Religion und modernes Denken». *Merkur*, Year 6, no.48, February 1952, pp.101-120.

Bubner, Rüdiger. «Kritische Fragen zum Ende des französischen Existentialismus». *Philosophische Rundschau*, vol.14, October 1967, pp.241-257.

Bukala, C.R. «Sartrean ethics: an introduction». *The New Scholasticism*, vol.41, Autumn 1967, pp.450-464.

Bukala, C.R. «Sartre's dramatic philosophical quest». *Thought*, vol.48, Spring 1973, pp.79-106.

Bukala, C.R. Review of *The Philosophy of Existentialism*, ed. Wade Baskin. *The Review of Religion*, vol.25, July 1966, p.734.
Not seen.

Bull, R. «Freedom». *Marxism Today*, vol.4, no.7, July 1960, pp.220-222.

Buonajuto, Mario. «Libertà e storia». *Giornale critico della filosofia Italiana*, vol.23, July-September 1969, pp.400-445.

Burkhill, T.H. «Une critique de la tendance subjectiviste de Descartes à Sartre». *Dialogue*, vol.6, no.3, December 1967, pp.347-354.

Buske, Thomas. «Gottes Gottlosigkeit. Religionsphilosophische Elemente eines existentiellen A-Theismus (J.-P. Sartre)». *Neue Zeitschrift für systematische Theologie und Religionsphilosophie* (Berlin), vol.12, 1970, pp.383-390.

GENERAL STUDIES. ARTICLES 401

Caes, P. «De Descartes à Sartre». *Synthèses*, no. 78, November 1952, pp. 33-42.

Caillois, R. «Analyse réflexive et réflexion phénoménologique». *Deucalion*, 1, Neuchatel, 1946, pp.127-139.
Mainly on Merleau-Ponty.

Calhoun, Richard J. «Existentialism, Pehnomenology, and Literary Theory». *South Atlantic Bulletin*, vol.27, 1963, pp.4-8.

Cantoni, R. «Jean-Paul Sartre». *Studi filosofici*, no.2, 1949. Not seen.

Capizzi, Antonio. «Variazioni sul tema dell'angoscia». *Giornale critico della filosofia Italiana*, vol. 21, July-September 1967, pp. 441-457.

Capouya, Emile. «The Free Self in a Captive Society. *The Philosophy of Jean-Paul Sartre*, edited by Robert Denoon Cumming». *Saturday Review*, 12 June 1965, pp.40-41.

Carrol, O. «Sartre and Barth». *Philosophy Today*, vol.9, Summer 1965, pp.101-111.

Caruso, Paolo. «L'esistenza altrui in Sartre». *Aut Aut*, no. 47, 1958, pp. 240-246.

Caruso, Paolo. «L'ontologia fenomenologica di Sartre». *Aut Aut*, no. 51, May 1959, pp. 138-156.

Cera, Giovanni. «Sartre e le scienze». *Rivista di filosofia*, no. 62, 1971, pp. 177-194.

Cerf, Walter. «Existentialist Mannerism and Education». *Journal of Philosophy*, vol. 52, no. 5, March 1955, pp. 141-152.

Champigny, Robert. «Position philosophique de la liberté». *Revue de Métaphysique et de Morale*, vol.64, no.2(?), 1959, pp.225-235. Not seen.

Champigny, Robert. «Sartre et Heidegger: deux sensibilités». *Modern Language Notes*, vol.70, no.6, 1955, pp.426-428.

Champigny, Robert. «Way of Flesh». *Yale French Studies*, no.11, Spring 1953, pp.73-79.
On the general question of bad faith.

Chappell, V.C. Review of N. N. Greene's *Jean-Paul Sartre: The Existentialist Ethic. Ethics,* vol. 72, no. 3, April 1962, p. 222.

Clarence. «Kant, Heidegger, Sartre et la querelle de l'"humanisme'» *La Parisienne,* no.12, December 1953, 1604-1612.

Clava, Giorgio. *Gratuito nichilismo di Sartre* (Sguardi su la filosofia contemporanea, 56). Turin: Ediz. di «Filosofia», 1964. 12p.

Coffy, Robert. «L'ateismo contemporaneo». *Vita e Pensiero,* Year 48, no.10, October 1965, 809-817.

Cole, Preston. «The Function of Choice in Human Existence». *The Journal of Religion,* vol.45, July 1965, pp.196-210.

Colin, Pierre. «La phénoménologie, l'existence et l'absolu». *Recherches et Débats,* vol.10, 1950, pp.91-107.

Collins, James. «*The Philosophy of Jean-Paul Sartre.* Ed. by Robert Denoon Cumming». *America,* vol.112, no.21, 22 May 1965, pp.780-782.

Colombel, Jeannette. «Sartre et Simone de Beauvoir vus par Francis Jeanson». *La Pensée,* no.129, September-October 1966, pp. 91-100. Review of Le Problème moral et la pensée de Sartre.

Coltera, J.T. «Psychoanalysis and Existentialism». *American Psychoanalytic Association Journal,* vol.10, January 1962, pp.209-215.

Conkling, Mark. «Sartre's refutation of the Freudian unconscious». *Review of Existentialist Psychology and Psychiatry,* vol.8, 1968, pp.86-100.

Coolidge, Mary L. «Some Vicissitudes of the Once-born and of the Twice-born Man». *Philosophy and Phenomenological Research,* vol.11, 1950, pp.75-87.

Coolidge, Mary L. «The Experimental Temper in Contemporary European Philosophy». *The Journal of Philosophy,* vol.52, 1 September 1955, pp.477-493.

Cortese, Alessandre. «Kierkegaard-Sartre: appunti di metodologia». *Filosofia e Vita,* vol.6, no.2, 1965, pp. 31-49.

Corvez, Frère Maurice (O.P.). «Existence et essence». *Revue Thomiste*, Year 59, vol.51, no.2, 1951, pp.305-330.

Courtney, R. «Imagination and the dramatic act. Comments on Sartre, Ryle and Furlong». *Journal of Aesthetics and Art Criticism*, no.30, 1971-1972, pp.163-170.

Cranston, Maurice. «Men and Ideas: Jean-Paul Sartre». *Encounter*, April 1962, pp.34-45.
A biographical-philosophical survey of Sartre's life and thought.

Cruickshank, John. «Literature considered as Philosophy». *The Chicago Review*, Summer 1960, pp.114-122.
An interesting critical essay on The Literature of Possibility, *by Hazel E. Barnes.*

Cruickshank, John. «Looking at Sartre». *Time and Tide*, vol.42, no.29, 20 July 1961, p.1201.
Review of Greene, N.N.: Jean-Paul Sartre: The Existentialist Ethic.

Cuisenier, Jean. «Heidegger et Sartre». *La Nef*, Year 3, no.20, July 1946, pp.133-137.

Cumming, Robert D. «Existence and communication». *Ethics*, vol.65, no.2, January 1955, pp.79-101.
On Kierkegaard and Sartre.

Cumming, Robert D. «The literature of extreme situations». In *Aesthetics Today*, ed. Morris Philipson. Cleveland: Meridian Books, 1961. See pp.377-412.
Also on Kierkegaard and Sartre.

Daniélou, Madeleine. «Sartre et les chrétiens». *Cahiers de Neuilly*, no.12, 1946, pp.1-8.

De Brie, G.A. «Ontologie en ethiek bij Sartre». *Tijdschrift voor Filosofie*, vol.24, 1962, pp.180-188.

Delhomme, J. «Le problème de l'intériorité: Bergson et Sartre». *Revue internationale de Philosophie* (Brussels), Year 13, no.48, fasc.2, 1959, pp.220-248.

Denommé, Robert. «*The Viper's Tangle*: relative and absolute values». *Renascence*, Fall 1965, pp.32-39.

Desan, Wilfrid. «Sartre the individualist». In *Patterns of the Life-World. Essays in Honor of John Wild*, ed. James M. Edie et al. Evanston: Northwestern Univ. Press, 1970. See pp.228-247.

Descoqs, P. «L'athéisme de J.-P. Sartre». *Revue de Philosophie*, 1946, pp.39-89.

DeGeorge, R. «The Soviet Concept of Man and Western Philosophical Tradition». *Philosophy Today*, vol.8, Winter 1964, pp.258-271.

Di Gona, Goriano. «Sartre, il moralista senza morale». *Humanitas*, Year 5, no.3, March 1950, pp.244-246.

Díaz de Cerio, Miguel. «Neurosis, religión y cultura». *Indice*, Year 17, no. 189, October 1964, p. 25.

Douglas, Kenneth. «The Nature of Sartre's Existentialism». *The Virginia Quarterly Review*, vol.23, no.2, Spring 1947, pp244-260.

Drevet, Claude. «La honte». *Revue de Métaphysique et de Morale*, vol.74, October-December 1969, pp. 446-453.

Dreyfus, Dina. «De Freud à Sartre». *Anhembi*, Year 1, vol.1, no.2, January 1951, pp.190-198.

Dubal, Georges. «La psychanalyse existentielle». *Revue française de Psychanalyse*, vol.15, no.4, October-December 1951, pp.478-489.

Dufrenne, Mikel. «Le silence de Sartre». *Combat*, 27 May 1954.
    On the non-appearance of the 'Morale' promised in L'Être et le néant. *Dufrenne sees Sartre's philosophical silence, stemming partly from his increasing political involvement, as quite within the logic of Sartre's thought. He hopes that the 'Morale' will be produced. Worth consulting. N.B. I understand that the typescript of the 'Morale' does, in fact, exist and that it will be published posthumously.*

Duhrssen, Alfred. «Some French Hegelians». *Review of Metaphysics*, vol.7, December 1953, pp.323-337.

Duméry, Henry. «Blondel et la philosophie contemporaine». *Esprit*, Year 18, no.10, October 1950, pp.457-477.

Duméry, Henry. «L'athéisme sartrien». *Esprit*, Year 18, no.2, February 1950, pp.240-252.

Duméry, Henry. «La méthode complexe de Jean-Paul Sartre». *La Vie intellectuelle*, Year 16, no.7, July 1948, pp.102-120.

Duvignaud, Jean. «Sartre aujourd'hui». *Tendances*, September 1960, pp.422-427.
An interesting survey article.

Earle, William. «Phenomenology and Existentialism». *The Journal of Philosophy*, vol.57, 21 January 1960, pp.75-84.

École, Jean. «Das Gottesproblem in der Philosophie Sartres». *Wissenschaft und Weltbild*, Year 10, no.4, 1957, pp.265-276.

École, Jean. «Essence et existence chez Sartre». *Études philosophiques*, Year 6, nos.2-3, April-September 1951, pp.161-174.

École, Jean. «La création de moi par lui-même et l'optimisme sartrien». *Études philosophiques*, Year 12, no.3, July-September 1957, pp.479-483.

École, Jean. «Le problème de Dieu dans la philosophie de Sartre». *Giornale di metafisica*, vol.13, 1958, pp.606-618.

École, Jean. «Les pièces maîtresses de l'univers de l'être et l'échec de la théorie générale de l'être dans l'ontologie sartrienne». *Giornale di metafisica*, vol.15, 1960, pp.152-163.

École, Jean. «Les Conceptions sartrienne et lavellienne de la liberté». *Atti XII Congresso Int. de Filosofia*, Venice, 12-18 September 1958. In *Storia della filosofia moderna contemporanea*, vol.12. Florence: Sansone, 1961.

Edie, James M. «Sartre as phenomenologist and as existentialist psychoanalyst». In *Phenomenology and Existentialism*, ed. Edward N. Lee and Maurice Mandelbaum. Baltimore: The Johns Hopkins Press, 1967. See pp.139-178.

Edie, James M. «William James and Phenomenology». *Review of Metaphysics*, vol.23, March 1970, pp.481-526.

Egebak, Niels. «L'itinéraire de Jean-Paul Sartre. De la psychanalyse existentialiste à la méthode progressive-régressive». *Revue Romane*, vol.2, no.1, 1967, pp.28-37.

Egebak, Niels. «Sartres filosofiske dilemma». *Exil*, vol.2, pp.37-45, 105-111.

Ehman, Robert R. «Personal Love». *The Personalist*, vol.49, no.1, Winter 1968, pp.116-141.
  Includes brief discussion of Sartre's concept of love.

Elkin, Henry. «Comment on Sartre from the Standpoint of Existential Psychotherapy». *Review of Existential Psychology and Psychiatry*, vol.1, Fall 1961, pp.189-195.

Emmanuel, Pierre. «Sartre devant Éros. Suzanne Lilar: *A propos de Sartre et de l'amour*». *Les Nouvelles littéraires*, 9 November 1967, p.4. Review.

Espiau de la Maestre, André. «Sartres atheistischer Neohumanismus». *Moderne Sprachen*, vol.6, no.2, April-June 1962, pp.15-23.

Fabre Luce de Gruson, F. «Sens commun et bon sens chez Bergson». *Revue internationale de Philosophie*, Year 13, no.48, fasc.2, 1959, pp.187-200.

Fabre-Luce, Anne. «Manser, Anthony: *Sartre, A Philosophical Study*». *French Review*, vol.40, no.5, April 1967, pp.721-723. Review.

Fabre-Luce, Anne. «Marie-Denise Boros: *Un Séquestré, l'homme sartrien*». *French Review*, vol.42, no.6, May 1969, p.906. Review.

Fabro, Cornelio. «Aporie teologiche dell'esistenzialismo». *Doctor Communis*, vol.10, 1957, pp.119-145.

Fabro, Cornelio. «Jean-Paul Sartre verso il marxismo». *L'Osservatore Romano*, 7 October 1965, p.8.
  Review of Chiodi, Sartre e il marxismo.

Fabro, Cornelio. «L'assoluto di Jean-Paul Sartre». *Idea*, Year 2, no.20, 14 May 1950, p.4.

Fabro, Cornelio. «Ontologia esistenzialistica e metafisica tradizione». *Rivista di Filosofia Neoscolastica*, vol.45, no.6, 1953, pp.581-618.

Falconi, Carlo. «L'istinto del divino nell'opera di J.-P. Sartre». *Humanitas*, Year 3, no.9, September 1948, pp.824-831.

Farrell, B.A. «The logic of existential psychoanalysis». *New Society*, vol.6, no.160, 1 October 1965, pp.9-11.

Feliciano de Ventosa. «Voluntarismo escotista frente al nihilismo sartriano». *Naturaleza y Gracia* (Salamanca), vol.11, 1964, pp.73-96.

Fell, Joseph P. «Sartre's theory of motivation: some clarifications». *Journal of the British Society for Phenomenology*, vol.1, May 1970, pp.27-34.

Ferre, Frederick. «Existentialism and Persuasion». *Philosophical Quarterly*, vol.12, no.47, April 1962, pp.153-161.
Sartre's concept of freedom is discussed in passing.

Ferrier, J-L. «La Pensée anhistorique de Sartre». *Studia philosophica* (Basle: Verlag für Recht und Gesellschaft), no.12, 1952, pp.4-17. Not seen.

Filippini, Enrico. «L'emergenza dell'immagionario in Sartre». *Aut Aut*, no.51, May 1959, pp.157-168.

Finance, Joseph de. «L'horizon du désir». *Doctor Communis*, vol.14, 1961, pp.128-201.

Finance, Joseph de. «La négation de la puissance chez Sartre». *Sapientia Aquinatis*, volume, number and date not known, pp.473-481. Not seen.

Flam, Leopold. «Sartre tussen Kierkegaard en Marx». *Tijdschrift van de Vrije Universiteit van Brussel*, Year 4, 1961-1962, pp.1-29.

Flynn, Bernard. «The question of ontology: Sartre and Merleau-Ponty». In *The Horizons of the Flesh: Critical Perspectives on the Thought of Merleau-Ponty*, ed. Garth Gillan. Carbondale: Southern Illinois Univ. Press, 1973. See pp.114-126.

Foot, Philippa. «Self-reliance». *The New York Review of Books*, vol.9, no.8, 9 November 1967, pp.19-21.
Review of Barnes: An Existentialist Ethic.

Fornoville, Théodore. «Le suicide dans l'éthique sartrienne». *Revue Philosophique de Louvain*, vol.57, no.53, February 1959, pp.80-95.

Fortini, Franco. «Alcune domande a Jean-Paul Sartre e a Simone de Beauvoir». *Il Politecnico* (Milan), July-August 1946, pp.33-35.
Interview.

Fouchet, Max-Pol. «Mal d'aurore». *Gazette des Lettres*, 28 June 1947, pp.1,15. Not seen.

Foulk, Gary J. «Plantinga's Criticisms of Sartre's Ethics». *Ethics*, vol.82, no.4, July 1972, pp.330-333.
  A succinct reply to Alvin Plantinga's criticism of Sartre in the Review of Metaphysics, *vol.12, no.2, December 1958, pp.235-256.*

Fowlie, Wallace. «The French Literary Mind». *Accent*, vol.8, no.2, Winter 1948, pp.67-81.
  General blah on the supposed unity of French thought from Abelard to Sartre.

Fragata, Julio. «O humanismo existencialista de Sartre». *Revista Portuguesa de Filosofia*, vol.19, fasc.1, January-March 1963, pp.48-58.

Frid, Y. «A Philosophy of Unbelief and Indifference: Jean-Paul Sartre and Contemporary Bourgeois Individualism». *Modern Quarterly*, vol.2, Summer 1947, pp.215-223; and *American Review* (Moscow), vol.8, October 1947, pp.11-19.

Friedmann, Maurice. «Sex in Sartre and Buber». *Review of Existential Psychology and Psychiatry*, vol.3, 1963, pp.113-124.

Frigeri, Pier-Riccardo. «Nietzsche e Sartre». *Cenobio*, vol.7, 1958, pp.432-441.

Fumet, Stanislas. «Heidegger et les mystiques». *La Table Ronde*, no.182, March 1963, pp.82-89.
  Conclusion: «Dans l'art d'être profond, Sartre est un potache, Merleau-Ponty un apprenti, Heidegger un génie».

Funashi, H. «La structure de la conscience dans la philosophie de Sartre». *Bunka* (Japan), vol.22, no.2, 1958, pp.156-174.
  In Japanese: French summary.

Gallup, J.R. «Le verbe français contre Sartre». *Dialogue* (Canada), vol.8, March 1970, pp.663-677.
  More a study of verbs than of philosophy.

Gandillac, Maurice de. «Apories de l'action et de la liberté dans la philosophie de Sartre». *Cahiers de la Nouvelle Époque*, no.1, 1945, pp.81-103.

Gandillac, Maurice de. «Sartre: His Philosophy and Psychology». *Erasmus*, vol.9, September 1958, pp.13-15.

García de Onrubia, L.F. «Fenomenología de la emoción: notas críticas sobre la teoría de Sartre». *Humanitas* (Tucuman, Argentina), vol.1, 1954, pp.213-217.

Garin, Eugenio. «Quel 'humanisme' variations historiques». *Revue internationale de Philosophie*, Year 22, no.85-86, 1968, pp.263-275.
General article; Sartre mentioned twice.

Gelblum, Tuvia. «Classical Samkhya and the phenomenology of Sartre». *Philosophy East and West*, vol.19, no.1, January 1969, pp.45-58.

Gelblum, Tuvia. «Samkhya and Sartre». *Journal of Indian Philosophy*, vol.1, no.1, October 1970, pp.75-82.

Gentile, Panfilo. «La filosofia di Sartre». *La Fiera Letteraria*, Year 40, no.50, 26 December 1965, p.5.

Gérard, Jacques. «Existence et position». *Revue internationale de Philosophie*, vol.3, no.9, 1949, pp.270-280.

Gilson, Étienne. «Le thomisme et les philosophies existentielles». *La Vie intellectuelle*, vol.13, no.5, June 1945, pp.144-155.
English translation in Sapientia, *vol.2, 1947, pp.106-117.*

Glucksmann, Christine. «L'origine de la littérature». *L'Arc*, no.30, 1966, pp.53-59.

Goff, Robert. «On Sartre's language». *Man and World*, vol.3, no.3-4, September-November 1970, pp.370-374.
A reply to John E. Atwell, q.v. this Section.

González Paredas, Ramón. «La mirada según Sartre y Marcel». *Ateneo*, no.79, 1955.

Grangier, Édouard. «Abraham oder Kierkegaard, wie Kafka und Sartre ihn sehen». *Zeitschrift für philosophische Forschung*, vol.4, no.3, 1950, pp.412-421.

Greenlee, Douglas. «Sartre. Presuppositions of freedom». *Philosophy Today*, vol.12, Fall 1968, pp.176-183.

Grene, Marjorie. «Authenticity: An Existential Virtue». *Ethics*, vol.62, July 1952, pp.266-274.

Grene, Marjorie. «Critical notice. *Sartre: A Philosophic Study.* By Anthony Manser». *Mind*, vol.78, no.309, January 1969, pp.143-153.

Grene, Marjorie. «The aesthetic dialogue of Sartre and Merleau-Ponty». *Journal of the British Society for Phenomenology*, vol.1, May 1970, pp.59-72.

Grimsley, Ronald. «'Dread' as a Philosophical Concept». *Philosophical Quarterly*, vol.6, July 1956, pp.245-255.

Grimsley, Ronald. «An Aspect of Sartre and the Unconscious». *Philosophy*, vol.30, January 1955, pp.33-44.

Gromczynski, W. «Sartre a Hegel». *Studio filosoficzne*, no.3, 1966, pp.3-32.
In Polish, with English summary.

Grooten, Johan. «Le soi chez Kierkegaard et Sartre». *Revue Philosophique de Louvain*, vol.50, 3rd series, no.25, February 1952, pp.64-89.

Grossman, Morris. «How Sartre must be read: an examination of a philosophic method». *Bucknell Review*, vol.16, no.1, March 1968, pp.18-29.

Guerra Tejada, R. «Jean-Paul Sartre, filósofo de la libertad». *Filosofía y Letras*, vol.15, no.30, April-June 1948, pp.295-312.

Gullace, Giovanni. «Sartre, Descartes et le problème de la liberté». *Revue de l'Université Laval*, vol.21, no.2, October 1966, pp.107-125.

Haefner, Joseph. «Die Verlobung mit der Freiheit. Zum Problem der Freiheit bei Sartre und Claudel». *Priester und Arbeiter* (Cologne), Year 6, 1956, pp.292-297.

Hamburger, Käte. «Schiller und Sartre. Ein Versuch zum Idealismus-Problem Schillers». *Jahrbuch der deutschen Schiller-Gesellschaft* (Düsseldorf), Year 3, 1959, pp.118-141.

Hamilton, Kenneth. «Life in the House that *Angst* Built». *The Hibbert Journal*, vol.57, October 1958, pp.46-55.

Hanly, C.M.T. «Phenomenology, consciousness and freedom». *Dialogue*, vol.5, March 1966, pp.323-345.

Hannedouche, S. «Le Problème du mal chez quelques écrivains contemporains (Sartre, Camus, Malraux)». *Cahiers d'Études cathares*, Year 8, no.30, Summer 1957, pp.67-74.

Hardré, Jacques. «Norman N. Greene: *Jean-Paul Sartre - The Existentialist Ethic*». *L'Esprit Créateur*, vol.1, no.2, Summer 1961, pp.101-102.

Hardré, Jacques. «The Existentialism of Jean-Paul Sartre». *The Carolina Quarterly*, vol.1, no.2, March 1949, pp.49-55.

Harpes, J.P. «La liberté humaine selon Sartre». *Nouvelle Revue Luxembourgeoise, Academia*, vol.1, no.3, 1964, pp.59-77; vol.2, no.1, 1965, pp.37-51; vol.2, no.2, 1965, pp.167-183.

Harries, Karsten. «*An Existentialist Aesthetic: The Theories of Sartre and Merleau-Ponty*, by Eugene F. Kaelin». *Journal of Existentialism*. vol.5, no.20, Spring 1965, pp.445-450.
Review which is critical of Kaelin's approach.

Hartmann Klaus and Santoni, R.E. «Sartre's ontology». *International Philosophical Quarterly*, vol.8, 1968, pp.303ff. Not seen.

Hautefeuille, François d'. «Jean-Paul Sartre et Lucifer». *Écrits de Paris*, no.215, May 1963, pp.53-59.
Discusses the negative aspects of Sartre's thought and concludes that he is dangerous for the young.

Hecke, Roger van. «'Sartre? Un bon écrivain mais pas un philosophe' nous dit Martin Heidegger». *Le Figaro littéraire*, 4 November 1950, p.4.
The title is misleading. The article is an interview with Heidegger on his thought. Only a very small part is devoted to Sartre.

Heidsieck, François. «Honor and Nobility of the Soul». *International Philosophical Quarterly*, vol.1, December 1961, pp.569-592.

Heinemann, Frederick H. «Theologia Diaboli». *The Hibbert Journal*, vol.52, October 1953, pp.65-72.

Heinemann, Frederick H. «Theologia diaboli». *La Torre*, vol.5, no.17, January-March 1957, pp.11-22. *Not seen; presumably Spanish tr. of previous entry.*

Hellerich, G. «What is often overlooked in existentialist situation-ethics». *Journal of Thought*, vol.5, January 1970, pp.46-54.

Helstrom, K.L. «Sartre's Notion of Freedom». *The Southern Journal of Philosophy* (Memphis), vol.3, no.3, 1972, pp.111-120.

Henrich, Dieter. «Sartres Versuch über die Freiheit». *Das neue Forum* (Darmstadt), Year 10, 1960/1961, pp.113-119.

Herrera, José Luis. «Freud y Sartre: supuestos antropológicos de sus teorías psicoanalíticas». *Cuadernos Hispanoamericanos*, vol.61, no.182, February 1965, pp.259-290.

Herrera, José Luis. «La 'mala fe' en Jean-Paul Sartre». *Mercurio Peruano*, Year 36, no.410, June 1961, pp.496-509.

Hoerz, Herbert. «Philosophischer Materialismus und Leninscher Materielsbegriff». *Deutsche Zeitschrift für Philosophie*, vol.17, December 1969, pp.1413-1437.

Hohlenberg, Johannes. «Jean-Paul Sartre og hans forhold til Kierkegaard». *Samtiden*, Year 56, no.5, 1947, pp.310-322.

Hopkins, Jasper. «Theological language and the nature of man in Jean-Paul Sartre's philosophy». *The Havard Theological Review*, vol.61, no.1, January 1968, pp.27-38.

Hornung, K. «Die geistesgeschichtliche Bedeutung des Existentialismus für die Gegenwart». *Lücke* (Weibstadt bei Heidelberg), no.9, 1947, pp.28-29.

Hudson, David. «Three French Philosophers». *Circle Magazine*, no.1, January 1964, p.10. Not seen.

Hühnerfeld, Paul. «Platon und Sartre». *Die Zeit*, Year 4, no.9, 1949, p.5.

Hyppolite, Jean. «La liberté chez Sartre». *Mercure de France*, vol. 312, no.1055, July 1951, pp.396-413.

Hyppolite, Jean. «Note sur Paul Valéry et la crise de la conscience». *La Vie intellectuelle*, vol.14, no.5, 1946, pp.121-126.

Iriarte, Joaquín (S.J.). «La gran filosofía nunca ha sido atea (a propósito del sartrismo)». *Razón y Fe*, Year 52, vol.145, June 1952, pp.565-574.

Iriarte, Joaquín, (S.J.). «Sartre o la filosofía del absurdo». *Razón y Fe*, Year 49, vol.140, July-December 1949, pp.149-167.

Iriarte, Joaquín, (S.J.). «Sartre oder die Philosophie des Absurden». *Die Schweizerische Rundschau*, vol.50, 1950, pp.534-544.
Translation of preceding entry.

Ivanka, Endre, von. «Die Problematik des 'Menschseins' in der modernen Existenzanalyse und im Denken der Kirchenväter». *Jahrbuch für Psychologie und Psychotherapie*, Year 1, 1952/1953, pp.117-121.

Jacob, A. Review of *Le problème moral et la pensée de Sartre* of Jeanson. *Les Études philosophiques*, no.21, 1966, pp.414-415.

Jaffe, Adrian H. «Emerson and Sartre: Two Parallel Theories of Responsibility». *Comparative Literature Studies*, vol.1, 1964, pp.113-117.

Jarrett-Kerr, Martin. «The Dramatic Philosophy of Jean-Paul Sartre». *Tulane Drama Review*, vol.1, June 1957, pp.41-48.

Jeanson, Francis. «L'oeuvre philosophique de Sartre». *Biblio*, Year 18, no.5, May-June 1950, pp.8-10.

Jeanson, Francis. «Le mystère d'autrui». *Foi et Vie*, 1950, pp.199-213. Not seen.

Jeanson, Francis. «Les caractères existentialistes de la conduite humaine selon J.-P. Sartre». *Morale chrétienne et Requêtes contemporaines*, 1954, pp.173-194. Not seen.

Jeanson, Francis. «Pessimisme et optimisme dans la pensée de Sartre». *Revue Générale Belge*, no.10, October 1966, pp.61-72.

Jeanson, Francis. «Sur Sartre». *La Quinzaine Littéraire*, no.3, 15 April 1966, pp.19-20.
Review of Audry, Sartre et la réalité humaine.

Jímenez V., Marta. «El concepto de substancia en la filosofía de Jean-Paul Sartre». *Revista de Filosofía de la Univ. de Costa Rica*, July 1964-July 1965, pp.295-299.

Johnson, Howard A. «Kierkegaard and Sartre». *American Scandinavian Review*, vol.35, September 1947, pp.220-225.
Reprinted in Adam, *vol.16, June 1948, pp.23-24.*

Jolivet, Jean. «Chronique philosophique». *Recherches et Débats*, no.43, June 1963, pp.145-157.

Jolivet, Régis. «Le problème de la liberté selon Jean-Paul Sartre». *Humanitas* (Tucuman, Argentina), vol.2, no.4, 1954, pp.205-208.

Jolivet, Régis. «Liberdade e valor en Sartre». *Revista Portuguesa de Filosofia* (Braga), vol.6, fasc.3, July-September 1950, pp.292-299.

Jordan, Robert. «In defense of existence». *The Nation*, vol.187, no.19, 6 December 1958, pp.431-433.
 Review of Barrett: Irrational Man.

Jourdan, Henri. «André Espiau de la Maestre: *Der Sinn und das Absurde*». *Romanische Forschungen*, vol.74, no.3-4, 1962, pp.435-439. Review.

Kaisserlian, Giorgio. «Insufficienza rappresentativa nella letteratura esistenziale». *Atti del Congresso internazionale di filosofia* (Rome, 15-20 November 1946). Milan: Castelli, 1948, see pp.267-268.

Kanters, Robert. «Dieu devant Sartre». *Le Figaro littéraire*, 27 October 1966, p.5.
 Reviews of Jeanson, Sartre*; Jolivet,* Sartre ou la théologie de l'absurde*; Audry,* Sartre et la réalité humaine.

Kanters, Robert. «Le procès de la sincérité». *Lettres*, no.1, 1945, pp.7-21.

Kaufmann, Walter. Review of *The Philosophy of Jean-Paul Sartre*, ed. by R.D. Cumming. *The New York Times Book Review*, 2 May 1965, pp.22-23. Not seen.

Kemp, Peter. «Le concept de Dieu chez Sartre». *Revue d'histoire et de philosophie religieuses*, no.4, 1967, pp.327-337.

Kerkhoff, Manfred. «La controversia de los universales en la filosofía de Sartre». *Diálogos*, vol.2, no.4, 1965, pp.145-165.

King-Farlow, John. «Self-deceivers and Sartrean seducers». *Analysis*, vol.23, no.6, June 1963, pp.131-136.
See also: *Canfield & Gustavson, «Self-deception», Analysis, vol.23, no.2, December 1962, pp.32-36.*

Kingston, Frederick Temple. «Freedom and being free». *Anglican Theological Review*, vol.38, no.2, 1956, pp.153-160.

Kirk, Hans. «Den franske pessimisme». *Athenaeum*, Year 1, no.4, Autumn 1946, pp.334-341.

Kleppner, Amy M. «Philosophy and the Literary Medium: The Existentialist Predicament». *Journal of Aesthetics and Art Criticism*, vol.23, Winter 1964, pp.207-217.

Kohak, Erazim V. «Existence and the phenomenological Epokhe». *Journal of Existentialism*, vol.8, no.29, Fall 1967, pp.19-47.

Kopper, Joachim. «Die Dialektik in französischen Denken der Gegenwart». *Zeitschrift für philosophische Forschung*, vol.11, 1957, pp.142-164.

Krieger, Leonard. «History and Existentialism in Sartre». In *The Critical Spirit. Essays in Honor of Herbert Marcuse*, ed. Kurt H. Wolff & Barrington Moore. Boston: Beacon Press, 1967. See pp.239-266.

Kuale, Steinar and Carl E. Guenness. «Skinner and Sartre: Towards a Radical Phenomenology of Behavior?» *Review of Existential Psychology and Psychiatry*, vol.7, Spring 1967, pp.128-150.

Kudszus, Hans. «Von Sokrates bis Sartre». *Der Monat*, Year 2, no.13, October 1949, pp.103-105.
Review of Mounier, Einführung in die Existenzphilosophie.

Lacombe, R.E. «Angoisse et liberté». *Revue philosophique de la France et de l'Étranger*, no.153, 1963, pp.41-58.

Lacroix, Jean. «La liberté et le problème moral chez Sartre». *Le Monde*, 31 October 1947.
Sensitive review of Jeanson's Le Problème moral et la pensée de Sartre, *almost a minor essay on Sartre's thought.*

Landgrebe, Prof. «Husserl, Heidegger, Sartre: trois aspects de la phénoménologie». *Revue de Métaphysique et de Morale*, Year 69, no.4, October-December 1964, pp.365-380.

Langlois, Jean. «Introduction à l'univers philosophique de Sartre». *Sciences Ecclésiastiques*, vol.9, 1959, pp.383-407.

Lapointe, François H. «Psicología fenomenológica de Husserl y Sartre». *Revista Latinoamericana de Psicología*, vol.2, no.3, 1970, pp.377-385.

Lapointe, François. H. «Phenomenology, Psychoanalysis and the Unconscious». *Journal of Phenomenological Psychology*, vol.2, no.1, Fall 1971, pp.5-25.
An interesting and well-documented discussion of the concept of the unconscious in Freud and Sartre.

Lapouge, Gilles. «Sartre contre Lacan, bataille perdue mais...» *Le Figaro littéraire*, 29 December 1966, p.4.
Long interview with Lacan well worth reading.

Larson, Curtis W.R. «Kierkegaard and Sartre». *The Personalist*, vol.35, Spring 1954, pp.128-136.

Larson, G.T. «Classical Samkhya and the phenomenological ontology of Jean-Paul Sartre». *Philosophy East and West*, vol.19, January 1969, pp.45-58.

Lauer, Quentin. «Four Phenomenologists». *Thought*, vol.33, 1958, pp.183-204.
On Scheler, Merleau-Ponty, Heidegger and Sartre (pp.193-198).

Lavelle, Louis. «Dissociation de l'essence et de l'existence». *Revue de Métaphysique et de Morale*, vol.52, 1947, pp.201-227.

Le Blond, Jean-Marie. «Sincérité et Vérité. A propos de la Morale de la situation». *Études*, February 1957, pp.238-256.
General, interesting article on the problems raised for Catholics by the existential notion of situational ethics following the Pope's pronouncements on 23 March 1952 and 19 April 1952 (for which see, Acta Apostolicae Sedis, *XXXIV, 1952, pp.270-278 & pp.413-419).*

Le Maître, Gabriel. «Choisir l'espoir». *Études*, September 1950, pp.216-226.

Leahy, Louis. «Réflexions sur la liberté». *Dialogue*, vol.2, no.1, June 1963, pp.42-57.

GENERAL STUDIES. ARTICLES   401

Lefebve, Maurice-Jean. «The Surreal Dream and Dreamed Reality».
   Diogenes, vol.44, Winter 1963, pp.81-102.
   Mainly on Breton; but includes brief quotes from L'Imaginaire.

Lenoble, R. «Liberté cartesienne ou liberté sartrienne». *Descartes
   (Cahiers de Royaumont, Philosophie, No.16)*, Paris: Éd. de
   Minuit, 1957, pp.302-324.

León Tello, F.J. «Ibáñez: *Libertad y compromismo en Sartre*».
   Revista de Ideas Esteticas, vol.19, no.75, 1961, pp.250-254.
   Review. See section 400 under Marín Ibáñez.

Lewis, H.D. «Philosophical surveys, X: The philosophy of religion
   1945-1952, Part II». *The Philosophical Quarterly*, vol.4, no.16,
   July 1954, pp.262-274.

Lochmann, Jan M. «Stationen auf dem Wege zur Freiheit. Freiheit
   bei Sartre und bei Dietrich Bonhoeffer». *Die Zeichen der Zeit*,
   vol.16, 1962, pp.130-138.

Logstrup, K.E. «Sartres og Kierkegaards Skildring af den
   daemoniske indesluttethed». *Vindrosen*, vol.13, no.1, pp.28-42.

Long, Wilbur. «Existentialism, Christianity and Logos». *The
   Personalist*, vol.47, no.2, Spring 1966, pp.149-168.

López Salgado C. «El prójimo en el existencialismo de Sartre».
   Estudios Teologicos y Filosóficos (Buenos Aires), vol.4, 1962,
   pp.59-69.

Lotthe, Étienne. «Modern French Philosophy». *Circle Magazine*,
   no.1, January 1964, pp.6-9. Not seen.

Lotz, Johannes B. «Existentenzphilosophie, Nihilismus und
   Christentum». *Stimmen der Zeit*, vol.142, 1948, pp.332-345.

Lotz, Johannes B. «Von der Gotteserfahrung im Denken unserer
   Zeit». *Stimmen der Zeit*, vol.172, no.11, August 1963, pp.321-334.
   Only pp.327-328 are specifically on Sartre.

Löwith, Karl. «Schöpfung und Existenz». *Merkur*, Year 9, vol.3,
   no.85, March 1955, pp.224-239.

Lowrie, Walter. «Existence as Understood by Kierkegaard and
   Sartre». *Sewanee Review*, vol.58, Summer 1950, pp.379-401.

Luisenier, J. «Heidegger et Sartre». *La Nef*, vol.3, 1946, pp.133-137.

Lynch, L.E. «Past and Being in Jean-Paul Sartre». *American Catholic Philosophical Association Proceedings*, vol.22, 1947, pp.212-220.

MacNiven, C.D. «Analytic and existential ethics». *Dialogue*, vol.9, no.1, June 1970, pp.1-19.

Mannzen, Walter. «Sartre=Stirner redivivus?» *Literatur* (Stuttgart), Year 1, no.1, 1952. Not seen.

Manser, Anthony. «L'Éthique de Jean-Paul Sartre». In *Premier colloque de la société britannique de philosophie de langue française. Actes. Résumés des communications.* Hull: Fretwells, 1962. pp.22-26.

Manser, Anthony. «*Emotion in the Thought of Sartre* by Joseph Fell». *Philosophical Books*, vol.7, no.3, October 1966, pp.9-10.

Manser, Anthony. «*The Philosophy of Sartre* by Mary Warnock». *Philosophy*, vol.41, no.156, April 1966, pp.180-181.

Marcel, Gabriel. «Sartre, Camus, Malraux: Philosophie und Dichtung des Existentialismus». *Universitas*, vol.21, no.10, October 1966, pp.1019-1026.

Marcel, Gabriel. «Situation de la philosophie française». *Conjonction* (Haïti), vol.1, no.6, 1947, pp.16-18.

Margolin, J.C. «S. de Beauvoir, Jeanson, Sartre et le sartrisme». *Études françaises*, Year 3, no.1, February 1967, pp.61-73.
   Reviews of Le Problème moral, & Simone de Beauvoir ou l'entreprise de vivre.

Mark, James. «Sartre and the atheism which purifies». *Prism*, no.65, September 1962, pp.5-22.

Marson, M.J. «The Atheism of Jean-Paul Sartre». *Modern Churchman*, vol.44, March 1954, pp.49-54.

Maublanc, René. «Jean-Paul Sartre, le marxisme et la science». *La Pensée*, nlle série, no.9, October-December 1946, pp.112-115.

Maulnier, Thierry. «Notes sur un nouvel humanisme». *La Table Ronde*, no.14, February 1949, pp.241-249.

Mayerhoff, Milton. «Sartre on Man's Incompleteness: A Critique and Counter-Proposal». *International Philosophical Quarterly*, vol.3, December 1963, pp.600-609.

McBride, William L. «Jean-Paul Sartre: Man, freedom and praxis». In *Existential Philosophers: Kierkegaard to Merleau-Ponty*, ed. George A. Schrader. New York: McGraw-Hill, 1967. See pp.261-330.

Mendoza, Esther C. «'Being-for-others' in Sartre and G. Marcel». *St. Louis Quarterly* (Baguio City, Philippines), vol.4, 1966, pp.5-36.

Merleau-Ponty, Maurice. «La philosophie de l'existence». *Dialogue*, vol.5, no.3, December 1966, pp.307-322.

Merritt, Richard N. «God, Sartre, and the New Theologians». *Journal of General Education*, vol.17, 1965, pp.125-134.

Meszaros, Istvan. «*The Philosophy of Sartre* by Mary Warnock». *Philosophical Books*, vol.7, no.1, January 1966, pp.29-32.

Meyer, Rudolf W. «L'âge de la raison de Monsieur Sartre». *Hamburgische akademische Rundschau*, Year 2, 1947/1948, pp.501-513.

Meyerhoff, Hans. «The Return to the Concrete». *Chicago Review*, vol.13, no.2, Summer 1959, pp.27-38.
  A review article of Everett Knight's Literature Considered as Philosophy.

Meyerhoff, Milton. «Sartre on man's incompleteness: a critique and counterproposal». *International Philosophical Quarterly*, vol.3, December 1963, pp.600-609.

Michelis, P.A. «De l'imagination abstractive». *Revue internationale de Philosophie*, Year 18, no.68-69, fasc.2-3, 1964, pp.229-249.

Mihalich, J.C. «Some Aspects of Freedom in Sartre's Existentialism». *Four Quarters*, vol.8, January 1959, pp.10-25.

Mole, Jack. «What to do with the Body». *The Listener*, 5 September 1963, pp.339-340.
  On the disappearance of the 'soul' in modern writing and its consequences.

Montesi, Gotthard. «Sartre und die Sartristen, oder: Hybris und Erniedrigung des Menschen». *Wort und Wahrheit*, Year 7, no.9, September 1952, pp.656-674.
A polemical Christian critique of Sartre's philosophy.

Moore, Sebastian. «Reflections of the Thought of Sartre». *Downside Review*, vol.72, April 1954, pp.146-152.

Moravia, Sergio. «La crisi della generazione sartriana». *Rivista di Filosofia*, vol.58, October-December 1968, pp.426-470.

Moreno, Julio L. «El amor en la filosofía de Sartre». *Número*, Year 3, no.15,16,17, July-December 1951, pp.367-373.

Morris, Phyllis. «Sartre and the existence of other minds». *Journal of the British Society for Phenomenology*, vol.1, May 1970, pp.17-22.

Mow, Joseph B. «Jean-Paul Sartre: Christian Theist?» *Christian Century*, vol.83, 23 November 1966, pp.1437-1439.

Müller-Schwefe, H.R. «Aufstand gegen das Sein. Der Nihilismus bei Heidegger, Sartre, Jaspers und Marcel». *Zeitwende*, vol.32, 1961, pp.308-318.

Munford, Clarence J. «Sartrean existentialism and the philosophy of history». *Cahiers d'Histoire mondiale*, vol.11, no.3, 1968, pp.392-404.

Muuss, Rolf. «Existentialism and Psychology». *Educational Theory*, vol.6, July 1956, pp.135-153.

Natanson, Maurice. «Sartre's Philosophy of Freedom». *Social Research*, vol.19, 1952, pp.364-380.

Natanson, Maurice. «Phenomenology and Social Rôle». *Journal of the British Society for Phenomenology*, vol.3, no.3, October 1972, pp.218-230.
A general article which includes specific criticism of the rôle and bad faith concepts in L'Être et le néant. See the reply of Schaper (q.v. this Section).

Nauta, L.W. «Dialektik bei Sartre». *Studium Generale*, vol.21, July 1968, pp.591-607.

Newman, F. «Origins of Sartre's Existentialism». *Ethics*, vol.76, April 1966, pp.178-191.

Niftrik, G.C. van. «Sartre en zijn beteknis voor de theologie». *Nederl. Theol. Tijdschrift*, vol.4, 1949-1950, pp.259-277.

Nordentoft, Søren. «Sartres tanker om frihed». *Dansk teologisk Tidskrift* (Copenhagen), Year 21, 1958, pp.33-58, 100-111. Not seen.

Nott, Kathleen. «German Influence on Modern French Thought». *The Listener*, 13 January 1955, pp.73-75.

Nuño Archer, P. «La prueba ontológica como determinante de la concepción antropológica sartriana». *Episteme* (Caracas), 1961-1962, pp.323-335.

Olafson, Frederick A. «Existential psychoanalysis». *Ethics*, vol.64, no.4, July 1954.

Olafson, Frederick A. «Sartre». In *The Encyclopedia of Philosophy*, Vol.7, ed. Paul Edwards. New York: Macmillan, 1967. See pp.287-293.

Olson, Robert G. «Sincerity and the Moral Life». *Ethics*, vol.68, July 1958, pp.260-280.

Olson, Robert G. «Three Theories of Motivation in the Philosophy of Jean-Paul Sartre». *Ethics*, vol.66, April 1956, pp.176-187.

Owens, T.T. «Absolute aloneness as man's existential structure: a study of Sartrean ontology». *The New Scholasticism*, vol.40, July 1966, pp.341-360.

Pagano, Giacomo M. «Sartre e l'insuperabile filosofia del nostro tempo». *Rivista di Studi Crociani*, Year 6, October-December 1969, pp.435-446.

Patocka, J. «Die Kritik des psychologischen Objectivismus und das Problem der phänomenologischen Psychologie bei Sartre und Merleau-Ponty». In *Akten der 14 Int. Kongress für Phil.*, Vienna: 1969, pp.175-184.

Patri, Aimé. «*Introduction et choix, Descartes 1596-1650*». *Paru*, no.27, February 1947, pp.99-100.
 A review of Sartre's edition. See also the two following entries.

Patri, Aimé. «Descartes vu par Sartre». *L'Arche*, vol.3, no.24, February 1947, pp.114-116.

Patri, Aimé. «Descartes, Sartre und Maritain». *Merkur*, vol.1, no.4, 1947, pp.615-624.

Peñalver Simo, Patricio. «Sobre la antropología negativa de Sartre». *Atlantida*, no.40, July-August 1969, pp.374-386.

Pérez Candamil, D. «Jean-Paul Sartre y la ética de la libertad pura». *Mysterium* (Bogota), vol.30, no.100-101, 1971, pp.27-47.

Perkins, Robert L. «Sartre, Jean-Paul. The Philosophy of Existentialism; ed. and with foreword by Wade Baskin». *Library Journal*, vol.90, no.20, 15 November 1965, p.4985.

Pervin, Lawrence A. «Existentialism, Psychology, and Psychotherapy». *American Psychologist*, vol.15, May 1960, pp.305-309.

Pètrement, Simone. «La liberté selon Descartes et selon Sartre». *Critique*, vol.1, no.7, December 1946, pp.612-620.
On Sartre's «*La Liberté cartésienne*».

Petruzzellis, Nicola. «Jean-Paul Sartre tra filosofia e ideologia». *Rassegna di scienze filosofiche*, vol.15, 1962, pp.1-27.

Pettit, Philip. «Parmenides and Sartre». *Philosophical Studies*, vol.17, 1968, pp.161-184.

Pfeil, Hans. «The modern denial of God: Its origin and tragedy». *Philosophy Today*, vol.3, 1959, pp.19-27.

Piancella, Cesare. «La reificazione della coscienza nei primi scritti di Sartre». *Rivista de Filosofia*, vol.57, 1966, pp.36-52.

Picado Sotela, S. «Jean-Paul Sartre: una filosofía de la libertad». *Revista de Filosofía de la Universidad de Costa Rica*, July 1964-July 1965, pp.301-322.

Pieper, J. «*Creaturidad* y *naturaleza humana*. Notas sobre su planteamiento filosófico en Jean-Paul Sartre». *Folia Humanistica* (Barcelona), Year 10, no.113, 1972, pp.417-427.

Pilkington, A.E. «Sartre's existentialist ethic». *French Studies*, vol.23, no.1, January 1969, pp.38-48.

Piñera Llera, Humberto. «Heidegger y Sartre o dos modos de la filosofía existencial». *Revista Cubana*, vol.23, January-December 1948, pp.22-54.

Pingaud, Bernard. «Interview: Sartre répond». *La Quinzaine littéraire*, no.14, 15-31 October 1966, pp.4-5.
  Extracts from an interesting interview on the following subjects: Michel Foucault; structuralism; Althusser's Marxism; the future of philosophy. The interview appeared in full in the special number of L'Arc on Sartre, November 1966.

Piorkowski, Henry. «The path of phenomenology: Husserl, Heidegger, Sartre, Merleau-Ponty». *Annual Report, Duns Scotus Philosophical Association*, vol.30, 1966, pp.177-221.

Pires, Celestino. «Ontologia e metafisica». *Rivista Portuguesa de Filosofia*, vol.20, 1964, pp.31-61.

Pirlot, Jules. «La mort et la liberté». *Revue Philosophique de Louvain*, vol.56, 3rd. series, no.52, November 1958, pp.573-585.

Plantinga, Alvin. «An Existentialist's Ethics». *Review of Metaphysics*, vol.12, no.2, December 1958, pp.235-256.
  See the reply of Gary J. Foulk, this Section.

Pleydell-Pearce, A.G. «Freedom, emotion and choice in the philosophy of Sartre». *Journal of the British Society for Phenomenology*, vol.1, May 1970, pp.35-46.

Pole, David. «*The Philosophy of Sartre*, by Mary Warnock». *Ratio*, vol.8, no.1, June 1966, pp.105-106.

Polin, Raymond. «Introduction à la philosophie de Jean-Paul Sartre». *Revue de Paris*, Year 53, no.4, April 1946, pp.91-97.

Poole, Roger C. «Indirect Communication: I. Hegel, Kierkegaard, and Sartre». *New Blackfriars*, vol.47, July 1966, pp.532-541.

Porcarelli, Vanio. «La metafisica di Sartre». *Rivista di Filosofia Neoscolastica*, vol.40, 1948, pp.249-257.

Potoacki, Charles. «Freedom à la Sartre». *Annual Report, Duns Scotus Philosophical Association*, vol.29, 1965, pp.128-159. Not seen.

Prenter, R. «Sartre's Conception of Freedom Considered in the Light of Kierkegaard's Thought». In *A Kierkegaard Critique*, ed. H.A. Johnson and N. Thulstrup. New York: Harper, 1962.

Presseault, Jacques. «L'être-pour-autrui: problème de structure ontologique dans la philosophie de Sartre». *Revue de l'Université d'Ottawa*, vol.36, no.1, January-March 1966, pp.132-143; and April-June 1966, pp.272-294.

Preston Cole, J. «The function of choice in human existence». *The Journal of Religion*, vol.45, no.3, July 1965, pp.195-210.

Quesada, Francisco Miró. «Náusea, angustia y amor en la filosofía de Jean-Paul Sartre». *Mercurio Peruano*, Year 24, no.265, April 1949, pp.139-168.

Raines, Charles A. «Cumming, Robert D., ed. and with intro by: *The Philosophy of Jean-Paul Sartre*». *Library Journal*, vol. 90, 15 March 1965, p.1328.

Ramos, O.G. «La ontología fenomenológica de Jean-Paul Sartre». *Revista Universidad de Antioquia*, vol.40, 1963, pp.624-646.

Rankin, K.W. «*A Critique of Jean-Paul Sartre's Ontology*. By Maurice Natanson». *The Philosophical Quarterly*, vol.3, no.11, April 1953, pp.184-185.

Rau, Catherine. «The Ethical Theory of Jean-Paul Sartre». *The Journal of Philosophy*, vol.46, August 1949, pp.536-545.

Rauch, Leo. «Sartre, Merleau-Ponty and the 'Hole' in being». *Philosophical Studies* (Ireland), vol.18, 1969, pp.119-132.

Rees, D.A. «Philosophical Surveys, IV. A Survey of Literature on Ethics and the History of Ethics, 1945-1950». *Philosophical Quarterly*, vol.2, January 1952, pp.71-81.

Renaud, Armand. «Blaise Pascal et l'humanisme intégral». *L'Esprit Créateur*, vol.2, no.2, Summer 1962, pp.84-87.

Revel, Jean-François. «Le philosophe et les idoles». *Le Figaro littéraire*, 14 May 1964, p.6.
    An enthusiastic review of J. Houbart's critique of Sartre's philosophy Un Père dénaturé.

Revel, Jean-François. «Lenine aurait pu accepter le Nobel sans être confondu avec Bergson». *Le Figaro littéraire*, 29 October 1964, p.7.
   The title is misleading, since the article is a general survey of Sartre's philosophical works written, it is true, on the occasion of his refusal of the Nobel.

Rideau, Émile (S.J.). «Un humanisme social athée: Jean-Paul Sartre et le christianisme». *Nouvelle Revue théologique*, December 1963, pp.1039-1062.

Riu, Federico. «Sartre, Heidegger y el tema de la consciencia». *Cultura Universitaria* (Caracas), no.66-67, 1959, pp.42-46.

Robert, Jean-Dominique. «Philosophie et sciences de l'homme selon J.-P. Sartre». *Archives de Philosophie*, Year 32, no.2, April-June 1969, pp.244-284.

Roberts, D.E. «Faith and Freedom in Existentialism: A Study of Kierkegaard and Sartre». *Theology Today*, vol.8, January 1952, pp.469-482.

Robinet, André. «Existentialisme: Tournant dangereux! La philosophie». *Les Nouvelles littéraires*, 10 February 1966, p.5.
   Review of Audry, Sartre et la réalité humaine, *and Jeanson,* Le probleme moral et la pensee de Sartre.

Rodríguez-Alcalá, Hugo. «Existencia y destino según José Ortega y Gasset y Jean-Paul Sartre». *Revista de la Universidad de Buenos Aires*, Year 5, no.1, January-March 1960, pp.63-80.

Rodríguez-Alcalá, Hugo. «Existencia y destino del hombre según José Ortega y Gasset y Jean-Paul Sartre». *Cuadernos Americanos*, Year 19, no.3, May-June 1960, pp.89-109.

Rodríguez-Alcalá, Hugo. «José Ortega y Gasset and Jean-Paul Sartre on Existence and Human Destiny». *Research Studies of the State College of Washington*, vol.24, September 1956, pp.193-211.
   The two preceding entries are the same translation of this article.

Romano, B. «Sui fondamenti della fenomenologia giuridico-sociale di Jean-Paul Sartre». *Rivista internazionale di filosofia del diritto*, January-March 1970.

Romeyer, Blaise. «Les autres d'après Sartre, Camus, Blondel».
Giornale di Metafisica, vol.8, 1953, pp.185-206.

Rossi, Lino. «Fenomenologia e relazione in Sartre». *Il Verri*, Year 5, no.6, December 1961, pp.32-47.

Rossi, Lino. «Il metodo fenomenologico in Sartre». *Il Verri*, Year 4, no.4, August 1960, pp.104-117.

Rostenne, Paul. «Les Idées: Sartre ou la mauvaise conscience athée». *La Revue nouvelle*, Year 7, no.4, 1948, pp.390-394.

Rousseaux, André. «Jean-Paul Sartre: el filósofo de la nada». *Letras del Ecuador*, Year 2, no.13, May 1946, p.20.

Rozin, N.W. «Auf der Suche nach der humanistischen Philosophie. Zur Kritik von Jean-Paul Sartres Existentialismus». *Wissenschaftliche Zeitschrift der Friedrich-Schiller Universität Jena*, Year 20, no.6, 1971, pp.115-127.

Ruig, Félix. «Humanismo y anti-humanismo: Sciacca y Sartre». *Augustinus*, vol.5, 1960, pp.537-545.

Rutten, Willy. «Het probleem van de vrijheid bij J.-P. Sartre». *De Vlaamse Gids*, vol.45, no.2, February 1961, pp.107-114.

Rybalka, Michel. «Lilar, Suzanne: *A propos de Sartre et de l'amour*». *French Review*, vol.41, no.3, December 1967, pp.434-435.

Rybalka, Michel. «Salvan, Jacques L.: *The Scandalous Ghost: Sartre's Existentialism as related to Vitalism, Humanism, Mysticism, Marxism*». *French Review*, vol.41, no.5, April 1968, pp.756-757.

Sahu, Sreenivassa. «The Humanism of Jean-Paul Sartre». *Philosophical Quarterly* (India), vol.28, 1955, pp.185-190.

Sainz Mazpule, Jesús. «Cometidos de un existencialismo cristiano». *Escorial*, vol.19, no.56, April 1949, pp.141-151.

Salinas, Laurent Marcel. «Jean-Paul Sartre et l'expérience de l'angoisse». *Labyrinthe*, no.4, 1945, pp.6,9.

Salvan, Jacques L. «Des conceptions bergsonienne et sartrienne de la liberté». *French Review*, vol.22, no.2, December 1948, pp.113-127.

Salvan, Jacques L. «Le scandale de la multiplicité des consciences chez Huxley, Sartre et Simone de Beauvoir». *Symposium*, vol.5, no.2, November 1951, pp.198-215.

Sanabria, José Rubén. «El tema de Dios en Jean-Paul Sartre». *Sapientia* (La Plata), Year 12, 1957, pp.201-205.
Author's name reported as 'Savabria' by Lapointe. I have not been able to verify this article or author.

Santoni, Ronald E. «*Sartre's Ontology*, by Klaus Hartmann». *The International Philosophical Quarterly*, vol.8, no.2, June 1968, pp.303-306. Review.

Saro. «Sartre: A Positive Study». *Thought* (Delhi), vol.13, February 1961, pp.14-15. Not seen.

Sattler, Jerome M. «Existential considerations in the characterology of prejudice». *Review of Existential Psychology and Psychiatry*, vol.4, no.2, Spring 1964, pp.180-185.

Savater, Fernando. «Merleau-Ponty: Hacia una filosofía de la expresión». *Cuadernos para el Diálogo*, no.99, December 1971, pp.33-34.
Includes brief contrastive references to Sartre.

Schaff, Adam. «Sartre und Marx oder Moral und Politik». *Forum* (Vienna), Year 11, no.123, March 1964, pp.135-139.

Schaldebrand, Mary Aloysius. «Freedom and the 'I': An Existential Inquiry». *International Philosophical Quarterly*, vol.3, December 1963, pp.571-599.
On Marcel and Sartre.

Schaper, Eva. «Phenomenology and Social Rôle: A Reply to Maurice Natanson». *Journal of the British Society for Phenomenology*, vol.3, no.3, October 1972, pp.231-234.
See also Natanson this Section.

Schrader, George A. «Existential psychoanalysis and metaphysics». *Review of Metaphysics*, vol.13, 1959, pp.139-164.

Schrag, Calvin O. «The Structure of Moral Experience: A Phenomenological and Existential Analysis». *Ethics*, vol.73, July 1963, pp.255-265.

Scurani, A. «L'ateismo di Sartre». *Letture*, no.15, 1960, pp.803-820.

Sellars, Roy W. «Existentialism, realistic empiricism, and materialism». *Philosophy and Phenomenological Research*, vol.25, no.3, March 1965, pp.315-322.

Senard, Jean. «Affluence à l'U.N.E.S.C.O. Jean-Paul Sartre rend hommage au précurseur de l'existentialisme». *Le Figaro*, 22 April 1964, p.10.
On the Kierkegaard lecture.

Senard, Jean. «En l'honneur de Soeren, Jean-Paul fait sa rentrée». *Le Figaro littéraire*, 23 April 1964, p.2.
A breathless report complete with hastily jotted quotes of Sartre's lecture at the UNESCO colloquium on Kierkegaard.

Sève, Lucien. «Panorama de la philosophie française contemporaine (I)». *La Pensée*, nlle série, no.88, November-December 1959, pp.51-80.

Shalom, A. «Remarques sur l'ontologie de Sartre». *Dialogue*, vol.5, March 1967, pp.541-554.

Shouery, Imad T. «Reduction in Sartre's Ontology». *Southwestern Journal of Philosophy*, vol.2, Spring-Summer 1971, pp.47-53.

Shouery, Imad T. «The Phenomena of the 'look', 'shame', and 'the other' in Sartre». *Darshana International*, vol.11, April 1971, pp.43-57.

Siegmund, Georg. «Gotama Buddha und Jean-Paul Sartre. Das buddhistische Grunderlebnis». *Erbe und Auftand*, Year 43, 1967, pp.294-310.

Sigaux, Gilbert. «Sartre et la liberté cartésienne». *La Nef*, vol.4, no.30, May 1947, pp.118-120.
A favourable review of Sartre's Descartes text.

Simon, Pierre-Henri. «Amour, amour...» *Le Monde (des livres)*, 5 April 1967, p.i; *Le Monde hebdomadaire*, 6-12 April 1967, p.9.
Favourable review of Lilar's A propos de Sartre et de l'amour.

Sinari, Ramakant. «Sartre's Prophecy: 'Life is Hell!'». *Thought* (Delhi), vol.17, 4 December 1965, pp.14-15.

Smith, Colin. «Sartre and Merleau-Ponty: The case for a modified essentialism». *Journal of the British Society for Phenomenology*, vol.1, May 1970, pp.73-79.

Sokel, Walter. «Kafka und Sartres Existenzphilosophie». *Arcadia*, Year 5, no.3, 1970, pp.262-277.

Solotaroff, Theodore. «Multiplying by zero to get an answer». *Book Week: The Sunday Herald Tribune Magazine*, 25 April 1965, pp.3,13.
   On The Philosophy of Jean-Paul Sartre, *and* Situations.

Srinivasan, G. «Sartre and Sankhya». *The Aryan Path*, vol.37, no.12, December 1966, pp.540-545.

Stamps, A. «Shifting Focus from Sartre to Husserl». *Thought*, vol.8, no.1, 1973, pp.51-53.

Stern, Alfred. «Adler and Sartre: comments». *Journal of Individual Psychology*, vol.21, no.2, November 1965.

Stern, Alfred. «El psicoanálisis existencialista». *Folia Humanistica*, vol.8, no.94, October 1970, pp.781-793.

Stern, Alfred. «Existential psychoanalysis and individual psychology». *Journal of Individual Psychology*, vol.14, 1958, pp.38-50.

Stern, Alfred. «La psychologie individuelle d'Alfred Adler et la philosophie». *Revue philosophique de la France et de l'Étranger*, July-September 1960, pp.313-326.

Stern, Alfred. «Some Philosophical Considerations of Literature». *The Personalist*, vol.49, no.2, Spring 1968, pp.163-181.
   A general article which discusses Sartre's 'return' to hegelianism.

Strasser, Stephan. «Wesen und Grenzen des Schöpferischen im Menschen. Betrachtungen im Zusammenhang mit der phil. Anthropologie Jean-Paul Sartres». *Jahrbuch für Psychologie und Psychotherapie*, Year 1, 1952/1953, pp.46-58.

Strobl, W. «Sartre und die letzte Konsequenz des Atheismus». *Besinnung* (Nurenberg), Year 2, 1947, pp.231-235.

Sultan, Ather. «Sartre's theory of freedom and choice». *Pakistan Philosophical Journal*, vol.9, April 1966, pp.13-18.

Suppo, Angela. «Uberto Scarpelli: *Esistezialismo e Marxismo*». *Filosofia*, Year 20, fasc.4, October 1969, pp.639-642. Review.

Sweeney, Leo. «Aquinas or philosophy of subjectivity». *The Modern Schoolman,* vol.47, November 1969, pp.57-70.

Tauxe, Henri-Charles. «Mise en question et fondement de la psychanalyse chez Sartre». *Studia Philosophica,* vol.21, 1961, pp.199-213.

Thalberg, Irving. «*Emotion in the Thought of Sartre.* By Joseph P. Fell». *The Philosophical Quarterly,* vol.17, no.1, January 1967, pp.76-77. Review.

Theobald, David W. «The imagination and what philosophers have to say». *Diogenes,* no.57, Spring 1967, pp.47-63.
Includes brief reference to Sartre's article on intentionality.

Thody, Philip. «Existential psychoanalysis». *Journal of the British Society for Phenomenology,* vol.1, May 1970, pp.83-92.

Thomas, J.H. «Immortality and Humanism». *Modern Churchman,* vol.3, December 1959, pp.33-40.

Thomson, J.S. «The existential philosophy». *Philosophy Today,* vol.2, 1958, pp.93-106.

Thonnard, F.J. «El existencialismo francés contemporaneo». *Sapientia,* no.5, 1947, pp.238-249.

Thyssen, Johannes. «Sartre und das alte Problem der Willensfreiheit». in *Erkenntnis und Verantwortung, Festschrift für Theodor Litt.* Düsseldorf: 1960, pp.375-394.

Thyssen, Johannes. «Vom Gegebenen zum Realen. Mit einem Blick auf die Erkenntnismetaphysik von Sartre». *Kant-Studien,* vol.46, no.1, 1954-1955, pp.68-87; and no.2, pp.157-171.

Tibbetts, Paul. «Some recent philosophical contributions to the problem of consciousness». *Philosophy Today,* vol.14, Spring 1970, pp.3-22.

Tollenaere, M. de. «Intersubjectivity in Jean-Paul Sartre». *International Philosophical Quarterly,* vol.5, May 1965, pp.203-220.

Toscano, G. «L'in-der-Welt-Sein di Maurice Merleau-Ponty». *Teorisi,* vol.19, no.3-4, July-December 1964, pp.149-223.
On Sartre, pp.162-177.

Trotignon, Pierre. «Le dernier métaphysicien». *L'Arc*, no.30, 1966, pp.27-32.

Trotignon, Pierre. «Face au Métanihilisme. Réflexions sur Sartre et Heidegger». *Essais* (Bordeaux), special number 'Sartre notre contemporain', no.2-3, Spring 1968, pp.26-33.
A general article, but with emphasis on the political aspects of these two philosophers.

Truc, Gonzague. «J.-P. Sartre, Merleau-Ponty et l'athéisme radical». *Écrits de Paris*, no.131, October 1955, pp.27-31.

Turienzo, S.A. «Absence of God and man's insecurity». *Philosophy Today*, vol.3, 1959, pp.135-139.
Sartre mentioned briefly in this history of God's death.

Uranga, Emilio. «Dos teorías de la muerte: Sartre y Heidegger». *Filosofía y Letras*, no.33, January-March 1949, pp.55-71.

Urmeneta, Fermín de. «Sobre estética sartreana-beauvoiriana. I. Sartre o el existencialismo anticonformista. *Revista de Ideas Estéticas*, April-June 1965, pp.115-118.

Urmson, J.O. «His own place». *The Spectator*, 29 November 1968, p.773.
Review of The Philosophy of J.-P. Sartre, *edited by R. D. Cumming.*

Van de Pitte, M.M. «On bracketing the epoche». *Dialogue*, vol.11, December 1972, pp.535-545.

Van de Pitte, M.M. «Sartre as transcendental realist». *Journal of the British Society for Phenomenology*, vol.1, May 1970, pp.22-26.

Van Marter, Leslie Edward. «*The Philosophy of Sartre*, by Mary Warnock; *The Marxism of Jean-Paul Sartre*, by Wilfrid Desan». *Ethics*, vol.76, no.2, January 1966, pp.151-154. Reviews.

Verneaux, R. «De l'absurde». *Revue de Philosophie*, 1946, pp.165-197.

Verstraeten, Pierre. «Philosophie et langage». *Le Point* (Brussels), no.1 1965. Interview. Not seen.

Vingan, Antoine. «L'existence et le Néant». *Les Temps modernes*, no.263, April 1968, pp.1839-1856.

Virasoro, Miguel Angel. «La filosofía de Jean-Paul Sartre». *Realidad*, vol.1, no.3, May-June 1947, pp.368-381.

Vircillo, Domenico. «Presupposti e limiti della ricerca metafisica nell'esistenzialismo di Jean-Paul Sartre». *Giornale di metafisica*, no.15, March-June 1970, pp.185-214.

Vircillo, Domenico. «Esistenzialismo ateo e umanesimo totalitario in Sartre». *Sapienza*, vol.24, 1971, pp.276-341.

Virieux-Reymond, A. «Quelques aspects du déclin des absolus classiques dans la pensée contemporaine de langue française». *Revue de Théologie et de Philosophie*, vol.4, no.3, 1954, pp.197-226.

Vloemans, Antoon. «Sartres mensenbeeld en het einde van het Existentialisme». *Nieuw Vlaams Tijdschrift*, vol.21, no.6, June 1969, pp.597-615.

Vogt, K.P. Review of J. Möller: *Absurdes Sein? Eine Auseinandersetzung mit der Ontologie Jean-Paul Sartres*. *Erbe und Auftrag*, Year 36, 1960, pp.217-219.

Vuillemin, Jules. «La dialectique négative dans la connaissance de l'existence, note sur l'épistémologie et la métaphysique de Nikolaï Hartmann et de Jean-Paul Sartre». *Dialectica*, vol.4, no.1, 15 March 1950, pp.21-42.

W. «Hinweis». *Die Welt der Literatur*, Year 2, no.2, 21 January 1965, p.28.
   Review of Zehm, Historische Vernunft und direkte Aktion zur Politik und Philosophie Jean-Paul Sartres.

Waelhens, A. de. «Le Choix. Le Monde. L'Existence». *Cahiers du Collège philosophique* (Louvain), 1948.

Waelhens, Alphonse de. «La phénoménologie du corps». *Revue Philosophique de Louvain*, vol.48, 3rd series, no.19, August, 1950, pp.371-397.

Wahl, Jean. «Freedom and Existence in some Recent Philosophies». *Philosophy and Phenomenological Research*, vol.8, no.4, June 1948, pp.538-556.

Wahl, Jean. «Karl Jaspers en France». *Critique*, no.25, June 1948, pp.523-530.

Warnock, Mary. «*Emotion in the Thought of Sartre*. By Joseph P. Fell III». *Philosophy*, vol.42, no.159, January 1967, p.96. Review.

Warnock, Mary. «*Jean-Paul Sartre - the existentialist ethic*. By Norman N. Greene». *Mind*, vol.71, no.284, October 1962, pp.585-586.

Warnock, Mary. «*Sartre: A Philosophical Study* by Anthony Manser». *Philosophical Books*, vol.8, no.1, January 1967, pp.12-14. Review.

Warnock, Mary. «L'individu dans la philosophie de Sartre». *Philosophie et littérature* (2e colloque de la société britannique de philosophie de langue française), Hull: Fretwells, 1963, pp.31-38.

Warnock, Mary. «The concrete imagination». *Journal of the British Society for Phenomenology*, vol.1, May 1970, pp.6-12.

Warnock, Mary. «The Moral Philosophy of Sartre». *The Listener*, 8 January 1959, pp.64-65, 68; second part published 15 January 1959, pp.105-106, 146.

Weghe, Jan van den. «Psychologische aspecten van het antisemitisme». *Nieuwe Vlaams Tijdschrift*, vol.16, 1963, pp.108-116.

Weigert, E. «Existentialism and its Relations to Psychotherapy». *Psychiatry*, vol.12, 1949, pp.399-412.

Wein, Hermann. «Sartre und philosophiche Anthropologie». *Zeitschrift für philosophische Forschung*, vol.22, October-December 1968, pp.569-574.

Wein, Hermann. «The concept of ideology in Sartre: 'situatedness' as an epistemological and anthropological concept». *Dialogue*, vol.7, June 1968, pp.1-15.

Weischedel, Wilhelm. «Wesen und Grenzen der Existenzphilosophie». *Frankfurter Hefte*, Year 3, no.8, August 1948, pp.726-735; and no.9, September 1948, pp.804-813.

Werner, Charles. «J.-P. Sartre et le problème moral». *Journal de Genève*, 27 December 1947.
  An interesting sympathetic account of Sartre's philosophy via a review of Jeanson's book by a Christian critic.

Whittemore, Robert C. «Metaphysical Foundations of Sartre's Ontology». *Tulane Studies in Philosophy*, vol.8, 1959, pp.111-121.

Wieczynski, Joseph. «A note on Jean-Paul Sartre: Monist or dualist». *Philosophy Today*, vol.12, 1968, pp.184-189.

Wieland, J.H. «Liberté et situation dans la philosophie de J.-P. Sartre». *Tijdschrift voor filosofie*, vol.30, March 1968, pp.82-117. Article in Dutch with French abstract.

Wild, John. «Authentic Existence». *Ethics*, vol.75, no.4, July 1965, pp.227-239.

Wildenhof, U. «Jean-Paul Sartres Existentialismus in katholischer Sicht». *Unitas* (Cologne), Year 99, no.1, 1959, pp.15-20.

Williams, Raymond. «The need for Sartre». *The Guardian*, 29 November 1968, p.11.
Review of The Philosophy of J.-P. Sartre, edited by R. D. Cumming.

Winthrop, Henry. «The sartrean typology: those who deny freedom and those who ignore it». *Journal of Existentialism*, vol.5, no.19, Spring 1965, pp.265-276.

Wolff, Edgar. «Conscience et liberté chez Descartes et chez M. Sartre». *Revue philosophique de la France et de l'Étranger*, no.145, 1955, pp.341-348.

Wurtenberg, G. «Sartre und die menschliche Existenz». *Begegnung* (Koblenz), Year 3, 1948, pp.447-454.

Wyschogrod, Michael. «Sartre, Freedom and the Unconscious». *Review of Existential Psychology and Psychiatry*, vol.1, Fall 1961, pp.1179-186.

Zdarzil. Herbert. «Der unbedingte Mensch. Jean-Paul Sartres Philosophie der Freiheit». *Wissenschaft und Weltbild*, June 1964, pp.133-141.

Abbagnano, Nicola. «El existencialismo positivo, determinación y defensa de las posibilidades humanas». *La Gaceta* (Mexico), Year 6, no.71, July 1960, pp.1,6.
A wide-ranging article dealing with several philosophers but including frequent discussion of Sartre.

Alexander, Ian W. «Jean-Paul Sartre and Existentialist Philosophy». *The Cambridge Journal*, vol.1, September 1948, pp.721-736.

Alexandre, Paul. «La querelle de l'existentialisme». *Servir* (Lausanne), no.7, 14 February 1946, p.8.
An interview with the Swiss philosopher, Jeanne Hersch, who sees Sartre's works as «fort sujets à caution» and who praises in contrast the writings of her own teacher, Karl Jaspers.

Allen, Edgar Leonard. «Existentialism». *The Adelphi*, vol.24, April-June 1948, pp.157-160.

Ames, Van Meter. «Reply to Mr. Natanson». *The Journal of Philosophy*, vol.48, 4 January 1951, pp.99-102.
See also the articles of Ames and Natanson in Section 407.

Angrand, Cecile. «Existentialism: An Anti-Democratic Philosophy». *Modern Quarterly*, vol.3, Summer 1947, pp.357-365.

Anon. «Amerika und Sartre. Ein Bericht des *Life*». *Prisma*, Year 1, no.6, April 1947, pp.39-40.
Tr. of a polemical article by B. Frizell q.v. this section.

Anon. «Existentialism». *Time*, 28 January 1946, pp.28-29.

Anon. «Existentialist Saint». *Time*, 28 April 1947, p.61.
On the Vatican colloquium on existentialism. Sartre only mentioned in passing.

Anon. «Guillotine et coups d'épée». *Le Figaro*, 29 December 1945.
A curious defence of Sartre against the attacks by Las Vergnas to which the latter replied in L'Affaire Sartre, *pp.12,64.*

Anon. «Jean-Paul Sartre l'éphémère...» *Paroles françaises*, 29 November 1946, p.2.

Anon. «Kleine Quellenkunde des Existentialismus». *Prisma*, Year 1, no.6, April 1947, p.40.

Anon. «L'existentialisme devant l'opinion philosophique». *Revue internationale de Philosophie*, vol.3, no.9, June 1949.

Anon. «Papiers froissés». *Gavroche*, 3 January 1946.
  Reply to Garaudy's «Un faux prophète: Jean-Paul Sartre». See Section 403 for Garaudy article.

Anon. «Plumes et dents: La Sorbonne avec nous!» *La Bataille*, 3 January 1946, p.5.
  An ill-considered criticism of Las Vergnas' attacks on Sartre, to which Las Vergnas replied in L'Affaire Sartre, *p.62, note 4. See Section 100 for* L'Affaire Sartre.

Anon. «Tête de pipe. Jean-Paul Sartre ou le petit Fécal». *Tel Quel*, 19 November 1946, p.1.
  This newspaper, which no longer exists, is not to be confused with the modern critical journal of the same name. The article, which is trivial, is worth quoting as an example of popular press reaction to the existentialism of Sartre:
  «... il a tartiné une doctrine selon laquelle 'l'existence précède et crée perpétuellement l'essence.' L'homme existe d'abord, et en se choisissant, il se crée, il se fait. Au lieu d'accepter l'existence telle qu'elle est, pour la dominer et pour la dépasser, l'être au milieu de son néant ne l'approche qu'à contre-coeur, en éprouve la nausée. C'est une situation. Enfin ... J.-P. Sartre imagine que c'est une situation. Et il la contemple avec désespoir. Pas moyen d'en sortir! Alors, les gars, un autre demi, et un nouveau chapitre, une pièce nouvelle, un article à torcher. Pourtant, il avait bien du talent, et Le Mur *demeure un chef d'oeuvre. On se refuse à suivre ce gnome hilaire dans l'univers à huis-clos où il veut hisser, sans sculpture, la dignité humaine. Notre âme a ses sursis, mais pas tous les chemins englués de crotte au bout desquels il nous assigne une liberté à tempérament.*
  *C'est le snobisme qui a fait et refait ce mauvais cabotin de thèses éculées et repeintes à la hâte, en gros rouge, pour attirer le chaland. Car notre homme sait humer le vent. Il voudrait désormais diriger l'existentialisme vers le marxisme et le concilier avec l'idée de progrès ... A quand le moujik respectueux?»

Anon. «Une morale d'action et d'engagement». *L'Express*, 25 September 1954, p.14.
A long, general article on existentialism from Kierkegaard to Merleau-Ponty. Heidegger and Sartre are shown to be followers of Hegel.

Anon(?). «Kirche und Existentialismus». *Überblick* (Munich), Year 3, no.47, 1948, pp.5-6. Not seen.

Arendt, Hannah. «French Existentialism». *The Nation*, vol.162, 23 February 1946, pp.226-228.

Arendt, Hannah. «L'existentialisme français vu de New York». *Deucalion*, no.2, *Cahiers de philosophie*. Paris: Fontaine, 1947, pp.247-252.

Armieri, S. «L'esistenzialismo fra Marcel e Sartre». *Cenobio*, Year 7, no.7-8, 1958, pp.427-431.

Arnou, René. «L'existentialisme à la manière de Kierkegaard: Kierkegaard et Jean-Paul Sartre». *Gregorianum*, vol.27, 1946, pp.63-88.

Arnou, René. «Existentialism in France Today». *The Modern Schoolman*, vol.24, May 1947, pp.193-199.

Audry, Colette (ed.). *Pour et contre l'existentialisme* (Grand débat avec J.-B. Pontalis, J. Pouillon, F. Jeanson, Julien Benda, Emmanuel Mounier, R. Vailland). Paris: Éds. Atlas, 1948.

Aury, Dominique. «Qu'est-ce que l'existentialisme? Bilan d'une offensive». *Les Lettres françaises*, Year 5, no.83, 24 November 1945, p.5 and no.84, 1 December 1945.

Ayer, A.J. «Some aspects of Existentialism». *The Rationalist Annual for the Year 1948*, London: Watts, 1948, pp.5-13.

Ayer, A.J. «Reflexions on Existentialism». *Modern Languages*, vol.48, no.1, March 1967, pp.1-12.

Bailey, Roland. *What is Existentialism? The Creed of Commitment and Action.* London: S.P.C.K., 1950. 20pp.

Barrett, William. *What is Existentialism?.* New York: Partisan Review Press, 1947. Enlarged revised edition, New York: Grove Press; Toronto: Saunders, 1964.

Barrett, William. «The End of Modern Literature: Existentialism and Crisis». In *Literary Opinion in America*, ed. Morton D. Zabel. New York: Harper, 1951. See pp.749-756.

Barrett, William. «What is Existentialism?» *Saturday Evening Post*, 21 November 1959, pp.45, 126, 129-130.

Bataille, Georges. «De l'existentialisme au primat de l'économie». *Critique*, Year 2, no.19, December 1947, pp.515-526.

Bataille, Georges. «Le Surréalisme et sa différence avec l'existentialisme». *Critique*, vol.1, no.2, 1946, pp.99-110.

Beaufret, Jean. «A propos de l'existentialisme». *Confluences*, nlle série, vol.1, no.2, March 1945, pp.193-199; no.3, April 1945, pp.307-314; no.4, May 1945, pp.415-522; no.5, June-July 1945, pp.531-538; no.6, August 1945, pp.637-642; no.7, September 1945, pp.764-771.
  Numbers 5 and 6 (June-August) deal specifically with Sartre.

Beis, R. «Atheistic Existentialist Ethos: A Critique». *The Modern Schoolman*, vol.42, January 1965, pp.153-177.

Bellezza, A. «Bilancio del esistenzialismo in 1946 in Italia». *L'Italia che scrive*, November 1946.

Benda, Clemens E. «Existentialism in Philosophy and Science». *Journal of Existential Psychiatry*, vol.1, 1960, pp.284-314.

Bentley, Eric. «A Note on French Existentialism». *Books Abroad*, vol.20, 1946, pp.263-264.

Bhattacharya, B.K. «Existentialism: A modern craze». *The Calcutta Review*, new series, vol.1, no.2, October-December 1969, pp.349-353.

Bigelow, Gordon E. «A Primer of Existentialism». *College English*, vol.22 December 1961, pp.171-178.

Billy, André. «Où Sartre est invité à se suicider». *Le Figaro littéraire*, 3 April 1948, p.2.
  A short passage on the Épiphanisme *manifesto signed by Henri Perruchot and others which claims, among other things, that existentialism leads logically to suicide and that since none of its proponents has taken this step, the philosophy must be false. Billy,*

as removed from the existentialists as de Gaulle, nonetheless taunts the épiphanistes *for their intellectual naivety.*

Blanchard, P. «L'existentialisme athée et la Morale». *Chronique sociale de France*, January-February-March 1946.

Blondin, A. «La couleur des bretelles d'Adolf a déterminé la vocation de Jean-Paul Sartre». *Rivarol*, 25 January 1951, p.8.
An amusing piece of nonsense on the social success of 'le pape'. The title refers to the incident in La Nausée.

Bohme, Wolfgang. «Freiheit und Liebe. Bemerkungen zu Jean-Paul Sartres Existentialphilosophie». *Der christliche Student* (Tübingen), no.15, 1949, pp.14, 21-22.

Bordry, Paul. «Existentialisme, drôle de mot». *Poésie*, vol.69, no.3, December 1946, pp.152-158. Not seen.

Borrajo, Magin (O.P.). «Existential principles and Christian morality, II: The existentialist approach to morality». *Philippiniana Sacra* (Univ. of Santo Tomás, Manila), vol.2, 1967, pp.404-423.

Borrajo, Magin (O.P.). «Moral perspectives in the existentialism of Jean-Paul Sartre». *Philippiniana Sacra*, vol.3, 1968, pp.531-570.

Bouvier, Émile. «Existence de l'existentialisme». *Midi-Libre,* 31 March 1954. N.W.C.

Brisbois, Edmond. «Qu'est-ce que l'existentialisme?» *Revue philosophique de Louvain*, vol.48, no.18, May 1950, pp.185-218.

Brown, J.L. «Chief Prophet of the Existentialists». *New York Times Magazine*, 2 February 1947, pp.20-21,50,52.

Brown, Stuart M. «The Atheistic Existentialism of Jean-Paul Sartre». *Philosophical Review*, vol.57, March 1948, pp.158-166.

Burgelin, P. «Existentialism and the Tradition of French Thought». *Yale French Studies*, no.16, Winter 1955-56, pp.103-105.

Campbell, Robert. «Qu'est-ce que l'existentialisme?» *Revue de Paris*, Year 55, December 1948, pp.124-131.
A brief survey for the uninitiated who were puzzled by the study of L. Fabre in the same review (see section 407).

Cardona Jaramillo, Alberto. «Correo de ultramar: la crisis del existencialismo». *Bolívar*, Year 5, no.25, November-December 1953, pp.924-925. Not seen.

Cathelin, Jean. «La liberté existentialiste n'existe pas». *Cahiers de Paris*, no.46, 1949(?). Not seen.

Cenal, Ramón (S.J.). «Existencialismo, moral y revolución en la obra de Jean-Paul Sartre». *Revista de Filosofía* (Madrid), Year 7, no. 24, January-March 1948, pp.7-47.

Challaye, Félicien. «Immoralité et existentialisme». *Synthèses*, no. 128, January 1957, pp. 286-296.
   Critical of Sartre's confusion of individual liberty (free-will) with political freedom, and of his criteria for determining bad faith.

Chavannes, Pierre. «Lettre de Paris. Une épidémie: l'existentialisme». *La Suisse* (Geneva), 3 February 1946, p.1.
   A foolish and unpleasant personal attack on Sartre for being an ugly dwarf (which nasty quality is apparently reflected in his works).

Chénu, Joseph. «Jean-Paul Sartre et l'existentialisme». *Le Monde français*, Year 2, no.6, March 1946, pp.431-439.

Chérubin. «Avoir un bon copain...» *Le Figaro littéraire*, 7 April 1956, p.2.
   Brief item on Moscow publication of a dictionary of philosophy which defines existentialism as a decadent anti-proletarian movement. N.W.C.

Chérubin. «Livres de chevet». *Le Figaro littéraire*, 29 October 1955, p.2.
   Brief unfunny story of the tendency of existentialism to put one to sleep. N.W.C.

Choisy, Maryse. «Liberté ou engagement?» *Psyché*, vol.4, no.29, March 1949, pp.194-221.

Coates, J.B. «Existentialist Ethics». *Fortnightly*, vol.181 May 1954, pp.338-344.

Colin, Pierre. «L'Existentialisme aujourd'hui». *La Croix*, 13 March 1967.
   Little on Sartre, mainly on Gabriel Marcel.

Collins, James. «The Appeal of Existentialism». *The Commonweal*, vol.61, 8 October 1954, pp.7-9.

Copleston, Frederick C. *Existentialism and Modern Man*. Oxford: Blackfriars (Aquinas Papers), 1948. 28pp.

Copleston, Frederick C. «Concerning Existentialism». *The Month*, January 1949, pp.46-54.

Copleston, Frederick C. «Existentialism and Religion». *The Dublin Review*, Spring 1947, pp.50-63.

Copleston, Frederick C. «Existentialism». *Philosophy*, vol.23, October 1948, pp.365-367.

Copleston, Frederick C. «Man Without God». *The Month*, July-August 1947, pp.18-27.

Copleston, Frederick C. «The Philosophy of the Absurd». *The Month*, July-August 1947, pp.157-164.

Corte, Marcel de. «Réflexions sur Gabriel Marcel et J.-P. Sartre». *Revue de Philosophie* (Special number on Existentialism), 1946, pp.34-38.

Croteau, Jacques. «Introduction à l'existentialisme». *La Revue de l'Université d'Ottawa*, vol.22, 1952, pp.90-110.

Cruickshank, John. «Existentialism after Twelve Years: An Evaluation». *The Dublin Review*, vol.231, Summer 1957, pp.52-65.

Cuvillier, Armand. «Les courants irrationalistes dans la philosophie contemporaine». *Cahiers Rationalistes*, no.95, March-April 1947, pp.45-82.

Daniels, Graham. «Sartre and Merleau-Ponty: an existentialist quarrel». *French Studies*, vol.24, October 1970, pp.379-392.

Dauphin, E.J. *Ekécrate. Dialogue sur l'existentialisme. Réponse à M. Jean-Paul Sartre*. Montpellier: Gausse, Graille & Castelnau, 1947. 76pp.

De Lattre, Alain. «Introduction à la philosophie contemporaine». *Glanes*, no.5, March-April 1949. Not seen.

De Soto, Anthony Essex. «The Challenge of Existentialism - a critical analysis». *Journal of Thought*, vol.5, April 1970, pp.72-79.

Debrix, J.-R. «Sartre, Beauvoir et Cie». *Paris, les Lettres, les Arts*, 5 December 1945, pp.1,6.
Abusive journalism comparing Sartre to the Nazis.

Delfgaauw, B.M.I. «Het existentialisme van Jean-Paul Sartre». *Studien*, 1944, pp.63-88.

Delgado, Honorio. «La objectividad de los valores frente al subjectivismo existencialista». *Mercurio Peruano*, vol.37, no.351, July 1956, pp.319-326.

Delhomme, J. «L'absurdité de l'existence». *Espace*, 4, 1946. Not seen.

Delpech, Jeannine. «'Non, je ne suis pas existentialiste' nous dit Albert Camus». *Les Nouvelles littéraires*, no.954, 15 November 1945.

Dru, A. «What Existentialism is: The Error of Sartre and Mounier». *The Tablet*, vol.188, 2 November 1946, pp.225-226.

Duché, Jean. «A la recherche de l'existentialisme - M. Jean-Paul Sartre s'explique...» *Le Littéraire*, 13 April 1946, p.1.
Long but uninteresting interview.

Dufrenne, Mikel. «Existentialism and Existentialisms». *Philosophy and Phenomenological Research*, vol.26, no.1, September 1965, pp.51-62.

Dufrenne, Mikel. «Existentialisme et sociologie». *Cahiers internationaux de sociologie*, vol.1, no.1, 1946, pp.161-171.

Dumay, Raymond. «L'affaire Sartre n'est pas si simple». *La Gazette des Lettres*, 31 August 1946, pp.1,7.

Estall, H.M. «Existentialism as a Philosophy». *University of Toronto Quarterly*, vol.29, April 1960, pp.297-309.

Eube, Ch. «Le pour et le contre de l'existentialisme». *Poésie 46*, no.30, March 1946, pp.79-84.

Evans, Oliver. «The Rise of Existentialism». *South Atlantic Quarterly*, vol.47, April 1948, pp.152-156.

Falconi, Carlo. «Decadenza di Sartre». *Idea*, Year 1, no.33, 25 December 1949.

Félix, Henri. «Une philosophie nouvelle de la liberté». *Valeurs* (Alexandria), no.6, July 1946, pp.78-88.

Féraud, Henri. «Une philosophie de naufrage: l'existentialisme». *Cahiers du Sud*, vol.26, no.281, 1947, pp.96-103.

Fingal, Stefan. «Unfug des Existentialismus». *Aufbau*, Year 4, no.11, 1948, pp.1014-1016.

Fouéré, R.-A. «Sur la conception sartrienne de la liberté». *Revue Palladienne*, no.3, June-July 1948, pp.81-86.

Frizell, Bernard. «Existentialism: Postwar Paris Enthrones a Bleak Philosophy of Pessimism». *Life*, 17 June 1946, pp.59-60.

Galvano, Albani. «Aspetti del problema estetico dell'esistenzialismo». *Atti del Congresso internazionale di Filosofia*, Vol.II (Rome 15-20 November 1946). Milan: Castelli, 1948. pp.221-224.

Gambra, Rafael. «Posibilidades éticas en el existencialismo». *Revista de Filosofía*, vol.11, no.42, 1952, pp.401-442.

García Bacca, Juan David. «Existencialismo alemán y existencialismo francés: Heidegger y Sartre». *Cuadernos Americanos*, vol.34, no.4, July-August 1947, pp.86-117.

Geiger, L.B. «L'existentialisme de Sartre et le salut chrétien». *Jeunesse de l'Église*, no.7, January-February 1947, pp.64-84.

Georgiades, Niki. «What is Existentialism?» *World Review*, October 1945, pp.14-19.

Gérard, Jacques. «Origines et climat de l'existentialisme». *Revue des langues vivantes*, Year 14, no.1, 1948, pp.6-13; no.2, pp.72-81; no.4, pp.203-215; and no.5, pp.261-280.

Gibson, A. «Existentialism: An Interim Report». *The Meanjin Quarterly*, vol.7, Autumn 1948, pp.41-52.

Gide, André. «Livres et demi-livres». *Le Clou*, 11 January 1946.
  «*En 1920, après la grande guerre, il y eut le mouvement* dada; *en 1944, après l'autre grande guerre, il y a le mouvement* caca». *I have not been able to trace this ungidean phrase. It is quoted by Las Vergnas in* L'Affaire Sartre, *p.77, note 43.*

Gilson, Étienne. «Philosophical Movements in France». *The Listener*, 6 February 1947, p.251.

Gilson, Étienne. «Thomisme et les philosophies existentielles». *La Vie intellectuelle*, June 1945. English tr. in *Sapientia*, vol.2, 1947, pp.106-117.

Grandjean, F.-L. «Mounier à Bruxelles...Existentialisme et Sartrisme». *Vrai* (Brussels), Year 3, no.7, 16 February 1946.
   Extraordinary misunderstanding of Sartre's philosophy, presumably based on ignorance:
   «Ce qui est nié par Sartre ... ce n'est pas tant la foi en Dieu que l'homme lui-même, cette part de son être par laquelle il est lui-même ... il est proprement scandaleux qu'un philosophe emploie son incontestable talent d'écrivain à déshumaniser l'homme ...»

Grandjean, F.-L. «De l'art et de la beauté d'un point de vue existentiel». *Revue Générale Belge*, no.20, June 1947, pp.161-167.

Grassi, Ernesto. «Existentialismus und der Sinn des Tragischen». *Die Zeit*, Year 3, no.39, 1948, p.4.

Gray, J. Glenn. «Salvation on the Campus: Why Existentialism is Capturing the Students». *Harper's Magazine*, vol.230, May 1965, pp.53-59.
   Only passing reference to Sartre.

Gregory, J.C. «Sartre's Existentialism». *Contemporary Review*, vol.176, September 1949, pp.163-168.

Griffin, C.W. «*Obiter dicta*: Do You Dig Existentialism?» *ETC*, vol.20, no.3, September 1963, pp.289-290, 339.
   Eight quotations, four genuine, four invented nonsense. A quizz for pseuds' corner. Answers on p.339.

Grimsley, Ronald. *Existential Thought*. Cardiff: Univ. of Wales Press, 1955; Mystic (Connecticut): Verry, 1964.

Guicharnaud, Jacques. «Those Years: Existentialism 1943-1945». In *Sartre: A Collection of Critical Essays*, ed. E. Kern (q.v. Section 600), pp.15-20.
   Reprinted from Yale French Studies, *no.16, Winter 1955.*

Guillemain, Bernard. «Regards sur l'existentialisme». *Quo Vadis*, October-December 1953, pp.100-105, and January-March 1954, pp.57-60.

The October article subtitled «Déréliction et Nausée» discusses the concepts of contingency and freedom and underlines the radical difference between Sartrean existentialism and orthodox Marxism. This article is more worth consulting than the January one.

Guth, Paul. «Haro sur Sartre?» *Minerve*, 11 January 1946.
A caustic response to the articles by Las Vergnas on Sartre (q.v.).

Haag, Henri. «Sartre ce Diderot». *Vrai* (Brussels), Year 2, no.44, 3 November 1945.
A charitable attempt to be kind to sartrean existentialism. Not very interesting.

Heidegger, Martin. *Platons Lehre von der Wahrheit. Mit einem Brief (an Jean Beaufret) über den 'Humanismus'.* Berne: A. Francke, 1954. 119pp.
The «Letter» appears on pp.53-119. Although not a study of L'Existentialisme est un humanisme, *Heidegger criticizes Sartre's humanistic reading of the phrase in* Sein und Zeit *«Das Wesen des Daseins liegt in seiner Existenz». See pp.72 et seq.*

Heidegger, Martin. *Lettre sur l'humanisme*, tr. et présentée par Roger Munier. Paris: Aubier, Montaigne, 1957; revised edition, 1964. 188pp.
See pp.69 et seq. A fragment of this text, tr. by Joseph Rovan, appeared in Fontaine, *no.63, 1947. The first complete French version was published in* Cahiers du Sud, *nos. 319 & 320, 1953. For complete publishing history, see Munier's introduction pp.22-24.*

Heidegger, Martin. «Carta sobre el humanismo (carta a Jean Beaufret, París)». *Realidad*, Year 2, vol.3, no.7, January-February 1948, pp.1-25; no.9, May-June 1948, pp.343-367.
Tr. by A. Wagner de Reyna of Heidegger's letter.

Heinemann, Frederick H. «What is alive and what is dead in Existentialism?» *Revue internationale de Philosophie*, vol.3, no.9, 1949, pp.306-319.

Heinemann, Frederick H. *Existentialism and the Modern Predicament.* London: A.C. Black; New York: Harper, 1953.

Helsey, Édouard. «Une maladie nouvelle 'L'Existentialisme'».
Curieux, 7 February 1946, p.5.
   One of the typical 'anti' articles. E.g.:
   «... l'existentialisme dégage, on ne sait quel fumet de révolte et d'extrême liberté de moeurs. On est existentialiste aujourd'hui, un peu comme on était zazou sous l'occupation». *And, on the philosophical level:*
   «... ce sont là jongleries de mots et, sauf le respect dû aux philosophes, on serait tenté de leur appliquer ce que Molière disait des médecins: 'Tout leur art n'est que spécieux babil et pompeux galimatias'».

Horst, G. «Der Existentialismus bei Sartre». *Neues Europa* (Hannoversch-Munden), Year 2, no.4, 1947, pp.32-36.

Hyppolite, Jean. «A Chronology of French Existentialism». *Yale French Studies*, no.16, 1955,1956, pp.100-102.

Hyppolite, Jean. «Du bergsonisme à l'existentialisme». *Mercure de France*, vol.306, no.1031, July 1949, pp.403-416.

Iturrioz, Jesús. «A los veinticinco años de existencialismo». *Razón y Fe*, Year 50, vol.142, July-December 1950, pp.230-250.
   Reprinted in Bolívar, *Year 1, no.3, September 1951, pp.413-429.*

Jans, Adrien. «Jean-Paul Sartre à Bruxelles». *Le Quotidien* (Brussels), 26 October 1945.
   Brief report of lecture given by Sartre at a conference organized by the 'Tribune Franco-Belge' at the Salle Giroux. N.W.C.

Jans, Adrien. «Sartre dans l'impasse». *Vrai* (Brussels), Year 2, no.44, 3 November 1945.
   A clodhopping article.

Jeanson, Francis. «L'Existentialisme philosophie du sujet humain». *Pour et contre l'existentialisme*, pp.27-50. See entry under Audry, Colette (ed.) this section.

Jeanson, Francis. «Situation de l'existentialisme». *La Gazette des Lettres*, Year 7, no.14, 15 November 1951, pp.31-36.

Jennings, Paul F. «Report on Resistentialism». *The Spectator*, 23 April 1948.
   A relatively amusing parody.

Joussain, André. «La farce de l'existentialisme sartrien». *Écrits de Paris*, no.213, March 1963, pp.72-76.

Kaplan, Abraham. *The New World of Philosophy.* New York: Vintage Books, 1963.
Includes «*Existentialism*», *pp.97-128*.

Kaufmann, Walter (ed.). *Existentialism from Dostoevsky to Sartre.* New York: Meridian Books, 1956.
An anthology of excerpts which includes a useful introduction, see pp.11-51.

Kecskemeti, Paul. «Existentialism: A New Trend in Philosophy». *New Directions*, vol.10, 1948, pp.290-308.

King-Farlow, John. «Existentialism and the Humanist's choice». *The Humanist*, June 1960. Not seen.

Kingston, Frederick Temple. *French Existentialism: A Christian Critique.* Toronto: Univ. of Toronto Press; London: O.U.P., 1961.
Sartre referred to frequently throughout.

Kingston, Frederick Temple. «An Introduction to Existentialist Thought». *Dalhousie Review*, vol.40, Summer 1960. pp.181-188.

Kneller, George F. *Existentialism and Education.* New York: Philosophical Library, 1958; New York: Wiley (paperback), 1964.

Koberle, Adolf. «Das Menschenbild des Existentialismus». *Wege zum Menschen* (Göttingen), Year 12, 1960, pp.114-120.

Kohky, Darío Valcárcel. «Aun y todavía y siempre sobre el existencialismo». *Escorial*, vol.20, no.61, September 1949, pp.195-209.

Kuehnelt-Leddihin, Eric von. «Catholic Leadership in Europe». *The Catholic World*, vol.171, September 1950, pp.413-419.

Kuhn, Helmut. *Encounter with Nothingness: An Essay on Existentialism.* Hinsdale (Illinois): Henry Regnery, 1949; London: Methuen, 1951.

Kuhn, Helmut. «Existentialism: Christian versus Anti-Christian». *Theology Today*, vol.6, October 1949, pp.311-323.

Kuhn, Helmut. «Existentialism». In *A History of Philosophical Systems*, ed. V. Ferm. New York: Philosophical Library, 1950. See pp.405-415.

Ladrière, Jean. «Notes sur l'existentialisme». *Les Cahiers du Nord*, series 22, no.84-86, 1949, pp.40-76.

Lakebrink, B. «Der Existentialismus, seine Entwicklung und seine Folgen». *Rheinischer Merkur* (Koblenz), Year 2, no.13, 1947, pp.5-6.

Lamana, Manuel. «Jean-Paul Sartre. El existencialismo y la literatura». *La Torre*, Year 7, no.27, July-September 1959, pp.33-47.

Las Vergnas, Raymond. «La morale de l'écrivain». *Hommes et Mondes*, no.6, January 1947, pp.123-131.

Las Vergnas, Raymond. «Mythologie». *Entente*, no.62, May 1947, pp.14,16,18-19.

Le Blond, Jean-Marie. «Qu'est-ce que l'existentialisme?» *Études*, no.248, 1946, pp.336-350.

Le Meur, L. «Réflexions sur l'existentialisme de Sartre». *Recherches et travaux*, vol.2, no.2, 1947, pp.68-76.

Lefebvre, Henri. *L'Existentialisme*. Paris: Éd. de Sagittaire, 1946. 256pp.

Lefevre, Frédéric. Article on existentialist snobbery of Saint-Germain-des-Prés. *Libération-Soir*, 2 December 1945.
A long and virulent attack on existentialism.

Lenz, Joseph. «Der moderne deutsche und französische Existentialismus». *Trierer theologische Zeitschrift*, Year 58, 1949, pp.99-108; 204-211; 327-346. Not seen.

Lenz, Joseph. «Sartres atheistischer Existentialismus». *Trierer theologische Zeitschrift*, Year 59, 1950, pp.73-80, 150-160, 216-226. Not seen.

Les Alguazils. «Aux quatre vents: Louis XIV au Café de Flore...Lettre à Léon». *Le Figaro littéraire*, 14 August 1948, p.2.

The first short article concerns a weird manifesto by Prince Georges Commène «louisquatorzien» against the decadence of the modern world. Apollinaire was the first usurper of the great tradition, and Sartre the second. Of Sartre, he says: «La civilisation étouffe sous sa tyrannie».

The second article «Lettre à Léon» is a brief anecdote about a bookshop customer who had misheard the title of Sartre's L'Être et le néant. *N.W.C.*

Levi, Albert W. «The Recall to Order». *The Nation*, 18 February 1956, pp.143-144.
Review of John Wild, The Challenge of Existentialism, with general references to Sartre.

Little, Arthur. «Existentialism and the New Literature». *Studies* (Dublin), vol.35, December 1946, pp.459-467.

Löwith, Karl. «Background and problem of Existentialism». *Actas del primer congreso nacional de filosofía* (Mendoza, Argentina, 30 March-9 April 1949). Mendoza: Guerrero, 1949, see pp.390-399.

Löwith, Karl. «Jean-Paul Sartre: Existentialism». *Sociology and Social Research*, vol.16, 1949, pp.122-124.

M., C. «Les trompettes de l'existentialisme». *Les Lettres françaises*, no.81, 10 November 1945. Not seen.

M., C. «Sarter noster». *Esprit*, Year 16, no.139, November 1947, pp.751-754.

Macgrégor, Joaquin. «Hay una moral existencialista?» *Filosofía y Letras*, vol.15, no.30, April-June 1948, pp.267-278.
Not seen. Is this a translation of the following entry?

MacGregor, G. «Jean-Paul Sartre and Existentialism». *Modern Churchman*, March 1948, pp.34-44.

MacIntyre, Alasdair. «Existentialism». In *A Critical History of Western Philosophy*, ed. D.J. O'Connor. London: Collier-Macmillan, 1964. See pp.509-529.

MacRae, D.G. *Ideology and Society*. London: Heinemann, 1962. Includes «Private and Public Morality in Sartre's Existentialism», pp.198-207.

Magny, Claude-Edmonde. «L'Existentialisme, cet inconnu». *Clartés,* 28 December 1945.
   A defence of existentialism praising its lack of abstraction and its attempts to portray man as he is.

Malcolm, Donald. «Rebels without a Cause». *The New Republic,* vol.135, 10 December 1956, p.18.
   Review of Kaufmann (ed.) Existentialism from Dostoevsky to Sartre, contains only general references to Sartre.

Mansfield, Lester. «Existentialism: A philosophy of hope and despair». *Rice Institute Pamphlet,* vol.41, no.3, October 1954, pp.1-25.

Marcel, Gabriel. *The Philosophy of Existentialism,* tr. Manya Harari. New York: Citadel Press, 1961.
   See especially the chapter entitled «Existence and Human Freedom» (pp.47-90) which discusses in some detail the existential aspects of Sartre's fiction.

Marcel, Gabriel. «Humanismos?» *Mercurio Peruano,* Year 26, no.291, June 1951, pp.301-304.

Marcel, Gabriel. «Existentialisme chrétien». *Valeurs* (Alexandria), no.6, July 1946, pp.88-91.

Marcel, Gabriel. «Le phénomène Sartre». *Temps présent,* 10 November 1945, p.5.

Marcel, Gabriel. «Le Primat de l'existentiel. Sa portée éthique et religieuse». *Actas del primer congreso nacional de filosofía* (Mendoza, Argentina, 30 March-9 April 1949). Mendoza: Guerrero, 1949. See pp.408-416.

Marcel, Gabriel. «Les Techniques de l'avilissement de Buchenwald à Jean-Paul Sartre».
   The reported title of a lecture given in Lille and Paris (1945-6?). See Las Vergnas L'Affaire Sartre, p.77, note 44.

Maritain, Jacques. «From Existential Existentialism to Academic Existentialism». *Sewanee Review,* vol.66, 1948, pp.210-229.

Markus, R.J. «Existentialism and the Person». *Humanitas,* vol.2, Autumn 1947, pp.20-23.

Mauriac, François. «Perspectives d'une basse époque». *Le Figaro*, 3 January 1946.
   A reply to Garaudy's «Un faux prophète...» (See Section 403) which criticises his polemical methods without wishing to defend existentialism.

McEachran, F. «The Existential Philosophy». *The Hibbert Journal*, vol.46, April 1948, pp.232-238.

Mehl, Roger. «Le Problème éthique dans l'existentialisme français». *Foi et Vie*, Year 52, 1954, pp.289-313.

Mercier, Jeanne. «L'homme, ce magicien du néant: l'existentialisme sartrien». *Hommes et Mondes*, vol.11, no.43, February 1950, pp.268-277.

Merleau-Ponty, Maurice. «La querelle de l'existentialisme». *Les Temps modernes*, no.2, November 1945, pp.344-356.
   Reprinted (pp.123-144) in Sens et non-sens. *Paris: Nagel, 1948.*

Micha, Alex. «Origines littéraires de l'existentialisme». *Cahiers du Sud*, Year 34, no.283, 1947, pp.469-474.
   For Micha, existentialism is «... un sentiment d'angoisse chez un jouisseur vieilli, corps et âme, qui a fait abus des paradis artificiels et qui n'a pas le courage de se suicider».

Michalson, Carl. «Existentialism is a Mysticism». *Theology Today*, vol.12, October 1955, pp.355-368.

Mihalich, Joseph C. *Existentialism and Thomism.* New York: Philosophical Library, 1960.

Mihalich, Joseph C. «Jean-Paul Sartre». In *Existentialist Thinkers and Thought*, ed. Frederick Patka. New York: Philosophical Library, 1962. See pp.126-137.

Millholland, D. «Albert Camus and existentialism». *Religious Humanism*, vol.2, Fall 1968, pp.162-166.

Mindan Manero, M. «Existencialismo y cristianismo: las doctrinas existencialisticas a la luz de la *Humani generis*». *Revista de Filosofía*, Year 10, no.39, 1951, pp.746-755.

Molina, Fernando. *Existentialism as Philosophy.* Englewood Cliffs: Prentice-Hall, 1962. Basically on Kierkegaard, Husserl, Heidegger, and Sartre.

Mondrone, D. (S.J.). «Il messaggio disperato di Jean-Paul Sartre». *La Civiltà Cattolica*, Year 99, vol.1, 1948, pp.252-266.

Montigny, René. *J.-P. Sartre et l'existentialisme, ou le problème de la littérature philosophique.* Lindau im Bodensee: Frisch & Perneder, 1948. 76pp.
  Bilingual (French/German) text of a lecture given by Montigny.

Mortimer, Raymond. «Jean-Paul Sartre et l'existentialisme». *Revue de la Méditerranée*, vol.3, no.12, March-April 1946, pp.212-218.

Mougin, Henri. *La Sainte Famille existentialiste.* Paris: Éds. Sociales, 1947. 187pp.

Mougin, Henri. «Courte histoire de l'existentialisme». *La Pensée*, July-August 1946, pp.23-30; and October-November-December 1946, pp.3-14.

Mougin, Henri. «The French Origins of Existentialism». *Science and Society*, vol.11, Spring 1947, pp.127-143.

Mounier, Emmanuel. «De l'existentialisme à nos conditions d'existence». *Esprit*, Year 16, no.141, January 1948, pp.143-150.

Mounier, Emmanuel. «Perspectives existentialistes et perspectives chrétiennes». *Pour et contre l'existentialisme*, pp.129-164. See entry under Audry, Colette (ed.) this section.

Mounin, Georges. «Position de l'existentialisme». *Cahiers de l'Action*, no.2, May 1946, pp.32-37.

Mueller, Fernand-Lucien. «La nouvelle philosophie de l'"Existence'». *Présence* (Geneva), vol.5, no.1, April 1946, pp.20-42.

Nadeau, Maurice. «Chronique des livres». *Gavroche*, 3 January 1946.
  Reply to Garaudy's «Un faux prophète...» (See Section 403).
  For Nadeau, Garaudy and his colleagues are «aboyeurs réactionnaires».

Nicollier, Jean. «L'existentialisme sartriste et l'autre». *Gazette de Lausanne*, 1 February 1947.
  Review of Lefebvre's L'Existentialisme.

Nicollier, Jean. «La Sorbonne accueille l'"existentialisme'». *Gazette de Lausanne*, 21 December 1945.

«*Avec pittoresque, le bon Tristan Bernard a déclaré: 'Les existentialistes? Ce sont eux qui s'empoisonnent dans l'existence.' ... s'il faut l'en croire (i.e. Sartre) l'homme est un quadrumane lubrique de qui la raison repose sur des phantasmes et la vertu (?) sur le mensonge ... Cependant, ne nous troublons pas trop! Je m'assure que la majorité des Français est loin de ressembler aux Français mis en scène dans les romans de Sartre ...*»

Nicollier, Jean. «La Sorbonne accueille l'existentialisme'». *Gazette de Lausanne*, 3 June 1946.
Report of a lecture given in Lausanne by Sartre at the invitation of the Société de poésie. Nicollier is mainly upset by the aesthetic aspects of Sartre's thought.

North, Philippe. «L'existentialisme». *Conjonction* (Port-au-Prince), no.10-11, August-September 1947, pp.44-53.

O'Mara, Joseph. «The Meaning and value of existentialism». *Studies* (Dublin), vol.40, no.157, March 1951, pp.11-22.

Olson, Robert G. *An Introduction to Existentialism*. London: Constable; New York: Dover, 1962.

Onimus, Jean. «L'existentialisme et le piège de la liberté». *Cahiers universitaires catholiques*, no.3-4, December 1965-January 1966, pp.106-128.

Ouy, Achille. «Déclin de l'existentialisme». *Mercure de France*, vol.299, February 1947, pp.359-363.

Paillou, Paul-Henri. *Arthur Rimbaud, Père de l'Existentialisme*. Paris: Librairie académique Perrin, 1947. 91pp.
A curious little work which I came across quite by chance in a second-hand bookstore in Paris. Paillou's thesis is, basically, that «*Rimbaud et les existentialistes ont la même optique déformante et un égal besoin de salissement*» (p.61). Chapter IV, pp.61-90, is exclusively devoted to Sartre. Paillou concludes:
«*Le sartrisme est la conséquence des atteintes à la condition humaine endurées dans ces dernières années. Il est l'expression confuse de la révolte d'esprits chagrins et peu éclairés contre des conceptions que leur optique déformante charge de tous les péchés.*» *(p.90)*.

Pastore, Annibale. «Il surresistenzialismo di Francia». *Humanitas*, Year 1, no.5, May 1946, pp.449-452.

Patri, Aimé. «Remarques sur une nouvelle doctrine de la liberté». *Deucalion,* no.1, 1946, pp.73-92.

Patri, Aimé. «Vues d'ensemble sur l'existentialisme». *Paru,* no.26, January 1947.

Pérez-Senac, Ramón. «El existencialismo, filosofía de nuestra época». *Revista Nacional* (Montevideo), Year 16, no.175, July 1953, pp.63-86.

Pessis, B. «In der Kloake der Existentialisten». *Deutschsprachige Sowjetliteratur* (Moscow), no.2, 1949, pp.170-176.

Plinval, Georges de. «Les idées-pièges de l'existentialisme». *Écrits de Paris,* September 1956, pp.57-73.

Pontalis, J.-B. «Le phénomène existentialiste». *Servir* (Lausanne), no.7, 14 February 1946, pp.8, 7.
    General article defending Sartre from the gossip-column versions of his philosophy.

Pos, H.J. «L'Existentialisme dans la perspective de l'histoire». *Revue internationale de Philosophie,* vol.3, no.9, 1949, pp.290-305.

Pouillon, Jean. «Une philosophie de la liberté». *Pour et contre l'existentialisme,* pp.53-84.
    See entry under Audry, Colette (ed.) this section.

Querido, R.M. «A Philosophy of Despair». *The National Review,* vol.129, September 1947, pp.237-241.

Reboul, Gabriel M. «L'existentialisme de M. J.-P. Sartre». *Revue des Conférences françaises en Orient,* Year 11, no.1, January 1947, pp.1-12.

Reinhardt, Kurt F. «A Thomist Answers Sartre». *The Commonweal,* vol.49, no.22, 11 March 1949, pp.545-546.
    A review of Maritain's Existence and the Existent: The Christian Answer *with oblique references to Sartre.*

Reinhardt, Kurt F. *Existentialist Revolt: The Main Themes and Phases of Existentialism.* Milwaukee: Bruce, 1952; New York: Ungar, 1960.
    Includes «The Ape of Lucifer: Jean-Paul Sartre», pp.156-176.

Rintelen, J. von. *Beyond Existentialism* (Tr. Hilda Graef). London: Allen & Unwin, 1961.
Includes frequent brief references to Sartre.

Rhoades, Donald H. «Essential varieties of existentialism». *The Personalist*, vol.35, no.1, January 1954, pp.32-40.

Rice, Philip Blair. «Existentialism and the self». *The Kenyon Review*, vol.12, no.2, Spring 1950, pp.304-320.

Richter, Liselotte. «Zwischenbilanz der Existenzphilosophie». *Theologische Literaturzeitung* (Berlin), Year 75, 1950, pp.3-10.

Rinieri, Jean-Jacques. «Variations sur un thème existentialiste». *La Nef*, Year 3, no.19, June 1946, pp.91-92.
No direct mention of Sartre.

Robert, J.D. «La Vie de l'existentialisme en France». *Tijdschrift voor Philosophie* (Utrecht), vol.9, no.4, 1947, pp.711-754.

Roinet, Louis. «Existentialistes, Marxistes et personnalistes. Jeu dramatique à trois voix». *La Vie intellectuelle*, vol.14, no.6, June 1946, pp.143-151.

Roosli, Joseph. «Die Existenzphilosophie. Anthropologie von Jean-Paul Sartre». *Annalen der philosophischen Gesellschaften Innerschweiz und Ostschweiz*, vol.5, no.1-2, 1949, 40p.

Roubiczek, Paul. *Existentialism: For and Against*. Cambridge: C.U.P., 1964.
Includes «Some Aspects of French and German Existentialism», pp.117-138, where Sartre's nihilism and the «failure» of his philosophy are critically discussed. Sartre is also mentioned, briefly but frequently, elsewhere in this book.

Rowland, John. «Sartre Speaks Out». *Thinker's Weekly*, vol.1, no.47, 27 June 1947, pp.1-2.

Ruytinx, Jacques. «Philosophes et philosophies de l'existence». *Athenaion* (Elisabethville), no.5, 1956, pp.8-18.
A general history of modern existentialism with frequent reference to Sartre as the most interesting of these philosophers.

Samson, J.P. «Einige Voraussetzungen des französischen Existentialismus». *Schweizer Annalen*, Year 3, 1946/1947, pp.351-358.

Schmidt, Paul F. «The Real Basis of Existentialism». *The Hibbert Journal*, vol.63, Autumn 1964, pp.12-15.

Schneider, Fr. «Zu J.-P. Sartres Menschenbild». *Welt und Wort*, Year 20, no.6, 1965, p.195.
Critical comment on existentialism of Heidegger, Jaspers and Sartre.

Segond, J. «Réflexions critiques sur l'existentialisme et le monde des valeurs». *Revue internationale de Philosophie*, vol.3, no.9, 1949, pp.320-328.

Shrivastava, S.N.L. «Existentialism». *The Aryan Path*, vol.31, no.7, July 1960, pp.306-312.

Smith, Vincent E. «Existentialism and Existence». *The Thomist*, vol.11, April 1948, pp.141-196; and July 1948, pp.297-329.

Smith, Vincent E. «Philosopher of the Absurd». *The Shield*, vol.24, 1946, pp.27 et seq. Not seen.

Sørensen, Ernst. «Sartre og eksistensialismen». *Spektrum*, Year 3, no.1, 1948, pp.38-52.

Spaak, Claude. «Jean-Paul Sartre et l'existentialisme». *Message*, no.51, February 1946, pp.51-52.

Spanggaard, Kristen D. «Jean-Paul Sartres programartikel». *Athenaeum*, Year 1, no.2, Spring 1946, pp.133-147.

Spiegelberg, Herbert. «French Existentialism: Its Social Philosophies». *The Kenyon Review*, vol.16, no.3, Summer 1954, pp.446-462.

Spiess, Emil. «Der Existentialismus als europäische Erscheinung». *Civitas* (Immensee), Year 4, no.7, 1949, pp.339-343.

Srinivasa Murthy, C.V. «Some aspects of existentialism». *The Aryan Path*, vol.27, no.10, October 1956, pp.457-463.

Stefanini, Luigi. «Fascino dell'esistenzialismo». *Fiera Letteraria*, Year 9, no.39, 26 September 1954, p.4.

Stern, Alfred. «Sartre and French Existentialism». *The Personalist*, vol.29, January 1948, pp.17-31.

Stern, Alfred. «What is Existentialism?» *Pacific Spectator*, vol.4, Autumn 1950, pp.388-403.

Texcier, Jean. «Un nouveau snobisme». Editorial in *Libération-Soir*, 5 January 1946.
«*L'existentialisme fait penser à ces boniments de baraques foraines ... 'Veritable sirène de la mer, capturée vivante au large des Iles Sanguinaires', annonce l'affiche où l'on admire une femme-poisson aux seins glorieux soufflant dans une conque marine. Mais dans une cage de verre, tapissée de quelques galets, ce n'est qu'un morse empaillé et dévoré par les mites ... Ainsi en est-il souvent de brillantes théories philosophiques dont l'objet est parfois une pauvre idée, déjà bien fatiguée*». *(quoted by Las Vergnas, op. cit., p.71, note 25)*

Thoorens, Léon. «De Pascal à Jean-Paul Sartre. Petite topographie de l'Existentialisme». *Forces nouvelles* (Belgium), Year 2, no.53, 16 February 1946, pp.1,7.
«*L'existentialisme de Jean-Paul Sartre et de l'école des* Temps modernes *n'est pas autre chose qu'une reprise de conscience aiguë du vertige métaphysique et un essai désespéré de l'apaiser une fois pour toutes*». *In the same article, the author assumes that* Les Mouches *and* Huis clos *were written by Camus.*

Thum, B. «Thomismus und Existentialismus». *Neues Abendland* (Augsburg), Year 2, no.5, 1947, pp.147-149.

Thyssen, Johannes. «Staat und Recht in der Existenzphilosophie». *Archiv für Rechts- und Sozialphilosophie* (Meisenheim/Glan), vol.41, no.1, 1954, pp.1-18.

Topitsch, Ernst. «The sociology of existentialism». *Partisan Review*, vol.21, no.3, May-June 1954, pp.289-304.

Tramer, Friedrich. «Der Existentialismus und seine Folgen». *Freidenker* (Aarau, Switzerland), Year 42, 1959, pp.20 et seq.

Troisfontaines, Roger. *Existentialisme et pensée chrétienne.* Paris: Vrin, 1946.
A polemical essay in which Father Troisfontaines suggests that Sartre has never passed the stage of infantile auto-eroticism.

Troisfontaines, Roger. «What is Existentialism?» *Thought*, vol.32, Winter 1957, pp.516-532.

Tulloch, Doreen M. «Sartrean Existentialism». *Philosophical Quarterly*, vol.2, no.6, January 1952, pp.31-52.

Ubelhor, M. «Thomismus und Existentialismus». *Berliner Hefte für geistiges Leben*, Year 2, 1947, p.316.

Ussher, Arland. «The Existentialism of J.-P. Sartre». *The Dublin Magazine*, vol.21, no.2, April-June 1946, pp.32-35.

Vahanian, Gabriel. *The Death of Our Post-Christian Era*. New York: Braziller, 1961.
Includes «*Existentialism and the Death of God*», pp.203-227.

Vailland, Roger. «Un phénomène de classe qui sert la réaction». *Pour et contre l'existentialisme*, pp.167-179.
See entry under Audry, Colette (ed.) this section.

Van den Esch, J. «L'existentialisme: blague de café ou nouvel évangile?» *Le Pays* (Brussels), 8 January 1947.
A long and muddleheaded attempt to define the philosophies of existentialism (Kierkegaard, Heidegger and Sartre). The purpose of the article seems to be to portray Sartre as a plagiarist and a publicity-seeker. The polemic is, however, mild for the times, perhaps because the author is sympathetic to existentialism - providing it has a Christian basis.

Vandiest, J. «Balans van het existentialisme, 4: Psychologie met de koevet: Sartre». *Nieuw Vlaams Tijdschrift*, vol.17, nos.7,8,9, 1964, pp.675-698 and 813-837.

Vanni-Rovighi, Sofia. «Esistenzialismo o esistenzialisti? Panorama della filosofia dell'angoscia». *Vita e Pensiero*, Year 30, 1947, pp.203-208.

Verneaux, R. *Leçons sur l'existentialisme et ses formes principales*. Paris: 1950.

Vietta, Egon. «Existielles Philosophieren in Frankreich». *Universitas*, Year 1, no.7, October 1946, pp.909-910.

Waelhens, Alphonse de. «L'existentialisme de Sartre est-il un humanisme?» *Revue philosophique de Louvain*, vol.44, no.2, May 1946, pp.291-300.

Wahl, Jean. «Existentialism. A Preface». *The New Republic*, vol.113, 1 October 1945, pp.442-444.

Wahl, Jean. «La vogue de l'existentialisme». *Labyrinthe* (Geneva), no.17, 15 February 1946, pp.6-7.
  Reprinted in Poésie, pensée, perception. *Paris: Calmann-Levy, 1948. 288pp. See pp.170-178.*

Waller, Robert. «Existentialism and God». *Ashridge Quarterly*, vol.2, October 1947, pp.81-88.

Warnock, Mary. *Ethics since 1900.* London: O.U.P., 1960.
  Includes «Existentialism: Jean-Paul Sartre», pp.162-196.

Weber, Carl August. «Der Existentialismus». *Prisma*, Year 1, no.6, April 1947, pp.37-38.
  General discussion on Sartre as an existentialist; he is compared to Heidegger and Jaspers.

Weil, Eric. «The Strength and Weakness of Existentialism». *The Listener*, 8 May 1952, 473-477.

Wild, John D. *The Challenge of Existentialism.* Bloomington: Indiana Univ. Press, 1955; 2nd ed. 1959.

Wild, John D. «Existentialism: A New View of Man». *University of Toronto Quarterly*, vol.27, October 1957, pp.79-95.

Wild, John D. «Existentialism as a Philosophy». *The Journal of Philosophy*, vol.57, January 1960, pp.45-62.

Wild, John D. «Existentialism as a Philosophy». In *Sartre: A Collection of Critical Essays*, ed. E. Kern (q.v. Section 600), pp.142-148.
  Reprinted from Wild's The Challenge of Existentialism.

Wild, John D. «The New Empiricism». In *Sartre: A Collection of Critical Essays*, ed. E. Kern (q.v. Section 600), pp.136-141.
  Reprinted from Wild's The Challenge of Existentialism.

Willi, Victor. «Soziologie und Existentialismus». *Kyklos* (Berne), vol.7, 1954, pp.125-164.

Wind, Edgar. «Blood, iron and intuition (Jean-Paul Sartre: a French Heidegger)». *Polemic*, no.5, September-October 1946, pp.54-57.
  A vituperative little article displaying great ignorance of Sartre's thought. The tone, avoiding the cosy wit of Ayer, is reminiscent of certain elements of the French press:

«*To fight such poison it is not sufficient to call it silly. One must explain that it is a poison, and that those who eat from it shall die*».

Winn, Ralph B. *A Concise Dictionary of Existentialism.* New York: Philosophical Library, 1960.

Woelffel, J. «Notes pour une introduction à l'existentialisme de Jean-Paul Sartre». *Bulletin de la Société des bibliolâtres de France*, October 1946, pp.431-436.

Zaslavski, D. «Les smertchiakine en France». *Pravda*, 24 January 1947.
   French translation in Les Temps modernes, *no.20, May 1947, pp.1531-1536.*

Zeegers, V. «L'existentialisme de Kierkegaard à Sartre». *Revue Générale Belge*, vol.95, no.8, August 1959, pp.1-18.

ARTICLES & POLEMICS ON MARXISM

Altman, Georges. Review of Lukacs' *Existentialisme ou marxisme?*. *Franc-Tireur*, 4 May 1948.
Although favourable, shows more sympathy for Sartre than for Lukacs.

Anon. «Marxism and Existentialism». *Darshana International*, vol.6, 1969, pp.31-38.

Anon. «Six mille 'fans' des mots en 'isme' au match Garaudy, Vigier, Sartre, Hyppolite». *Les Lettres françaises*, 14-20 December 1961, p.6.
On the debate «Marxisme et existentialisme» at the Mutualité on 7 December 1961. For details of Sartre's contribution see Contat and Rybalka, p.375.

Antunes, M. «Sartre e o marxismo». *Broteria* (Lisbon), vol.75, 1962, pp.540-550.

Badaloni, N. *Marxismo come storicismo*. Milan: 1962.
Includes marxist condemnation of Sartre's concept of alienation.

Bartsch, Günter. «Die falsche Alternative. Marxismus in der Sicht von Sartre und Adam Schaff». *Christ und Welt*, no.48, 27 November 1964, p.41.
Review of Schaff: Marx oder Sartre *and Sartre:* Marxismus und Existentialismus.

Bartsch, Günter. «Sartre und der Marxismus». *Politische Studien*, vol.16, September-October 1965, pp.567-574.

Battaglia, F. «Existencialismo y marxismo». *Revista de Estudios Políticos*, vol.33, 1950, pp.13-27.

Beaufret, Jean. «Vers une critique marxiste de l'existentialisme». *La Revue socialiste*, Year 1, no.2, 1946, pp.149-159. Not seen.

Bell, David R. «Marx, Sartre, and Marxism». *Manchester Literary and Philosophical Society Publication*, vol.104, 1961-1962, pp.47-64.

Bonnel, Pierre. «Lukacs contre Sartre». *Critique*, vol.4, no.27, August 1948, pp.698-707.

Chiodi, Pietro. «Esistenzialismo e marxismo». *Rivista di filosofia*, vol.54, 1963, pp.164-190.
Reprinted in Sartre e il marxismo *q.v.* Section 411.

Chiodi, Pietro. «Il concetto di 'alienazione' nell'esistenzialismo». *Rivista di filosofia*, vol.54, 1963, pp.419-445.
Reprinted in Sartre e il marxismo *q.v.*

Colombel, Jeannette. «J.-P. Sartre: approches méthodologiques». *La Nouvelle Critique*, numéro spécial *Sartre est-il marxiste?*, no.173-174, March 1966, pp.129-156.

Del Noce, A. «La non-filosofia di Marx e il communismo come realta politica». in *Atti del Congresso internazionale di filosofia* (Rome, 15-20 November 1946). Milan: Castelli, 1948.

Diavoletto, Concetta. «Sartre tra classe e partito». *Rivista di studi salernitani*, vol.4, 1971, pp.329-338.

Duvignaud, Jean. «Der marxistisch-existentialistische Disput». *Französische Kultur 1962*. Cologne: Verlag der Dokumente, 1962. pp.39-46.

Erval, François. «L'existentialisme fait une apologie indirecte du capitalisme». *Combat*, 13 January 1949.
Interview with Lukacs.

Erval, François. «Jean-Paul Sartre reproche à Georges Lukacs de ne pas être marxiste». *Combat*, 20 January 1949.
Interview with Sartre.

Erval, François. «Pour Lukacs la terre ne tourne pas». *Combat*, 3 February 1949.
Interview with Sartre.

Espiau de la Maestre, André. «J.P.Sartres Auseinandersetzung mit dem Marxismus». *Stimmen der Zeit*, vol.176, no.9, June 1965, pp.161-170.

Fergnani, Franco. «Marxismo ed esistenzialismo nell'ultimo Sartre». *Il Pensiero Critico*, Year 1, no.1, January-March 1959, pp.48-78.

Finkelstein, Sidney. «Marxism and Existentialism». *Science and Society*, vol.31, Winter 1967, pp.58-66.

Fossdal, Alf. «Eksistensialisme og marxisme». *Samtiden*, Year 68, no.4, 1959, pp.226-240.

Furter, Pierre. «La pensée de Georges Lukacs en France». *Revue de Théologie et de Philosophie*, vol.11, no.4, 1961, pp.353-361.

Gak, G. «Un courant à la mode de la philosophie bourgeoise». *Cahiers du Communisme*, vol.24, no.5, May 1947, pp.380-397.

Garaudy, Roger. «Sur une philosophie réactionnaire. Un faux prophète: Jean-Paul Sartre». *Les Lettres françaises*, no.88, 28 December 1945, p.1.

Gervais, Charles. «Le marxisme de Sartre: Signification et projet». *Dialogue*, vol.8, no.2, September 1969, pp.272-292.
  The Critique *is the basic text which Gervais discusses. See also this author's perceptive studies of the* Critique *in Section 411.*

Girardin, J.C. «Sartre et le marxisme». *Magazine littéraire*, no.55-56, September 1971, pp.20-23.

Gisselbrecht, André. «Présentation» of «Sartre est-il marxiste?» in *La Nouvelle Critique*, no.173-174, March 1966, pp.92-99.

Glucksmann, Christine. «Jean-Paul Sartre et le gauchisme esthétique». *La Nouvelle Critique*, no.173-174, March 1966, pp.167-198.

Goldmann, Lucien. «Georg Lukacs: l'essayiste». *Revue d'Esthétique*, vol.3, 1950, pp.83-95. Not seen.

Gorkin, Julián. «A propósito de Jean-Paul Sartre. La crisis de los intelectuales y el masoquismo communista». *Cuadernos del Congreso por la Libertad de la Cultura*, no.11, March-May 1953, pp.74-81.

Gorz, André. «Jean-Paul Sartre, de la conscience à la praxis». *Biblio*, vol.34, no.1, January 1966, pp.3-7.

Grassi, Ernesto. «Marxismus und Existentialphilosophie». *Neue Schweizer Rundschau*, Year 14, no.10, February 1947, pp.618-624.

Grenier, Jean. «L'époque des sybilles». *La Nouvelle Revue Française*, Year 1, no.2, February 1953, pp.203-213.

Gurméndez, Carlos. «Sartre y la Dialéctica». *Islas* (Cuba), vol.3, no.1, September-December 1960, pp.67-75.
A marxist examination of the evolution of Sartre's thought from existentialism towards marxism.

Heist, Walter. «Die Wandlungen des Jean-Paul Sartre. Er und die Kommunisten». *Frankfurter Heft*, Year 12, no.4, April 1957, pp.257-264.

Hincker, François. «J.-P. Sartre et l'histoire». *La Nouvelle Critique*, no.173-174, March 1966, pp.157-166.

Hook, Sidney. «Marxism in the Western World: From 'Scientific Socialism' to Mythology». In *Marxist Ideology in the Contemporary World*, ed. M.M. Drachkovitch. New York: Praeger, 1966.

Jolivet, Régis. «Jean-Paul Sartre et le matérialisme». *Giornale di Metafisica*, vol.4, 1949, pp.510-518)

Kattan, Naim. «Entretien: Lukacs - revenir au concret». *La Quinzaine littéraire*, no.17, 1-15 December 1966, pp.4-5.
Reprinted as «*Entretien avec Georg Lukacs*». in Le Devoir (Montreal), 12 November 1966, pp.11-13.

Klein, Ota. «Ist Sartre Marxist?» *Tagebuch* (Vienna), 1 January 1964.
Interesting article which originally appeared in Czech in Kulturni tvorba, *Prague.*

Kline, George L. «The existentialist rediscovery of Hegel and Marx». pp.113-138 in *Phenomenology and Existentialism*, Ed. Lee and Mandlebaum, Baltimore: Johns Hopkins University Press, 1967.

Kruithof, J. «Sartre en het marxisme». *Dialoog*, vol.1, 1960-1961, pp.41-60.

Lefebvre, Henri. «Existentialisme et marxisme, réponse à une mise au point». *Action*, no.40, 8 June 1945.

Lefebvre, Henri. «Le marxisme et la pensée française». *Les Temps modernes*, July-August 1957.

Lefebvre, Henri. «Philosophie et politique. Questions à Roger Garaudy, Jean-Paul Sartre et Jean-Pierre Vigier». *La Nouvelle Revue marxiste*, no.3, 1962, pp.78-85.

Lefort, Claude. «De la réponse à la question». *Les Temps modernes*, no.104, July 1954, pp.157-184.

Lefort, Claude. «Le marxisme et Sartre». *Les Temps modernes*, no.89, April 1953, pp.1541-1570.
See also Sartre's «*Réponse à Claude Lefort*», *pp.1571-1629 in the same issue.*

Lentin, André. «Jean-Paul Sartre, le marxisme et la science». *La Pensée*, nlle série, no.9, October-November-December 1946, pp.112-115.

Lukacs, Georg. «Sartre pèche contre la probité intellectuelle». *Combat*, 3 February 1949.

Luporini, Cesare. «Sartre e i comunisti». *Critica marxista* (Organ of the Italian Communist Party), April 1964.

Marlet, Michael. «Marx oder Sartre - Der humanistische Neomarxismus». *Zeitschrift für Katholische Theologie* (Vienna), vol. 95, 1973, pp.123-131.

Merleau-Ponty, Maurice. «Commentaire». *Les Temps modernes*, no.50, December 1949, pp.1119-1121.

Meyhew, Alice. «Desan, Wilfrid: *The Marxism of Jean-Paul Sartre*». *Commonweal*, vol.82, NO.6, 30 April 1965, pp.194-196.

Muralt, André de. «La doctrine de la liberté chez Sartre et Marx». *Gazette de Lausanne*, 26-27 February 1966, p.21.

Naville, Pierre. «Marxisme et existentialisme». *Revue Internationale*, no.3, 1949.

Nicolai, R. «Borghesia e proletariato in J.-P. Sartre». *Socialismo*, vol.2, no.1, 1946.

Novack, George. *Existentialism versus Marxism*. New York: Dell (Delta paperback), 1966. See especially pp.69-109 and 175-206.

Olafson, F.A. «Existentialism, Marxism, and Historical Justification». *Ethics*, vol.65, January 1955, pp.126-134.

Onimus, Jean. «Technique et désespoir». *Études*, May 1948, pp.194-202.

Pareyson, L. *Esistenza e persona.* Turin: 1960 (2nd ed.).
See pp.175-186 which refer to Del Noce's article (q.v. this section).

Patri, Aimé. «De l'opium des intellectuels à la cure de désintoxication». *Preuves*, Year 5, no.53, July 1955, pp.81-85.

Porchi, Gabriele. «Esistenzialismo e marxismo». *Rivista critica di storia della filosofia* (Milan), Year 5, 1950, pp.310-312.

Schaff, Adam. «Sur le marxisme et l'existentialisme». *Les Temps modernes*, no.173-174, August-September 1960, pp.394-417.
The basic text discussed is Le marxisme et l'existentialisme, i.e. the first version of Questions de méthode. Schaff's text, however, is wide-ranging; it is also well worth reading.

Semerari, G. *Da Schelling a Merleau-Ponty.* Urbino: 1962.
See pp.317 et seq. on concept of dialectics for Merleau-Ponty and Sartre.

Sotelo, Ignacio. «Sartre y el marxismo». *Boletín Informativo del Seminario de Derecho Político* (Univ. de Salamanca), October 1964, pp.203-217.

Tordai, Zador. «Sartre and Marxism». *The New Hungarian Quarterly*, vol.10, no.34, Summer 1969, pp.128-131.

Tran-duc-Thao. «Existentialisme et marxisme». *Revue internationale de Philosophie*, July 1948.

Valentini, Francesco. *La Filosofia francese contemporaneo*, Milan:1958.
Marxist criticism of existentialism as anhistorical. See, e.g., pp.92-97, and 175-180.

Valentini, Francesco. «Esistenzialismo e marxismo: Rassegna di scritti francesi». *Giornale critico della filosofia Italiana*, Year 31, third series, no.6, fasc.1, January-March 1952, pp.78-96.

Valentini, Francesco. «Sartre e il marxismo». *Aut Aut*, no.51, May 1959, pp.189-194.

Vasoli, C. *Tra Cultura e ideologia.* Milan: 1961.
See pp.59-78, 129-195, and 511-520 on existentialism and marxism.

Abel, Lionel. «Sartre vs. Lévi-Strauss: Who are the Radicals Today?» *The Commonweal*, vol.84, no.13, 17 June 1966, pp.364-368.
Reprinted in Claude Lévi-Strauss. The Anthropologist as Hero, *ed. E.N. & T. Hayes. Cambridge (Mass.): M.I.T. Press, 1970, See pp.235-246.*

Anon. «Rendre à Sartre ce qui est à Sartre...» *Le Monde*, 23 March 1968, p.ii.
On the Sartre-Foucault debate.

Bonnefoy, Claude. «L'Homme est-il mort? Un entretien avec Michel Foucault». *Arts et Loisirs*, no.38, 15-21 June 1966, pp.8-9. Not seen.

Buin, Yves (ed.). *Que peut la littérature?.* Paris: Union générale d'éditions (coll. «L'inédit» 10/18), 1965. 128pp.
Presentation of the debate between Beauvoir, Berger, Faye, Ricardou, Sartre, Semprun.

Châtelet, François. «Sartre répond comme un dépossédé». *Le Nouvel Observateur*, no.103, 2-8 November 1966, pp.32-33.
On Sartre's interview with Pingaud in L'Arc; *See also Jeanson's defence of Sartre's position in the same issue of* Le Nouvel Observateur.

Daix, Pierre. «Sartre est-il dépassé?» *Les Lettres françaises*, 2 February 1967, pp.1,10, and 9 February 1967, pp.11-12.

Épistémon. *Ces idées qui ont ébranlé la France.* Paris: Fayard, 1968. 129pp.
Under the pseudonym 'Épistémon' a professor of psychology at Paris-Nanterre analyses the events of May 1968 and concludes that Sartre's Critique de la raison dialectique *was prophetic and that structuralism has had its day. For discussion on this point, see* Le Monde, *30 November 1968, pp.iv-v, Supplement to no. 7428.*

Faye, Jean-Pierre. «Sartre entend-il Sartre?» *Tel Quel*, no.27, Autumn 1966, pp.72-81.

Faye, Jean-Pierre. «Sartre et les Huns». *Les Lettres françaises*, 10 March 1966, pp.5,7.

Foucault, Michel. «Foucault répond à Sartre». *La Quinzaine littéraire*, no.46, 1-15 March 1968.
   O.R.T.F. interview (by Jean-Pierre El Kabbach) giving Foucault's reply to Sartre's stated position on structuralism.

Foucault, Michel. «Une mise au point de Michel Foucault». *La Quinzaine littéraire*, no.47, 15-31 March 1968.
   Foucault's objections to the printing of his off-the-cuff radio remarks. See previous entry.

Foucault, Michel. «Réponse à une question». *Esprit*, no.371, May 1968, pp.850-874.

Genette, Gérard. «La rhétorique et l'espace du langage». *Tel Quel*, no.19, Autumn 1964, pp.44-54.

Gramont, S. de. «Says Lévi-Strauss: There Are No Superior Societies». *New York Times Magazine*, 28 January 1968, pp.28-32.

Gurméndez, Carlos. «La polémica de Foucault y Sartre». *Indice*, no.219-220, 1967, pp.37-38,75.

Jeanson, Francis. «On secoue trop le cocotier...» *Le Nouvel Observateur*, no.103, 2-8 November 1966, pp.33-34.
   Reply to Châtelet's article «Sartre répond comme un dépossédé» in the same issue.

Le Bon, Sylvie. «Un positiviste désespéré: Michel Foucault». *Les Temps modernes*, no.248, January 1967, pp.1299-1319.

McNicholl, Ambrose. «Lo strutturalismo». *Aquinas*, vol.13, 1970, pp.262-308.

Pouillon, Jean. «Présentation: Un essai de définition». *Les Temps modernes*, no.246, November 1966, pp.769-790.

Pouillon, Jean. «Sartre et Lévi-Strauss. Analyse dialectique d'une relation Dialectique analytique». *L'Arc*, no.26, 1967, pp.60-65.

Pouillon, Jean. «Réconcilier Sartre et Lévi-Strauss». *Le Monde*, 30 November 1968, p.v.
  Critical commentary on the analysis by Épistémon (q v this Section) of the relative value of the theories of Sartre and Lévi-Strauss for the interpretation of the events of May 1968.

Revel, Jean-François. «Sartre en ballottage». *L'Express*, 7-13 November 1966, p.47.
  Highly critical of Sartre's comments in the Sartre-Pingaud interview on structuralism in L'Arc, *no.30, 1966.*

Ricoeur, Paul. «Le symbolisme et l'explication structurale». *Cahiers internationaux de Symbolisme*, no.4, 1964, pp.81-96.

Rossi, Aldo. «Specchio e contesto della nuova critica francese». *Paragone*, Year 14, new series, no.162, June 1963, pp.38-75.

Schiwy, Günther. *Der französische Strukturalismus*. Reinbeck bei Hamburg: Rowohlt, 1969.
  Many references to Sartre including the Foucault-Sartre controversy (see pp.93-98).

Simon, Pierre-Henri. «Actif et passif de l'année 1966». *Le Monde*, 28 December 1966, pp.10-11.
  Discusses Les Mots et les choses, *and the* L'Arc, *no.30 issue and the subsequent controversy.*

Sollers, Philippe. «Un fantasme de Sartre». *Tel Quel*, no.28, Winter 1967, pp.84-87.
  On Sartre's 'condemnation' of structuralists.

Tibaldi, Giancarlo. «Storia e dialettica». *Il Mulino*, vol.13, no.143, September 1964, pp.969-973.
  On the Lévi-Strauss-Sartre polemic.

Verstraeten, Pierre. «L'écrivain et sa langue». *Revue d'Esthétique*, vol.18, no.3-4, July-December 1965, pp.306-334.

Weinrich, Harald. «Strukturalismus». *Merkur*, Year 23, vol.6, no.254, June 1969, pp.593-595.

Ziegler, Jean. «Sartre et Lévi-Strauss». *Le Nouvel Observateur*, 6 May 1965, pp.22-23.

La Transcendance de L'Ego, L'Imagination, Esquisse d'une Théorie des Émotions, L'Imaginaire.

Studies.

Anon. «Dissertation». *L'École* (Paris), no.8, 8 January 1955, pp.244-246.
A 'model' dissertation (with all the defects of the genre) on the topic: «*Commenter et discuter cette formule de J.-P. Sartre: 'Il n'y a pas, il ne saurait y avoir d'images dans la conscience, mais l'image est un certain type de conscience. L'image est un acte et non une chose'*».

Baladi, Naguib. «La structure de l'image d'après Sartre». *Valeurs* (Alexandria), no.1, April 1945, pp.45-65.
On L'Imaginaire.

Bannan, John J. «The psychiatry, psychology and phenomenology of Sartre». *Journal of Existentialism*, vol.1, no.1, 1960, pp.176-186.

Bjelke, J.F. «Noen refleksjoner over Sartres *Transcendance de l'Ego*». *Exil. Nordisk tidsskrift for eksistentialistisk debat*, vol.3, 1968-1969, pp.78-83.

Bunting, I.A. «Sartre on Imagination». *Philosophical Studies* (Ireland), vol.19, 1970, pp.236-253. Not seen.

Casares, A.J. «Lo imaginario en Sartre». *Universidad* (Santa Fe), no. 40, 1959, pp. 39-80.

Dieckmann, Herbert. «French Existentialism Before Sartre». *Yale French Studies*, no.1, Spring-Summer 1948, pp.33-40.
Includes reference to La Transcendance de l'ego.

Dilman, I. «An Examination of Sartre's Theory of Emotion». *Ratio*, vol.5, December 1963, pp.190-212.

Doran, Robert M. «Sartre's critique of the Husserlian Ego». *The Modern Schoolman*, vol.44, May 1967, pp.307-318.

Faure, Henri. *Hallucinations et réalité perceptive.* Paris: P.U.F. (coll. Bibliothèque de psychiatrie), 1965.
Includes refutation of nature of hallucination described in L'Imaginaire.

Feldman-Comti, Yanne. «Structure intentionnelle. Introduction à l'étude phénoménologique de l'image. A propos d'un ouvrage récent». *Revue de Métaphysique et de Morale*, vol.44, 1937, pp.767-770.
On L'imagination.

Fell, Joseph P. *A Critique of Jean-Paul Sartre's Theory of Emotion.* Dissertation, Columbia University, 1962.

Fell, Joseph P. *Emotion in the Thought of Sartre.* New York & London: Columbia Univ. Press, 1965.
A most useful study which also includes significant discussion of the extension of Sartre's ideas on the emotions in L'Être et le néant.

Goldthorpe, Rhiannon. «Sartre's Theory of Imagination and *Les Séquestrés d'Altona*». *Journal of the British Society for Phenomenology*, vol.4, no.2, May 1973, pp.113-122.

Gordy, Michael. «The Transcendent Ego and the Emptiness of Consciousness». *Journal of Phenomenological Psychology*, vol.2, no.2, Spring 1972, pp.175-194.
Interesting analysis of the inadequacies of the Transcendance.

Götlind, Erik Johan Anders. *Three Theories of Emotion. Some Views on Philosophical Method.* Lund: Gleerup; Copenhagen: Munksgaard, 1958. 150pp.

Grimsley, Ronald. «Sartre and the phenomenology of the imagination». *Journal of the British Society for Phenomenology*, vol.3, no.1, January 1972, pp.58-72.
An interesting analysis of L'Imaginaire.

Grimsley, Ronald. «Two philosophical views of the literary imagination». *Comparative Literature Studies*, vol.8, March 1971, pp.42-57.
On Sartre and Bachelard.

Gurwitsch, Aron. «A Non Egological Conception of Consciousness». *Philosophy and Phenomelogical Research*, vol.1, no.3, March 1941, pp.325-338.
One of the first articles on La Transcendance de l'Ego.

Hellesnes, Jon. «Jean-Paul Sartre og emosjonane». *Samtiden*, Year 75, no.8, 1966, pp.493-501.

Hering, Jean. «Concerning Image, Idea and Dream; phenomenological notes in connection with Jean-Paul Sartre's book *L'Imaginaire*». *Philosophy and Phenomenological Research*, vol.7, 1947, pp.188-205.

Hillman, James. *Emotion: A Comprehensive Phenomenology of Theories and their Meanings for Therapy.* London: Routledge & Kegan Paul, 1960. 318pp.
  Discusses Esquisse d'une théorie des émotions, *pp.9,11, 186-187.*

Lagache, Daniel. «*L'Imagination* de Jean-Paul Sartre». *Bulletin de la Faculté des Lettres de Strasbourg*, vol.19, no.8, June 1941, pp.309-325.

Lefebve, Maurice-Jean. *L'Image fascinante et le surréel.* Paris: Plon, 1965. 285pp.

Lycos, Kimon. «Images and the Imaginary». *Australasian Journal of Philosophy*, vol.43, no.3, December 1965, pp.321-338.
  Mainly on Ryle.

Macgrégor, Joaquín. «Las emociones según J.-P. Sartre». *Filosofía y Letras*, no.34, April-June 1949, pp.251-265.

Manser, A.R. «The Imagination». *Durham University Journal*, vol.58, December 1965, pp.14-22.

Natanson, Maurice. «Phenomenology and Existentialism: Husserl and Sartre on Intentionality». *The Modern Schoolman*, vol.37, November 1959, pp.1-10.
  Study of La Transcendance, *and* «*Une Idée fondamentale...*»

Openchaim, M. «La psychologie et l'imagination chez Sartre et chez Schneersohn». *Revue de la Médecine hebreue*, vol.30, March 1956, p.5 ff. Not seen.

Ruyer, Raymond. «Les observables et les participables». *Revue philosophique de la France et de l'Étranger*, vol.156, October-December 1966, pp.419-450.
  Epistemological study related to L'Imaginaire.

Salinas, Laurent Marcel. «La structure de l'image d'après Jean-Paul Sartre». *Valeurs* (Alexandria), no.1, April 1945, pp.65-72.

Scanlon, John D. «Consciousness, the Streetcar, and the Ego: *Pro* Husserl, *contra* Sartre». *Philosophical Forum* (Boston), vol.2, no.3, 1971, pp.332-354.
A point by point rebuttal of Sartre's criticism of Husserl in La Transcendance de l'Ego.

Schiff, Paul. «*L'Imaginaire* de Sartre». *Évolution psychiatrique*, no.1, 1947, pp.325-331.

Schneemann, R.T. «Eine psychologische Exploration der Sensation unter Bezugnahme von Sartres Abhandlung über die Einbildung». *Folia psychiatrica, neurologica, et neurochirurgica neerlandica* (Amsterdam), Year 61, no.2, 1958, pp.167-173.

Schuetz, Alfred. «Sartre's Theory of the Alter Ego». *Philosophy and Phenomenological Research*, vol.9, December 1948, pp.181-199.

Stern, Günther. «Emotion and Reality (in Connection with Sartre's *The Emotions*)». *Philosophy and Phenomenological Research*, vol.10, June 1950, pp.553-562.

Vassilieff, Elizabeth. «Sartre on Imagination». *The Meanjin Quarterly*, vol.10, Spring 1951, pp.267-286.

Wolff, E.-M. *La Sensation et l'image*. Paris: Vrin, 1943.
Includes criticism of Sartre's theories on the imagination.

Abenheimer, K.M. Review of *The Psychology of Imagination*. *The British Journal of Medical Psychology*, vol.24, 1951, pp.215-218. Not seen.

Adelman, George. «Psychology-Psychiatry. Sartre, Jean-Paul. *Imagination: A Psychological Critique*, trans. with an introduction by Forrest Williams». *Library Journal*, vol.87, no.6, 15 March 1962, p.1145.

Alamshah, William H. «*Imagination: A Psychological Critique*. By Jean-Paul Sartre». *The Personalist*, vol.43, no.4, October 1962, pp.562-563.

Aldrich, V.C.A. «*The Psychology of Imagination*. Jean-Paul Sartre». *The Journal of Philosophy*, vol.47, no.5, 2 March 1950, pp.132-134.

Anon. «*Sketch for a Theory of the Emotions*». *Encounter*, vol.19, no.3, September 1962, p.85.

Anon. «*The Psychology of the Imagination*. By Jean-Paul Sartre». *The New Yorker*, 10 July 1948, p.60.

Anon. «A Few Sartrean Reflections. Jean-Paul Sartre: *La Transcendance de l'Ego*». *The Times Literary Supplement*, 2 June 1966, p.492.

Anon. «Aesthetic Discussion. Jean-Paul Sartre: *The Psychology of the Imagination*». *The Times Literary Supplement*, 4 May 1951, p.281.

Anon. «One-Man Band». *The Times Literary Supplement*, 21 September 1962, p.744.
    Includes reviews of The Imagination, Sketch for a Theory of the Emotions, Sartre on Cuba, *and* Nausea.

Anon. «Sartre, Jean-Paul. *Imagination: A Psychological Critique*». *Ethics*, vol.72, no.3, April 1962, p.228.

Anon. «Theory of Consciousness. Jean-Paul Sartre: *The Transcendence of the Ego*». The Times Literary Supplement, 19 September 1958, p.533.

Anon. «Un jeune disciple de Husserl». *Le Figaro littéraire*, 7 October 1965, p.2.
    Short review of Sylvie Le Bon's edition of La Transcendance de l'Ego.

Anon. Review of *Imagination: A Psychological Critique*. Kirkus, vol.30, 15 January 1962, p.84.

Anon. Review of *L'Imaginaire*. *Revue de Métaphysique et de Morale*, Year 47, no.4, 1940, pp.417-418.

Bannon, Barbara A. «Forecast of Paperbacks. *The Psychology of Imagination*. Jean-Paul Sartre». *Publishers' Weekly*, vol.189, no.24, 13 June 1966, p.133.

Berger, Gaston. «*L'Imagination*. Jean-Paul Sartre». *Journal of Philosophy*, vol.34, no.1, 7 January 1937, pp.25-26. Not seen.

Carrolo, C.A. «*La Transcendance de l'Ego*». *Revista Portuguesa de Filosofia* (Braga), vol.24, 1968, pp.248-250. Not seen.

Child, Arthur. «*The Psychology of Imagination*. By Jean-Paul Sartre». *Ethics*, vol.59, no.1, October 1948, pp.74-75.

Cocking, John. «*The Psychology of Imagination*. By Jean-Paul Sartre». *World Review*, March 1951, pp.73-74.

Collins, James. «Jean-Paul Sartre. *Imagination: A Psychological Critique*». *Cross-Currents*, vol.13, Spring 1963, p.198.

Cranston, Maurice. «*Sketch for a Theory of the Emotions*. By J.-P. Sartre. Trans. by Philip Mairet». *The Listener*, 15 November 1962, p.826.
    Also on Imagination, tr. Forrest Williams.

Delpech, L.-J. «*La Transcendance de l'Ego*». *Synthèses*, vol.88, 1967, pp.271-272.
    Review of the Sylvie Le Bon edition.

E.S.C. «Sartre, J.-P. *Imagination: A Psychological Critique*». *The Review of Metaphysics*, vol.15, June 1962, pp.678-679.

Étiemble, René. Review of *L'Imaginaire*. In *Fontaine*, vol.6, no.36, 1944, pp.115-117.
Also in Les Lettres françaises *(Buenos Aires)* , *vol.4, no.15, January 1945, pp.79-84.*

Fowler, Albert. «Sartre's World of Dream». *Southwest Review*, vol.41, Summer 1956, pp.264-269.
Review of The Emotions, *and* The Psychology of Imagination.

Fulton, James Street. «*The Psychology of Imagination.* By Jean-Paul Sartre». *The Philosophical Review*, vol.58, no.2, March 1949, pp.182-184.

Grene, Marjorie. «Sartre's Theory of the Emotions». *Yale French Studies*, no.1, Spring-Summer 1948, pp.97-101.

Hook, Sidney. «Absent Within Its Very Presence. *The Psychology of the Imagination.* By Jean-Paul Sartre». *The New York Times Book Review*, 11 July 1948, p.16.

Hungerland, Isabel C. «Sartre, Jean-Paul. *The Emotions. Outline of a Theory... The Psychology of Imagination*». *The Journal of Aesthetics and Art Criticism*, vol.8, no.4, September 1949-June 1950, p.276.

Kracauer, Siegfried. «Consciousness, Free and Spontaneous. *The Psychology of Imagination.* By Jean-Paul Sartre». *Saturday Review*, 26 June 1948, pp.22-23.

Larrabee, H.A. «*The Emotions: Outline of a Theory.* Jean-Paul Sartre. Trans. from the French by Bernard Frechtman». *The Journal of Philosophy* , vol.46, no.17, 18 August 1949, pp.566-567.

Mace, C.A. «*The Psychology of Imagination.* By Jean-Paul Sartre». *The Hibbert Journal*, vol.47, October 1948, pp.99-100.

Manser, A.R. «*Sketch for a Theory of the Emotions.* By Jean-Paul Sartre». *The Philosophical Quarterly*, vol.13, no.53, October 1963, pp.372-373.

McGill, V.J. «*The Transcendence of the Ego; an Existentialist Theory of Consciousness*». *The Journal of Philosophy*, vol.55, no.22, 23 October 1958, pp.966-968.

Merleau-Ponty, M. «*L'Imagination*». *Journal de Psychologie normale et pathologique*, Year 33, no.9-10, November-December 1936, pp.756-761.

Murdoch, Iris. «*The Emotions: outline of a theory*». *Mind*, vol.59, 1950, pp.268-271.

Naidu, P.S. and Thyagarajn, A.F. «Existentialism, II-III». *The Aryan Path*, vol.20, no.5, May 1949, pp.223-224.

Petter, D.M. de. Review of *L'Imagination*. *Revue des Sciences philosophiques et théologiques*, vol.27, no.1, 1938, pp.88-90.

Pignagnoli, Sante. «J.-P. Sartre: *L'Immaginazione - Idee per una teoria delle emozioni*». *Humanitas*, vol.17, no.11, November 1962, pp.968-969.

Ritchie, A.M. «*The Emotions: Outline of a Theory, The Psychology of the Imagination*». *Australasian Journal of Psychology and Philosophy*, vol.27, no.3, December 1949, pp.217-222.

Vita, L.W. «A imaginaçao». *Revista brasiliera de Filosofia* (Sao Paulo), vol.15, 1965, pp.283-285.

Williams, Bernard. «World as it Seems. *Sketch for a Theory of the Emotions*». *The Spectator*, 3 August 1962, pp.162-163.

Williams, D.D. «Insights of an Existentialist». *The Christian Century*, vol.65, 1 December 1948, pp.1304-1305.

L'ÊTRE ET LE NÉANT. STUDIES

Alquié, Ferdinand. «*L'Être et le néant* de J.-P. Sartre». *Cahiers du Sud*, vol.23, no.273, 1945, pp.648-662, and no.274, 1945, pp.807-816.

Ames, Van Meter. «Fetishism in the Existentialism of Sartre». *The Journal of Philosophy*, vol.47, 6 July 1950, pp.407-411.
But see Natanson's reply to Ames (q.v. this Section).

Atwell, John E. «Sartre's conception of action and his utilization of *Wesensschau*». *Man and World*, vol.5, no.2, May 1972, pp.143-157.

Ayer, A.J. «Novelist-Philosophers V. - Jean-Paul Sartre». *Horizon*, vol.12, no.67, July 1945, pp.12-26; and no.68, August 1945, pp.101-110.
A witty and critical demolition job by a logical positivist. Everett Knight supplies a concise rebuttal to Ayer in Literature Considered as Philosophy, *p.250, note 7.*

Ayraud, Pierre. «Réflexions sur *L'Être et le néant*». *Témoignages*, vol.10, August 1946, pp.213-229.

Bernstein, Richard J. «Consciousness, existence and action: Kierkegaard and Sartre». In *Praxis and Action. Contemporary Philosophies of Human Activity*. Philadelphia: Univ. of Pennsylvania Press, 1971. See pp.84-164.

Blackham, Harold John. *Six Existential Thinkers*. New York: Macmillan; London: Routledge & Kegan Paul, 1952. See pp.110-148. New edition, New York: Harper, 1959.

Brufau Prats, Jaime. *Líneas fundamentales de la ontología y antropología de Jean-Paul Sartre en 'L'Être et le néant'. Exposición y apreciaciones críticas*. Salamanca: Univ. de Salamanca (Acta Salmanticensia. Derecho, 30), 1971. 68pp.

Brunner, August. «Zur Freiheit verurteilt. Jean Paul Sartres Existenzialphilosophie». *Stimmen der Zeit*, vol.140, 1947, pp.178-190.

> *A Jesuit study of the work. Not polemical, but highly critical of the concept of 'neant.'*

Brunner, August. «Das zertrümmerte Menschenbild». *Stimmen der Zeit*, vol.145, 1949-1950, pp.321-329.
> *On the hopelessness of the notion of Being in Heidegger and Sartre.*

Bucio, F.P. «De l'ontologie phénoménologique à la psychanalyse existentielle chez Jean-Paul Sartre». *Revista Mexicana de Filosofía*, vol.4, no.4, 1961, pp.55-85.

Butts, Robert E. «Does 'intentionality' imply 'being'? A paralogism in Sartre's ontology». *Kant-Studien*, vol.52, 1960-61, pp.426-432.
> *On the inadequacies of Sartre's 'ontological proof'. An abstract under the same title appears in* The Journal of Philosophy, *vol.55, 9 October 1958, pp.911-912.*

Champigny, Robert. «God in Sartrean Light». *Yale French Studies*, no.12, Fall-Winter 1953, pp.81-87. Not seen.

Champigny, Robert. «L'expression élémentaire dans *L'Être et le néant*». *P.M.L.A.*, vol.68, no. 1, March 1953, pp.56-64.

Champigny, Robert. «Le mot 'être' dans *L'Être et le néant*». *Revue de Métaphysique et de Morale*, vol. 61, no. 2, April-June 1956, pp. 155-164.

Champigny, Robert. «Sartre and Christianity». *Renascence*, vol.7, 1954, pp.59-62, 69. Not seen.

Colin, Pierre. «La Phénoménologie du corps dans *L'Être et le néant* de Jean-Paul Sartre». In *L'Âme et le corps, Recherches et Débats*, no.35, June 1961. Paris: Fayard, 1961. See pp.174-180.

Collins, James. «The Existentialism of Jean-Paul Sartre». *Thought*, vol.23, March 1948, pp.59-100.

Cook, Gladys C. «Jean-Paul Sartre's Doctrine of Human Freedom and Responsibility». *Bucknell Review*, vol.1, June 1949, pp.12-21.

Copleston, Frederick C. «What is Existentialism?» *The Month*, vol.183, January 1947, pp.13-21.
> *Also on* La Nausée.

Corvez, Frère Maurice (O.P.). «L'être et la conscience dans la philosophie de J.-P. Sartre». *Revue Thomiste*, Year 58, vol.50, no.3, 1950, pp. 563-574.

Corvez, Frère Maurice (O.P.). «L'être-en-soi dans la philosophie de J.-P. Sartre». *Revue Thomiste*, Year 58, vol.50, no.3, 1950, pp.360-372.

Croteau, Jacques. «Notes sur l'ontologie phénoménologique de Sartre». *Revue de l'Université d'Ottawa*, vol.24, 1954, pp.53-60.

Davenport, Manuel M. «A critique of Sartre's concept of freedom». *Philosophy Today*, vol.17, Spring 1973, pp.22-27.

Delfgaauw, B.M.I. «Heidegger en Sartre». *Tijdschrift voor Filosophie*, vol.10, 1948, pp.403-446.

Delfgaauw, B.M.I. «Notes sur Heidegger et Sartre». *Études philosophiques*, Year 4, no.3-4, 1949, pp.371-374.

Derisi, Octavio N. «En torno a la moral de Heidegger y Sartre». *Sapientia*, vol.12, 1957, pp.139-141.

Desan, Wilfrid. *The Tragic Finale: An Essay on the Philosophy of Jean-Paul Sartre.* Oxford: O.U.P., and Cambridge (Mass.): Harvard Univ. Press, 1954. Harper Torchbooks, 1960.
One of the best introductions available in English.

Dreyfus, Dina. «Sartre et le mal radical: De *L'Être et le néant* à la *Critique de la raison dialectique*». *Mercure de France*, no.341, 1961, pp.154-167.

Dubarle, D. «L'Ontologie phénoménologique de Jean-Paul Sartre». *Revue de Philosophie*, 1946, pp.90-123.

Fabre, Lucien. «Essentialisme et existence. Le néant et M. Sartre». *Revue de Paris*, Year 54, no.4, April 1947, pp.91-112.
A long & humorously hostile study, the first half of which is a general history of essentialism.
Fabre is highly critical of the style and content of L'Être et le néant. *As an example of his approach one may quote the commentary offered on Sartre's «Le choix est le fondement de l'être choisi ... d'où l'absurdité de la liberté».*
«Je suppose que le lecteur qui aura vu les grosses ficelles, les métaphores prises pour le réel, la pensée accordée à l'espace, la

fantaisie du canular *qui font de ce monument baroque une hilarante parodie, aura déjà conclu que l'absurdité est moins dans la* liberté *de la conclusion que dans* l'enchaînement *des arguments»*.

Fabro, Cornelio. «L'annientamento in Sartre». *Città di Vita* (Florence), vol.7, 1952, pp.406-415.

Faucitano, Filiberto. *L"Essere e il nulla' di J.-P. Sartre.* Naples: S. Iodice, 1959. 223pp.

Félix, Henri. «Un exposé du système sartrien». *Valeurs* (Alexandria), no.6, 1946, pp.78-88.

Flam, Leopold. *Sartre. Deel II: Zijn en niets.* Brussels: Vrije Universiteit, 1960. pp.131-298. Not seen.

Gahamanyi, Celestin. *La Conception de la liberté chez Jean-Paul Sartre et chez Maurice Merleau-Ponty.* Dissertation, Freibourg, 1967. 223pp.
   See Chapter II, *pp.48-115,* and Chapter V, *pp.183-204.*

García Bacca, Juan David. «La ontología fenomenológica de J.-P. Sartre». *Filosofía y Letras,* vol.15, no.30, April-June 1948, pp.185-218.

Giordani, Mario Curtiss. «Sartre, o filósofo de ser o do nada». *Vozes* (Petropolis), vol.56, 1962, pp.641-661.

Godet, Paul. «Note sur *L'Être et le néant* de Jean-Paul Sartre». *Jahrbuch der Schweizerischen Philosophischen Gesellschaft (Studia Philosophica)* , V, 1945, pp.56-90.

Grene, Marjorie. «L'Homme est une passion inutile: Sartre and Heidegger». *The Kenyon Review,* vol.9, Spring 1947, pp.167-185.

Guthrie, George P. «The Importance of Sartre's Phenomenology for Christian Theology». *The Journal of Religion,* vol.47, January 1967, pp.10-26.

Hartmann, Klaus. *Grundzüge der Ontologie Sartres in ihrem Verhältnis zu Hegels Logik: Eine Untersuchung zu 'L'Être et le néant'.* Berlin: de Gruyter, 1963. 138pp.

Hartmann, Klaus. *Sartre's Ontology: A Study of Being and Nothingness in the Light of Hegel's Logic.* Evanston: Northwestern Univ. Press, 1966.

Hoche, Hans-Ulrich. «Bemerkungen zum Problem der Selbst- und Fremderfahrung bei Husserl und Sartre». *Zeitschrift für philosophische Forschung*, vol.25, no.2, 1971, pp.172-186.
  See Parts 2 and 3, «Bewusstsein und Reflexion bei Sartre», and «Der Subjekt-Andere und der Objekt-Andere», pp.176-186.

Hubner, Kurt. «Fichte, Sartre und der Nihilismus». *Zeitschrift für Philosophische Forschung*, vol.10, no.1, 1956, pp.29-43.
  On Sartre's debt to Fichte rather than to Heidegger or Husserl.

Izard, Georges. «Jean-Paul Sartre o una nueva etapa de la fenomenología». *Sur* (Buenos Aires), Year 14, no.130, August 1945, pp.53-65.

Izard, Georges. «Une étape de la philosophie française: l'être et l'infini: essai de dépassement de la phénoménologie». *La Nef*, Year 2, no.4, March 1945, pp.60-73.

Javet, P. «Sartre: From *Being and Nothingness* to *A Critique of Dialectical Reasoning*». *Philosophy Today*, vol.5, Fall 1965, pp.176-183.

Kaufmann, Walter. «Existentialism and Death». *Chicago Review*, vol.13, no.2, Summer 1959, pp.75-93.
  Also discusses Sein und Zeit, *and* Le Mythe de Sisyphe.

Kaufmann, Walter. «Existentialism and Death». In *The Meaning of Death*, ed. Herman Feifel. New York: McGraw-Hill, 1959.
  On Sein und Zeit, L'Être et le néant, *and* Le Mythe de Sisyphe.

Kemp, Peter. «Die göttliche Krankheit im Sein. Anmerkungen zum Verständnis von Jean-Paul Sartres Buch *Das Sein und das Nichts*». *Neue Zeitschrift für systematische Theologie und Religionsphilosophie* (Berlin), vol.6, no.3, 1964, pp.360-375.

Kemp, Peter. «Le non de Sartre à la logique de Hegel. L'interprétation et la critique de *La Science de la logique* dans *L'Être et le néant*». *Revue de Théologie et de Philosophie*, no.5, 1970, pp.289-300.

King-Farlow, John. «The sartrean analysis of sexuality». *Journal of Existentialism*, vol.2, no.7, Winter 1962, pp.291-302.

Knight, Everett W. *Literature Considered as Philosophy: The French Example.* London: Routledge & Kegan Paul, 1957; New York: Macmillan, 1958; Collier Books (paperback), 1962.
   See Part Three «Sartre», pp.249-284 (Collier ed.). Knight provides a very good introduction to L'Être et le néant, and, sensibly, includes discussion of L'Imaginaire to elucidate the later work.

Laín Entralgo, Pedro. «Sartre y la desesperanza». *Cuadernos Hispanoamericanos*, vol.30, no. 85, January 1957, pp.7-23.
   Refers to Les Mouches *and* Le Diable et le Bon Dieu *as illustrations of this work.*

Lauth, Reinhard. «Versuche einer existentialistischen Wertlehre in der französischen Philosophie der Gegenwart: Sartre und Polin». *Zeitschrift für philosophische Forschung*, vol.10, no.2, 1956, pp.244-278.
   See pp.244-261 on possibility and lack in L'Être et le néant.

Le Meur, L. «Un nouveau système philosophique: l'existentialisme de Jean-Paul Sartre». *Recherches et travaux*, vol.1, no.2, 1946, pp.26-47.

Luppé, Robert de. «La Philosophie. Sartre et Bergson». *La Revue Française*, July 1953.
   Discusses the opposition between the concepts of durée *and* néant. *Not really worth consulting.*

Magny, Claude-Edmonde. «Système de Sartre». *Esprit*, Year 13, nlle serie, no.4, March 1945, pp.564-580, and no.5, April 1945, pp.709-724.
   Reprinted in Littérature et critique. *Paris: Payot, 1971, pp.60-90.*

Manser, A.R. «Sartre and *Le néant*». *Philosophy*, vol.36, Spring 1961, pp.177-187.

Marcel, Gabriel. *Homo Viator.* Paris: Aubier, 1945. See pp.233-256.

Marcel, Gabriel. *Homo Viator: An Introduction to a Metaphysic of Hope*, tr. Emma Crawford. New York: Harper & Row, 1962.
   Includes (among other things) «Being and Nothingness», *pp.166-184.*

Marcel, Gabriel. «*L'Être et le néant* par J.-P. Sartre». *Rencontres*, March-April 1944.
Reprinted in Homo Viator. *Paris: Aubier, 1945, pp.233-256.*

Marcel, Gabriel. «Sartre's Conception of Liberty». *Thought*, vol.22, March 1947, pp.15-18.

Marcuse, Herbert. «Existentialism: Remarks on Jean-Paul Sartre's *L'Être et le néant*». *Philosophy and Phenomenological Research*, vol.8, no.3, March 1948, pp.309-336.

Marcuse, Herbert. «Existentialismus Bermerkungen zu J.-P. Sartres *L'Être et le néant*». *Sinn und Form*, vol.2, no.1, 1950, pp.50-82.

McGill, V.J. «Sartre's Doctrine of Freedom». *Revue internationale de Philosophie*, vol.3, July 1949, pp.329-342.

Merleau-Ponty, Maurice. *Le visible et l'invisible.* Paris: Gallimard (coll. Idées), 1964. 360pp.
See Chapter 2 «Interrogation et dialectique», pp.75-141. Also discusses L'Imaginaire.

Miedzianogora, Myriam. *Gilbert Ryle and Jean-Paul Sartre: A Comparative Study of Two Theories of Mind.* Dissertation, Columbia University. See *D.A.*, vol.26, 1966, 4732.

Natanson, Maurice. *A Critique of Jean-Paul Sartre's Ontology.* Lincoln: Univ. of Nebraska Studies, 1951.

Natanson, Maurice. «Sartre's Fetishism: A Reply to Van Meter Ames». *The Journal of Philosophy*, vol.48, 15 February 1951, pp.95-99.

Otto, Maria. *Reue und Freiheit. Versuch über ihre Beziehung im Ausgang von Sartres Drama.* Munich and Freiburg: Karl Alber (Symposon: Philosophische Schriftenreihe), 1961. 159pp.
Study of the concepts of remorse and freedom in Les Mouches *and* L'Être et le néant.

Parain-Vial, Jeanne. «L'existentialisme, philosophie du néant absolu». *La Table Ronde*, no.182, March 1963, pp.31-39.
The second part of this article is on the Critique.

Picard, Gabriel. «L'Existentialisme de Jean-Paul Sartre». *Mélanges de science religieuse* (Lille), vol.3, 1946, pp.315-338.

Prentice, R.P. «Phenomenological Substitute for Substance». *Antonianum* (Rome), vol.46, no.1, 1971, pp.80-112.

Riefstahl, Hermann. «Jean-Paul Sartre: *Das Sein und das Nichts*». *Philosophischer Literaturanzeiger*, vol.6, no.6, 1954, pp.241-248.

Roberts, David E. *Existentialism and Religious Belief.* New York: O.U.P., 1957; Galaxy paperback, 1959.
 Chapter 5 is primarily on L'Être et le néant.

Salvan, Jacques. *To Be or Not To Be: An Analysis of Jean-Paul Sartre's Ontology.* Detroit: Wayne State Univ. Press, 1962.

Santoni, Ronald E. «Sartre on 'sincerity': 'Bad faith'? or equivocation». *The Personalist*, vol.53, 1972, pp.150-160. Not seen.

Schwappach, G. «Systematische Kritik der Grundlagen von Sartres *L'Être et le néant*». *Zeitschrift für philosophische Forschung*, vol.24, April-June 1970, pp.269-294.

Sigüenza, P. José. «Génesis de la libertad en el ateismo de Jean-Paul Sartre». *Verdad y Vida* (Madrid), vol.26, January-June 1968, pp.5-59.

Spiegelberg, Herbert. *The Phenomenological Movement, Vol.II.* The Hague: M. Nijhoff, 1959-60.
 Includes «*The Phenomenology of Jean-Paul Sartre*», pp.445-515.

St. Aubyn, F.C. «Rilke, Sartre & Sarraute: the rôle of the third». *Revue de Littérature comparée*, Year 41, no.2, April-June 1967, pp.275-284.
 On similarities between Sartre's thought & Sarraute's fiction.

Steffen, Günther. «Schreckliche Freiheit». *Berliner Hefte für geistiges Leben*, Year 3, no.2, 1948, pp.130-138.

Stockwell, H.C.R. «Sartre's Existentialist Philosophy». *Cambridge Journal*, vol.6, September 1953, pp.753-760.

Tordai, Zador. *Existence et réalité. Polémique avec certaines thèses fondamentales de 'L'Être et le néant' de Sartre.* Budapest: Akademiai Kiado, Maison d'édition de l'Academie des Sciences de Hongrie (coll. *Studia Philosophica*, 12), 1967. 286pp.

Troisfontaines, Roger. *Le Choix de J.-P. Sartre, exposé et critique de 'L'Être et le néant'.* Paris: Aubier-Montaigne, 1945. 124pp.
2nd edition, 1946, includes interview with Sartre.

Unger, Eric. «Existentialism». *Nineteenth Century and After*, vol.143, January 1948, pp.28-37.
Discusses Sartre's debt to Heidegger.

Van de Houwven, J. «Waarheid in Methode. (Inzake de slotfase van het fenomenologisch denken bij Heidegger en Sartre)» *Algemeen Nederlands tijdschrift voor wijsbegeerte en psychologie*, vol.56, 1963-1964, pp.1-18.

Vanni-Rovighi, Sofia. «L'essere e il nulla di Jean-Paul Sartre». *Rivista Philosophica Neo-Scolastica*, vol.40, 1948, pp.73-90.

Varet, Gilbert. *L'Ontologie de Sartre.* Paris: P.U.F. (Bibliothèque de philosophie contemporaine), 1948. 196pp.

Verneaux, R. «Esquisse d'une ontologie du créé». *Revue des Sciences religieuses*, vol.24, no.3-4, 1950, pp.301-314.
Discussion of pp.169-175 of La Nausée, and pp.31-32 of L'Être et le néant.

Waelhens, Alphonse de. «Heidegger et Sartre». *Deucalion*, no.1, 1946, pp.14-37.

Waelhens, Alphonse de. «Jean-Paul Sartre: *L'Être et le néant*». *Erasmus*, vol.1, no.9-10, May 1947, pp.522-539.

Waelhens, Alphonse de. «Zijn en niet-zijn. Over de filosofie van Jean-Paul Sartre». *Tijdschrift voor Filosofie*, vol.7, 1945, pp.35-116.

Wahl, Jean. «Essai sur le néant d'un problème (Sur les pages 37-84 de *L'Être et le néant* de J.-P. Sartre)». *Deucalion*, no.1, 1946, pp.38-72.

Wahl, Jean. «Sur l'introduction à *L'Être et le néant*». *Deucalion*, no.3, October 1950, pp.143-166. N.B. *Deucalion*, 3 was published at Neuchâtel by La Baconnière and is no.30 in the series *Être et penser*.

Weizsäcker, Victor von. «Jean-Paul Sartres *Sein und Nichts*». *Umschau*, Year 11, 1947, pp.666-675.

Yolton, John W. «The Metaphysic of *En-soi* and *Pour-soi*». *The Journal of Philosophy*, vol.48, 1951, pp.548-556.

Albérès, Rene-Marill. «*L'Être et le néant*». *Essais et Études universitaires*, vol.1, 1945, pp.129-131.

Anon. «Existentialist theory of man». *The Times Literary Supplement*, 12 July 1957, p.430.
  A review of Hazel Barnes' translation which includes a detailed analysis of the concepts of L'Être et le néant.

Anon. «Sartre à Moscou». *Le Littéraire*, 29 March 1947, p.3.
  Brief notice of conference in Moscow by Leites & Pessis in which Sartre is described as «bourgeois et décadent».

Anon. Review (not seen). *The Listener*, 8 August 1957, pp.212-214.

Anon. Review of *L'Être et le néant*. *Revue de Métaphysique et de Morale*, vol.49, 1944, pp.183-184.

Anon. Review of the Hazel Barnes translation (not seen). *The Booklist and Subscription Books Bulletin*, 15 October 1956, p.86.

Astruc, Alexandre. «*L'Être et le néant*». *Poésie 44*, no.17, 1944, pp.87-92. Not seen.

Barrett, William. «Condemned to be Free». *The New York Times Book Review*, 15 July 1956, p.4.
  Review of the Hazel Barnes translation. «Sometimes this description (of the human condition) is over ingenious, one-sided, dialectically clever at the expense of fact, but everywhere we find a beam of illumination».

Brock, Erich. «Sartre: *L'Être et le néant*». *Trivium* (Zürich), Year 3, no.3, 1945, p.236.

Campos, S.J. Review of *Existential Psychoanalysis* (not seen). *Social Order*, vol.5, November 1955, p.413.

Carlini, Armando. «Sartre: *L'Être et le néant* ». *Giornale critico della filosofia Italiana*, vol. 1, nos. 3-4, July-December 1947, pp. 401-409.

Dobsevage, Alvin P. «*Existential Psychoanalysis.* Jean-Paul Sartre». *The Journal of Philosophy*, vol.52, no.15, 21 July 1955, pp.412-415.
   Includes a review of Alfred Stern, Sartre: His Philosophy and Psychoanalysis.

Edel, Abraham. «*Being and Nothingness* by Jean-Paul Sartre». *The Nation*, 4 August 1956, p.105.
   On the Hazel Barnes translation.

Emmanuel, Pierre. «Réflexions sur une 'mise au point'». *Fontaine*, Year 8, no.41, April 1945, pp.111-117.

Hampshire, Stuart. «Sartre the Philosopher». *The Observer*, 12 May 1957, p.16.
   Review of tr. by Barnes.

Hunt, Benjamin. Review of the Hazel Barnes translation (not seen). *Catholic World*, vol.184, January 1957, p.319.

Kempski, Jürgen von. «Jean-Paul Sartre: *Das Sein und das Nichts*». *Neue Deutsche Hefte*, Year 10, no.94, July-August 1963, pp.161-163.

Ladner, Max. «Die phänomenologische Ontologie Jean-Paul Sartres». *Das Bücherblatt*, 4 September 1964.
   Brief review of the German translation. N.W.C.

Lepp, Ignace. «J.-P. Sartre. *L'Être et le néant*». *Études philosophiques*, no.1, January-March 1946, pp.75-78.

Mauriac, François. «Le Bloc-notes». *Le Figaro littéraire*, 6-12 October 1969, p.6.
   A general article which includes the following admission:
   «*Je serais bien incapable d'avaler* L'Être et le néant, *même sous la menace d'un revolver, mais je dévorerais les confidences que Sartre nous ferait sur les approches de la vieillesse, sur sa méthode pour l'affronter, sur ce qui l'aide à vivre dans un monde si différent de celui qu'il aurait tant voulu changer*».

Mullaney, James V. «*Being and Nothingness: An Essay on Phenomenological Ontology*». *The Thomist*, vol.20, no.1, January 1957, pp.97-100.
   A fairly cutting review: «*... his whole philosophy is an incidental by-product of a non-philosophical disorder*».

Murdoch, Iris. «Hegel in Modern Dress. *Being and Nothingness* by Jean-Paul Sartre». *The New Statesman*, 25 May 1957, pp.675-676.

Peel, Robert. «Two Approaches to a 'Philosophy of Crisis'». *The Christian Science Monitor*, 7 June 1956, p.11.
A review of the Hazel Barnes translation which also includes a review of The Mandarins.

Quenzer, Wilhelm. «Anarchist sucht Kontakte». *Christ und Welt*, 27 July 1964.
Brief review of the German translation. N.W.C.

Reinhardt, Kurt F. «*Existential Psychoanalysis.* By Jean-Paul Sartre». *The New Scholasticism*, vol.29, no.2, April 1955, pp.247-249.

Tournier, Michel. «La revanche de l'autodidacte». *Les Nouvelles littéraires*, 29 October 1964, p.7.

Weisberg, Harold. «The Existentialist Argument. *Being and Nothingness, An Essay on Phenomenological Ontology*». *The New Republic*, vol.135, no.5, 30 July 1956, pp.19-20.

Wild, John D. «Living Philosophy». *Saturday Review*, 6 October 1956, pp.26,44-45.
On the Hazel Barnes translation.

Castex, Pierre-Georges. «Le jeune Barrès et notre temps».
L'Information littéraire, Year 10, no.1, January-February 1958, pp.17-20.
   Attempts to show the continuity from Barrès to Gide to Sartre.

Hahn, Paul. «A Note on Sartre and the *Poetics*». *Educational Theatre Journal*, vol.5, March 1953, pp.12-13.

Hardré, Jacques. «Sartre's Existentialism and Humanism». *Studies in Philology*, vol.49, July 1952, pp.534-547.

Kanapa, Jean. *L'Existentialisme n'est pas un humanisme.* Paris: Éds. sociales, 1947. 128pp.

Keefe, T. «Sartre's *L'Existentialisme est un humanisme*». *The Philosophical Journal*, vol.9, no.1, 1972, pp.43-60.

Lefevre, Luc J. *L'Existentialiste est-il un philosophe?.* Paris: Alsatia, 1946. 127pp.
   A polemical reply to L'Existentialisme est un humanisme.

Sargent, L.T. «Existentialism and Utopianism: A Reply to Frederick L.Polack». *The Minnesota Review*, vol.6, no.1, 1966, pp.72-75.
   A refutation of Polack's attack in The Image of the Future, *q.v. section 400.*

Steinhoff, Peter A. «Jean-Paul Sartre und die Menschenverachtung». *Aufbau*, Year 4, no.1, 1948, pp.97-105.
   Marxist criticism, somewhat polemical, of Der Existentialismus ist ein Humanismus.

Vial, Fernand. «Existentialism and Humanism». *Thought*, vol.23, March 1948, pp.17-20.

L'EXISTENTIALISME EST UN HUMANISME. PRESS ARTICLES AND REVIEWS

Anon. «Man's Responsibility. Jean-Paul Sartre: *L'Existentialisme est un humanisme*». *The Times Literary Supplement*, 15 June 1946, p.286.

Anon. Review (not seen) of the Frechtman translation. *Current History*, vol.13, no.75, November 1947, p.294.

Barres, Oliver. «In the Deeps of Despair. *Existentialism*. By Jean-Paul Sartre». *Saturday Review*, 31 May 1947, p.14.

Bisson, L.A. «*L'Existentialisme est un humanisme*, by Jean-Paul Sartre». *French Studies*, vol.1, no.1, January 1947, pp.70-73.

Buchler, Justus. «Concerning Existentialism. *Existentialism*. By Jean-Paul Sartre». *The Nation*, 25 October 1947, pp.449-450

Delhomme, J. «Jean-Paul Sartre: l'existentialisme est un humanisme». *La Vie intellectuelle*, Year 14, no.6, June 1946, pp.130-133.

Douglas, Kenneth. «Sartre Expounds his Views. *Existentialism*, by Jean-Paul Sartre». *The Yale Review*, vol.37, no.2, December 1947, pp.368-369.

Grisoli, Christian. «Entretien avec Jean-Paul Sartre». *Paru*, no.13, December 1945, pp.5-10.

Hart, Samuel L. «*Existentialism*. Jean-Paul Sartre». *Philosophy and Phenomenological Research*, vol.9, no.4, June 1949, pp.768-771.

Hinshaw, Virgil, Jr. «Cogito ergo sum». *Cronos*, vol.1, Autumn 1947, pp.48-50.
Review of Existentialism.

Kraushaar, Otto F. «*Existentialism*. Jean-Paul Sartre». *The Journal of Philosophy*, vol.44, no.26, 18 December 1947, pp.715-719.

Larrabee, H.A. «Existentialism is Not Humanism. *Existentialism*. By Jean-Paul Sartre». *The Humanist*, vol.8, no.1, June 1948, pp.7-11.

Leclerc, Guy. «L'Existentialisme est une mystification». *Les Lettres françaises*, no.143, 1947, p.4.

Marcel, Gabriel. «Un existentialisme tronqué». *Diogène*, no.6, 1947, p.5.

Maulet, Pierre. «Après la conférence de Jean-Paul Sartre». *Arts*, no.41, 9 November 1945, p.3. Not seen.

McClure, Stewart E. «*The Age of Reason*, by Jean-Paul Sartre, trans. by Eric Sutton. *Existentialism*, by Jean-Paul Sartre, trans. by Bernard Frechtman». *Theatre Arts*, vol.31, no.11, November 1947, pp.78-80.

Mullaney, James V. «Sartre, Jean-Paul. *Existentialism*». *The Catholic Library World*, vol.19, no.5, February 1948, p.174.

Nadeau, Maurice. «*L'Existentialisme est un humanisme*». *Combat*, 2 March 1946.
Simply a summary with no critical commentary.

Phillips, R.P. «*L'Existentialisme est un humanisme*». *Clergy Review*, vol.26, 1946, pp.538-541. Review.

Sellars, R.W. Review of *Existentialism* (not seen). *The American Sociological Review*, vol.12, December 1947, pp.725-726.

Taylor, Hélène Scherff. «Sartre, Jean-Paul. *Existentialism*». *Library Journal*, vol.72, 15 May 1947, p.807.

Todd, Olivier. «Jean-Paul Sartre: *Existentialism and Humanism.* Translation and Introduction by Philip Mairet». *Horizon*, vol.18, September 1948, pp.221-224.

Vasa, H. «L'existentialisme est un humanisme». *Rivista di Storia della Filosofia*, fasc.2, 1946, pp.246-249.

Vial, Fernand. «Existentialism and Humanism. *L'Existentialisme est un humanisme.* By Jean-Paul Sartre. Paris, 1947. *Existentialism.* By Jean-Paul Sartre. New York, 1947». *Thought*, vol.23, March 1948, pp.17-20.

Abel, Lionel. «Sartre e la ragione dialettica». *Tempo Presente*, Year 9, no.11, November 1964, pp.12-26.
Not seen. I assume there must be an English version of this article, but have been unable to trace it.

Albérès, R.-M. «Neo-Marxism and *Criticism of Dialectical Reasoning*». In *Sartre: A Collection of Critical Essays*, ed. E. Kern (q.v. Section 600), pp.161-165.

Amorós, Celia. «El concepto de razón dialéctica en J.-P. Sartre». *Teorema* (Valencia), vol.1, no.2, 1971, pp.103-116.

Anon. «Philosophie. La *Critique de la raison dialectique*». *L'École*, no.19, 10 June 1961, pp.819-822, 831.
See also the previous issue on Question de méthode. *A useful critical attempt to present and clarify the basic arguments and theses of the* Critique.

Anzieu, Didier. «Sur la méthode dialectique dans l'étude des groupes restreints». *Études philosophiques*, vol.17, 1962, pp.501-509.

Aron, Raymond. «Jean-Paul Sartre et le marxisme». *Le Figaro littéraire*, 29 October 1964, p.6.
In spite of Aron's disclaimer in his letter to Brisson («J'aurais préféré de beaucoup de laisser à d'autres le soin de commenter une oeuvre dont la complexité et la richesse défient l'improvisation du journalisme»), this article remains an excellent introduction to the Critique.

Aron, Raymond. «Sartre's Marxism». *Encounter*, June 1965, pp.34-39.

Aron, Raymond. «Le serment et le contrat». *Contrepoint*, no.5, Winter 1971, pp.51-59.
Interesting, critical discussion of this aspect of the Critique.

Aron, Raymond. *Histoire et dialectique de la violence.* Paris: Gallimard, 1973.
A highly critical critique of the Critique. *Well worth reading.*

Beese, H. «Theorie der gesellschaftlichen Praxis». *Neue deutsche Hefte*, no.119, 1968, pp.211-215.

Behar, Jack. «Jean-Paul Sartre: the great awakening». *The Centennial Review*, vol.11, no.4, Fall 1967, pp.549-564.
  Mainly on Sartre's disillusionment with literature; also discusses Les Mots.

Blakeley, Thomas J. «Sartre's *Critique de la raison dialectique* and the opacity of Marxism-Leninism». *Studies in Soviet Thought*, vol.8, June September 1968, pp.122-135.

Brewster, Ben. «Presentation of Gorz on Sartre». *New Left Review*, no.37, May-June 1966, pp.29-32.

Brun, Jean. «Un prophète sublimé à la recherche d'un message: Jean-Paul Sartre». *Cahiers du Sud*, Year 49, vol.52, no.364, December 1961-January 1962, pp.287-295.

Burkle, Howard R. «Jean-Paul Sartre: Social Freedom in *Critique de la raison dialectique*». *Review of Metaphysics*, vol.19, June 1966, pp.742-757.

Burkle, Howard R. «Schaff and Sartre on the Grounds of Individual Freedom». *International Philosophical Quarterly*, vol.5, December 1965, pp.647-665.

Canilli, Adele. *Sartre e la ragione dialettica.* Turin: Edit. di 'Filosofia' (coll. Sguardi su la filosofia contemporanea, no.25), 1961.

Castel, Robert. «Un beau risque». *L'Arc*, no. 30, 1966, pp.20-26.

Catesson, Jean. «Théorie des ensembles pratiques et philosophie». *Critique*, Year 17, no. 167, April 1961, pp. 343-356.

Cera, Giovanni. «Discussioni di metodo sulla *Critica della ragione dialettica*». *Giornale critico della filosofia Italiana*, vol. 47, 1968, pp. 263-291.

Chiodi, Pietro. *Sartre e il marxismo.* Milan: Feltrinelli, 1965. 215pp.
  A detailed study, well worth consulting.

Chiodi, Pietro. «Sartre e il marxismo». *Rivista di filosofia*, vol.56, no.1, 1965, pp.47-55.

Clavel, Maurice. «A propos de Sartre». *La Nef*, Year 26, no.37, April-August 1969, pp.214-218.

Colombel, Jeannette. «Y a-t-il une morale marxiste?» *La Nouvelle Critique*, no.160, November 1964, pp.22-54.
  One section of this article is entitled: «De la morale à la praxis: le chemin de Jean-Paul Sartre».

Compagnolo, Umberto. «L'innesto dell'esistenzialismo sul marxismo: appunti di una lettura della *Question de méthode* di J.-P. Sartre». In *Annali della facoltà di lingue e letteratura straniere di Ca' Foscari, I.* Milan: Mursia, 1962. See pp.41-49.

Cranston, Maurice. «The later thought of Jean-Paul Sartre». In *Modern Occasions*, ed. Philip Rahv. London: Weidenfeld & Nicolson; New York: Farrar, Strauss & Giroux, 1966. See pp.181-201.

Daghiri, Giairo. «Materialismo objettivato ed esistenzialismo dialettico». *Aut Aut*, no.82, 1965, pp.18-39.

Desan, Wilfrid. *The Marxism of Jean-Paul Sartre.* Toronto: Doubleday, 1965, also available in the Anchor paperback edition (New York).
  A highly critical but excellent analysis of the Critique.

Desan, Wilfrid. «The Anti-Cartesian Man or Man in the Collective». *American Catholic Philosophical Association Proceedings*, vol.38, 1964, pp.119-128.

Doubrovsky, Serge. «Jean-Paul Sartre et le mythe de la raison dialectique». *La Nouvelle Revue Française*, nos.105,106 & 107 (September, October and November 1961), pp. 490-501, 687-698 and 879-888 respectively.
  A detailed criticism well worth reading.

Dreyfus, Dina. «Jean-Paul Sartre et le mal radical: de *L'Être et le néant* à la *Critique de la raison dialectique*». *Mercure de France*, vol.341, January-April 1961, pp.154-167.
  A most interesting article which sees in the Critique *the examination of a possible theory of evil.*

Dufrenne, Mikel. «La *Critique de la raison dialectique*». *Esprit*, Year 29, no.4, April 1961, pp.675-692. Reprinted in *Jalons*. The Hague: Nijhoff, 1964. See pp.150-168.

Excellent article, well worth consulting. Dufrenne demonstrates the continuity of thought between L'Être et le néant *and the* Critique *and includes discussion of the Dreyfus article (see previous entry).*

Fell, Joseph P. «Sartre as Existentialist and Marxist». *Bucknell Review*, vol.13, no.3, December 1965, pp.63-74.

Fergnani, Franco. «*Critique de la raison dialectique* nell'itinerario filosofico di J.-P. Sartre». *Il Pensiero Critico*, Year 3, no.4, October-December 1961, pp.44-94.

Fields, Madeleine. «De la *Critique de la raison dialectique* aux *Séquestrés d'Altona*». *P.M.L.A.*, vol.78, no.5, December 1963, pp.622-630.
A parallel study of the two works.

Finkelstein, Sidney. «Sartre: Existentialism and Marxism». *Political Affairs*, vol.44, October 1965, pp.52-64.

Gervais, Charles. «Le marxisme de Sartre: Signification et projet». *Dialogue*, vol.8, no.2, September 1969, pp.272-292.

Gervais, Charles. «Le marxisme de Sartre: Mystification ou réalité?» *Dialogue*, vol.10, 1971, pp.727-742.

Gervais, Charles. «Y a-t-il un deuxième Sartre? A propos de la *Critique de la raison dialectique*». *Revue Philosophique de Louvain*, vol.67, no.93, February 1969, pp.74-103.
The above three articles are all well worth consulting.

Gorz, André. *Le Socialisme difficile.* Paris: Seuil, 1967.
Includes a discussion of Chiodi: Sartre e il marxismo, *pp.215-244.*

Gorz, André. «Sartre and Marx». *New Left Review*, no.37, May-June 1966, pp.33-52.

Gurvitch, George. *Dialectique et sociologie.* Paris: 1962.
Includes «La dialectique chez Jean-Paul Sartre», *pp.157 et seq.*

Gurvitch, George. «Dialectique et sociologie selon J.-P. Sartre». *Cahiers internationaux de Sociologie*, Year 8, vol.31, July-December 1961, pp.113-128.

Hartmann, Klaus. «Sartres Stellung zum Marxismus». *Archiv für das Studium der Neueren Sprachen*, Year 114, vol.199, no.1, December 1962, pp.298-312.

Hartmann, Klaus. *Sartres Sozialphilosophie. Eine Untersuchung zur 'Critique de la raison dialectique,I'*. Berlin: de Gruyter, 1966. 260pp.

Hartmann, Klaus. «Praxis: A ground for social theory». *Journal of the British Society for Phenomenology*, vol.1, May 1970, pp.47-58.

Hernández de Alba, Gonzalo. «En torno a Sartre y el problema de la historia». *Humanitas* (Univ. de Nuevo León), Year 4, no.4, 1963, pp.29-44.

Holz, Hans Heinz. «Sartres 'Kritik der Dialektischen Vernunft'». *Merkur*, Year 15, vol.6, no.164, October 1961, pp.969-980.

Howard, Dick. «A Marxist ontology? On Sartre's *Critique of Dialectical Reason*». *Cultural Hermeneutics*, vol.1, 1973, pp.251-283.
An interesting and lucidly written article worth consulting.

Jameson, Frederic. *Marxism and Form - Twentieth Century Dialectical Theories of Literature*. Princeton: 1971.
See Chapter IV.

Javet, Pierre. «Sartre: From *Being and Nothingness* to *A Critique of Dialectical Reasoning*». *Philosophy Today*, vol.5, Fall 1965, pp.176-183.

Javet, Pierre. «De *L'Être et le néant* à la *Critique de la raison dialectique*». *Revue de Theologie et Philosophie*, vol.11, no.1, 1961, pp.51-60.
This article provides an interesting and very readable introduction to the Critique.

King-Farlow, John and Coby, Arthur. «Creation and human freedom: Pico's answer to Sartre». *Darshana International*, vol.2, no.2, April 1962, pp.22-28.

Kopper, Joachim. «Sartres Kritik der Dialektischen Vernunft». *Kant-Studien*, vol.53, no.3, 1961-1962, pp.351-375.

Kopper, Joachim. «Sartres Verständnis der Lehre Hegels von der Gemeinschaft». *Kant-Studien*, vol.52, no.2, 1960-1961, pp.159-172.

Krupp, H. «*Kritik der dialektischen Vernunft*. Ein Porträt des marxistischen Philosophen Sartre». *Frankfurter Hefte*, no.20, 1965, pp.539-551.

Kwant, Remy C. «De verhouding tussen existentialisme en marxisme volgens de leer van Jean-Paul Sartre». *Algemeen Nederlands tijdschrift voor wijsbegeerte en psychologie*, vol.54, 1961-1962, pp.87-100.

Kwant, Remy C. «Het marxisme van Sartre». *Tijdschrift voor Filosofie*, vol.22, 1960, pp.671-676.

Kwant, Remy C. «Il marxismo di Sartre». *Augustianum*, vol.1, 1961, pp.94-119.

Lacroix, Jean. *Panorama de la philosophie française contemporaine.* Paris: P.U.F., 1966.
See Chapter IX, «*Jean-Paul Sartre et* La Critique de la raison dialectique».

Lagueux, Maurice. «Sartre et la 'praxis' économique». *Dialogue*, vol.11, March 1972, pp.35-47.

Laing, R.D. «Series and Nexus in the Family». *New Left Review*, no.15, May-June 1962, pp.7-14.

Laing, R.D., & D.G. Cooper. *Reason and Violence: A Decade of Sartre's Philosophy, 1950-1960.* Forward by Sartre. London: Tavistock Publications, 1964. Revised edition with expanded introduction, London: Tavistock; New York: Pantheon Books, 1971. 184pp.
This work, which also discusses Saint Genet, *is primarily concerned with the psycho-societal concepts of the* Critique. *It is worth reading, but is hard to read. Ideally, and paradoxically, one should have a clear understanding of the* Critique *before attempting it.*

Lapassade, Georges. «Sartre et Rousseau». *Études philosophiques*, vol.17, no.4, October-December 1962, pp.511-517.

Le Blond, Jean-Marie. «Histoire et liberté selon Sartre». *Études*, vol.306, no.7-8, July-August 1960, pp.62-76.

Lefebvre, Henri. «Les dilemmes de la dialectique». *Médiations*, no.2, 1961, pp.79-105.

Lessing, Arthur. «Marxist Existentialism». *Review of Metaphysics*, vol.20, March 1967, pp.461-482.

Lévi-Strauss, Claude. *La Pensée sauvage.* Paris: Plon, 1962.
  Chapter IX includes a severe criticism of the Critique, *reprinted in Lecarme, J. (ed.),* Les Critiques de notre temps et Sartre, *q.v. Section 400.*

Lichtheim, George. «Sartre, Marxism, and History». *History and Theory*, vol.3, no.2, 1963, pp.222-246.

Maccio, Marco. «*Questioni di metodo* come introduzione alla 'critica' sartriana». *Aut Aut*, no.101, September 1967, pp.48-67.

Maccio, Marco. «La dialettica sartriana e la critica della dialettica oggettivistica». *Aut Aut*, July 1964, pp.58-94. Not seen.

Manno, Ambrogio. «La morale de Jean-Paul Sartre». *Studi Francescani*, no.3, 1961, pp.252-268.

McBride, William L. *The Concept of Fundamental Change in Law and Society.* Dissertation, Yale University. See *D.A.*, vol.25, 1965, 6684-6685.

McBride, William L. *Fundamental Change in Law and Society: Hart and Sartre on Revolution.* The Hague: Mouton, 1970; New York: Humanities, 1971. 235pp.

McLeod, Norman. «Existential Freedom in the Marxism of Jean-Paul Sartre». *Dialogue*, vol.7, June 1968, pp.26-44.

Morot-Sir, Édouard. «Sartre's *Critique of Dialectical Reason*». *Journal of the History of Ideas*, vol.22, no.4, October-December 1961, pp.573-581.

Ogiermann, Helmut (S.J.). «Sartre und der dialektische Materialismus». *Theologie und Philosophie*, Year 43, no.3, 1968, pp.384-391.

Oisermann, T.I. «Das Problem der Entfremdung im Zerrspiegel der bürgerlichen und revisionistischen 'Kritik' des Marxismus». *Deutsche Zeitschrift für Philosophie*, vol.6, 1962. Not seen.

Parain-Vial, Jeanne. «L'existentialisme, philosophie du néant absolu». *La Table Ronde*, no.182, March 1963, pp.31-39.
  The first part of this article is on L'Être et le néant.

Pasqueteau, François and **Arno Munster.** «Jean-Paul Sartre. Der Philosoph einer neuen politischen Praxis». *Frankfurter Rundschau,* 27 June 1970, p.4.
Extract from unpublished thesis of Pasqueteau, tr. by Munster.

Petruzzellis, Nicola. «Dal gruppo alla storia, secondo Sartre». *Rassegna di scienze filosofiche,* vol.16, no.1, 1963, pp.1-21.

Pierce, Roy. *Contemporary French Political Thought.* New York: O.U.P., 1966.
Includes «Jean-Paul Sartre: Existential Marxist», pp.148-184.

Piersanti, U. «Umanesimo e marxismo. Riflessioni su *La Critique de la raison dialectique* e su Adam Schaff». *Studi Urbinati di Storia, Filosofia e Letteratura,* Year 46, no.1, 1972, p.222-258.

Pouillon, Jean. «Sartre et Lévi-Strauss.
    Analyse   dialectique
            d'une relation
        Dialectique   analytique».
L'Arc, no.26, 1967, pp.60-65.

Poulantzas, Nicos. «*La Critique de la raison dialectique* de Sartre et le droit». *Archives de philosophie et droit,* vol.10, 1965, pp.83-106.

Reynaud, Jean-Daniel. «Sociologie et 'raison dialectique'». *Revue française de Sociologie,* vol.2, no.1, January-March 1961, pp.50-66.

Riefstahl, H. «*Critique de la raison dialectique*». *Philosophischer Literaturanzeiger,* no.16, 1963, pp.316-326.

Ruyer, Raymond. «Le mythe de la raison dialectique». *Revue de Métaphysique et de Morale,* vol.66, no.1-2, 1961, pp.1-34.

Sabetti, A. «Le *Questions de méthode* e l'esistenzialismo marxista di Jean-Paul Sartre». *Società,* vol.16, no.6, November-December 1959, pp.1199-1225.

Schneider, Werner. «Sartre's social theory». *Dialogue,* vol.7, June 1968, pp.16-25.

Schwarz, Theodor. *Sartre 'Kritik der dialektischen Vernunft'.* Berlin: 1967. Not seen.

Schwarz, Theodor. «Über einige Grundthesen in Jean-Paul Sartres *Kritik der dialektischen Vernunft*». *Philosophica. Sbornik Filozofickej Fakulty Univ. Komenskeho* (Bratislava), no.7, vol.16, 1966, pp.121-140. Not seen.

Seel, G. *Sartres Dialektik*. Bonn: 1971. Not seen.

Segre, Umberto. «Nota sulle *Questions de methode*». *Aut Aut*, no.51, May 1959, pp.180-187.

Sève, Lucien. «Jean-Paul Sartre et la dialectique en 1960». *La Nouvelle Critique*, no.123, February 1961, pp.78-100.

An important and interesting Marxist study which, without being polemical, is highly critical of the style and content of Sartre's thought. Sève examines Sartre's style in some detail and concludes that the complexities of syntax and vocabulary are the consequence of the contradictions inherent in Sartre's enterprise.

See also Sève's «Les troisièmes voies» in La Pensée, *July-August 1960, pp.45-61. See especially pp.47-49 where Sève documents Sartre's unfortunate habit of careless (or deliberate?) mis-quotation, in this case from Engels and Politzer.*

Sheridan, James F. «On ontology and politics: a polemic». *Dialogue*, vol.7, December 1968, pp.449-460.

Sheridan, James F. *Sartre: the radical conversion*. Athens (Ohio): Ohio Univ. Press, 1969. 168pp.

Sotelo, Ignacio. *Das Problem der dialektischen Vernunft bei Sartre*. Cologne: 1965.

Sotelo, Ignacio. *Sartre y la razón dialéctica*. Madrid: Eds. Tecnos, 1967. 158pp.

Stack, George J. «Sartre's dialectic of social relations». *Philosophy and Phenomenological Research*, vol.31, no.3, March 1971, pp.394-408.

Stack, George J. «Sartre's social phenomenology». *Studium Generale*, vol.22, October 1969, pp.985-1015.

Stack, George J. Review of the *Critique* (not seen). *Philosophische Rundschau*, vol.17, 1970, pp.94-107.

Valenti, C. «*Questions de méthode* di J.-P. Sartre». *Ricerche filosofiche*, vol.26, 1958, pp.43-70.

Van Overbeke, P.M. «Philosophie du droit». *Revue Thomiste*, vol.69, July 1969, pp.435-461.
   General study of relationship of philosophy to law including discussion of the Critique.

Waelhens, Alphonse de. «Sartre et la raison dialectique». *Revue Philosophique de Louvain*, vol.60, February 1962, pp.79-99.

Wein, Hermann. «Sartre und das Verhaltnis von Geschichte und Wahrheit: Glossen zu Sartres *Kritik der dialektischen Vernunft*». In *Verstehen und Vertrauen: Otto Friedrich Bollnow zum 65. Geburtstag*, ed. J. Schwartlander et al. Stuttgart: Kohlhammer, 1968. See pp.245-255.

Werner, Eric. «Sartre et la liberté». *Contrepoint*, no.5, Winter 1971, pp.37-49.
   Highly critical of the Critique. *Werner finds several similarities with Hobbes'* Leviathan *and accuses Sartre of accommodating tyranny. Worth reading.*

CRITIQUE DE LA RAISON DIALECTIQUE.
PRESS ARTICLES AND REVIEWS

Abell, Marcelle A. «Sartre, Jean-Paul. *Critique de la raison dialectique*». *French Review*, vol.34, no.5, April 1961, pp.496-498.

Acton, H.B. «*The Problem of Method*. By Jean-Paul Sartre. Trans. by Hazel E. Barnes». *The Listener*, 16 July 1964, pp.97-98.

Anon. «*Search for a Method*. By Jean-Paul Sartre». *Books: The New York Herald Tribune*, 21 July 1963, p.10.

Anon. «Chez les écrivains». *Le Figaro littéraire*, 23 April 1960, p.3.
    Brief notice that Sartre has finished final proof correction and that Critique *will appear in two weeks*. N.W.C.

Anon. «Chez les écrivains». *Le Figaro littéraire*, 8 August 1959, p.7.
    Brief notice that Critique de la raison dialectique *will be published by Gallimard in October*. N.W.C.

Anon. «Il faut savoir le polonais pour savoir où en est Sartre». *L'Express*, 21 June 1957.
    On Lisowski's translation of what was to appear later in French as «Questions de méthode».

Anon. «Jean-Paul Sartre without Nobel or Lenin». *The Times Literary Supplement*, 5 November 1964, pp.989-990.
    Includes review of The Problem of Method.

Anon. «Marx Within Marxism. *Search for a Method*. By Jean-Paul Sartre». *Newsweek*, 17 June 1963, p.93.

Anon. Review (not seen). *The Times Literary Supplement*, 5 May 1961, p.276.

Auherson, Brice. «L'obsession de l'Histoire». *Le Matin d'Anvers*, 4 June 1960. N.W.C.

Barnes, Hazel E. «Jean-Paul Sartre and the Outside World. Jean-Paul Sartre, *Critique de la raison dialectique*». *The Chicago Review*, vol.15, no.1, Summer 1961, pp.107-112.

Beck, Warren. Review of the Barnes translation *Search for a Method* (not seen). *The Chicago Sunday Tribune Magazine of Books*, 23 June 1963, p.2.

Bianquis, M.-L. «Jean-Paul Sartre *Question de méthode*». *Centre protestant d'études et de documentation*, no.129, no date.
 Highly favourable review which appreciates Sartre's «critique violente» of contemporary marxism.

Bloch, Alfred. «Repairs on the Marxian Palace. *Search for a Method*, by Jean-Paul Sartre, trans by Hazel E. Barnes». *Saturday Review*, 22 June 1963, pp.38-39.

Boisdeffre, Pierre de. «Où en est Sartre?» *Journal de Genève*, 19 June 1960.

Cameron, Elizabeth. «Sartre, Jean-Paul. *Search for a Method*». *Library Journal*, vol.88, 1 May 1963, p.1888.

Campbell, Robert. «Un nouveau livre de Sartre». *Revue de Paris*, October 1960, pp. 166-169.

Cité, Michel. «Contribution à la *Critique de la raison dialectique*». *Voies nouvelles*, no.5, November 1958, pp.16-18.

Clouard, Henri. «L'existentialisme?» *Beaux-Arts*, 21 October 1960.
 This article attempts to 'situate' the Critique *by analysing the ontology of* L'Être et le néant. *A further article specifically on the* Critique *may have appeared in* Beaux-Arts, *29 October 1960; but I have been unable to trace it.*

Collins, James. «*Search for a Method*. By Jean-Paul Sartre». *America*, vol.109, no.8, 24 August 1963, pp.197-198.

Cousteix, Pierre. «Qu'est-ce que l'existentialisme?» *L'École libératrice*, 30 December 1960, p.787.
 A favourable review in which the Critique *is seen as an attempt to* «inclure le marxisme dans une vision du monde conforme au mouvement des techniques, des sociétés dans un élargissement qui fait apparaître de nouveaux problèmes, de nouvelles valeurs».

Cranston, Maurice. «More Marxist than Marx?» *The Sunday Times*, 14 June 1964, p.38.

Cranston, Maurice. «Sartre's Commitment». *Encounter*, August 1964, pp.43-45.

Debray, Pierre. «Sartre prophète de la Révolution du Nihilisme». *Aspects de la France*, 1 December 1960.
   Highly critical of Sartre's concept of «rareté» and its implications:
   «Une telle conception de l'Histoire aboutit à justifier la violence pour la violence ... Sartre recule devant les conséquences de son système ... utilisant un moralisme abstrait, de type kantien... Il suffirait de rejeter ce moralisme abstrait, simple repentir de petit-bourgeois, épouvanté de lui-même, pour qu'un fascisme trouve, dans l'oeuvre de Sartre, un support idéologique. Quel dommage que M. Hitler n'ait pas vécu assez longtemps pour lire la Critique de la raison dialectique. Il en aurait fait, de son point de vue, le meilleur usage».

Demeron, Pierre. «Sartre va-t-il révolutionner la philosophie?» *Paris-Presse l'Intransigeant*, 7 May 1960. N.W.C.

Domarchi, Jean. «Lettre ouverte à Jean.-P. Sartre: Le marxisme reste inachevé , l'existentialisme ne lui apporte rien». *Arts*, no.792, 19-25 October 1960, pp.1-2.
   An interesting critical article by a Marxist economist who feels that Sartre has simply translated Marx into existentialist terms.

Dreyfus, Hubert L. «*Search for a Method*. By Jean-Paul Sartre». *The Philosophical Review*, vol.75, October 1966, pp.537-540.

Duranteau, Josane. «*Critique de la raison dialectique*». *Combat*, 21 July 1960.

École, Jean. «J.-P. Sartre, *Critique de la raison dialectique*». *Études philosophiques*, Year 16, no.1, January-March 1961, pp.113-114.

Favier, Jean. «A propos de la discussion avec Jean-Paul Sartre. Lettre sur la critique et les principes». *Voies nouvelles*, no.6, January 1959, pp.22-24.

Fejto, François. «Jean-Paul Sartre entre l'existentialisme et le marxisme». *France-Forum*, February 1961, pp.21-23.

Fieschi, Pascal. «Sartre a enfin célébré les noces du Marxisme et de l'existentialisme». *Arts*, no.772, 27 April-3 May 1960, p.16.

Fort, Keith. «Method and Madness. *Search for a Method* by Jean-Paul Sartre». *The Minnesota Review*, vol.1, no.4, Summer 1964, pp.574-577.

Fougeyrollas, Pierre. «Sartre et le marxisme». *Les Cahiers de la République*, September-October 1960.

Garaudy, Roger. «A propos du dernier ouvrage de Jean-Paul Sartre». *Les Lettres françaises*, no.833, 14-20 July 1960, pp.1,8.
    An interesting but ill-considered critique by the Party philosopher. Sartre is accused of completely negating Marx in favour of pre-marxian idealism. Garaudy concludes:
    «En séparant sa réflexion philosophique de la lutte de la classe ouvrière et de son Parti, Sartre revient aux formes prémarxistes de la spéculation et remet la dialectique sur la tête.
    Nous voici revenus plus d'un siècle en arrière, et Sartre pourrait, à propos de sa philosophie ... retourner la formule de Marx et dire: il ne s'agit plus de transformer le monde, mais seulement de l'interpréter».

Gómez Caffarena, J. «Sartre, Jean-Paul *Critique de la raison dialectique*». *Pensiamento*, vol.18, 1962, pp.229-231.

Gr., R. «Jean-Paul Sartre revient à la philosophie avec un ouvrage-fleuve». *France-Soir*, 14 May 1960. N.W.C.

Guérin, Daniel. «Sartre, Lukacs et...La Gironde». *Les Temps modernes*, no.142, December 1957, pp.1132-1137.

Guérin, Luc. «*Critique de la raison dialectique*». *Contrat social*, July 1960.
    A highly critical review.

Haden, James C. «Books in the Field: Philosophy». *Wilson Library Bulletin*, vol.40, no.5, January 1965, pp.422-431.
    Reviews of the Critique *; Saint Genet; and books on Sartre by Cumming, Desan, Laing.*

Häussling, Josef M. «Korrekturen der Wirklichkeit. Zu Sartres *Critique de la raison dialectique*». *Deutsche Tagespost*, 16-17 March 1962, p.12.

Hecht, Yvon. «Jean-Paul Sartre à nouveau chez les libraires». *Paris-Normandie*, 29 April 1960. N.W.C.

Heinemann, Frederick H. «Survey of Recent Philosophical and Theological Literature. 1. Philosophy. *Critique de la raison dialectique*». *The Hibbert Journal*, vol.59, October 1960, p.78.
    A highly critical review: «Marxism is for him now the 'vérité totalisante' of our age which cannot be superseded and which

absorbs Existentialism as a theory of man and of his practice within society. Based on the pseudo-ideas of 'la totalisation historique et la Vérité totalisante', the book as a whole is a failure. An all-embracing historical Truth does not exist».

Kaltenbrunner, Gerd-Klaus. «Abenteuer der Dialektik. Jean-Paul Sartres anthropologischer Neomarxismus». *Die Zeit*, 15 March 1968, p.27.
Important review of the Critique *in Traugott König's translation.*

Kaltenbrunner, Gerd-Klaus. «Dialektische Abenteuer». *Zeitwende*, Year 39, no.9, September 1968, pp.624-626.
Review of Traugott König's tr. Favourably disposed towards Sartre, but dislikes his unnecessary neologisms.

Kerbourc'h, Jean-Claude. «Questions à J.-P. Sartre, par Roger Garaudy». *Combat*, 11-12 November 1961.
Résumé and commentary on Garaudy's analysis of the value of the Critique.

Kirschner, Montserrat. «La última obra de Sartre». *Orbis Catholicus* (Barcelona), June 1961, pp.575-580.
A guide to, more than a criticism of, the Critique.

Lacroix, Jean. «*Critique de la raison dialectique*». *Le Monde*, 4 November 1960. Worth consulting.

Lefebvre, Henri. «*Critique de la raison dialectique*». *La Nouvelle Revue marxiste*, June 1961, pp.57-79.

Lugarini, Leon. «Ragione critica e ragione fenomenologica». *Giornale critico della filosofia Italiana*, vol.41, 1961. Not seen.

MacIntyre, Alasdair. «Sartre as a Social Theorist». *The Listener*, 22 March 1962, pp.512-513.
Highly critical of Sartre's understanding of economics and sociology.

Malrieu, P. «Jean-Paul Sartre, *Critique de la raison dialectique*». *Bulletin de l'Université de Toulouse*, no date, pp.115-116.

Mauriac, François. «Le Bloc notes. La tristesse de Sartre». *L'Express*, 1 September 1960, p.32.
Also on Aden Arabie.

Mauro, A. «La ragione dialectica di Sartre. Un dialogo con l'uomo». *La Fiera Letteraria*, Year 19, no.15, 12 April 1964, p.1.

Maurois, André. «Existentialisme et marxisme». *Les Nouvelles littéraires*, 16 June 1960, pp.1,8.
Favourable review.

Meier, P.J. «Jean-Paul Sartre: *Critique de la raison dialectique*». *Books Abroad*, vol.35, Autumn 1961, p.344.
Brief review. N.W.C.

Morot-Sir, Édouard. «De l'angoisse existentielle à la participation sociale: La *Critique de la raison dialectique* de Jean-Paul Sartre». *Bulletin de la Société des Professeurs de Français en Amérique*, 1960, pp.5-10.

Morot-Sir, Édouard. «Sartre's Critique of Dialectical Reason. J.-P. Sartre, *Critique de la raison dialectique*». *Journal of the History of Ideas*, vol.22, no.4, October-December 1961, pp.573-581.

Moser, Tilmann. «Sartres neue Lehre vom menschlichen Verstehen». *Stuttgarter Zeitung*, 23 May 1964.
Review of the German translation of the first part of the Critique, Marxismus und Existentialismus: Versuch einer Methodik.

O., M. «Vadius 'explicité' par Trissotin». *Rivarol*, no.516, 1 December 1960, p.18.

Olaso, Ezequiel de. «Sartre, ideólogo». *Cuadernos*, no.73, June 1963, pp.57-61.

Parain-Vial, Jeanne. «Intérêt et limites de la *Critique de la raison dialectique*». *Études philosophiques*, no.17, 1962, pp.493-499.

Patri, Aimé. «Le Marxisme existentialisé». *Preuves*, Year 10, no.114, August 1960, pp.63-69.

Patri, Aimé. «Non Monsieur Sartre, l'homme n'est pas un loup pour l'homme». *Démocratie 61*, 2 February 1961.
Accuses Sartre of 'darwinism' and offers Kropotkine's L'Entreaide considérée comme loi de la nature et facteur de l'évolution *(1906) as a palliative.*

Piguet, Jean-Claude. «*Critique de la raison dialectique*». *Gazette de Lausanne*, 24-25 September 1960, p.13.
   A full-page review article. Worth consulting.

R.J.B. «Sartre, J.-P. *Critique de la raison dialectique*». *The Review of Metaphysics*, vol.15, March 1962, p.529.

Revel, Jean-François. «La philosophie et les miroirs». *La Nef*, February 1958, pp.72-73.
   On Questions de méthode. *Highly critical of Sartre's distinction between philosophy and ideology.*

Richard, J.-P. «The Literary Year in France». In *International Literary Annual, No.1*, ed. John Wain. New York: Criterion Books, 1958.
   See pp.197-203 which include brief reference to Questions de méthode.

Rivera de Ventosa, F. «Sartre: *Les Mains sales* y *La Critique de la raison dialectique*». *Punta Europa*, no.102, 1964, pp.62-66.

Ruig, M.R. «El existencialismo filo-marxista de J.-P. Sartre». *Convivium*, no.11-12, 1961, pp.181-186.

Secretain, Philibert. «Jean-Paul Sartre et la Révolution». *Tribune de Genève*, 7 February 1961.
   A sympathetic présentation rather than an evaluative review. Secretain refers the reader to the analysis of Robert Paris in L'Express, *28 April 1960 (not seen), and suggests, sensibly, that Sartre's* Matérialisme et Révolution *would provide good background reading for the* Critique.

Serant, Paul. «L'existentialisme de Jean-Paul Sartre et le Thomisme d'Étienne Gilson». *Revue des deux Mondes*, no.20, 15 October 1960, pp.727-735.

Thompson, Willie. «On André Gorz's 'Sartre and Marx'». *New Left Review*, November-December 1966, pp.92-94.

Tint, Herbert. «Jean-Paul Sartre: *Critique de la raison dialectique*». *French Studies*, vol.19, no.2, 1965, pp.204-206.

V., G. «*Critique de la raison dialectique*». *La Philosophie française*, March 1962, pp.191-192.
   A summary rather than a review.

Ventosa, P. «Filosofía. Jean-Paul Sartre, *Critique de la raison dialectique*». *Naturaleza y Gracia*, vol.10, no.2, 1963, pp.349-351.
    Sees Sartre's reaction to the Soviet repression of Hungary as the origin of this work.

Warnock, Mary. «*The Problem of Method* by Jean-Paul Sartre». *Philosophical Books*, vol.6, no.1, January 1965, pp.25,26.

Zbinden, Louis-Albert. «Lettera da Parigi: *Critica della ragione dialettica* di Sartre». *L'Osservatore politico Letterario*, vol.6, no.7, July 1960, pp.119-120.

5
Politics

Anon(?). *Polémica Sartre-Camus.* Buenos Aires: 1960. Not seen.

Arnaud, Georges. *Mon Procès.* Paris: Éds. de Minuit, 1961.
Mentions Sartre's deposition in his favour on 17 June 1960.

Aron, Raymond. *Polémiques.* Paris: Gallimard, 1955.
Includes criticism of Sartre's fellow-travelling.

Beauvoir, Simone de. *Privilèges.* Paris: 1955.
Includes «Merleau-Ponty et le pseudo-sartrisme», pp.201-272.

Boisdeffre, Pierre de. *Des Vivants et des morts. Témoignages 1948-1953.* Paris: Éds. Universitaires, 1954. 350pp.
Includes «Sartre et le communisme», pp.219-248 & «La fin d'une amitié. Sartre contre Camus», pp.249-259.

Burnier, Michel-Antoine. *Les Existentialistes et la politique.* Paris: Gallimard (coll. Idées), 1966.
A useful and carefully documented account of the post-war political involvement of the Existentialists.

Burnier, Michel-Antoine. *Choice of Action; The French Existentialists on the Political Front Line* (Tr. Bernard Murchland). New York: Random House, 1968. 206pp.
Trans. of the preceding entry, with an additional chapter «Sartre and Camus: The Anatomy of a Quarrel» by Bernard Murchland.

Cabus, José Domingo. *Sartre, Castro y el azúcar.* Mexico: Editores Mexicanos Unidos, 1965.
Criticism of Sartre's approval of Castro by a Batista supporter.

Caute, David. *Communism and the French Intellectuals 1914-1960.* London: André Deutsch, 1964. 413pp.
Excellently documented study of French politics. Sartre discussed pp.247-258; and frequently referred to elsewhere.

Caute, David. *Le Communisme et les intellectuels français, 1914-1966.* Paris: Gallimard, 1967.
   Tr. of revised English text. For Sartre, see pp.303-319, & passim.

Caute, David. *The Fellow Travellers.* London: Weidenfeld & Nicolson, 1972.
   Discusses Sartre's attitude towards U.S.S.R. & French Communists from 1952-1962. Extract in The Observer Magazine, *7 Jan 1973, pp.10-16.*

Céline, Louis-Ferdinand. *A l'agité du bocal.* Paris: Lanauve de Tartas, no date (1948).
   This pamphlet was first published in Paraz, Albert: Le Gala des vaches, Paris: Éds. de l'Élan, 1948. It was later reprinted in Cahiers de l'Herne, no.5, 1965 (2nd ed. 1972, see pp.36-38).
   In this violent diatribe, provoked by an unfortunate phrase in «Portrait de l'antisémite», Sartre is described as, among other things, a «Satanée petite saloperie gavée de merde». See Contat and Rybalka, p.129.

Chiaromonte, Nicola. «Sartre versus Camus: A Political Quarrel». In *Camus: A Collection of Critical Essays,* ed. Germaine Brée. Englewood Cliffs: Prentice-Hall (Twentieth Century Views), 1962. See pp.31-37.

Debu-Bridel, Jacques (ed.). *La Résistance intellectuelle* (Textes & témoignages réunis et présentés par J. D.-B.). Paris: Julliard (coll. La Résistance par ceux qui l'ont faite), 1970. 263pp.

Dubé, Paul. *Du Nègre au noir, du bicot à l'arabe: aliénation et désaliénation dans la littérature polémique de Jean-Paul Sartre.* M.A. dissertation, Univ. of Alberta, 1974.

Edie, James M. (ed.). *New Essays in phenomenology.* Chicago: Quadrangle Books, 1969.
   Includes William L. McBride, «Sartre and the phenomenology of social violence», pp.290-313.

Étiemble, René. *Hygiène des lettres, II: Littérature dégagée (1942-1953).* Paris: Gallimard, 1955.
   Reprints open letter to Sartre which appeared in Arts, *24-30 July 1953. See p.148.*

Étiemble, René. *Hygiène des lettres. V. C'est le bouquet.* Paris: Gallimard, 1967. 453pp.
  Includes «J.-P. Sartre», pp.433-449.

Evanier, David & Stanley Silverzweig (eds). *The Non-Conformers: Articles of Dissent.* New York: Ballantine, 1961.
  Includes John Cruickshank, «Sartre and Camus; Revolution and Revolt», pp.130-134.

Fe, Franco. *Sartre e il communismo.* Florence: La Nuova Italia (coll. Nostro tempo no.15), 1970. 267pp.

Galante, Pierre. *Malraux.* Paris: Plon et al., 1971. 345pp.
  See «Sa Querelle avec Sartre», pp.224-228 on Malraux's reaction to the anti-gaullist broadcast of 1947.

Garaudy, Roger. *Une Littérature de fossoyeurs.* Paris: Éds. Sociales, 1948. 96pp.
  On Sartre, Mauriac, Malraux, Koestler. Includes «Un faux prophète: Jean-Paul Sartre» which is a revised version of the article which appeared in Les Lettres françaises, *December 1945.*

Garaudy, Roger. *Literature of the Graveyard* (Tr. Joseph M. Bernstein). New York: International Publishers, 1948. 64pp.

Garaudy, Roger. *Questions à Jean-Paul Sartre précédées d'une lettre ouverte.* Paris: Revue *Clarté* (coll. Clarté, no.1), tirage à part du no.30, 1960.

Hervé, Pierre. *Lettre à Sartre et à quelques autres par la même occasion.* Paris: La Table Ronde, April 1956.
  Reply to Sartre's «Le réformisme et les fétiches».

Jéhouda, Josué. *L'Antisémitisme, miroir du monde.* Geneva: 1958.
  See pp.261-264 on «Réflexions sur la question juive».

Maspéro, François (ed.). *Le Droit à l'insoumission* (dossier des '121'), présenté par François Maspéro. Paris: Maspéro, 1961.

Mauriac, François. *Mémoires politiques.* Paris: Grasset, 1967.
  Reprints «La politique de M. Sartre»; «Les tribulations d'un rat visqueux»; «J.-P. Sartre et la question juive»; «La seconde épître sartrienne».

McBride, William L. *Fundamental Change in Law and Society: Hart and Sartre on Revolution.* The Hague: Mouton, 1970; New York: Humanities, 1971. 235pp.

Merleau-Ponty, Maurice. *Les Aventures de la dialectique.* Paris: Gallimard, 1955. 313pp.
  See Chapter V, «Sartre et l'ultra-bolchévisme», pp.131-271.

Merleau-Ponty, Maurice. *Die Abenteuer der Dialektik.* Frankfurt am Main: Suhrkamp, 1968. 281pp. Tr. by Alfred Schmidt.
  See «Sartre und der Ultra-Bolschewismus», pp.115-244.

Merleau-Ponty, Maurice. *Humanisme et Terreur.* Essai sur le problème communiste. Paris: Gallimard, 1947.

Molnar, Thomas. *La Gauche vue d'en face.* Paris: Éds. du Seuil, 1970. 158pp.

Naville, Pierre. *L'Intellectuel communiste.* Paris: M. Rivière, 1956. 64pp.
  Includes reprints of «Les mésaventures de Nekrassov», and «Les nouvelles mésaventures de Nekrassov».

Péju, Marcel. *Le Procès du réseau Jeanson.* Paris: Maspéro (coll. 'Cahiers libres,' nos.17-18), 1961.
  Includes Sartre's letter to military tribunal.

Perroud, Robert. *Da Mauriac a gli esistenzialisti.* Milan: Vita e pensiero, 1955. 267pp.
  Includes «La rottura tra Sartre e Camus», pp.217-221.

Plumyène, Jean & R. Lasierra. *Le Complexe de gauche.* Paris: Flammarion, 1967.

Ritsch, Frederick. *The French Left and the European Idea. 1947-1949.* New York: Pageant Press, 1966. 227pp.

Rühle, J. *Literatur und Revolution. Die Schriftsteller und der Kommunismus.* Cologne/Berlin: Kiepenheuer & Witsch, 1960. 610pp.

Simon, Pierre-Henri. *L'Esprit et l'histoire. Essai sur la conscience historique dans la littérature du XXe siècle.* Paris: Armand Colin, 1954; Paris: Payot, 1969. 204pp.
  See «Le dialogue de Sartre et de Camus», pp.161-173 (Payot).

Touchard, J., R. Girardet, R. Remond. *Le Mouvement des idées politiques dans la France contemporaine* (Cours I.E.P., 1959). Paris: Institut d'Études Politiques, 1959.

Varlin, Catherine & René Guyonnet (eds). *Le Chant interrompu: Histoire des Rosenberg.* Paris: Gallimard, 1955.
 Includes text by Sartre, pp.224-228.

Werner, Eric. *De la Violence au totalitarisme. Essai sur la pensée de Camus et de Sartre.* Paris: Calman-Lévy, 1972. 261pp.
 The second part of this book (pp.123-227) deals exclusively with Sartre's political thought.

Woodle, Gary. *Sartre's Political Development, 1929-52.* Dissertation, Univ. of Colorado, 1970. See *D.A.*, vol.31, no.6, December 1970, 2946A-2947A.

Zehm, Günter A. *Historische Vernunft und direkte Aktion zur Politik und Philosophie Jean-Paul Sartres.* Stuttgart: E. Klett (Frankfurter Studien zur Wissenschaft von der Politik, 1), 1964. 230pp.

STUDIES 501

Includes reviews of *Portrait de l'antisémite*
and *Réflexions sur la question juive*

Abel, Lionel. «The Existence of Jews and Existentialism». *Politics*, vol.6, no.1, Winter 1949, pp.37-40.
   Review of Anti-Semite and Jew. «... each Jew, unable to be told what he must do, has to determine for himself how he is to deal with his situation. That is why his problem is an existential one, and that is why he cannot be illuminated with respect to it by the eminent existentialist, Jean-Paul Sartre».

Abosch, Heinz. «Jean-Paul Sartre und die Politik». *Blätter für deutsche und internationale Politik*, vol.6, 1964, pp.64-70.

Anon(?). «*Réflexions sur la question juive*». *France-Soir*, 16 April 1954.
   Brief favourable review.

Anon. «*Anti-Semite and Jew*, by Jean-Paul Sartre». *The New Yorker*, 4 December 1948, pp.178-179.

Anon. «Discordia Concors: Rencontre Est-Ouest à Venise». *Comprendre* (Venice), no.16, September 1956, pp.201-301.
   Text of the East-West writers meeting of the Société européenne de Culture which Sartre attended.

Anon. «Jew and Christian. Jean-Paul Sartre: *Portrait of the Anti-Semite*, Trans. Eric de Mauny». *The Times Literary Supplement*, 6 November 1948, p.630.

Anon. «Jews and Uncle Jules. *Portrait of the Anti-Semite* (27pp.) Jean-Paul Sartre, translated by Mary Guggenheim». *Time*, 23 December 1946, pp.94,97.

Anon. «M. Sartre and Racialism. Jean-Paul Sartre: *Réflexions sur la question juive*». *The Times Literary Supplement*, 19 July 1947, p.368.

Anon. «*Réflexions sur la question juive*». *La Société Belge d'Études et d'Expansion*, September 1954.
   Brief favourable review. N.W.C.

Anon. «Sartre et Léon Roth». *Le Populaire*, 27 May 1954.
   Very brief review of Réflexions sur la question juive. *N.W.C.*

Aron, Raymond. «Jean-Paul Sartre, le prolétariat et les communistes». *Revue de Paris*, Year 61, June 1954, pp.88-99.
   An interesting and highly critical analysis of Les Communistes et la Paix; *Aron bitterly concludes:* «L'invective à la bouche et la haine au coeur, il se réclame d'un idéal humanitaire pour mépriser les hommes vivants ...»

Aron, Raymond. «Of passions and polemics. Sartre, Merleau-Ponty, and old controversies». *Encounter*, vol.34, no.5, May 1970, pp.49-55.

Aronson, Julian. «Reflections on the Jewish Question. Sartre: *Anti-Semite and Jew*». *Phylon: Review of Race and Culture*, vol.10, no.5, 1949, pp.231-232.

Ayer, A.J. «Sartre on the Jews». *Spectator*, 20 September 1968, pp.394-395.
   Review of Aden Arabie *and* Anti-Semite and Jew. *Ayer is critical of Sartre's oversimplification and romantic attitude towards martyrdom.*

Baruch, J.Z. «Sartre en het anti-semietisme». *Critisch Bulletin*, Year 15, June 1948, pp.266-271.

Bataille, Georges. «Philosophie et Religion. Jean-Paul Sartre: *Réflexions sur la question juive*». *Critique*, vol.2, no.12, May 1947, pp.471-473.

Beauvoir, Simone de. «Merleau-Ponty et le pseudo-sartrisme». *Les Temps modernes*, no.114-115, June-July 1955, pp.2072-2122.
   Reprinted in Privilèges, *Paris: Gallimard, 1955. This is a reply to Merleau-Ponty's criticism of Sartre's pro-Soviet leanings in* Les Aventures de la dialectique.

Bianchini, Levi. «Jean-Paul Sartre - *Réflexions sur la question juive*». *Annali di Neuropsichiatria e Psicoanalisi*, Year 1, no.3, 1954.
   Review.

Blake, Patricia. «Creative and Critical Works by Sartre». *The New York Times Book Review*, 14 November 1948, p.46.
   Includes a review of Anti-Semite and Jew, *tr. Alfred Werner.*

Bonaparte, Marie. «Des causes psychologiques de l'antisémitisme». *Revue française de Psychanalyse*, vol.15, no.4, October-December 1951, pp.478-491.

Bondy, François. «A new Sartre?» *Encounter*, vol.35, no.1, July 1970, pp.61-63.

Bonosky, Philip. Review of *Sartre on Cuba* (not seen). *Masses and Mainstream*, vol.14, May 1961, pp.91-93.

Burnier, Michel-Antoine. «Drôle d'amitié». *Essais* (Bordeaux), special number 'Sartre notre contemporain', no.2-3, Spring 1968, pp.66-75.
A personal account of Sartre's relations with the Communists.

Caliban. «Jean-Paul Sartre et le racisme». *Le Peuple de Bruxelles*, 16 April 1954.
Favourable review of La Question juive.

Cera, Giovanni. «Totalità e totalizzazione (Lukacs e Sartre)». *Critica storica*, 31 January 1969, pp. 63-77.

Chiaromonte, Nicola. «Sartre versus Camus: A Political Quarrel». *Partisan Review*, vol.19, November-December 1952, pp.680-686.

Chiaromonte, Nicola. «Der verhinderte Sartre». *Der Monat*, Year 6, no.66, March 1954, pp.657-659.
Critical analysis of «Les Communistes et la Paix».

Cohen, A.D. Review of *Anti-Semite and Jew*. *Literary Guide*, vol.70, April 1955, pp.14-16. Not seen.

Cohn, Robert G. «Sartre-Camus-Resartus». *Yale French Studies*, no.30, December 1963, pp.73-77.

De Swaef, Oscar. «De Joodse kwestie». *Vooruit*, date not known, pp.1,3.
Review of Réflexions sur la question juive. *In Gallimard archives, see* Sartre 1953-1954.

Domarchi, Jean. «Questions de communisme». *Confluences*, vol.8, nos.18-20, 1947, pp.111-119.

Domenach, Jean-Marie. «Sartre et l'Europe». *Esprit*, Year 30, no.3, 1962, pp.454-463; and no.4, 1962, pp.634-645.

E., Louis. «Lettre de l'antisémite». *Les Temps modernes*, June 1954, pp.2296-2297.
   A letter to Sartre by a business-man who was disappointed by Réflexions sur la question juive.

Erikson, John. «Sartre's African writings: literature and revolution». *L'Esprit Créateur*, vol.8, no.3, Fall, 1970, pp.182-196.

Fagone, V. «Ideologia e prassi del communismo: le ragione del dissenso di Sartre e di Garaudy». *La Civiltà Cattolica*, 7 March 1970, pp.448-462.

Fagone, V. «Il filosofo e la politica delle mani sporche». *La Civiltà Cattolica*, 2 May 1964, pp.225-238.
   On the publication of Il filosofo e la politica.

Gerassi, John. «Conversation with Jean-Paul Sartre». *Oui*, June 1975, pp.69-70,122-124,126.
   An interesting general interview in which Sartre discusses his present socio-political views.

Hook, Sidney. «Reflexions on the Jewish Question. Sartre: *Anti-Semite and Jew*». *Partisan Review*, vol.16, no.5, May 1949, pp.463-482.
   «For all its historical limitations, Sartre's book is unquestionably one of the most brilliant psychological analyses of the marginal Jew and the fanatical antisemite which has ever been published».

Jeanson, Francis. «Sartre et le monde noir». *Présence africaine*, no.7, 1949, pp.189-214.

Kaltofen, Günter. «Partei ergreifen für den Menschen und den Fortschritt. Der Schaffensweg von Jean-Paul Sartre». *Heute und Morgen* (Schwerin), 1954, pp.426-430. Not seen.

Kanapa, Jean. «Sartre, the Communists, and Peace». *Masses and Mainstream*, vol.5, December 1952, pp.9-21.

LeGrand, A. «Anguish of the Left». *Culture*, vol.15, June 1954, pp.164-174.

Levi, Albert W. «The Meaning of Existentialism for Contemporary International Relations». *Ethics*, vol.72, no.4, July 1962, pp.233-251.

A general discussion of «Les Communistes et la paix» and «Le Fantôme de Staline».

Lüthy, Herbert. «France's New Parochial Nationalism». *Commentary*, vol.17, May 1954, pp.431-438.
A criticism of the isolationist policies of French left-wing intellectuals and of Sartre in particular.

M., J. «Jean-Paul Sartre. *Réflexions sur la question juive*». *Paris-Normandie*, 23 April 1954.
Brief, naively favourable review:
«... ces Réflexions *sont si pousées que le problème juif s'y trouve entièrement et clairement traité ... Par une augmentation logique d'une rigueur toute mathématique le philosophe démontre que la question juive a pris naissance avec l'antisémitisme*».

Marchand, Jean-José. «Les réflexions de Sartre sur la 'question juive'». *Rassemblement*, 15 April 1954.
Brief favourable review - «*jamais Sartre n'a été plus libre ni plus brillant*»; but has two important objections: 1. the absence of discussion of working-class antisemitism; 2. the denial of a Jewish particularity - «*analogue à la particularité des Canadiens français au sein de leur patrie*».

Marks, Elaine. «The limits of ideology and sensibility: J.-P. Sartre's *Réflexions sur la question juive* and E.M. Cioran's *Un Peuple de solitaires* ». *French Review*, vol.45, no.4, 1972, pp.779-788.

Marnat, Marcel. «Albert Memmi: *Portrait du colonisé*, précédé du portrait du colonisateur. Préface de J.-P. Sartre». *Les Lettres françaises*, 14-20 July 1966, p.13. Review.

Marsay. «Une lourde responsabilité de l'antisémite: Il aurait créé le Juif selon Jean-Paul Sartre». *Aspects de la France*, 30 April 1954.
A hostile review of the Réflexions *which compares the Jew to Tartuffe and Sartre to Orgon.*

Maulnier, Thierry. «L'ironie de Jean-Paul Sartre». *La Table Ronde*, no.73, January 1954, pp.37-48.
This long article is itself full of heavy irony. It is, in effect, an attack by distortion and deft quotation of Sartre's increasing acceptance of the need for a commitment to Marxism.

Molnar, Thomas. «The Politics of Sartre». *The Commonweal*, vol.66, 2 August 1957, pp.439-442.

Mosley, James P. Review of *Sartre on Cuba* (not seen). *Liberation*, vol.6, Summer 1961, pp.23-24.

Orwell, George. «*Portrait of the Antisemite* by Jean-Paul Sartre». Review article reprinted in *The Collected Essays, Journalism and Letters of George Orwell, Vol.4: In Front of your Nose, 1945-1950*, ed. by Sonia Orwell and Ian Angus. London: Secker and Warburg, 1968. 555pp. See pp.452-453.

Patri, Aimé. «Journal des idées. Sartre et Merleau-Ponty». *Preuves*, Year 12, no.135, May 1962, pp.84-86.
  Primarily a comparative analysis of the relationship of Sartre and Merleau-Ponty to Communism.

Patri, Aimé. «Sur la question juive». *La Table Ronde*, no.11, November 1948, pp.1894-1902.

Peyre, Henri. «The Resistance and Literary Revival in France». *The Yale Review*, vol.35, no.1, September 1945, pp.84-92.

Pompeo Farakovi, Ornella. «Sartre. Un compagno di strada?» *Il Ponte*, Year 27, 1971, no.4, pp.451-471 and no.5-6, pp.684-698.

Rabi. «Sartre, portrait d'un philosémite». *Esprit*, no.138, October 1947, pp.532-546.

Rilliet, Jean. «Jean-Paul Sartre et l'antisémitisme». *Tribune de Genève*, 14 May 1954, p.1.
  Complains that there is nothing constructive in Sartre's thought, only existential despair. Rilliet is impressed, however, by the insight and moral integrity of the Réflexions.

Rilliet, Jean. «A propos des *Réflexions sur la question juive* de Sartre». *Tribune de Genève*, 22 May 1954.
  A brief 'follow-up' item which mentions the 1947 Morihien edition of this work and questions Gallimard's 'authenticity' in publishing it as an original edition. N.W.C.

Rony, Jean. «Jean-Paul Sartre et la politique». *La Nouvelle Critique*, no.173-174, March 1966, pp.100-128.

Rosenberg, Harold. «Does the Jew Exist? Sartre's Morality Play about Anti-Semitism». *Commentary*, vol.7, January 1949, pp.8-18.
  Review of Anti-Semite and Jew.

Slonim. Marc. «European notebook». *New York Times Book Review*, 28 June 1970, pp.10-18.
Detailed review of Sartre's attack on the Russian invasion of Czechoslovakia in «Un socialisme qui venait du froid».

Smith, Stevie. «The Jewish Question - *Portrait of an Anti-Semite* by Jean-Paul Sartre». *The Spectator*, 10 December 1948, p.772.
«*M. Sartre's book is objectionable because it is the vehicle of emotions which are being falsely rationalised and which are, when looked at closely, rather neurotic*».

Soukhomline, V. «Le prolétariat et la liberté d'expression (à propos d'un article de J.-P. Sartre)». *Cahiers Internationaux*, no.45, April 1953, pp.15-26.
On «Les Communistes et la paix».

Sungolowsky, Joseph. «Criticism of *Anti-Semite and Jew*». *Yale French Studies*, no.30, December 1963, pp.68-72.

Szulc, Tad. «Visitors in Havana. *Sartre on Cuba.* By Jean-Paul Sartre». *The New York Times Book Review*, 23 July 1961, pp.10,12.

Thody, Philip. «Jean-Paul Sartre: A Writer's Politics». *Twentieth Century*, vol.165, January 1959, pp.13-22.

Thomas, Charles. «Sartre as a Critic of Camus». *Blackfriars*, vol.45, June 1964, pp.269-273.

Todd, Olivier. «The French Reviews». *Twentieth Century*, vol.153, January 1953, pp.36-42.
Includes discussion of the Camus-Sartre quarrel.

Tucker, W. «*La Chute*: voie du salut terrestre». *French Review*, vol.43, 1970, pp.737-744.
On the significance of the Sartre-Camus debate in La Chute.

Verret, Michel. «J.-P. Sartre ou le compte des responsabilités». *La Nouvelle Critique*, Year 8, no.80, December 1956, pp.60-81.

Verret, Michel. «Jean-Paul Sartre oder die Frage nach den Schuldigen». *Geist und Zeit*, no.1, 1957, pp.142-159.
Trans. of the preceding entry.

501 Wollheim, Richard. «The Political Philosophy of Existentialism». *The Cambridge Journal,* vol.7, October 1953, pp.3-19.

A review of L'Homme révolté *which includes discussion (pp.17-19) of the Camus-Sartre quarrel over this work.*

Albo, Daniel. «'Trois grands' au secours de Régis Debray». *Le Figaro littéraire*, 17-23 November 1969, pp.7-8.

Allen, Louis. «Son of calepin: The French scene». *New Blackfriars*, vol.51, no.605, October 1970, pp.479-489.
 On the revolutionary scene in France (e.g. Nanterre); Sartre mentioned once.

Altman, Georges. «Haïti se jette avec passion sur tout ce qui évoque la culture française...» *Franc-Tireur*, 22-23 October 1949.
 Interview with Sartre.

Altman, Georges. «Haïti vu par Jean-Paul Sartre». *Franc-Tireur*, 24 October 1949.
 Interview with Sartre.

Altman, Georges. «J'ai vu à Haïti un peuple noir fier de sa tradition de liberté». *Franc-Tireur*, 21 October 1949.
 Interview with Sartre.

Altman, Georges. «La France peut proposer au monde une révolution à faire dans la liberté». *Franc-Tireur*, 10 March 1948.
 Interview with Sartre.

Altman, Georges. «S'unir ou périr». *Franc-Tireur*, 27 February 1948.

Alverez del Vayo, J. «Politics and the Intellectual». *The Nation*, vol.163, 28 September 1946, pp.346-349.

Améry, Jean. «Der Weg zum Aufwiegler. Jean-Paul Sartres Prozess gegen die Wirklichkeit». *Die Zeit*, 31 August 1971, p.13.
 Review of Sartre's Der Intellektuelle und die Revolution, *tr. Irma Reblitz.*

Anders, Günther and Bondy, F. «Das 'Russell Tribunal' im Für und Wider». *Merkur*, Year 21, vol.11, no.236, November 1967, pp.1098-1102.

Anon(?). «Sartre: sein Herz ist rot...» *Bild*, 5 December 1974.
Not seen. Quoted by Brunschwig (q.v.) as an example of the anti-Sartre campaign of the Springer press-empire following Sartre's intervention in the Baader-Meinhof affair.

Anon. *Franc-Tireur*, 11 March 1948.
Report of press conference held by Sartre, Jean Rous, David Rousset and others on 10 March 1948.

Anon. *Franc-Tireur*, 14 December 1948.
Report of the Salle Pleyel meeting with Sartre, Camus, Breton and others on 13 December 1948.

Anon. *Franc-Tireur*, 13 March 1948.
Article supporting the R.D.R. stand taken at the press conference of 10 March 1948.

Anon. «*Der Spiegel* contre Sartre». *Le Nouvel Observateur*, 22-28 December 1974.
News item on the Spiegel *editorial criticizing Sartre's visit to Andreas Baader.*

Anon. «*Quick* interviewt Sartre». *Quick* (Munich), 31 March 1962.
On Sartre's reactions to the O.A.S. and the Algerian problem.

Anon. «A Conversation with Jean-Paul Sartre». *Ramparts*, vol.12, no.7, February 1974, pp.34-39.
Translation of the interview, by Michel-Antoine Burnier (q.v. this Section), which appeared in Actuel, *no.28, February 1973, pp.73-77. This interview is worth reading for Sartre's assessment of his recent political activities; but the biographical preface is ill-informed.*

Anon. «Accusés de reconstitution de mouvements dissous quatre vendeurs de *la Cause du peuple* récusent la Cour de Sûreté de l'état ...» *Le Figaro*, 30 September 1970, p.12.
The report includes quotes from Sartre's declaration to the court.

Anon. «A la Tribune du Jeune Barreau Jean-Paul Sartre oppose Justice bourgeoise et Justice populaire». *La Libre Belgique*, 26-27 February 1972.
A detailed review of Sartre's lecture at the Palais des Congrès in Brussels. This account includes several quotations. See also, Mean, André, this Section.

532

Anon. «A propos de l'affaire de Bruay-en-Artois: un débat entre M. Jean-Paul Sartre et *La Cause du peuple*». *Le Monde*, 26 May 1972, p.10.
This news item concerns the state trial of a lawyer, Leroy, accused of murdering a young girl. Unlike some of his Maoist colleagues, Sartre was not convinced that Leroy's alleged misconduct was representative of his class or that he should be lynched by the local lads. Sartre is quoted at some length from his statement in La Cause du peuple; *he concludes:*
«... *le lynchage est une pratique trop louche (voyez les lynchages aux États-Unis), souvent trop empreinte d'une idéologie réactionnaire pour qu'il puisse devenir une sanction régulière de la justice populaire. Le principe 'Tout accusé est tenu pour innocent jusqu'à ce qu'il ait été reconnu coupable' est, bien sûr, mis en avant par la justice bourgeoise (qui, d'ailleurs, le respecte peu). Il n'en est pas moins une conquête populaire de la Révolution française. Une justice populaire ne doit pas l'abandonner mais le redresser et se l'approprier».*

Anon. «Après l'arrestation successive des deux responsables de la publication, M. Jean-Paul Sartre prendrait la direction de *La Cause du peuple*». *Le Monde*, 28 April 1970, p.28.
Brief news item.

Anon. «Après l'incident Sartre à la radio française». *Le Figaro*, 22 October 1947, p.3.
Brief item. N.W.C.

Anon. «Après sa visite à Renault Sartre porte plainte au nom de l'APL». *Combat*, 17 February 1972.
Brief news item on Sartre's complaint to the Boulogne-Billancourt commissariat about the police theft of a journalist's camera.

Anon. «Au congrès de la presse démocratique. M. Terrenoire: Sartre a remplacé Maurras et prétend imposer une dialectique anarchique de suicide». *Le Monde*, 25-26 September 1960, p.6.
Long extracts from the speech of M. Terrenoire (Minister for Information) in which he claims (ho! ho!) that no repression of the Press exists in France. He gives himself away in the following passage on Sartre:
«*Aussi longtemps qu'il s'agissait d'un jeu d'intellectuels on pouvait n'y attacher qu'une importance limitée. Mais voici que ce sont les bases mêmes de la communauté nationale qui sont désormais mises en cause*».

Anon. «Au Rassemblement Démocratique Révolutionnaire». *Le Figaro*, 11 March 1948, p.2.
   Brief news item on the press conference of 10 March 1948 organized by David Rousset, Jean Rous, and Sartre.

Anon. «Au T.N.P. Sartre conteste». *Le Figaro*, 31 December 1968, p.14.
   On the banning of Gatti's Passion en violet, rouge et jaune.

Anon. «Baader-Meinhof. An der Brüstung». *Der Spiegel*, no.50, 1974, pp.27-29.
   Includes discussion of the press conference following Sartre's visit to Andreas Baader at Stuttgart-Stammheim.

Anon. «Baader ou la mort lente». *Libération*, 7 December 1974, p.8.
   News article, with photos, of Sartre's visit to Andreas Baader in Stuttgart jail.

Anon. «Bienvenido Jean-Paul Sartre». *Revolución* (Havana), 26 February 1960.

Anon. «Bruxelles: Au Centre international Rogier 'la gauche est désunie...'» *Le Figaro*, 14 March 1962, p.9.
   Only in 'V' edition.

Anon. «Ce n'est pas gentil, gentil...» *Le Figaro littéraire*, 20 March 1954, p.3.
   Brief comment on, & extracts from, the Kanapa affair; includes the famous «Si je suis un flic, vous êtes des crétins!»

Anon. «Chronique du linge sale». *Contacts*, 15 March 1954.
   Brief humorous item on the Sartre-Kanapa affair.

Anon. «Conférence de presse contre les tortures en R.F.A. Parler de justice». *Libération*, 11 December 1974.
   News report of the press conference of 10 December 1974 given by Sartre, Klaus Croissant, Maître Henri Leclerc, Alain Geismar, Prof. Halbwachs and J.-J. de Félice on the prison conditions of the Baader group.

Anon. «Congrès des peuples pour la paix». *L'Humanité*, 12 December 1952.

Anon. «Dans la revue *Problèmes de la paix et du socialisme* M. Leo Figuères attaque M. Jean-Paul Sartre et les dirigeants du P.S.U». *Le Monde*, 22 January 1963, p.7.
On the Communist attack published in Prague.

Anon. «Dans une interview au *Fait public* Sartre: 'Je reconnais aux Palestiniens le droit de rentrer chez eux parce que je reconnais aux Israélites le droit de rester dans leur patrie.'». *Le Figaro*, 29 January 1969, p.3.
Brief news item. N.W.C.

Anon. «Dans une question écrite, un député réclame des poursuites contre M. Jean-Paul Sartre». *Le Monde*, 24 September 1960, p.8.
On Battesti's demand that Sartre be indicted under Article 84 on the penal code for his letter to the Jeanson tribunal.

Anon. «De Gaulle et le 'gaullisme' vus par J.-P. Sartre et par l'équipe des *Temps modernes*». *L'Ordre de Paris*, 22 October 1947.
Complete text of the broadcast of Monday 20 October which had created such an uproar. The text clearly indicates that Bonafé and not Sartre had made the allusion to Hitler and that Sartre's rôle in this affair was one of relative moderation. The criticism of de Gaulle (following his speech at Vincennes) deals largely with the absence of foreign and social reform policies.

Anon. «'Die Werksbullen haben uns verprügelt.' Spiegel-Interview mit Jean-Paul Sartre über die Situation der linken Intellektuellen». *Der Spiegel*, no.26, 19 June 1972, pp.124-126.
Includes discussion of Sartre's rôle in the demonstrations at the Renault factories following the death of Pierre Overney, and of Sartre's co-operation with the left-wing press.

Anon. «Dirty Hands». *Time*, 22 December 1952, p.20.
On Sartre and the P.C.

Anon. «Du côté de M. Sartre». *Le Figaro littéraire*, 10 November 1956, p.4.
News item, including quotes, on condemnation of Soviet invasion of Hungary signed by Sartre, Vailland, Bost, Cau, Leiris, Péju, Vercors et al. Le Figaro *comments on the ambiguity of the text:*
«*Pas un mot, pas un mouvement de coeur devant le sacrifice sanglant de tout un peuple pour son indépendance*».

Anon. «En bref...» *Le Figaro*, 5 October 1955, p.15.
  Brief news item. Sartre received by vice prime-minister of China. N.W.C.

Anon. «En U.R.S.S. Jean-Paul Sartre propose de créer une communauté internationale d'écrivains». *Le Monde*, 15 January 1963, p.2.
  Brief news item.

Anon. «Entre Merleau-Ponty, Sartre, Silone et les écrivains soviétiques, premier dialogue Est-Ouest à Venise». *L'Express*, 19 October 1956, pp.21 et seq.
  Includes extracts from the Venice debate.

Anon. «French conscience». *The Nation*, 4 October 1965, p.179.
  Brief editorial re. the appeal on behalf of the deposed Ben Bella.

Anon. «Il fallait refuser les élections». *Le Figaro*, 26 April 1969, p.6.
  Only in 'Départementale' edition.

Anon. «Ilya Ehrenbourg: Les réactions sentimentales de Jean-Paul Sartre devant l'affaire hongroise sont justifiables...» *Combat*, 20 April 1957.
  Report of an interview with Ehrenbourg in Tokyo. N.W.C.

Anon. «Involution». *Time*, 5 January 1962, p.17.
  On Sartre's opposition to the war in Algeria.

Anon. «Iran. Un appel de M. Jean-Paul Sartre en faveur des prisonniers politiques». *Le Monde*, 22 December 1971, p.5.
  News item on the 16 December meeting of the Comité de défense des prisonniers politiques iraniens with brief mention of Sartre's text.

Anon. «Israël. Le procès d'un objecteur de conscience est ajourné». *Le Monde*, 13 June 1972.
  Brief news item on the trial of Giora Neumann. Sartre is mentioned as having sent a letter of solidarity to Neumann's mother.

Anon. «J.-P. Sartre dépose au procès de deux israélites». *Le Figaro*, 14 February 1948, p.2.
  On the trial of Robert Misrahi. In 'Départementale' issue only.

Anon. «J.-P. Sartre: 'Un crime de guerre.'» *Le Figaro*, 26 August 1968, p.4.
Report of Sartre's condemnation of Russian invasion with quotes from interview given to Paese Sera.

Anon. «J.-P. Sartre parle de l'anticommunisme à la Tribune des Temps modernes». *Combat*, 28 October 1947, p.1.
On Sartre's broadcast of 27 October. See Contat and Rybalka, p.172.

Anon. «J.-P. Sartre se retire de *Libération* et de *Révolution*». *Combat*, 22 May 1974.
Brief news item on Sartre's retirement from these papers for reasons of health.

Anon. «Jean-Paul Sartre 'Rédacteur en chef' à R.T.L». *Le Figaro*, 22-23 March 1969, p.26.
Brief announcement of R.T.L. broadcast. N.W.C.

Anon. «Jean-Paul Sartre a l'existentialisme difficile». *Point de Vue*, 13 February 1947.
Brief gossip item on Zaslavski's attack in Pravda *. N.W.C.*

Anon. «Jean-Paul Sartre accuse le président de la République». *Le Figaro*, 4 December 1972, p.5.
Brief news item on an anti-Pompidou text by Sartre found on several walls in Paris.

Anon. «Jean-Paul Sartre adhère à l'idée de la 3e force internationale». *Le Populaire*, 20 December 1947.
Brief news item on peace manifesto signed by leading French intellectuals. N.W.C.

Anon. «Jean-Paul Sartre confie le fond de sa pensée au *Messaggero*». *Le Figaro*, 26 August 1959, p.8.
Extracts of interview given in Rome to C. Costantini.

Anon. «Jean-Paul Sartre défend *J'accuse*». *Le Figaro*, 8 March 1972, p.12.
Brief note that Sartre testified at the trial of Mme Sendick the directrice of J'accuse.

Anon. «Jean-Paul Sartre dépose une plainte en tentative d'assassinat». *Le Figaro*, 24 January 1962, p.7.
Brief news item on Sartre's action following the bombing of his apartment.

Anon. «Jean-Paul Sartre et les incidents du Sacré-Coeur». *Le Figaro*, 16 February 1971, p.12.
On the press conference in a café-théâtre, rue du Puits-de-l'Ermite.

Anon. «Jean-Paul Sartre et plusieurs de ses amis font de 'l'occupation' à la C.G.E». *Le Figaro*, 12 December 1972, p.6.
Brief item on Sartre's protest on behalf of Moroccan strikers.

Anon. «Jean-Paul Sartre et Flaubert». *Le Figaro*, 5 October 1970, p.18.
Misleading title. Extracts from the interview in L'Idiot international *on the rôle of the intellectual in society.*

Anon. «Jean-Paul Sartre et Simone de Beauvoir entendus par la police». *Le Figaro*, 7 November 1960, p.2.
Brief news item on Sartre's return from Brazil. N.W.C.

Anon. «Jean-Paul Sartre expulsé de l'usine Renault de Billancourt». *Le Figaro*, 15 February 1972, p.7.
Brief news item.

Anon. «Jean-Paul Sartre face aux 'enragés'...à la Sorbonne». *Le Figaro*, 21 May 1968, p.8.

Anon. «Jean-Paul Sartre flétrit le carnage de Budapest». *Le Figaro*, 7 November 1956, p.9.
Only in 'V' edition.

Anon. «Jean-Paul Sartre homme libre». *L'Express*, 26 March 1954.
Commentary on the Sartre-Kanapa affair praising Sartre's independent stand.

Anon. «Jean-Paul Sartre invité à se rendre au Venezuela». *Le Monde*, 28 October 1964, p.6.
Brief item on his invitation by the Fédération des Centres Universitaires; Sartre did not go.

Anon. «Jean-Paul Sartre n'était pas un 'flic' ... et 'existentialiste' n'est pas un synonyme de 'vipère lubrique'». *Le Figaro*, 25 March 1954, p.8.
On the Sartre-Kanapa controversy.

Anon. «Jean-Paul Sartre prend la direction d'un nouveau journal 'gauchiste'». *Le Figaro*, 4 June 1971, p.6.
Brief note that Sartre will direct Révolution, *in addition to* Tout, J'accuse, *and* La Cause du peuple.

Anon. «Jean-Paul Sartre président du 'Tribunal international sur les crimes de guerre' de la Fondation Russell». *Le Figaro*, 16 November 1966, p.10.
Brief news item.

Anon. «Jean-Paul Sartre prône la 'violence populaire' aux ouvriers de la Régie Renault». *Le Figaro*, 22 October 1970, p.2.
A short item (with photo of Sartre standing on a barrel) which includes the following quotation from Sartre: « ...contre la mise en esclavage il n'y a pas de moyens légaux, seulement la violence populaire».

Anon. «Jean-Paul Sartre quatre fois inculpé pour diffamation». *Le Figaro*, 21 June 1971, p.10.
On the articles which appeared in Tout *and* La Cause du peuple.

Anon. «Jean-Paul Sartre sur R.T.L». *Le Figaro*, 7 September 1967, p.23.
Brief announcement of forthcoming interview on Radio Luxembourg with Françoise Gilles. N.W.C.

Anon. «Jean-Paul Sartre und der 'Kongress für die Freiheit der Kultur'». *Neue Deutsche Hefte*, Year 10, no.92, March-April 1963, pp.176-177.

Anon. «Jean-Paul Sartre veut jeter les bases d'une 'communauté d'écrivains' internationale». *Le Figaro*, 14 January 1963, p.8.

Anon. «Jean-Paul Sartre, Simone Signoret et cent autres risquent cinq ans de prison». *Paris-Presse*, 8 September 1960, p.1.
On the 121 Manifesto.

Anon. «Jean-Paul Sartre: 'La gauche doit répondre 'non' au référendum.'» *Libération*, 2 December 1960.
Summary of the press conference of 1 December protesting the Referendum of 8 January 1961.

Anon. «Jean-Paul Sartre: 'La paix que nous voulons ne doit pas ressembler à ce qu'on a nommé *l'entre-deux-guerres'*». *L'Humanité*, 27 June 1955.
Report, with extensive quotation from Sartre, on the Helsinki peace congress.

Anon. «L'accident de Fouquières-les-Lens. Jean-Paul Sartre et son 'tribunal populaire' mettent en cause les Houillères». *Le Figaro*, 14 December 1970, p.9.
  On the mining disaster in which 16 men died. The popular tribunal in which Sartre participated found the mine-directors and the state guilty of homicide.

Anon. «L'incident Sartre à la radio». *Le Figaro*, 23 October 1947, p.2.
  Brief item. N.W.C.

Anon. «L'Affaire Henri Martin». *La Vie judiciaire*, 7 December 1953.
  Brief review of Maulnier's article in La Table Ronde *(q.v. this Section).*

Anon. «L'Analyse du référendum». *L'Express*, 4 January 1961.
  Interview on Algerian referendum question.

Anon. «L'Assaut contre Castro». *L'Express*, 20 April 1960.
  Long interview following Bay of Pigs incident.

Anon. «L'Existentialisme en acte». *L'Aurore*, 17 November 1956.
  On Sartre's article in L'Express, *9 November 1956 («Après Budapest, Sartre parle») for which see Contat and Rybalka, pp.304-306.*

Anon. «La 'Cause' de Sartre». *Le Figaro*, 16 March 1972, p.16.
  A brief news item on Sartre's conviction for an article in La Cause du peuple *which compared the CANCAVA (Caisse autonome nationale de compensation d'assurance-vieillesse artisanale) to the Gestapo.*

Anon. «La lettre de M. Jean-Paul Sartre». *Le Figaro*, 21 September 1960, p.15.
  On the 'réseau Jeanson' trial and Sartre's letter to the court.

Anon. «La polémique Sartre-Camus». *Le Figaro littéraire*, 13 September 1952, p.4.
  Long extracts from Camus' letter to Sartre and from the latter's reply.

Anon. «La presse bourgeoise française rappelée à l'ordre par les *Izvestia* pour avoir ignoré Sartre». *Le Figaro*, 10 December 1952, p.10.
  In Matinale *edition only.*

Anon. «La Prison de Toul: Une 'révolte modèle' pour J.-P. Sartre». *Combat*, 7 January 1972.
   News item on the GIP (Groupe d'information sur les prisons) meeting condemning the state prisons. Includes extracts from Sartre's telegram of support.

Anon. «La Mutualité sans Jean-Paul Sartre». *Le Figaro*, 1 July 1971, p.10.
   Brief note that Sartre is ill and unable to attend the 'tribunal populaire' meeting.

Anon. «Le cirque littéraire. Place aux malabars, défenseurs du peuple». *Après l'Boulot*, 1 October 1953.
   Brief caustic item on Étiemble's quarrel with Sartre in his article in Arts, *24-27 September 1953.*

Anon. «Le 'crétin' Kanapa s'excuse auprès de Sartre». *Franc Tireur*, 25 March 1954.
   Brief humorous comment on Kanapa's retraction in L'Humanité.

Anon. «Le 'Tribunal populaire' de Jean-Paul Sartre interdit est remplacé par une conférence de presse». *Le Figaro*, 28 June 1971, p.10.

Anon. «Le général de Gaulle à Jean-Paul Sartre: La justice n'appartient qu'à l'État». *Le Figaro*, 24 April 1967, p.3.
   Includes the text of de Gaulle's letter to Sartre concerning the Russell American War Crimes Tribunal, and an extract of Sartre's letter to de Gaulle.

Anon. «Le journal *La Cause du peuple* saisi». *Le Figaro*, 16-17 May 1970, p.6.
   Brief news item.

Anon. «Le meeting de *La Cause du peuple*». *Le Figaro*, 26 May 1970, p.8.
   Brief report. N.W.C.

Anon. «Le procès de *La Cause du peuple* devant le tribunal correctionnel. M. Jean-Paul Sartre, temoin. 'Moi, je suis libre. C'est scandaleux.'» *Le Figaro*, 28 May 1970, p.14.
   Extensive report of the trial.

Anon. «Le procès des anciens directeurs de *La Cause du peuple* aura lieu aujourd'hui». *Le Figaro*, 27 May 1970, p.2.
    Brief notice. Sartre will be a witness. N.W.C.

Anon. «Les communistes, adversaires no.7 de Sartre». *Actualité* (Cairo), 24 April 1954.
    Brief item on the Sartre-Kanapa affair. The other six quarrels, listed chronologically, were with: Paulhan and Aron; Richard Wright; David Rousset; René Étiemble; François Mauriac; Camus.

Anon. «'Les dirigeants communistes français se sont barbouillés de sang hongrois' écrit J.-P. Sartre». *France-Soir*, 18 January 1957.
    On «*Le Fantôme de Staline*».

Anon. «Les grotesques entre eux. 'Vous en êtes un autre!' rugissent MM. Sartre et Lazareff». *Rivarol*, 23 July 1954.
    On the Sartre-Lazareff dispute over their respective holidays in Russia.

Anon. «Les incidents au siège du C.N.P.F». *Le Figaro*, 24 February 1970, p.2.
    Long report on trial of Roland Castro at which both Sartre and Genet were witnesses. (C.N.P.F.= Centre National du Patronat Français)

Anon. «Les intellectuels devant le drame hongrois. Quatre conclusions de M. Sartre». *Le Figaro littéraire*, 17 November 1956, p.3.
    Extracts from Sartre's article in *L'Express, 9 November 1956.* The article concludes with a comment from Thierry Maulnier criticizing Sartre's blindness and an editorial note condemning Sartre's refusal to protest against the Soviet concentration camps.

Anon. «Les naïvetés de M. Sartre». *Dimanche Matin*, 28 March 1954.
    Brief item on the Sartre-Kanapa affair. N.W.C.

Anon. «Les occupations d'immeubles désaffectés: une conférence de presse du Secours rouge». *Le Figaro*, 12 April 1972, p.13.
    On Sartre's support of squatters in empty apartments.

Anon. «Lettres. Jean-Paul Sartre censure *Les Temps modernes*». *L'Express*, 2 May 1954, p.13.
    On Sartre's suppression of Péju's article on Indo-China.

Anon. «M. J.-P. Sartre quitte le R.D.R». *Le Figaro*, 27 October 1949, p.1.
   News item. N.W.C.

Anon. «M. Jean-Paul Sartre dresse un parallèle entre Cuba et l'Algérie». *Le Monde*, 1 September 1960.
   Report of Sartre's speech at Rio de Janeiro.

Anon. «M. Jean-Paul Sartre encourt une peine d'un an de prison». *Le Monde*, 22 June 1971, p.12.
   Long news article on Sartre's indictment following the Cause du peuple *affair.*

Anon. «M. Jean-Paul Sartre est expulsé des usines Renault». *Le Monde*, 16 February 1972.
   Brief news item.

Anon. «M. Jean-Paul Sartre fait au Caire l'éloge du président Nasser». *Le Monde*, 15 March 1967, p.9.
   On Sartre's public address at the University of Cairo.

Anon. «M. Jean-Paul Sartre prend la direction de *La Cause du peuple*». *Le Figaro*, 28 April 1970, p.12.
   Includes brief excerpts from Sartre's communiqué.

Anon. «M. Jean-Paul Sartre...rassembleur des forces démocratiques». *Le Figaro*, 1 November 1961, p.4.
   On Sartre's short statement at Place Maubert. See Contat & Rybalka, p.371.

Anon. «M. Jean-Paul Sartre: 'Résister à l'arbitraire gouvernemental.'» *Le Figaro*, 18 May 1970, p.4.
   Brief report with quotes of Sartre's press conference of 16 May 1970.

Anon. «M. Jean-Paul Sartre: 'Votez Mitterrand...mais la gauche est malade'». *Le Figaro*, 4-5 December 1965, p.6.

Anon. «M. Pierre Battesti, député de Seine-et-Marne...» *Le Figaro*, 23 September 1960, p.9.
   On Battesti's demand that the government apply Article 84 of the Penal Code to Sartre for his letter to the Jeanson tribunal.

Anon. «M. Sartre crée un 'secours rouge'». *Le Figaro*, 13-14 June 1970, p.6.
Brief report on aid for victims of injustice. Sartre is only one of several organisers.

Anon. «M. Sartre et la justice». *Le Figaro littéraire*, 27 June 1953, p.3.
Extracts from Sartre's article on the execution of the Rosenbergs in Libération, *followed by brief criticism of his failure to denounce the crimes of the Soviets.*

Anon. «Marcelle Marquet, le professeur Aubel, Serge Reggiani, Jean-Paul Sartre et 50 autres personnalités lancent un appel à la population du 6e arrondissement». *L'Humanité*, 8 April 1954.
On the anti-NATO manifesto for the Congrès de la Paix de la Seine 24-25 April 1954.

Anon. «Mary McCarthy reproche à Jean-Paul Sartre de 'pontifier'». *Le Figaro*, 16-17 October 1965, p.9.
Brief item on Frankfort writers' debate.

Anon. «Maurice Clavel et Jean-Paul Sartre fondent l'agence de presse *Libération*». *Le Figaro*, 19-20 June 1971, p.4.
Brief item. N.W.C.

Anon. «Mise en cause pour son émission antigaulliste d'hier Sartre m'a dit: 'Mon but: empêcher les auditeurs d'adhérer à l'un ou l'autre des blocs.'» *France-Soir*, 22 October 1947.
Brief interview.

Anon. «MM. Jean-Paul Sartre et Alain Moreau condamnés pour diffamation envers M. Alexandre Sanguinetti». *Le Monde*, 6 November 1974.
News report on the libel suit brought by Sanguinetti over the interview in Libération *(9 January 1974) concerning the book* Dossier S., comme Sanguinetti.

Anon. «MM. Sartre et Clavel: c'était prévisible». *Le Monde*, 10 March 1972, p.7.
Brief news item on the press statement released by Sartre and Clavel on the kidnapping of Robert Nogrette following the death of the Renault worker Pierre Overney. This issue of Le Monde *carries coverage on the affair on pp.1,6,7,8.*

Anon. «Ni à Alger ni à Stockholm». *Le Figaro*, 31 October-1 November 1964, p.5.
   Brief news item. Sartre will not attend celebrations in Algiers on 1 November 1964. N.W.C.

Anon. «Notre sifflet et le sien». *Le Canard enchaîné*, 29 December 1957.
   Pointed criticism of Sartre's article in France-Observateur *in which he attacked Brasillach's* La reine de Césarée.

Anon. «Nous accusons. Assez d'indulgence pour celui qui incite au désordre, au pillage et à la haine. EN PRISON SARTRE!» *Minute*, 16-22 June 1971, pp.1, 6-8.
   A call for Sartre's indictment for contravening Articles 23, 24, 86, 258, 309, 341, and 440 of the French penal code as the nominal director of various 'maoist' newspapers.

Anon. «Nous ne partirons pas pour la croisade. Tel est le titre d'un article des *Temps modernes* qui n'a pas paru par suite d'une menace de saisie». *Libération*, 28 April 1954.
   On the Péju editorial on Indo-China.

Anon. «Nouvelle inculpation de Jean-Paul Sartre». *Le Figaro*, 18 January 1972, p.9.
   Sartre indicted for «diffamation envers la police» in an article in the September issue of Vérité Rhône-Alpes, *a regional supplement to* La Cause du peuple, *of which Sartre was also director.*

Anon. «Nouvelle saisie de *La Cause du peuple*». *Le Figaro*, 25 May 1970, p.9.
   Includes announcement that Sartre will address meeting at the Mutualité in the evening to protest the arrest of the two previous editors.

Anon. «Obscures clartés à la Mutualité...» *Le Figaro*, 10 December 1964, p.10.
   Report on Sartre's conference on behalf of the review Clartés.

Anon. «Où M. Jean-Paul Sartre dit son mot à un éditorialiste de la *Pravda*». *Le Figaro littéraire*, 19 April 1947, p.3.
   Brief notice which includes extracts from Sartre's reply to Zaslavski.

Anon. «Parution du premier numéro de *Libération*». *Le Figaro*, 20 April 1973, p.4.
   Short news item announcing that the editors are Sartre and Maurice Clavel.

Anon. «Plastiqué Jean-Paul Sartre confirme sa plainte contre X... et tient pour responsables des attentats les 80 parlementaires de la 'motion Salan'». *Le Figaro*, 20 February 1962, p.9.
   On the bombing of Sartre's apartment (presumably by the O.A.S.) and on his complaint to the police about such violence.

Anon. «Quand Jean-Paul Sartre joue 'l'irrespectueux' à la Radiodiffusion française». *L'Époque*, 22 October 1947, p.1,4.
   Violent attack on Sartre's anti-de Gaulle Temps modernes *broadcast. On p.4,* L'Époque *publishes the text of the declaration by Maître Henry Torrès and Général de Bénouville who refused to participate in a debate with Sartre on the R.P.F. movement.*

Anon. «Quand Sartre découvre Fidel Castro». *Le Figaro*, 22 September 1960, p.1.
   Brief notice of Léo Sauvage's article in Le Figaro littéraire. N.W.C.

Anon. «Remous autour d'une émission de Sartre». *Libération*, 22 October 1947.
   A neutral account of the broadcast on gaullism.

Anon. «Renault-Billancourt. Nous avons vu le fascisme au coeur de la régie...» *La Cause du peuple*, no.18, 17 February 1972, pp.4-5.
   Account of Sartre's visit to the Renault factory and quotation from the subsequent press conference.

Anon. «Revenant de Cuba Sartre et Simone de Beauvoir: 'Vive Castro'». *Le Figaro*, 22 March 1960, p.3.
   Brief news item from the press conference in New York. N.W.C.

Anon. «Rue Bonaparte: Plastic au domicile de Jean-Paul Sartre». *Le Figaro*, 8 January 1962, p.7.
   Brief news item.

Anon. «Saisie de la revue les Temps modernes». *Le Monde*, 2-3 October 1960, p.5.
   Brief news item on the Gaullist crackdown on dissident journalists who signed the 121 Manifesto.

Anon. «Sartre à la crème... ou la p... irrespectueuse». *La France au Combat*, 29 October 1947.
   A long and violent attack on Sartre and existentialism. The article is intended as a condemnation of Sartre's broadcast on

gaullism but, in fact, this is only discussed in the first three paragraphs. The following snippet is an excellent example of passion if not of style:
«*L'existentialisme de M. Sartre est le symbole même de notre époque: une époque de crasse et de veulerie. C'est la philosophie de l'ordure, de l'abrutissement et du masochisme ... c'est la morale de la laideur, de la veulerie, de l'ignominie, de la lâchete*».

Mention is included of a lecture given by Gabriel Marcel («*un vrai philosophe*») entitled «*Les techniques de l'avilissement: de Buchenwald à Jean-Paul Sartre*». I have not been able to trace this; but the editorial comment «*un titre très pertinent et qui dit tout*» is bizarre in an article where Sartre is vilified, mistakenly, for having compared de Gaulle's moustache to Hitler's.

Anon. «Sartre à Belgrade». *Le Figaro*, 12 May 1960, p.17.
Brief news item. Only in 'Départementale' edition.

Anon. «Sartre a rencontré Baader». *Le Figaro*, 5 December 1974.
News report, with photo, of the Stuttgart press conference of 4 December following Sartre's visit to Andreas Baader.

Anon. «Sartre annule ses conférences aux U.S.A. en raison de leur politique de violence au Vietnam». *Le Figaro*, 19 March 1965, p.11.
Brief news item.

Anon. «Sartre au Caire: 'Nous sommes sans pouvoir et sans parti.'» *Le Figaro*, 6 March 1967, p.27.
Brief item with an excerpt from Sartre's speech.

Anon. «Sartre dans une interview à un hebdomadaire allemand: 'Le parti communiste a trahi la révolution de mai.'» *Le Figaro*, 16 July 1968, p.6.
Excerpt from Der Spiegel *interview. Only in 'Départementale' edition.*

Anon. «Sartre déclare à Radio-Moscou: 'Je ne représente personne...'» *Le Figaro*, 3 June 1954, p.3.
Brief news item. N.W.C.

Anon. «Sartre est un ultra-bolchéviste...déclare Merleau-Ponty». *Le Figaro littéraire*, 7 May 1955, p.1.
Brief extracts from Les Aventures de la dialectique.

Anon. «Sartre et Castro». *France Observateur*, 24 March 1960, p.10.
News item on the New York press conference praising the Cuban revolution.

Anon. «Sartre et Claude Bourdet: conférence de presse - les universitaires américains et la guerre au Vietnam». *Le Figaro*, 10 February 1968, p.14.
Only in 'Départementale' edition.

Anon. «Sartre et le néant». *Informations Ouvrières*, 24 April-1 May 1974.
An editorial column criticizing Sartre's negative attitude towards the French presidential elections.

Anon. «Sartre et Simone de Beauvoir: plus d'une heure au poste de police. Ils avaient été interpellés avec une vingtaine de vendeurs de la Cause du peuple sur les boulevards». *Le Figaro*, 27-28 June 1970, p.2.
A news report with quotations from Sartre.

Anon. «Sartre répond à de Gaulle». *Le Figaro*, 27 April 1967, p.4.
On Sartre's reply to de Gaulle re. the Russell Tribunal. Includes partial quotation from the text in Le Nouvel Observateur.

Anon. «Sartre visita a Cuba». Title of special number of *Lunes de Revolución* (Havana), no.51, 21 March 1960.
See Contat and Rybalka, p.345.

Anon. «Sartre Cancels U.S. Visit in Protest». *The Christian Century*, 31 March 1965, p.388.
On Sartre's refusal to lecture in America because of its Vietnam policy.

Anon. «Sartre Criticizes U.S. Politics in Vietnam». *The New York Times Magazine*, 2 April 1965, p.2.
On Sartre's refusal to lecture in America.

Anon. «Sartre, Beauvoir et la bombe». *Le Figaro*, 19 October 1966, p.13.
Brief report on Japanese tour and the nuclear problem.

Anon. «Sartre, Israël et les Arabes». *Le Nouvel Observateur*, 1 July 1965, p.11.
A short item on Sartre's impending visit to Israel.

Anon. «Sartre: *L'Affaire Henri Martin*». *La Vie franciscaine*, no.4, April 1954.
Very brief review. N.W.C.

Anon. «Sartre: protestera-t-il contre l'antisémitisme russe?» *Le Figaro*, 28 January 1953, p.6.
In 'Départementale' edition only.

Anon. «Sartre: Les suites de l'engagement». *L'Express*, 14 September 1956, p.16.
On the announcement in Les Temps modernes *that Sartre would publish the conclusion to* «*Les Communistes et la Paix*».

Anon. «Sartre: Une machine à guerre civile». *Paris-Match*, no.599, September 1960.
Editorial condemning Sartre's letter to the Jeanson tribunal.

Anon. «Si le roi savait ça...» *Le Figaro littéraire*, 1 May 1954, p.3.
Brief item on missing editorial in April issue of Les Temps modernes *. N.W.C.*

Anon. «Simone de Beauvoir et Jean-Paul Sartre sont convoqués cet après-midi au Palais de Justice». *Le Figaro*, 24 September 1971, p.15.
Brief news item. N.W.C.

Anon. «Six associations d'anciens combattants manifesteront lundi place de l'Étoile pour protester contre les '121'». *Le Monde*, 2-3 October 1960, p.5.
Includes an old soldier's diatribe against the wicked Sartre.

Anon. «Sursis d'interrogatoire pour Jean-Paul Sartre et Simone de Beauvoir». *Le Figaro*, 30 November 1960.
Brief news item. N.W.C.

Anon. «The Far Side of Despair». *The New Statesman*, 30 June 1956, pp.764-765.
On Sartre's political evolution and acceptance of Marxism.

Anon. «Tournée en Uzbekistan». *Le Figaro*, 17 June 1954, p.3.
Brief news item on Sartre's Soviet tour. N.W.C.

Anon. «Turquie. MM. Malraux et Sartre interviennent en faveur des condamnés à mort». *Le Monde*, 23 March 1972.

Brief news item on the appeal by the Comité de soutien aux victimes de la répression en Turquie on behalf of three students condemned to death by the Erin government.

Anon. «Un long cortège à travers Paris». *Le Monde*, 7 March 1972, pp.8-9.
Description of Pierre Overney's funeral with brief mention of Sartre's presence.

Anon. «Un opuscule de Jean-Paul Sartre sur le livre de Henri Alleg est saisi». *Le Figaro*, 10 March 1958, p.15.
Three paragraphs on seizure of Une Victoire.

Anon. «Une association des amis de *la Cause du peuple*». *Le Figaro*, 5 June 1970, p.7.
Brief report, with quotes, of Sartre's press conference of 4 June 1970.

Anon. «Une collaboration Sartre-Dedijer». *Le Figaro*, 20 July 1970, p.8.
On co-operation with Yugoslav editor Dedijer for series on modern revolutionary trends. N.W.C.

Anon. «Une conférence de presse en faveur des Français métropolitains non amnistiés pour leur aide au F.L.N». *Le Monde*, 22 January 1963, p.16.
Includes text of manifesto signed by Sartre and others.

Anon. «Une conférence de presse de M. Jean-Paul Sartre qui voudrait être inculpé» and «Relance d'une campagne». *Le Figaro*, 2 December 1960, p.8.

Anon. «Une demande d'interpellation sur l'affaire J.-P. Sartre». *Le Figaro*, 26 October 1947, p.3.
Brief item on Sartre's radio indiscretion. N.W.C.

Anon. «Une mise au point de Sartre». *Libération*, 23 October 1947.
Quotes the brief reply by Sartre to Torrès and Bénouville broadcast on the daily programme 'La Tribune de Paris.' On their refusal to debate with him, Sartre observes: «Nous avons appris, en effet, que le refus hautain de discuter et l'habitude de remplacer les arguments par des attitudes sont un des chemins les plus sûrs pour conduire au fascisme».

Anon. «Voici le but à atteindre...» *L'Express*, 8 December 1960.
Report on press conference of Sartre and de Beauvoir on return from Brazil.

Anon. «Wide-eyed Pilgrim to Russia». *Newsweek*, 13 September 1954, p.110.

Anon. «75 ans d'histoire par ceux qui l'ont faite. Sartre à la télé». *Libération*, 19 November 1974.
News article on the agreement reached with Marcel Jullian, director of the French Channel 2, for a projected series of 10 one-hour programmes starting October 1975 to be undertaken by Sartre and his team without censorship. This article includes a brief interview with Sartre.

Anon. Article regretting attitude taken by French writers over Hungary, but reaffirming that *Nekrassov* has not been banned in Moscow. *France-URSS*, January 1957.

Anon. Brief article on appeal by Franco-Polish intellectuals for 'dégagement' of Central Europe signed by Sartre. *Le Monde*, 4 April 1959.

Anon. Brief article on comments in press, particularly *Combat*, concerning Sartre's trial for defamation. *Le Figaro*, 22 June 1971, p.6.
Only in 'Départementale' edition.

Anon. Brief comment on Maulnier's «L'Ironie de Jean-Paul Sartre» (q.v. Section 501). *Nieuwe Rotterdamse Courant*, 20 January 1954. N.W.C.

Anon. Brief item on condemnation by 'le comité exécutif du Syndicat des écrivains' of police action in *Une Victoire* affair. *Le Figaro*, 19-20 April 1958, p.2. N.W.C.

Anon. Brief item on formal complaint lodged by Sartre's lawyers re. destruction of the type-face of *Une Victoire*. *Le Figaro*, 3 April 1958, p.2.

Anon. Brief notice of Sartre's visit to refugee camp in Gaza. *Le Figaro*, 13 March 1967, p.22.

Anon. Brief notice of, and an excerpt from, Sartre's speech for the 'Comité d'initiative pour la grève du vote du 27 avril.' *Le Figaro*, 19 March 1969, p.6.

Anon. Brief notice of the 'Mardis de Preuves' debate on «Philosophie et engagement politique chez Sartre» scheduled for 23 February 1965, the debate to be introduced by Aimé Patri and Mme Colette Audry. *Le Figaro*, 22 February 1965, p.20.
This debate was also announced in Le Figaro *the following day. It took place in the Maison des Centraux, 8, rue Jean-Goujon, Paris 8e. A brief review appeared in* Le Figaro, *25 February 1965, on p.11.*

Anon. Brief notice on seizure of November issue of *Les Temps modernes*. *Le Figaro*, 21 November 1961, p.8.

Anon. Brief notice on seizure of *Les Temps modernes*. *Le Figaro*, 1-2 October 1960, p.4. N.W.C.

Anon. Brief summary of Sartre's Sorbonne lecture 1 November 1946. *Franc-Tireur*, 2 November 1946. N.W.C.

Anon. Brief summary of Sartre's Sorbonne lecture 1 November 1946. *Le Parisien libéré*, 2 November 1946. N.W.C.

Anon. Report of press conference in Rio condemning U.S. and U.S.S.R. imperialism. *Le Monde*, 7 August 1960.

Aron, Raymond. «Jean-Paul Sartre et le prolétariat ou la grande peur du mal-pensant». *Le Figaro littéraire*, 27 September 1952, pp.1,5.
Long, important critique of «Les Communistes et la paix». *The article has weaknesses in argumentation (and in its polemics), but is, nonetheless, well worth reading.*

Aron, Raymond. «Réponse à Jean-Paul Sartre». *Liberté de l'Esprit*, no.5, June 1949, pp.101-103 and also no.6, Summer 1949, pp.137 et seq.

Ascia, Ugo d'. «Una nuova generazione e apparse rinasce con esse la fiducia nelle libertà». *Avanti* (Rome), 16 December 1961.
Interview with Sartre. Extracts of this interview appeared in L'Humanité, *21 December 1961, and it was briefly mentioned in* Le Monde, *22 December 1961.*

Astre, G.-A. «Il faut rétablir la justice». *Action*, 24 January 1952.
Interview with Sartre on the Henri Martin affair.

Auclères, Dominique. «Ouvert à Vienne, le Congrès de la paix a trouvé hier sa vedette: Jean-Paul Sartre...» *Le Figaro*, 13-14 December 1952, p.3.

Audry, Colette and Stéphane, Roger. «Lisez *Les Temps modernes*». *Arts*, 26 September-2 October 1952, p.5.

Bajnovic, Luka. «Sartre, escritor comprometido». *Nuestro Tiempo*, Year 11, vol.22, December 1964, pp.668-675.

Barrillon, Raymond. «M. Jean-Paul Sartre se rallie à M. Mitterrand». *Le Monde*, 4 December 1965, pp.1-2.

Barrillon, Raymond. «Une querelle d'idées et de mots entre MM. J.-P. Sartre et Kanapa». *Le Monde*, 28-29 March 1954.

Barry, Joseph A. «Sartre enters a New Phase». *New York Times Magazine*, 30 January 1949, pp.12, 18-19.
Mainly concerned with the problems surrounding the adaptation of Dirty Hands. *A revised version appeared (pp.99-109) in Barry's* Left Bank, Right Bank, *New York: Norton, 1951.*

Barry, Joseph A. «Die Verwandlungen des J.-P. Sartre». *Amerikanische Rundschau* (Munich), no.24, 1949, pp.117-120.
Tr. of the preceding entry.

Bd., A. «A la Tribune du Jeune Barreau. Sartre, la Justice et l'État». *Le Soir* (Brussels), 26 February 1972.
Brief résumé of Sartre's lecture. See also Mean, André, this Section.

Bechtel, Guy. «Monsieur Sartre, vous êtes devenu celui dont vous vous moquiez hier». *Carrefour*, Year 15, no.715, 29 May 1958, p.13.

Becker, William. «Post-war French Drama». *The New Republic*, 7 September 1953, p.20.
Includes only one sentence on Sartre, but its content is typical of the attitude of The New Republic *editorial policy at the time: «Sartre, since his absolute commitment to CP, seems to be finished as a responsible intellectual». This was briefly and effectively answered by Spiegelberg in a footnote to «French Existentialism: Its Social Philosophies» in* The Kenyon Review, *Summer 1954, p.447.*

Bedel, Jean. «C'est la première fois que je vois un espoir se dessiner parmi les hommes». *Libération*, 18 December 1952.
Interview with Sartre on the Vienna peace congress.

Bedel, Jean. «Les impressions de Jean-Paul Sartre sur son voyage en U.R.S.S». *Libération*, a series of five interview-articles appearing respectively on 15, 16, 17-18, 19 and 20 July 1954.

Belin, René. «Le coco magnifique». *Bulletin de Paris*, 25 January 1957.
Right-wing review of «Le Fantôme de Staline».

Ben-Gal, Ely. «Jean-Paul Sartre: 'cette guerre aurait pu aboutir à la destruction de l'Etat d'Israël!'». *Cahiers Bernard Lazare*, no.14, December 1973, pp.18-19.
Interview on the Youm Kippour War in which Sartre denounces the Arab aggression. This is followed (on p.20) by Sartre's text «Cette guerre ne peut que contrarier l'évolution du Moyen-Orient vers le socialisme» which first appeared in Libération, *29 October 1973. The first half of this declaration was also published in* L'Ami d'Israël, *no.6, 1974, p.94 in an article entitled «La quatrième guerre israélo-arabe et l'opinion publique».*

Berger, Yves and Simon, Claude. «Deux écrivains répondent à Jean-Paul Sartre. (Berger: Nous ne sommes pas des traîtres; Simon: Pour qui donc écrit Sartre?)». *L'Express*, 28 May 1964, pp.30-33.
Reaction to the April interview with Sartre in Le Monde.

Bergeron, Régis. «Jean-Paul Sartre retour du Congrès de Vienne...» *France-U.R.S.S.*, no.90, February 1953, pp.7-8.

Biollay, Emile. «Jean-Paul Sartre, escamoteur d'Israël?» *La Revue juive de Genève*, Year 10, no.6-7, June-July 1947, pp.213ff. Not seen.

Blanchet, André. «La vie littéraire. La querelle Sartre-Camus». *Études*, vol.275, no.11, November 1952, pp.238-246.

Bloch-Michel, Jean. «Letter from Paris: On the French Left». *Encounter*, vol. 21, October 1963, pp.53-55.

Blumenthal, Simon and Spitzer, G. «Bilan et perspectives de la lutte antifasciste». *La Voie communiste*, nlle série, no.29, June-July 1962.
Interview with Sartre.

Bodin, Paul. «Au-delà de la querelle Sartre-Camus une grande bataille se poursuit - Une polémique qui nous est finalement destinée». *Arts*, 26 September-2 October 1952, pp.1,5.

Boisdeffre, Pierre de. «La fin d'une amitié: Sartre contre Camus». *La Revue Libre*, no.3, December 1952, pp.51-57.

Boisdeffre, Pierre de. «Sartre face au communisme». *L'Age nouveau*, no.79, February 1953, pp.34-50.

Boisdeffre, Pierre de. «Témoignages en marge d'une enquête». *Liberté de l'esprit*, Summer 1949.

Bolgar, Mirja. «Nobelkirjailija Sartresta aatteensa katukaupustelija». *Uusi Suomi* (Helsinki), 7 May 1971.
  News article on Sartre's involvement with La Cause du peuple.

Bolgar, Mirja. «Sartre pyrkii vankilaan». *Uusi Suomi*, 12 May 1970.
  News letter on Sartre's increasing extremism including his directorship of La Cause du peuple.

Bondy, François. «Jean-Paul Sartre and politics». *Journal of Contemporary History*, vol.2, no.2, April 1967, pp.25-48.

Bondy, François. «Jean-Paul Sartre und die Politik». *Merkur*, Year 21, vol.8, no.233, August 1967, pp.764-780.

Bondy, François. «France (The New Puritans)». *Censorship*, vol.1, Autumn 1964, pp.7-9.

Bondy, François. «Jean-Paul Sartres Testament. Der achtundsechzigjährige Revolutionär zieht sich auf sich selbst zurück». *Die Zeit*, no.27, 5 July 1974, p.8.

Bonomi, Andrea. «La polemica con Sartre. (Merleau-Ponty)». *Aut Aut*, no.66, November 1961, pp.562-567.

Bonomi, Andrea. «Un filosofo e la politica». *Aut Aut*, no.82, 1965, pp.40-57.

Bosschère, Guy de. «Lettre à J.-P. Sartre sur la non-violence». *Synthèses*, Year 13, no.149, October 1958, pp.279-292.

Bouloux, P. «Sartre: impunité ou sénilité?» *Le Figaro littéraire*, 8-14 June 1970, p.5.
  A reader's letter (Bouloux is a barrister) on the Cause du peuple *affair.*

Bourdet, Claude. «Un Rassemblement». *Combat*, 27 February 1948.
On the R.D.R.

Boussinot, Paule. Interview with Sartre re. Vienna congress in *Défense de la Paix*, numéro spécial, December 1952, pp.12-14.

Brunschwig, Francine. «La bande à Baader empoisonne toujours l'Allemagne». *24 heures* (Lausanne), 12 December 1974, p.56; and 13 December 1974, p.48.
   Two full-page articles on the Baader-Meinhof affair. Sartre is discussed occasionally in the first article which gives examples of the anti-Sartre campaign of some German newspapers.

Burnet, Mary. «Revolutionary democrats». *New York Herald Tribune* (Paris), 2 June 1948.
   Interview with Sartre on the R.D.R.

Burnier, Michel-Antoine. «Raymond Aron: l'opium des conservateurs». *Magazine littéraire*, no.28, April-May 1969, pp.36-39.

Burnier, Michel-Antoine. «Sartre parle des Maos». *Actuel*, no.28, February 1973, pp.73-77.
   Worth consulting for Sartre's assessment of his recent political activities. A translation of this appeared anonymously in Ramparts, *no.7, February 1974, pp.34-39; and in* Telos, *no.16, Summer 1973, pp.92-101 (not seen).*

Burnier, Michel-Antoine. «Un combat politique». *L'Arc*, no.30, 1966, pp.15-19.

Caillet, Gérard. «Sartre contre Camus». *France-Illustration*, no.362, 20 September 1952, p.280.

Camus, Albert. «Lettre au Directeur des *Temps Modernes*». *Les Temps Modernes*, no. 82, August 1952, pp. 317-333.

Canard, Jérôme. «Jean-Paul Sartre dans *Le P... respectueux*». *Le Canard enchaîné*, 25 August 1954.
   A humorous dramatic dialogue which takes place in the Café de Florisky, Saint-Kremlin-des-Prés, satirising Sartre's visit to Russia. The 'P...' of the title stands for 'Philosophe' ...naturally.

Carat, Jacques. «La rupture Camus-Sartre». *Preuves*, Year 2, no.20, October 1952, pp.53-56.

Carat, Jacques. «Le déchirement des *Temps modernes*». *Preuves*, June 1954, pp.66-68.
A polemical article on «Les Communistes et la Paix», the suppression of Péju's editorial, and Lanzmann's attack on Koestler.

Cardonnel, Jean. «Gare à l'esthétique du pouvoir». *Le Monde*, 23 July 1971.
One of four articles replying to Jean d'Ormesson (Le Monde, 23 June 1971). See also J.-P. Faye, L. Giuliani and D. Guérin.

Cesa, C. & I. Vanni. «Sartre a confronto con la politica e con se stesso». *Il Ponte*, July 1964, pp. 981-983.

Champlyn, E. «Sartre ou Socrate sans le poison». *Le Thyrse*, no. 57, 1964, p. 509. Not seen.

Châtelet, François. «Sartre et la politique». *La Quinzaine littéraire*, no.18, 15-31 December 1966, pp.22-23.
Review of Burnier: Les existentialistes et la politique.

Chauffier, Louis-Martin. «Autour des tribulations d'un tribunal. Les enfantillages de Sartre». *Le Figaro littéraire*, 8 may 1967, p.11.
A full page coverage of the Russell Tribunal on the Vietnam War Crimes.

Chauffier, Louis-Martin. «Où en est Sartre? En littérature un grand; en politique un enfant». *Le Figaro littéraire*, 30 November 1970, pp.10-12.
A long article which attempts to «retracer l'itinéraire qui a mené Jean-Paul Sartre de La Nausée *au tonneau de Billancourt». The conclusion is indicated in the title. See also the interview with Jean-Edern Hallier in the same issue.*

Chazel, Jean. «Situation de Jean-Paul Sartre». *Prétextes*, May-June 1950, pp.2-5.

Chevallier, Jean-Yves. «Lettre à Sartre». *Le Monde nouveau-Paru*, Year 12, no.102, July 1956, pp.56-58.

Clincke. «Le soldat et le philosophe». *Le Figaro littéraire*, 21 December 1970, pp.3.
Reader's letter signed «Soldat Clincke» on Martin-Chauffier's «Où en est Sartre?»

Conilh, Jean. «Staline, le fantôme de Sartre». *Esprit*, Year 25, no.248, March 1957, pp.499-501.

Cony, Carlos H. «O discurso de Sartre». *Leitura*, Year 23, no.87-88, August-November 1964, p.66.

Costantini, Costanzo. «Jean-Paul Sartre spiega la crisi della gioventù di oggi». *Il Messagero di Roma*, 25 August 1959.
Interview with Sartre.

Cotta, M. «Le Concile et Sartre à la Mutualité». *L'Express*, no.705, 21-27 December 1964, pp.72-73.
On the debate «Que peut la littérature?».

Cousteau, P.-A. «L'ennemi introuvable». *Rivarol*, 12 December 1957.
Right-wing comment on Sartre as «*l'ennemi providentiel*», i.e. he is so hideous that Right must be right.

Daix, Pierre. «Situation de Sartre». *Les Lettres françaises*, 21-27 May 1964, pp.1-2.

Daix, Pierre. «Situation et intention de Monsieur Sartre». *Les Lettres françaises*, 1949. Not seen; date and pages not known.

Debray, Pierre. «Quand M. Sartre découvre la technocratie». *Aspects de la France*, 25 October 1962, p.2.

Desanti, Dominique. «Sartre et l'engagement». *Adam*, Year 35, no.343-345, 1970, pp.32-35.

Deville, Arrieux, Labre. «Entretien avec Jean-Paul Sartre». *La Voie communiste,* nlle série, no.20, February 1961.

Domenach, Jean-Marie. «The Camus-Sartre Debate». *The Nation*, vol.176, 7 March 1953, pp.202-203.

Droit, Michel. «Gatti, Sartre et la Religieuse». *Le Figaro littéraire*, 6-12 January 1969, p.36.
On Sartre's protestation against the banning of Gatti's Passion en violet, jaune et rouge.

Du Bray, César. «Des psychiatres pour Jean-Paul Sartre!» *Aspects de la France*, 8 July 1971.
On Sartre's indictment for «*diffamation envers la police*» during the Cause du peuple *affair. Du Bray scathingly attacks what he sees as Sartre's martyr complex:*

«*Masochiste congénital, anar de brasserie, marxiste mais dans le genre 'brothers', il s'efforçait d'attirer les coups, mais n'en recevait aucun ... c'est surtout cette attitude obstinée dans la recherche d'un rôle auquel rien ne le destine qui paraît relever de la paranoia: souffrant d'un refoulement qui n'a fait qu'empirer avec la sénescence, ce petit bonhomme s'adonne, par le biais d'une politisation confuse, à un exhibitionnisme permanent...*»

Dubois, Paul. «Nos modèles chinois». *Le Figaro littéraire*, 14 December 1970, p.3.
   Reader's letter on the J.-E. Hallier interview and Martin-Chauffier's article «Où en est Sartre?» both in the issue for 30 November 1970.

Dumur, Guy. «Le spectacle Sartre». *L'Arche*, no.22, December 1946, pp.117-122.

Ehrenbourg, Ilya. «Le cas Sartre». *Le Figaro littéraire*, 1-7 July 1965, pp.1,7.

Emmanuel, Pierre. «The 'Leftist' Group in France». *The Listener*, 30 April 1953, pp.706-707.

Etcheverry. «La polémique Sartre-Camus: les raisons d'une rupture». *Revista Universitaria*, no.3, 1953, pp.1-2.

Étiemble, René. «Lettre ouverte à Jean-Paul Sartre sur l'unité de mauvaise action». *Arts*, 24-30 July 1953.

Fabre-Luce, Alfred. «Résurrection du civisme». *Le Monde*, 12 October 1960, p.6.
   On the 121 and Algeria. Includes two polemical paragraphs on Sartre's letter to the 'réseau Jeanson' tribunal.

Fanon, Josie. Interview re. Sartre's attitude to Arab-Israeli conflict. *El Moudjahid*, 10 June 1967.
   Mme Fanon is highly critical of Sartre's position.

Fargier, Marie-Odile. «Sartre et les gauchistes». *Combat*, 3 June 1971, p.10.

Fayard, Jean. «Procès-verbal». *Le Figaro*, 28 June 1971, p.1.
   On Sartre's trial for defamation for articles published in Tout *and* La Cause du peuple.

Faye, Jean-Pierre. «Violence aveugle». *Le Monde*, 23 July 1971.
  *One of four articles replying to d'Ormesson (*Le Monde, *23 June 1971). See also: D. Guérin, J. Cardonnel, and L. Giuliani.*

Figuères, Leo. Criticism of Sartre's bourgeois revisionism in *Problèmes de la paix et du socialisme* (revue théorique des partis communistes), Prague, January 1963.
  Not seen. Chiodi, *in* Sartre e il marxismo, *quotes from the Italian edition* Problemi della pace e del socialismo *and gives the tr. title as* «La lotta ideologica in Francia». *The article appears to be an extremely savage attack on Sartre who is described as the* «portavoce dell'anticomunismo americano».

Fisson, Pierre & LeBolzer, Guy. «Après la tragique échauffourée de Billancourt». *Le Figaro*, 29 February 1972, p.10.
  On Sartre's 'investigation' of the murder of Pierre Overney, a young left-wing worker at Renault.

Flanner, Janet. «Letter from Paris». *The New Yorker*, 13 December 1952, p.161.
  On Sartre's closer adherence to the P.C.

Flanner, Janet. «Letter from Paris». *The New Yorker*, 7 August 1954, pp.77-78.
  On Sartre's Russian tour.

Flanner, Janet. «Letter from Paris». *The New Yorker*, 13 May 1967, p.170.

Flapan, Simha and André Scemama. «Jean-Paul Sartre et le sionisme». *Le Monde*, 8 April 1967, p.5.

Florenne, Yves. «Au jour le jour. La valise». *Le Monde*, 23 September 1960, p.1.
  Brief criticism of Sartre's pro-Jeanson letter to the military tribunal. See entry for Théolleyre in this Section.

Fornari, Franco. «Dissento da Sartre». *La Fiera Letteraria*, Year 42, no.31, 3 August 1967, pp.3-4.

Francis, J. «Jean-Paul Sartre relu... et corrigé». *Dimanche-Matin*, 19 September 1955.
  On Merleau-Ponty's reply to Sartre in Les Aventures de la dialectique.

Franck-Dominique. «L'émission contradictoire Sartre-Henry Torrès n'a pas pu avoir lieu». *L'Ordre de Paris*, 22 October 1947?
   Includes brief interview with Sartre. Unidentifiable clipping in Fonds Rondel 2647, p.66.

Frossard, André. «Cavalier seul. Tous en justice». *Le Figaro*, 16-17 January 1971, p.1.
   Frivolous article on Sartre's collaboration with left-wing monthly J'accuse.

Frossard, André. «Cavalier seul. Bidon». *Le Figaro*, 23 October 1970, p.1.
   Hostile comment on Sartre's Renault factory speech reported in Le Figaro *on 22 October 1970.*

Frossard, André. «Cavalier seul. Dévouement». *Le Figaro*, 20 March 1969, p.1.
   Comment on Sartre's speech on behalf of the 'Comité d'intiative pour la grève du vote du 27 avril.'

Frossard, André. «Cavalier seul. Soldatesque». *Le Figaro*, 9 February 1972, p.1.
   Brief and weird comments on manifesto signed by Sartre and others against the use of torture in the French army.

Frossard, André. «Cavalier seul. L'Esprit révolutionnaire d'après M. Jean-Paul Sartre». *Le Figaro*, 17 July 1968, p.1.
   Curious criticism of Sartre's criticism of the Communist position in May.

Frossard, André. «Cavalier seul. Anodin». *Le Figaro*, 16 June 1970, p.1.
   Comment on Mauriac's observation in Le Figaro littéraire *that Sartre is* «*incurablement inoffensif*».

Frossard, André. «Cavalier seul. Portrait robot?» *Le Figaro*, 3-4 February 1968, p.1.
   Brief, hostile comment on Sartre's declarations to the Belgian review Le Point.

Frossard, André. «Cavalier seul. Rechute». *Le Figaro*, 29 April 1970, p.1.
   Expected criticism of Sartre's direction of La Cause du peuple.

Frossard, André. «Cavalier seul. Changement». *Le Figaro*, 29 May 1970, p.1.
 On Sartre's position in the Cause du peuple *affair. Hardly worth reading.*

Frossard, André. «Cavalier seul. Toujours l'objectivité». *Le Figaro*, 26 March 1969, p.1.
 Foolish criticism of Sartre's notion of political objectivity.

Frossard, André. «Cavalier seul. Enfin» *Le Figaro*, 28 January 1970, p.1.

Frossard, André. «Cavalier seul. Guerre civile». *Le Figaro*, 13 July 1970, p.1.

Frossard, André. «Cavalier seul. Bon maître». *Le Figaro*, 8 May 1973, p.1. N.W.C.

Frossard, André. «Cavalier seul.Chirurgie esthétique». *Le Figaro*, 13 July 1962, p.1.
 Caustic comment on Sartre's second tour of the U.S.S.R.

Frossard, André. «Cavalier seul. OPAM». *Le Figaro*, 4 June 1971, p.1.
 On Sartre's acceptance to direct a fourth left-wing journal Révolution. *OPAM= Opérations publiques d'assistance morale.*

Frossard, André. «Cavalier seul. Procès». *Le Figaro*, 26-27 June 1971, p.1.
 On Sartre's trial for articles published in Tout *and* La Cause du peuple.

Frossard, André. «L'intellectuel-flic et le sergent de lettres ou du perdreau sur Kanapa». *Bulletin de Paris* (hebdo. de *France-Documents*), 9 April 1954.
 A full-page commentary (with an amusing photo-montage of Sartre in police uniform) on the Sartre-Kanapa affair. The style is humorously hostile to both parties.

Fullat, Octavi. «La 'Historia' entendida por Albert Camus». *Cuadernos para el Diálogo*, no.76, January 1970, pp.42-45.
 Includes very brief mention of Sartre's contrary view of History.

Garat, Jacques. «Il viaggio di Jean-Paul Sartre in Russia». *La Fiera Letteraria*, Year 9, no.32, 8 August 1954, p.4.

Garaudy, Roger. «A propos d'un article de Jean-Paul Sartre sur Pierre Hervé». *La Nouvelle Critique*, Year 8, no.75, May 1956, pp.38-44.

Garaudy, Roger. Reply to Sartre's condemnation of invasion of Hungary. *France Nouvelle* (hebdomadaire du P.C.F.), 15 November 1956.
Sartre and others who protested are described by Garaudy as «... apprentis sorciers aveuglés ... par leur individualisme orgueilleux».

Garot, J.C. «Intellectuals and Revolution: Interview with Jean-Paul Sartre». *Ramparts*, vol.9, no.6, December 1970, pp.52-55.
Trans. by Bruce Rice of the interview which originally appeared in Le Point (Brussels). French text not seen; but see Contat and Rybalka.

Gaucheron, Jacques. «Jean-Paul Sartre commente 'l'affaire Henri Martin'». *L'Humanité*, 9 November 1953.
Compares Sartre's action (favourably) to Voltaire's in the Calas affair.

Gaulle, Charles de. «De Gaulle à Sartre (lettre du 19 avril 1967)». *Le Nouvel Observateur*, no.128, 26 April-3 May 1967, p.4.

Genet, Jean. «Jean Genet et la condition des immigrés». *L'Humanité*, 3 May 1974, p.12.
An attack on the living and political conditions of immigrant workers in France which includes criticism of Sartre's silence on the subject.

Geoffroy, Jean. «Sartre et l'apartheid». *Le Nouvel Observateur*, no.105, 16-22 November 1966, pp.12-13.

Gérard, René. «Sartre et la politique». *Réforme*, 1 October 1960, p.6.
A sympathetic survey of Sartre's political evolution.

Giuliani, Léo. «Les révolutionnaires sont seuls». *Le Monde*, 23 July 1971.
See also: Cardonnel, Faye, and Guérin in same issue.

Grosser, Alfred. «Verdient der Stammheimer Zuchthausbesuch des Philosophen Kritik? Eine Stimme für Sartre». *Die Zeit*, no.51, 20 December 1974.
Sympathetic but critical commentary on Sartre's action in the Baader-Meinhof affair.

Grossvogel, D.I. «Un Américain écrit à Sartre». *Le Nouvel Observateur*, no.21, 8 April 1965, p.11.
   A reply to Sartre's «*Pourquoi je refuse d'aller aux États-Unis: Il n'y a plus de dialogue possible*», published in the previous issue (1 April 1965, pp.1-3).

Guérin, Daniel. «Des moulins à vent?» *Le Monde*, 23 July 1971.
   See also: Faye, Cardonnel and Giuliani in same issue.

Guillème-Brulon, J. «Jean-Paul Sartre invité à prononcer à Barcelone, le discours de clôture de la 'Semaine de Rénovation universitaire'». *Le Figaro*, 22 April 1966, p.3.

Hallier, Jean-Edern & Bernard Pivot. «Une interview». *Le Figaro littéraire*, 30 November 1970, p.13.
   Interview with Hallier on his reasons for inviting Sartre to become director of La Cause du peuple.

Hartley, Anthony. «Sartre and Émile Zola». *Encounter*, September 1964, pp.94-95.
   A letter to the editor including a tr. of the letter sent by Sartre to Le Monde *following its interview with him earlier in the year.*

Hervé, Pierre. «Ce qui fait délirer Sartre». *Le Nouveau Candide*, 29 December 1961.
   A Communist attack on Sartre's support for the Algerian F.L.N. Hervé suggests that infantile regression has set in and that Sartre is revolting against a private father-figure - i.e. de Gaulle.

Hervé, Pierre. «La clique de ceux qui ont rejeté en bloc la Révolution». *L'Humanité*, 15 December 1948.
   A Party attack on the meeting in the Salle Pleyel of the R.D.R. on 13 December 1948 at which Sartre spoke.

Hervé, Pierre. «Sophie a des malheurs». *Action*, 5 November 1947.
   A heated, but amusing, polemic on Sartre's anti-gaullist broadcast. Sartre is described as «le bouffon de Ramadier», but this is almost a courtesy in an article which refers to Claudel as «cette grande soupière de tripes à l'eau bénite». The title refers to the S.F.I.O. (la Section Française de l'Internationale Ouvrière).

Heutges, Pierre. «Tout dans ce pays est émouvant». *L'Humanité*, 1 November 1955.
   Interview on Sartre's visit to the U.S.S.R.

J., P. «Nouvel incident sur les ondes. Jean-Paul Sartre attaque le général de Gaulle». *Le Parisien libéré*, 22 October 1947.
Hostile account of Sartre's broadcast in which de Gaulle was compared to Hitler. Includes a second article, «Sartre, vous êtes tombé bien bas, lui répond Me Henry Torrès», which describes the subsequent meeting of Sartre with Torrès, Bénouville, and Aron.

Jacob, Madeleine. «Le problème juif? Un problème international déclare Jean-Paul Sartre au procès des amis du Stern». *Franc-Tireur*, 14 February 1948.
On the trial of Robert Misrahi for possessing explosives.

Jamet, Dominique. «Profil. Grand-papa Sartre et les gauchistes». *Le Figaro*, 1 June 1970, p.8.
A long and unfunny attempt to deflate Sartre's recent involvement with the young maoists.

Jamet, Dominique. «Sartre écrivain rengagé». *Le Figaro littéraire*, 4-10 May 1970, pp.8-9.
On La Cause du peuple *affair with sarcastic comments on Sartre's search for martyrdom.*

Jeanson, Francis. «Interview de Sartre». *Vérités pour...* (mensuel clandestin), no.9, 2 June 1959, pp.14-17.
It was to this interview published in the underground organ of the 'réseau Jeanson' that Sartre referred in his letter to the military tribunal. For Sartre's letter, see Le Monde, *22 September 1960, p.7.*

Jeanson, Francis. «Lettre à Jean-Paul Sartre». *Les Temps modernes*, no.169-170, April-May 1960, pp.1535-1549.
On the editorial and note by Péju on the 'réseau Jeanson' in the previous issue.

Jeanson, Francis. «Pour tout vous dire». *Les Temps modernes*, no.82, August 1952, pp.354-383.
A reply to the Jeanson-Camus-Sartre debate over L'Homme révolté.

Jeanson, Francis. «Pris d'une nausée politique, Sartre quitte le R.D.R.». *Samedi Soir*, 13 October 1949.

Jolivet, Régis. «El diálogo entre Jean-Paul Sartre y Albert Camus». *Sapientia*, vol.9, 1954, pp.119-123.

July, Serge. «*Libé* et Jean-Paul Sartre». *Libération*, 20 June 1974.
   Editorial note announcing Sartre's decision to resign from the paper for reasons of ill-health.

Just, Claude. Letter criticising 'confusionnisme' of R.D.R. in *La Bataille socialiste*, 19 March 1948.

Kahn, Jean-François. «L'épée de Sartre». *L'Express*, 13-19 February 1967, pp.37-38.
   Review of Burnier, Les Existentialistes et la politique.

Kanapa, Jean. «Jean-Paul Sartre, les communistes et la paix». *La Nouvelle Critique*, Year 4, no.39, September-October 1952, pp.23-42.

Kanapa, Jean. «Un 'nouveau' révisionnisme à l'usage des intellectuels». *L'Humanité*, 22 February 1954.
   See Sartre's reply in Les Temps modernes, *no.100, March 1954, pp.1723-1728.*

Kanapa, Jean. «A propos d'un article de Jean-Paul Sartre». *L'Humanité*, 24 March 1954.
   Letter debating Sartre's criticism of Kanapa's article of 22 February 1954 in L'Humanité.

Karol, K.S. «Jeunesse et guerre d'Algérie». *Vérité-Liberté*, no.3, July-August 1960.
   Interview with Sartre.

Karol, K.S. «Sartre on Violence». *The New Statesman*, 25 June 1960, pp.929-930.
   Interview on Sartre's position on the War in Algeria. English version of the previous entry.

Karol, K.S. «Sartre, Picasso and the Party». *The New Statesman*, 9 February 1957, pp.163-164.
   On Sartre's reaction to the invasion of Hungary.

Karol, K.S. «The Prisoner of Paris». *The New Statesman*, 15 March 1958, pp.328-329.
   On freedom of the press in France and Sartre's involvement in the Henri Alleg Affair.

Kitchen, Paddy. «Sartre's total relevance». *Tribune*, vol.34, no.45, 6 November 1970, p.11.

Knight, Everett W. «The politics of Existentialism». *Twentieth Century*, vol.65, August 1954, pp.142-153.

Korn, Karl. «Anti-Sartre oder Auseinandersetzung mit dem Socialutopismus». *Frankfurter Allgemeine*, no.205, 5 September 1970.

Krauss, W.M. «Sowjetrussische Meinung über Sartre». *Berliner Hefte für geistiges Leben*, Year 2, 1947, p.389.

Kravetz, Marc. «Sartre et la politique». *Magazine littéraire*, no.55-56, September 1971, pp.27-32.

Kronengold, Tobie. «Sartre envisage la question juive». *Flambeau*, 1949, pp.5-8. Not seen.

L., G. «Sartre est récupérable». *Le Nouvel Observateur*, no.76, 27 April-3 May 1966, p.36.
Review of the Nouvelle Critique number «Sartre est-il marxiste?»

L., R. «Sartre n'est pas sérieux». *Le Figaro littéraire*, 22 May 1967, p.3.
A reader's letter following Martin-Chauffier's article on the Russell Tribunal.

Lafaurie, Serge. «Le dossier de la semaine. Jean-Paul Sartre fait parler les 'casseurs'». *Le Nouvel Observateur*, no.288, 18-24 May 1970, pp.47-50, 53-56.
Verbatim report of a dialogue between Sartre and Alain Geismar on the significance and efficacity of violent political action by the Maoists. Worth consulting.

Lazareff, Hélène and Pierre. Letter to editor re. Sartre's description of U.S.S.R. *Libération*, 22 July, 1954, p.3.

Le Clec'h, Guy. «Que peut la littérature?» *Le Figaro littéraire*, 17 December 1964, p.21.
A brief note on the debate at the Mutualité on 11 December 1964, followed by replies to the question by fourteen writers - Bastide, Bory, Cesbron, Clancier, Conchon, Ikor, Kern, Lescure, Memmi, Mohrt, Obaldia, Sabatier, Schneider, Singer.

Le Clec'h, Guy. «Le regel a refroidi Jean-Paul Sartre». *Le Figaro littéraire*, 26 January-1 February 1970, p.21.
On the preface «*Le socialisme qui venait du froid*» which Sartre wrote for Liehm's book Trois Générations.

Legris, Michel. «M. Jean-Paul Sartre à la Sorbonne: Pour l'association du socialisme et de la liberté». *Le Monde*, 22 May 1968, p.3.

Lentin, Albert-Paul. «Une interview de Jean-Paul Sartre». *France-U.R.S.S.*, no.107, August 1954, p.5, and no.108, September 1954, p.4.

Les Alguazils. «Derrière le rideau de fer». *Le Figaro littéraire*, 23 August 1947, p.2.
Commentary on an erroneous article by Mihail Cosma in the Bucharest review Rumania Libera *in which Cosma claims that Sartre has the support of Pierre Brisson director of the right-wing* Le Littéraire. *Extracts of Cosma's article are quoted, in French, by Les Alguazils.*

Lewalter, Christian E. «Sartre contra Camus». *Merkur*, Year 6, no.12, December 1952, pp.1174-1176.

Lochak, Pierre. «Le fantôme de Staline hante Jean-Paul Sartre». *Preuves*, no.73, March 1957, pp.55-57.
Condemns Sartre's lack of rationality in his adherence to 'socialism', - and compares him to Yves Montand.

M., P. «Sartre contre les bourgeois». *Arts*, 18 December 1957. Not seen.

Macaigne, Pierre. «De vous à moi...La porte étroite». *Le Figaro*, 19 December 1960, p.1.
On the various unsuccessful attempts of Sartre, Salan and Bidault to be indicted. In the 'Départementale' edition, the title has been changed to «*In the right place!*».

Macaigne, Pierre. «Jean-Paul Sartre: une fausse entrée». *Le Figaro*, 21 October 1970, p.2.
On the first day of the trial of Alain Geismar.

Macciocchi, Maria A. «Sartre non va in U.S.A». *L'Unità*, 19 March 1965.
Interview on his refusal to lecture in the States because of Vietnam.

Macé, Gabriel. «Les lendemains qui changent...» *Le Canard enchaîné*, 14 November 1956.
   Sketch of Sartre's hesitations re. French Communist Party and Hungary.

Mandel, Arnold. «La conscience juive en France». *European Judaism*, vol.4, no.1, Summer 1969, pp.34-40.

Mandel, Arnold. On Sartre's Jewish reflections. *L'Arche*, February 1962, p.48 et seq. Not seen.

Marchand, Jean-José. «Sartre et *Les Temps modernes*». *Magasin du spectacle*, no.1, 1947(?), pp.135-143. Not seen.

Martinet, Gilles. «Comment faire face au terrorisme». *France Observateur*, 18 May 1961.

Martinet, Gilles. «Parti ou Rassemblement». *La Bataille socialiste*, 19 March 1948.
   On the R.D.R.

Maulnier, Thierry. «A Jean-Paul Sartre». *Le Figaro*, 12 November 1956, p.1.
   On the Hungarian uprising and Sartre's condemnation of the subsequent Soviet invasion. Maulnier naturally approves of Sartre's stand, but wonders why he can't, or won't, admit the error of his previous pro-Soviet leanings.

Maulnier, Thierry. «Henri Martin et Jean-Paul Sartre». *La Table Ronde*, no.72, December 1953, pp.29-39.
   In spite of the title and the length of the article, Maulnier limits his textual criticism to one anti-American phrase concerning the origins of the Korean War. Maulnier's rebuke - that Sartre sacrifices truth for rhetoric - may be justified but is extravagantly long-winded.

Maulnier, Thierry. «Les choses sont ce qu'elles sont?» *La Table Ronde*, no.59, November 1952, pp.27-41.
   On the Sartre-Camus quarrel and Sartre's attitude to the USSR.

Maulnier, Thierry. «Les sottises de l'intelligence». *Le Figaro*, 22 February 1955, p.1.
   Review of Aron's Polémiques *(Paris: 1955). Critical, as is Aron, of Sartre's naïve attitude towards Russia.*

Maulnier, Thierry. «Rebondissement de la polémique Pierre Hervé-J.-P. Sartre». *Le Figaro*, 3 May 1956, p.11.

Maulnier, Thierry. «Réponse à Jean-Paul Sartre.'Les individualités pensantes'». *Le Figaro*, 30 September 1960, pp.1,4.
A long and violent attack on Sartre's support of the 'réseau Jeanson' and the 121 Manifesto.

Maulnier, Thierry. «Mise au point». *Le Figaro*, 3 October 1960, p.24.
A brief reply to the editorial board of Les Temps modernes, noting that, in effect, Sartre did not use the phrase 'individualités pensantes' in his deposition on Jeanson's behalf.

Maulnier, Thierry. «Sans réserve». *Le Figaro*, 20 May 1954, p.1.
Critical of Sartre's protest about the failure of the French government to intervene so that the Russian ballet could perform in Paris. The article also includes a diatribe against Sartre's position on Indo-China. Maulnier takes the 'My Country, right or wrong' approach.

Maulnier, Thierry. «Sur les traces de l'aspirant Maillot». *Le Figaro*, 21 September 1960, p.15.
On Sartre's letter supporting the 'réseau Jeanson'.

Maulnier, Thierry. «Une ligne compromettante». *La Table Ronde*, no.60, December 1952, pp.19-33.
On Sartre's supposed position concerning the Soviet labour camps.

Maulnier, Thierry. «Les 112 pages de M. Sartre». *Le Figaro*, 30 January 1957.
Review of Sartre's analysis of the Hungarian Revolution in «*Le Fantôme de Staline*».

Mauriac, Claude. «De la situation 'privilégiée' des écrivains en U.R.S.S». *Le Figaro*, 28 July 1954, p.9.

Mauriac, Claude. «Les Conférences de l'Unesco. Lorsque Malraux précède Sartre sur les Chemins de la Liberté». *Le Littéraire*, 9 November 1946, pp.1,2.
On Sartre's speech on responsibility of the writer.

Mauriac, Claude. «Pour un dialogue de bonne foi». *Liberté de l'esprit*, February 1949.

Mauriac, François. «A propos de 'La politique de M. Sartre'». *Le Figaro littéraire*, 7 May 1949, p.1.
   This is a reply to Sartre's reply (printed in the same issue, pp.1,3) to Mauriac's editorial in Le Figaro, *25 April 1949. The intellectual sophistication of Mauriac's reply may be judged by the following extract concerning the alleged decline of the bourgeoisie:* «La dénatalité? Allez voir dans nos familles, monsieur le romancier célibataire, dont certains personnages sont la proie d'une si curieuse hantise de l'avortement!».

Mauriac, François. «Jean-Paul Sartre et la question juive». *Le Figaro*, 17 March 1953.

Mauriac, François. «La faute à Voltaire». *Le Figaro*, 5-6 February 1949, p.1.
   On authorial responsibility. This is a reply to Jean de Fabrègues a Catholic who had accused Sartre of being responsible for the death of a schoolboy, Alain Guyader, killed by his comrades.

Mauriac, François. «La politique de M. Sartre». *Le Figaro*, 25 April 1949, and *Le Figaro littéraire*, 7 May 1949, p.1.
   On Entretiens sur la politique *by Rousset, Rosenthal and Sartre.*

Mauriac, François. «La seconde épître sartrienne». *Le Figaro*, 23 December 1952, p.1.
   On «Les Communistes et la paix».

Mauriac, François. «Le Bloc-notes». *Le Figaro littéraire*, 15-21 June 1970, pp.4-5.
   General musings on Sartre's political 'inoffensivité.'

Mauroux, Jean-Baptiste. «Sartre, philistin et pickpocket de l'Histoire». *Combat*, 7 May 1970, pp.1,15.
   On Sartre's assumption of the directorship of La Cause du peuple.

McCarthy, Mary. «Letter from Paris: Crushing a Butterfly». *Encounter*, March 1965, pp.53-55.
   On the Mutualité debate «Que peut la littérature?» *with Ricardou, Simone de Beauvoir et al.*

McCarthy, Mary. «Sartre und die Löwen». *Der Monat*, Year 17, no.197, February 1965, pp.92-94.
   Tr. of preceding entry.

McCarthy, Mary. «Sartre and the McCoy». *Politics*, vol.6, no.42, Winter 1949, pp.49-51. Not seen.

Mean, André. «Aux conférences du Jeune Barreau de Bruxelles: J.-P. Sartre plaide en faveur de la justice populaire». *La Cité* (Brussels), 26-27 February 1972, p.5.
 A fairly detailed review of Sartre's Lecture on the Law and the State at the Palais des Congrès in Brussels. Mean concludes:
 «Sur le plan théorique, l'exposé dense et brillant de Sartre a fait grande impression. Par contre, le débat engagé entre le philosophe et les nombreux juges et avocats présents démontra la fragilité des thèses défendues en face des réalités quotidiennes».

Merle, Robert. «Sur une lettre de Jean-Paul Sartre». *Les Lettres françaises*, no.844, 6-12 October 1960, pp.1,7.
 On Sartre's letter to the military tribunal judging the Réseau Jeanson case.

Merleau-Ponty, M. «Réponse à Olivier Todd». *France Observateur*, 2 March 1961.

Millet, R. «Oeufs pourris contre J.-P. Sartre à Rome». *Le Figaro*, 14 December 1961.
 Sartre's conference on Algeria interrupted by egg-throwing fascists.

Montigny, Serge. «Le devoir d'un intellectuel est de dénoncer l'injustice partout». *Combat*, 31 October-1 November 1953. Interview.

Mouillaud, Maurice. «Jean-Paul Sartre ou le trafiquant des lettres». *La Nouvelle Critique*, Year 2, no.15, April 1950, pp.32-43.

Mouillaud, Maurice. «Quand MM. Sartre, Rousset et Rosenthal parlent de politique». *La Nouvelle Critique*, Year 1, no.10, November 1949, pp.15-24.

Muret, Marc-Antoine. «La Pop' Justice». *Le Figaro littéraire*, 21 December 1970, pp.5-6.
 An unpleasantly frivolous article on the ad hoc tribunal formed by Sartre and others following the mining disaster at Fouquières-les-Lens where 16 miners were killed. Muret's commentary may be summarised by the following snippet:
 «Nous connaissons la musique pop', l'art pop'. Dernière invention de Sartre: le tribunal pop'».

Two workers responded, anonymously, to Muret and their letter was published in Le Figaro littéraire *of 4 January 1971, p.3 under the rubrique «Naïf Muret».*

Nadeau, Maurice. «Les Intellectuels et le communisme.(II)». *Les Lettres nouvelles*, Year 1, no.9, November 1953, pp.1173-1184.
Second of three articles on Mascolo's Le Communisme *(Paris: Gallimard, 1953). Sartre's stalinism is discussed on pp.1173-1174.*

Nadeau, Maurice. «MM. Aron, Merleau-Ponty et les intellectuels». *Les Lettres nouvelles*, Year 3, no.28, June 1955, pp.892-903.

Nadeau, Maurice. «Sartre et 'l'affaire Hervé'». *Les Lettres nouvelles* no.37, April 1956, pp.591-597.

Narbonne, Jacques. «Prétendant ou arbitre. Réponse à Jean-Paul Sartre». *Combat*, 26 May 1958.
Gaullist reply to Sartre's article in L'Express *of 22 May 1958 called «Le Prétendant».*

Naury, J.-P.(pseud. for M.-A. Burnier). «Entretien avec Jean-Paul Sartre». *Tribune étudiante* (organe des étudiants du P.S.U.), no.5-6, January-February 1962, pp.6-7.
Parts of this interview were reprinted in L'Express, *15 March 1962, under the same title.*

Nauta, L.W. «Sartres neue Position». *Archiv für Philosophie*, vol.13, no.1-2, December 1964, pp.141-172.

Naville, Pierre. «L'intellectuel communiste». *Les Lettres nouvelles*, no.39, June 1956, pp.871-886; no.40, July-August 1956, pp.60-79; no.42, October 1956, pp.442-457.

Naville, Pierre. «Les mésaventures de Nekrassov». *France Observateur*, 8 March 1956.
A reply to Sartre's article on Hervé, «Le Réformisme et les fétiches». Sartre responded to Naville's criticism in «Réponse à Pierre Naville», Les Temps modernes, *no.123, March-April 1956, pp.1510-1525.*

Naville, Pierre. «Les nouvelles mésaventures de Nekrassov». *France Observateur*, 19 April 1956.
A reply to Sartre's reply to the preceding entry.

Nykerslooth, R. de. «Uit de school van Sartre. Frankrijks linkse intellectuelen roeren zich». *De Maasbode*, 16 December 1955.
   On the various political quarrels between Sartre, Camus, Merleau-Ponty, Simone de Beauvoir, Aron.

Olguine, Constantin. «Le 'Kommounist' contre Sartre». *Problèmes Soviétiques*, no.8, 1964, pp.47-62.

Ollivier, Albert. «L'existentialisme au micro. Jean-Paul Sartre vous parle...» *Carrefour*, Year 4, no.163, 29 October 1947, pp.1,7.

Ormesson, Jean d'. «L'arroseur arrosé». *Le Monde*, 23 June 1971.
   A petulant attack on Sartre to which Cardonnel, Faye, Giuliani and Guérin responded in Le Monde *of 23 July 1971.*

Otero, Lisandro. «Sartre y Beauvoir por la Provincia d'Oriente». *Revolución* (Cuba), 27 February 1960. Interview.

P., H. «La presse britannique critique l'attitude des autorités françaises sans justifier l'action des '121'». *Le Monde*, 1 October 1960, p.7.
   Résumé of the London daily editorials with passing reference to Sartre.

Parain, Brice. «Querelle de khâgneux». *Monde nouveau-Paru*, Year 11, no.92, September 1955, pp.44-51.

Parain, Brice. «Sartre a parlé». *Monde nouveau-Paru*, Year 11, no.106, December 1956, pp.1-8.
   A long article on Sartre's condemnation of the invasion of Hungary. The first paragraph praises him; but the rest of the article is polemically critical of Sartre's political thought.

Parinaud, André. «Sartre, Mauriac et l'honneur». *Arts et Loisirs*, no.20, 9-16 February 1966, p.3.

Paris, Jean. «L'engagement d'aujourd'hui». *Liberté*, vol.3, no.17, November 1961, pp.683-690.

Parisot, Paul. «Jean-Paul Sartre demande aux communistes: 'Êtes-vous fous?'». *Preuves*, April 1954, pp.95-96.
   On the Sartre-Kanapa controversy. Parisot inverts Sartre's celebrated «Si je suis un flic, vous êtes des crétins» pointing out the police mentality of the Stalinists and leaving the reader to draw his own conclusions about Sartre.

Parisot, Paul. «Keeping up with M. Sartre». *Encounter*, May 1954, pp.56-58.
On Sartre's relations with the P.C. Translation of the previous entry.

Pauwels, Louis. «Du rififi chez Grévin». *Paris-Presse*, 6 March 1956.

Pauwels, Louis. «Jean-Paul Sartre declare à *Combat*: 'Il est nécessaire de faire campagne contre la croyance en la fatalité de la guerre russo-américaine.'» *Combat*, 18 October 1947, pp.1,3. Interview.

Pauwels, Louis. «L'Affaire des 'Temps modernes' à la radio». *Combat*, 23 October 1947, p.1.

Pauwels, Louis. «Tempête à la radio: J.-P. Sartre répond à Guillain de Bénouville et à Henry Torrès qui avaient refusé un débat contradictoire sur le R.P.F». *Combat*, 22 October 1947, pp.1,3.

Péju, Marcel. «Lettre au directeur des *Temps modernes*». *Les Temps modernes*, no.194, July 1962, pp.181-189.
See Sartre's reply in same issue.

Péju, Marcel. Letter re. polemic with Sartre and editorial board of *Les Temps modernes*. *Le Monde*, 17 June 1962.

Péju, Marcel. Letter re. unauthorized publication of Sartre's article on Kanapa in *L'Observateur* of 11 March 1954. *L'Observateur*, 18 March 1954.

Penent, Jacques-Arnaud. «Les mots et les choses». *Combat*, 15 May 1970, pp.1,3.
Brief criticism of Sartre's Maoist dilettantism.

Perier-Daville, Denis. «Les 'tribunaux populaires': une dangereuse parodie». *Le Figaro*, 5 July 1971, p.4.
Includes quotations from Sartre's article in La Cause du peuple.

Perroud, Robert. «La rottura tra Sartre ed Etiemble». *Vita e Pensiero*, Year 36, August 1953, pp.440-442.

Perroud, Robert. «Ultime notizie esistenzialiste: la rottura Sartre e Camus». *Vita e Pensiero*, Year 35, November 1952, pp.641-642.

Pfister, Thierry. «Panorama de l'extrême gauche révolutionnaire». *Le Monde*, 3 April 1970, pp.8-9.
Not specifically on Sartre, but an excellent double-page inventory of the various French left-wing newspapers including those with which Sartre was associated.

Pharazyn, André. «Jean-Paul Sartre et le peuple». *Chantiers*, Year 17, no.2, November 1952, pp.24-26.

Philip, André. «Tribune libre: Réponse à Jean-Paul Sartre». *Le Nouvel Observateur*, no.34, 7 July 1965, p.32.
On the Sartre interview «Achever la gauche, ou la guérir?» in issue of 24 June 1965, pp.10-11.

Poirot-Delpech, B. «Verdict ce soir au procès Ben Sadok». *Le Monde*, 12 December 1957, p.2.
Brief mention of Sartre as witness for the accused.

Priouret, Roger. «La gauche sartrienne». *L'Express*, no.910, 16-22 December 1968, p.65.

Proto, M. «Sartre e la politica». *Culture française*, no.12, 1965, pp.199-304.

Proyart, Philippe. «Sartre perdant». *Le Figaro littéraire*, 15-21 June 1970, p.3.
A reader's letter on the Cause du peuple *affair.*

Riefstahl, Hermann. «Jean-Paul Sartre: *Materialismus und Revolution*». *Philosophischer Literaturanzeiger* (Schlehdorf), vol.3, no.1, 1951, pp.12-13.

Rougemont, Denis de. «Sartre contre l'Europe». *Arts*, no.852, 17-23 January 1962, pp.1,4.

Rougemont, Denis de. «Sartre mot Europa». *Samtid och Framtid*, vol.19, 1962, pp.19-22.
Tr. of the article in Arts.

Roure, Rémy. «Nouvelle nuance dans l'éventail». *Le Monde*, 28 February 1948.
Article in favour of R.D.R. manifesto.

Rousseaux, André. «La Communion des hommes». *Le Figaro*, 23 November 1945, p.1.
Hostile criticism of Sartre's presentation of Les Temps modernes.

Roussel, Stéphane. «Cohn-Bendit interprète de Sartre à Stuttgart pour dénoncer la 'torture morale' des prisons allemandes». *France-Soir*, 6 December 1974, p.6.
News report with photo on Sartre's visit to Andreas Baader and his subsequent press conference.

Rousset, David. Article attacking Sartre on New China. *Demain*, 5-11 January 1956. Not seen.

Roy, Claude. «Défenses des belles âmes». *Le Nouvel Observateur*, no.34, 7 July 1965, p.4.
A defence of the Left: Sartre, Aragon, Camus et al.

Roy, Claude. «La nouvelle Sainte Alliance». *Le Nouvel Observateur*, no.273, 2-8 February 1970, pp.34-35.
On the preface «Un socialisme qui venait du froid» *to Liehm's* Trois Générations.

Roy, Claude. «Sartre et l'Affaire Henri Martin». *Libération*, 11 November 1953.
Favourable and fairly perceptive review of Sartre's commentary in L'Affaire Henri Martin *(Gallimard, 1953).*

Roy, Claude. «Réponses à une interview de *Nowa Kultura*». *Les Temps modernes*, no.129-130-131, November-December 1956, January 1957, pp.1043-1063.

Saint-Robert, Philippe de. «Sartre et le néant». *Notre République*, 16 December 1966.
U.N.R. (i.e. Gaullist) judgement on Sartre's politics.

Saporta, Marcel. «Carta de París». *Cuadernos Americanos*, Year 12, no.2, March-April 1953, pp.78-84.
On the Camus-Sartre quarrel.

Saporta, Marcel. «Entrevistas Jean-Paul Sartre». *Insula*, Year 3, no.32, 15 August 1948, pp.3 et seq. Not seen.

Saporta, Marcel. «Una entrevista con Jean-Paul Sartre». *Cuadernos Americanos*, Year 13, no.1, January-February 1954, pp.57-64.

Sartre, et al. «De Gaulle et le 'gaullisme' vus par Jean-Paul Sartre (et par l'équipe des *Temps modernes*)». *L'Ordre de Paris*, 22 October 1947.

Sartre, et al. «Répondre à la violence par la violence?» *France Observateur*, 1 February 1962.
On the O.A.S. and the founding of the Ligue pour le Rassemblement antifasciste.

Sauvage, Léo. «La révolution cubaine a trouvé un défenseur». *Le Figaro*, 22 March 1960, p.3.
Only in 'Départementale' edition.

Sauvage, Léo. «Le philosophe émerveillé...quand Jean-Paul Sartre découvre Fidel Castro». *Le Figaro littéraire*, 24 September 1960, p.5.
An extensive full-page account of Sartre's visit to Cuba and his subsequent articles on the Cuban revolution. The tone of the whole article is calculated to portray Sartre's exceptional naivety.

Schaff, Adam. «Marxism and existentialism in Poland». *Gemini*, January 1960, pp.33-36. Not seen.

Schittecatte, Philippe. «Jean-Paul Sartre expose les principes du tribunal sur les crimes de guerre au Vietnam». *La Gauche* (Brussels), 4 November 1967.
A report on Sartre's lecture in Brussels defending the legitimacy of the Russell Tribunal.

Schoon, J. «Déclaration faite par Sartre au public du T.N.P. le 28 Decembre 1968 avant la représentation de *Le Diable et le Bon Dieu*». *Levende Talen*, 1969, pp.323-327.
Sartre protests the banning of Gatti's play.

Schwarzer, Alice. «'Schreckliche Situation'. Interview mit Sartre über seinen Besuch bei Baader». *Der Spiegel*, no.48, 1974, pp.166,168,169.

Schweitzer, Geneviève. «Meeting hier soir à la Mutualité pour protester contre la répression...Les pouvoirs disciplinaires flétris par Jean-Paul Sartre». *Le Figaro*, 11 February 1969, p.15.

Senard, Jean. «Jean-Paul Sartre et son démon». *Le Figaro littéraire*, 28 July 1962, p.2.
A relatively humorous account, with quotations, of the Sartre-Péju conflict over editorial policy.

Serant, Paul. «Dénoncer l'injustice partout». *La Parisienne*, no.12, December 1953, pp.1628-1632.

Serant, Paul. «M. Sartre à la découverte de douze ans de terreur et d'imbécillité». *Bulletin de Paris*, 15 November 1956.
On Sartre's denunciation of the invasion of Hungary.

Sholokov, M. et al. «La lettre des écrivains soviétiques». *France Observateur*, 29 November 1956, pp.13-14.
Tr. of the Literatournaia Gazeta *text of 21 November 1956 criticising Sartre and other French writers for protesting the Soviet invasion of Hungary. On p.14 of the same issue is «La réponse des écrivains français» signed by Sartre, Claude Roy, Roger Vailland, Jacques Madaule, Vercors and others.*

Siemer, Pierre. «Quand Sartre se tait...l'écho communiste répète». *Le Populaire*, 28 May 1954.
On Sartre's suppression of Péju's editorial for Les Temps modernes *on the Indo-Chinese War. Siemer discusses, with quotation, the article on this by Michèle Rago in* L'Unità, *29 April 1954.*

Simon, Claude. «Pour qui donc écrit Sartre?» *L'Express*, 28 May 1964.

Simon, Claude. «Whom *does* Sartre write for?» *The London Magazine*, August 1964, pp.56-61.
On the question of 'engagement' following Sartre's interview in Le Monde; *tr. from the 28 May issue of* L'Express.

Simon, Pierre-Henri. «Jean-Paul Sartre entre le P.C. et Pierre Hervé». *Demain*, 8 March 1956. Not seen.

Simon, Pierre-Henri. «La révolte des intellectuels». *Le Monde*, 28 September 1960, pp.1,6.
Critical discussion of Sartre's letter to the 'réseau Jeanson' tribunal.

Simon, Pierre-Henri. «Sartre et Camus devant l'histoire». *Terre humaine*, no.23, November 1952, pp.9-20.

Singer, Daniel. «The writing on the wall». *New Statesman*, 21 August 1970, pp.201-202.
On French political censorship & Sartre's arrest in the Gauche prolétarienne *affair.*

Skvor, Georges. «L'interprétation communiste de la culture occidentale». *Études slaves et est-européennes*, vol.6, no.3-4, Autumn-Winter 1961, pp.245-250.

Sorel, Jean-Jacques. «Merleau-Ponty contre Sartre». *France Observateur*, 26 May 1955, pp.16-18.
   On the ruptures within Les Temps modernes *caused by Sartre's increasing marxism.*

Steffen, Günther. «Die französische Linke: Mythos und Realität». *Merkur*, Year 10, no.5, May 1956, pp.471-481.
   Summary of Merleau-Ponty's comments on Sartre's attitude towards Communism.

Suffert, Georges. «Sartre: un brave homme». *Témoignage chrétien*, 25 January 1957.
   On «Le Fantôme de Staline». *Critical of Sartre's flirtation with communism and wishes he would return to literature.*

Tabouis, Geneviève. Letter in *New York Times*, 31 January 1945.
   Challenges Sartre's allegations about the anti-gaullist French press in U.S.A. during the War. See also New York Times, *25 January 1945 for dispatch from its Paris correspondent.*

Tauxe, Henri-Charles. «Les intellectuels et la violence». *24 heures* (Lausanne), 13 December 1974, p.47.
   A judicious editorial discussing the reasons for, and the consequences of, Sartre's visit to Andreas Baader in the prison of Stuttgart-Stammheim:
   «... ce qui m'a toujours frappé, aussi bien dans les ouvrages théoriques que dans les oeuvres de fiction, c'est la volonté passionnée, jamais en repos, de prendre en charge la totalité de l'homme. Tels semblent être, pour Sartre, non seulement la fonction de l'écrivain, mais aussi le projet fondamental de toute existence... Dès lors, la pensée politique de Sartre devait donner à son projet ... un sens bien défini: l'esclave qu'il s'agit de libérer, de rendre à son humanité bafouée, 'aliénée', c'est le colonisé, le prolétaire, victimes des structures socio-économiques mises en place par le capitalisme occidental».
   On p.48, the same edition of 24 heures *carries a full-page article by Francine Brunschwig entitled* «La bande à Baader empoisonne toujours l'Allemagne»; *but Sartre is only mentioned once in passing. See also Brunschwig (this Section).*

Théolleyre, Jean-Marc. «Le procès du 'réseau Jeanson' devant le tribunal militaire». *Le Monde*, 22 September 1960, p.7.
  Full-page trial coverage, including complete text of Sartre's long letter to the tribunal.
  For those interested in the details of the trial proceedings, I strongly recommend the daily coverage in Le Monde *from 6 September 1960 to 4 October 1960. These articles, all by Jean-Marc Théolleyre, are usually to be found on pages 6, 7, or 8. Three commentaries on the trial (not seen) have been brought to my attention: Jacques Soustelle in* Carrefour; *Patrick Kessel in* France Observateur; *and Georges Montaron in* Témoignage chrétien. *They all appeared in the week ending 17 September 1960.*

Tijeras, Eduardo. «Polémica Sartre-Camus». *Cuadernos Hispanoamericanos*, no.180, December 1964, pp.577-582.

Tillard, Paul. «Une soirée à Pékin avec Jean-Paul Sartre et Simone de Beauvoir». *L'Humanité-Dimanche*, 23 October 1955.

Tillier, Maurice. «Du maccarthysme au néoquadripartisme». *Le Figaro*, 5 November 1953, p.4.

Truc, Gonzague. «La Querelle Sartre-Camus». *Hommes et mondes*, Year 8, no.76, November 1952, pp.370-375.

Varaigne, Roland. «M. Jean-Paul Sartre a pris ses vacances en U.R.S.S». *Carrefour*, 11 August 1954.
  On Sartre's interviews in Libération *upon his return from Russia.*

Varaigne, Roland. «La guerre de Sartre et du Parti communiste n'aura pas lieu». *Carrefour*, 31 March 1954.
  On the Sartre-Kanapa skirmishes.

Vernet, Daniel. «Après la visite à Andreas Baader, M. Jean-Paul Sartre dénonce les 'conditions de vie intolérables' des détenus politiques». *Le Monde*, 6 December 1974, p.7.
  An extensive report on Sartre's visit to the Stuttgart-Stammheim prison and his subsequent press conference. Mention is also made of Sartre's appearance on West German television with Heinrich Böll to launch an appeal for an international committee to be set up to protect the rights of political prisoners.

Vigier, Jean-Pierre. Editorial against the 121. *L'Humanité*, 3 October 1960.
Describes Sartre's understanding of the Left as superficial. Quoted in Le Monde, *4 October 1960, p.7.*

Villefosse, Louis de. «Jean-Paul Sartre: L'affaire Henri Martin». *La Pensée*, no.52, December 1953, pp.89-92.

Wall, Bernard. «The French Reviews». *Twentieth Century*, vol.153, April 1953, pp.276-282.

Wall, Bernard. «The French Reviews». *Twentieth Century*, vol.153, October 1953, pp.282-286.

Werth, Alexander. «Sartre and the Communists». *The New Statesman*, 8 May 1954, p.590.
On the Kanapa affair.

Winner, Percy. «The 'New Left' in France». *The New Republic*, vol.133, 18 July 1955, pp.14-15.
General article on the disenchantment of the left-wing writers (including Aron and Merleau-Ponty) with Communism.

Wolff, Egon. «Politik à la Sartre». *Ruf* (Munich), Year 3, no.11, 1948, p.7. Not seen.

Ziegler, Jean. «Cuba, la révolution exemplaire». *Dire* (Geneva), no.4, August 1960, p.13.
Interview with Sartre and Simone de Beauvoir.

Abel, Lionel. «Situating Sartre». *Partisan Review*, vol.33, no.1, Winter 1966, pp.152-159.
Criticizes Hampshire (q.v.) for criticizing Sartre's tendency to push philosophy into the realms of politics.

Albérès, R.-M. «Reste le polémiste». *Les Nouvelles littéraires,* 9 July 1964, p.5.
Review of Situations IV & V.

Anon. «*Situations IV* de Jean-Paul Sartre». *Afrique*, September 1964, p.66.
Favourable review. N.W.C.

Anon. «*Situations*. By Jean-Paul Sartre». *The Christian Century*, vol.82, no.14, 7 April 1965, p.440.
On the Eisler translation.

Anon. «Candid memoirs of Sartre and Simone de Beauvoir». *The Times Literary Supplement,* 16 September 1965, p.14.
On Situations, IV.

Anon. «Le jour où Camus ferma la porte an nez de Sartre». *Candide*, 29 April-6 May 1964.
A gossip article on, rather than a review of, Situations IV. *The title refers to an incident which took place at the home of Boris Vian during a discussion on Merleau-Ponty's «Le Yogi et le Prolétaire».*

Anon. «Sartre, Jean-Paul. *Situations*. Tr. from the French by Benita Eisler». *The Booklist and Subscription Books Bulletin*, vol.61, no.18, 15 May 1965, p.894.

Anon. «Sartre's Cure for Stalinism. Jean-Paul Sartre: *Situations, VI (problèmes du marxisme,I)* (and) *Situations VII*». *The Times Literary Supplement*, 15 April 1965, p.291.

Anon. «The French Icarians. Jean-Paul Sartre: *Situations*. Trans. by Benita Eisler». *The Times Literary Supplement*, 23 September 1965, p.826.

SITUATIONS III - IX. REVIEWS

Anon. «The Sartrian Phrase. Jean-Paul Sartre: *Situations, IV. Portraits*». *The Times Literary Supplement*, 4 June 1964, p.470.

Anon. «Choose, and accept the consequences». *The Times Literary Supplement*, 24 March 1972.
Review of Situations VIII *and* IX.

Anon. Review of Eisler's translation of *Situations* (not seen). *Choice*, vol.2, July-August 1965, p.290.

Anon. Review of Eisler's translation of *Situations* (not seen). *Kirkus*, vol.33, 15 February 1965, p.211.

Arnold, W.E. «Sartre as Performer and Literary IIlusionist. *Situations*». *The Commonweal*, vol.82, no.18, 6 August 1965, pp.566-567.
On Benita Eisler translation.

Bannon, Barbara A. «Forecast of Paperbacks. *Situations*. Jean-Paul Sartre». *Publishers' Weekly*, vol.189, no.9, 28 February 1966, pp.96-97.
On Benita Eisler translation.

Barrett, William. «Married in Heaven». *The Atlantic Monthly*, vol.215, no.5, May 1965, pp.150-151.
Review of Benita Eisler translation and of Beauvoir's Force of Circumstance.

Berger, Pierre. «La Semaine littéraire. Les *Situations* de Sartre». *Démocratie 65*, 11 March 1965.
Review of Situations VI & VII.

Biéville, L. de. «Le colonialisme vu par Jean-Paul Sartre». *Le Christianisme du XXe siècle*, 8 April 1965.
Review of Situations V. *Biéville is critical of Sartre's contradictory and simplistic approach to the evils of colonialism.*

Bishop, Thomas. «The Critical View from France. *Situations*, by Jean-Paul Sartre, trans. from the French by Benita Eisler». *Saturday Review*, 17 April 1965, pp.47-848.

Bondy, François. «Jean-Paul Sartre et la révolution». *Preuves*, December 1967, pp.57-69.
Review of Situations IV *to* VII. *Well worth reading.*

Boutang, Pierre. «Situation et contradiction de Sartre». *Aspects de la France*, 28 July 1949, p.3.; and 4 August 1949, p.3.
On Situations III.

Boyer Sainte-Suzanne, R. de. «*Situations VII, problèmes du marxisme 2* par Jean-Paul Sartre». *Revue de Paris*, April 1965.
Brief review. N.W.C.

Braun, Christina von. «Band VIII und IX von Sartres *Situations*». *Die Tat* (Zürich), 17 June 1972.

Bruch, Jean-Louis. «Jean-Paul Sartre: *Situations*». *La Revue du Caire*, Year 12, no.124, November 1949, pp.80-84.
Review of Situations III.

Bruch, Jean-Louis. «Sartre, auteur de *Situations*». *Culture française*, no.12, 1965, pp.241-242,247.

C., J. «*Situations VIII et IX* par Jean-Paul Sartre». *Magazine littéraire*, September 1972, p.48.

Calvet, Louis-Jean. «Sartre politique». *Politique-Hebdo*, 2 March 1972.
Full-page review of Situations VIII *and* IX.

Casey, Florence. «His Prism is a Mirror. *Situations*, by Jean-Paul Sartre. Translated by Benita Eisler». *The Christian Science Monitor*, 15 April 1965, p.11.

Catel, Maurice. «*Situations IV* et *V* par Jean-Paul Sartre». *Livres de France*, October 1964.
Brief, favourable review. N.W.C.

Chavardès, Maurice. «Sartre en 'situations'». *Témoignage chrétien*, 17 February 1972, p.20.
Extensive review of Situations VIII *and* IX.

Chavardès, Maurice. «Sartre en question». *Témoignage chrétien*, 25 January 1973.
Includes a review of the Japanese lectures published as Plaidoyer pour les intellectuels *which first appeared in* Situations VIII.

Cismaru, Alfred. «French Fiction in 1964». *Books Abroad*, vol.39, Summer 1965, pp.278-280.
On Situations IV-VI. *Also a review of* Les Mots.

Collins, James. «*Situations.* By Jean-Paul Sartre». *America*, vol.112, no.21, 22 May 1965, pp.780-782.
On the Eisler translation.

Dansereau, Claude. «*Situations VI* de Jean-Paul Sartre». *Le Devoir* (Montreal), 20 March 1965.

Dedet, Christian. «*Situations V* par Jean-Paul Sartre». *Revue de Paris*, October 1964.
Brief, favourable review comparing Sartre's polemical skills to those of Barrès and Zola.

Dumur, Guy. «Fils de personne». *France-Observateur*, 25 June 1964, p.14. Not seen.

Dumur, Guy. «J.-P. Sartre. *Situations IV*». *France-Observateur*, 14 May 1964.
Favourable review.

Ethier-Blais, Jean. «*Situations IV* de Jean-Paul Sartre». *Le Devoir* (Montreal), 13 June 1964, p.15.
Interesting, favourable review.

Fabre-Luce, Anne. «*Situations IV, V*». *French Review*, May 1965.
Favourable reviews of these two volumes.

Faivre, Alain. «Jean-Paul Sartre à l'heure du constat». *La Montagne*, 3 May 1972.
Favourable review, with apt quotations, of Situations VIII *and* IX.

Falk, B. Review of the English translation of *Situations IV* (not seen). *The Listener*, 25 November 1965, p.867.

Fatouros, A.A. «Sartre on Colonialism. Jean-Paul Sartre, *Situations, V: Colonialisme et néo-colonialisme*». *World Politics*, vol.17, no.4, July 1965, pp.703-719.

George, François. «Sartre après Mai». *Le Nouvel Observateur*, 20 March 1972, pp.50-51.
On Situations VIII *and* IX.

Gest, André. «Jean-Paul Sartre: *Situations VI*». *Démocratie 64*, 26 November 1964.

SITUATIONS III - IX. REVIEWS

Guissard, Lucien. «Jean-Paul Sartre: L'écrivain saisi par la politique». *La Croix*, 5-6 March 1972.
Review of Situations VIII *and* IX.

Hampshire, Stuart. «Reply to Lionel Abel on Sartre». *Partisan Review*, vol.33, no.1, Winter 1966, pp.159-160.
A reply to Abel's review which criticizes Hampshire's earlier review, q.v. this section.

Hampshire, Stuart. «Sartre's Cage. *Situations*. By Jean-Paul Sartre». *The New York Review of Books*, 3 June 1965.
Critical of Sartre's 'misuse' of philosophy. See also Abel, Lionel in this section.

Hector. «La présence de Sartre». *Techniques nouvelles* (Brussels), March 1972.
Review of Situations VIII *and* IX.

Heppenstall, Rayner. «Barrel Scraping. *Situations*. By Jean-Paul Sartre. Trans. by Benita Eisler». *The Spectator*, 8 October 1965, pp.452,454.

Kaufmann, Walter. Review of Eisler translation of *Situations IV* (not seen). *The New York Times Book Review*, 2 May 1965, pp.22-23.

Kayser, Lucien. «Sartre après mai 68». *Luxemburger Wort*, no date.
Review of Situations VIII *and* IX.

Kemp, Robert. «Évadés de l'existentialisme». *Les Nouvelles littéraires*, no.1144, 1949, p.2.
On Situations III.

Kermode, Frank. «A Hero in Bad Faith: Sartre and the Anti-Novel. *Situations*. Trans. by Benita Eisler». *The New Statesman*, 24 September 1965, pp.439-440.
Also on Baldick's tr. of La Nausée.

Lapouge, Gilles. «Les superbes colères de Jean-Paul Sartre». *France-Soir*, 10 February 1972.
Brief review of Situations VIII *and* IX. N.W.C.

Lepape, Pierre. «Problèmes du communisme. *Situations VI* et *VII*». *Paris-Normandie*, 5 February 1965.
Brief favourable exposé on these volumes. N.W.C.

Matignon, Renaud. «Jeunesse de Sartre». *Mercure de France*, vol.352, October 1964, pp.317-320.
  Reviews of Situations IV & V.

Mauriac, Claude. «L'itinéraire mouvementée de Sartre». *Le Figaro littéraire*, 18 March 1972, p.15.
  Review of Situations VIII & IX. *Includes cartoon by J. Redon.*

Mertens, Pierre. «L'imagination contre le pouvoir. Les mains propres de Jean-Paul Sartre». *Le Soir* (Brussels), 16 February 1972.
  Review of Situations VIII.

Mounier, Emmanuel. «Récents critiques du communisme». *Esprit*, vol.14, no.10, 1946, pp.482-484.
  On Situations III.

Muggeridge, Malcolm. «Jean-Paul Sartre. *Situations*». *Esquire*, June 1965, p.32.
  On Benita Eisler's translation.

Nadeau, Maurice. «Qu'est-ce qu'un 'intellectuel'?» *La Quinzaine littéraire*, 1-15 February 1973, pp.3-4.
  A review of, and a discussion on, Plaidoyer pour les intellectuels.

Neri, Guido. «La battaglia delle idee. *Situations IV*». *Rinascità*, no.3, 1965.

O'Neill, John. «Situation and temporality». *Philosophy and Phenomenological Research*, vol.28, March 1968, pp.413-422.
  Not seen.

Oever, Dim Van den. «De intellectueel volgens Sartre». *Uitgave van N.R.C. Handelsblad*, 3 March 1972.
  Half-page review of Situations VIII *and* IX.

Ormesson, Jean d'. «Portrait de l'intellectuel en militant de base». *Les Nouvelles littéraires*, 14-20 February 1972, p.8.
  Full-page review of Situations VIII *and* IX.

Perche, L. «Sartre critique». *Les Livres*, November 1964.
  Brief favourable review of Situations IV.

Perkins, Robert L. «Sartre, Jean-Paul. *Situations: the Artist and his Conscience*; tr. from the French by Benita Eisler». *Library Journal*, vol.90, 1 May 1965, pp.2140,2142.

Phillips, William. «Sartre in the Round. *Situations*, by Jean-Paul Sartre». *The New Republic*, vol.153, no.2-3, 10 July 1965, pp.21-22.
   On the Eisler translation. «*Perhaps his greatest talent is for relating men to ideas. One is reminded of Dostoevsky's genius for making philosophical questions human questions ...*»

Pingaud, Bernard. «Pour et contre Sartre». *L'Express*, 9 July 1964, pp.27-28.
   Review of Situations IV.

Poore, Charles. «Sartre Re-tailors his Existentialist Ideas. *Situations*. By Jean-Paul Sartre. Translated by Benita Eisler». *The New York Times*, 15 April 1965, p.31.

Raillard, Georges. «Sartre et l'écrivain». *Le Français dans le Monde*, October-November 1972, pp.52-54.
   Review of Situations VIII *and* IX *with general but interesting comments on other works of Sartre.*

Roy, Claude. «Sartre et la politique». *Libération*, 22 September 1964.
   A fascinating review of Situations V.

Simon, Pierre-Henri. «Histoire contemporaine: *Situations V*, de Jean-Paul Sartre...» *Le Monde*, 21 October 1964, pp.12,13.

Solotaroff, Theodore. «Multiplying by zero to get an answer». *Book Week: The Sunday Herald Tribune Magazine*, 25 April 1965, pp.3,13.
   On the Eisler translation, also on The Philosophy of Jean-Paul Sartre.

Souchet, Claude-Roland. «Deux intellectuels: Mounier et Sartre». *Jeune-République*, 2nd trimester 1972, pp.7-8.
   Includes review of Situations VIII *and* IX.

Tauxe, Henri-Charles. «Jean-Paul Sartre et la politique». *24 heures* (Switzerland), 17 April 1972.
   Review of Situations VIII.

Truc, Gonzague. «Politique». *Écrits de Paris*, May 1965.
   Hostile review of Situations VII: «*ainsi ... apparaît une fois de plus la mauvaise foi déjà célèbre de M. J.-P. Sartre*».

Ullán, José-Miguel. «Situación de Sartre». *Camp de l'Arpa*, no.2, July 1972, pp.30-32.
 Review of Situations VIII *and* IX.

Wahl, François. «Sartre et les fantômes». *L'Express*, 22-28 February 1965, pp.58-59.
 A nuanced review of Situations VII:
 «*Entre le foisonnement des faits et la rigueur des principes, Sartre s'avance avec intrépidité. On est souvent tenté d'objecter au détail des analyses, on n'accepte pas sans hésitation la simplicité du schéma ... La dialectique, ici, est à la fois souveraine et esclave. Sartre, plus que nul autre, donne un sens à l'Histoire, mais il a plus qu'un autre peine à l'y retrouver*».

Weightman, John. «The Unmarried Wife's Tale». *The Observer*, 19 September 1965, p.28.
 Mainly on Force of Circumstance, *but includes review of the Eisler translation of* Situations.

Werner, Eric. «Pour Sartre, la révolution est plus que jamais à l'ordre du jour». *Journal de Genève*, 1 April 1972.
 Review of Situations VIII *and* IX. *Also includes a review of* Verstraeten: Violence et éthique.

Whittington-Egan, R. Review of Eisler's translation of *Situations*. *Books and Bookmen,* vol.11, December 1965, p.37. Not seen.

Yanitelli, Victor R. Review of Eisler's translation of *Situations*. *Best Sellers,* vol.25, 1 April 1965, p.24. Not seen.

Abrami, Vittorio. «Itinerario inquieto di Jean-Paul Sartre». *Il Popolo*, 24 October 1964.
General article on Sartre on the occasion of the Nobel.

Andreu, Anne. «Il a fait descendre la philosophie dans la rue». *Paris-Presse l'Intransigeant*, 24 October 1964.
General observations on the occasion of the Nobel Prize.
N.W.C.

Anon. «Étrange» *Le Figaro*, 27 October 1964, p.9.
Brief item on rumour that Sartre has left for Stockholm.
N.W.C.

Anon. «J.-P. Sartre refuse le Prix Nobel». *Le Provençal*, 23 October 1964, pp.1,12.

Anon. «Jean-Paul Sartre au nombre des favoris pour le prochain prix Nobel». *Le Figaro*, 14 October 1963, p.17.
Brief item. N.W.C.

Anon. «Jean-Paul Sartre favori pour le prix Nobel de littérature». *Le Monde*, 20 October 1964, p.22.
Brief news item.

Anon. «Jean-Paul Sartre Lauréat malgré lui du Prix Nobel de littérature». *Le Parisien libéré*, 23 October 1964.

Anon. «Jean-Paul Sartre without Nobel or Lenin». *The Times Literary Supplement*, 5 November 1964, pp.989-990.

Anon. «L'homme et son oeuvre». *Le Figaro*, 23 October 1964, p.8.
The same issue also contains «Des académiciens nous disent.. » on the same page.

Anon. «L'opinion mondiale sur 'l'affaire Sartre'». *Le Figaro*, 24-25 October 1964, p.8.
Brief survey of press reaction to Nobel prize affair in Stockholm, Cologne, London, New York, Moscow.

504 THE NOBEL PRIZE. ARTICLES

Anon. «L'Affaire Sartre: Être ou non-être prix Nobel». *Le Figaro,* 22 October 1964, p.10.

Anon. «La presse quotidienne commente le refus du prix Nobel par Jean-Paul Sartre». *Le Monde,* 1-2 November 1964, p.15.
Comments of R. Aron, Fr. Grendel, É. Borne, B. Frank.

Anon. «Lauréat malgré lui». *Newsweek,* 2 November 1964, pp.52-53.

Anon. «Les réactions suédoises». *Le Monde,* 24 October 1964, p.13.
An account of the long article in the Stockholm daily Dagens Nyheter *praising Sartre for the integrity of his refusal.*

Anon. «Les surréalistes accusent Sartre de 'rempiler'». *Le Figaro littéraire,* 25 February 1965, p.2.
On Le Rappel de Stockholm *of Breton et al. N.W.C.*

Anon. «Nobel! Il ferait beau voir». *Minute,* 23 October 1964, p.17.

Anon. «Nobel prize for Sartre?» *The Guardian,* 22 October 1964, p.1.

Anon. «Nobel prize is refused by M. Sartre». *The Times,* 23 October 1964, p.12.
Followed by «*I always refuse distinctions*», *a résumé in English of Sartre's Stockholm statement.*

Anon. «Nobel prize refused by Sartre». *The Guardian,* 23 October 1964, p.16.

Anon. «Pourquoi Jean-Paul Sartre refuse le prix Nobel en littérature». *Le Devoir* (Montreal), 24 October 1964.

Anon. «Prophet of Nevertheless». *Time,* 30 October 1964, p.44.

Anon. «Reluctant Laureate». *The New Statesman,* 30 October 1964, p.640.

Anon. «Sartre de Tarascon». *Le Figaro,* 26 October 1964, p.10.
On Venezuelan reaction to Sartre's comments on refusal of Nobel prize. Also includes Schweitzer on Sartre.

Anon. «Sartre et la fin de non-recevoir». *Le Figaro littéraire,* 28 January 1965, p.2.
Quotes from the mildly amusing pastiche by Robert Scipion published in Adam *of what might have been Sartre's Nobel speech.*

Anon. «Sartre prix Nobel: 'Je suis fier qu'il appartienne à ma famille,' declare le docteur Schweitzer». *Le Monde*, 25-26 October 1964, p.15.

Anon. «Sartre». *Le Figaro*, 30 October 1964, p.24.
Brief notice of articles on Sartre by Aron, Revel, Lemarchand in Le Figaro littéraire *on occasion of Nobel prize.*

Anon. «Sartre». *The Times*, 23 October 1964, p.13.
Fourth leader editorial reviewing Sartre's work on the occasion of the Nobel prize.

Anon. «Sartre: L'alibi». *Le Nouvel Observateur*, 19 November 1964, pp.1-5.
An interview which discusses Sartre's general political position as well as his refusal of the Nobel prize.

Anon. «Selon un journal suédois, Jean-Paul Sartre refuserait le prix Nobel s'il lui était décerné». *Le Monde*, 21 October 1964, p.24.
Article on the rumour of Sartre's refusal.

Anon. «Two Good Choices». *The Nation*, 9 November 1964, p.319.

Anon. «Voici pourquoi Sartre a refusé le Prix Nobel qui lui a été décerné hier». *Libération*, 23 October 1964, pp.1,4.

Anon. Article on the Nobel Prize. *L'Aurore*, 23 October 1964.
Not seen.

Aron, Raymond. Letter to Pierre Brisson on the occasion of the Nobel prize. *Le Figaro littéraire*, 29 October 1964, p.1.

Berger, Pierre. «Sartre et le Nobel: ce refus de la logique». *Démocratie 64*, 29 October 1964.
Approves of Sartre's position which he finds totally consistent.

Beregi, Théodore. «Jean-Paul Sartre, un philosophe de la liberté qui s'accorde de bien des servitudes». *Force ouvrière*, 4 November 1964.
Critical of the Nobel committee's choice: «L'existentialisme négatif de Sartre est, en dernière analyse, une philosophie de destruction ... L'académie suédoise a fait l'éloge de la philosophie de l'action de Sartre. Mais, à la vérité, de quelle action s'agit-il? La lutte qu'il mène, est-ce pour la libération des peuples captifs, derrière le rideau de fer? Il n'en est pas question».

Bloch-Michel, Jean. «Jean-Paul Sartre premio Nobel». *La Fiera Letteraria*, Year 19, no.37, 1 November 1964, pp.1,2.

Bloch-Michel, Jean. «Jean-Paul Sartre, Prix Nobel, malgré lui». *Liberté*, September-October 1964, pp.396-400.

Boisdeffre, Pierre de. «Aura-t-il une postérité littéraire?» *Arts*, 28 October-3 November 1964, p.7.

Boisdeffre, Pierre de. «Entre Nobel». *Arts*, 28 October-3 November 1964, pp.6-7.

Bondy, François. «Sartre's Refusal». *Thought* (Delhi), vol.16, no.46, 14 November 1964, p.16.

Bondy, François. «Sartre's Refusal». *Atlas*, vol.9, January 1965, pp.51-52.

Bosquet, Alain. «Agir ou créer». *Combat*, 23 October 1964, pp.1,11.
On Sartre's refusal of the Nobel Prize.

Breitbach, Joseph. «Sartres 'Nein'». *Merkur*, Year 18, vol.12, no.201, December 1964, pp.1210-1212.

Brenner, Jacques. «Sartre et le Nobel». *Aux Écoutes*, 30 October 1964.

Breton, André. «Le rappel de Stockholm». *La Brèche*, no.7, December 1964, pp.1-2.
This strident manifesto was signed on behalf of the Surrealist movement by: Robert Benayoun, Vincent Bounoure, André Breton, Alain Joubert, Gérard Legrand, José Pierre, and Jean Schuster. It reads in part as follows:
«Jean-Paul Sartre a refusé le Prix Nobel. ... Sous couvert d'une aimable manifestation d'indépendance, il s'agit bel et bien d'un acte politique parfaitement situé, d'une opération de propagande en faveur du bloc de l'Est. Huit ans après Budapest, M. Sartre 'rempile'! Il est clair que cette exceptionnelle chance *a été saisie sur le plan publicitaire, non comme le prétend la presse de droite, et comme l'insinue* Arts, *pour augmenter un tirage déjà somptueux ou par 'esthétisme' décadent, mais pour réhabiliter l'intelligentzia stalinienne et se porter garant de sa continuité idéologique à travers les virages de la dernière décade.*
De quelle conscience ose-t-on se réclamer lorsqu'on encense Neruda, agent du Guépéou pour l'Amérique du Sud, protecteur de Siqueiros qui organisa le premier attentat contre Trotsky; quand

on relance la candidature d'Aragon, 'brillante' caution de tous les crimes perpétrés au nom du socialisme depuis près de trente ans ... Est-ce parce que Sartre, comme l'écrit J.-F. Revel 'éprouve si souvent le besoin de démontrer que les idées erronées des autres rendent suspecte leur moralité', qu'il escamote, à l'occasion, l'immoralité des uns pour donner à penser que leurs idées sont justes!

... Il ne suffit pas de refuser un prix, encore faut-il que les justifications éventuelles de ce geste n'en constituent pas la négation. Sartre, par sa déclaration, a gravement empoisonné *la notion même du refus».*

Buckley, William Jr. «Novel Committee and Sartre». *National Review*, 17 November 1964, pp.1004.

Champury, E. «Le refus de Jean-Paul Sartre». *Construire* (Switzerland), 11 November 1964.
On Sartre's Nobel refusal which Champury approves.

Charlot, Martine. «Le refus de J.-P. Sartre». *Réforme*, 31 October 1964, p. 12.

Charnay, J.-A. «Sartre ... qui ne pourra plus mourir inconnu». *Paris-Presse l'Intransigeant*, 24 October 1964.
On Nobel Prize refusal. N.W.C.

Chavance, Louis. «Sartre ou les réminiscences». *Le Monde libertaire*, November 1964, pp.8-9.
A peevish attack on Sartre's reasons for refusing the Nobel; however, the title explains the purpose of the article which is to demonstrate Sartre's lack of originality. N.W.C.

Chiaromonte, Nicola. «Jean-Paul Sartre Premio Nobel». *Tempo Presente*, Year 9, no.11, November 1964, pp.4-6.

Chiaromonte, Nicola. «Sartre and the Prize». *Encounter*, February 1965, pp.55-57.

Cusack, Dymphna. «Jean-Paul Sartre and the Nobel Prize». *The Meanjin Quarterly*, vol.24, 1965, pp.244-247.

Daix, Pierre. «Jean-Paul Sartre, le prix Nobel et la littérature». *Les Lettres françaises*, 29 October-4 November 1964, pp.1,10.

Dansel, M. *Les Nobel français de littérature.* Paris: 1967.
Includes «*Le refus de Sartre*», pp.211-212.

Debray, Pierre. «Le Prix Nobel va aux salauds». *Aspects de la France*, 29 October 1964.

Deleuze, Gilles and Kostas Axelos. «Deux philosophes s'expliquent. (Deleuze: Il a été mon maître; Axelos: Il a fait descendre la métaphysique dans les cafés.)». *Arts*, 28 October-3 November 1964, pp.8-9.
Two general eulogies on the occasion of the Nobel Prize.

Dumur, Guy. «Sartre, prix Nobel malgré lui». *Médecine de France*, December 1964, pp.44-45.

Duranteau, Josane. «Le mythe cache l'oeuvre». *Combat*, 23 October 1964, p.11.
Favourable comments on Sartre, mainly on Les Mots, *on the occasion of the Nobel.*

Erval, François. «Dennoch der Nobelpreisträger 1964». *Die Zeit*, no.44, 30 October 1964, p.17.

Escarpit, Robert. «Au jour le jour: Sartre au bûcher». *Le Monde*, 25-26 October 1964, p.1.

Fabrègues, Jean de. «Jean-Paul Sartre et le prix Nobel». *La France Catholique*, 30 October 1964, p.2.

Fenu, Eduardo. «I premi sbagliati». *L'Osservatore Romano*, 31 October 1964, p.3.

Fouchet, Max-Pol. «Sartre Nobel». *L'Express*, no.697, 26 October-1 November 1964, pp.71-74.
A sympathetic article approving of Sartre's refusal.

Frank, Bernard. «Jean-Paul Sartre fait la bête...» *Candide*, 29 October-5 November 1964.
On Sartre's explanation of his Nobel refusal.

Frossard, André. «Cavalier seul. Peu exigeant». *Le Figaro*, 24-25 October 1964, p.1.
On Nobel prize - brief anti-Sartre column.

Frossard, André. «Cavalier seul. Offensant». *Le Figaro*, 22 October 1964, p.1.
On supposed advance refusal of Nobel Prize.

Frossard, André. «Cavalier seul. L'Air fin». *Le Figaro*, 19 October 1965, p.1.
On Sartre's refusal and Sholokov's acceptance of the Nobel prize.

Frossard, André. «Nobelissimo». *Candide*, 29 October-5 November 1964.

Galey, Matthieu. «Un maudit de mauvaise foi». *Arts*, 28 October-3 November 1964, pp.5-6.
On Nobel Prize refusal.

Garaudy, Roger. «Sartre et le Prix Nobel». *France-Nouvelle*, 28 October-5 November 1964.
Interview with Garaudy on the P.C. position.

Grendel, Frédéric. «La difficulté d'être Sartre». *Notre République*, 30 October 1964.
On Nobel refusal.

Hahn, P. «Un Nobel sans fleur ni couronne». *Marginales*, no.99, 1965, pp.51-53.

Hecht, Yvon. «J.-P. Sartre, Prix Nobel de littérature le refuse». *Paris-Normandie*, 23 October 1964, pp.1,14.

Jardin, C. «Jean-Paul Sartre a-t-il d'avance refusé le prix Nobel?» *Le Figaro*, 21 October 1964, p.28.
Published anonymously in Paris edition, but signed in 'Départementale' edition.

Jean, Raymond. «Non récupérable: ou Sartre prix Nobel». *Cahiers du Sud*, Year 58, no.380, November-December 1964, pp.307-309.
Reprinted in La Littérature et le réel. De Diderot au 'Nouveau Roman'. *Paris: Albin Michel, 1965. 276pp. See pp.133-137.*

Joffroy, Pierre. «Sartre dit: 'je ne suis qu'un homme'». *Paris-Match*, 31 October 1964.

Johannet, René. «Jean-Paul Sartre juge de l'Académie Nobel». *Revue des Deux Mondes*, no.22, 15 November 1964, pp.240-242.

Kanters, Robert. «A Literary Letter from Paris». *The New York Times Book Review*, 29 November 1964, p.44.

Kappler, Frank. «Existentialism: Dealing with Earthly Hells». *Life*, 6 November 1964, pp.86-110.

Kemski, N.L. «Sartre nous explique son refus». *Paris-Presse-l'Intransigeant*, 24 October 1964, pp.1,9.
Front page headline splash followed by uninteresting interview with Sartre.

Lancker, Huguette de. «Jean-Paul Sartre». *Le Soir* (Brussels), 29 October 1964.
On the Nobel refusal.

Larrivoire, Jean-Claude. «J'ai retrouvé Sartre (prix Nobel malgré lui) après une pousuite à 100 à l'heure dans Paris». *France-Soir*, 23 October 1964.
A rather useless piece of journalism which includes a brief statement by Sartre obtained by the well-named Larrivoire.

Lebesque, Morvan. «Sartre et le Prestige». *Le Canard enchaîné*, 28 October 1964.
On Nobel refusal.

Lemarchand, Jacques. «Un auteur dramatique en situation fausse». *Le Figaro littéraire*, 22 October 1964, p.7.

Lepape, Pierre. «Jean-Paul Sartre Prix Nobel sans le vouloir». *Paris-Normandie*, 23 October 1964.

Lotschak, Peter. «Der Nobelpreis für Sartre kam eher zu spät». *Salzburger Nachrichten*, 31 October 1964, p.5.
A general review of Sartre's works on the occasion of the Nobel.

Maheu, René. «Sur un refus». *Le Figaro*, 26 October 1964, pp.1,26.
Long, interesting reflection by a former colleague.

Manson, Anne. «Jean-Paul Sartre traqué par les journalistes a ainsi expliqué son refus du Nobel: rien dans les mains, rien dans les poches». *L'Aurore*, 24 October 1964, p.4.

Marcel, Gabriel. «Prise de position». *Les Nouvelles littéraires*, 29 October 1964, p.1.
An hysterical outburst against the award of the Nobel to Sartre who is described as «(un) dénigreur invétéré, blasphémateur systématique ... un corrupteur patenté.».

Marra-López, José R. «Jean-Paul Sartre, Premio Nobel». *Insula*, Year 19, no.216-217, November-December 1964, p.25.

Maulnier, Thierry. «Médaille d'or quand même». *Le Figaro*, 23 October 1964, p.8.

Mazars, Pierre. «Jean-Paul Sartre, l'écrivain de l'engagement». *Le Phare Dimanche*, 1 November 1964.

Michel, Jean-Paul. «Jean-Paul Sartre ... ou le mur du Nobel». *La Corrèze*, 31 October 1964.

Misrahi, Robert. «J.-P. Sartre, prix Nobel». *Éducation nationale*, no.30, 29 October 1964, p.19.

Molnar, Thomas. «Sartre and the Cancellation». *National Review*, 6 April 1965, p.270.

Ormesson, Jean d'. «Pourquoi Sartre a-t-il refusé le prix Nobel?» *Arts*, 28 October-3 November 1964, pp.3-4.

Paget, Jacques. «Prix Nobel à céder». *Le Méridional*, 1 November 1964. Not seen.

Payot, Ludovic. «Sartre, 'l'agité du bocal' et le prix Nobel». *Europe-Magazine* (Brussels), 4 November 1964.
   The title refers to Céline's fly-blown pamphlet (q.v. Section 500). Payot is viciously contemptuous of Sartre and the Nobel Committee. In the same article, by the way, Martin Luther King is described as a racist. Worth reading for its period flavour.

Pelayo, Donato. «Prix Nobel: La bataille d'un refus». *Démocratie 64*, 26 November 1964.
   An amusing round-up of those who criticised Sartre's position.

Piatier, Jacqueline. «La Suède à l'heure de Jean-Paul Sartre». *Le Monde*, 26 December 1964.
   On Swedish reaction to Sartre's Nobel refusal.

Piatier, Jacqueline. «Jean-Paul Sartre sera-t-il Prix Nobel malgré lui». *Le Monde*, 23 October 1964, p.11.

Pivot, Bernard. «Il y avait déjà deux couronnes sur la tête de Jean-Paul Sartre». *Le Figaro littéraire*, 29 October 1964, p.2.
   Unsigned article of general anecdotal interest only. Describes the chase around Paris by journalists seeking the fugitive Sartre.

Includes brief comment on the two previous prizes he had received, namely the prix Margana in Rome and the prix du roman populiste in April 1940 for Le Mur.

Pivot, Bernard. «Nobel à huis clos». *Le Figaro littéraire*, 22 October 1964, p.2.

An article revealing Sartre's letter to the Swedish Academy printed in the Swedish paper Dagens Nyheter. *The same article refers, with quotes, to Sartre's tribute to Togliatti in the October issue of* Les Temps modernes.

Pivot, Bernard. «Sartre avait été candidat!» *Le Figaro littéraire*, 5 November 1965, p.2.

Unsigned article in which Pivot publishes a reply to his previous article on Sartre's prizes by Louis Le Sidaner who had been a member of the committee of the prix du roman populiste. Le Sidaner quotes a letter from Sartre to himself which reads as follows:

«Secteur postal 108,
13 mars 1940.

Les *Cahiers de Paris m'avisent que le jury du prix Populiste envisagerait ma candidature sans défaveur. Je prends donc la liberté de vous dire, monsieur, combien je serais honoré si les membres du jury jugeaient mon livre digne de cette distinction».*

Poulet, Robert. «Sur un prix refusé». *Rivarol*, 5 November 1964.

Rebatet, Lucien. «Du côté de chez Nobel». *Rivarol*, 29 October 1964, p.5.

Ritzen, Quentin. «L'obsession du refus». *Les Nouvelles littéraires*, 29 October 1964, p.6.

Roy, Claude. «Sartre ou le prix des mots». *France Observateur*, 29 October 1964, pp.17-18.

Saraiva, Maria Manuela. «Sartre e o premio Nobel: as razoes filosoficas de uma atitude». *Broteria*, January 1965, pp.40-52; March 1965, pp.295-308.

Scipion, Robert. «Exclusif de Stockholm. Le discours Nobel que Sartre n'a pas prononcé». *Adam*, February 1965, p.53.

An 'à la manière de...' pastiche of what Sartre might have said.

Serant, Paul. «Le prix Nobel de littérature: suprême hommage rendu à 'l'antibourgeois' J.-P. Sartre par une 'bourgeoisie' dans le sens de l'histoire». *Carrefour*, 28 October 1964, pp.19-20.

Simon, Pierre-Henri. «Jean-Paul Sartre prix Nobel de littérature». *Le Monde*, 24 October 1964, pp.1,13.
Also in Le Monde (Hebdodmadaire), *no.836, 22-28 October 1964, p.11.*

Stromberg, Kjell. «Jean-Paul Sartre aura-t-il le Nobel?» *Le Figaro littéraire*, 15 October 1964, p.3.
A 'horse-racing' article on the various chances of the favourite fillies.

Stromberg, Kjell. «Solennelle remise des prix Nobel par le roi Gustave VI. Éloge de Jean-Paul Sartre». *Le Figaro*, 11 December 1964, p.13.

Stromberg, Kjell. «Le prix Nobel de littérature attribué à Jean-Paul Sartre». *Le Figaro*, 23 October 1964, p.8.

Tauxe, Henri-Charles. «Le prix Nobel». *Gazette de Lausanne*, 24-25 October 1964.

Tauxe, Henri-Charles. «Situation de Sartre». *Gazette de Lausanne*, 31 October-1 November 1964, pp.15,19.
An interesting general article on Sartre's life and thought of the occasion of the Nobel.

Torrevejano, Mercedes. «Sartre, del existencialismo al marxismo. Un filósofo premio Nobel». *Eidos*, July-December 1964, pp.9-24.

Vermorel, Jean. «Les romans meritaient-ils tant d'honneur?» *Paris-Presse*, 24 October 1964.

Verstraeten, Robert. «Un Prix Nobel refusé. Jean-Paul Sartre». *G. La Gauche* (Brussels), 31 October 1964.

Walsh, J. «Sartre: French Philosopher is Model of Literary Intellectual by 'Two Cultures' Definition». *Science*, 13 November 1964, pp.900-902.
On Sartre's refusal, with general reflections on his place in C.P. Snow's world.

Abosch, Heinz. «Revolutionäre Philosophie. Für die Massen - gegen die Partei. Jean-Paul Sartres langer Marsch zu den Maoisten». *Die Welt*, no.51, 13 December 1974, p.12.
Half-page review article setting this book in the context of Sartre's post-68 activities.

Anon(?). «Lu pour vous». *Le Provençal Dimanche*, 2 June 1974.
Brief favourable review. N.W.C.

Anon. «Notes de lecture». *Le Journal du Centre*, 15 June 1974.
Includes brief favourable review. N.W.C.

Anon. «*On a raison de se révolter*». *La Montagne*, 28 July 1974.
Brief review. N.W.C.

Anon. «*On a raison de se révolter*». *La République du Centre*, 20 September 1974.
Brief review. N.W.C.

Anon. «*On a raison de se révolter*». *Libération*, 2 December 1974.
Brief news item announcing the authors' (Gavi, Sartre, Victor) public discussion of the book at the Cour des Miracles, Montparnasse on 2 December 1974. N.W.C.

Anon. No title. *Le Soir* (Brussels), 13 July 1974.
Brief favourable review. N.W.C.

Bachmann, Jakob. «Jean-Paul Sartre: Zwischen Fiktion und politischer Wirklichkeit». *Die Tat* (Zürich), 17 August 1974.

Bondy, François. «Reminiszenz und Prognose». *Die Weltwoche* (Zürich), no.30, 24 July 1974, p.31.

Bosquet, Michel. «La révolte selon Sartre et les gauchistes». *Le Nouvel Observateur*, 10 June 1974, pp.52-53.
Interesting favourable review.

Braun, Claus. «Zu Jean-Paul Sartres neuem Buch *On a raison de se révolter*: 'Ich bleibe pessimistisch'». *Basler Nachrichten*, 7 January 1975.

Droit, Roger-Pol. «Une autobiographie politique de Sartre». *Not known*, pp.17,21.
 Highly favourable: «*Sartre ou la conscience malheureuse: ces dialogues marqueront sans doute la fin de ce lieu commun. Et ce n'est pas leur seul intérêt. Rien n'y est statique, et des échanges d'idées, comme des initiatives de Lip, naissent de nouvelles positions, de nouveaux concepts*». This clipping is in the Gallimard archives, Sartre 1974.

F., F. «On a toujours (sic) raison de se révolter». *Nouvelle Action Française*, 3 July 1974.
 Brief review. N.W.C.

Grisoni, D. and R. Maggiori. «Sartre contre les potiches». *La Quinzaine littéraire*, 16-31 July 1974, pp.27-28.
 Favourable review followed by a brief review of Jeanson's Sartre dans sa vie.

Gutman, Claude. «Sartre et les maos». *Le Quotidien de Paris*, 12 June 1974.
 A mixed review: «*... Sartre a changé. L'intellectuel libéral classique qu'il était accepte de se remettre en cause avec une poignante honnêteté. Saluons son courage. Le dirigeant mao accepte sa mise en cause avec plus de réticence, esquivant parfois les réponses qu'il lui aurait fallu donner pour se cantonner dans un champ conceptuel perpétuellement approfondi mais non exempt d'un sclérosant souci didactique qui clôt l'espace d'un lieu qui se voudrait lieu de parole ... La vie ne passe pas dans ce livre où seul Sartre semble avoir accepté de payer de sa personne, de 's'engager'*».

Jannoud, Claude. «La révolte de Jean-Paul Sartre». *Le Figaro*, 25 May 1974, pp.11,14.
 Favourable review on the whole: «*Ces conversations balancent souvent entre les dialogues de Platon et les propos du café du Commerce. Des questions essentielles, qui n'ont pas l'habitude de l'être, sont posées, sinon résolues. Et avec une vivacité qui tient aux personnalités des participants*».

Lamys, Pierre. «Actualité». *La Charente libre*, 14 June 1974.
 Includes brief favourable review. N.W.C.

Lassithiotakis, Hélène. «A propos du livre *On a raison de se révolter*». *Libération*, 7 June 1974, p.9.

Résumé of the discussion on the book between Marcuse, Sartre, Victor and Gavi. Includes brief extracts from the debate between Sartre and Marcuse on the intellectual.

Mauriac, Claude. «Les Écrivains du mardi». *Le Figaro*, 25 June 1974.
Includes a very brief mention of this book. N.W.C.

Moreau, Pierre F. «Une longue conversation». *Psychologie nouvelle*, no.58, November 1974.
Favourable review.

Piron, Daniel. «*On a raison de se révolter*». *Cacef* (Centre d'action culturelle de la communauté d'expression française, Namur), no.23, 1974, pp.18-19.
Favourable review: «*Lire cet essai, c'est comprendre l'action des gauchistes cinq ans après mai 1968 tout autant que l'évolution politique de Sartre: sa rupture avec le parti communiste, la répercussion des événements de mai sur ses analyses, ses nouvelles options révolutionnaires*».

Tauxe, Henri-Charles. «En vitrine». *24 heures* (Lausanne), 21 May 1974.
Includes brief favourable review. N.W.C.

Ysmal, Pierre. «Signaux d'alarme». *Sud-Ouest Dimanche*, 2 June 1974.
Brief, mixed review. N.W.C.

6

General, Autobiographical and Unclassifiable

Adereth, M. *Commitment in Modern French Literature: Politics and Society in Péguy, Aragon, and Sartre.* London: 1967; New York: Schocken Books, 1968.
See Chapter IV on Sartre, pp.127-191.

Adereth, M. *The Emergence of the Concept of 'Littérature engagée' in Contemporary French Literature with Special Reference to Péguy, Aragon, and Sartre* . M.A. thesis, London University (Birkbeck College), 1961.

Ahlenius, Holger. *Svenskt och franskt. Studier och inlagg.* Stockholm: Bonniers, 1950. 336pp.

Al-Hifni, 'Abd al-Mun'im. *Jan Bul Sartir.* no place 1963. 261pp.
As transliterated title indicates, this book is in Arabic. Not seen.

Albérès, R.-M. *Jean-Paul Sartre: Philosopher without Faith.* New York: Philosophical Library, 1961, and London: Merlin Press, 1964. Trans. by Wade Baskin.

Albérès, R.-M. *Jean-Paul Sartre.* Paris: Éds. Universitaires (coll. Classiques du XXe siècle, no.11), 1953 (1st edition); 7th edition, 1965.

Albérès, R.-M. *La Révolte des écrivains d'aujourd'hui.* Paris: Corréâ, 1949. 253pp.

Albérès, R.-M. *Sartre* (Vertaling van M.H. Mout-van-Tooren). The Hague: Kruseman (coll. Helden van de geest, no.2), 195(?). 153pp.
Translation of 1953 French version.

Alvarez, A. *Beyond all this fiddle. Essays 1955-1967.* London: A. Lane/Penguin Press, 1968. 333pp.
Includes «Jean-Paul Sartre», pp.128-132.

Améry, Jean. *Macht und Ohnmacht der Intellektuellen.* Hamburg: 1968.
Includes chapter on Sartre's 'engagement,' pp.76-90.

Ampola, F. *Fra uomini e poeti.* Pisa: 1962. See pp.132-134.

Andersch, Alfred. *Die Blindheit des Kunstwerks und andere Aufsätze.* Frankfurt am Main: Suhrkamp, 1965. 144pp.
See «*Sartres Kritik an einem Kinde*», *pp.139-145,* on Les Mots.

Andersch, Alfred. *Europäische Avantgarde.* Frankfurt am Main: Verlag der Frankfurter Hefte, 1949. 144pp.

Anderson, David. *The Tragic Protest: a Christian study of some modern literature.* London: John Knox Press, 1970.
See pp.27-64, «*Man at absolute zero*» and «*Phonies and Salauds*».

Ardillon, G. d'. *La Transmutation* (roman existentialiste). Paris: 1945.
Not seen. Las Vergnas, L'Affaire Sartre, *p.68, note 18 calls it a* «*parodie extrêmement cocasse...des thèmes de Sartre*».

Aubrun, J. L. *Quo Vadis.* Montigny-les-Metz: 1949.
Includes chapter on «*Sartre et l'amour*».

Aycock, C.B. *The Journal of Dislodgement. The Possibilities and their Use by Rilke and Sartre.* Dissertation, Rutgers University. See *D.A.,* vol.32, 1971-72, 3289A-3290A.

Bak, W. *Szkice.* Warsaw: 1960. On Sartre pp.188-198.

Balmas, E. *Aspects et problèmes de la littérature contemporaine.* Milan: 1959. See pp.17-41.

Balmas, E. *Situazioni e profili I.* Milan: 1960. See pp.45-79.

Barjon, Louis (S.J.). *Le Silence de Dieu dans la littérature contemporaine.* Paris(?): Les Éditions du Centurion (coll. Les poids du jour), 1955. 196pp.

Barnes, Hazel E. *Sartre.* Philadelphia & New York: Lippincott, 1973. 194pp.

Barnes, Hazel E. *The Literature of Possibility.* Lincoln: Univ. of Nebraska Press, 1959; reprinted as *Humanistic Existentialism.* Lincoln: Bison Books, 1962. 418pp.
On Beauvoir, Camus and Sartre.

Barrère, Jean-Bertrand. *Critique de chambre* (Du Bos, Anouilh, Montherlant, Mauriac, Bernanos, Malraux, Sartre). Paris-Geneva: La Palatine, 1964. 216pp.
Includes «Sartre, métaphysicien hanté», pp.175-201.

Barry, Joseph A. *Left Bank, Right Bank: Paris and Parisians.* New York: Norton, 1951.
See pp.99-109 on the problems surrounding the adaptation of Dirty Hands.

Barry, Joseph A. *The People of Paris.* New York: Doubleday, 1966.

Bauters, Paul. *Jean-Paul Sartre.* Brugge: Desclée de Brouwer (Ontmoetingen, no. 51), 1964. 72pp. In Flemish.

Beauvoir, Simone de. *Mémoires d'une jeune fille rangée.* Paris: Gallimard, 1958. 359pp.

Beauvoir, Simone de. *La Force de l'âge.* Paris: Gallimard, 1960.

Beauvoir, Simone de. *La Force des choses.* Paris: Gallimard, 1963.

Beauvoir, Simone de. *Tout compte fait.* Paris: Gallimard, 1973.

Beauvoir, Simone de. *Les Mandarins.* Paris: Gallimard, 1954.

Bédé, Jean-Albert. «Jean-Paul Sartre». In *The Columbia Dictionary of Modern European Literature.* New York: Columbia Univ. Press, 1947.

Beigbeder, Marc. *L'Homme Sartre, essai de dévoilement pré-existentiel.* Paris: Bordas (coll.'Visages contemporains'), 1947. 205pp.

Bersani, Jacques; M. Autrand; J. Lecarme; B. Vercier. *La Littérature en France depuis 1945.* Paris: Bordas, 1970. See pp.51-74.

Bersani, Leo. *Marcel Proust: The Fictions of Life and Art.* New York: O.U.P., 1965. 269pp.
Bersani employs the concepts outlined in L'Être et le néant *in his study of Proust.*

Biemel, Walter. *Jean-Paul Sartre in Selbstzeugnissen und Bilddokumenten.* Reinbek bei Hamburg: Rowohlt (Rowohlts Monographien, no.87), 1964. 186pp.

Blöcker, G. *Literatur als Teilhabe.* Berlin: 1966. See pp.209-215.

Boisdeffre, Pierre de. *Métamorphoses de la littérature. Tome 2, de Proust à Sartre.* Paris: Alsatia, 1951, 365pp.; augmented ed. Alsatia, 1963. 476pp.
   On Sartre, pp.241-349 (1963 ed.). See also separate entries under Sections 100 and 200.

Boisdeffre, Pierre de. *Metamorfosis de la literatura: ensayos de psicología literaria.* Madrid: Ed. Guadarrama, 1969.

Bolle, Louis. *Les Lettres et l'absolu. Valéry - Sartre - Proust.* Geneva: Perret-Gentil, 1959. 158pp.

Borel, Pierre-Louis. *De Péguy à Sartre. Paradoxes du XXe siècle.* Neuchâtel: H. Messeiller, 1964. 139pp.

Borrello, Oreste. *L'Estetica dell'esistenzialismo.* Messina-Florence: G. D'Anna, 1956. 327p.

Brahmer, M. *Mélanges.* Paris: 1967. See pp.251-256.

Brenner, Jacques. *Journal de la vie littéraire, 1962-1964.* Paris: Julliard (coll. Cahiers des Saisons), 1965. 345pp.
   Includes «Une curieuse malédiction», pp.194-196; «Comment Sartre est devenu écrivain», pp.208-210 (on Les Mots*).*

Brenner, Jacques. *Journal de la vie littéraire (1964-1966), Tome II.* Paris: Julliard (coll. Cahiers des saisons), 1966. 307pp.
   Frequent brief references to Sartre.

Brodin, Pierre. *Présences contemporaines. Cours de littérature contemporaine, première série.* Paris: Debresse, 1954. 480pp. See pp.347-367.

Brophy, Brigid. *Don't never forget. Collected views and reviews.* London: Cape, 1966. 319pp.
   Includes «Sartre», pp.290-295.

Bûchet, Edmond. *Les Auteurs de ma vie ou ma vie d'éditeur.* Paris: Bûchet/Chastel, 1969.354pp.

Chaigne, Louis. *Vies et oeuvres d'écrivains* (IVe série. Anouilh, Giraudoux, Malraux, Sartre, Marcel, Du Bos). Paris: Lanore, 1954; 2nd edition 1957.
   See pp.49-101 of 1957 edition.

Chaigne, Louis. *Vies et oeuvres d'écrivains.* New edition, Montreal & Paris: Fidès, 1966. 256pp. See «Jean-Paul Sartre», pp.39-84.

Chapsal, Madeleine. *Les Écrivains en personne.* Paris: Julliard, 1960.
See interview with Sartre, pp.203-233.

Chevallier, Gabriel. *L'Envers de Clochemerle. Propos d'un homme libre.* Paris: Flammarion, 1966. 453pp.
See «Jean-Paul Sartre», pp.221-224.

Corsaro, Antonio. *Astrattismo nella poesia francese del seicento e altri studi.* Palermo: S.F. Flaccovio, 1968. 382pp.
Includes «Camus, Sartre, Jeanson», pp.210-213.

Cranston, Maurice. *Jean-Paul Sartre.* Edinburgh: Oliver & Boyd, 1962, and New York: Barnes & Noble, 1966.
A brief but perceptive introductory study of Sartre's works (novels, plays and philosophy).

Cranston, Maurice. *The Quintessence of Sartrism.* Montreal: Harvest House, 1969. 74pp.(French, 78pp.).
Bilingual edition of C.B.C. lectures given in 1968 under the title Marxism & Existentialism.

Croce, Benedetto. *Nuove Pagine sparse.* Vol.II. Naples: 1949.
Includes «Impressioni sul Sartre», pp.125-129.

Cruickshank, John (ed.). *French Literature and its Background,* vol.VI. London: O.U.P., 1970.
Includes John Cruickshank, «Revolt and Revolution: Sartre and Camus», pp.226-243.

Cruickshank, John. *Albert Camus and the Literature of Revolt.* London: O.U.P., 1959; New York: O.U.P. (Galaxy Books), 1960. 249pp.
Discusses the Camus-Sartre debate; but also includes other important references to Sartre.

Dettelbach, Hans von. *Gestalten der europäischen Geistesgeschichte.* Cologne: 1968.
See «Sartre, Rebell und Humanist», pp.277-289.

Donovan, Josephine C. *Gnosticism in Modern Literature: A Study of Selected Works of Camus, Sartre, Hesse and Kafka.* Dissertation, Univ. of Wisconsin. See *Diss. Absts. Int.*, vol.32, 5784A.

Duchâteau, Jacques. *Boris Vian.* Paris: La Table Ronde (Les vies perpendiculaires), 1969. 234pp.

Fabre-Luce, Alfred. *Journal 1951.* Paris: Amiot-Dumont, 1951. 420pp.

Falconi, Carlo. *Jean-Paul Sartre.* Modena: U. Guanda (coll. Problemi d'oggi, no.51), 1949. 295pp.

Flam, Leopold. *De walg van Jean-Paul Sartre.* Vilvoorde: Dethier, 1960.

Flanner, Janet. *Paris Journal, 1944-1965.* New York: Atheneum, 1965.
  A reprinting of the New Yorker *articles on Paris published under the pseudonym 'Genet'.*

Fletcher, John. *New Directions in Literature: Critical Approaches to a Contemporary Phenomenon.* London: Calder and Boyars, 1968. 176pp.
  Passing references to Sartre.

Fouchet, Max-Pol. *Les Appels.* Paris: Mercure de France, 1967.
  See «Chronique d'un incident», pp.149-155.

Fowlie, Wallace. *A Guide to Contemporary French Literature from Valéry to Sartre.* New York: Meridian Books, 1957.

Fowlie, Wallace. *Climate of Violence. The French Literary Tradition from Baudelaire to the Present.* New York: Macmillan, 1967. 274pp.
  See Chapter 13 «Existentialism», pp.205-218.

Frank, Joseph. «Existentialist in the Underworld». In *Arts at Mid-Century*, ed. R. Richman. New York: Horizon Press, 1954. See pp.109-114.

Friedmann, Maurice. *The Worlds of Existentialism: A Critical Reader.* New York: Random House, 1964.
  A general anthology.

Gagnebin, Laurent. *Connaître Sartre.* Paris: Resma (coll. Connaissance du présent), 1973. 178pp.

Gaither, Mary E. *Ancient and Modern Concepts of the Tragic Hero.* Dissertation, Indiana University. See *D.A.*, vol.13, 1953, 547.

Ganne, Gilbert. *Interviews impubliables.* Paris: A. Bonne, 1952. 255pp.

Garmendía, Guillermina (ed.). *Sartre.* Buenos Aires: Centro Editor de América Latina (Enciclopedia del pensamiento esencial, no.15), 1967. 118pp.
Anthology of texts.

Gentiloni, Silverj Filippo. *Jean-Paul Sartre contro la speranza.* Rome: La Civiltà Cattolica (Ragguagli e profili, no.7), 1952. 230pp.

Georges, André, et al. *Les Grands Appels de l'homme contemporain.* Paris: Éds. du Temps présent, 1946. 237pp.

Georgin, M. *La Prose d'aujourd'hui.* Paris: Bonne, 1956.

Gérard, Albert. *Les Tambours du néant. Essai sur le problème existentiel dans le roman américain.* Brussels: La Renaissance du Livre, 1969. 208pp.

Glicksberg, Charles I. *The Ironic Vision in Modern Literature.* The Hague: Martinus Nijhoff, 1969. 268pp.
Includes frequent general references to Sartre's works.

González Mas, Ezequiel. *Sartre y Camus; el nuevo espíritu de la literatura francesa.* Guayaquil: Univ. de Guayaquil, 1959. 178pp.

Gorz, André. *Le Traître.* Paris: Seuil, 1959.
Novel prefaced by Sartre in which Sartre 'appears' as the character Morel.

Grene, Marjorie. *Sartre.* New York: New Viewpoints, 1973. 301pp.

Grenzmann, Wilhelm. *Weltdichtung der Gegenwart.* Bonn: Athenaum, 1955. 460pp.
Includes «Jean-Paul Sartre», pp.224-270. Later edition, Frankfurt am Main: Athenaum, 1961, has same general survey but pp.219-265.

Grenzmann, Wilhelm. *Problemas y figuras de literatura contemporánea.* Tr. Rafael de la Vega. Madrid: Gredos, 1963. 388pp. Tr. of the Bonn edition.

Harvey, Sir Paul & Janet E. Heseltine (eds.). *The Oxford Companion to French Literature.* Oxford: Clarendon Press, 1959.
Briefly includes «Sartre», p.662.

Havard, René. *Les Problèmes de la liberté (Gide, Sartre).* Tournai/Paris/Rome: Desclée, 1957.

Heppenstall, Rayner. *The Fourfold Tradition.* London: 1961.
Includes discussion of Camus and Sartre, pp.187-210.

Hinchcliffe, Arnold P. *The Absurd.* London: Methuen (coll. The Critical Idiom, 5), 1969. 105pp.
See Chapter 4, pp.24-34. Includes frequent minor references elsewhere.

Horodinca, G. *Jean-Paul Sartre.* Bucharest: 1964.

Howlett, Jacques. *Écrivains d'aujourd'hui.* Paris: 1960.
See pp.453-462.

Huber, Marcelle-Denise. *Effets stylistiques de la construction asyndétique dans quelques oeuvres du XVIIIe, XIXe et XXe siècle.* Dissertation. Zürich: Juris Druck, 1967. 118pp. Not seen.

Hughes, Stuart H. *The obstructed path; French social thought in the years of desperation, 1930-1960.* New York: Harper & Row, 1968. 304pp.
On Maritain, du Gard, Bernanos, St-Exupéry, Malraux, Sartre, Camus.

Itterbeek, Eugene van. *Tekens van leven. Beschouwingen over het schrijvershap.* Brussels, The Hague: Manteau (Maerlantpocket, no.15), 1969. 160pp.

Jean, Georges. *La Poésie.* Paris: Seuil, 1966. 203pp. Not seen.

Jeanson, Francis. *Sartre dans sa vie.* Paris: Le Seuil, 1974. 299pp.
In spite of Jeanson's modest disclaimer - «Le personnage central de cette histoire est totalement imaginaire» - this work is a fascinating addition to Jeanson's earlier, and excellent, books on Sartre.

Jeanson, Francis. *Sartre par lui-même* (Images et textes présentés par Francis Jeanson). Paris: Seuil (coll. Écrivains de toujours), 1955. 191pp. New edition 1967.

Jeanson, Francis. *Simone de Beauvoir ou l'entreprise de vivre.* Suivi de deux entretiens avec Simone de Beauvoir. Paris: Seuil, 1966. 301pp.

Julienne-Caffie, Serge. *Simone de Beauvoir.* Paris: Gallimard, 1966.
See especially pp.38-43 for Sartre on Beauvoir.

Junod, Roger-Louis. *Écrivains français du XXe siècle* (Gide, Proust, Ramuz, du Gard, Mauriac, St-Exupéry, Malraux, Sartre, Camus). Lausanne: Payot, 1963. 206pp. See pp.117-139.

Kern, Edith (ed.). *Sartre: A Collection of Critical Essays.* Englewood Cliffs: Prentice-Hall (Twentieth Century Views), 1962.
Well worth consulting. Each article is listed separately in the present bibliography.

Knight, Everett W. *The Objective Society.* New York: George Braziller, 1959.

Köppl, K. *Die Sprache Sartres.* Tübingen: 1968.

Kristensen, Sven (ed.). *Fremmede digtere i det 20 århundrede,*Vol.III. Copenhagen: 1968.
Includes Oleg Koefoed, «Jean-Paul Sartre», pp.349-363.

Kunitz, Stanley J. (ed.). *Twentieth Century-Authors: First Supplement.* New York: Wilson, 1955. See pp.870-872.

Lablénie, Edmond. *Recherches sur la technique des arts littéraires.* Paris: Société d'Enseignement supérieur, 1962. 348pp.

Lang, André. *Pierre Brisson le journaliste, l'écrivain, l'homme (1896-1964).* Paris: Calman-Levy, 1967. 394pp.
Frequent reference to Sartre and a «lettre inédite de Sartre à Pierre Brisson» on p.224.

Lange, Wolf-Dieter (ed.). *Französische Literatur der Gegenwart.* Stuttgart: Alfred Kroner, 1971.
Includes K. Kohut, «Jean-Paul Sartre», pp.159-192.

Laurent, Jacques and Claude Martine. *Neuf perles de culture.* Pastiches de Giraudoux, Sartre, Audiberti, Montherlant, Claudel, Cocteau, Camus, Mauriac, Anouilh. Paris: Gallimard, 1952. 310pp.

Laurent, Jacques. *Paul et Jean-Paul.* Paris: Grasset, 1951.
Comparative and satirical study of Bourget and Sartre.

Lavagne, Henri. *Lettre à un anecdotique.* Ivry-sur-Seine: Le Passant, 1965. 22pp. unnumbered.

Lavers, Annette. *L'Usurpateur et le prétendant, essai. Le Psychologue dans la littérature contemporaine.* Paris: Minard (Lettres Modernes), 1964. 168pp.

Lawall, Sarah N. *Recent French Existential Criticism.* Dissertation, Yale University, 1961.

Lecoeur, Yves. *L'Escalier de J.-P. Sartre* (roman). Paris: Gallimard, 1956. 261pp.

Lehan, Richard. *A Dangerous Crossing. French Literary Existentialism and the Modern American Novel.* Carbondale: Southern Illinois Univ. Press, 1973. 198pp.
Contains extensive references to Sartre.

Leiner, Jacqueline. *Le Destin littéraire de Paul Nizan et ses étapes successives.* Paris: Klincksieck, 1970. 299pp.
Contains essential background material for Sartrean scholars.

Lewis, Wyndham. *The Writer and the Absolute.* London: Methuen, 1952. 202pp.
Includes «Sartre, Malraux, and Camus», pp.77-150. Sartre also frequently mentioned elsewhere.

Liehm, Antonin, J. *Rozhovor.* Prague: 1965.
In Czech. Includes interview with Sartre and Simone de Beauvoir, pp.71-86. Liehm is Sartre's Czech translator.

Lilar, Suzanne. *A Propos de Sartre et de l'amour.* Paris: Grasset, 1967. 277pp.

Lobet, Marcel. *La Science du bien et du mal. Essai sur la connaissance littéraire.* Paris: La Nef, 1954. 616pp.

Long, Madeleine. *Sartrean Themes in Contemporary American Literature.* Dissertation, Columbia University. See *D.A.*, vol.28, 1967, 1439A.

López Ibor, Juan J. *El Descubrimiento de la intimidad y otros ensayos.* Madrid: 1952.

Macchia, G. *Il Mito di Parigi.* Turin: 1965. See pp.293-298.

Maciel, Luiz Carlos. *Sartre, vida e obra.* Rio de Janeiro: José Alvaro (Col. Vida e obra), 1967. 194pp.

Majault, Joseph, Jean-Maurice Nivat, Charles Geromini. *Littérature de notre temps. Étude générale sur la littérature française du XXe siècle.* Tournai/Paris: Castermann, 1966. 336pp.

Manser, Anthony R. *Sartre: A Philosophic Study.* London: Athlone Press, and New York: O.U.P., 1966.
Excellent general introduction to Sartre's philosophy, fiction and drama.

Manuel, Frank E. *The Prophets of Paris.* Cambridge (Mass.): Harvard Univ. Press, 1962.

Martinson, Helga. *Karlek mellan Krigen, noveller och skisser av Moa Martinson.* Stockholm: Tidens forlag, 1947. 304pp.

Massis, Henri. *Au long d'une vie.* Préface de Thierry Maulnier. Paris: Plon, 1967. 276pp.
Includes «Sartre ou Camus?» pp.240-242.

Masson, Georges-Armand. *A la façon de Jean Anouilh, Louis Aragon ....* Paris: Pierre Ducray, 1950. 220pp.
Includes pastiche of Sartre's fiction, «Sombre dimanche par Jean-Paul Sartre», pp.67-72.

Masters, Brian. *A Student's guide to Sartre.* London: Heinemann (Student guides to European literature),1970. 82pp.

Maulnier, Thierry. *Esquisses littéraires.* Paris: Robert Cayla, 1948. 168pp.
Includes «Jean-Paul Sartre et la littérature», pp.129-168.

Mauriac, Claude. *Petite Littérature du cinéma.* Paris: 1957.
Includes «Sartre», pp.35-49.

Mauriac, François. *Le nouveau Bloc-Notes, 1958-1960.* Paris: Flammarion, 1961. 420pp.
Contains frequent brief hauntings by Sartre.

Mauriac, François. *Le nouveau Bloc-Notes, 1961-1964.* Paris: Flammarion, 1968. 477pp.
Several references to Sartre, see in particular pp.54-57.

Maurois, André. *De Gide à Sartre*. Paris: Librairie académique Perrin, 1965. 308pp.
  Includes «Jean-Paul Sartre», pp.279-309.

Maurois, André. *De Gide a Sartre*. (Tr. José María Zaingui). Barcelona: G.P., 1968. 312pp.

Maurois, André. *Nouvelles directions de la littérature française*. Oxford: Clarendon Press (The 1967 Zarahoff Lecture), 1967. 23 pp. Not seen.

Mayer, Hans. *Ansichten. Zur Literatur der Zeit*. Hamburg: Rowohlt, 1962. 243pp.
  Includes «Anmerkungen zu Sartre», pp.139-154.

Merleau-Ponty, Maurice. *Signes*. Paris: Gallimard, 1960. 438pp.

Mesnard, Pierre. *Les Grands Courants de la philosophie contemporaine, Vol.2. Portraits*. Paris: Fischbacher, 1964.
  Includes «L'idéologue Jean-Paul Sartre», pp.1287-1348.

Michel, Henri. *Les Courants de pensée de la Résistance*. Paris: P.U.F., 1962.
  Mentions Sartre, p.421, as possible author of article in fact written by Merleau-Ponty.

Moeller, Charles. *L'Homme moderne devant le salut*. Paris: Éds. Ouvrières (coll. Points d'appui), 1965. 216pp.

Moeller, Charles. *Littérature du XXe siècle et christianisme, II. La Foi en Jesus-Christ*. Tournai: Casterman, 1964 (9th ed.). 461pp.
  See Chapter I, «Jean-Paul Sartre et la méconnaissance du surnaturel», pp.37-164.

Moeller, Charles. *Man and Salvation in literature* (Tr. Charles Underhill Quinn). Notre Dame & London: Univ. of Notre Dame Press, 1970. 189pp.

Moore, Harry T. *Twentieth-Century French Literature Since World War II*. Carbondale: Southern Illinois Univ. Press, 1966.
  Includes «The Continuation of Existentialism», pp.34-73.

Mounier, Emmanuel. *Malraux, Camus, Sartre, Bernanos. L'Espoir des désespérés*. Paris: Seuil, 1970.

Mourgue, Gérard. *Dieu dans la littérature d'aujourd'hui.* Paris: Éds. France-Empire, 1961. See pp.25-40.

Nahas, Hélène. *La Femme dans la littérature existentielle.* Paris: P.U.F., 1957. 151pp.

Nauta, L.W. *Jean-Paul Sartre.* Baarn: Het Wereldvenster, 1966.

Nimier, Roger. *Journées de lectures* (Préface de Marcel Jouhandeau). Paris: Gallimard, 1965. 274pp.
  Includes «Jean-Paul Sartre», *pp.251-259.*

Patterson, Yolanda. *Solitude and Communication in the Works of Jean-Paul Sartre and Albert Camus.* Dissertation, Stanford University. See *D.A.* , vol.25, 1965, 4154.

Peyre, Henri. *Jean-Paul Sartre.* New York: Columbia Univ. Press (coll. C.E.M.W., no.31), 1968. 48pp.

Picon, Gaétan. *L'Usage de la lecture.* Paris: 1961.
  Includes «Sartre par lui-même», *pp.131-137.*

Picon, Gaétan. *Panorama de la nouvelle littérature.* Paris: Gallimard, 1960.

Quinn, B.J. *Sartre on Violence. A Political, Philosophical and Literary Study.* Dissertation, Louisana State University, 1970. See *D.A.*, vol.31, 1970-1971, 4177A.

Read, Herbert. *The Tenth Muse: Essays in Criticism.* London: Routledge & Kegan Paul, 1957.

Redfern, W.D. *Paul Nizan. Committed Literature in a Conspiratorial World.* Princeton: Princeton Univ. Press, 1972. 233pp.
  Includes many significant references to Sartre.

Rigsby, G.U. *Negritude: A Critical Analysis (Césaire, Sartre, Senghor).* Dissertation, Howard University, 1968. See *D.A.*, vol.29, no.12, June 1969, 4467A.

Robert, Jacques. *Dictionnaire des Parisiens.* Paris: Solar, 1970. 341pp.

Roger, J. *Figuras de la literatura francesa contemporánea.* Madrid: 1962. See pp.233-241.

Rudorff, Raymond. *The Myth of France.* London: Hamish Hamilton, 1970. 248pp.

Saillet, Maurice (ed.). *Billets doux de Justin Saget.* Paris: Mercure de France, 1952. 276pp.
 Includes reprints of the articles on Sartre by Saget in Terre des Hommes.

Schifres, Alain. *Entretiens avec Arrabal.* Paris: Pierre Belfond, 1969. 186pp.

Scott, Nathan A., Jr. *Modern Literature and the Religious Frontier.* New York: Harper, 1958.

Seijas, Rodolfo. *Carta a Sartre, y otros ensayos.* Buenos Aires: Ed. Goyanarte, 1962. 83pp.

Siciliano, Italo. *Il Romanticismo francese da Prevost a Sartre.* Florence: Sansoni, 1964. 426pp.

Simon, Pierre-Henri. *Diagnostic des lettres françaises contemporaines.* Brussels: La Renaissance du livre, 1966. 419pp.
 See «*De Jean-Paul Sartre* Les Mots», *pp.151-157;* & «*Sartre après* Les Mots», *pp.158-165.*

Simon, Pierre-Henri. *L'Homme en procès.* Neuchâtel: la Baconnière, 1949; Paris: Payot, 1968. 155pp.
 See «*Sartre ou la navigation sans étoiles*», *pp.51-91 (Payot).*

Simon, Pierre-Henri. *Proceso al hombre* (Tr.Oswaldo Barreto). Caracas: Univ. Central de Venezuela, Ediciones de la Biblioteca, 1962. 180pp.

Simon, Pierre-Henri. *Témoins de l'homme. La condition humaine dans la littérature du XXe siècle.* Paris: Armand Colin, 1952; Paris: Payot, 1967. 231pp.
 See «*Jean-Paul Sartre et le destin*», *pp.183-203.* General, but interesting, reflexions on four works - La Nausée, Les Mouches, Baudelaire, Les Mains sales.

Souviron, J.M. *El Príncipe de este siglo. La literatura moderna y el demonio* (Hugo, Rimbaud, Proust, Mauriac, Green, Sartre, Beckett). Madrid: 1967.

Stern, Karl. *The Flight from Woman.* New York: The Noonday Press, 1965.
  Includes «Jean-Paul Sartre», pp.123-142.

Sulzer, Elisabeth. *L'Engagement et le personnage chez Sartre.* Winterthur: Hans Schellenberg, 1972. 86pp.

Sypher, Wylie. *Loss of Self in Modern Literature and Art.* New York: Random House, 1962.
  On Beckett, Camus, Ionesco, Sarraute, and Sartre.

Thody, Philip. *Jean-Paul Sartre: A Literary and Political Study.* London: Hamilton, 1960; New York: Macmillan; Toronto: Collins. Hamilton Paperback, 1964.

Thody, Philip. *Jean-Paul Sartre. Estudio literario y político* (Tr. Juan Pellegrini). Barcelona: Seix Barral (Biblioteca breve, vol.231), 1966. 261pp.

Thody, Philip. *Sartre. A Biographical Introduction.* London: Studio Vista, 1971. 160pp.

Tison-Braun, Micheline. *La Crise de l'humanisme. Le conflit de l'individu et de la société dans la littérature française moderne. Tome II. 1914-1939* . Paris: Nizet, 1967. 468pp.

Torre, Guillermo de. *Problemática de la literatura.* Buenos Aires: Ed. Losada, 1951. 366pp.

Untermeyer, Louis. *Makers of the Modern World.* New York: Simon and Schuster, 1955.

Vestre, Bernt. *Albert Camus og menneskets revolte.* Oslo: Johan Grundt Tanum (Ide og tanke, 2), 1960. 156pp.
  Includes detailed discussion of the Sartre-Camus relationship.

Vettard, Camille. *Du côté de chez... Valéry, Péguy et Romain Rolland, Proust, Gide, Barrès et Jules Soury, Sartre, Benda, Nietzsche.* Paris: Éds. de la tête noire, 1946. 174pp. See pp.87-96.

Vieira, R.A. *Sartre e a revolta do nosso tempo.* Rio de Janeiro: 1967. Not seen.

Villeneuve-Trans, R. de. *Chroniques et romans sociaux.* Avignon: Aubanel, 1965. 269pp. Not seen.

Wavre, Rolin. *La Figure du monde, essai sur le problème de l'espace des Grecs à nos jours.* Neuchâtel: la Baconnière, 1950. 170pp.

West, Paul. *The Wine of Absurdity. Essays on Literature and Consolation.* Univ. Park and London: The Pennsylvania State Univ. Press, 1966. 249pp.
Includes «Sartre and others», pp.77-109.

Weyergans, Franz. *Théâtre et roman contemporains.* Paris: 1957. See pp.55-64.

Wiriath, Marcel. *Notes du soir.* Paris: Plon, 1968. Not seen.

Zuidema, Syste Ulbe. *Sartre* (Tr. Dirk Jellema). No place: Presbyterian & Reformed Publishing Co., 1960. Not seen.

Anon. «Revue: Jean-Paul Sartre, *L'Arc*». *Magazine littéraire*, no.2, 28 November-12 December 1966, pp.45-46.
*Review of the special number on Sartre (*L'Arc*, no.30).*

Aréan, Carlos-Antonio. «Sartre». *Arbor* (Madrid), vol.60, no.229, January 1965, pp.49-62.

Astruc, Alexandre. «Signification de Sartre». Article in *Domaine français, Messages 1943*. Geneva-Paris: Éds. des Trois Collines, 1943, pp.413-424.

Barilli, Renato. «Sartre et Camus jugés dans le Journal». Gombrowicz. *Les Cahiers de l'Herne*, no.14, 1971, pp.390-417.
On the comments on these two writers in the diary of Gombrowicz.

Barrett, William. «The Talent and Career of Jean-Paul Sartre». *Partisan Review*, vol.13, Spring 1946, pp.237-246.

Barry, J.L. «Sartre and Simone de Beauvoir». *Carleton Miscellany*, no.21, February-March 1965, pp.62-66.

Bazin, André. «La technique de *Citizen Kane*». *Les Temps modernes*, no.17, February 1947, pp.943-949.

Bellour, Raymond. «Homme pour homme». *L'Arc*, no.30, 1966, pp.10-14.
A superficial but heartfelt homage to Sartre's humanism.

Benthall, Jonathan. «Beyond despair: Reflections on Sartre». *Granta*, vol.64, no.1209, 13 May 1961, unpaginated.

Berkvam, M. «Les pouvoirs du mot». *Revue des Sciences humaines*, no.148, 1972, pp.545-566.

Bessède, Robert. «Les rapports de la littérature et de l'histoire de la pensée». *Annales de la Faculté des Lettres de l'Univ. d'Aix-Marseille*, vol.44, 1968, pp.67-79.

Blair, Gordon. «Sartre in British and American literary criticism». *Adam*, Year 35, no.343-345, 1970, pp.100-104.

Boisdeffre, Pierre de. «Sartre, génie dévoyé». *Les Nouvelles littéraires*, 25 March 1970, pp.1,7.
 An interesting critical survey of Sartre's literary and political career. Includes a review of Les Écrits de Sartre.

Bourbousson, Édouard. «La littérature existentialiste et son influence». *French Review*, vol.23, no.6, May 1950, pp.462-473.
 A useful background survey with the emphasis on Sartre.

Brinker, M. «Sartre in Hebrew: A misleading translation». *Hasifrut*, vol.1, 1969, pp.728-730. In Hebrew; summary in English.

Brochier, J.-J. «Le dossier Sartre». *Magazine littéraire*, no.5, March 1967, pp.7-20.

Calvino, Italo. «Crosscurrents - III. Philosophy and literature». *The Times Literary Supplement*, 28 September 1967, pp.871-872.
 A general article with occasional reference to Sartre.

Chapsal, Madeleine. «To Show, To Demonstrate». *Yale French Studies*, no.30, December 1963, pp.30-44.
 Translated excerpt of the interview published in Les Écrivains en personne.

Cranston, Maurice. «Jean-Paul Sartre». *Der Monat*, Year 14, no. 164, May 1962, pp.32-44.

Dehn, Fritz. «Werner Kohlschmidt: Die Entzweite Welt». *Orbis Litterarum,* vol.10, nos 1-2, 1956, pp.110-118.

Della Terza, Dante. «Jean-Paul Sartre». *Belfagor* (Turin), Year 7, no.4, July 1952, pp.420-438.

Diop, Alioune. «A propos d'une phrase de Sartre». *La Vie intellectuelle*, vol.14, no.8, 1946, pp.164-170.

Doubrovsky, Serge. «Sartre and Camus: A Study in Incarceration». *Yale French Studies*, no.25, Spring 1960, pp.85-92.
 A general study of this theme in several of Sartre's works.

Dyserinck, H. «Das Werk J.-P.Sartres als Wendepunkt in der französischen Gegenwartsliteratur». *Die Neueren Sprachen*, no.6, 1953, pp.246-258.

Engfeldt, Birgit. «Jean-Paul Sartre». *Vandringar Med Bocker* (Lund), vol.14, no.6, 1965, pp.1-4.
Includes bibliography of translations of Sartre's works into Swedish.

Félix, Henri. «La notion de la littérature engagée». *Bulletin d'Information de la mission laïque française*, no.50, May 1964, pp.2-7.
A general essay on the concept of commitment in relation to Sartre's writings.

Fenzl, F. «Debout, les morts». *Praxis des neusprachlichen Unterrichts*, no.11, 1964, pp.302-307.

Fischer, E., Goldstücker, E., Hajek, J. et al. «Entretien à Prague sur la notion de 'décadence'». *La Nouvelle Critique*, no.156-157, June-July 1964, pp.71-84.
Interview first published in Czech in Plamen *(Prague), no.2, 1964, pp.16-26.*

Fourmanov, D S. «Les précurseurs de Sartre». *Annales de l'Institut pédagogique d'Ivanovo*, no.73, 1970, pp.135-152.

Fowler, Helen. «On the Popularity of Jean-Paul Sartre». *Approach*, vol.12, 1954, pp.2-8.

Fumet, Stanislas. «Et il y eut un soir». *La Table Ronde*, no.182, March 1963, pp.9-18.

Gehring, R.B. «Jean-Paul Sartre». *Philippine Studies*, vol.8, July 1960, pp.82-98. Not seen.

Hakim, Eleanor. «Jean-Paul Sartre: The Dialectics of Myth». *Salmagundi*, vol.1, no.2, 1966, pp.59-94. Not seen.

Hell, Victor. «Poésie et philosophie: Considérations sur un parallèle entre Schiller et Sartre». *Revue de Littérature Comparée*, vol.43, no.1, January-March 1969, pp.83-97.

Heppenstall, Rayner. «Jean-Paul Sartre». *Quarterly Review of Literature*, vol.4, no.4, 1949, pp.416-427.
A general evaluation of Sartre and his works.

Houston, Mona T. «The Sartre of Madame de Beauvoir». *Yale French Studies*, no.30, December 1963, pp.23-29.

Jeanson, Francis. «Sartre par lui-même». *La Vie intellectuelle*, Year 26, August-September 1955, pp.120-122.

Jeanson, Francis. «Hell and Bastardy». *Yale French Studies*, no.30, December 1963, pp.5-20.
An excerpt from Sartre par lui-même, *dealing generally with this theme in Sartre's life.*

Jones, Rhys S. «The Significance of Sartre». *Adam*, vol.16, February 1948, pp.14-15.

Kahn, Ernst. «Sartre, The Philosopher and Writer». *Contemporary Review*, vol.196, November 1959, pp.243-245.

Kleppner, Amy M. «Philosophy and the Literary Medium». *Journal of Aesthetics and Art Criticism*, vol.23, Winter 1964, pp.207-217.

Laurent, Jacques. «Paul et Jean-Paul». *La Table Ronde*, no.38, February 1951, pp.22-53.
On Bourget and Sartre.

Le Clézio, J.M.G. «Un homme exemplaire». *L'Arc*, no.30, 1966, pp.5-9.

Lehmann, John. «The Search for Myth». *Penguin New Writing*, no.30, 1947, pp.142-158.
Includes very brief reference to Sartre and Camus as modern French myth-makers.

Lotti, L. «Esistenzialismo ed esistenzialisme sartriano come presupposti ideologici del romanzo italiano del dopoguerra». *L'Italia Franciscana* (Rome), vol.41, no.3, 1966, pp.179-186.

Lüthy, Herbert. «The Void of Jean-Paul Sartre». *The Anchor Review*, vol.2, 1957, pp.241-254.
A general discussion of Sartre's public career in the fifties.

Majault, Joseph. «Littérature de notre temps: Sartre et Camus». *Éducation nationale*, 6 October 1966, pp.20-22.
Excerpts from the general history of 20th century literature ed. Majault et al., q.v. Section 600.

McEachran, F. «The Literature of Existentialism». *Contemporary Review*, May 1963, pp.257-264.

McMahon, Joseph H. «A Reader's Hesitations». *Yale French Studies*, no.30, December 1963, pp.96-107.
On McMahon's disappointment with Sartre's philosophical progress.

Nuño Archer, P. «Sartre e o desespero contemporâneo». *Magnificat* (Portugal), Year 5, no.4, April 1955, pp.4-11.
A general article which confuses the despair of the characters Roquentin and Mathieu with that of their creator.

Ohye, Kenzaburo. «Portrait of Jean-Paul Sartre». *Orient/West*, vol.7, no.9, 1962, pp.33-41.

Patte, John. «Literature and freedom: The crisis of the bourgeois intellectual in France». *University of Denver Quarterly*, vol.5, no.2, Summer 1970, pp.19-55.

Pejovic, Danilo. «Jean-Paul Sartre». *Praxis. Philosophische Zeitschrift* (International edition in English, French & German), Year 1, no.1, 1965, pp.71-86.
Short favourable survey of Sartre's fiction and philosophy.

Pellegrini, Alessandro. «Sartre, oggi». *Il Ponte*, Year 15, no.4, April 1959, pp.474-485.

Perilleux, G. «Sartre et la Suède». *Moderna Sprak*, vol.62, no.4, 1968, pp.400-418.
On critical reaction to Sartre's works in Sweden 1945-1950.

Perroud, Robert. «Jean-Paul Sartre: Narratore e drammaturgo». *Vita e Pensiero*, Year 34, no.2, 1951, pp.99-105.

Perroud, Robert. «L'incontro del critico e del filosofo con l'artista in Sartre». *Vita e Pensiero*, Year 34, no.4, 1951, pp.209-218.

Peyre, Henri. «Existentialism - A Literature of Despair?» *Yale French Studies*, no.1, Spring-Summer 1948, pp.21-32.
A general discussion including several of Sartre's literary works.

Peyre, Henri. «The Resistance and Literary Revival in France». *The Yale Review*, vol.35, September 1945, pp.84-92.
A general survey which mentions, in passing, the recent Paris production of Huis clos.

Pleynet, Marcelin. «Les Problèmes de l'avant-garde». *Tel Quel*, no.25, Spring 1966, pp.77-86.
General historical article on the avant-garde tradition with little on Sartre.

Poirot-Delpech, Bertrand. «Sartre trop justifié. Salut l'artiste!» *Le Monde*, 13 December 1973.
An interesting half-page review-article on the following works: Joubert: Aliénation et liberté dans 'les Chemins de la Liberté'*; Sartre:* Un théâtre de situations*; Lecarme:* Sartre et les critiques de notre temps*; Sartre:* La Nausée *(présentée par Georges Raillard).*

Roy, Claude. «Description critique: Jean-Paul Sartre». *Poésie 47*, no.38, March 1947, pp.35-49.
Reprinted in Descriptions critiques, I. *Paris: Gallimard, 1949. 317pp. See pp.161-189.*

Santoni, Ronald E. «Sartre depuis 1905». *L'Avant-Scène,* no.402-403, 1-15 May 1968, pp.4-5. Not seen; but this issue is subtitled *Spécial Sartre. La Putain respectueuse. Le Diable et le Bon Dieu.*

Sénart, Philippe. «La fin de l'homme». *La Table Ronde,* no.182, March 1963, pp.113-119.
Sartre is mentioned in passing.

Shirai, K. «Sartre in Japan». *Nichifustu-Bungakijyutsu-Tsushin.* Date and pages not known. Not seen.

Strickland, Geoffrey. «Jean-Paul Sartre». *Delta*, vol.28, Winter 1962, pp.3-13.

Thomas, Peter H. «Jean-Paul Sartre: A Portrait». *Dalhousie Review*, vol.45, Spring 1965, pp.78-89.

Vian, Boris. «Un inédit de Boris Vian: Petite géographie humaine de Saint-Germain-des-Prés - Quelques autochtones authentiques». *Arts et Loisirs*, no.24, 9-15 March 1966, pp.66-68.

PRESS ARTICLES AND NOTICES (mainly biographical). 602

Includes Reviews of General Works on Sartre

Aguado, Emiliano. «Los grandes intelectuales». *La Estafeta Literaria*, no.430, 15 October 1969, p.206.
Review of Pintos, J.-L.: El ateismo del último Sartre; la línea evolutiva de su actitud atea.

Albo, Daniel. «Gombrowicz aime Sartre et déteste le nouveau roman». *Le Figaro littéraire*, 7 July 1966, p.9.
Interview with Gombrovicz who appreciates L'Être et le néant *more than Sartre's literary endeavours.*

Alexander, Ian W. Review of Champigny's *Stages on Sartre's Way*. *Modern Language Review*, vol.56, no.1, pp.122-123.

Anderson, Perry, Ronald Fraser, and Quintin Hoare. «Interview with Jean-Paul Sartre: Itinerary of a thought». *New Left Review*, no.58, November-December 1969, pp.43-66.
Worth reading.

Anon. «*L'Homme Sartre* par Marc Beigbeder». *Le Figaro*, 25 February 1948, p.2.
In 'Départementale' issue only.

Anon. «*Sartre*. By Iris Murdoch». *The Listener*, 1 July 1954, p.31.
Review.

Anon. «'Situation' de J.-P. Sartre et les critiques». *Le Figaro*, 28-29 November 1964, p.17.
Brief announcement of radio debate led by Pierre Barbier on 'France-Culture.' N.W.C.

Anon. «A travers le monde». *Le Littéraire*, 6 July 1946, p.4.
Brief notice that Sartre is in Milan to lecture on existentialism. N.W.C.

Anon. «A travers le monde: Prague». *Le Figaro*, 30 November-1 December 1968, p.3.
Brief news item on Sartre's visit to Prague. N.W.C.

Anon. «A Prague: Sartre et Masaryk best-sellers dans les librairies tchèques». *Le Figaro,* 16 July 1968, p.3.
   Only in 'V' edition.

Anon. «A Verone». *Le Figaro littéraire,* 16 October 1954, p.3.
   News item on Sartre's visit to Verona on his way from Vienna where Les Mains sales *was performed. N.W.C.*

Anon. «Alone in a loveless world». *The Times Literary Supplement,* 13 September 1947, p.460.
   Kenneth Douglas wonders if C.S. Lewis wrote this favourable review of Sartre est-il un possédé *by the exorcist Boutang.*

Anon. «Autres nouvelles judiciaires». *Le Figaro,* 27 January 1965, p.2.
   Brief notice that Sartre has begun adoption procedures. N.W.C.

Anon. «Biographical Portrait». *Current Biography,* vol.8, March 1947, pp.49-51.

Anon. «Biographical Sketch of Sartre». *Saturday Review,* 20 January 1951, p.10.

Anon. «Brèves nouvelles de Lettres». *Le Littéraire,* 18 January 1947, p.4.
   Brief note that Sartre is preparing an unidentified film scenario and wants Laurence Olivier & Vivien Leigh to star in it. N.W.C.

Anon. «Chez les écrivains». *Le Figaro littéraire,* 17 September 1955, p.11.
   Brief news item on Sartre and Simone de Beauvoir in Pekin. N.W.C.

Anon. «Chez les ecrivains». *Le Figaro littéraire,* 3 July 1948, p.5.
   Brief item on Sartre's note to the press that, contrary to current rumours, he has not married Simone de Beauvoir.

Anon. «Chez les écrivains». *Le Figaro littéraire,* 5 March 1960, p.2.
   Brief item. Sartre has left to give series of lectures in Cuba. N.W.C.

Anon. «Chez les écrivains». *Le Figaro littéraire,* 20 August 1960, p.3.
   Brief note that Sartre and Simone de Beauvoir have left for lecture tour of Brazil. N.W.C.

Anon. «Chez les écrivains». *Le Figaro littéraire*, 29 October 1960, p.3.
Brief item. Sartre and Simone de Beauvoir have left Rio de Janeiro for Cuba. N.W.C.

Anon. «Chez les écrivains». *Le Figaro littéraire*, 5 November 1960, p.3.
Brief item. Sartre and Simone de Beauvoir in Barcelona on way home from Cuba and Brazil. N.W.C.

Anon. «Consistent diversity». *The Times Literary Supplement*, 7 June 1974, p.607.
Reviews of Brée, Camus and Sartre; *Barnes,* Sartre; *and* Between Existentialism and Marxism, *tr. J. Matthews.*

Anon. «Dans le monde des lettres». *Le Figaro littéraire*, 22 December 1956, p.9.
Brief notice of article by Brice Parain «Sartre a parlé» in latest issue of Monde nouveau.

Anon. «Dans le monde des lettres». *Le Figaro littéraire*, 5 June 1954, p.4.
Brief news item. Sartre in Moscow as guest of Boris Polevoi, secretary of Soviet writers association. N.W.C.

Anon. «Deux semaines au Caire pour Sartre et Simone de Beauvoir». *Le Figaro*, 23 January 1967, p.13.
Brief news item. Sartre guest of the Cairene daily Al Ahram. *N.W.C.*

Anon. «Disciple of Sartre». *Books and Bookmen*, vol.4, no.9, June 1959, p.9.
Review of Memoirs of a Dutiful Daughter *(Tr. Kirkup). Only brief mention of Sartre and his influence on Simone de Beauvoir.*

Anon. «Elves». *Time*, 1 June 1962, p.86.

Anon. «En toutes lettres». *Le Figaro littéraire*, 14 January 1965, p.6.
Brief news item on Sartre's intention to adopt Arlette Elkaim. N.W.C.

Anon. «En toutes lettres». *Le Figaro littéraire*, 16 December 1961, p.2.
Brief item. Sartre elected member of the Institut international de philosophie. N.W.C.

Anon. «En toutes lettres: 'Putsch' chez Sartre». *Le Figaro littéraire*, 31 August 1963, p.3.
   Brief item. André Puig has replaced Claude Faux as Sartre's secretary. N.W.C.

Anon. «Entravista concedida ao Instituto Brasiliero de Filosofia Seccao do Ciara». *Revista Filosofica do Nordeste* (Fortaleze), no.2, 1961, pp.20-21.

Anon. «Faux qui est chez Sartre». *Paris-Presse l'Intransigeant*, 7 December 1961, p.3.
   News item on replacement of Jean Cau by Claude Faux as Sartre's secretary. Faux is the husband of Maître Gisèle Halimi. N.W.C.

Anon. «Existentialist». *The New Yorker*, 16 March 1946, pp.24-25.

Anon. «Fighting Sartrism». *Newsweek*, 7 January 1952, p.35.
   The heroic story of Father Balm, a Dutch Augustinian, sent by his order to fight the evils of atheistic existentialism in Paris itself.

Anon. «Instants critiques au Brésil pour un avion à bord duquel se trouvaient Jean-Paul Sartre et Simone de Beauvoir». *Le Figaro*, 15 August 1960, p.2.
   News item. N.W.C.

Anon. «Interview mit Jean-Paul Sartre, 9 November 1956». *Geist und Zeit* (Düsseldorf), no.1, 1957, pp.130-142. Not seen.

Anon. «Jean-Paul Sartre est - et reste - célibataire». *L'Aurore*, 27-28 June 1948.
   Brief item noting Sartre's declaration that he is not married. N.W.C.

Anon. «Jean-Paul Sartre et Simone de Beauvoir au Brésil». *Le Figaro*, 12 August 1960, p.2.
   Brief news item. N.W.C.

Anon. «Jean-Paul Sartre mis à l'index». *L'Époque*, 1 November 1948.
   Brief item. N.W.C.

Anon. «Jean-Paul Sartre sur les quais». *Le Figaro littéraire*, 4 September 1948, p.1.
   Brief anecdote of the 'so that was the famous writer' variety. N.W.C.

Anon. «Jean-Paul Sartre». *La Presse*, 15 September 1959.
   Brief uninteresting item, generally hostile.

Anon. «Jean-Paul Sartre: Escale à Barcelone avant Paris». *Le Figaro*, 31 October 1960, p.11.
   Brief news item on Sartre's return from his South American trip. N.W.C.

Anon. «Jean-Paul Sartre: Filière pour une filiation». *Le Figaro*, 8 January 1965.
   Brief notice on possible adoption of Arlette Elkaim. N.W.C.

Anon. «Justice as well as Truth». *The Times Literary Supplement*, 9 September 1960, p.578.
   Review of Thody's Jean-Paul Sartre.

Anon. «L'année Sartre». *Le Nouvel Observateur*, 31 December 1964, pp.24-25.
   Brief article on Sartre's various successes in 1964.

Anon. «L'homme Sartre». *Le Figaro*, 21 January 1963, p.14.
   News item on the film of same title by the Italians Autera and Lo Cascio.

Anon. «L'oeuvre de Jean-Paul Sartre est mise à l'index». *Le Figaro*, 1 November 1948, p.3.
   Brief item not worth consulting.

Anon. «L'Archévêque de Reims et la mise à l'index de J.-P. Sartre». *Le Figaro*, 14 February 1949, p.3.
   In 'Matinale' edition only.

Anon. «L'Église a condamné J.-P. Sartre mais non pas tout l'existentialisme». *Combat*, 2 November 1948.
   Brief item on the 'Indexing' of Sartre's works. N.W.C.

Anon. «La demande d'adoption de Mlle A. El Kaim par M. J.-P.Sartre approuvée par le tribunal de la Seine». *Le Figaro*, 18 March 1965, p.9.
   Brief news item. N.W.C.

Anon. «La mise à l'index des oeuvres de Jean-Paul Sartre». *Le Figaro*, 2 November 1948, p.2.
   Short item, giving Vatican reasons.

Anon. «Le monde est petit...Le général Salan et Jean-Paul Sartre à Barcelone». *Le Figaro*, 1 November 1960, p.6.
Brief news item on Sartre's return from South America. N.W.C.

Anon. «Les débuts littéraires de Jean-Paul Sartre dans la vie littéraire». *Le Figaro littéraire*, 7 January 1950, p.1.
Facsimile and printed text of Sartre's letter to Courteline at the age of six and a half years.

Anon. «Les éditeurs de M. J.-P. Sartre ne sont pas attristés par la mise à l'Index du 'pape' existentialiste». *France-Soir*, 4 November 1948.
On the benefits of papal publicity. N.W.C.

Anon. «Les jeunes algériens préfèrent Stendhal, Sartre, Camus, à James Bond». *Le Monde*, 5 August 1966, p.5.
Brief article on a booksellers' survey.

Anon. «Les Vitalistes déclarent la guerre à Sartre». *La France au Combat*, 16 December 1947.
An amusing example of the upset caused to the delicate by the writings of the existentialists and of Sartre in particular. The 'Vitalistes' (led by the appropriately named Marcel Sauvage and Robert Gaillard) are for health and beauty in Art; they postulate, with unconscious freudian humour «une tranquille érection de sincérité».
They oppose «les romans à chancre et à clé, la purulence diabolique». In conclusion, Sartre is invited to commit suicide since life disgusts him so much; needless to say France au Combat *wholeheartedly approves.*

Anon. «M.Jean-Paul Sartre ne paiera pas de dédit». *Le Figaro*, 22 November 1951, p.2.
On the court case involving Tran Duc Thao and Domarchi following the debate at Dijon. Sartre refused to allow the publication of Entretiens sur le marxisme et l'existentialisme.

Anon. «M. Elkaim adopte Sartre». *Le Figaro*, 12 January 1965, p.7.
Brief notice from Daily Express *that Mlle Elkaim is happy to be adopted. N.W.C.*

Anon. «M. Jean-Paul Sartre diffère son retour de Rio à Paris...» *Le Figaro*, 28 October 1960, p.18.
A short article suggesting that Sartre will stay out of France until the 'réseau Jeanson' affair has blown over.

Anon. «M. Sartre en U.R.S.S». *Le Figaro littéraire*, 24 July 1954, p.3.
   Brief item on Sartre's visit to Uzbekistan. N.W.C.

Anon. «Nouvelles brèves». *Le Figaro littéraire*, 8 October 1955, p.4.
   Brief news item. Sartre and Simone de Beauvoir in China received by vice prime-minister Chen Yi. N.W.C.

Anon. «Nouvelles brèves». *Le Figaro*, 11 February 1948, p.2.
   Brief paragraph announcing Sartre's imminent return from lecturing in Berlin. N.W.C.

Anon. «Nouvelles judiciaires». *Le Figaro*, 28 October 1969, p.12.
   Sartre wins in Sartre v. Nagel and is awarded 30,000 Francs in damages. N.W.C.

Anon. «On en parlera demain: Les nouveaux *Temps modernes*». *Le Nouvel Observateur*, 17-23 November 1965, pp.4-5.
   On the 20th. anniversary of Sartre's review.

Anon. «Point à la ligne». *Le Figaro littéraire*, 22 September 1966.
   Brief news item on departure of Sartre and Beauvoir for Japan. N.W.C.

Anon. «Point à la ligne». *Le Figaro littéraire*, 15 December 1966, p.2.
   Brief mention of Spitzer's illustration of Sartre's novels for the Lidis edition. N.W.C.

Anon. «Portrait of Sartre». *Maclean's* (Canada), March 1965, p.61.

Anon. «Procès en paternité». *Combat*, 27 April 1972.
   News item on the televised attack on sexual education and Sartre's apparent lack of fatherhood by a Versailles doctor. The latter is duly castigated by Combat *for being a dreary old fuddy-duddy.* N.W.C.

Anon. «Quelques mots de Sartre». *Le Figaro littéraire*, 27 January 1966, p.5.
   Letter from Sartre and Peillard on the interview extracts published on 6 January 1966 in Le Figaro littéraire. *Sartre says, among other things,*
   «Je me suis toujours refusé et me refuserai toujours à collaborer, sous quelque forme que ce soit, au Figaro littéraire».

602

> *To this an editorial reply suggests that Sartre must have forgotten his polemic with Mauriac of May 1949 published in* Le Figaro littéraire, *and equally his articles* «En cherchant l'âme d'Amérique» *in* Le Figaro, *29, 30, and 31 March 1945.*

Anon. «Revues: Sartre et la peinture. A travers le Tintoret la condamnation de la beauté». *L'Express*, 5 December 1957.
> *A short article on the* Temps modernes *study on Tintoretto.*

Anon. «Sartre a quitté Moscou pour Warsovie». *Le Figaro*, 25 June 1962, p.3.
> *Brief news item. Only in 'V' edition.*

Anon. «Sartre auf dem Index». *Prisma*, Year 1, no.6, April 1947, p.41.
> *Brief news item. N.W.C.*

Anon. «Sartre dans un livre d'or». *Le Figaro littéraire*, 12 November 1964, p.2.
> *Short article, with photo and cartoon, on Sartre's École Normale days. The article announces the publication of Pierre Jeannin,* Livre d'or de l'École normale supérieure, *Paris: Office française de diffusion artistique et littéraire (coll. Livres d'or des Grandes Écoles françaises).*

Anon. «Sartre demande à l'Ombrie son inspiration». *Le Figaro littéraire*, 23 October 1954, p.1.
> *News item on Sartre's stay in Italy. Includes extracts (in French) from interview with A. Chiesa of* Paese Sera.

Anon. «Sartre en disgrâce». *Le Figaro littéraire*, 8 April 1965, p.2.
> *Brief item on Mrs Carlisle's article in* New York Times Book Review *on Sartre's unpopularity in the U.S.S.R. N.W.C.*

Anon. «Sartre et le nouveau roman». *Le Nouvel Observateur*, 27 May 1965, pp.26-27.
> *The title is misleading; this is on Sartre's interview in* Playboy.

Anon. «Sartre et Simone de Beauvoir racontent leur vie». *Candide*, 3-10 November 1963.

Anon. «Sartre membre d'honneur de l'Académie U.S.A. des Arts et des Sciences». *Le Figaro*, 13 May 1960, p.4.
> *Brief item. N.W.C.*

Anon. «Sartre se rendra au Vénézuela». *Le Figaro*, 11 December 1964, p.12.
Only in 'Départementale' edition.

Anon. «Sartre spectateur». *Le Nouvel Observateur*, 4 March 1965, pp.30-31.
A short article of the Preuves *conference on Sartre.*

Anon. «Sartre». *The New York Times Magazine*, 11 April 1948, p.36.

Anon. «Sartre, nouvelle vedette de *Playboy*». *Le Figaro littéraire*, 13 May 1965.
Extracts from Playboy *interview with amusing cartoon of a nude Sartre subtitled:* «L'être et le séant».

Anon. «Sartre: des injures dans une lettre». *Le Figaro littéraire*, 19 December 1963, p.2.
Account of Sartre's caustic letter to Maria Craipeau following the latter's review of La Force des choses *in* Le Nouvel Observateur. *Most of the letter is reprinted;* Le Figaro *judiciously concludes that it was* «démesurée, injuste, méchante, injurieuse».

Anon. «Sartre: Nothing but Nothing». *The Christian Century*, 10 April 1963, p.479.

Anon. «Satire à la Huchette». *Journal du Dimanche*, 25 April 1954.
Brief notice of the play Odette et les penseurs *by Jean Loisy in which Sartre and François Mauriac are lampooned.*

Anon. «Slump in Sartre». *The Times*, 28 December 1957, p.7.
A general survey of changing literary fashions. N.W.C.

Anon. «Sous la Coupole: En faisant celui de la vertu, M. Jean Guitton fait l'"éloge' de Jean-Paul Sartre». *Le Monde*, 18 December 1964, p.12.
Mainly extracts from Guitton's address.

Anon. «The Observer profile: Jean-Paul Sartre». *The Observer*, 4 December 1960.

Anon. «Un bel hommage». *Le Figaro*, 5 March 1963, p.21.
Brief note on Sartre's visit to Kierkegaard exhibition. N.W.C.

Anon. «Un mariage à Saint-Germain-des-Prés». *Gavroche*, 12 November 1947.
A misleading little item announcing Sartre's marriage to Simone de Beauvoir.

Anon. «Un seul soir, en trente ans Simone de Beauvoir et Sartre se sont endormis désunis». *Le Figaro littéraire*, 2 November 1963, p.2.
Review, with anecdotal quotations, of La Force des choses.

Anon. «Unashamed fanatic». *The Times Literary Supplement*, 12 September 1968, p.986.
Review of Tr. of Aden Arabie.

Anon. «Une conférence du Professeur Jaccard. La liberté impuissante de Sartre». *Tribune de Genève*, 13 June 1953.
Fairly detailed review of Jaccard's lecture to the local Association chrétienne évangélique entitled «Sartre: l'athéisme en littérature ou la liberté impuissante».

Anon. «Une nouvelle revue littéraire dirigée par Jean-Paul Sartre *La Condition humaine* va paraître aux éditions de la N.R.F». *Le Figaro*, 18 November 1944, p.2.
On founding of Les Temps modernes. *N.W.C.*

Anon. «Vacances en U.R.S.S. pour Sartre et Simone de Beauvoir». *Le Figaro*, 20 May 1966, p.31.
Includes very brief excerpts from an interview.

Anon. «Vers une rencontre Sartre-Bertil de Suède?» *Le Figaro*, 6 November 1964, p.31.
Brief item, Sartre invited to opening of Maison de Suède in Paris. N.W.C.

Anon. Announcement of lecture to be given by Étienne Borne to the Centre catholique des intellectuels. *Le Figaro*, 16 February 1953, p.4. N.W.C.

Anon. Announcement of limited edition of *Visages* (Seghers). *Le Figaro*, 7 April 1948, p.2. N.W.C.

Anon. Brief announcement of publication of *Situations II. Le Figaro*, 16 June 1948, p.2. N.W.C.

Anon. Brief announcement of Aron's article on Sartre & Marxism in current issue of *Le Figaro littéraire*. *Le Figaro*, 25 September 1952, p.1. N.W.C.

Anon. Brief item on Sartre's election to vice-presidency of the 'Communauté européenne des écrivains.' *Le Figaro*, 7 October 1965, p.19. N.W.C.

Anon. Brief news item. Sartre expected in Tokyo for a three week lecture tour. *Le Figaro*, 18 July 1966, p.13. N.W.C.

Anon. Brief news item. Sartre and Simone de Beauvoir leave for Tokyo. *Le Figaro*, 19 September 1966, p.15. N.W.C.

Anon. Brief news item. Sartre and Simone de Beauvoir unhurt in taxi accident in Japan. *Le Figaro*, 6 October 1966, p.13. N.W.C.

Anon. Brief news item, no title. *Le Figaro littéraire*, 17 December 1964, p.2.
Sartre has accepted to lecture at Cornell and has been invited to join editorial board of La Revue de Métaphysique. *N.W.C.*

Anon. Brief notice of change of publisher for *Les Temps modernes* from Julliard to Gallimard. *Le Figaro*, 26-27 June 1965, p.9. N.W.C.

Anon. Brief notice of the arrival of Sartre and Simone de Beauvoir in Cairo. *Le Figaro*, 27 February 1967, p.19. N.W.C.

Anon. Brief notice of Sartre's request that the Nagel contract of 1954 be rescinded. *Le Figaro*, 23 September 1969, p.2. N.W.C.

Anon. Brief notice of Sartre's imminent return from U.S.A. *Le Figaro*, 9 March 1946, p.2. N.W.C.

Anon. Brief notice that Sartre and Simone de Beauvoir have arrived in Cuba from Brazil. *Le Figaro*, 24 October 1960, p.7. N.W.C.

Anon. Brief notice that Sartre is in Helsinki to participate in 'Congrès de la paix.' *Le Figaro*, 16 July 1965, p.7. N.W.C.

Anon. General article in *Cavalcade*, 28 November 1946, p.18. Not seen.

Anon(?). «Un nouvel épisode de la guerre de cent ans (de jargon). Sartre accusé de donner des leçons de mauvais style 'néant réflété réflétant,' 'en-soi chosique,' est-ce là le langage d'un écrivain?» *Carrefour*, 22 August 1951.

Aubarède, Gabriel d'. «Rencontre avec Jean-Paul Sartre». *Les Nouvelles littéraires*, 1 February 1951, pp.1,6.
   Interesting interview. Extracts in Contat & Rybalka, pp.241-242.

Ayer, A.J. «Jean-Paul Sartre». *Encounter*, vol.16, no.4, April 1961, pp.75-77.
   Review of Thody: Jean-Paul Sartre. A Literary and Political Study.

Ayguesparse, A. «A propos de Sartre et de l'amour». *Marginales*, no.22, July 1967, pp.50-53.

Barnes, Hazel E. «Critic's second thoughts - René-Marill Albérès' *Jean-Paul Sartre, Philosopher without Faith*». *Praire Schooner*, vol.36, no.2, Summer 1962, pp.174-177.

Bauer, Anne. «Warum haben Sartre und Simone nicht geheiratet?» *Welt am Sonntag*, 9 October 1960.
   A general review of La Force de l'âge *which includes occasional discussion of Sartre.*

Beauvoir, Simone de. «Avec Sartre au Brésil». *Afrique-Action*, 5 December 1960. Interview.

Beauvoir, Simone de. «Jean-Paul Sartre: Strictly Personal». *Harper's Bazaar*, January 1946, pp.113,158,160.

Beauvoir, Simone de. «Sartre and I». *Books and Bookmen*, March 1963, pp.10-11,61.

Beck, Béatrix. «A l'Institut Collégial Européen: L'influence des mythes sur la culture». *Le Monde*, 7 September 1966, p.13.
   Mentions Bensimon's presentation of Sartre as a destroyer of bourgeois myths.

Belot, J. «A l'écoute de 'Radioscopie'». *Le Figaro*, 8 February 1973, p.31.
   Review of interview on France-Inter between Sartre and Jacques Chancel.

Ben. «Haute couture. Jean-Paul Sartre». *Les Nouvelles littéraires*, 12 November 1953.
Cartoon of Sartre 'tailoring' Dumas. N.W.C.

Ben. «Littérature vivante». *Les Nouvelles littéraires*, 13 September 1956.
Cartoon of Sartre's literary career. N.W.C.

Berger, Pierre. «Sartre dans Paris et dans le monde». *Spectateur*, 1 October 1946.

Berger, Pierre. «Sartre et sa legende». *Gazette des lettres*, 14 June 1947.

Bersani, Leo. «Variations on a paradigm». *The New York Times Book Review*, 11 June 1967, pp.6,45.
Review of The Sense of an Ending *by Frank Kermode.*

Bettler, Alan. «Robert Champigny: *Pour une esthétique de l'essai*». *Modern Language Notes*, vol.84, no.4, May 1969, pp.695-697.
Review.

Billy, André. «Du Nihilisme au Patriotisme». *Le Figaro*, 14 July 1945, p.2.
On the general evolution from pessimism to action in Sartre.

Bisson, L.A. Review of Campbell's *Jean-Paul Sartre ou une littérature philosophique*. *French Studies*, vol.1, no.1, 1947, pp.73-76.

Blanchot, Maurice. «La passion de l'indifférence». *La Nouvelle Revue Française*, vol.12, no.67, July 1958, pp.93-101.
On Le Traître *by André Gorz. Includes three pages on Sartre's preface.*

Bloch-Michel, Jean. «Les intermittences de la mémoire (Simone de Beauvoir: *La Force des choses*)». *Preuves*, January 1964, pp.66-70.

Bo, Carlo. «I poteri dell'intellettuale; Carlo Bo a colloquio con Jean-Paul Sartre dalla rubrica televisiva 'Incontri'». *L'Approdo letterario*, Year 12, no.34, April-June 1966, pp.97-110.

Boisdeffre, Pierre de. «Qui est Jean-Paul Sartre?» *A la Page*, no.8, February 1965, pp.188-195.

Bökenkamp, Werner. «Existenzielle Autopsie». *Frankfurter Allgemeine*, 14 October 1959, p.14.

Bonnefoy, Claude. «Rien ne laissait prévoir que Sartre deviendrait 'Sartre'». *Arts*, 11-17 January 1961, pp.12,13.
Fascinating glimpses of Sartre at school and at the École Normale Supérieure. Worth reading.

Bonnet, Nicole. «Cinq écrivains racontent leur expérience de la drogue». *Arts*, 14-21 June 1961.

Borne, Étienne. «L'homme, un rat?» *Témoigngage chrétien*, 16 June 1966.

Bott, François. «No hint of hagiography». *The Guardian Weekly*, vol.110, no.13, 30 March 1974, p.16.
Favourable review of Sartre dans sa vie *with translated extracts. This was first published (in French) in* Le Monde.

Bouvier-Cavoret, Jean. «Sartre et ses écrits: 'Je ne me renie pas.'» *Le Figaro*, 23 August 1970, p.14.
Highly favourable review of Contat and Rybalka.

Brandt, Ingeborg. «Gespräch mit Jean-Paul Sartre». *Welt am Sonntag* (Hamburg), 6 October 1957.
Interview with Sartre during his holiday in Capri.
Of general interest only.

Braun, Sidney D. «Robert Champigny: *Pour une esthétique de l'essai. Analyses critiques (Breton, Sartre, Robbe-Grillet)*». *Modern Language Quarterly*, vol.30, no.2, June 1969, pp.302-304. Review.

Brée, Germaine. «*The Modern Confessional Novel*, by Peter Axthelm». *Studies in the Novel*, vol.1, no.1, Spring 1969, pp.90-91. Review.

Brée, Germaine. «Brombert, Victor: *The Intellectual Hero. Studies in the French Novel 1880-1955*». *Criticism*, vol.4, no.4, Fall 1962, pp.373-374.

Brée, Germaine. Review of Champigny's *Stages on Sartre's Way*. *Modern Philology*, vol.58, 1960/61, pp.68-69.

Briare, René. «Sartre a été mon professeur». *Juin*, no.39, 12 November 1946. Not seen.

Brissaud, André. «Portrait. Ce qu'il faut savoir sur Jean-Paul Sartre grand prêtre de l'existentialisme athée». *Les Cahiers de la Bibliothèque Mondiale*, 1954, 8pp. (unpaginated). Number and date of this issue not known.
General introduction to the life and thought of Sartre. N.W.C.

Brombert, Victor. «Jean-Paul Sartre: Techniques and 'impossible' situations». *Modern Language Quarterly*, September 1969, pp.439-445.
Reviews of Boros, M.-D., and Prince, G.J. q.v.

Brunetti, Cesare. «Paul e Jean-Paul». *Il Mondo*, 24 February 1951, p.7.

Buhl, Wolfgang. «Der Finstere von Paris». *Erlanger Universität*, Year 4, no.5, 1950, pp.3-4.

Cailleux, Roland. «Hommage à Jean-Paul Sartre». *Arts*, 28 July-3 August 1954.
A parody of Sartre's philosophy and fiction in the manner of Molière. N.W.C.

Calamé, Raymond. «Au-delà des *Mots* et après le refus du Prix Nobel, voici un lycéen nommé Jean-Paul Sartre». *Lectures pour tous*, December 1964, pp.17-21.
Interesting interview with a childhood contemporary, Gilbert Saron.

Campbell, Robert. «Sartre». *Espace* (Clermont-Ferrand), 1 March 1945, pp.98-101.

Carlini, Armando. «Una difesa di Sartre». *Idea*, no. 23, 6 June 1954, p.1.

Chalon, Jean & Pivot, B. «Restaurants littéraires». *Le Figaro littéraire*, 28 April 1966, p.3.
Frivolous tourist guide to Parisian literary eating houses. N.W.C.

Champigny, Robert. «Four on Sartre». *Contemporary Literature*, vol.13, no.2, Spring 1972, pp.261-266.
Reviews of books by D. McCall; J. McMahon; L. Richter; B. Suhl.

Chapsal, Madeleine. «A Union without Issue». *Reporter*, vol.23, 29 September 1960, pp.40-46.
Biographical commentary on Sartre and Simone de Beauvoir.

Chavardès, Maurice. «Un moraliste nommé Sartre». *Témoignage chrétien*, 28 February 1974, p.20.
Favourable full-page review of Jeanson: Sartre dans sa vie.

Chérubin. «Du côté des mouches». *Le Figaro littéraire*, 3 April 1954, p.1.
Brief item prophesying the waning of Sartre's star. Includes a humorous résumé of the lecture by Jankelevitch on «Le presque-rien».

Chérubin. «La cucaracha». *Le Figaro littéraire*, 24 April 1954, p.2.
Brief item on insects eating Sartre's works in Réunion. It was not the philosophy but the glue used by Gallimard which provoked this rare example of entomological phenomenology. The title is explained by Cherubin's emendation of this Mexican song:
«La cucaracha, la cucaracha,
Ya no puede caminar,
Porque no tiene, porque le falta
La colle de Gallimard».

Chevrier, Jacques. «Crever ou inventer l'homme». *Jeune Afrique*, no.695, 4 May 1974, pp.54-55.
A favourable review of Jeanson's Sartre dans sa vie.

Chiaromonte, Nicola. «Ambiguità di Sartre». *Il Mondo*, Year 12, no.15, 12 April 1960, p.14.

Chiaromonte, Nicola. «Attualità». *Il Mondo*, Year 7, no.30, 26 July 1955, p.15.

Chiaromonte, Nicola. «Il dogmatico senza chiesa». *Il Mondo*, Year 4, no.45, 8 November 1952, p.7.

Chiaromonte, Nicola. «Il fanatico immaginario». *Il Mondo*, Year 16, no.8, 5 May 1964, p.17.

Chiaromonte, Nicola. «Letter from Paris: Gide, Sartre and Café Communism». *The New Republic*, vol.124, 7 May 1951, pp.16-18.

Chiaromonte, Nicola. «Sartre il solitario». *Il Mondo*, Year 12, no.7, 16 February 1960, p.14.

Cocking, J.M. «Proust's World seen through Sartre; or Transcendence transposed». *Forum for Modern Language Studies*, vol.3, no.2, April 1967, pp.172-175.
   Review of Bersani Marcel Proust, *q.v. section 600.*

Cournot, Patrice. «Les Grands Contemporains à la Recherche d'un Absolu - No.1 - Jean-Paul Sartre et les jeunes». *Le Semeur*, no.7-8, February 1960, pp.2-5.
   Interview with Sartre. Parts of this interview were reprinted by Yvan Audouard in «*J.-P. Sartre a l'air si fatigué, fatigué...*» *Paris-Presse l'Intransigeant, 12 March 1960, p.2. Both articles are of general interest only.*

Craipeau, Maria. «Réponse à J.-P. Sartre». *France Observateur*, 12 December 1963, p.2.
   On Sartre's vituperative attack on Craipeau following her review of Simone de Beauvoir's La Force des choses.

Cranston, Maurice. «*The Rebel* by Albert Camus; *Sartre* by Iris Murdoch». *The London Magazine*, vol.1, no.1, February 1954, pp.99,100,102.

Dardel, E. Review of *Le problème moral et la pensée de Sartre* in *Revue d'Histoire et de Philosophie religieuses*, vol.46, 1966, pp.419-420.

Davenport, Guy. «A Rebel reappraised». *The New York Times Book Review*, 30 June 1968, p.10.
   Review of Tr. of Aden, Arabie.

Della Terza, Dante. «Jean-Paul Sartre». *Belfagor* (Turin), Year 7, no.4, 1952, pp.420-437.

Delmont, Claude. «Jean-Paul Sartre défie Malraux». *L'Heure de Paris*, 16 January 1958.
   On Sartre's essay on Tintoretto «*Le Séquestré de Venise*».

Delpech, L.J. Review of *Sartre* by C. Audry in *Études philosophiques*, no.21, 1966, pp.539-541.

Deo. «Bon voyage, monsieur Sartre». *La Marseillaise*, 1-7 February 1945.
   Sympathetic comment on founding of Les Temps modernes.
N.W.C.

Desanti, Dominique. «Le Sartre que je connais». *Jeune Afrique*, 8 November 1964, pp.27-29.
Affectionate memories of Sartre during the 40's and 50's.

Diurisi, P. «Le labyrinthe de Sartre». *Culture française*, no.8, 1961, pp. 131-133.

Donek, Raoul. «Parijse notities». *Litterair Paspoort*, Year 3, no.14, February 1948, pp.30-32.

Duranteau, Josane. «Sartre ou la liberté». *L'Éducation*, no.202, 21 February 1974, pp.22-23.
Interesting double-page review of two books by Jeanson: Sartre *(coll. Écrivains de toujours); and* Sartre dans sa vie.

Duras, Marguerite. «Le Séquestré de Venise: Sartre». *France Observateur*, 16 January 1958.
Review of the essay on Tintoretto.

Ehrenbourg, Ilya. «Le cas Sartre». *Le Figaro littéraire*, 1 July 1965, pp.1,7.
Important article worth consulting.

Enzensberger, Hans Magnus. «Sartre im trüben Spiegel». *Texte und Zeichen*, Year 3, no.12, 1957, pp.199-204.

Epting, Karl. «Verschlossenheit». *Zeitwende*, no.37, 1966, pp.777-779.

Estall, H.M. «*Humanism and Terror.* By Maurice Merleau-Ponty». *Dialogue*, vol.8, no.3, December 1969, pp.526-528. Review.

Farnoux-Reynaud, Lucien. «Un faux génie, Jean-Paul Sartre». *Crapouillot* (numéro spécial), no.53, June 1961, pp.49-52.

Featherstone, Joseph. «Janet Flanner's Paris». *The New Republic*, vol.153, no.26, 25 December 1965, pp.23-25.
Review of Flanner's collected articles.

Fellows, Otis. Review of Campbell's *Jean-Paul Sartre ou une litterature philosophique. Symposium*, vol.2, no.1, 1948, pp.127-131.

Flam, Leopold. «Jean-Paul Sartre in Onze Tijd». *Nieuw Vlaams Tijdschrift*, no.10, 1956, pp.257-264.

Flanner, Janet. «Letter from Paris». *The New Yorker*, 15 September 1951, p.80.
On Sartre's irritation with sensational press given to existentialism.

Flanner, Janet. «Letter from Paris». *The New Yorker*, 7 January 1961, pp.66-68.

Flanner, Janet. «Letter from Paris». *The New Yorker*, 16 December 1964, pp.68-70.

Flanner, Janet. «Letter from Paris». *The New Yorker*, 16 May 1964, p.170.

Florenne, Yves. «Simone de Beauvoir dans *La Force de l'âge*». *Le Monde*, 12 November 1960, p.11.

Florenne, Yves. «Revue des revues: J'accuse...» *Le Monde*, 18 January 1967, p.14.
On Jean-Pierre Faye's article «Sartre entend-il Sartre?» in Tel Quel.

Fortier, Paul A. «M. Adereth: *Commitment in Modern French Literature: Politics and Society in Peguy, Aragon and Sartre*». *French Review*, vol.43, no.3, February 1970, pp.509-510. Review.

Frank, Bernard. «Souvenirs». *Cahiers des Saisons*, no.11, June-July 1957, pp.377-380.

Fraser, G.S. «Meet Jean-Paul Sartre». *World Review*, March 1949, pp.61-64.

Freund, Gisèle. «Les grands de la littérature révélés par leur visage». *Paris-Match*, 20 April 1968, pp.73-83.
A collection of Freund's pre-War photographs, including ones of Sartre and Simone de Beauvoir.

Frossard, André. «Cavalier seul. Francs parler». *Le Figaro*, 11 December 1964, p.1.
Brief comment on money and art re. Sartre and Cézanne.
N.W.C.

Frossard, André. «Cavalier seul. Petit courier». *Le Figaro*, 31 January 1963, p.1. N.W.C.

Galey, Matthieu. «L'histoire d'un grand amour: Sartre par Simone de Beauvoir». *Arts*, no.795, 9-15 November 1960, p.3.

Galland, Bertil. «Oncle Sartre». *24 heures* (Switzerland), 7 November 1972, p.49.
Review of Olivier Todd's autobiographical novel L'Anée du crabe *in which Sartre appears as the character Segal.*

Gaulmier, Jean. «Quand Jean-Paul Sartre avait dix-huit ans». *Le Figaro littéraire*, 5 July 1958, p.5.

Gavino, F. Review of Audry's book *Sartre*. *Culture française*, no.13, 1966, pp.284-285.

Gennari, Geneviève. «Le pacte d'amour de Jean-Paul Sartre et Simone de Beauvoir. Ils avaient conclu un 'bail' de deux ans. Cela fait quarante-cinq années ce printemps que leur bail tient». *Marie-Claire*, March 1974, pp.13,15,18,20,25.
The title gives the flavour; nonetheless, an interesting and sympathetic portrait of the life of the couple.

Girard, René. Review of Champigny's *Stages on Sartre's Way*. *Modern Language Notes*, vol.75, no.1, 1960, pp.82-85.

Giroud, Françoise. «Jean-Paul Sartre, révolutionnaire, bourgeois et pape (de l'existentialisme) est fâché avec la révolution, les bourgeois et le Vatican». *France-Dimanche*, 21 January 1951.
Anecdotal gossip. N.W.C.

Gourdon, A. (alias Julien Cheverny). On Simone de Beauvoir's *Les Mandarins*. *Le Jacobin*, no.21, January 1955.

Gozlan, Serge. «De la morale de l'ambiguïté à la vieillesse». *Magazine littéraire*, no.39, April 1970, pp.13-15.

Grimsley, Ronald. Review of Champigny's *Stages on Sartre's Way*. *French Studies*, vol.14, no.3, 1960, pp.281-282.

Grindea, Miron. «Voltaire 1970». *Adam*, Year 35, no.343-345, 1970, pp.2-3.
The editorial for this special number on Sartre.

Grippe-Soleil. «La Semaine d'un Parisien». *Le Littéraire*, 23 November 1946, p.1.

> *A paragraph of claptrap about a young girl reporter getting a photo of Sartre's mother. A further paragraph notes that a convent school in Canada allowed a performance of* Huis clos.

Grippe-Soleil. «La Semaine d'un Parisien». *Le Littéraire*, 14 September 1946, p.1.
> *On Sartre and first extracts of Genet's* Journal du voleur *in* Les Temps modernes. *N.W.C.*

Grippe-Soleil. «La Semaine d'un Parisien». *Le Littéraire*, 2 November 1946, p.1.
> *Gossip item that Gide and Sartre attended première of Koestler's* Le Bar du Crepuscule. *N.W.C.*

Grippe-Soleil. «Propos d'un Parisien». *Le Littéraire*, 18 May 1946, p.1.
> *Brief anecdotal nonsense about Sartre and Prévert at the Café de Flore.*

Guendline, D. and Razgonov, S. «Deux heures avec Jean-Paul Sartre». *La Culture et la Vie* (Moscow), no.9, September 1962, pp.35-36.

Guilbert, Jean-Claude. «Les nouveaux maîtres à penser de la jeunesse». *Combat*, 24 January 1968, pp.8-9.
> *General survey on student opinion indicating a decline in Sartre's popularity.*

Hampshire, Stuart. «J'attaque» *The Listener*, 6 October 1960, p.583.
> *Review of Thody: J.-P. Sartre. A Literary and Political Study.*

Hampshire, Stuart. «The last Hegelian». *The New Statesman*, 2 January 1954, p.19.
> *Review of Iris Murdoch's* Sartre, Romantic Rationalist.

Hanoteau, Guillaume. «Sartre, 54 ans, qui êtes-vous?» *Paris-Match*, 6 October 1959, pp.107,109,111,113,115,117.
> *General interview and survey article. N.W.C.*

Hanoteau, Guillaume. «De Montparnasse à Saint-Germain-des-Prés». *Magazine littéraire*, no.39, April 1970, pp.9-10.
> *A chatty article in this special number on Simone de Beauvoir.*

Henriot, Émile. «*Les Écrivains en personne* de Madeleine Chapsal». *Le Monde*, 18 May 1960.

Howard, Richard. «Letter from Paris». *Evergreen Review*, vol.2, no.8, Spring 1959, pp.171-174.
A general article on the French literary scene.

Hurtin, Jean. «Le vrai Nizan». *Magazine littéraire*, no.15, February 1968, pp.25-27.

Intérim. «Les Chemins de la liberté». *Le Figaro littéraire*, 12 March 1956, p.2.
Uninteresting anecdote on Sartre's double at the Moulin-Rouge. N.W.C.

Itterbeek, Eugene van. «Sartre en het kristendom». *Dietsche Warande en Belfort*, vol.107, 1962, pp.70-71.

Jacques, J.L. Review of *Sartre* by Jeanson. *Synthèses*, no.248, January 1967, pp.128-129.

Jannoud, Claude. «Sartre à lire». *Le Figaro littéraire*, 6-12 April 1970, p.30.
Enthusiastic review of Les Écrits de Sartre *by Michel Contat and Michel Rybalka.*

Jansen, Peter W. «Sartre schockierte sie alle». *Frankfurter Allgemeine Zeitung*, 25 June 1964.
On the conference at Loccum on «Die Stellung der Literatur in den Ländern Europas» where Sartre was criticised for his comments in Le Monde *on the uselessness of literature in a world where children starve.*

Jaubert, J. «Jean-Paul Sartre et l'homme noir». *Le Figaro*, 14 March 1967, p.16.
A review of Livre blanc de l'humour noir *by Chrestien & Lacroix. In spite of the title of the article, Sartre is hardly mentioned.*

Jeanson, Henri. «Lettres ou pas lettres». *Le Canard enchaîné*, 12 December 1945.
Brief humorous description of Sartre at the Café de Flore.

Jourdan, Henri. «Sartre à Berlin». *Adam*, Year 35, no.343-345, 1970, pp.22-28.

Juin, Hubert. «Les mots et la vie». *Le Soir* (Brussels), 31 July 1974.
Favourable review of Jeanson: Sartre dans sa vie.

Juin, Hubert. «Tel est Jean-Paul Sartre». *Les Nouvelles littéraires*, Year 42, no.1939, 29 October 1964, pp.6-7.
  Biographical reminiscences including mention of Les Mots.

Kanters, Robert. «Situation présente du 'nouveau roman'... sur les ruines du roman existentialiste». *Le Figaro littéraire*, 26 March 1960, pp.1,2.
  An interesting, but general survey as the title indicates.

Karol, K.S. «Paris Undercurrents». *The New Statesman*, 21 December 1957, pp.846-847.

Kauffmann, Stanley. «Sartre and friend». *The New Republic*, vol.158, no.19, 11 May 1968, pp.28,41.
  Review of tr. of Nizan's Aden, Arabie.

Kelbley, Charles A. «Little-known texts of Sartre». *International Philosophical Quarterly*, vol.14, no.2, June 1974, pp.229-236.
  An interesting general article on Sartre's literary and philosophical career by way of a highly favourable review of Contat and Rybalka: Les Écrits de Sartre.

King, Preston. «Portrait of the Anti-bourgeois». *Tribune*, 30 August 1968, p.10.
  Review of Tr. of Aden, Arabie.

Kirstein, Lincoln. «Letter from France». *The Nation*, 27 January 1945, pp.103-106.
  General article on the post-war literary scene with occasional references to Sarthe (sic).

Krol, Hans. «De romancier van het tranendal. J.-P. Sartre». *Utopia* (Thomas More College, Oudenbosch), Year 3, no.3, 1961.
  An extensive but general survey of Sartre's post-war career.

Kyria, Pierre. «Le contemporain capital». *Combat*, 3 June 1971, p.8.

La Girouette. «A travers le monde». *Le Littéraire*, 6 April 1946, p.1.
  Brief paragraph on Sartre and Vercors. N.W.C.

La Girouette. «Retour de M. Jean-Paul Sartre». *Le Littéraire*, 30 March 1946, p.1.
  Brief notice of Sartre's return from U.S.A. N.W.C.

Laing, Dilys. «From God to Sartre». *The Nation*, 27 June 1959, pp.579-580.
> Review of Memoirs of a Dutiful Daughter, with only passing reference to Sartre.

Lalou, Étienne. «Le dernier roman existentialiste». *L'Express*, no.984, 18-24 May 1970, pp.63-64.
> On L'Inachevé.

Lapierre, Marcel. «Comme Ademaï Jean-Paul Sartre a fait son service dans la météorologie». *Presse-Magazine*, 24 May 1955.
> Long but uninteresting account of Sartre's career. Includes the childhood letter to Courteline.

Lazard, Didier. «Sartre». *Réalités*, no.11, 1947.

Le Clézio, J.M.G. «Sartre par Le Clézio». *L'Express*, no.801, 24-30 October 1966, pp.35-36.
> Extract from the article in L'Arc, no.30, 1966.

Leclerc, Gérard. «Sartre dans sa vie». *La Nouvelle Action Française*, 6 March 1974.
> Review of Jeanson's book.

Lemar, Yves. «Sartre donne un maître à la jeunesse: le trouble-fête Paul Nizan». *Arts*, no.776, 25-31 May 1960, p.3.

Lennon, Peter. «La Vie parisienne». *The Guardian*, 10 March 1966, p.9.
> A nostalgic remembrance of St. Germain in the fifties.

Les Alguazils. «Fureurs d'Auguste». *Le Figaro littéraire*, 4 June 1949, p.2.
> Brief anecdote of no significance. Auguste is the 'maître d'hôtel' at Sartre's café.

Les Alguazils. «Graffiti existentialistes...La gloire». *Le Figaro littéraire*, 17 June 1950, p.3.
> Two little anecdotes of no interest whatever.

Les Alguazils. «Jean-Paul Sartre n'aime pas le rouge». *Le Figaro littéraire*, 19 July 1947, p.2.
> Amusing comment on Sartre's refusal of Legion d'Honneur.

Les Alguazils. «Les chemins de la liberté...Révélations». *Le Figaro littéraire*, 20 May 1950, p.3.
On Sartre's difficulties with journalists and photographers during his trip to Africa. N.W.C.

Les Alguazils. «Une surprise pour Jean-Paul Sartre». *Le Figaro littéraire*, 13 May 1950, p.3.
Little anecdote about the quayside 'bouquinistes.' N.W.C.

Les Sept. «Jean-Paul Sartre». *La Gazette des Lettres*, Year 7, nlle série, no.9, 15 June 1951, pp.65-69.

Lilar, Suzanne. «Sartre contre l'amour». *Les Nouvelles littéraires*, no.2059, 16 February 1967, pp.2-3.

Lindblom, Paul. «Vem ar existentialist?» *Studiekamraten*, vol.48, 1966, pp.161-163.

Lobet, Marcel. «Sartre et l'absurde». *Le Soir* (Brussels), 26 August 1965.
A review of Régis Jolivet: Sartre ou la théologie de l'absurde.

Lorquet, Pierre. «Qui est Jean-Paul Sartre ou l'interview sans interview». *Monde nouveau*, no.2, 21 December 1944, p.3.

Lottman, Herbert R. «Where they eat and ate in Paris». *New York Times Book Review*, 21 June 1970, pp.8-16.
Useful, perhaps, for the intelligent tourist.

Macaigne, Pierre. «Pour Maurice Chevalier Jean-Paul Sartre est un auteur comique» *Le Figaro*, 1 February 1950, p.7.
A review of Chevalier's book Par-ci, par-là. *Paris: Julliard, 1950.*

Magny, Claude-Edmonde. «Présence de Sartre». *Parallèle 50*, 30 August 1947.
A sympathetic portrait of Sartre's personality and style:
«S'il me fallait le définir par un seul trait (au sein d'une personnalité qui en compte tant) j'élirais volontiers la générosité ... comme Descartes sa conception de la liberté sera constructive et généreuse ... De là vient l'extraordinaire pouvoir de son style, si volontairement dépouillé pourtant de toute rhétorique ... Sartre est l'écrivain toujours pressé, toujours sur la brèche ... Il écrit comme on court ... Aussi sa pensée, parfois, manquera-t-elle de nuances. Mais c'est que la générosité est volontiers étourdie. Il est cet

homme inconnu des romans policiers qui, les yeux fiévreux, vous aborde, vous prend par la main et vous entraîne en disant: 'Venez vite, pas par-là, il y a le feu.'»

Magny, Claude-Edmonde. «Ein Porträt Sartres». *Besinnung* (Nurenberg), Year 2, 1947, pp.212-214.
Translation of the preceding entry.

Mallet, Robert. «*Jean-Paul Sartre* par R.-M. Albérès». *Le Figaro littéraire*, 23 January 1954, p.8.
Concise, favourable review of Albérès' book.

Mallinson, Vernon. «A Note on Jean-Paul Sartre». *The New Statesman*, 15 December 1945, pp.403-404. Not seen.

Mander, John. «The burden of our century». *The New Statesman*, 8 October 1960, pp.531-532.
Review of Thody: Jean-Paul Sartre.

Manegat, Julio. «De Picasso a Sartre con pausa para otras cosas». *La Estafeta Literaria*, no.392, 23 March 1968, p.13.

Marshall, Margaret. «Notes by the Way». *The Nation*, 17 March 1945, pp.308-309.
Brief mention that Sartre will be publishing Les Temps modernes, *and will contribute a manifesto on engaged literature.*

Martelli, G. «Nizan e Sartre». *Dialoghi*, vol.9, 1961, pp.335-342.

Maublanc, René. «Paris sous l'occupation». *La Pensée,* nlle série, no.7, April-May-June 1946, pp.112-116.

Maulnier, Thierry. «Saint-Germain-des-Prés se meurt-il?» *Le Figaro littéraire*, 13 March 1954, pp.1,4.
Long article on the apparent decline of popular 'existentialism' (i.e. naughty night-life) and the touristic consequences. Maulnier does distinguish between Sartre's philosophical importance and his 'à la mode' notoriety, - but only just.

Mauriac, Claude. «Les écrivains du lundi». *Le Figaro*, 2 March 1970, p.15.
Highly favourable review of Contat and Rybalka: Les Écrits de Sartre.

Mauriac, Claude. «Pour les cinquante ans de Jean-Paul Sartre». *Le Figaro*, 22 June 1955, p.15.
  Review of Jeanson, Sartre par lui-même.

Mauriac, Claude. «Sartre et Breton à une séance de *Paris 1900*». *Le Figaro littéraire*, 25 October 1947, p.6.
  Mauriac invents two imaginary interior monologues for Sartre and Breton, having seen them at the private showing of the film Paris 1900.

Mauriac, Claude. «Un disciple de Sartre publie une oeuvre de maître (André Gorz, *Le Traître*)». *Le Figaro*, 30 April 1958.

Mauriac, François. «La poursuite du bonheur». *Le Figaro littéraire*, 21 January 1961, pp.1,10.
  Reflection on, rather than a review of, La Force de l'âge.

Mauriac, François. «Le sens d'un mot». *Le Figaro*, 13 June 1949, p.1.
  On the 'littérature et jeunesse' enquiry of Le Figaro littéraire. *Sartre is accused of unhealthy eroticism.*

Mauriac, François. «Le Bloc-notes». *Le Figaro littéraire*, 2 January 1964, p.18.
  Brief mention of Sartre as «le dernier écrivain de notre génération, et non le chef de file de ceux qui sont venus après lui. Il est plus proche de Proust ... que de Robbe-Grillet».

Mauriac, François. «Le Bloc-notes». *Le Figaro littéraire*, 29 October 1964, p.26.
  A homage to Sartre's integrity of which the last two sentences are worth quoting:
  «Un homme vrai, pour qui écrire c'est agir, et qui est tout entier dans chacune de ses paroles, un homme libre. Ici je m'interromps et je me loue moi-même et je m'admire d'admirer de si bon coeur ce philosophe qui, à ses débuts dans la vie des lettres, et comme entrée de jeu, chercha à me tordre le cou».

Mauriac, François. «Le Bloc-notes». *Le Figaro littéraire*, 4 November 1961, p.22.
  Commentary on the 'Merleau-Ponty vivant' article in Les Temps modernes. *This is a very warm article which shows, I believe, the kind of relationship Mauriac wished to have with Sartre. The polemical nonsense which Mauriac often wrote about Sartre seems to be the result of a curious frustration (almost*

unrequited love, if one can accept that term without its sexual overtones). For those who have read through this bibliography so far, I should perhaps add that the following quotation is given with no sense of irony:

«*Le voilà près de nous, tout à coup, ce Sartre dont nous prenons la vraie mesure depuis que les feux des projecteurs se sont un peu détournés de lui. Il n'est peut-être plus 'le philosophe de l'époque', mais il est devenu un écrivain au sens où je l'entends, un homme qui se sert de l'écriture pour y voir clair dans ses rapports avec les êtres qu'il a aimés*».

Mauriac, François. «Le Bloc-notes». *Le Figaro littéraire*, 27 November 1967, p.4.
Discusses Jeanson's Sartre par lui-même *and the problem of the existence of God for Sartre.*

Mauriac, François. «Le Bloc-notes». *Le Figaro littéraire*, 16-22 June 1969, p.5.
Contains a few lines on Sartre as a great writer. N.W.C.

Mauriac, François. «Paul et Jean-Paul». *Le Figaro*, 6 February 1951, p.1.
Reflections on the article of Jacques Laurent in La Table Ronde.

Mauriac, François. «Mauriac répond à ses critiques». *Magazine littéraire*, no.22, October 1968, pp.17-19.
Not only on Sartre, includes discussion of Céline, Cocteau, Gide, Bernanos and Simone de Beauvoir.

McInnes, Neil. «Fraud Squad». *The New Statesman*, 19 January 1973, pp.92-93.
Review of Caute, The Fellow Travellers.

Memmi, Albert. «La vie impossible de Frantz Fanon». *Esprit*, Year 39, no.406, September 1971, pp.248-273.
See especially pp.255-256 for Sartre's influence on Fanon.

Merlin, Frédéric. «La révolution permanente de Jean-Paul Sartre». *Les Nouvelles littéraires*, 11 March 1974, p.13.
Favourable full-page review of Jeanson: Sartre dans sa vie.

Michel, André. «Rencontres». *La Revue moderne des Arts et de la vie*, 1 May 1966, pp.33-34. Not seen.

Miller, J.-A. «Sartre 1960 - Entretien avec J.-P. Sartre». *Les Cahiers libres de la Jeunesse*, no.1, 15 February 1960, pp.2-4.
   Extracts in L'Express, *3 March 1960, pp.29-30. This interview is worth consulting. The same issue of* Cahiers libres *also contains the following articles on Sartre (less worth consulting): Jean Mettas «Le personnage sartrien», pp.5-6; François Kessedjian «L'authentique et les ratés», pp.6-7; J.-P. Lovichi and G. Jonville «Sartre et la jeunesse. Enquête», pp.7-8; J.-A. Miller «Entretien avec Serge Reggiani», p.9 (on* Les Séquestrés d'Altona*); Jacques Berès «Les Séquestrés d'Altona», pp.10-11.*

Montanelli, Indro. «The Twilight of Saint-Germain». *Atlas*, vol.7, March 1964, pp.174-176.

Morelle, Paul. «La poésie pour la jeunesse russe c'est le contrepoids de la technique». *Libération*, 11 July 1962. Interview.

Murray, T.B. «Three French Writers». *The Month*, vol.12, no.4, October 1954, pp.244-245.
   Includes review of Sartre *by Iris Murdoch.*

Nadeau, Maurice. «La culture c'est l'art d'hier (un dialogue imaginé)». *Le Nouvel Observateur*, no.28, 27 May 1965, pp.19-20.

Neuvéglise, Paule. «François Mauriac parle de son nouveau roman *L'Adolescent d'autrefois*». *France-Soir*, 28 February 1969, p.9.
   Includes a paragraph on Mauriac's reactions to Sartre's pre-war attack on him.

Nizan, Henriette. «Comment on déshonore un homme». *Le Nouvel Observateur*, 15 November 1967, p.41.
   Open letter to Jean-Pierre Barou director of the short-lived Atoll *(Letter also appeared in* Atoll, *no.1, November 1967). Mme Nizan expresses her gratitude to Sartre for his part in initiating the open letter defending Nizan against unproven Communist charges of treason. See also* Combat, *4 April 1947, and* Les Temps modernes, *no.22, July 1947, pp.181-184.*

Noulet, E. Review of Lilar, S. *A propos de Sartre et de l'amour*. *Revue de l'Université de Bruxelles*, October 1967-January 1968, pp.147-152.

Ormesson, Jean d'. «Un colloque à l'U.N.E.S.C.O. sur Kierkegaard vivant». *Le Monde* 25 April 1964, p.13.

Ottesen, Otto. «Fransk og Amerikansk litteraturmiljo». *Vinduet*, Year 3, no.7, 1949, pp.529-536.

Palaiseul, Jean. «Sartre 'existe' mais ne veut pas être un 'important'». *Noir et Blanc*, Noel, 1948.
   Sympathetic but very general article on Sartre on the occasion of the diatribe by Cornelio Fabro in Osservatore Romano *following the Vatican decision to place Sartre's works on the Index.*

Palaiseul, Jean. «Sartre, homme-orchestre ne déteste pas le bruit». *Noir et Blanc*, 31 March 1948.
   A general résumé (often ill-informed) of Sartre's post-war career. The title refers to the observation of a member of the audience at an R.D.R. rally:
   «Le voilà maintenant qui se mêle de faire de la politique militante. Encore un ou deux mois et il sera devenu artiste-peintre, coureur à pied ou sculpteur. Ce n'est plus un penseur, c'est un homme-orchestre».

Palmier, J.-M. «Le dialogue avec Sartre ou l'histoire d'une amitié». *Le Monde des livres*, 18 April 1970, pp.IV-V.
   Review of «*Merleau-Ponty vivant*».

Parker, Emmett. «*Malraux, Sartre and Aragon as political novelists*, by Catherine Savage». *The South Atlantic Bulletin*, vol.32, no.4, November 1967, pp.26-27. Review.

Pascal. «Les petites filles modèles». *Nice Matin*, 25 July 1954.
   Brief article on Sartre's return from the U.S.S.R. and his naive enthusiasm for the Soviet play La Cigale. *N.W.C.*

Patri, Aimé. «Les années d'apprentissage de Sartre». *Preuves*, Year 11, no.122, April 1961, pp.70-75.
   The story of Sartre's progress from non-involvement to engagement.

Patri, Aimé. «Paris Letter». *The Hudson Review*, vol.17, Spring 1964, pp.89-94.

Patri, Aimé. «Paris Letter». *The Hudson Review*, vol.17, Winter 1964, pp.565-571.

Pautasso, S. «L'incontro Sartre-Nizan». *L'Europa Letteraria*, Year 2, no.9-10, June-August 1961, pp.163-165.

Peillard, Léonce. «Jean-Paul Sartre parle». *Le Figaro littéraire*, 6 January 1966, pp.1,4.
   Extracts from interview in Livres de France. *Not profound, but anecdotally very interesting.*

Picon, Gaétan. «Sartre par lui-même». *Mercure de France*, vol.325, no.1107, November 1955, pp.491-496.
   Review of Jeanson's book.

Pingaud, Bernard. «Un monument public». *La Quinzaine littéraire*, 1 June 1970, p.13.
   Review of Les Écrits de Sartre, *by Contat and Rybalka.*

Pingaud, Bernard. Résumé of Sartre's «Séquestré de Venise». *L'Arc*, no.30, December 1966, p.35.
   See also Pingaud's introduction (pp.1-4) of this special number of L'Arc *devoted to Sartre.*

Pivot, Bernard. «Céline: 'Je donnerais tout Baudelaire pour une nageuse olympique'». *Le Figaro littéraire*, 25 February 1965, p.2.
   On forthcoming second volume of L'Herne *on Céline. Mainly on the good doctor's olympian appetite, but includes a paragraph on Sartre.*

Pivot, Bernard. «Grands polissons». *Le Figaro littéraire*, 3 February 1966, p.2.
   Brief caustic comment on Sartre's interview in Playboy.

Pivot, Bernard. «Le Sphinx a pris un petit air existentialiste». *Le Figaro littéraire*, 9 March 1967, p.2.
   Brief item with photo of Sartre, Simone de Beauvoir and Lanzmann in Egypt. N.W.C.

Pivot, Bernard. «Idylle en Egypte». *Le Figaro littéraire*, 6 April 1967, p.2.
   Brief text and photo. N.W.C.

Prasteau, J. «Dans le jeu de 'traduit de...' Cronin l'emporte sur André Gide et Jean-Paul Sartre». *Le Figaro littéraire*, 3 February 1951, p.7.
   On the publication by UNESCO of the Index Translationum, *1948. N.W.C.*

Pucciani, Oreste. «Sartre et notre culture». *Adam*, no.343-345, 1970, pp.4-8.

Raillard, Georges. «Livres choisis (littérature). 'La langue de la communication forte'». *Le Français dans le Monde*, no.76, October-November 1970, pp.50-52.
  Brief, favourable review of Les Écrits de Sartre.

Reck, Rima Drell. «*Essays in Aesthetics*, by Sartre, translated and edited by Wade Baskin». *South-Central Bulletin*, vol.24, no.2, June 1964, p.42. Review.

Rioux, Lucien. «Vingt ans après: In memoriam Saint-Germain-des-Prés». *Arts et Loisirs*, no.23, 2-8 March 1966, pp.10-11. Not seen.

Rivière, Claude. «Autour de Jean-Paul Sartre débats littéraires à la radio». *Combat*, 3 December 1954.
  Report of the radio debate between Cécile Audry, Maurice Toesca, Paul Godin and Jacques Laurent.

Robert, Laszlo. «Encounter with Jean-Paul Sartre». *The New Hungarian Quarterly* (Budapest), vol.3, no.8, October-December 1962, pp.246-248.

Robichon, Jacques. «La défaite de M. Sartre». *Liberté de l'Esprit*, Year 4, no.27, January 1952, p.31.
  On supposed decline of Sartre's literary influence.

Robichon, Jacques. «Sartre successeur de Gide». *Liberté de l'Esprit*, Year 3, no.21, May 1951, pp.157-158.

Robson, W.W. «Perversities». *The Spectator*, 23 September 1960, pp.454-455.
  Review of Thody: J.-P. Sartre. A Literary and Political Study

Roudiez, Leon S. «Frederick Jameson: *Sartre. The Origins of a Style*». *The Romanic Review*, vol.54, no.3, October 1963, pp.236-238.

Roudiez, Leon S. «Henri Peyre: *Jean-Paul Sartre*». *The Romanic Review*, vol.60, no.3, October 1969, pp.228-229.

Roudiez, Leon S. «Robert Champigny: *Stages on Sartre's Way*». *The Romanic Review*, vol.51, no.2, April 1960, pp.155-156.

Rousseaux, André. «Du surréalisme à Jean-Paul Sartre». *Labyrinthe*, 15 July 1945, p.9.
Links 'Sartrisme' to surrealism and criticizes the absence of 'love' in Sartre's universe.

Routier, Marcelle. *Saint-Germain des Prés*. Paris: Éd. Reportages photographiques modernes, 1950. 96pp.
Only useful for nostalgia or sociology.

Roy, Claude. «Sartre par lui-même (et par Jeanson)». *Libération*, 22 June 1955.
Review of Jeanson's Sartre par lui-même.

Rybalka, Michel. «Jeanson, Francis: *Sartre*». *French Review*, vol.41, no.3, December 1967, p.433.

Rybalka, Michel. «Les écrits de jeunesse de Sartre». *Magazine littéraire*, no.55-56, September 1971, pp.14-15.

Saint Phalle, Thérèse de. «Pas de vacances pour les écrivains à Paris». *Le Figaro littéraire*, 30 July 1964, p.2.
Brief mention of preparation of Situations Vbis & VI *and of the Flaubert. N.W.C.*

Salgues, Yves. «Sartre de retour d'Afrique». *Paris-Match*, 20 May 1950. Article-Interview.

Sanavio, Piero. «Due gruppi di giovani scrittori si contendono in Francia l'eredità letteraria di J.-P. Sartre». *La Fiera Letteraria*, 28, December 1967, pp.5-6.
On the younger writers. Not much on Sartre.

Sanavio, Piero. «Dopo la detronizzazione di Jean-Paul Sartre hanno voluto la loro parte anche l'art deco, i femetti e il magismo». *La Fiera Letteraria* , 4 January 1968, pp.7-8.
Pop culture survey. Little on Sartre.

Sandberg, Henri. «Sartre en Simone de Beauvoir het beroemdste schrijverspaar». *De Telegraaf* (Netherlands), 18 August 1962.
A general essay on their respective post-war literary careers.

Sartre, J.-P., Robert Chandeau, Simone de Beauvoir & Boris Vian. «Sartre par lui-même ... et par les autres». *L'Avant-Scène*, no.402-403, 1-15 May 1968, pp.6-10.
Special number on Sartre. Not seen.

Savonuzzi, Claudio. «Jean-Paul e Simone». *Il Mondo*, Year 12, no.38, 20 September 1960, p.15.

Schrag, Calvin. «*Existentialism from Dostoevsky to Sartre*. Ed. by Walter Kaufmann, New York, 1956». *The Journal of Religion*, vol.37, no.3, July 1957, pp.220-222.

Scize, Pierre. «L'enfance malheureuse, IX - La fuite dans le désespoir». *Le Figaro*, 5 July 1950, p.5.
A half page article on delinquent young girls. Were they seduced by Sartre's works?

Sénart, Philippe. «Sartre et Nizan». *Combat*, 2 July 1964, p.7.

Sénart, Philippe. «Sartre». *Revue des deux Mondes,* April-June 1969, p.373.

Sévérac, Guy. «Jean-Paul Sartre à l'école». *Accords*, 15 February 1946.
Anecdotal memories of Sartre and Nizan at the Lycée Henri IV.

Seymour-Smith, Martin. «Thinking pink». *The Spectator*, vol.220, no.7281, 12 January 1968, p.43.
Review of Adereth, Commitment in Modern French Literature, *& Mander, J.,* The Writer & Commitment.

Simon, Pierre-Henri. «De Jean-Paul Sartre à Simone de Beauvoir: D'après Régis Jolivet, Colette Audry, Serge Julienne-Caffie et Francis Jeanson». *Le Monde*, 15 June 1966, pp.12-13.

Slonims, Thelma. «*Sartre* by Iris Murdoch». *Chanticleer*, vol.1, no.4, Spring 1954, pp.46-47.

Smith, Horatio (ed.). *Columbia Dictionary of Modern European Literature.* New York: Columbia Univ. Press, 1947.
Includes biographical entry on Sartre, pp.722-723.

Steel, A.J. «Eugene H. Falk: *Types of thematic Structure. The Nature and Function of Motifs in Gide, Camus, and Sartre*». *Forum for Modern Language Studies*, vol.5, no.1, January 1969, pp.68-71. Review.

Stolowicki, Christophe. «Sartre le littérateur-philosophe». *Combat*, 3 June 1971, p.9.
Of general interest only.

Suckling, Norman. «*Malraux, Sartre, and Aragon as Political Novelists* by Catherine Savage». *Notes and Queries*, vol.13, March 1966, pp.119-120.

Sutton, Nina. «Sartre and the second sex». *The Guardian*, 19 February 1970, p.11.
Interview with Simone de Beauvoir. Sartre mentioned, but the emphasis is on Simone de Beauvoir.

Tessier, Carmen. «Gina Lollobrigida a écrit (naguère) une lettre d'amour à Jean-Paul Sartre». *France-Soir*, 4 March 1954.
Brief nonsense on Miss Lollobrigida's supposed infatuation with Sartre. N.W.C.

Thieberger, Richard. «Drei Wege zur französischen Literatur». *Die neueren Sprachen*, vol.68, no.3, March 1969, pp.129-132.
Reviews of the presentation of Sartre's work in: Engler: Der französische Roman; *Heist:* Genet und andere; *Bollnow:* Französischer Existentialismus.

Thorel, Paul. «Daniel-Rops et Jean-Paul Sartre (au lycée Pasteur, Octobre 1940)». *Ecclésia*, October 1966, pp.105-108.

Ton, Delfeil de. «La vérité sur Sartre». In *On peut cogner, chef?*, Paris: Éds du Square, 1973, pp.79-86.
Reprint of the hilarious pastiche of all the anti-Sartre obscenities of the French gutter press which first appeared in L'Hebdo Hara-Kiri, *no.71, 8 June 1970. Essential reading!*

Trocchi, Alexander. «Letter from Paris». *Nimbus*, June-August 1953, pp.48-52.

Vervin, Claire. «Lecture de prisonniers». *Les Lettres françaises*, 2 December 1944, p.3.
Includes interview with Sartre.

Vian, Boris. «Sartre et la...» *La Rue*, no.6, 12 July 1946.
Defends Sartre against the charge of scatophilia. See Contat and Rybalka, p.242.

Viatte, Auguste. «Robert Perroud: *Tra Baudelaire e Sartre*». *Erasmus*, vol.8, no.15-16, 25 July 1955, pp.486-487.

Vier, Jacques. «Monstres sacrés de la littérature contemporaine». *La Pensée catholique*, Year 12, no.54, 1958, pp.76-92.

Waltz, Matthias. «Karl Kohut: *Was ist Literatur?*» *Germanische-Romanische Monatsschrift*, new series, vol.17, no.2, April 1967, pp.212-214.

Weber, Jean-Paul. «Falk, Eugene H.: *Types of thematic Structure. The Nature and Function of Motifs in Gide, Camus, and Sartre*». *Comparative Literature Studies*, Vol.6, no.2, June 1969, pp.210-212. Review.

Weightman, John. «France my enemy». *The Observer*, 16 June 1968, p.25.
    Review of Tr. of Aden, Arabie.

Weightman, John. «Sartre catalogued». *Adam*, no.343-345, 1970, pp.29-32.
    Review of bibliography of Contat and Rybalka.

Weinert, Hermann Karl. «Von Sartre bis Ionesco - die französische Literatur unserer Zeit, ihre Standorte und Richtungen». *Universitas*, Year 18, no.8, August 1963, pp.825-836.
    Very little on Sartre.

Whartenby, H. Allen. «*Types of thematic Structure. The Nature and Function of Motifs in Gide, Camus, and Sartre* by Eugene H. Falk». *Southern Humanities Review*, vol.3, no.1, Winter 1969, pp.105-106. Review.

Williams, Raymond. «Novels and ideas». *The Guardian*, 12 May 1967, p.8.
    Review of Sartre: Romantic Rationalist, *by Iris Murdoch.*

Winner, Percy. «Outside America». *The New Republic*, vol.120, 20 June 1949, pp.9-10.
    On the Sartre-Mauriac quarrel.

Zweig, Paul. «Paris Falls Again - into this World». *The Nation*, 9 May 1966, pp.557-559.
    Sartre the prime example of the decaying intellectual atmosphere of Paris.

Abel, Lionel. «The Retroactive 'I'». *Partisan Review*, vol.33, no.2, Spring 1965, pp.255-261.

Agamben, Giorgio. «L'infanzia e le parole». *Il Mondo*, Year 14, no.16, 21 April 1964, p.11.

Albérès, R.-M. «Ce Sartre qui déteste Jean-Paul». *Les Nouvelles littéraires*, 16 January 1964, pp.1,7.

Alopaeus, M. «Sartre om Jean-Paul». *Nya Argus*, no.20, December 1, 1964, pp.297-300.

Alvarez, A. «The School of Brilliance». *The Spectator*, 2 October 1964, pp.441-442.
   On Words, *tr. by Irène Cléphane; also on* Baudelaire.

Andersch, Alfred. «Sartres Kritik an einem Kinde». *Merkur*, Year 19, no.205, 1965, pp.386-389.

Anjaneyulu, D. «The Writer and his World. Words. Trans. from the French by Irène Cléphane». *Thought* (Delhi), vol.17, no.12, 20 March 1965, pp.11-13.

Anon. «*Les Mots* à Moscou... Jean-Paul Sartre à Paris». *Le Figaro*, 28 October 1964, p.19.
   On Russian translation in Novy Mir *and denial of rumour that Sartre is in Stockholm for Nobel prize.*

Anon. «*Les Mots* de Jean-Paul Sartre». *L'Hôpital*, May 1964.
   Includes an interesting reference to Ribera's famous painting:
   «... dès les premières pages ... l'image du tableau de Ribera 'le Pied-bot', s'imposa à mon esprit. Coq-à-l'âne? Que non pas. En fait, jugement soufflé de mon inconscient. Ribera, dans une admirable toile, a peint un gnome disgrâcié par la nature. Son talent a sublimé la difformité, et nous admirons».

Anon. «*Les Mots* de Jean-Paul Sartre». *Mineurs de France*, February 1965, p.22.
   Brief favourable review. N.W.C.

Anon. «'Young' Sartre». *Le Figaro*, 14 October 1964, p.25.
    Short notice of Cyril Connolly's Sunday Times *review article on* Les Mots.

Anon. «Books for Young Adults. Sartre, Jean-Paul. *The Words*».
    Library Journal, vol.89, no.18, 15 October 1964, pp.4228.

Anon. «De Sartre à Beauvoir». *Le Figaro*, 24 January 1964, p.18.
    Brief notice of Kanters' article in Le Figaro littéraire. *N.W.C.*

Anon. «Jean-Paul Sartre - *Les Mots*». *Indications* (Brussels), 21st series, 1964, pp.1-7.
    A sagacious review by the Commission de lecture de la J.I.C.F.

Anon. «Jean-Paul Sartre without Nobel or Lenin». *The Times Literary Supplement*, 5 November 1964, pp.989-990.
    Includes a review of the Cléphane translation.

Anon. «La revue soviétique *Novy Mir* publie *Les Mots* de Jean-Paul Sartre». *Le Monde*, 28 October 1964, p.20.
    Article includes extracts from Sartre's preface for this publication.

Anon. «Sartre à l'est...» *Le Nouvel Observateur*, 24 December 1964, pp.30-31.
    Article on the favourable review of Les Mots *in* Novy Mir *by the Soviet writer Nicolas Bajan.*

Anon. «Sartre écrivain par dépit». *La Presse* (Tunis), 30 October 1964, p.6.
    Brief review. N.W.C.

Anon. «Sartre, la littérature et la faim». *Aux Écoutes*, 24 April 1964.
    An article critical of Sartre's naivety in the interview on Les Mots *with Jacqueline Piatier in* Le Monde. *The phrase «En face d'un enfant qui meurt,* La Nausée *ne fait pas le poids ... Que signifie la littérature dans un monde qui a faim» was particularly attacked:*
    «*Nous entrons ici dans le délire pur ... Que signifie l'industrie hôtelière, la fabrication des chaussures, la conquête de la lune, le cinéma et la télévision dans un monde qui a faim? Pourquoi ce malaise ne péserait que sur l'écrivain?*»

Anon. «Sartre vu par *Time*». *Le Nouvel Observateur*, 3 December 1964, pp.30-31.
    Short article on the Time *review of* Les Mots.

Anon. «Self-made Man. *The Words* by Jean-Paul Sartre». *Newsweek*, 5 October 1964, p.124.

Anon. «The Pen is not the Sword. *Words* by Jean-Paul Sartre». *Time*, 9 October 1964, pp.92,94,95 (Canadian edition); pp.78 et seq. in U.S. edition.

Anon. Brief news item, no title. *Le Figaro littéraire*, 17 December 1964, p.2.
Les Mots *is on U.S. best-seller list.* N.W.C.

Anon. No title. *Le Figaro littéraire*, 5 October 1963, p.2.
Brief mention of Schweitzer-Sartre family relationship and announcement of Sartre's forthcoming autobiography. N.W.C.

Anzieu, Didier. «Le moment de l'apocalypse». *La Nef*, Year 24, no.31, July-October 1967, pp.127-132.
Brief discussion of Sartre's inaccurate analysis of self in Les Mots.

Aréan, Carlos-Antonio. «Zurbarán». *Arbor* (Madrid), vol.60, no.231, March 1965, pp.117-122.

Arnold, A. James, and Jean-Pierre Piriou. *Genèse et critique d'une autobiographie:* Les Mots *de Jean-Paul Sartre*. Paris: Minard (Archives des Lettres modernes, no.144), 1973. 63pp.
A fascinating study of the psychiatric significance of Les Mots. *Well worth reading.*

Audry, Colette. «La vie d'un philosophe». *L'Express*, 11 March 1964, p.34.

Barish, Jonas A. «The Veritable Saint Genet». *Wisconsin Studies in Contemporary Literature*, vol.6, Autumn 1965, pp.267-285.
Parallel study of this and Saint Genet.

Barrett, William. «Priest of Letters. *The Words*». *The Atlantic Monthly*, vol.214, no.6, December 1964, pp.152-155.
On the Frechtman translation.

Barron, J.D. Review of *Words* tr. by Cléphane (not seen). *The Tablet*, vol.218, 31 October 1964, pp.1230-1231.

Beattie, Arthur H. «*The Words*. By Jean-Paul Sartre. Trans. by Bernard Frechtman». *The Arizona Quarterly*, vol.21, no.2, Summer 1965, pp.177-179.

Behar, Jack. «Jean-Paul Sartre: the great awakening». *The Centennial Review*, vol.11, no.4, Fall 1967, pp.549-564.
On Sartre's disillusionment with literature. Includes discussion of the Critique.

Bein, Sigfrid. «Selbstverwirklichung im Wort. Zu J.-P. Sartres Memoiren». *Welt und Wort*, Year 20, no.9, September 1965, pp.296-297.

Benezy, Émile. «*Les Mots,* étrange autobiographie». *Corse-Méditerranée médicale*, April 1964, pp.67,69.
Favourable review. N.W.C.

Bensimon, Marc. «D'un mythe à l'autre: Essai sur *Les Mots* de J.-P. Sartre». *Revue des Sciences humaines*, vol.30, no.119, July-September 1965, pp.415-430..

Bergeron, Henri-Paul. «*Les Mots*». *Lectures* (Montreal), April 1965.

Besnier, Charles. «Jean-Paul Sartre et 'les mots'». *Nouvelle Revue pédagogique* (Paris), 15 December 1964, pp.1-3.

Billy, André. «Quand Sartre avait neuf ans». *Le Figaro*, 15 January 1964, p.16.
Favourable review.

Blanchet, André. «*Les Mots* de Jean-Paul Sartre». *Études*, vol.320, March 1964, pp.388-390.

Bloch-Michel, Jean. «Sartre fanciullo e la Beauvoir adulta». *Tempo Presente*, Year 8, no.12, December 1963, pp.34-39.

Blumel, Adolf. «Selbsporträt und Antriebserlebnis. Zum Motiv des Zuges in der Autobiographie bei R. Rolland und J.-P. Sartre». *Die Neueren Sprachen*, no.2, February 1970, pp.59-79.

Boetius, Henning. «Jean-Paul Sartre: *Die Wörter*». *Neue Deutsche Hefte*, no.107, September-October 1965, pp.153-156.

Bökenkamp, Werner. «Die Illusion zerbricht». *Frankfurter Allgemeine Zeitung*, 15 February 1964.

Bonnefoy, Claude. «Les souvenirs de Jean-Paul Sartre». *Arts*, 16-22 October 1963, p.5.

Brophy, Brigid. «Reading and writing and *rechercher*. *The Words* by Jean-Paul Sartre. Translated by Bernard Frechtman». *Book Week: The Sunday Herald Tribune Magazine*, 11 October 1964, p.4.

C., M. «*Les Mots*». *Revue Thomiste*, Year 72, vol.64, no.4, October-December 1964, pp.659-663.
A sympathetic and interesting review.

Camproux, Charles. «La langue et le style de Jean-Paul Sartre». *Les Lettres françaises*, 15-21 October 1964, p. 4.
An interesting review which discusses, inter alia, Sartre's use of the alexandrine and of the subjunctive. Worth consulting for this stylistic commentary. Extracts appeared in German under the title «Hat Sartre Stil?» in Die Welt, *7 November 1964.*

Castro Farinas, J.A. «Las palabras de Sartre». *La Estafeta Literaria*, no. 354, 8 October 1966, p. 10.

Charbonneau, Bernard. «Des mots, des mots, et des mots». *Réforme*, 16 April 1964.
A long digression on Sartre's «j'avais fait de la Littérature un absolu».

Chavardès, Maurice. «*Les Mots* par Jean-Paul Sartre». *Signes du Temps*, nlle série, no.5, February 1964, p.37.

Christophe, Lucien. «*Les Mots*». *Beaux-Arts*, 7 May 1964.
A favourable review, although the critic does not like Sartre's approach.

Cismaru, Alfred. «French Fiction in 1964». *Books Abroad*, vol.39, Summer 1965, pp.278-280.
Also on Situations IV-VI.

Clémot, Michel. «Existentialisme et humanisme: *Les Mots* de Sartre». *Moderna Sprak*, vol.59, no.4, 1965, pp. 427-439.

Collins, James. «Looking Beneath the Surface. *The Words* by Jean-Paul Sartre». *America*, vol.111, no.15, 10 October 1964, p.416.

Colomer, E. «*Les Mots*, illusio e impostura». *Serra d'Or*, February 1966, pp.127-129.

Colomer, E. «Lecturas comentadas: El último libro del 'Nobel' Jean-Paul Sartre». *Razón y Fe*, December 1964, pp.485-489.

Connolly, Cyril. Review of *Words. The Sunday Times*, 4 October 1964. Not seen.

Cordle, Thomas. «*The Words*. By Jean-Paul Sartre. Trans. Bernard Frechtman». *The South Atlantic Quarterly*, vol.64, Summer 1965, p.424.

Cousteix, Pierre. «Une enfance». *L'École libératrice*, 27 November 1964. N.W.C.

Cranston, Maurice. «The Formation of an Intellectual». *The Listener*, 14 May 1964, pp.793-795.

Culbertson, Diana. *Twentieth Century Autobiography: Yeats, Sartre, Nabokov: Studies in Structure and Form.* Dissertation, Univ. of North Carolina. See *Diss. Absts. Int.*, vol.32, 6968A.

Daniel, Jean. «Sartre: Fragments of an Autobiography. *The Words* by Jean-Paul Sartre trans. by Bernard Frechtman». *The New Republic*, vol.151, no.15, 10 October 1964, pp.19-21.

Daniels, J. «Jean-Paul Sartre buigt zich over zijn kinderjaren». *Streven,* vol.17, no.8, May 1964, pp.782-785.

De Groot, C. «Sartres litteraire zelfkastijding». *Raam*, no.9, 1964, pp.57-66.

Deguise, Pierre. «Stendhal et Sartre. Du naturel à l'authentique». *French Review*, vol.42, no.4, March 1969, pp.540-547.

Dellevaux, Abbé Raymond. «*Les Mots*». *Notre Cordée*, November-December 1964, pp.12-13; and January-February 1965, pp.9-11.
  Dellevaux suggests, at one stage, that had Sartre cut wood or been a Scout, he might well have remained a believer! But he sees the more profound reason for Sartre's irreligion in the luke-warm Christianity of his family background.

Delpéyrou, Jacques. «La passion de l'explicable». *Esprit*, Year 32, no.4, April 1964, pp.660-664.

Droguet, Robert. «Jean-Paul Sartre: *Les Mots*». *Parler*, no.18, 1965, p.42.

Dutourd, Jean. «Le petit Jean-Paul». *La Nouvelle Revue Française,*Year 12, no.135, March 1964, pp.563-565.

Elevitch, Bernard. «Jean-Paul Sartre: From the Roof of the World. *The Words*. Trans. by Bernard Frechtman». *The Massachusetts Review*, vol.6, no.2, Winter-Spring 1965, pp.367-378.

Ellenberger, Henri. «*Les Mots* de Sartre». *Dialogue*, vol.3, no.4, March 1965, pp.433-437.

Elliott, George. «Childhood of a Leader. *The Words* by Jean-Paul Sartre». *The Nation*, 14 September 1964, pp.118-119.

F., A. «Sartre, Jean-Paul. *Les Mots*». *Les Livres*, December 1964. *Highly favourable review, with brief but perceptive comments on Sartre's early idealism.*

Fell, Joseph P. «Sartre's *Words*: an existential self-analysis». *Psychoanalytic Review*, vol.55, no.3, 1968, pp.425-441.

Finch, David. «Sartre, Jean-Paul. *The Words* trans. from the French by Bernard Frechtman». *Library Journal*, vol.89, no.17, 1 October 1964, p.3739.

Flanner, Janet. «Letter from Paris». *The New Yorker*, 16 November 1963, p.142.

Franck, Jacques. «Jean-Paul Sartre destructeur de son enfance». *Revue Générale Belge*, Year 100, no.2, February 1964, pp.133-137.

Frank, Bernard. «Allez donc vous y reconnaître» *France Observateur*, no.720, 20 February 1964, p.20.

Freemantle, Anne. Review of *Words* (not seen). *The Critic*, vol.23, October 1964, p.63.

Frescaroli, Antonio. «*Le Parole* di Jean-Paul Sartre». *Vita e Pensiero*, Year 48, no.2, February 1965, pp.147-149.

Frossard, André. «Cavalier seul. *Les Mots*». *Le Figaro*, 12 February 1964, p.1.

Gabanizza, Clara. «*Le Parole* di Sartre». *Italia che Scrive*, Year 48, no.1-2, January-February 1965, pp.217-218.

Galey, Matthieu. «*Les Mots*: une entreprise d'exorcisme». *Arts*, 22 January 1964, p.4.

Galey, Matthieu. «Words». *Atlas*, vol.7, no.5, May 1964, pp.314-316.
Translation of the highly favourable review which first appeared in Arts.

Géoris, Michel. «La Littérature. *Les Mots* de Jean-Paul Sartre». *Le Thyrse*, vol.57, March-April 1964, pp.181-183.
Highly favourable review.

Girard, René. «L'anti-héros et les salauds». *Mercure de France*, no.1217, March 1965, pp.442-449.

Gold, Herbert. «Saint Sartre: The Spaces between the Words. *The Words*, by Jean-Paul Sartre». *The Hudson Review*, vol.17, no.4, Winter 1964, pp.580-586.

González, José Emilio. «*Les Mots*, Jean-Paul Sartre». *Asomante*, vol.221, no.3, July-September 1965, pp.69-72.

Gore, Keith O. «Jean-Paul Sartre. *Les Mots*». *Books Abroad*, vol.39, no.2, Spring 1965, p.180.

Greene, George. «The First Installment of Sartre's Autobiography. *The Words* by Jean-Paul Sartre». *The Commonweal*, vol.81, no.3, 9 October 1964, pp.75-76.

Grivel, C. Review of *Les Mots*. *Het Franse Boek*, no.34, 1964, pp.80-83.

Guereña, Jacinto-Luis. «Sartre entre escritores». *La Torre* (Puerto Rico), Year 13, no.49, January-April 1965, pp.45-58.
Not merely a review but a highly laudatory account of Sartre's vocation as a writer.

Hagen, Rainer. «Nichts geht mehr». *Sonntagsblatt*, no.23, 7 June 1964, p.28.
Half-page review of Les Mots. *The same page includes a review by Rose-Marie Hagen of* La Force des choses.

Hahn, P. Review of *Les Mots*. *Marginales*, no.99, 1965, pp.76-78.

Hardesty, Nancy. «Study in 'Bad Faith'. *The Words* by Jean-Paul Sartre». *The Christian Century*, vol.81, no.51, 16 December 1964, pp.1564-1565.

Hénon, M. «*Les Mots*». *L'Éducation enfantine*, 15 September 1965, pp.7-8.
An interesting review underlining the dangers for young minds of early and excessive reading.

Highet, Gilbert. Review of *The Words* (not seen). *Book-of-the-Month Club News*, October 1964, p.13.

Horst, Karl-August. «Einige Befriedigung und noch mehr Beunruhigung. Anmerkungen zu Jean-Paul Sartre: *Les Mots*». *Merkur*, Year 18, vol.7, no.197, July 1964, pp.671-676.

Huertas-Jourda, José. «The place of *Les Mots* in Sartre's philosophy». *The Review of Metaphysics*, vol.21, June 1968, pp.724-744.

Huizen, P.H. van. «Sartre voor de spiegel geleid». *Merlyn*, vol.1, no.3, 1963, pp.65-73.

Ibert, Jean-Claude. «Jean-Paul Sartre et les secrets d'une enfance». *La Revue nationale*, no.367, September 1964, pp.235-236.

Israël, Claude. «Le thème de l'imposture dans *Les Mots*». *Pas-à-pas*, April 1964, p.17.

Josa, Solange-Claude. «*Les Mots*». *Esprit*, Year 32, no.327, April 1964, pp.654-659.

Justus, Pal. «Sartre - as seen by a Hungarian translator». *The New Hungarian Quarterly*, vol.6, no.18, Summer 1965, pp.168-173.
Problems of translating this work plus a brief commentary.

Kaiser, Dr. Joachim. «Jean-Paul Sartres Autobiographie». *Universitas* (Stuttgart), April 1965, pp.361-365.

Kanters, Robert. «De Sartre à Beauvoir». *Le Figaro littéraire*, 23 January 1964, p.4.
A sympathetic, well-written review. Kanters notes Sartre's reticence about his childhood traumas, but nonetheless concludes: «... il fallait beaucoup d'honnête lucidité pour l'écrire et, dans la mesure même où sa sagesse risque de paraître un peu courte et un peu décevante, beaucoup de courage pour le publier». *This article also reviews* La Force des choses.

Kanters, Robert. «Moi, dis-je, et c'est assez». *Revue de Paris*, Year 71, no.1, February 1964, pp.115-123.
Includes a general discussion on the glut of autobiographies in recent years.

Kanters, Robert. «Parmi les livres». *Revue de Paris*, Year 71, no.2, February 1964, pp.115-123.

Keen, Ernest. «The Psychologies of Freud and Sartre». *The Psychoanalytic Review*, vol.58, no.2, Summer-Fall 1971, pp.183-188.
On the apparent return to Freudianism in Les Mots.

Kopper, Joachim. «Die Übereignung des Lebens an das Selbstbewusstein». *Kant-Studien*, vol.55, 1964, pp.466-487.

Lamott, K. Review of *The Words* (not seen). *Show*, vol.4, October 1964, p.89.

Lanzmann, Claude. «En 1913, ce petit garçon savait qu'il serait Sartre». *Elle*, 6-12 March 1964.

Le Sage, Laurent. «An Existentialist Self-Analysis. *The Words*: The Autobiography of Jean-Paul Sartre, trans. from the French by Bernard Frechtman». *Saturday Review*, 12 September 1964, pp.34-35,52.

Lecomte, M. «Une enfance sans grâce». *Synthèses*, no.214-215, March-April 1964, pp.359-362.

Leitenberger, Ilse. «Welt, zu Namen gekommen». *Wort und Wahrheit*, Year 20, no.6-7, June-July 1965, pp.467-468.
Review of Hans Mayer's translation of, and epilogue to, Sartre's book.

Lejeune, Philippe. «L'Ordre du récit dans *Les Mots*». *Scolies*, no.3-4, (1964?).
Extract in Lecarme J. (ed.), Les Critiques de notre temps et Sartre, Paris: Garnier, 1973, pp.136-143.

Lemaître, H. «Sartre oder der Betrug der Wörter». *Dokumente*, no.20, 1964, pp.160-163.

Léna, Marguerite. «Le piège des mots». *Cahiers de Neuilly*, July 1965, pp.18-23.
Interesting discussion of the cabotin *use of language by the young Sartre.*

Lennon, Peter. «Sartre in Reality. *Les Mots*». *The Guardian*, 22 April 1964, p.9.

Luzuriaga, Jorge. «Jean-Paul Sartre: *Las Palabras.* Editorial Losasa, Buenos Aires, 1964». *Revista de Occidente*, vol.10, 1965, pp.253-259.

Maddocks, Melvin. «Self-Portrait of an Intellectual Waif. *The Words* by Jean-Paul Sartre». *The Christian Science Monitor*, 8 October 1964, p.5.

Man, Paul de. «Sartre's Confessions. *The Words* by Jean-Paul Sartre». *The New York Review of Books*, 5 November 1964, pp.10-13.

Maquet, Albert. «Jean-Paul Sartre et les deux points». *Vie et Langage*, no.210, September 1969, pp.497-500.
A stylistic study analysing the profound significance of the colon in Les Mots. *See also, on the same subject, Söll, L., this Section.*

Marcotte, Gilles. «Les enfances de Jean-Paul Sartre». *Le Devoir* (Montreal), 14 March 1964.
Highly favourable review.

Martelli, G. «*Le parole*». *Rivista internazionale di Filosofia del Diritto* (Milan), vol.43, 1966, pp.921-924.
Review of the Italian translation.

Mathieu, B.-M. «Jean-Paul Sartre *Les Mots*». *Lectures* (Montreal), December 1964, pp.91-92.
Highly favourable if superficial review.

Mauriac, Claude. «A Letter from France». *The New York Times Book Review*, 22 March 1964, pp.28-31.
A review of Les Mots *which also includes a review of* La Force de l'âge.

Mauriac, Claude. «L'enfance de Sartre». *Le Figaro*, 27 November 1963, p.18.
  Highly favourable review of the first part which appeared in Les Temps modernes.

Mehl, R. «*Les Mots*». *Revue d'Histoire et de Philosophie religieuses*, no.3-4, 1965.
  Short favourable review which suggests that L'Être et le néant *should be re-read in the light of* Les Mots.

Melchior-Bonnet, Chr. «*Les Mots*». *Oeuvres Libres*, vol.215, April 1964, pp.279-281.

Melchior-Bonnet, Chr. «Sorti des presses. *Les Mots* par Jean-Paul Sartre». *Le Festival du Roman*, May 1964.
  Has great praise for the style but rejects the pessimism of the work and Sartre's facile dismissal of Christianity.

Mendes, J. and Maia, J. «*Les Mots* de Sartre: marginalia». *Broteria*, July 1964, pp.56-61.

Michel, Karl Markus. «Jean-Paul Sartre: *Die Wörter*». *Die Neue Rundschau*, Year 76, no.3, 1965, pp.513-516.

Molnar, Thomas. «The Manichaean Marxist. *The Words* by Jean-Paul Sartre». *Modern Age*, vol.9, no.3, Summer 1965, pp.319-322.

Montague, Ashley. Review of *Words* (not seen). *Books Today*, 11 October 1964, p.1.

Moussarie, Pierre. «A propos des *Mots* de Jean-Paul Sartre». *Revue de la Haute-Auvergne*, July-September 1965, pp.498-499.

Muggeridge, Malcolm. «M. Sartre *The Words*». *Esquire*, November 1964, pp.18,20.

Murena, H.A. «Jean-Paul Sartre: *Les Mots*». *Cuadernos*, no.87, August 1964, pp.85-86.

Nadeau, Maurice. «Qu'en pense Sartre?» *L'Express*, no.658, 21 January 1964, pp.27-28.

Nott, Kathleen. «The Little Bourgeois. *The Words* by Jean-Paul Sartre». *Commentary*, vol.39, no.2, February 1965, pp.82-86.

O'Brien, Conor Cruise. *Writers and Politics.* New York: Pantheon Books, 1965.
  Includes «*A Vocation*», pp.76-80.

O'Brien, Conor Cruise. «A Vocation. *Words* by Jean-Paul Sartre. Trans. by Irène Cléphane». *The New Statesman*, 9 October 1964, pp.538-539.

O'Brien, Justin. *The French Literary Horizon.* New Brunswick: Rutgers Univ. Press, 1967.
  Includes «*Sartre: Resartus*», pp.317-320.

O'Brien, Justin. «Sartre Resartus. *The Words* by Jean-Paul Sartre». *The Reporter*, 5 November 1964, pp.47-48.

Paci, Enzo. «*Le parole*». *Aut Aut*, no.82, July 1964, pp.7-17.

Patri, Aimé. «Sartre avant les maux». *Preuves*, Year 14, no.159, May 1964, pp.72-77.

Petruzzellis, Nicola. «L'Autocritica di Jean-Paul Sartre». *Rassegna di scienze filosofiche*, vol.18, 1965, pp.64-67.

Peyre, Henri. «On Sartre». *The Yale Review*, vol.54, no.2, Winter 1965, pp.241-248.

Piatier, Jacqueline. «Jean-Paul Sartre s'explique sur *Les Mots*». *Le Monde*, 18 April 1964, p.13.
  Interview. See also «*Jean-Paul Sartre et Zola - lettre à Jacqueline Piatier*». Le Monde, 25 April 1964, p.12. Reprinted as «*Jean-Paul Sartre à propos des* Mots», in Le Devoir *(Montreal)*, 25 April 1964, p.14.

Picchi, Mario. «L'infanzia di Sartre». *La Fiera Letteraria*, Year 19, n.s., no.36, 8 November 1964, p.4.

Picon, Gaétan. «Sur *Les Mots*». *Mercure de France*, vol.352, no.1212, October 1964, pp.313-316.

Prentice, R.P. «On Sartre's *Les Mots*». *Antonianum* (Rome), vol.45, no.3-4, 1970, pp.474-504.
  Discusses the literary, philosophical and religious aspects of the work.

Prescott, Orville. «The Childhood Memories of Jean-Paul Sartre. *The Words*». *The New York Times*, 7 October 1964, p.45.

Raillard, Georges. «Jean-Paul Sartre: *Les Mots*». *Le Français dans le Monde*, no.26, July-August 1964, pp.20-21.

Rétif, André. «Sartre et le dictionnaire». *Vie et langage*, no.232, July 1971, pp.375-384.

Riese, Laura. «*Words*: Jean-Paul Sartre». *The Canadian Forum*, vol.45, July 1965, p.94.
    On the Cléphane translation.

Risi, N. «Sartre: in principio erano *le parole*». *L'Europa letteraria*, no.26, February 1964, pp.65-68.

Ritzen, Quentin. «Sartre et la délinquance de l'esprit». *Les Nouvelles littéraires*, 6 February 1964, pp.1,10.
    Sartre's early delinquency analysed by a psychologist.

Rosenberg, Harold. «From Play-Acting to Self. *The Words*». *The New Yorker*, 6 February 1965, pp.131-136.

Rycroft, Charles. «Look back in loathing». *New Society*, 3 December 1964, pp.25-26.

Saksena, Nita. «The Hazy Line. *Words*». *Thought* (Delhi), vol.17, no.12, 20 March 1965, pp.13-14.

Santelli, César. «*Les Mots* de Jean-Paul Sartre». *La Presse* (Tunis), 22 September 1964.
    An enthusiastic review.

Schier, Donald. «*The Words* by Jean-Paul Sartre». *The Carleton Miscellany*, vol.6, no.2, Spring 1965, pp.101-105.

Sénart, Philippe. *Chemins critiques d'Abellio à Sartre.* Paris: Plon, 1966. 221pp.
    Includes a study of Sartre the man as revealed by Les Mots, *see pp.211-221.*

Sénart, Philippe. «Jean-Paul Sartre ou l'enfant du miracle». *La Table Ronde*, no.195, April 1964, pp.7-16.

Serge, Daniel. «Sartre vu par les Anglais». *Combat*, 13 October 1964.
    A résumé of the reviews of Les Mots *which appeared in* The Sunday Times *(Cyril Connolly) and* The Observer *(Philip Toynbee).*

Shapiro, Stephen A. «The Dark Continent of Literature: Autobiography». *Comparative Literature Studies*, vol.5, no.4, December 1968, pp.421-454.

Simon, Pierre-Henri. «*Les Mots* de Jean-Paul Sartre». *Le Monde*, 22 January 1964, pp.8-9.

Simon, Pierre-Henri. «Les écrivains contre Sartre». *Le Monde*, 10 June 1964, pp.12,13.
  Also in Le Monde (Hebdomadaire), *no.817, 11-17 June 1964, p.10.*

Söll, L. «Der Doppelpunkt als Stilphänomen und Übersetzungsproblem. Bermerkungen zu *Les Mots* von J.-P. Sartre». *Germanisch-romanische Monatsschrift*, October 1968, pp.422-431.

Soloveva, I. «Jean-Paul Sartre: *Slova*». *Novyi Mir*, August 1966, pp.283-284.

Stafford, J. Review of *The Words* (not seen). *Vogue*, 15 October 1964, p.98.

Stenström, Thure. «Sartres banabok». *Bonniers Litterara Magasin*, no.33, 1964, pp.209-211.

Suderow, Edwin W. «French Books. Sartre, Jean-Paul. *Les Mots*». *The Booklist and Subscription Books Bulletin*, vol.41, no.18, 15 May 1965, p.909.

Thérive, André. «Revue littéraire». *Revue des deux Mondes*, no.7, March-April 1964, pp.440-443.

Thody, Philip. «Sartre's autobiography: Existential psychoanalysis or self-denial?» *The Southern Review*, n.s. vol.5, no.4, Autumn 1969, pp.1030-1044.

Tiempo, César. «Encuentros intempestivos: Sartre entre Dios y su mamá». *La Estafeta Literaria*, no.331, 20 November 1965, pp.8-9.

Toynbee, Philip. «The little Sartre monster. *Words*. Reminiscences of Jean-Paul Sartre. Translated by Irène Cléphane». *The Observer*, 4 October 1964, p.26.

Verga, Leonardo. «L'ultimo libro di Sartre: *Les Mots*». *Rivista di Filosofia Neoscolastica*, May-August 1964, pp.409-416.

Verstraeten, Robert. «*Les Mots* de Jean-Paul Sartre». *G. La Gauche* (Brussels), 2 May 1964.
Brief favourable review.

Viatte, Auguste. «L'enfance de Jean-Paul Sartre». *Revue de l'Université Laval*, vol.19, no.1, September 1964, pp.27-32.

Vier, Jacques. «*Les Mots* de Jean-Paul Sartre». *L'Homme nouveau*, 1 March 1964, p.14.

Villelaur, A. «Auto-Sartro-Graphie». *Les Lettres françaises*, 20 February 1964, p.2.

Villeneuve, Suzanne et al. «*Les Mots* de Jean-Paul Sartre». *Recherches et Débats*, no.50, March 1965, pp.143-168.
Debate includes discussion by P.-H. Simon, C.Audry and É. Borne.

Weber, Werner. *Tagebuch eines Lesers. Bemerkungen und Aufsätze zur Literatur.* Olten u. Freiburg: Walter-Verlag, 1965. 347pp.
See 'Abschliessend eine Untersuchung über J.-P. Sartres Les Mots,*' pp.322-332.*

Weightman, John. «Explorations and Explanations. *The Words* by Jean-Paul Sartre». *The New York Times Book Review*, 11 October 1964, pp.1,50.

Weightman, John. «Sartre on Sartre. *Les Mots*, by Jean-Paul Sartre». *The Observer*, 1 March 1964, p.26.
«Sartre is an extreme case of the Continental intellectual who takes to language at an early age and remains inside it ever afterwards ...»

Wilson, Clothilde. «Word and character: Sartrian autobiography». *TLS 3. Essays and reviews from The Times Literary Supplement 1964.* London: O.U.P., 1965.
See pp.48-54, also on La Force des choses.

Woodcock, George. «Sartre as Anti-Hero. *The Words* by Jean-Paul Sartre». *The New Leader*, vol.47, 12 October 1964, pp.18,19.

Yanitelli, Victor R. Review of *The Words* (not seen). *Best Sellers*, vol.24, 15 October 1964, p.269.

Ziegler, Gilette. «La découverte du monde». *France nouvelle*, 6-12 May 1964.
Favourable review, N.W.C.

Zimmerman, Eugenia N. «Jean-Paul Sartre's *Les Mots*: Problems in Criticism». *Criticism*, vol.6, Fall 1964, pp.313-323.

Aaraas, Hans. «Jean-Paul Sartres fornektelse». *Edda*, Year 41, vol.54, no.2, 1954, pp.138-157.

Ahlenius, Holger. «De stora äventyren». *Bonniers Litterära Magasin*, Year 17, no.1, January 1948, pp.41-47.

Ahlenius, Holger. «Jaget och världen». *Bonniers Litterära Magasin*, Year 19, no.1, January 1950, pp.35-43.

Aimel, Georges. «La décomposition du 'sartrisme'». *Écrits de Paris*, no.201, February 1962, pp.42-55.

Albérès, R.-M. «Les Écrivains de la Révolte». *Revue de Paris*, Year 58, August 1951, pp.61-67.
Brief parallel drawn between Sartre & Bernanos. The article is general in tone & on several writers.

Alceste. «Jean-Paul Sartre ou le romantique athée». *Terre Humaine*, no.25, January 1953, pp.136-140.

Algazel. «Crónica cultural extranjera». *Revista*, no.23, 18 September 1952, p.8.

Algazel. «Crónica cultural extranjera». *Revista*, no.24, 25 September 1952, p.8.

Andrade, Juan. «Carta de París». *La Torre* (Puerto Rico), Year 5, no.18, April-June 1957, pp.185-199.

Anon. «How M. Sartre Sees It». *The Tablet*, vol.203, 5 June 1954, p.534. Not seen.

Anon. «Jean-Paul Sartre se heurte au rideau de fer». *Arts*, no.129, 29 August 1947, p.2. Not seen.

Anon. «La parte del diavolo». *Illustrazione Italiana*, Year 86, no.10, October 1959, pp.27-30. Not seen.

Anon. «Méfiance». *Le Figaro*, 21 October 1959, p.17. Only in 'V' edition.

Anon. «Sounding the Sixties - 3: Outside English». *The Times Literary Supplement*, 30 September 1965, pp.839-841.
Includes brief reference to Sartre.

Anon. «Van Emmanuel Hiel tot Jean-Paul Sartre». *Nieuw Vlaams Tijdschrift*, vol.14, 1961, pp.460-475.

Anon(?). «Bemerkungen zu Sartre und uns selbst». *Christ und Welt* (Stuttgart), Year 2, no.13, 1949, p.13.

Anon(?). «Démagogisme philosophique». *Fontaine*, no.62, October 1947, pp.587-689. Not seen.

Anon(?). «L'Université Sartre». *Paroles françaises*, 31 August 1946. Not seen.

Anon(?). «Oeuvres en cours». *La Quinzaine littéraire*, no.12, 12-30 September 1966, p.8. Not seen.

Anon(?). Article in *Paroles françaises*, 29 November 1946, p.2. Not seen.

Apostel, L. «Ondervraagd over Jean-Paul Sartre». *De Vlaamse Gids*, vol.44, no.2, 1965, pp.124-125.

Aragonés, Juan Emilio. «Acotación a unas notas». *Revista*, no.29, 30 October 1952, p.10. Not seen.

Arnaud, Pierre. «Aftermath - A young philosopher's view». *Yale French Studies*, no.16, Winter 1955-1956, pp.106-110.

Arnes, Asbjørn S. «Glimt fra Frankrike». *Vinduet*, Year 1, no.5, 1947, pp.374-375.

Auclair, Marcelle. «Du bel âge à l'âge mûr: notre jeunesse et son avenir». *Les Annales*, n.s., no.172, February 1965, pp.25-36.

Ayraud, Pierre. «Les livres et le problème de l'humanisme». *Témoignages*, no.18, 1948, pp.431-434. Not seen.

Baalbaki, Laila. «Nous avons besoin de poètes, non de philosophes». *Jeune Afrique*, 8 November 1964.

Badia, A. «Una aproximacio a Jean-Paul Sartre». *Serra d'Or*, February 1966, pp.129-131. Not seen.

Baker, Joseph E. «How the French See America». *The Yale Review*, vol.47, December 1957, pp.239-253.

Bakker, Reinout. «Sartre». *Wijsgerig Perspectief op Maatschappijen Wetenschap*, vol.4, 1963-1964, pp.67-81.

Barraud, H. «*La Musique engagée*: Leibovitz, Sartre, and the Prague Manifesto». *Musical America*, vol.71, February 1951, pp.13,218.

Bartosek, K. and P. Pujman. «Se Sartrem o dnesku». *Listy*, vol.1, no.6, 1970, p.9. Not seen.

Batt, Jean C. «Contemporary French Literature». *The Contemporary Review*, vol.186, November 1956, pp.276-279.

Bellême, Laurence. «Notes sur une littérature d'action». *Comprendre* (Venice), Year 15, March 1956, pp.165-167.

Belmont, Georges. «Bout à bout». *La Revue de Poche*, no.7, January 1966, pp.175-185.

Benda, Julien. «'Black' Literature and the New Philosophy». *National Review*, vol.127, September 1946, pp.249-252.

Benda, Julien. «Critique pragmatique». *Fontaine*, no.60, May 1947, pp.329-331.

Bense, Max. «Über existentielle Prosa». *Sammlung* (Göttingen), Year 3, 1948, pp.676-680.

Bentley, Eric. «A Note on American Culture». *American Scholar*, vol.18, Spring 1949, pp.173-184.

Bjurström, C.G. «Brev från Paris». *Bonniers Litterära Magasin*, Year 17, no.5, May-June 1948, pp.355-362.

Bjurström, C.G. «Krig och efterkrig. Brev från Paris». *Bonniers Litterära Magasin*, Year 18, no.9, November 1949, pp.697-704.

Bo, Carlo. «La letteratura di domani». *L'Approdo Letterario*, Year 9, no.23-24, July-December 1963, pp.3-22.

Bo, Carlo. «Letteratura francese». *L'Approdo Letterario*, Year 10, no.25, January-March 1964, pp.158-160.

Bodart, M.T. «De l'érotisme à l'érotique ou Sartre est-il cathare?» *Synthèses*, no.253, June 1967, pp.110-114.

Boisrouvray. «Le surréalisme quand même». *Tel Quel*, no.10, Summer 1962, pp.69-70.
Review of Bedouin, Vingt Ans de surréalisme; hardly mentions Sartre.

Bory, Jean-Louis. «Une soirée exceptionnelle». *Cahiers des Saisons*, no.19, Winter 1960, pp.415-417. Not seen.

Brenner, Jacques. «Attention, écoles». *Cahiers des Saisons*, no.17, Summer 1959, pp.182-183.

Briffault, Herma. «Literature and Art in Occupied Paris». *The Listener*, 6 December 1945, pp.664-665.

Brissaud, André. «Situation de Jean-Paul Sartre». *Synthèses*, Year 2, no.11, 1947, pp.215-228, and no.12, 1947, pp.332-347.

Brock, Erich. «Zum Problem der Stilkritik». *Trivium* (Zürich), Year 3, no.1, 1945, pp.72-77.

Brombert, Victor. «Sartre et la biographie impossible». *Cahiers de l'Association Internationale des Études Françaises*, no.19, March 1967, pp.155-166.

Brouwers, Bert. «Herman Gorter: bolangrijk literatuursocioloog avant la lettre». *Nieuw Vlaams Tijdschrift*, vol.21, no.9, September 1969, pp.918-931.

Calvino, Italo. «La mer de l'objectivité». *Parler*, no.16, Winter 1963, pp.5-10.

Charbonneau, Bernard. «Sartre ou le malheur d'être libre». *Arts et Loisirs*, no.26, 23-29 March 1966, pp.9-11.

Chavardès, Maurice. «Critiques». *Signes du Temps*, nlle série, no.16, January 1965, pp.29-30. Not seen.

Chavardès, Maurice. «Critiques». *Signes du Temps*, nlle série, no.9, June 1964, pp.36-37. Not seen.

Clare, Michel. «De Jean-Paul Sartre à Jean-Claude Killy». *Ski français*, no.166, October 1967, p.11. Not seen.

Clowes, George. «Jean-Paul Sartre and commitment». *Prism*, no.83, March 1964, pp.72-73. Not seen.

Coe, Richard N. «Coming After the Gods». *Stand*, vol.5, 1962, pp.48-51.
Review of New French Writing, ed. G. Borchardt. Includes brief mention of Sartre's study on Tintoretto.

Cohn, Ruby. «Philosophical Fragments in the Works of Samuel Beckett». *Criticism*, vol.6, Winter 1964, pp.33-43.
Includes occasional references to Sartre.

Correa, Gustavo. «Sherman H. Eoff: *The Modern Spanish Novel*». *Hispanic Review*, vol.31, no.2, April 1963, pp.177-180.
Sartre only mentioned in passing re. man's separation from God.

Daix, Pierre. «Les assassins sont seuls au monde». *Les Lettres françaises*, Year 11, no.428, 28 August-4 September 1952, pp.1,5.

Davis, Richard B. «American Literature in the World Today». *Tennessee Studies in Literature*, vol.8, 1963, pp.119-139.
Includes brief references to Sartre.

Doherty, Cyril M. «Opening up the world of Jean-Paul Sartre». *L'Esprit Créateur*, vol.12, 1972, pp.61-64.

Dumazeau, Henri. «La trahison des clercs». *Le Français dans le Monde*, no.17, June 1963, pp.2-5.

Duncan, Elmer H. «Something about Sartre». *Forum* (Houston), vol.6, no.1, Fall-Winter 1968, 22-24.

Dutourd, Jean. «Avenue Émile Zola prolongée - Zola, Sartre, Cromwell». *Arts*, no.379, 3-9 October 1952, p.10.

Fantasio. «Ce mois qui court». *Revue Générale Belge*, Year 87, October 1952, pp.991-996.

Fraser, G.S. «The Clever and the Blind». *World Review*, June 1949, pp.76-78.
Also on Simone de Beauvoir and Jean Giono.

Gabriel, M.C. «Poor Man's Snobbery». *Thought* (Delhi), vol.16, no.18, 2 May 1964, pp.13-14. Not seen.

Galand, René. «Four French attitudes on life: Montherlant, Malraux, Sartre, Camus». *New England Modern Language Association Bulletin*, vol.15, no.1, February 1953, pp.9-15.

Galey, Matthieu. «Literaturbrief aus Frankreich: Diesmal sind es nicht die Dichter». *Die Welt der Literatur*, Year 1, no.2, 2 April 1964, pp.66,80.

Garaudy, Roger. «New Currents in French Writing». *Soviet Literature*, vol.7, July 1954, pp.183-192. Not seen.

Garaudy, Roger. «Nye traek i fransk litteratur». *Dialog*, Year 4, no.7, November 1954, pp.18-23.

Ghose, Ramedra Nath. "Humanity as an end". *Pakistan Philosophical Journal*, no.9, April 1966, pp.30-45.

Giannaras, Christos. «An orthodox comment on 'the death of God'». *Sobornost*, series 5, no.4, Winter 1966, pp.249-257.
   Tr. *of* Synoro *by* Rev. D. Burgess.

Greef, Étienne, de. «Hitler et l'âme humaine». *La Revue nouvelle*, vol.2, no.11, 1945, pp.1-11; no.12, 1945, pp.86-100. Not seen.

Greene, Theodore M. «Anxiety and the Search for Meaning». *Texas Quarterly*, vol.1, Summer-Autumn 1958, pp.172-191.

Guillet, H. «Sartre. Une liberté sans chemins». *Livres et lectures*, Year 1, no.104, 1956, pp.501-508.

Guy, Robert. «Sartre, ou la nostalgie d'un equilibre». *La Revue Dominicaine*, vol.64, no.2, October 1958, pp.153-162.

Henderickx, Paul. «Propos sur Jean-Paul Sartre». *Revue des Langues vivantes*, no.6, 1968, pp.637-642.

Hernadi, Paul. «Kein Totenschein für die Tragödie». *Forum* (Vienna), Year 10, no.114, June 1963, pp.297-299.

Hoffmann-Liponska, A. «Jean-Paul Sartre w polskiej prasie kulturalnej». *Kwartalnik Neofilologiczny*, no.3, 1968, pp.319-329.

Holm, Søren. «Jean-Paul Sartre et moderne faenomen». *Frie Ord*, Year 2, no.2, 1947, pp.79-95.

Holthausen, Hans E. «Meaning and Destiny in European Literature». *Chicago Review*, vol.14, Spring 1961, pp.1-19.

Horodinca, G. «Sartre's comeback in strength». *Adam*, Year 35, no.343-345, 1970 pp.99-100.

Houbart, Jacques. «Sartre nous a floués». *Arts*, 13 May 1964, p.1.

Hübscher, Arthur. «Camus-Marcel-Sartre». *Welt und Wort*, no.11, November 1949, pp.404-406.

Jans, Adrien. «Vers un nouveau message de la littérature française - D'Aragon à Sartre». *La Revue Générale Belge*, no.1, November 1945, pp.119-123. Not seen.

Jouvenel, Bertrand de. «Man by himself». *Time and Tide*, 13 May 1950, pp.472-473. Not seen.

Juquin, Pierre. «Critiques sans bases». *La Nouvelle Critique*, no.118, August-September 1960, pp.109-114.

Kanters, Robert. «L'air de Paris - changer d'étoiles». *Verger*, no.1, April 1947, pp.74-79.

Kanters, Robert. «Le procès de la sincérité d'après Jankelevitch et Sartre». *Les Lettres*, no.1, 1945. Not seen.

Lanotte, J. «Introduction au théâtre de l'inexprimé». *Cahiers de littérature et de linguistique appliqué*, no.1, June 1970, pp.5-14.

Laporte, Paul M. «Painting, dialectics and existentialism». *Texas Quarterly*, vol.5, no.4, Winter 1962, pp.200-224.
On 20th Century art. Sartre mentioned in passing.

Laurent, Jacques. «Les mauvaises rencontres». *La Parisienne*, no.14, February 1954, pp.181-192.

Laurent, Jacques. «Pour Radiguet contre Jean-Paul Sartre». *Arts*, no.358, 8-14 May 1952, pp.1,6.

Lavaud, Guy. «L'Hérésiarque et le Pontife». *La Revue Palladienne*, no.21, 1952, p.30.

Lefebvre, Henri. «Le destin de la liberté est en jeu». *Arts*, no.850, 3-9 January 1962, pp.1,3.

Legrand, Nadia. «A Dry Philosophy». *Public Opinion*, vol.14, 23 June 1950, p.14. Not seen.

Leibrich, Louis. «*Iphigénie en Tauride* à la lumière de la philosophie d'aujourd'hui». *Études Germaniques*, Year 4, no.2-3, April-September 1949, pp.129-138.
   Passing reference to certain Goethe-Sartre parallels.

Levin, Harry. «France-Amérique: The Transatlantic Refraction». *Comparative Literature Studies*, vol.1, no.2, 1964, pp.87-92.

Lewino, Walter. «Jean-Paulo del Sartro s'engage». *Démocratie 61*, 6 April 1961.
   On the preface to the catalogue for the exhibition of Lapoujade's paintings in Paris.

Lewis, G. «La liberté d'indifférence ou l'acte gratuit». *Travaux et Documents*, no.4, December 1945, pp.1-8.

Linden, J.P. van der. «Franse letterkunde bij het V.H.M.O». *Levende Talen*, no.220, June 1963, pp.316-329.

Lobet, Marcel. «Littérature: Perdition ou salut». *Revue Générale Belge*, no.5, May 1967, pp.73-84. Not seen.

Loranquin, Albert. «L'existentialisme en faillite». *Bulletin des Lettres*, no.256, 15 March 1964, pp.97-101.

Lourdeau, René. «Sartre et le potlatche». *Combat*, 8-9 November 1964. Not seen.

Lundqvist, Artur. «Kring den litterära situationen». *Prisma*, Year 1, no.6, 1948, pp.6-13.

Mackworth, Cecily. «Letter from Paris». *Twentieth Century*, vol.166, December 1959, pp.451-461.

Maione, P. «L'estetica di Sartre». *Baretti*, vol.8, no.45-46, 1967, pp.69-81.

Major, Jean-Louis. «Pensée concrète, art abstrait». *Dialogue*, vol.1, no.2, 1962, pp.188-201.
   On existentialism and art. Sartre merely mentioned in a footnote.

Marmori, Giancarlo. «Le astuzie di Sartre». *Il Mondo*, Year 9, no.49, 3 December 1959, p.9.

Matoré, Georges. «Le mouvement et la communication dans le vocabulaire contemporain». *Journal de Psychologie normale et pathologique*, Year 56, no.3, July-September 1959, pp.275-302.
Sartre mentioned in passing.

Matoré, Georges. «Les dimensions dans le vocabulaire français d'aujourd'hui». *Journal de Psychologie normale et pathologique*, Year 58, no.2, April-June 1961 pp.157-169.
Sartre mentioned once.

Mele, Angelo. «Narrativa di J.-P. Sartre». *Idea*, Year 3, no.17, 29 April 1951, p.8.

Mendes, J. «Itinerario da arte moderna». *Revista Portuguesa de Filosofia*, no.20, 1964, pp.222-234.

Mendes, J. «Se a palavra e uma coisa». *Broteria*, no.71, 1960, pp.254-257.

Mengod, Vincente. «El tema de la tristeza». *Atenea*, Year 21, vol.115, no.348, June 1954, pp.239-253.

Mercier, Jeanne. «Le ver dans le fruit. A propos de l'oeuvre de M. J.-P. Sartre». *Études*, vol.244, February 1945, pp.232-249. Not seen.

Miskotte, Kornelis Heiko. «Barth over Sartre». Leyden: Universitaire pers Leiden, 1951. 19pp.
Address given on 10 February 1951.

Moe, Per. «En ny skepende kunstner dikteren Jean-Paul Sartre». *Samtiden*, Year 58, no.6, 1949, pp.368-379.

Moeller, Charles. «Anthropologie et vocation divine de l'homme». *Revue Générale: Perspectives européennes des Sciences humaines*, no.9, 1970, pp.47-62.

Moeller, Charles. «Religion et littérature: Esquisse d'une méthode de lecture». *Comparative Literature Studies*, vol.2, no.4, 1965, pp.323-334.
Sartre only mentioned in passing.

Monnerot, Jules. «Petit crayon de M. Sartre». *Liberté de l'Esprit*, Year 5, no.37, January 1953, pp.31-32.

Monsour, Bernard. «Le prix de jeux». *L'Arche*, Year 3, no.13, February 1946, pp.149-155.

Moravia, Alberto. «Sartre in cielo». *Il Mondo*, Year 1, no.44, 17 December 1949, p.9.

Morgan, E. «Immigration of a Fad: Existentialist Books come to the U.S». *America*, 7 June 1947, pp.259-270.

Morriën, Adriaan and Vermeulen, J. «Gesprek over het Franse proza». *Litterair Paspoort*, Year 11, no.100, October-November 1956, pp.186-188.

Morriën, Adriaan. «Kanttekeningen». *Litterair Paspoort*, Year 1, no.1, January 1946, pp.15-16.

Morrissette, Bruce. «Oedipus and Existentialism: *Les Gommes* of Robbe-Grillet». *Wisconsin Studies in Contemporary Literature*, vol.1, Fall 1960, pp.43-73.
   Sartre is only mentioned in passing.

Mortimer, Raymond. «A Note on Picasso and Sartre». *Adam*, vol.14, no.154-155, January-February 1946, pp.4-5. Not seen.

Mukerjea, S.V. «Sartrism. Will it Live?» *Disjecta Membra* (Bangalore): 1959, pp.190-198.

Murray, John. «A Mirror of France». *The Month*, vol.181, November-December 1945, pp.393-403.

Myrhe, Amund. «På vei mot tabor. Et møte mellom en moderne Sisyfos og tre franske forfattere». *Vinduet*, Year 10, no.1, 1956, pp.72-77.

Naesgaard, S. «Le complexe de Sartre». *Psyché,* no.30, June 1948, pp.655-665.

Netzer, Jacques. «Un dialogue sur le destin de la littérature: Sartre et Camus». *Le Français dans le Monde*, no.8, April 1962, pp.16-19.

Nikolaiev, V. «Fighting France». *Soviet Literature*, no.11, 1948, pp.177-184.

Nore, Peter. «Mennesker uten sammenheng og Eksistensialismen». *Vinduet*, Year 4, no.3, 1950, pp.170-172.

O'Donnell, Donat. «France as the Conscience of Europe». *The Listener*, 20 January 1955, pp.105-106.

Ottensmeyer, O.S.B. «The Epoch of the Classic Hero». *American Benedictine Review*, vol.16, September 1965, pp.455-464. Not seen.

Oxenhandler, Neal. «Toward the new aesthetic». *Contemporary Literature*, vol.11, no.2, Spring 1970, pp.169-191.
 Generally on Sartre's debt to Symbolism.

Paci, Enzo. «L'ultimo Sartre e il problema della soggettività». *Aut Aut*, no.67, January 1962, pp.1-30.

Paci, Enzo. «Sartre e noi». *Aut Aut*, no.51, May 1959, pp.188-189.

Page, Alan. «Jean-Paul Sartre». *Barn*, Rhif 73, Tachwedd 1968, pp.16-17. Not seen.

Pales, A. «Sartre novela y teatro». *Nueva Etapa*, Year 10, 1956, pp.8-15.

Paniker, Salvador. «A propósito de Sartre, la fe y los dioses». *Revista de Occidente*, vol.8, no.2, 1965, pp.108-112.

Patri, Aimé. «Paul, Jean-Paul, François et Caroline». *Monde nouveau-Paru*, Year 7, no.48, 1951, pp.135-138.

Peillard, Léonce. «Entretien avec Jean-Paul Sartre». *Livres de France*, January 1966, pp.14-18.

Peluso, Giacinto. «Nota su Sartre». *Ausonia*, Year 2, no.18-19, November-December 1947, pp.13-14.

Perros, Georges. «Notes sur Sartre». *La Nouvelle Revue Française*, Year 12, no.144, December 1964, pp.1027-1037.
 A collection of anti-Sartre aphorisms jotted down by Perros over a period of five or six years.

Petersen, F. «Sábato's *El túnel*: More Freud than Sartre». *Hispania*, vol.1, 1967, pp.271-276. Not seen.

Pingaud, Bernard. «De Sartre à Robbe-Grillet». *Éducation nationale*, no.20, 31 May 1962, pp.16-18.

Pingaud, Bernard. «Réponse à Sartre». *Les Temps modernes*, no.274, April 1969, pp.1821-1823.
On «L'Homme au magnétophone».

Plessen, Jacques. «Sartre et le langage». *Het Franse Boek*, vol.38, January 1968, pp.49-65.

Pontalis, J.-B. «Réponse à Sartre». *Les Temps modernes*, no.274, April 1969, p.1820.
On «L'Homme au magnétophone».

Portal, Georges. «Sur quelques équivoques». *Écrits de Paris*, no.279, March 1969, pp.125-128.

Praag, Siegfried E. van. «Fransche Literatuur van 1940 tot 1945». *Critisch Bulletin*, Year 13, March 1946, pp.97-100; April 1946, pp.145-150; May 1946, pp.193-198.

Radford, Jocelyn. «Existentialism in Modern French Literature». *Manitoba Arts Review*, vol.10, 1956, pp.16-31.

Rainoird, Manuel. «De Jean-Paul Sartre aux barbes nobles». *Monde nouveau-Paru*, Year 11, no.94, November 1955, pp.160-163.

Ratte, John. «Literature and freedom: the crisis of the bourgeois intellectual in France (du Gard, Sartre)». *The University of Denver Quarterly*, Summer 1970, pp.19-55.

Rebora, Roberto. «Sartre nel suo ingranaggio». *Fiera Letteraria*, Year 8, no.5, 10 February 1953, p.8.

Robert, G. «Sartre ou la nostalgie d'un équilibre». *La Revue dominicaine*, vol.64, no.2, October 1958, pp.153-162.

Rollin, Jean. «French Literature Today». *Now*, vol.5, 1946, pp.61-64.

Rose, H.H. «Freedom without a Framework». *Judaism*, vol.7, Fall 1958, pp.320-328.

Roussel, Jean. «Les imposteurs de la littérature». *L'Age nouveau*, no.39, July 1949, pp.27-40.

Royle, P. «Théâtre et roman dans l'esthétique de Sartre». *Revue de l'Université Laurentienne*, vol.4, no.1, November 1971, pp.68-75.

Roza, Robert. «Modern French Writers look at America». *American Society Legion of Honor Magazine*, vol.37, 1966, pp.25-41.

Sadoul, Georges. «Les Mains sales». *Les Lettres françaises*, Year 11, no.364, 24 May 1951, pp.1,6. Not seen.

Saget, Justin. «Sartre à n'en finir». *Terre des Hommes*, 1 December 1945, p.7.

Saisselin, Rémy G. «De la terminologie sartrienne et de ses possibilités». *Le Bayou*, no.76, Winter 1958-1959, pp.228-230.

Saisselin, Rémy G. «L'absurde, la mort et l'histoire». *Le Bayou*, nos.85-86, 1961, pp.306-314.

Salvan, Albert J. «A Literature of Involvement». *American Society Legion of Honor Magazine*, vol.22, Winter 1951, pp.325-339.

Sauriat, André. «Littérature 51». *Acropole*, Year 3, no.13, September-October 1951, pp.2-7.

Schogt, H.S. «La solitude du souterrain». *Dutch Contributions*, 1959, pp.139-157.

Sciacca, Michele Federico. «Sartre, il moralista senza morale». *L'Italia che Scrive*, vol.43, 1960, p.195.

Sciacca, Michele Federico. «Sartre o l'immanentismo ridotto all'assurdo». *Idea*, Year 5, no.14, 5 April 1953, pp.1,5.

Serrano, Eugenia. «La ausencia del héroe en la novela actual». *La Estafeta Literaria*, no.313, 13 March 1965, p.3.

Sertillanges, A.D. «El mundo desesperado de Jean-Paul Sartre». *Lectura*, vol.89, no.4, 15 October 1952, pp.103-114.

Siepmann, E.O. «The Ass's Face, II». *Nineteenth Century and After*, vol.145, March 1949, pp.150-156.

Simon, Gérard. «Le philosophe». *Les Lettres françaises*, no.1052, 29 October-4 November 1964, pp.1,10.

Sliney, D. «Sartre l'humoriste». *Création et critique*, I, 1966-1967, pp.81-84.

Sotelo, Ignacio. «El silencio de Alexandre Kojeve». *Revista de Occidente*, vol.20, no.60, March 1968, pp.363-371.

Souris, André. «Sartre chez les musiciens». *Critique*, Year 6, 15 July 1951, pp.590-596.

Soustelle, Jacques. «L'inexistentialisme de Jean-Paul Sartre». *Carrefour*, Year 5, no.218, 16 November 1948, pp.1,3.

Spadaro, Giuseppe Ottavio. «Il teatro di prosa». *Studi Romani*, vol.11, no.6, November-December 1963, pp.747-750.

Spadaro, Giuseppe Ottavio. «Il teatro di prosa». *Studi Romani*, vol.7, no.6, November-December 1959, pp.723-726.

Spender, Stephen. «Meeting at Geneva». *Time and Tide*, 19 October 1946, pp.996,998. Not seen.

Spoerri, Theophil. «Sartres Aufruf zum Widerstand». *Reformatio*, May 1965, pp.280-295.

Squadrilli, Rosa Alba. «Jean-Paul Sartre». *Quaderni di Roma*, Year 2, no.5-6, September-December 1948, pp.404-413.

Stewart, Harry E. «Jean Genet's Saintly Preoccupations in *Le Balcon*». *Drama Survey*, vol.6, Spring-Summer 1967, pp.24-30. *Brief mention of Sartre's influence on Genet.*

Strickland, Geoffrey. «The Respectability of Jean-Paul Sartre». *Cambridge Quarterly*, vol.1, Spring 1966, pp.198-201.

Sylvain. «Les quatre-saisons». *La Revue Générale Belge*, no.24, October 1947, pp.938-943. Not seen.

Talbot, Serge. «Jean-Paul Sartre a-t-il imité Paul Bourget?» *Arcadie*, no.125, May 1964, pp.251-257.

Tanneguy de Quénetain. «Jean-Paul Sartre: le diable ou le bon Dieu?» *Réalités*, no.179, December 1960, pp.116-122, 153ff.

Tans, J. «Het conflict in de literatuur». *Streven*, vol.18, no.3, December 1964, pp.255-268.

Tans, J. «Itterbeek, Eugene van: *Tekens van leven. Beschouwingen over het schrijverschap*». *Revue d'Histoire Litteraire de la France*, Year 70, no.3, May-June 1970, pp.539-540.

Tassing, Einar. «Jean-Paul Sartre». *Perspektiv*, vol.10, no.3, 1962, pp.43-47.

Tauxe, Henri-Charles. «Baudelaire, Sartre et Marcel Raymond». *Gazette de Lausanne*, 21-22 October 1967, p.21.

Tavernier, René. «Dialogue sans issue». *Centres*, no.5, 1 August 1946, pp.40-43.

Terduyn, Eric. «Franse mee- en tegenvallers». *Litterair Paspoort*, Year 11, no.98, June-July 1956, pp.129-131.

Thériot, Jacques. «Ensayo de un paralelo entre Sartre y Camus». *Letras del Ecuador*, Year 14, no.118, January-June 1960, pp.10,17.

Thoorens, Léon. «Trois points une barre» *Revue Générale Belge*, no.2, February 1965, pp.137-141.

Tristan, Raymond. «Deux auteurs en quête de personnages: J.-P. Sartre et Simone de Beauvoir». *Revue Palladienne*, vol.12, no.2, July-August 1950, pp.105-107.

Truc, Gonzague. «J.-P. Sartre ou l'homme et lui-même». *Écrits de Paris*, no.189, January 1961, pp.58-60.

Vallone, Aldo. «L'uomo di Dante e l'uomo di Sartre». *Idea*, vol.19, 1963, pp.613-622.

Van Raalte, L. «Twee aspecten van het moderne franse denken. Bernanos en Sartre». *Levende Talen*, 1959, pp.600-604.

Veloso, A. «Filosofia e arte». *Broteria*, vol.67, no.6, 1958, pp.541-556.

Ventadour, Fanny. «La littérature actuelle est-elle déprimante?» *Le Bayou*, Year 16, no.52, Winter 1952, pp.217-220.

Viard, Jacques. «Péguy, le socialiste. Du côté de chez Sartre: Péguy aux outrages». *Feuillets mensuels d'information de l'Amitié Charles Péguy*, no.97, December 1962, pp.3-78.

Vigorelli, Giancarlo. «Dalla parte di Sartre». *L'Europa letteraria*, Year 1, no.4, October 1960, pp.5-6.

Vinkenoog, Simon. «Onze correspondent meldt: Parijs, 20 Juni 1955». *Litterair Paspoort*, no.88, June-July 1955, pp.137-138.

Vivaldi, C. «Sartre critico». *L'Europa letteraria*, Year 1, no.2, March 1960, pp.197-198.

Volkaert, Walter. «Jean-Paul Sartre en de realiteit van de schilderkunst». *De Vlaamse Gids*, vol.45, 1961, pp.359-361.

Warnier, R. «Chronique parisienne». *Coloquio*, no.31, December 1964, pp.70-71.

Wayens, Albert. «Morale sartriste». *Marginales*, no.109, September 1966, pp.29-33.

West, Paul. «The Fear of Possibility: American Myth and French Mimesis». *Chicago Review*, vol.14, Summer 1960, pp.1-33.

Widmer, Kingsley. «The Existential Darkness: Richard Wright's *The Outsider*». *Wisconsin Studies in Contemporary Literature*, vol.1, Fall 1960, pp.13-21.
Brief discussion of sartrean 'mauvaise foi' in Wright.

Wilder, Amos N. «Morality and Contemporary Literature». *Harvard Theological Review*, vol.58, January 1965, pp.1-20.

Yacine, Kateb. «Un bagage explosif». *Jeune Afrique*, 8 November 1964.

Zéraffa, Michel. «Aspects structuraux de l'absurde dans la littérature contemporaine (Camus, Sartre, Beckett)». *Journal de Psychologie normale et pathologique*, Year 61, no.4, October-December 1964, pp.437-456.

7
Bibliographies

Alden, Douglas W.(ed.). *French VII*, and, later, *French XX*. New York: The Modern Language Association of America.

Anon. *Répertoire bibliographique de la philosophie*. Louvain: Éds. de l'Institut supérieur de philosophie.

Bastide, Georges. *Bibliographie française. Établie à l'intention des lecteurs étrangers. Morale et Philosophie Politique*. Paris: L'Association pour la diffusion de la pensée française, 1961. 91pp.

Belkind, Allen J. *Jean-Paul Sartre and Existentialism in English. A Bibliographical Guide*. Preface by Oreste F. Pucciani. Kent, Ohio: Kent State Univ. Press (The Serif Series, no.10), 1970. 234pp.
A limited guide, with several inaccuracies.

Burnier, Michel-Antoine. *Les Existentialistes et la politique*. Paris: Gallimard (coll. 'Idées'), 1966.
Not a bibliography, but the notes contain much material for those interested in the political events of the time.

Carey Taylor, A. *Current Research in French Studies at Universities and University Colleges in the United Kingdom, 1971-1972*. London: Modern Humanities Research Association, 1973.

Church, Margaret, R. Cummings and J. Feaster. «Five Modern French Novelists: A Bibliography». *Modern Fiction Studies*, vol.16, no.1, Spring 1970, pp.85-100.

Collins, James. «Existential Thinking: A Bibliography». *Thought*, vol.26, March 1951, pp.151-158. Not consulted.

Contat, Michel and Michel Rybalka. *Les Écrits de Sartre*. Chronologie, bibliographie commentée. Paris: Gallimard, 1970. 788pp. Includes a 'lettre-préface' from Sartre.
This extraordinary work is indispensable for any serious study of Sartre. It also has the merit of being delightful to read. A revised and up-dated version of this bibliography has recently (1974) appeared in an English translation published by Northwestern Univ. Press. The translated edition is in two

volumes, the second volume containing the texts by Sartre which appeared as appendices in the Gallimard edition.

Contat, Michel and Michel Rybalka. «Sartre 1969-1970: bibliographie commentée». *Adam*, Year 35, no.343-345, 1970, pp.89-95.
Supplement to Les Écrits de Sartre.

Contat, Michel and Michel Rybalka. «Les écrits de Sartre de 1969 à 1971». *Magazine littéraire*, no.55-56, September 1971, pp.36-47.
Supplement to Les Écrits de Sartre.

Della Terza, Dante. «Nota bibliographica». *Belfagor*, Year 7, no.4, July 1952, pp.436-437.

Douglas, Kenneth. *A Critical Bibliography of Existentialism (The Paris School).* New Haven: Yale French Studies, 1950.
Still valuable for its lively and perceptive commentaries.

Douglas, Kenneth, and Joseph H. McMahon. «Bibliography». *Yale French Studies*, no.30, December 1963, pp.108-119.

Dreyfus, Dina and Pierre Trotignon. «Bibliographie de Jean-Paul Sartre». *Revue de l'Enseignement philosophique*, Year 16, no.2, December 1965-January 1966, pp.16-38.
Supplements appeared in the same review as follows: August-September 1966; October-November 1966, p.40; February-March 1967, pp.21-22; October-November 1967, pp.39-41.

Fairhurst, Stanley J. «Existentialism: A Bibliography». *The Modern Schoolman*, vol.31, no.1, November 1953, pp.19-33.
The section on Sartre was compiled by William Loyens. No commentaries are included.

Gentiloni Silverj, F. *Jean-Paul Sartre contro la speranza.* Rome: 1952.
Includes «Elenco di scritti sul pensiero di Sartre», pp.221-227. Not consulted.

Hanssen, Alfonso. «Sartre y la crítica inglesa». *Boletín Cultural y Bibliográfico* (Bogota), no.10, 1967, pp.343-347.

Klapp, Otto. *Bibliographie der französischen Literaturwissenschaft.* Frankfurt am Main: V. Klostermann, 1960-1973.

Kohut, Karl. *Was ist Literatur? Die Theorie der 'litterature engagée' bei Jean-Paul Sartre.* Marburg: Dissertation, University of Marburg, 1965.
Contains extensive bibliography for the time. Available on microfilm from Northwestern University.

Lapointe, Francois H. «A bibliography of Jean-Paul Sartre's philosophy». *Man and World,* vol.5, no.2, May 1972, pp.193-246.
An unclassified listing containing several errors.

Lapointe, Francois, H. «A bibliography on Jean-Paul Sartre for behavioural scientists». *Journal of Phenomenological Psychology,* vol.1, no.2, Spring 1971.
Unreliable.

Lehan, Richard. «French and American Philosophical and Literary Existentialism: A selected checklist». *Wisconsin Studies in Contemporary Literature,* vol.1, Fall 1960, pp.74-88. Not consulted.

Martini, Giuseppe Sergio. *Italia bibliographica 1952.* Florence: Sansoni (coll«.Amor di libro» piccole monografie bibliografiche raccolte a cura di Marino Perenti, XII), 1953. 127pp.

Prunair, Jacques. Unpublished bibliography of about 100 pages. Mentioned by Contat and Rybalka *op. cit.,* p.15. Not consulted.

Suzuki, Michihiko; Ebisaka, Takeshi; Urano, Kinuko. *Bibliographie synthétique. Sartre et son temps.* Japan: Ed. Jimbun Shoin, 1971. 309pp. In Japanese.

Varet, Gilbert. *Manuel de bibliographie philosophique. III. Les Sciences philosophiques.* Paris: P.U.F., 1956. 1058pp.

Various editors. *Bulletin signalétique. Philosophie et sciences humaines.* Paris: C.N.R.S. (Centre de Documentation Sciences Humaines).

Various editors. *Humanoria Norvegica. Two Years' Work in Norwegian Humanities and Social Sciences,* vol.6, 1959-1960. Bergen: Norwegian Humanities and Social Sciences Research Council, 1962.

Various editors. *I.B.Z. Internationale Bibliographie der Zeitschriftenliteratur aus allen Gebieten des Wissens.* Osnabrück: Felix Dietrich Verlag.

Various editors. *M.L.A. International Bibliography of Books and Articles on the Modern Languages and Literatures.* New York: The Modern Language Association of America.

Various editors. *The Philosopher's Index. An International Index to Philosophical Periodicals.* Bowling Green, Ohio: The Philosophy Documentation Center, Bowling Green University.

Various editors. *The Year's Work in Modern Language Studies.* Cambridge and, later, London: The Modern Humanities Research Association.

Various editors. *Yearbook of Comparative and General Literature.* Bloomington: Indiana University (Comparative Literature Committee).

Yanitelli, Victor R. «A Bibliographical Introduction to Existentialism». *The Modern Schoolman,* vol.26, no.4, May 1949, pp.345-363.
Contains very useful brief commentaries.

8
Appendix

APPENDIX

The following entries, which were received as this bibliography was going to press, were collected by Mrs Milica Muzijević of the Library of the Serbian Academy of Science and Arts in Belgrade under the directorship of Professor Djuza Radovich. In a letter to the compiler, Professor Radovich points out that the following publications are not described *de visu*.

Unlike other entries in the present work, they are recorded chronologically. Except for the first part of this appendix which is concerned with general material on Sartre, all other entries relate to specific texts, and this is clearly indicated.

GENERAL WORKS ON SARTRE

Gradišnik, Janez. «Jean-Paul Sartre». *Ljubljanski dnevnik* (Ljubljana), vol.1, no.96, 20 October 1951.

Hergešić, Ivo. «Jean-Paul Sartre». *Vjesnik Narodnog fronta Hrvatske* (Zagreb), vol.11, no.2010, 21 October 1951.

Habazin, Andjelko. «Problem Sartrea». *Studentski list* (Zagreb), vol.7, no.23, 1 November 1951.

Miljanović, Jovan. «Šta je egzistencionalizam. Kroz delo Žan Pol Sartra, najznačajnijeg i najpopularnijeg egzistencionaliste». *Ilustrovani list Duga* (Belgrade), no.314, 1951, p.15.

Duvignaud, Jean. «Sartr protiv Kamija». *Književnost* (Belgrade), vol.15, no.12, 1952, pp.513-517.
   On the Camus-Sartre quarrel.

Dolar, Jaro. «Jean-Paul Sartre kot dramatik». *Nova obzorja* (Maribor), vol.5, no.4, 1952, pp.209-221.

M. G. «Spor Camus-Sartre». *Naši razgledi* (Ljubljana), vol.1, no.19, 1952, pp.15-16.

Šijaković, Miodrag. «Sartrov egzistencijalizam u praksi». *Letopis Matice srpske* (Novi Sad), vol.380, no.4, 1952, pp.253-259.

Habazin, Andjelko. «Sličnost ... a ipak velika razlika». *Krugovi* (Zagreb), no.8, 1953, pp.722-729.
On the Camus-Sartre quarrel.

Tomić, Josip. «Sartre contra Camus». Two-part article in *Vjesnik Narodnog fronta Hrvatske* (Zagreb), 9 January 1953 and 10 January 1953.

Šijaković, Miodrag. «Problem otudjenja čoveka u savremenoj literaturi». *Vidici* (Belgrade), 10 December 1954.

Begič, Midhat. «Sartrove književne ideje uz posleratne spise Hajdegera ili sloboda iza rešetaka». *Pregled* (Sarajevo), vol.2, no.9, 1956, pp.550-558.

Jeanson, Francis. «Sartr o sebi». *Nedeljne informativne novine* (Belgrade), 22 January 1956.

Stern, Alfred. «Sartr. Njegova filozofija i psihoanaliza». *Nedeljne informativne novine* (Belgrade), 22 January 1956.

Marinković, Nada. *Smisao i ljubav. Susreti i putopisi.* Zagreb: Seljačka sloga, 1956. See p.329.

Ringenbak, André. «Sartr i edna njegova piesa». *Studentski zbor* (Skoplje), vol.4, no.15, 20 April 1956.

Najman, Julija. «Tangenta na Sartrov krug». *Književne novine* (Belgrade), 19 August 1956.

Anon. «Sartre, Jean-Paul. 'Jas sum marksist.'». *Razgledi* (Skoplje), vol.4, no.15, 8 September 1957.

Ostrovska, Ruža. «Iza zatvorenih vrata ili otvorenih prozora». *Student* (Belgrade), vol.20, no.21 (Special number «Uwaga»), 5 October 1957.

Davičo, Leon. "Poseta Sartru". *Politika* (Belgrade), vol.55, no.16166, 18 May 1958.

Hergešić, Ivo. *Književne kronike 1948-1957.* Zagreb: Školska knjiga (Kol. *Udžbenici Zagrebačkog sveučilišta*), 1958. See pp. 7 and 376.

Korać, Veljko. «Sartrova svest o odgovornosti». *Borba* (Belgrade), vol.23, no.143, 1 June 1958.

Kapetanović, Miodrag. «Egzistencijalisticke studije». *Susreti* (Cetinje), vol.7, no.12, 1959, pp.1004-1014.

Sabljak, Tomislav. «Na temu Sartre». *Republika* (Zagreb), vol.15, no.11-12, 1959, pp.48-49.

Šošić, Davor. «Susret s J.-P. Sartre-om». *Narodni list* (Zagreb), 18 January 1959.

Karabeg, E. «Sartr o teatru i publici». *Oslobodjenje* (Sarajevo), 31 January 1960.

Kaštelan, Jure. «Jean-Paul Sartre». *Telegram* (Zagreb), 14 May 1960.

Maksimović, Miodrag. «Ko je Sartr?» *Ilustrovana politika* (Belgrade), vol.3, no.80, 1960, pp.12-13.

R. T. «Žan-Pol Sartr ili putevi slobode». *Železničke novine* (Belgrade), 18 May 1960.

Šarčević, Abdulah. «Sartrovata filozofska slika na moderniot čovek. Prevel. Slavko Temkov». *Sovremenost* (Skoplje), vol.10, no.2, 1960, pp.134-154.

Popović-Zadrović, Sonja. «Jean-Paul Sartre, angažirani književnik». *Republika* (Zagreb), vol.18, no.6, 1961, pp.24-25.

Krleža, Miroslav. «Pozdrav Jean Paul Sartreu». In *Eseji. Knjiga druga*. Zagreb: Zora (Kol. *Sabrana djela Miroslava Krleže*, 19), 1962. See pp.390*ff*.

Marinković, Nada. *Jasna Poljana*. Belgrade: Kosmos (Kol. *Studije i ogledi, 6*), 1963. See pp. 201-212.

Ranković, Milan. «Sartr o literaturi». *Gledišta* (Belgrade), vol.4, no.2, 1963, pp.91-100.

Anon. «Nobelova nagrada za književnost dodeljena Žan-Pol Sartru». *Politika* (Belgrade), 23 October 1964.

Pavletić, Vlatko. «Sjaj i bijeda riječi ili kako je neugledni Jean-Paul postao ugledni Sartre». *Kolo* (Zagreb), new series, vol.2, no.3, 1964, pp.318-338.

Matvejević, Predrag. *Jean-Paul Sartre.* Zagreb: Stvarnost (Kol. *Ličnosti o kojima se govori*), 1965. Pp.47.

Matvejević, Predrag. «Sartre i psihoanaliza. Odlomak». *Telegram* (Zagreb), 23 April 1965.

Matvejević, Predrag. «Putovi Sartreovih opredeljenja od *Mučnine* do Nobelove nagrade». *Kolo* (Zagreb), new series, vol.3, no.2, 1965, pp.197-203.

Matvejević, Predrag. «Sartre - nekad i sad». *Republika* (Zagreb), vol.21, no.7-8, 1965, pp.318-322.

Mrkonjić, Zvonimir. «Teatar ideja i Jean-Paul Sartre». *Polet* (Zagreb), vol.1, no.3, 1965, p.13.

Danojlić, Mića. «Šezdesetogodišnjica Žan-Pol Sartra». *Borba* (Belgrade), 29 August 1965.

Josimović, Radoslav. «Egzistencijalizam i literatura». In *Epohe i pravci u književnosti*, ed. Miroslav Pantić, Dragan Nedeljković et al. Belgrade: Narodna knjiga, št. Kultura, Trebinje (Kol. *Biblioteka Narodna knjiga*), 1965. See pp.298-323.

Pavletich, Esteban. «Za i protiv Žan-Pol Sartra». *Medjunarodna politika* (Belgrade), vol.16, no.354, 1965, pp.20-22.
This article also appeared in the following translations: «For and against Sartre». Review of International Affairs, *vol.16, no.354, pp.22-24;* «Pour et contre Sartre». Revue de la Politique internationale, *vol.16, no.354, pp.21-24;* «Voto a favor y en contra de Jean-Paul Sartre». Politica internacional, *vol.16, no.354, pp.22-25.*

Jovanović, Živorad P. «Bio-bibliografija Žan-Pol Sartra». *Pozorište* (Tuzla), vol.8, no.1, 1966, pp.110-112.

Kićović, Aleksandar. *Kroz umjetnost i filozofiju.* Književni eseji III. Buenos Aires: Talleres Graficós, 1966. See pp.190-203.

Mićunović, Eleonora. «Filozofske pretpostavke Sartrovog pristupa umetnosti». *Odjek* (Sarajevo), 15 December 1966, p.24.

Mićunović, Eleonora. *Estetički problemi u savremenom francuskom marksizmu.* Belgrade: Institut društvenih nauka, 1967. See pp.45-47.

Lavrin, Janko. «Sartre in eksistencializem. Prev. Rapa Šuklje».
Sodobnost (Ljubljana), vol.15, no.6, 1967, pp.561-575.
This was later published *(pp.311-331) as a chapter in Lavrin's*
Književnost in duh časa (od Rousseauja do Sartra). *Ljubljana:*
Državna založba Slovenije, 1968.

Mrkonjić, Zvonimir. «Teatar ideja i Jean-Paul Sartre». *Mogućnosti*
(Split), vol.14, no.1-2, 1967, pp.140-145.

Pejović, Danilo. *Suvremena filozofija zapada i odabrani tekstovi.*
Zagreb: Matica hrvatska (Kol. *Matica hrvatska: Filozofska
hrestomatija, 9*), 1967. See pp.109-126.

Pomian, Krzystof. «Sartr - Filozof clovekove eksistencije». In *Filozofi
in sociologi dvajsetega stoletja.* Ljubljana: Cankarjeva založba
(Kol. *Misel in čas*), 1967. See pp.407-428.

Škvorc, Mijo. «Geneza velikih ateista: Jean-Paul Sartre». *Crkva u
svijetu* (Split), vol.2, no.4, 1967, pp.5-18.

Andjelić, Borislav T. «Genet i Sartre». *Kazalište '69* (Osijek), no.22-25, 1968, p.36.

Majer, Boris. *Med znanostjo in metafiziko.* Razvoj koncepcij
predmeta in funkcije filozofije v postheglovski meščanski filozofiji
s posebnim ozirom na eksistencializem in logični pozitivizem.
Ljubljana: Cankarjeva založba (Kol. *Misel in čas*), 1968. See
pp.191-210.

Mikecin, Vjekoslav. *Marksisti i Marx.* Zagreb: Radio-Televizija (Kol.
Radio-Televizija Zagreb, Specjalna izdanja), 1968. See pp.315-331.

Rus, Vojan. *Sodobna filozofija med dialektiko in metafiziko.* Zlasti
glede na vprašanje istovetnosti in različnosti. Ljubljana: Mladinska
knjiga, 1968. See pp.356-390.

Vacev, Vlastimir. «Žan Pol Sartr i problemite na humanizma».
Bratstvo (Niš), 28 June 1968.

Begić, Midhat. *Raskršća*,2. Sarajevo: Svjetlost (Kol. *Pogledi.
Biblioteka za domaću i stranu esejistiku*), 1969. See pp.112-123.

Kermode, Frank. «Umjetnička proza i stvarnost». *Dubrovnik*
(Dubrovnik), vol.12, no.1, 1969, pp.74-90.

Šešić, Bogdan. *Savremeni čovek i svet*. Belgrade: Zavod za izdavanje udžbenika Socijalističke Republike Srbije, 1969. See pp.62-67, 90-95.

Kapidžić-Osmanagić, Hanifa. «Sartre, Beauvoir i psihoanaliza». *Izraz* (Sarajevo), vol.27, no.1, 1970, pp.55-66.

Mitrev, Dimitar. *Ogledi i eseji*, 5. Skopje: Naša knjiga (Kol. *Biblioteka Izbor*), 1970. See pp.133-147.

Munišić, Zdravko. «Suma Sartrovog dela». *Filosofija* (Belgrade), no.2-3, 1970, pp.187-194.

Matvejević, Predrag. «O Sartrovom primanju 'engagementa'». In *Književna kritika i marksizam*. Belgrade: Institut za književnost i umetnost, 1971. See pp.193-209.

Pavletić, Vlatko. *Djelo u zbilji*. Eseji i analize. Zagreb: Naprijed (Kol. *Jugoslovenski pisci*), 1971. See pp.27-63.

Selenić, Slobodan. *Dramski pravci XX veka*. Belgrade: Umetnička akademija, 1971. See pp.123-136.

Kovač, Ciril. «Mauriac in Sartre». *Prostor in čas* (Maribor), vol.4, no.7-8, 1972, pp.428-438.

Kapidžić-Osmanagić, Hanifa. «Sartreove metamorfoze». *Odjek*, vol.25, no.10, 1972, pp.8,14.

Radenković, Djordje. *Portreti savremenih ličnosti*. Belgrade: Mladost, 1972. See pp.147-149.

Sükösd, Mihály. «Dnevnik i kritike». *Odjek* (Sarajevo), vol.25, no.9, 1972.

FICTION

Le Mur

Šijaković, Miodrag. «Jean-Paul Sartre: *Zid*». *Razgledi* (Trst), 29 May 1955.

Bertoša, Miroslav. «Jean-Paul Sartre: *Zid*». *Studentski list* (Zagreb), 27 May 1958.

APPENDIX 800

Fetahagić, Sead. «Jean-Paul Sartre: *Zid*». *Svijet* (Sarajevo), 27 May 1958.

Marinković, Nada. «Jean-Paul Sartre: *Zid*». *Književne novine* (Belgrade), 18 July 1958.

Perović, Predrag. «Jean-Paul Sartre: *Zid*». *Politika* (Belgrade), 24 August 1958.

Sabljak, Tomislav. «Jean-Paul Sartre: *Zid*». *Republika* (Zagreb), vol.14, no.5, 1958, p.30.

Pavić, Vladimir. «Jean-Paul Sartre: *Zid*». *Vidik* (Split), vol.5, no.18, 1958, p.65.

Šijaković, Miodrag. «Jean-Paul Sartre: *Zid*». *Stvaranje* (Cetinje), vol.13, no.10, 1958, pp.815-819.

Bertoša, Miroslav. «Jean-Paul Sartre: *Zid*». *Susreti* (Titograd), vol.7, no.3, 1959, pp.265-267.

László, Tomán. «Jean-Paul Sartre: *Zid*». *Hid* (Novi Sad), vol.23, no.1, 1959, p.74.

V. F. «Jean-Paul Sartre: *Zid*». *Stremljenja* (Pristina), vol.1, no.3, 1960, pp.226-228.

Josimović, Radoslav. «Stvaralačke koordinate Žan-Pol Sartra (1905-)». Preface to Sartre, Jean-Paul: *Zid i druge pripovetke,* tr. Jerka Belan. Belgrade: Rad, 1964.

Pavletić, Vlatko. «Jean-Paul Sartre». Epilogue to Sartre, Jean-Paul: *Intimnost i Soba*, tr. Jerka Belan. Zagreb: Matica hrvatska, 1965.

La Nausée

Bulatović, Miodrag. «*Mučnina* Žan Pol Sartra». *Naša stvarnost* (Belgrade), vol.4, no.3-4, 1952, p.9.

Habazin, Andjelko. «Mucno je bez esencije». *Krugovi* (Zagreb), vol.1, no.2, 1952, pp.171-174.

Hergešić, Ivo. «Jean-Paul Sartr i egzistencijalizam». Preface to Sartre, Jean-Paul: *Mučnina*, tr. Tin Ujević. Zagreb: Zora, 1952.

Vereš, Saša. «*Mučnina* J. P. Sartrea». *Studentski list* (Zagreb), 15 April 1952.

Pirjevec, Dušan. «Ob Sartrovem *Gnusu*». Preface to Sartre, Jean-Paul: *Gnus*. Ljubljana: Cankarjeva založba, 1964. See pp.5-33.

Šijaković, Miodrag. «Jean-Paul Sartre: *Muka*. Beograd. 1964». *Stremljenja* (Priština), vol.6, no.2, 1965, pp.200-202.

Čepinčić Jovanovska, Mirjana. «Sartr i negovata tegobnost». Preface to Sartre, Jean-Paul: *Tegobnost*. Skopje: Kultura, 1966.

Micković, Slobodan. «Jean-Paul Sartre: *Tegobnost*». *Nova Makedonija* (Skoplje), 7 May 1967.

Les Chemins de la liberté

Martinovski, Cvetko. «Jean-Paul Sartre: *Zrelo doba*». *Nova Makenija* (Skoplje), 29-30 November 1958, and 1 December 1958.

Peić, Branko. «Jean-Paul Sartre: *Putevi slobode I. Zrelo doba*». *Književne novine* (Belgrade), 7 November 1958.

Kapetanović, Miodrag. «Jean-Paul Sartre: *Putevi slobode*». *Stvaranje* (Cetinje), vol.14, no.7-8, 1959, pp.618-623.

Perović, Predrag S. «Jean-Paul Sartre: *Putevi slobode*». *Politika* (Belgrade), 17 May 1959.

Marić, Sreten. «Metafizički roman». Preface to Sartre, Jean-Paul: *Putevi slobode, I. Zrelo doba*. Belgrade: Nolit, 1958.
   Reprinted (pp.7-37) in the 1965 edition of this translation; and collected in Marić's *Ogledi* I. Belgrade: Prosveta, 1963. See pp.253-316.

Stošić, Dušan. «Velike i male alternative». *Gradina* (Niš), vol.4, no.5, 1969, pp.54-56.
   On La Mort dans l'âme.

Minda, Jože. «Sartre pri nas». Preface to Sartre, Jean-Paul: *V zrelih letih*. Ljubljana: Cankarjeva založba, 1973.

DRAMA

Les Mouches

Kralj, Vladimir. «Jean-Paul Sartre: *Muhe*». *Gledališki list* (Ljubljana), no.17, 1961, pp.15-20.

Pirjevec, Dušan. «Jean-Paul Sartre: *Muhe*». *Naša sodobnost* (Ljubljana), vol.9, no.8-9, pp.853-856.

Kralj, Vladimir. *Pogledi na dramo*. Ljubljana: Cankarjeva založba, 1963.
Includes «*Sartrova drama: Jean-Paul Sartre:* Muhe».

Batušić, Nikola. «Jean-Paul Sartre: *Muhe*». *Republika* (Zagreb), vol.26, no.7-8, 1970, p.355.

Huis clos

Kozak, Primož. «Ob Sartrovi drami *Za zaprtimi vrati*». *Novi svet* (Ljubljana), vol.5, no.6, 1950, pp.549-558.

Finci, Eli. «Jean-Paul Sartre: *Iza zatvorenih vrata*». *Politika* (Belgrade), 3 February 1957.

Glišić, Bora. «Jean-Paul Sartre: *Iza zatvorenih vrata*». *Nedeljne informativne novine* (Belgrade), 3 February 1957.

Klajn, Hugo. «Jean-Paul Sartr: *Iza zatvorenih vrata*». *Borba* (Belgrade), 3 February 1957.

Stamenković, Vladimir. «Jean-Paul Sartre: *Iza zatvorenih vrata*». *Književne novine* (Belgrade), 17 February 1957.

Hergešić, Ivo. «Jean-Paul Sartre: *Iza zatvorenih vrata*». *Vjesnik* (Zagreb), 10 March 1957.

Paro, G. «Jean-Paul Sartr: *Iza zatvorenih vrata*». *Studentski list* (Zagreb), 25 March 1957.

Sidor, Krešimir. «Goldoni - Brecht - Sartre u Hrvatskom narodnom kazalištu u Zagrebu». *Teatar* (Zagreb), vol.3, no.1-2, 1957, pp.65-67.

Petrić, Vladimir. «Jean-Paul Sartre: *Iza zatvorenih vrata*». *Književnost* (Belgrade), vol.24, no.3, 1957, pp.284-289.

B. B. «Jean-Paul Sartr: *Iza zatvorenih vrata*». *Slobodna Dalmacija* (Split), 5 June 1957.

Predan, Vasja. «Jean-Paul Sartre: *Zaprta vrata*». *Ljudska pravica* (Ljubljana), 4 February 1958.

Kralj, Vladimir. «Jean-Paul Sartre: *Zaprta vrata*». *Naša sodobnost* (Ljubljana), vol.6, no.3, 1958, pp.279-281.

Smasek, Lojze. «Jean-Paul Sartre: *Zaprta vrata*». *Večer* (Maribor), 1 October 1958.

Rackov, Ivanka. «Jean-Paul Sartre: *Iza zatvorenih vrata*». *Rukovet* (Subotica), vol.7, no.9-10, 1959, pp.474-475.

Simovič, Ljubomir. «Sukob logike i istine». *Polja* (Novi Sad), 30 June 1959.

Kujundžić, Miodrag. «Jean-Paul Sartre: *Iza zatvorenih vrata*». *Dnevnik* (Novi Sad), 23 January 1960.

Pavlović, Luka. «Jean-Paul Sartre: *Iza zatvorenih vrata*». *Oslobodjenje* (Sarajevo), 27 March 1960.

O. N. «Jean-Paul Sartre: *Iza zatvorenih vrata*». *Naša scena* (Novi Sad), vol.14, no.149, 1960, p.4.

Jovanović, Ž. M. «Jean-Paul Sartre: *Iza zatvorenih vrata*». *Oslobodjenje* (Sarajevo), 20 October 1965.

Perović, Sreten. «Jean-Paul Sartre: *Iza zatvorenih vrata*». *Pobjeda* (Titograd), 27 January 1966.

Piletić, Svetozar. «Jean-Paul Sartre: *Iza zatvorenih vrata*». *Titogradska tribuna* (Titograd), 2 January 1966.

Ahačić, Draga. Preface to Sartre, Jean-Paul: *Muhe. Zaprta vrata*. Ljubljana: Mladinska knjiga (Kol. *Knjižnica «Kondor»*. Izbrana dela iz domače in svetovne književnosti, 134), 1972. See pp.99-113.

Foretić, Dalibor. «Jean-Paul Sartre: *Iza zatvorenih vrata*». *Vjesnik* (Zagreb), 6 February 1974.

Morts sans sépulture

Logar, Zvonimir. «Jean-Paul Sartre: *Morts sans sépulture*». *Pokušaji* (Belgrade), no.1, 1953, pp.38-39.

Ahačić, Draga. «Spremna beseda». Epilogue to Jean-Paul Sartre: *Nepokopani mrtvaci*. Ljubljana: Drzavna založba Slovenije, 1960. See pp.385-400.

Klapčić, Zlata. «Jean-Paul Sartre: *Nesahranjeni mrtvaci*». *Novi list* (Rijeka), 11 February 1964.

Martini, Lucifero. «Jean-Paul Sartre: *Nepokopani mrtvaci*». *La voce del popolo* (Rijeka), 27 March 1964.

Rošić, Djuro. «Jean-Paul Sartre: *Nepokopani mrtvaci*». *Novi list* (Rijeka), 31 March 1964.

Djurdjević, Djordje. «Jean-Paul Sartre: *Nesahranjeni mrtvaci*». *Borba* (Belgrade), 22 October 1966.

Medvedov, N. «Jean-Paul Sartre: *Nesahranjeni mrtvaci*». *Dnevnik* (Novi Sad), 16 April 1968.

Javornik, Marjan. «Jean-Paul Sartre: *Nepokopani mrtvaci*». *Delo* (Ljubljana), 12 November 1969.

Smasek, Lojze. «Jean-Paul Sartre: *Nepokopani mrtvaci*». *Večer* (Maribor), 18 November 1969.

Trupej, Andrej. «Jean-Paul Sartre: *Nepokopani mrtvaci*». *Mladina* (Ljubljana), 10 February 1970.

Lah, Andrijan. «Jean-Paul Sartre: *Nepokopani mrtvaci*». *Obrazi* (Celje), vol.2, no.1-2, 1970, pp.32-34.

La Putain respectueuse

Matetić, Zlatko. «Drama čovjeka sa Zapada». *Naprijed* (Zagreb), 1 January 1952.

Šijaković, Miodrag. «Dve drame Žan-Pol Sartra na našem jeziku». *Letopis Matice srpske* (Novi Sad), vol.369, no.3, 1952, pp.229-233. *Also on* Morts sans sépulture.

Grabnar, Boris. «Jean-Paul Sartre: *Obzirne vlačuge*». *Ljudska pravica* (Ljubljana), 23 December 1954.

Javoršek, Jože. «Jean-Paul Sartre: *Obzirne vlačuge*». *Slovenski poročevalec* (Ljubljana), 26 December 1954.

Leovac, Slavko. «O dvjema dramama Žana-Pola Sartra». *Oslobodjenje* (Sarajevo), 12 November 1954.
Also on Morts sans sépulture.

Bratković, Francé. «Jean-Paul Sartre: *Obzirno vlačugo*». *Glas Gorenjske* (Kranj), 1 January 1955.

Mikeln, Miloš. «Jean-Paul Sartre: *Obzirno vlačugo*». *Ljubljanski dnevnik* (Ljubljana), 25 January 1955.

T. O. «Jean-Paul Sartre: *Obzirni vlačugi*». *Celjski tednik* (Celje), 22 April 1955.

Ežov, A. «Jean-Paul Sartre: *Bludnica dostojna na počit*». *Horizont* (Skoplje), 9 December 1956.

S. «Jean-Paul Sartre: *Bludnica dostojna za počit*». *Razgledi* (Trst), 9 December 1956.

Popovič, Dušan. «Jean-Paul Sartre: *Obzirna bludnica*». *Letopis Matice srpske* (Novi Sad), vol.376, no.3, 1956, pp.277-279.

Šijaković, Miodrag. «Jean-Paul Sartre: *Obzirna bludnica*». *Polja* (Novi Sad), vol.1, no.7, 1956, p.14.

Der, Zoltan. «Jean-Paul Sartre: *Obzirna bludnica*». *Rukovet* (Subotica), vol.4, no.8-9, 1958, pp.440-442.

Pavlović, Luka. «Jean-Paul Sartre: *Obzirna bludnica*». *Oslobodjenje* (Sarajevo), 25 October 1959.

Popović, Dušan. *Scena i stvarnost.* Novi Sad: Matica srpska, 1959. 277pp.
Includes «*Jean-Paul Sartre:* Obzirna bludnica», *presumably a reprint of the review in* Letopis Matice srpske.

Pavlović, Luka. «Jean-Paul Sartre: *Obzirna bludnica*». *Oslobodjenje* (Sarajevo), 4 April 1960.

Les Jeux sont faits

Anon. «Sartrova drama *Kocka je bačena*». *Nedeljne informativne novine* (Belgrade), 4 November 1951.

Les Mains sales

Kraigher, Dragana. «Jean-Paul Sartre: *Umazane roke*». *Naši razgledi* (Ljubljana), vol.10, no.24, 1961, p.564.

Brezovar, Marjan. «Jean-Paul Sartre: *Umazane roke*». *Naša sodobnost* (Ljubljana), vol.10, no.2, 1962, pp.183-185.

Kujundžić, Miodrag. «Jean-Paul Sartre: *Prljave ruke*». *Dnevnik* (Novi Sad), 27 December 1962.

Lakićević, Ognjen. «Jean-Paul Sartre: *Prljave ruke*». *Telegram* (Zagreb), 2 December 1966.

Predan, Vasja. «Jean-Paul Sartre: *Umazane roke*». *Naši razgledi* (Ljubljana), vol.16, no.4, 1966, p.85.

Selenić, Slobodan. «Jean-Paul Sartre: *Prljave ruke*». *Borba* (Belgrade), 22 November 1966.

Sruk, Vladimir. «Jean-Paul Sartre: *Umazane roke*». *Dialogi* (Maribor), vol.2, no.3, 1966, pp.164-167.

Volk, Petar. «Jean-Paul Sartre: *Prljave ruke*». *Književne novine* (Belgrade), 10 December 1966.

Pervić, Muharem. «Jean-Paul Sartre: *Prljave ruke*». *Politika* (Belgrade), 22 November 1966.

Ćirilov, Jovan. «Amsterdamska zabrana i poziv na beogradski bojkot *Prljavih ruku*». *Encyclopaiedia moderna* (Zagreb), no.3-4, 1967, pp.186-188.

Pavlović, Luka. «Jean-Paul Sartre: *Prljave ruke*». *Oslobodjenje* (Sarajevo), 21 November 1967.

Pavlović, Luka. «Jean-Paul Sartre: *Prljave ruke*». *Oslobodjenje* (Sarajevo), 29 June 1968.

Stojanović, Velimir. «Jean-Paul Sartre: *Prljave ruke*». *Odjek* (Sarajevo), 15 January 1968.

Šita, Vehap. «Jean-Paul Sartre: *Prljave ruke*». *Stremljenja* (Priština), vol.10, no.1, 1969, pp.125-126.

Nastev, Božidar. «Sartr i negovata angažiranost». Preface to Sartre, Jean-Paul: *Valkani race*. Skopje: Nova Makedonija (Kol. Biblioteka *Svet i vreme*), 1972. See pp.9-27.

L'Engrenage

Ivanović, Vasilije. «Posle završenog scenarija». *Student* (Belgrade), 26 May 1954.

Le Diable et le Bon Dieu

Šijaković, Miodrag. «Sartr: *Djavo i bog*». *Stražilovo* (Irig), vol.1, no.7-8, 1952, p.5.

Danojlić, Milovan. «Jean-Paul Sartre: *Djavo i Gospod Bog*. Beograd 1963». *Borba* (Belgrade), 9 November 1963.

Hristić, Jovan. «Žan-Pol Sartr». Epilogue to Sartre, Jean-Paul: *Djavo i Gospod Bog*. Belgrade: Prosveta (Kol. *Savremeni strani pisci*, kolo treće, 15), 1963. See pp.299-307.

Sabljak, Tomislav. «Jean-Paul Sartre: *Djavo i gospod Bog*. Beograd 1963». *Telegram* (Zagreb), 23 August 1963.

Anon. «Jean-Paul Sartre: *Vrag i dragi bog*». *Večernji list* (Zagreb), 14 November 1964.

Frndić, Nasko. «Jean-Paul Sartr: *Vrag i dragi bog*». *Borba* (Belgrade), 18 November 1964.

Hećimović, Branko. «Jean-Paul Sartre: *Djavo i gospod bog*. Beograd 1963». *Republika* (Zagreb), vol.20, no.2-3, 1964, pp.124-125.

Jovanović, Raško. «Jean-Paul Sartre: *Djavo i gospod bog*. Beograd 1963». *Književnost* (Belgrade), vol.29, no.3, 1964, pp.251-253.

Selem, Petar. «Jean-Paul Sartre: *Vrag i dragi bog*». *Telegram* (Zagreb), 20 November 1964.

Batušić, Nikola. «Jean-Paul Sartre: *Vrag i dragi bog*». *Republika* (Zagreb), vol.21, no.2-3, 1965, pp.114-115.

Inkret, Andrej. «Jean-Paul Sartre: *Hudič in ljubi bog*». *Tribuna* (Ljubljana), 6 October 1965.

Kralj, Vladimir. «Jean-Paul Sartre: *Hudič in ljubi bog*». *Naši razgledi* (Ljubljana), vol.14, no.21, 1965, pp.435-436.

Posavac, Zlatko. «Jean-Paul Sartre: *Djavo i dragi bog*». *15 dana* (Zagreb), vol.8, no.1-2, 1965, pp.30-32.

Predan, Vasja. «Jean-Paul Sartre: *Hudič in ljubi bog*». *Ljubljanski dnevnik* (Ljubljana), 2 October 1965.

Puljizević, Jozo. «Jean-Paul Sartre: *Djavo i dragi bog*». *Delo* (Ljubljana), 16 January 1965.

Smasek, Lojze. «Jean-Paul Sartre: *Hudič in ljubi bog*». *Večer* (Maribor), 6 October 1965.

Vidmar, Josip. «Jean-Paul Sartre: *Hudič in ljubi bog*». *Delo* (Ljubljana), 5 October 1965.

Vidmar, Josip. *Gledališke kritike*. Ljubljana: Cankarjeva založba, 1968. 361pp.
 Includes «*Jean-Paul Sartre:* Hudič in ljubi bog», *presumably reprint of the above review article.*

Kean

Miloradović, Mirko. «Jean-Paul Sartre: *Kin ili košmar i genije*». *Politika* (Belgrade), 22 December 1969.

Nekrassov

Javoršek, Jože. «Afera *Nekrasov*». *Slovenski poročevalec* (Ljubljana), 26 June 1955.

Les Séquestrés d'Altona

Bunuševac, Radmila. «Napad na Sartra». *Politika* (Belgrade), 27 September 1959.

Matvejević, Predrag. «Jean-Paul Sartre: *Zatocenici iz Altone*». *Republika* (Zagreb), vol.15, no.11-12, p.33.

Finci, Eli. «Jean-Paul Sartre: *Zatočenici iz Altone*». *Politika* (Belgrade), 23 April 1960.

Glišić, Bora. «Jean-Paul Sartre: *Zatočenici iz Altone*». *Nedeljne informativne novine* (Belgrade), 8 May 1960.

Jeremić, Dragan. «Jean-Paul Sartre: *Zatočenici iz Altone*». *Savremenik* (Belgrade), vol.11, no.6, 1960, pp.680-683.

Kralj, Lado. «Jean-Paul Sartre: *Zaprti v Altoni*». *Mladina* (Ljubljana), 20 October 1960.

Madjarević, Vlado. «Jean-Paul Sartre: *Zatočenici iz Altone*». *Telegram* (Zagreb), 9 December 1960.

Mišić, Milutin. «Jean-Paul Sartre: *Zatočenici iz Altone*». *Student* (Belgrade), 10 May 1960.

Pervić, Muharem. «Jean-Paul Sartre: *Zatočenici iz Altone*». *Mladost* (Belgrade), 4 May 1960.

Pogačnik, Bogdan. «Jean-Paul Sartre: *Zaprti v Altoni*». *Delo* (Ljubljana), 21 October 1960.

Predan, Vasja. «Jean-Paul Sartre: *Zaprti v Altoni*». *Naši razgledi* (Ljubljana), vol.9, no.20, 1960, p.474.

Selenić, Slobodan. «Jean-Paul Sartre: *Zatočenici iz Altone*». *Borba* (Belgrade), 22 April 1960.

Stamenković, Vladimir. «Jean-Paul Sartre: *Zatočenici iz Altone*». *Književne novine* (Belgrade), 6 May 1960.

B. «Jean-Paul Sartre: *Zatočenicite od Altona*. Skopje 1962». *Nova Makedonija* (Skoplje), 28 April 1963.

Andreevski, Petre M. «Jean-Paul Sartre: *Zatočenicite od Altona*». *Studentski zbor* (Skoplje), 1 October 1964.

Baras, Frano. «Jean-Paul Sartre: *Zatočenici iz Altone*». *Slobodna Dalmacija* (Split), 25 December 1964.

Mazov, Ivan. «Jean-Paul Sartre: *Zatočenicite od Altona*». *Nova Makedonija* (Skoplje), 18 October 1964.

Maksimovski, Stole. «Jean-Paul Sartre: *Zatocenicite od Altona*». *Patišta* (Kumanovo), no.2, 1965, pp.33-35.

Milošević, Nikola. *Negativan junak.* Belgrade: Vuk Karadžić (Kol. Biblioteka Zodijak, 5), 1965. See pp.62-78.

Les Troyennes

Ilić, Miodrag. «Jean-Paul Sartre: *Trojanke*». *Scena* (Novi Sad), vol.2, no.4, 1966, pp.117-118.

LITERARY CRITICISM

O Književnosti i piscima (A translated anthology of *Situations I & II*)

Marić, Sreten. «Žan Pol Sartr». Preface to Sartre: *O književnosti i piscima.* Belgrade: Kultura (Kol. *Esej i književna kritika*), 1962. See pp.v-xxxvii.

Karaulac, Miroslav. «Jean-Paul Sartre: *O književnosti i piscima*». *Borba* (Belgrade), 29 April 1962.

Šijakovic, Miodrag. «Jean-Paul Sartre: *O književnosti i piscima*». *Telegram* (Zagreb), 31 August 1962.

Djokić, E. «Jean-Paul Sartre: *O književnosti i piscima*». *Oslobodjenje* (Sarajevo), 9 September 1962.

Pažanin, Stjepan. «Jean-Paul Sartre: *O književnosti i piscima*». *Dalmacija* (no place), 13 October 1962.

Kiefer, Ivica. «Jean-Paul Sartre: *O književnosti i piscima*». *Revija* (Osijek), vol.2, no.6, 1962, pp.190-192.

Marinković, Nada. «Jean-Paul Sartre: *O književnosti i piscima*». *Susreti* (Titograd), vol.10, no.7-8, 1962, pp.648-649.

Matvejević, Predrag. «Jean-Paul Sartre: *O književnosti i piscima*». *Forum* (Zagreb), vol.2, no.7-8, 1962, pp.185-200.

Prohić, Kasim. «Jean-Paul Sartre: *O književnosti i piscima*». *Izraz* (Sarajevo), vol.12, no.8-9, 1962, pp.207-212.

Ranković, Milan. «Jean-Paul Sartre: *O književnosti i piscima*». *Gledišta* (Belgrade), vol.4, no.2, 1962(?), pp.91-100.

Stardelov, Georgi. «Jean-Paul Sartre: *O književnosti i piscima*». *Kulturen život* (Skopje), vol.7, no.7-8, 1962, pp.39-40.

Tautović, Radojica. «Jean-Paul Sartre: *O književnosti i piscima*». *Život* (Sarajevo), vol.11, no.11-12, 1962, pp.471-477.

L'Idiot de la famille

Kapidžić-Osmanagić, Hanifa. «Sartre i Flaubert». *Odjek* (Sarajevo), vol.25, no.5, 1972, p.18.

Knezović, Zlata. «Sartreov *Idiot obitelji*». *Pitanja* (Zagreb), vol.5, no.50-51, 1973, pp.48-54.

PHILOSOPHY

L'Être et le néant

Habazin, Andjelko. «Teoretski apsurdi jedne umetnosti». *Mogućnosti* (Split), vol.7, no.3, 1960, pp.205-217.

L'Existentialisme est un humanisme

Sutlić, Vanja. «Jean-Paul Sartre: *Egzistencijalizam je jedan humanizam*. Collection Pensées, Paris, 1958». *Pregled* (Sarajevo), Year 11, vol.2, no.7-8, 1959, pp.128-129.

Sutlić, Vanja. «Metafizika nemoćne slobode». Epilogue in Sartre: *Egzistencijalizam je humanizam*. Sarajevo: Veselin Masleša (Kol. Biblioteka Logos), 1964. See pp.71-96.

Critique de la raison dialectique

Kovačević, Milan. «Jean-Paul Sartre: *Kritika dijalektičkog uma.* Paris 1959». *Pregled* (Sarajevo), Year 13, vol.2, no.9, 1961, pp.222-224.

AUTOBIOGRAPHY

Les Mots

Matvejević, Predrag. «*Riječi* Sartreove autobiografije». *Forum* (Zagreb), vol.5, no.1-2, 1964, pp.189-198.

Begić, Midhat. «Sartrova godina». *Izraz* (Sarajevo), Year 9, vol.17, no.6, 1965, pp.515-524.

Bošković, Milorad. «Jean-Paul Sartre: *Reči.* Novi Sad, 1965». *Pobjeda* (Titograd), 31 July 1966.

Author Index

AUTHOR INDEX

N.B. The numbers in this index refer to the section-numbers which are listed in the Table of Contents and set as running-heads on each page.

A

A. de P. *227.*
A. F. *401.*
A., G. *216.*
A., J.-P. *231.*
Aaraas, Hans. *604.*
Abbagnano, Nicola. *400, 402.*
Abel, Lionel. *404, 411, 501, 503, 603.*
Abell, Marcelle A. *412.*
Abenheimer, K.M. *406.*
Abirached, Robert. *231, 236, 237, 240.*
Abosch, Heinz. *501, 505.*
Abraham, Claude K. *209.*
Abraham, Pierre. *108.*
Abrahamson, E. *203.*
Abram, Paul. *225.*
Abrami, Vittorio. *504.*
Abrams, Fred. *105.*
Accaputo, Nino. *105.*
Acton, H.B. *412.*
Adamov, Arthur. *200.*
Adamowski, T.H. *308.*
Addamo, Sebastiano. *301.*
Ade, Georges. *310.*
Adelman, George. *406.*
Adereth, M. *201, 600.*
Adler, F. *401.*
Adler, Renata. *307.*
Adorno, Theodor W. *401.*
Agamben, Giorgio. *603.*
Aguado, Emiliano. *602.*

Ahlenius, Holger. *201, 600, 604.*
Aimel, Georges. *604.*
Al-Hifni, 'Abd al-Mun'im. *600.*
Alamshah, William H. *406.*
Albérès, R.-M. *100, 101, 401, 408, 411, 503, 600, 603, 604.*
Albert-Hasse, Jane. *110.*
Alberts, J.C.P. *206.*
Albo, Daniel. *502, 602.*
Alceste. *604.*
Alden, Douglas W. *700.*
Aldrich, V.C.A. *406.*
Alexander, Ian W. *401, 402, 602.*
Alexandre, Paul. *402.*
Algazel. *604.*
Allen, Edgar Leonard. *400, 401, 402.*
Allen, Louis. *502.*
Allen, Marcus. *201.*
Allen, Walter. *110.*
Allers, Rudolf. *400, 401.*
Almont, Maxime. *225.*
Alonso-Fueyo, Sabino. *400.*
Alopaeus, M. *603.*
Alquié, Ferdinand. *407.*
Alter, André. *205, 208, 210, 213, 219, 225, 228, 231, 237.*
Alter, Jean V. *101.*
Altman, Georges. *219, 403, 502.*
Alvarez Hernández, Dictino. *200.*
Alvarez, A. *237, 304, 600, 603.*
Alverez del Vayo, J. *502.*

Ambrière, Francis. *201, 208, 210, 213, 219, 225, 228.*
Améry, Jean. *308, 502, 600.*
Ames, Van Meter. *102, 301, 401, 402, 407.*
Ammendola, Rosine. *201.*
Amorós, Celia. *411.*
Ampola, F. *600.*
Anders, Günther & F. Bondy. *502.*
Anders, Günther. *401.*
Andersch, Alfred. *600, 603.*
Anderson, Adele B. *400.*
Anderson, David. *401, 600.*
Anderson, Perry, R. Fraser, & Q. Hoare. *602.*
Anderson, Thomas C. *401.*
Andrada, C.S. *401.*
Andrade, Juan. *604.*
Andreu, Anne. *502.*
Anex, Georges. *201, 219.*
Angioletti, G.B. *219.*
Anglès, Auguste. *302.*
Angrand, Cécile. *402.*
Anguita, Eduardo. *401.*
Anjaneyulu, D. *603.*
Antunes, M. *403.*
Anzieu, Didier. *411.*
Apostel, L. *604.*
Aragonés, Juan Emilio. *201, 604.*
Ardillon, G. d'. *600.*
Aréan, Carlos-Antonio. *601, 603.*
Arenal, Humberto. *212.*
Arendt, Hannah. *401, 402.*
Arland, Marcel. *107, 110.*
Arlaud, R.-M. *208, 213, 219.*
Armory. *205, 208.*
Arnaud, Georges. *500.*
Arnaud, P. *208.*
Arnes, Asbjørn S. *604.*
Arnold, A. James. *105.*
Arnold, A. James & Jean-Pierre Piriou. *603.*
Arnold, Paul. *225.*
Arnold, W.E. *503.*
Arnold, Werner. *105.*
Arnou, René. *402.*
Arntz, Joseph Th. C. *400, 401.*
Aron, Raymond. *400, 411, 501, 502.*

Aronson, A.R. *308, 400, 401.*
Aronson, Julian. *501.*
Arout, Gabriel. *208.*
Arregue de Dell'Oca, Cristino. *401.*
Artinian, Robert W. *203, 301.*
Ascia, Ugo d'. *502.*
Astaldi, Maria Luisa. *305.*
Astre, G.-A. *502.*
Astruc, Alexandre. *203, 206, 408, 601.*
Atwell, John E. *401, 407.*
Aubarède, Gabriel d'. *602.*
Aubert, René. *208.*
Aubray, Pierre. *231.*
Aubrun, J. L. *600.*
Aubry, Jacques. *224.*
Auclair, Marcelle. *604.*
Auclères, Dominique. *502.*
Audiberti, Jacques. *208, 213.*
Audouard, Yvan. *205, 210, 213, 228, 236.*
Audry, Colette & R. Stéphane. *502.*
Audry, Colette. *200, 304, 400.*
Audry, Colette (ed.). *402.*
Audry, Colette, Gabriel Marcel, et al. *235.*
Augagneur, Marcel. *210, 213.*
Auherson, Brice. *412.*
Aury, Dominique. *402.*
Autrusseau, Jacqueline. *236.*
Auzias, Jean-Marie. *225.*
Avran, Jean. *210, 213.*
Axthelm, Peter M. *105.*
Aycock, C.B. *600.*
Ayer, A.J. *208, 401, 402, 407, 501, 602.*
Ayguesparse, A. *602.*
Aylen, Leo. *203.*
Ayraud, Pierre. *407, 604.*

B

B., C. *224.*
B., J.-F. *224.*
B., L. *205.*
B., M. *212.*
B., S. *213.*
Baalbaki, Laila. *604.*
Bab, Julius. *223.*
Bach, Max & Huguette L. Bach. *235.*

Bachelard, Gaston. *105.*
Bachmann, Jakob. *401, 505.*
Badaloni, N. *403.*
Badia, A. *604.*
Baignères, Claude. *208, 213.*
Bailey, Roland. *402.*
Bajnovic, Luka. *502.*
Bak, W. *600.*
Baker, Joseph E. *604.*
Bakker, Reinout. *604.*
Baladi, Naguib. *405.*
Balakian, Nona. *307.*
Balliu, J. *401.*
Balmas, E. *400, 600.*
Balzer, Carmen. *401.*
Bambrough, André. *401.*
Bannan, John J. *405.*
Bannon, Barbara A. *301, 406, 503.*
Baratier, Jacques. *201.*
Barberis, Pierre. *310.*
Bardèche, Maurice. *201.*
Barga, Corpus. *301.*
Barilli, Renato. *101, 601.*
Barillon, Raymond. *502.*
Barish, Jonas A. *305, 603.*
Barjavel, René. *205.*
Barjon, Louis, S.J. *600.*
Barnes, Hazel E. *100, 101, 200, 400, 401, 412, 600, 602.*
Baron, R. *401.*
Baroncelli, Jean de. *104, 208, 234.*
Barraud, H. *604.*
Barrault, Jean-Louis. *200.*
Barrère, Jean-Bertrand. *100, 600.*
Barres, Oliver. *410.*
Barrett, William. *301, 307, 400, 402, 408, 503, 601, 603.*
Barrillon, Raymond. *502.*
Barron, J.D. *603.*
Barry, J.L. *601.*
Barry, Joseph A. *502, 600.*
Barthes, Roland. *229.*
Bartosek, K. & P. Pujman. *604.*
Bartsch, Günter. *403.*
Baruch, J.Z. *501.*
Barzel, W. *203.*
Baskin, William H. *214.*
Bastide, François-Régis. *222, 225.*

Bastide, Georges. *700.*
Bataille, Georges. *302, 305, 402, 501.*
Batt, Jean C. *604.*
Battaglia, F. *403.*
Bauchère, Jacques. *237.*
Baude, Pierre-André. *218.*
Baudet, Jany. *206.*
Baudouin, Dominique. *301.*
Bauer, Anne. *602.*
Bauer, George H. *100, 300.*
Bauer, Gérard. *213, 219, 301.*
Baumgardt, D. *401.*
Baurle, Wilhelm. *203.*
Bauters, Paul. *600.*
Bauzyte, G. *201.*
Bazin, André. *213, 601.*
Bd., A. *502.*
Beach, Joseph W. *108.*
Beardsworth, P. *203.*
Beattie, Arthur H. *107, 603.*
Beatty, Joseph. *401.*
Beaufret, Jean. *401, 402, 403.*
Beaujour, Michel. *301.*
Beauvoir, Simone de. *400, 501, 600, 602.*
Bechtel, Guy. *502.*
Beck, Béatrix. *602.*
Beck, Robert N. *400.*
Beck, Warren. *412.*
Becker, William. *502.*
Beckmann, Heinz. *225.*
Bede, Jean-Albert. *600.*
Bedel, Jean. *502.*
Bedner, J. *105.*
Beese, H. *411.*
Béguin, Albert. *110.*
Behar, Jack. *411, 603.*
Beigbeder, Marc. *101, 201, 205, 208, 213, 225, 231, 600.*
Bein, Sigfrid. *603.*
Beis, R. *402.*
Belin, René. *502.*
Belkind, Allen J. *700.*
Bell, David R. *403.*
Bellême, Laurence. *604.*
Bellezza, A. *402.*
Belli, Angela. *203.*
Belliard, Maxime. *210.*

733

Bellour, Raymond. *601.*
Belluc, Roger. *201, 218.*
Belmont, Georges. *604.*
Belot, J. *602.*
Belvin, Robert W. *101.*
Ben. *218, 237, 602.*
Ben-Gal, Ely. *502.*
Benamou, Michel. *301.*
Benard, Pierre. *208.*
Benayoun, Robert. *237.*
Benda, Clemens E. *402.*
Benda, Julien. *400, 604.*
Benezy, Émile. *603.*
Benítez Claros, Rafael. *201.*
Benjamin, A. Cornelius. *301.*
Bense, Max. *604.*
Bensimon, Marc. *229, 603.*
Benthall, Jonathan. *601.*
Bentley, Eric. *200, 201, 203, 205, 206, 208, 402, 604.*
Berchet, H.-F. *231.*
Berdiaeff, N. *400.*
Beregi, Théodore. *504.*
Bergeaud, Jean. *231.*
Bergen, Paul. *235.*
Berger, Gaston. *401, 406.*
Berger, Pierre. *236, 237, 503, 504, 602.*
Berger, Yves & Claude Simon. *502.*
Bergeron, André. *401.*
Bergeron, Henri-Paul. *603.*
Bergeron, Régis. *502.*
Bergonzi, Bernard. *100.*
Berkvam, M. *601.*
Berland, Jacques. *205.*
Bernal, Olga. *100.*
Bernard, Marc. *213.*
Bernard, René. *236.*
Bernstein, Richard J. *407.*
Berofsky, Bernard (ed.). *400.*
Bersani, Jacques. *309, 310.*
Bersani, Jacques, M. Autrand, et al. *600.*
Bersani, Leo. *600, 602.*
Berthel, John H. *110, 301.*
Bertin, Celia. *104.*
Bertman, Martin A. *401.*
Bertrand, P. *210, 212.*

Bertrand, René. *401.*
Besnier, Charles. *603.*
Bespaloff, Rachel. *203, 301.*
Bessède, Robert. *601.*
Bettler, Alan Raymond. *400, 602.*
Beyer, Wilhelm Raimund. *400.*
Beyer, William. *210, 213, 219.*
Beyerle, Marianne. *206.*
Bhattacharya, B.K. *402.*
Bianchini, Levi. *304, 501.*
Bianquis, M.-L. *412.*
Biemel, Walter. *401, 600.*
Bierling, R. F. *400.*
Biermez, Jean. *217.*
Biéville, L. de. *503.*
Bigelow, Gordon E. *402.*
Billard, Pierre. *104, 201.*
Billy, André. *109, 304, 402, 602, 603.*
Bingham, William LeBaron. *105.*
Binnie, Donald J. *400.*
Biollay, Émile. *502.*
Birault, Henri. *401.*
Bishop, Thomas. *503.*
Bisson, L.A. *410, 602.*
Bjelke, J.F. *405.*
Bjurström, C.G. *604.*
Blackham, Harold John. *301, 401, 407.*
Blair, Gordon. *601.*
Blair, R.G. *401.*
Blaisy, Quentin. *310.*
Blake, Patricia. *205, 208, 216, 501.*
Blanchard, P. *402.*
Blanchet, André. *223, 502, 603.*
Blanchot, Maurice. *110, 302, 602.*
Blanquet, Marc. *210.*
Blau, Herbert. *201.*
Blin, Georges. *302.*
Blitgen, M.J.C. *206.*
Bloch-Michel, Jean. *502, 504, 602, 603.*
Bloch, Alfred. *412.*
Blöcker, G. *600.*
Blondel, Maurice. *401.*
Blondin, A. *402.*
Blot, Jean. *301.*
Blotner, Joseph L. *108.*
Bluestone, George. *301.*

Bluestone, Natalie. *400.*
Blumel, Adolf. *603.*
Blumenthal, Simon & G. Spitzer. *502.*
Bo, Carlo. *100, 101, 602, 604.*
Boas, G. *400.*
Bobbio, Norberto. *400.*
Bocchi, Lorenzo. *310.*
Bochenski, I.M. *400, 401.*
Bock, Hartmut. *225.*
Bodart, Roger. *400, 401.*
Bodin, Paul. *502.*
Boer, Jo. *110, 201.*
Boetius, Henning. *603.*
Bohme, Wolfgang. *402.*
Bohne, Regine. *210.*
Boisdeffre, Pierre de. *100, 200, 308, 309, 412, 500, 504, 600, 601, 602.*
Boisrouvray. *604.*
Bökenkamp, Werner. *237, 310, 602, 603.*
Bolgar, Mirja. *502.*
Bolle, Christiane. *209.*
Bolle, Louis. *105, 300, 302, 305, 600.*
Bollnow, Otto F. *400.*
Bonaparte, Marie. *501.*
Bondy, François. *101, 225, 501, 502, 503, 504, 505.*
Bonilla, Luis. *401.*
Bonnefoy, Claude. *404, 602, 603.*
Bonnel, Pierre. *403.*
Bonnet, Henri. *300.*
Bonnet, Nicole. *602.*
Bonomi, Andrea. *502.*
Bonosky, Philip. *501.*
Boorsch, Jean. *401.*
Borbas, Laszlo. *108.*
Bordry, Paul. *402.*
Borel, Pierre-Louis. *600.*
Borel, Pierre-Marie. *206.*
Borel, Richard. *216.*
Borello, Oreste. *400.*
Borne, Étienne. *219, 602.*
Boros, Marie-Denise. *100, 101, 200, 201.*
Borrajo, Magin (O.P.). *402.*
Borrello, Oreste. *400, 401, 600.*
Bortolaso, G. (S.J.). *401.*
Bory, Jean-Louis. *237, 604.*

Bosquet, Alain. *504.*
Bosquet, Michel. *505.*
Bosschère, Guy de. *502.*
Bost, Pierre. *105.*
Bott, François. *602.*
Botti de González, Judith. *401.*
Bouchard, Claude. *401.*
Boucher, Lucienne. *201.*
Bouillard, Henri. *401.*
Bouillon, G. *110.*
Bouissounouse, Janine. *213.*
Boulanger, Nicole. *309.*
Bourbousson, Édouard. *601.*
Bourdet, Claude. *502.*
Bourgeois, Pierre. *301.*
Bourget-Pailleron, Robert. *208, 213, 231, 237.*
Bousoño, Carlos. *101.*
Bousquet, Joe. *110.*
Boussinot, Paule. *502.*
Boutang, Pierre. *503.*
Boutang, Pierre, & Bernard Pingaud. *100.*
Boutet de Monvel, Denis. *105.*
Bouvard, Philippe. *224.*
Bouvier-Cavoret, Jean. *602.*
Bouvier, Émile. *402.*
Bower, Anthony. *216.*
Boyancé, Pierre. *401.*
Boyer Sainte-Suzanne, R. de. *503.*
Brahmer, M. *600.*
Brandi, C. *401.*
Brandstrup, Ole. *210.*
Brandt, Ingeborg. *602.*
Brantl, George E. *400.*
Brasillach, Robert. *104.*
Brasseur, Pierre. *227.*
Braun, Benoît. *106.*
Braun, Christina von. *503.*
Braun, Claus. *310, 505.*
Braun, H. *207.*
Braun, Sidney D. *102, 401, 602.*
Brecht, Franz Joseph. *400.*
Brée, Germaine. *100, 225, 307, 602.*
Brée, Germaine, & Eugenia Zimmerman. *301.*
Breisach, Ernst. *400.*
Breitbach, Joseph. *504.*

Bremen, Rudolph S. *200.*
Brenner, Jacques. *310, 504, 600, 604.*
Brereton, Geoffrey. *201.*
Breton, André. *502.*
Breton, Guy. *216.*
Breton, Stanislas. *400, 401.*
Brewster, Ben. *411.*
Briac, Claude. *215.*
Briare, René. *602.*
Briffault, Herma. *604.*
Brighouse, Harold. *110.*
Brincourt, André. *104, 207, 208, 309.*
Brinker, M. *401, 601.*
Brisbois, Edmond. *401, 402.*
Brissaud, André. *602, 604.*
Brisson, Pierre. *200, 201, 210.*
Brive, Constantin. *204, 224.*
Brochier, J.-J. *301, 310, 601.*
Brock, Erich. *408, 604.*
Brodin, Pierre. *600.*
Brombert, Victor. *100, 200, 201, 301, 602, 604.*
Brombert, Victor,(ed.). *100.*
Brooks, Cleanth. *300.*
Brophy, Brigid. *600, 603.*
Broudy, H.S. *401.*
Brouwers, Bert. *604.*
Brown, Ivor. *205.*
Brown, J.L. *402.*
Brown, John Mason. *208, 213, 219.*
Brown, Stuart M. *402.*
Brownell, Sonia. *110.*
Bruch, Jean-Louis. *110, 401, 503.*
Brufau Prats, Jaime. *400, 407.*
Brule, Claude. *224.*
Brulé, Michel. *400.*
Brun, Jean. *411.*
Brunetti, Cesare. *602.*
Brunner, August (S.J.). *201, 401, 407.*
Brunot, Henriette. *209.*
Brunschwig, Francine. *502.*
Brustein, Robert. *237.*
Bryant, D.S. *400.*
Buber, Martin. *400, 401.*
Bubner, Rüdiger. *400, 401.*
Bûchet, Edmond. *600.*
Buchler, Justus. *410.*
Bucio, F.P. *407.*

Buck, Stratton. *101.*
Buckley, William Jr. *504.*
Buhl, Wolfgang. *602.*
Buin, Yves (ed.). *404.*
Buin, Yves. *301.*
Bukala, C.R. *203, 400, 401.*
Bulhof-Rutgers, I. *105.*
Bull, R. *401.*
Bunting, I.A. *405.*
Buonajuto, Mario. *401.*
Burdick, Dolores M. *201, 203.*
Burgelin, Claude. *310.*
Burgelin, Fr. *201.*
Burgelin, P. *402.*
Burian, Jarka M. *203.*
Burke, David R. *400.*
Burkhill, T.H. *401.*
Burkle, Howard R. *411.*
Burnet, Mary. *502.*
Burnier, Michel-Antoine. *500, 501, 502, 700.*
Buske, Thomas. *401.*
Busse, Walter & Günther Steffen. *236.*
Butts, Robert E. *407.*

C

C., J. *503.*
C., J.-L. *207, 212, 236.*
C., M. *603.*
C.,P. *208.*
Caballero y Lastras R., Daniel. *203.*
Cabanis, André. *201.*
Cabus, José Domingo. *500.*
Cadieu, Martine. *213.*
Caes, P. *401.*
Caillens, J. *237.*
Caillet, Gérard. *502.*
Cailleux, Roland. *602.*
Caillois, R. *401.*
Cajoli, Vladimiro. *237.*
Calamé, Raymond. *602.*
Calhoun, Richard J. *401.*
Caliban. *501.*
Callot, Émile. *400.*
Calvet, Louis-Jean. *503.*
Calvino, Italo. *601, 604.*
Cameron, Elizabeth. *412.*

Campbell, Jeff H. *203.*
Campbell, Karlyn. *400.*
Campbell, Michael. *208.*
Campbell, Robert. *400, 402, 412, 602.*
Campos, Alcides. *310.*
Campos, S.J. *408.*
Camproux, Charles. *603.*
Camus, Albert. *104, 107, 502.*
Canard, Jérôme. *228, 502.*
Canilli, Adele. *411.*
Cantoni, R. *401.*
Capdenac, Michel. *104.*
Capelle, J.-L. *237.*
Capizzi, Antonio. *401.*
Capouya, Émile. *401.*
Capron, Marcelle. *208, 213, 237.*
Caradang, Amado I. *400.*
Carat, Jacques. *210, 213, 219, 225, 228, 231, 237, 502.*
Cardona Jaramillo, Alberto. *402.*
Cardonnel, Jean. *502.*
Carduner, Jean. *237.*
Carette, R. *400.*
Carey Taylor, A. *700.*
Cargo, Robert T. *206.*
Carlier, Jean. *221, 224, 227.*
Carlini, Armando. *408, 602.*
Carp, E.A.D.E. *400.*
Carpenter, Peter. *400.*
Carr, Philip. *201.*
Carrier, Denise. *216.*
Carrière, Paul. *207, 212, 215, 242.*
Carrol, O. *401.*
Carrolo, C.A. *406.*
Carrouges, Michel. *301.*
Carruth, Hayden. *304.*
Cartier, Jacqueline. *205, 236.*
Cartier, Jean-Albert. *237.*
Caruso, Paolo. *218, 401.*
Casares, A.J. *405.*
Casey, Florence. *503.*
Castel, Robert. *411.*
Castelot, André. *205, 208.*
Castex, Pierre-Georges. *409.*
Castro Farinas, J.A. *603.*
Cate, Hollis L. *206.*
Catel, Maurice. *503.*
Cater, Catherine. *301.*

Catesson, Jean. *110, 411.*
Cathelin, Jean. *402.*
Cauchois, P. *208.*
Caute, David. *307, 500.*
Cavaciuti, S. *400.*
Caviglioli, François. *222, 225.*
Cawdrey, M. *203.*
Cecchi, Annie. *101.*
Céline, Louis-Ferdinand. *500.*
Celly, Raoul. *110.*
Cenal, Ramón (S.J.). *402.*
Cera, Giovanni. *400, 401, 411, 501.*
Cerf, Walter. *401.*
Cesa, C. & I. Vanni. *502.*
Chacal, Rosa. *302.*
Chadwick, Anthony Ronald. *108.*
Chaigne, Louis. *600.*
Chalais, François. *219.*
Chalencey, Jacques. *225.*
Challaye, Félicien. *402.*
Chalon, Jean & Bernard Pivot. *602.*
Chambrillon, Serge. *225.*
Champigny, Robert. *100, 101, 105, 200, 223, 301, 305, 310, 401, 407, 602.*
Champlyn, E. *502.*
Champury, E. *504.*
Chaperot, Georges. *208.*
Chapier, Henri. *104.*
Chapin, Ruth. *110.*
Chappell, V.C. *401.*
Chapsal, Madeleine. *236, 600, 601, 602.*
Chapuis, Pierre. *208.*
Charbonneau, Bernard. *603, 604.*
Charensol, Georges. *208, 213, 216, 219.*
Chariot, Pierre. *400.*
Charlot, Martine. *504.*
Charmel, André. *201.*
Charnay, J.-A. *504.*
Chastaing, Maxime. *223.*
Châtelet, François. *404, 502.*
Chauffier, Louis-Martin. *502.*
Chauffier, Louis-Martin, et al. *224.*
Chauvet, Louis. *103, 104, 207, 213.*
Chavance, Louis. *504.*
Chavannes, Pierre. *402.*

Chavardès, Maurice. *310, 503, 602, 603, 604.*
Chazel, Jean. *502.*
Chazel, Pierre. *201.*
Chentrens, Roberto C. *201.*
Chénu, Joseph. *402.*
Cheronnet, Louis. *208.*
Chérubin. *212, 402, 602.*
Chevallier, Gabriel. *600.*
Chevallier, Jean-Yves. *502.*
Chevrier, Jacques. *602.*
Chiappa, Vincenzo. *200.*
Chiari, Joseph. *200, 304.*
Chiaromonte, Nicola. *230, 500, 501, 504, 602.*
Child, Arthur. *406.*
Chiodi, Pietro. *400, 403, 411.*
Choisy, Maryse. *402.*
Chonez, Claudine. *106, 224, 228, 230, 236.*
Choron, Jacques. *400.*
Choupaut, Yves-Marie. *222.*
Christophe, Lucien. *603.*
Chung, Ha Eun. *400.*
Church, Margaret. *300.*
Church, Margaret, et al. *700.*
Cismaru, Alfred. *310, 503, 603.*
Cité, Michel. *412.*
Clare, Michel. *604.*
Clarence. *401.*
Clark, A.F.B. *101, 201.*
Clavel, Maurice. *411.*
Clémot, Michel. *603.*
Clincke (Soldat). *502.*
Clouard, Henri. *412.*
Clowes, George. *604.*
Clurman, Harold. *201, 219, 225, 237.*
Cluzel, Magdaleine. *200.*
Coates, J.B. *400, 402.*
Cochrane, Arthur C. *400.*
Cocking, John M. *101, 406, 602.*
Cocteau, Jean. *231.*
Coe, Richard N. *305, 604.*
Coenen-Mennemeier, B. *200.*
Coffy, Chanoine Robert. *400, 401.*
Cogniat, Raymond. *101, 210, 219.*
Cohen, A.D. *501.*
Cohen, Francis. *212, 223.*

Cohn, Dorrit. *102.*
Cohn, Robert G. *105, 501.*
Cohn, Ruby. *200, 201, 206, 604.*
Colberg, Klaus. *222, 225.*
Cole, Preston. *401.*
Colin, Pierre. *401, 402, 407.*
Collazo. *224.*
Collins, James. *301, 307, 400, 401, 402, 406, 407, 503, 603, 700.*
Colombel, Jeannette. *401, 403, 411.*
Colomer, E. *603.*
Coltera, J.T. *401.*
Colwell, Charles C. *300.*
Compagnolo, U. *411.*
Conacher, D.J. *203.*
Conilh, Jean. *502.*
Conkling, Mark. *401.*
Connolly, Cyril. *603.*
Contat, Michel & Michel Rybalka. *309, 700.*
Contat, Michel. *235.*
Cony, Carlos H. *502.*
Cook, Albert. *100.*
Cook, Gladys C. *407.*
Cooke, Richard P. *237.*
Coolidge, Mary L. *401.*
Cooper, David. *305.*
Copfermann, Émile. *224.*
Copleston, Frederick C. *105, 400, 402, 407.*
Coppermann, Annie. *225.*
Cording, Richard Arnold. *400.*
Cordle, Thomas. *307, 603.*
Cormeau, Nelly. *100, 101.*
Corrales Egea, José. *237.*
Correa, Gustavo. *604.*
Corrigan, Robert W. (ed.). *200.*
Corsaro, Antonio. *600.*
Corte, Marcel de. *402.*
Cortes y Vázquez, Luis. *100.*
Cortese, Alessandro. *401.*
Cortese, Luigi. *400.*
Corvez, Frère Maurice (O.P.). *401, 407.*
Corvin, Michel. *200.*
Costa, Jean. *219.*
Costantini, Costanzo. *502.*
Cotta, M. *502.*

Cottier, Georges. *105, 207.*
Coulmas, D. *301.*
Courcy, Géraldine de. *110.*
Cournot, Patrice. *602.*
Coursedon, Jean-Pierre. *206.*
Courtney, R. *401.*
Cousteau, P.-A. *502.*
Cousteix, Pierre. *412, 603.*
Craig, H.A.L. *237.*
Craipeau, Maria. *208, 219, 236, 602.*
Cranston, Maurice. *301, 307, 400, 401, 406, 411, 412, 600, 602, 603.*
Croce, Benedetto. *200, 600.*
Croce, Lidia de Caprariis. *301.*
Croteau, Jacques. *402, 407.*
Crowther, Bosley. *234.*
Cruickshank, John (ed.). *600.*
Cruickshank, John. *401, 402, 600.*
Cuénot, Claude. *301.*
Cuisenier, Jean. *404.*
Culbertson, Diana. *603.*
Cumming, Robert Denoon (ed.). *400.*
Cumming, Robert Denoon. *400, 401.*
Curtis, Anthony. *200, 201, 219, 225.*
Curtis, Jean-Louis. *100, 207.*
Curtiss, Thomas Quinn. *213, 228.*
Cusack, Dymphna. *504.*
Cuvillier, Armand. *402.*
Cysarz, Herbert. *101.*
Czanerle, Maria. *237.*

D

D., A. *201.*
D., J. *212.*
D., L. *221.*
Daghiri, Giairo. *411.*
Dahlberg, Edward. *304.*
Dahlhaus, Carl. *219.*
Daix, Georges. *237.*
Daix, Pierre. *230, 308, 404, 502, 504, 604.*
Dale, J. *105.*
Dallas, Ian. *237.*
Damiens, Claude. *201.*
Daniel-Rops. *225.*
Daniel, George. *217.*
Daniel, Jean. *603.*
Daniélou, Jean. *107.*

Daniélou, Madeleine. *401.*
Daniels, Graham. *402.*
Daniels, J. *603.*
Dansel, M. *504.*
Dansereau, Claude. *503.*
Dardel, E. *602.*
Dauphin, Claude. *208.*
Dauphin, E.J. *402.*
Davenport, Guy. *602.*
Davenport, Manuel M. *407.*
Davidson, Robert F. (ed.). *400.*
Davis, J.F. *105.*
Davis, R.G. & P. Berg. *201.*
Davis, Richard B. *604.*
Davy, Marie-Madeleine. *301, 304.*
Dazy, René. *208.*
De Brie, G.A. *401.*
De Graaf, D.A. *307.*
De Groot, C. *603.*
De Lattre, Alain. *402.*
De Soto, Anthony Essex. *402.*
De Swaef, Oscar. *501.*
Deboisge, Gilles. *228.*
Debouzy, Jacques. *225.*
Debray-Genette, R. *310.*
Debray, Pierre. *412, 502, 504.*
Debrix, J.-R. *402.*
Debu-Bridel, Jacques (ed.). *500.*
Debusscher, G. *203.*
Dedet, Christian. *503.*
Defradas, Jean. *203.*
Deguise, Pierre. *603.*
Dehn, Fritz. *601.*
Del Noce, A. *403.*
Delaunay, Claude. *101.*
Delay, Jean. *301.*
Deledalle, G. & D. Huisman (eds). *400.*
Deledalle, Gérard. *400.*
Deleuze, Gilles & K. Axelos. *504.*
Delfgaauw, B.M.I. *400, 402, 407.*
Delgado, Honorio. *402.*
Delhomme, J. *401, 402, 410.*
Della Terza, Dante. *601, 602, 700.*
Dellevaux, Abbé Raymond. *200, 603.*
Delmont, Claude. *602.*
Delpech, Jeannine. *219, 402.*
Delpech, L.J. *406, 602.*

Delpéyrou, Jacques. *603.*
Delville, Arricux, Labre. *502.*
Demeron, Pierre. *412.*
Deml, F. *205.*
Dempsey, Peter. *400.*
Denat, Antoine. *400.*
Denis. *208.*
Denommé, Robert. *401.*
Deo. *602.*
Derins, Françoise. *301.*
Derisi, Octavio N. *407.*
Derycke, Gaston. *301.*
Desan, Wilfrid. *401, 407, 411.*
Desanti, Dominique. *502, 602.*
Descoqs, P. *401.*
Desson, Guy. *208.*
Desternes, Jean. *301.*
Dethier, H. *101.*
Dettelbach, Hans von. *600.*
Devay, Jean-François. *204, 205, 213.*
DeGeorge, R. *401.*
DeMott, Benjamin. *307.*
Di Gona, Goriano. *401.*
Diavoletto, Concetta. *403.*
Díaz de Cerio, Miguel. *401.*
Dickinson, Donald Hugh. *203.*
Dieckmann, Herbert. *405.*
Diéguez, Manuel de. *100, 400.*
Dietrich, Margret. *200, 201.*
Diez del Corral, Luis. *200.*
Dilman, I. *405.*
Dinnage, Paul. *304.*
Dionne, René. *105.*
Diop, Alioune. *601.*
Dirat, M. *238.*
Diurisi, P. *602.*
Dneprow, W. *101.*
Doblhoff, Lily. *225.*
Dobsevage, Alvin P. *408.*
Doglio, M. *237.*
Dognon, André du. *213, 219.*
Doherty, Cyril M. *604.*
Domarchi, Jean. *412, 501.*
Domenach, Jean-Marie. *200, 501, 502.*
Domenech, R. *239.*
Donald Duck. *242.*
Donek, Raoul. *602.*

Doneux, G. *303.*
Donovan, Josephine C. *600.*
Doran, Robert M. *405.*
Dornand, Guy. *218.*
Dornes, Roger. *208.*
Dort, Bernard. *201, 231, 235, 236, 237.*
Doubrovsky, Serge. *300, 310, 411, 601.*
Douchin, Jacques. *201.*
Douglas, Kenneth. *101, 223, 301, 307, 401, 410, 700.*
Douglas, Kenneth & J.H. McMahon. *700.*
Dresden, S. *400.*
Drese, Claus Helmut. *207.*
Drevet, Claude. *401.*
Dreyfus, Dina & Pierre Trotignon. *700.*
Dreyfus, Dina. *401, 407, 411.*
Dreyfus, Hubert L. *412.*
Drieu la Rochelle, P. *206.*
Driver, Tom F. *307.*
Droguet, Robert. *603.*
Droit, Roger-Pol. *505.*
Dru, A. *402.*
Du Bray, César. *502.*
Dubal, Georges. *401.*
Dubarle, D. *407.*
Dubé, Paul. *500.*
Dubois, Paul. *502.*
Dubois, Pierre H. *310.*
Dubois-De Bruijn, S. *310.*
Dubreuilh, Simone. *219.*
Duchâteau, Jacques. *600.*
Duché, Jean. *224, 227, 400, 402.*
Duchene, Anne. *103.*
Dufrenne, Mikel. *301, 401, 402, 411.*
Dufrenne, Mikel & Paul Ricoeur. *400.*
Duhrssen, Alfred. *401.*
Dukes, Ashley. *201.*
Dulac, Sébastien. *228.*
Dullin, Charles. *200, 204.*
Dumay, Raymond. *402.*
Dumazeau, Henri. *604.*
Duméry, Henry. *223, 401.*
Dumoulin, J.-C. *237.*

Dumur, Guy. *225, 228, 237, 502, 503, 504.*
Dumur, Jean-A. *231.*
Duncan, Elmer H. *604.*
Dupee, F.W. *101.*
Duran, Henri. *216.*
Durand, Gilbert. *400.*
Durand, R. P. *400.*
Duranteau, Josane. *412, 504, 602.*
Duras, Marguerite. *219, 602.*
Dussane, Béatrix. *200, 219, 237.*
Duthuit, Georges. *301.*
Dutourd, Jean. *208, 213, 603.*
Dutt, K. Guru. *400.*
Duvignaud, Jean. *200, 401, 403.*
Dyserinck, H. *601.*

E

E., Louis. *501.*
E.S.C. *406.*
E.S.L. *218.*
Earle, William. *400, 401.*
Eaton, Walter Prichard. *205, 208, 210, 213, 219.*
Eberbach, Margaret L. *105.*
Eck, Marcel,Dr. *308, 400.*
Eco, Umberto. *301.*
École, Jean. *401, 412.*
Edel, Abraham. *408.*
Edie, James M. *401.*
Edie, James M. (ed.). *500.*
Edinborough, Arnold. *108.*
Edmondson, P.E. *400.*
Edwards, M. *105.*
Eeden, H. van. *400.*
Egebak, Niels. *400, 401.*
Ehman, Robert R. *401.*
Ehrenbourg, Ilya. *219, 502, 602.*
Ehrlich, Robert S. *400.*
Ehrmann, Jacques. *301.*
Ekman, H.G. *203.*
El'sbert, Ja. E. *301.*
Elevitch, Bernard. *307, 603.*
Elgozy, Georges. *222.*
Eliade, Irina. *203.*
Elizalde, Ignacio (S.J.). *201.*
Elkin, Henry. *401.*
Ell, Johannes. *400.*

Ellenberger, Henri. *603.*
Elliott, George. *603.*
Ellmer, Paul. *225.*
Elmquist, Claire. *102.*
Elsen, Claude. *105, 216, 305.*
Elveton, R.O. *400.*
Emmanuel, Pierre. *401, 408, 502.*
Émond, Paul. *101.*
Engelhard, Hubert. *210, 213, 219, 231.*
Engfeldt, Birgit. *601.*
Engler, Winfried. *100.*
Enzensberger, Hans Magnus. *602.*
Épinay-Burgard, Georgette d'. *237.*
Épistémon. *404.*
Epting, Karl. *201, 602.*
Erdmann, G. *213.*
Ergmann, Raoul. *110, 205.*
Erichsen, Sven. *201.*
Erikson, John. *501.*
Erlich, Victor. *301.*
Erpenbeck, Fritz. *213.*
Erval, François. *403, 504.*
Escarpit, Robert. *504.*
Escudero, Gonzalo. *224.*
Eskin, Stanley G. *101.*
Espiau de la Maestre, André. *400, 401, 403.*
Esslin, Martin. *202.*
Estall, H.M. *402, 602.*
Estang, Luc. *205, 225, 227.*
Estève, Michel. *104.*
Etcheverry. *502.*
Ethier-Blais, Jean. *503.*
Étiemble, René. *205, 301, 406, 500, 502.*
Eube, Ch. *402.*
Evanier, David & Stanley Silverzweig (eds). *500.*
Evans, Oliver. *402.*
Evans, Robert O. *101.*
Ewbank, E. *231.*
Ewing, James. *211.*
Eylau, H.U. & B. Scheidt. *203.*

F

F. *231.*
F., A. *603.*

F., F. *505.*
F. P. *303.*
Fabre Luce de Gruson, F. *401.*
Fabre-Luce, Alfred. *221, 308, 502, 600.*
Fabre-Luce, Anne. *401, 503.*
Fabre, Jacqueline. *207, 236.*
Fabre, Lucien. *407.*
Fabrègues, Jean de. *504.*
Fabro, Cornelio. *400, 401, 407.*
Fabron, Michèle. *104.*
Fagone, V. *223, 501.*
Fairhurst, Stanley J. *700.*
Faivre, Alain. *503.*
Falconi, Carlo. *201, 307, 401, 402, 600.*
Falk, B. *503.*
Falk, Eugene H. *105.*
Fallico, Arturo B. *400.*
Fantasio. *604.*
Fanti, Giorgio. *310.*
Fantone, Vicente. *400.*
Farber, H. *216.*
Farber, M. (ed.). *400.*
Fargier, Marie-Odile. *502.*
Farnoux-Reynaud, Lucien. *602.*
Farrell, B.A. *401.*
Farrelly, John. *104.*
Fatouros, A.A. *503.*
Faucitano, Filiberto. *407.*
Fauconnier, R.L. *101.*
Faure, Henri. *405.*
Faure, J.-P. *227.*
Fauve, Jacques. *201.*
Favalelli, Max. *205, 208, 213, 219, 224, 228, 231, 237.*
Favali, O. *207.*
Favard, Jérôme. *237.*
Favier, Jean. *412.*
Fayard, Jean. *207, 502.*
Faydi de Terssac, Jean. *208.*
Faye, Jean-Pierre. *100, 404, 502.*
Fayol, André. *212.*
Fe, Franco. *500.*
Featherstone, Joseph. *602.*
Fechter, Paul. *200.*
Fejto, François. *412.*
Feldman-Comti, Yanne. *405.*

Feliciano de Ventosa. *401.*
Félix, Henri. *402, 407, 601.*
Fell, Joseph P. *401, 405, 411, 603.*
Fellows, Otis. *602.*
Fenu, Eduardo. *504.*
Fenzl, F. *601.*
Féraud, Henri. *402.*
Féraudy, Jacques de. *208.*
Fergnani, Franco. *223, 403, 411.*
Fergusson, Francis. *201, 210, 213, 219.*
Ferjac, Pierre. *207.*
Ferla, Patrick. *201.*
Fermaud, Jacques. *101.*
Fernandez, Dominique. *237.*
Ferral, Roger. *224.*
Ferre, Frederick. *401.*
Ferrier, J-L. *401.*
Ferrieri, Enzo. *200.*
Ferro, Hellen. *201.*
Fetscher, Iring. *226.*
Fiedler, Leslie A. *301.*
Fields, Belden. *400.*
Fields, Madeleine. *235, 411.*
Fieschi, Pascal. *412.*
Figuères, Léo. *502.*
Figurelli, Roberto. *400.*
Filiasi Carcano, P. et al. *400.*
Filippini, Enrico. *401.*
Filler, Louis. *107.*
Finance, Joseph de. *401.*
Finch, David. *603.*
Findlater, Richard. *231, 237.*
Fingal, Stefan. *402.*
Fingarette, Herbert. *400.*
Fink, Paul F. (ed.). *400.*
Finkelstein, Sidney. *100, 107, 403, 411.*
Finot, L.-J. L. *205.*
Fischer-Mayenburg, Ruth. *232.*
Fischer, E., E. Goldstücker, et al. *601.*
Fischer, Klaus. *310.*
Fisson, Pierre & Guy LeBolzer. *502.*
Fitch, Brian T. *100, 101, 105.*
Flam, Leopold. *400, 401, 407, 600, 602.*

Flanner, Janet. *110, 201, 225, 228, 231, 237, 239, 600, 602, 603.*
Flapan, Simha & André Scemama. *502.*
Fleming, Peter. *219.*
Fletcher, Dennis J. *105.*
Fletcher, John. *600.*
Florenne, Yves. *205, 230, 231, 502, 602.*
Flügel, Heinz. *206.*
Flynn, Bernard. *401.*
Fontaine, François. *301.*
Foot, Philippa. *401.*
Fordavid. *207.*
Forest, Aimé. *400.*
Forestier, Jacques. *224.*
Forge, Andrew. *304.*
Fornari, Franco. *502.*
Fornoville, Théodore. *401.*
Forster, Kurt W. *301.*
Fort, Keith. *105, 412.*
Fortier, Paul A. *602.*
Fortini, Franco. *401.*
Fossdal, Alf. *403.*
Foucault, Michel. *404.*
Fouchet, Max-Pol. *401, 504, 600.*
Fouéré, R.-A. *402.*
Fougeyrollas, Pierre. *412.*
Foulk, Gary J. *401.*
Foulquié, Paul. *400, 402.*
Fourmanov, D.S. *601.*
Fournier, Louis. *210, 213.*
Fowler, Albert. *406.*
Fowler, Helen. *601.*
Fowlie, Wallace. *108, 200, 300, 307, 401, 600.*
Foy, Louis. *218, 219.*
Fragata, Julio. *401.*
Francis, J. *502.*
Francis, Robert. *208.*
Franck-Dominique. *502.*
Franck, Jacques. *603.*
Frank, André. *219, 225.*
Frank, Bernard. *236, 310, 504, 602, 603.*
Frank, Helmar. *201.*
Frank, Joseph. *223, 225, 307, 600.*
Frank, Nino. *213, 242.*

Frank, Rachel. *101.*
Fraser, G.S. *602, 604.*
Frèches, Claude-Henri. *203.*
Fredericia, W. *201.*
Freedley, George. *205, 208, 210, 213, 219, 225.*
Freemantle, Anne. *603.*
Freeze, Donald J. *203.*
Frescaroli, Antonio. *603.*
Freund, Gisèle. *602.*
Frey, Ugo. *307.*
Frid, Y. *401.*
Friedmann, Maurice. *400, 401, 600.*
Friedrich, Heinz. *201.*
Frigeri, Pier-Riccardo. *401.*
Fritz, Egon. *400.*
Fritzch, Robert. *101.*
Frizell, Bernard. *402.*
Frohock, W.M. *106.*
Frois, C. *220.*
Frolla, L. *400.*
Frossard, André. *215, 502, 504, 602, 603.*
Fruchter, N. *201.*
Frutos, Eugenio. *400.*
Fu, Wei-hsun. *400.*
Fuhrmann, Günther. *203.*
Fullat, Octavi. *502.*
Fulton, James Street. *406.*
Fumet, Stanislas. *302, 401, 601.*
Funashi, H. *401.*
Funke, H. *105.*
Furter, Pierre. *403.*

G

G. L. *219.*
G., A. *204.*
G., F. *231.*
Gabanizza, Clara. *603.*
Gabriel, Gilbert W. *210, 213, 219.*
Gabriel, Leo. *400.*
Gabriel, M.C. *604.*
Gackstetter, D. *400.*
Gaevskij, V. *201.*
Gagey, Jacques. *400.*
Gagnebin, Laurent. *600.*
Gahamanyi, Celestin. *407.*
Gaillard, Pol. *208, 210, 219, 301.*

Gaither, Mary E. *600.*
Gak, G. *403.*
Galand, René. *604.*
Galante, Pierre. *500.*
Galet, Gérard. *201.*
Galey, Matthieu. *222, 225, 504, 602, 603, 604.*
Galland, Bertil. *602.*
Galler, Dieter. *200, 235.*
Gallup, J.R. *401.*
Galvano, Albani. *402.*
Gambra, Rafael. *402.*
Gandillac, Maurice de. *401.*
Gandon, Yves. *205, 219, 225.*
Gandrey-Rety, Jean (?). *218.*
Gandrey-Rety, Jean. *210, 213, 218, 225, 237.*
Ganne, Gilbert. *600.*
Gant, Roland. *110.*
Garagorri, Paulino. *101.*
Garambe, B. de. *228, 231.*
Garat, Jacques. *502.*
Garaudy, Roger. *400, 403, 412, 500, 502, 504, 604.*
García de Onrubia, L.F. *401.*
García Bacca, Juan David. *402, 407.*
García-Luengo, Eusebio. *201.*
Gardel, Francis. *210, 213.*
Garelli, Jacques. *100, 400.*
Garin, Eugenio. *401.*
Garot, J.C. *502.*
Garmendía, Guillermina (ed.). *600.*
Garnier, Christine. *231.*
Garrison, W.E. *301.*
Gascht, André. *310.*
Gascoigne, Bamber. *200, 237.*
Gassner, John. *200, 201, 203, 210, 219, 237.*
Gaston-Chérau, Bernard. *218, 219.*
Gaston-Chérau, Bernard & J. Jeener. *218.*
Gaucheron, Jacques. *502.*
Gaulle, Charles de. *502.*
Gaulmier, Jean. *101, 602.*
Gautier, Jean-Jacques. *208, 210, 213, 216, 219, 222, 228, 231, 237, 240.*
Gavino, F. *602.*
Gazignaire, J.-L. *109.*

Gee, Kenneth. *101.*
Gehlen, Arnold. *207.*
Gehring, R.B. *601.*
Geiger, L.B. *402.*
Geissman, Erwin W. *104, 210, 225.*
Gelblum, Tuvia. *401.*
Gély, Jean. *208.*
Gemmer, Anders. *400.*
Genet, Jean. *502.*
Genette, Gérard. *404.*
Gennari, Geneviève. *602.*
Gentile, Panfilo. *401.*
Gentiloni, Silverj Filippo. *600, 700.*
Geoffroy, Jean. *502.*
George, François. *503.*
Georges, André, et al. *600.*
Georgiades, Niki. *402.*
Georgin, M. *600.*
Géoris, Michel. *603.*
Gérald. *237.*
Gérard, Albert. *600.*
Gérard, Jacques. *401, 402.*
Gérard, René. *502.*
Gerassi, John. *501.*
Gerrard, Charlotte F. *223.*
Gershman, Herbert S. *101.*
Gervais, Charles. *403, 411.*
Gest, André. *503.*
Ghose, Ramedra Nath. *604.*
Giannaras, Christos. *604.*
Giannoli, Paul. *236.*
Gibbs, Wolcott. *208, 213, 219.*
Gibson, A. *402.*
Gibson, Rochelle. *210, 213, 219.*
Gide, André. *301, 402.*
Gignoux, Victor. *400.*
Gilder, Rosamund. *208.*
Gill, Austin. *206, 208.*
Gill, Brendan. *110.*
Gill, J.H. (ed.). *400.*
Gillon, Adam. *101.*
Gilson, Étienne. *401, 402.*
Ginestier, Paul. *200.*
Ginies, L. *201.*
Giordani, Mario Curtiss. *407.*
Girard, Marcel. *208, 213.*
Girard, René. *203, 235, 301, 305, 602, 603.*

Girardin, J.C. *403.*
Giron, Roger. *310.*
Giroud, Françoise. *602.*
Gisselbrecht, André. *222, 235, 403.*
Giuliani, Léo. *502.*
Glicksberg, Charles I. *100, 101, 108, 201, 217, 600.*
Glucksmann, Christine. *401, 403.*
Godard, Colette. *236.*
Godet, Paul. *407.*
Goff, Robert. *401.*
Gold, Herbert. *603.*
Goldberg, M.A. *101.*
Goldmann, Lucien. *101, 201, 403.*
Goldstein, Walter Benjamin. *400.*
Goldstein, Walter. *301.*
Goldthorpe, Rhiannon. *105, 235, 405.*
Gomel, Jacques. *206.*
Gómez Caffarena, J. *412.*
González Mas, Ezequiel. *600.*
González Paredas, Ramón. *401.*
González, José Emilio. *603.*
Gordeaux, Paul. *219, 228, 231, 237.*
Gordon, René. *218.*
Gordy, Michael. *405.*
Gore, Keith O. *105, 200, 201, 203, 308, 603.*
Gorer, Geoffrey. *301.*
Gorkin, Julian. *403.*
Gorz, André. *403, 411, 600.*
Goth, Maja. *100.*
Gotlind, Erik Johan Anders. *405.*
Gouhier, Henri. *201, 219, 225, 237, 240.*
Goujerval, Jean. *208.*
Gourdon, A. *602.*
Gozlan, Serge. *602.*
Gozzi, Luigi. *201.*
Gr. R. *237, 412.*
Gramont, S. de. *404.*
Grande, Félix. *301.*
Grandjean, F.-L. *402.*
Grandpré, Pierre de. *237.*
Granger, Gilles. *110.*
Grangier, Édouard. *302, 401.*
Grassi, Ernesto. *402, 403.*
Gray, J. Glenn. *402.*
Greef, Étienne, de. *604.*

Green-Armytage, A.H.N. *203.*
Greenberg, Alvin. *101.*
Greene, Francis J. *105.*
Greene, George. *603.*
Greene, Norman N. *400.*
Greene, Theodore M. *604.*
Greenlee, Douglas. *401.*
Greenlee, James. *102.*
Greenwood, E.B. *101.*
Gregory, J.C. *402.*
Grendel, Frédéric. *504.*
Grene, Marjorie. *400, 401, 406, 407, 600.*
Grenier, Jean. *403.*
Grenzmann, Wilhelm. *600.*
Grevillot, J.-M. *400.*
Griffel, R.-A. *210.*
Griffin, C.W. *402.*
Grimsley, Ronald. *401, 402, 405 602.*
Grindea, Miron. *602.*
Grippe-Soleil. *602.*
Grisoli, Christian. *109, 110, 410.*
Grisoni, D. & R. Maggiori. *505.*
Grivel, C. *603.*
Grodent, Michel. *201.*
Gromczynski, W. *401.*
Grooten, Johan. *401.*
Grosrichard, Yves. *207, 212.*
Grosser, Alfred. *502.*
Grossman, Morris. *401.*
Grossvogel, David I. *100, 200, 502.*
Grover, P.R. *301.*
Grubbs, Henry A. *105.*
Guéhenno, Jean. *310.*
Guendline, D. & S. Razgonov. *602.*
Guerard, Albert J. *101, 216.*
Guereña, Jacinto-Luis. *237, 603.*
Guérin, Daniel. *412, 502.*
Guérin, Luc. *412.*
Guerin, Raymond. *110.*
Guermantes. *227.*
Guerra Tejada, R. *401.*
Guerrero Zamora, Juan. *200.*
Guerster-Steinhausen, Eugene. *110.*
Guicharnaud, Jacques & June Beckelman. *200.*
Guicharnaud, Jacques. *201, 307, 402.*
Guignebert, Jean. *228, 231.*

Guiguet, Jean. *105.*
Guilbert, Jean-Claude. *602.*
Guillemain, Bernard. *402.*
Guillème-Brulon, J. *502.*
Guillet, H. *604.*
Guisan, Gilbert. *110.*
Guissard, Lucien. *503.*
Gullace, Giovanni. *401.*
Gun, Nerin. *218.*
Gurméndez, Carlos. *403, 404.*
Gurvitch, George. *411.*
Gurwitsch, Aron. *405.*
Guth, Paul. *215, 402.*
Guthke, Karl S. *211.*
Guthrie, George P. *407.*
Gutiérrez, Félix. *225.*
Gutman, Claude. *505.*
Gutwirth, Marcel. *217.*
Guy, Robert. *604.*
Guyo, Pierre-Jean. *219.*
Guyon, Bernard. *203.*

H

H., C. *207, 208.*
H.M. *224.*
Haag, Henri. *402.*
Haden, James C. *307, 412.*
Haedens, Kléber. *100.*
Haefner, Joseph. *401.*
Hagen, Rainer. *603.*
Hahn, Bruno. *101.*
Hahn, Otto. *301.*
Hahn, P. *504, 603.*
Hahn, Paul. *409.*
Hakim, Eleanor. *601.*
Halimi, Gisèle. *239.*
Hallier, Jean-Edern & Bernard Pivot. *502.*
Hallier, Jean-Edern. *101.*
Hamberg, Lars. *201.*
Hambro, Carl. *223.*
Hamburger, Käte. *203, 401.*
Hamburger, Michael. *304.*
Hamilton, Kenneth. *401.*
Hammond, Robert M. *211, 214.*
Hampshire, Stuart. *408, 503, 602.*
Hana, Ghanem-Georges. *400.*
Handler, Philip L. *100.*

Hanly, C.M.T. *400, 401.*
Hannedouche, S. *401.*
Hanoteau, Guillaume. *224, 230, 602.*
Hanssen, Alfonso. *700.*
Hanzeli, Victor E. *203, 208.*
Hardee, A. Maynor. *206.*
Hardesty, Nancy. *603.*
Hardré, Jacques. *301, 401, 409.*
Hardwick, Elizabeth. *237.*
Haroche, Charles. *236, 310.*
Harper, Ralph. *402.*
Harpes, J.P. *401.*
Harries, Karsten. *401.*
Harrington, Catherine S. *108.*
Hart, H.W. *110.*
Hart, Samuel L. *410.*
Hartley, Anthony. *502.*
Hartmann Klaus & R. Santoni. *401.*
Hartmann, Klaus. *407, 411.*
Hartung, Philip T. *234.*
Hartung, Rudolf. *107, 110.*
Harvey, Sir Paul. *600.*
Harvey, W.J. *100.*
Hasenhüttl, Gotthold. *202.*
Hastings, P.G. *203.*
Hatch, Robert. *216.*
Hatzfeld, H. *100.*
Haug, Wolfgang Fritz. *400.*
Häussling, Josef M. *412.*
Hautefeuille, François d'. *401.*
Havard, René. *600.*
Hawkins, D. *301.*
Hecht, Yvon. *412, 504.*
Hecke, Roger van. *401.*
Hecquet, Stephen. *237.*
Hector. *503.*
Heer, Friedrich. *212.*
Heering, H.J. *200.*
Heidegger, Martin. *402.*
Heidelberger, E. *201.*
Heidsieck, François. *401.*
Heilman, Robert B. *110.*
Heinemann, Frederick H. *401, 402, 412.*
Heist, Walter. *305, 403.*
Hell, Henri. *110, 307.*
Hell, Victor. *601.*
Hellerich, G. *400.*

Hellesnes, Jon. *405.*
Helsey, Édouard. *402.*
Helstrom, K.L. *401.*
Heltier, Eric. *228.*
Henderickx, Paul. *604.*
Henn, T.R. *203.*
Hénon, M. *603.*
Henri-Hayem, Elisabeth. *400.*
Henrich, Dieter. *401.*
Henriot, Émile. *301, 602.*
Henry, Maurice. *216.*
Hensel, Georg. *205, 212.*
Heppenstall, Rayner. *110, 200, 503, 600, 601.*
Herbault, Jean. *208.*
Herbst, W. *204.*
Hérin, Philippe. *234.*
Hering, Jean. *405.*
Hermantier, Raymond. *204.*
Hernadi, Paul. *604.*
Hernández de Alba, Gonzalo. *411.*
Herra, R.A. *400.*
Herrera, Jose Luis. *401.*
Hervé, Pierre. *500, 502.*
Hethmon, Robert H. *201.*
Heutges, Pierre. *502.*
Hewes, Henry. *237.*
Heymann, Stefan. *201.*
Highet, Gilbert. *200, 203, 603.*
Hilaire, Georges. *231.*
Hillman, James. *405.*
Hincker, François. *403.*
Hinshaw, Virgil, Jr. *110, 410.*
Hitz, Hermann. *400.*
Hjern, Kjell. *201.*
Hobson, Harold. *200, 201, 240.*
Hoche, Hans-Ulrich. *407.*
Hochland, Jamina. *101.*
Hoehl, Egbert. *237.*
Hoerz, Herbert. *401.*
Hofer, Hans. *400.*
Hofer, W. *205.*
Hoffman, Frederick J. *100, 301.*
Hoffman, K. *400.*
Hoffmann-Liponska, A. *604.*
Hofmann, P. *216.*
Hohlenberg, Johannes. *401.*
Holdheim, William W. *301.*

Holloway, John. *301.*
Holm, Søren. *604.*
Holthausen, Hans E. *604.*
Holz, Hans Heinz. *400, 411.*
Holzamer, Karl. *207.*
Honig, H.O. *213.*
Hoog, Armand. *110.*
Hook, Sidney. *403, 406, 501.*
Hopkins, Jasper. *401.*
Hopkinson, Tom. *104.*
Hornung, K. *400.*
Horodinca, G. *600, 604.*
Horst, G. *402.*
Horst, Karl-August. *100, 223, 301, 603.*
Houbart, Jacques. *400, 604.*
Houston, Mona T. *601.*
Howard, Richard. *411, 602.*
Howlette, J. *600.*
Hoy, Nancy, J. *100.*
Huber, Marcelle-Denise. *600.*
Hubert, René. *201.*
Hubner, Kurt. *407.*
Hübscher, Arthur. *400, 604.*
Hudson, David. *401.*
Huertas-Jourda, José. *603.*
Hughes, Robert. *301.*
Hughes, Stuart H. *600.*
Huguenin, Jean-René. *604.*
Hühnerfeld, Paul. *216, 401.*
Huismans, Georges. *208, 219.*
Huizen, P.H. van. *603.*
Humeau, Edmond. *301.*
Hungerland, Isabel C. *406.*
Hunt, Benjamin. *408.*
Hurtin, Jean. *602.*
Hyppolite, Jean. *400, 401, 402.*

I

Ibert, Jean-Claude. *603.*
Idt, Geneviève. *102, 105.*
Ingham, Patricia. *201.*
Intérim. *208, 602.*
Ionescu, R. *201.*
Iriarte, Joaquín,(S.J.). *401.*
Isère, Jean. *301.*
Israël, Claude. *603.*
Itterbeek, Eugène van. *100, 600, 602.*

Iturrioz, Jesús. *402.*
Ivanka, Endre, von. *401.*
Izard, Georges. *400, 407.*

J

J. de B. *227.*
J., P. *502.*
J.B. *219.*
J.C. *227.*
J.G.W. *219.*
Jack, Homer A. *212.*
Jackson, Christopher. *101.*
Jackson, R.F. *201.*
Jacob, A. *401.*
Jacob, Gilles. *104.*
Jacob, Madeleine. *502.*
Jacobi, Johannes. *219.*
Jacques-Louis. *236.*
Jacques, J.L. *602.*
Jaffe, Adrian H. *401.*
Jäkel, Werner. *201.*
Jaloux, Edmond. *107.*
Jameson, Fredric. *100, 101, 105, 411.*
Jameson, Storm. *101.*
Jamet, Claude. *200, 208, 213, 225, 237.*
Jamet, Dominique. *237, 502.*
Jannoud, Claude. *310, 505, 602.*
Jans, Adrien. *402, 604.*
Jansen, Conrad. *101.*
Jansen, Peter W. *602.*
Japon, Jacques. *230.*
Jaquette, W.A. *400.*
Jardin, C. *502.*
Jarrett-Kerr, Martin. *401.*
Jaubert, J. *602.*
Jaubert, J.-C. *237.*
Jaubert, Jacques. *221.*
Javet, Pierre. *407, 411.*
Jean, Georges. *310, 600.*
Jean, Raymond. *301, 504.*
Jeanne, René. *216.*
Jeanson, Francis. *200, 201, 400, 401, 402, 404, 501, 502, 601.*
Jeanson, Henri. *602.*
Jeener, J.-B. *204, 205, 208, 213, 218, 224, 227.*
Jéhouda, Josué. *500.*

Jennings, Paul F. *402.*
Jespers, Henri-Floris. *310.*
Jímenez V., Marta. *401.*
Joffroy, Pierre. *504.*
Johannet, René. *504.*
John, Robert L. *201, 223.*
John, S. *100, 101.*
Johnson, Howard A. *401.*
Johnson, Pamela Hansford. *107.*
Jolivet, Alcide. *230.*
Jolivet, Jean. *401.*
Jolivet, Régis. *400, 401, 403, 502.*
Joly, Gustave. *205, 208, 213, 219, 228, 237.*
Joly, Pierre. *231.*
Jonas, M. *101.*
Jones, D. *240.*
Jones, Rhys S. *601.*
Jones, Robert Emmet. *200, 300.*
Jones, W.A. *400.*
Jones, W.R. *400.*
Jordan, Robert. *401.*
Josa, Solange-Claude. *603.*
Josipovici, G. *301.*
Joubert, Ingrid. *108.*
Jourdain, Louis. *302.*
Jourdan, Henri. *401, 602.*
Joussain, André. *402.*
Jouvenel, Bertrand de. *604.*
Judrin, Roger. *200.*
Juhasz, Leslie A. *203, 206.*
Juin, Hubert. *201, 310, 400, 602.*
Julienne-Caffie, Serge. *600.*
July, Serge. *502.*
Jung, Edmond. *217.*
Junge, Hermann. *225.*
Junod, Roger-Louis. *600.*
Juquin, Pierre. *604.*
Jurt, Joseph. *101.*
Just, Claude. *502.*
Justus, Pal. *102, 603.*

K

K., A.B. *104.*
K., H. *210, 212.*
K., Y. *210.*
Kaelin, Eugene F. *400.*
Kahler, Erich. *101, 223.*

Kahn, Ernst. *601*.
Kahn, Jean-François. *502*.
Kahn, Ludwig W. *203*.
Kaiser, Dr. Joachim. *603*.
Kaisserlian, Giorgio. *401*.
Kaltenbrunner, Gerd-Klaus. *412*.
Kaltofen, Günter. *501*.
Kanapa, Jean. *301, 409, 501, 502*.
Kanters, Robert. *201, 205, 208, 213, 219, 225, 237, 301, 401, 504, 602, 603, 604*.
Kanters, Robert, et al. *236*.
Kaplan, Abraham. *402*.
Kappler, Frank. *504*.
Karol, K.S. *502, 602*.
Kattan, Naim. *310, 403*.
Kauffmann, Stanley. *237, 602*.
Kaufmann, Walter (ed.). *402*.
Kaufmann, Walter. *200, 203, 400, 401, 407, 503*.
Kayser, Lucien. *503*.
Kecskemeti, Paul. *402*.
Kee, Robert. *110*.
Keefe, T. *409*.
Keen, Ernest. *603*.
Keene, Dennis. *301*.
Kelbley, Charles A. *602*.
Kemp, Peter. *310, 400, 401, 407*.
Kemp, Robert. *110, 200, 208, 210, 213, 218, 219, 225, 231, 301, 307, 503*.
Kempski, Jürgen von. *408*.
Kemski, N.L. *504*.
Kenevan, P.B. *400*.
Kennard, Jean Elizabeth. *100*.
Kerbourc'h, Jean-Claude. *412*.
Kerkhoff, Manfred. *401*.
Kermode, Frank. *100, 105, 107, 503*.
Kern, Edith (ed.). *600*.
Kern, Edith. *100, 101, 206*.
Kesting, M. *200*.
Kieffer, René. *105*.
Killinger, John. *100*.
King-Farlow, John & A. Coby. *411*.
King-Farlow, John. *401, 402, 407*.
King, Preston. *602*.
Kingston, Frederick Temple. *400, 401, 402*.

Kirk, Hans. *401*.
Kirschner, Montserrat. *412*.
Kirstein, Lincoln. *602*.
Kitchen, Paddy. *502*.
Kitchin, Laurence. *201*.
Klein, Maxine M. *200, 201*.
Klein, Ota. *403*.
Kleppner, Amy M. *401, 601*.
Kline, George L. *403*.
Klüber, H. *100*.
Knabenhaus, Brigitte. *100*.
Kneller, George F. *402*.
Knight, Everett W. *400, 407, 502, 600*.
Knight, William J. *225*.
Knilli, F. *307*.
Knittermeyer, Heinrich. *400*.
Koberle, Adolf. *402*.
Koch, Adrienne D. *400*.
Koch, Rosemarie. *201*.
Kockelmans, Joseph J. *400*.
Koefoed, Oleg. *101*.
Koehler, Alain. *236*.
Kohak, Erazim V. *401*.
Kohky, Darío Valcárcel. *402*.
Kohut, Karl. *300, 700*.
Kopeczi, Bela. *301*.
Kopper, Joachim. *400, 401, 411, 603*.
Köppl, K. *600*.
Korn, Karl. *502*.
Kourilsky, Françoise. *222*.
Kovač, Ciril. *301*.
Kowatzki, I. *200*.
Kracauer, Siegfried. *406*.
Kraushaar, Otto F. *410*.
Krauss, Henning. *202, 238, 300*.
Krauss, W.M. *502*.
Kravetz, Marc. *502*.
Krieger, Leonard. *401*.
Kristensen, Sven (ed.). *600*.
Krol, Hans. *602*.
Kronengold, Tobie. *502*.
Kropp, Gerhard. *400*.
Krosigk, F. von. *400*.
Kruithof, J. *403*.
Krupp, H. *411*.
Kruse, Margot. *105*.
Krutch, Joseph Wood. *208, 219*.

Krysinski, W. *200.*
Kuale, Steinar & C.E. Guenness. *401.*
Kuchler, Walther. *203.*
Kudszus, Hans. *401.*
Kuehnelt-Leddihin, Eric von. *402.*
Kuhn, Helmut. *402.*
Kuhn, Reinhard. *100, 101.*
Kummer, B. *200.*
Kunitz, Stanley J. (ed.). *600.*
Kushner, Eva. *302.*
Kutty, Krishnen. *107.*
Kwant, Remy C. *400, 411.*
Kyria, Pierre. *602.*

L

L., A. *227.*
L., G. *237, 502.*
L., J. *208.*
La Girouette. *602.*
Laaban, Ilmar. *302.*
Lablénie, Edmond. *600.*
Lacombe, R.E. *401.*
Lacroix, Jean. *235, 400, 401, 411, 412.*
Lacroix, Jean-Paul. *236.*
Ladbroke, Lewis. *210.*
Ladner, Max. *408.*
Ladrière, Jean. *402.*
Lafarge, René. *400.*
Lafargue, André. *213, 216.*
Lafaurie, Serge. *502.*
Laforgue, René. *219, 400.*
Lagache, Daniel. *405.*
Lagarde, Pierre. *210, 213, 219.*
Lagueux, Maurice. *411.*
Laín Entralgo, Pedro. *400, 407.*
Laing, Dilys. *602.*
Laing, R.D. *400, 411.*
Laing, R.D., & D.G. Cooper. *400.*
Lakebrink, B. *402.*
Lakich, John J. *101.*
Lalou, Étienne. *602.*
Lalou, René. *201, 219, 228, 237, 301.*
Lamana, Manuel. *402.*
Lamott, K. *603.*
Lamys, Pierre. *505.*
Lancker, Huguette de. *504.*
Landgrebe, Prof. *401.*

Lang, André. *208, 600.*
Lang, Renée B. *213.*
Lange, Raymond. *218.*
Lange, Victor. *307.*
Lange, Wolf-Dieter (ed.). *600.*
Langlois, Jean. *401.*
Lanotte, J. *604.*
Lanowski, J. *238.*
Lanza, Giuseppe. *201, 237.*
Lanzmann, Claude. *603.*
Lapassade, Georges. *411.*
Lapert, Louis. *106.*
Lapierre, Marcel. *208, 602.*
Lapointe, François H. *401, 700.*
Laporte, Paul M. *604.*
Lapouge, Gilles. *401, 503.*
Lardner, John. *205.*
Laroche, Pierre. *227.*
Larrabee, H.A. *406, 410.*
Larrivoire, Jean-Claude. *504.*
Larroyo, Francisco. *400.*
Larson, Curtis W.R. *401.*
Larson, G.T. *401.*
Las Vergnas, Raymond. *100, 101, 110, 210, 213, 402.*
Lasky, Melvin J. *219.*
Lasseaux, Marcel. *104.*
Lassithiotakis, Hélène. *505.*
Lasso de la Vega, José S. *201.*
Latil-Le Dantec, Mireille. *301.*
Lattmann, Dieter. *219.*
Laubreaux, Alain. *204, 205, 208.*
Laubreaux, Raymond. *239.*
Lauer, Quentin. *400, 401.*
Laufer, Roger. *301.*
Launay, Claude. *223.*
Laurent, Jacques & Claude Martine. *600.*
Laurent, Jacques. *600, 601, 604.*
Lauridsen, Helga Vang. *101.*
Lausberg, Heinrich. *214, 235.*
Lauth, Reinhard. *407.*
Lauwick, Hervé. *219, 225.*
Lavagne, Henri. *600.*
Lavaud, Guy. *604.*
Lavelle, Louis. *401.*
Lavers, Annette. *600.*
Lavondes, A. *205.*

Lawall, Sarah N. *600.*
Lazard, Didier. *602.*
Lazareff, Hélène & Pierre. *502.*
Le Blond, Jean-Marie. *401, 402, 411.*
Le Bon, Sylvie. *404.*
Le Clec'h, Guy. *110, 212, 502.*
Le Clézio, J.M.G. *601, 602.*
Le Cyclope. *208.*
Le Gallois, Francis. *237.*
Le Gant de Crin. *228.*
Le Grix, François. *225, 231.*
Le Huenen, R. & P. Perron. *305.*
Le Maître, Gabriel. *401.*
Le Masque de Verre. *218.*
Le Masque. *231.*
Le Meur, L. *402, 407.*
Le Sage, Laurent. *100, 201, 300, 301, 603.*
Leahy, Louis. *401.*
Leavitt, Walter. *201.*
Lebesque, Morvan. *228, 231, 237, 504.*
Lecarme, Jacques (ed.). *100, 200, 300, 400.*
Lecarme, Jacques. *310.*
Leclerc, Annie. *108.*
Leclerc, Gérard. *602.*
Leclerc, Guy. *200, 205, 210, 213, 219, 225,*
228, 230, 231, 410. Lecoeur, Yves. *600.*
Lecomte, M. *603.*
Leconte, Claude-Henry. *230.*
Leddy, Joseph P. *400.*
Leduc, V. *301.*
Lee, E.N. & M. Mandelbaum (eds). *400.*
Leefmans, Bert Mallet-Prevost. *203.*
Lefebve, Maurice-Jean. *401, 405.*
Lefebvre, Henri. *400, 402, 403, 411, 412, 604.*
Lefevre, Frédéric. *402.*
Lefevre, Luc J. *409.*
Lefort, Claude. *403.*
Legay, Jacques. *208.*
Legrand, Nadia. *604.*
Legris, Michel. *502.*
Legros, Georges. *101.*

Lehan, Richard. *101, 108, 600, 700.*
Lehmann, John. *201, 601.*
Leibrich, Louis. *604.*
Leiner, Jacqueline. *600.*
Leirens, Jean. *104, 237.*
Leiris, Michel. *205, 304.*
Leitenberger, Ilse. *603.*
Leites, Nathan. *203.*
Lejeune, C.A. *208.*
Lejeune, Philippe. *603.*
Lelong, M.H.(O.P.). *237.*
Lemaître, H. *603.*
Lemar, Yves. *602.*
Lemarchand, Jacques. *201, 205, 208, 210, 213, 219, 225, 228, 231, 237, 240, 504.*
Léna, Marguerite. *603.*
Lennig, W. *205.*
Lennon, Peter. *103, 602, 603.*
Lenoble, R. *401.*
Lenoir, Jean-Pierre. *201.*
Lenormand, H.-R. *208.*
Lentin, Albert-Paul. *502.*
Lentin, André. *403.*
Lenz, Joseph. *400, 402.*
León Tello, F.J. *401.*
Léon, Georges. *236.*
Leonard, J. *308.*
Lepape, Pierre. *503, 504.*
Lepp, Ignace. *400, 408.*
Lerminier, Georges. *204, 208, 213, 225, 222, 228, 231, 237.*
Lerner, Max. *203.*
Lerrant, Jean-Jacques. *237.*
Les Alguazils. *301, 402, 502, 602.*
Les Sept. *602.*
Lessing, Arthur. *400, 411.*
Leuzinger, Pierre. *237.*
Lévi-Strauss, Claude. *411.*
Levi, Albert W. *402, 501.*
Levi, Peter,(S.J.). *301.*
Levin, Harry. *310, 604.*
Levinson, A. *201.*
Lévy, Yves. *304.*
Lewalter, Christian E. *110, 502.*
Lewino, Walter. *604.*
Lewis, A. *223.*
Lewis, G. *604.*

Lewis, H.D. *401.*
Lewis, John. *201.*
Lewis, Wyndham. *600.*
LeClerq, Jacques. *110.*
LeGrand, A. *501.*
Lichtenstein, Heinz. *108.*
Lichtheim, George. *400, 411.*
Liehm, Antonin J. *600.*
Lilar, Suzanne. *400, 600, 602.*
Lindblom, Paul. *602.*
Linden, George W. *301.*
Linden, J.P. van der. *604.*
Lioure, Michel. *200.*
Lipsett, Richard. *225.*
Listopad, F.(?). *216.*
Little, Arthur. *402.*
Llech-Walter, Colette. *100.*
Lobet, Marcel. *600, 602, 604.*
Lochak, Pierre. *502.*
Lochmann, Jan M. *401.*
Lockspeiser, Edward. *208.*
Loeb, Ernst. *206.*
Logstrup, K.E. *401.*
Lohner, Heinrich. *208.*
Loisy, Jean. *302.*
Long, Madeleine. *600.*
Long, Wilbur. *401.*
López Ibor, Juan J. *600.*
López Salgado C. *401.*
Loranquin, Albert. *604.*
Lorne, Claude. *222.*
Lorquet, Pierre. *602.*
Lorris, Robert. *235.*
Lotschak, Peter. *504.*
Lotthe, Étienne. *401.*
Lotti, L. *601.*
Lottman, Herbert R. *602.*
Lotz, Johannes B. (S.J.). *401.*
Louis-Piechaud. *218.*
Louis, Chanoine Michel. *400.*
Lourdeau, René. *604.*
Lovitt, Charles. *305.*
Löwith, Karl. *401, 402.*
Lowrie, Walter. *401.*
Lubasz, Henri. *237.*
Lugarini, Leon. *412.*
Luisenier, J. *401.*
Lukacs, Georg. *400, 403.*

Lumley, Frederick. *200.*
Lumsden, James A. *208.*
Lundqvist, Artur. *310, 604.*
Lupo, Valeria. *302.*
Luporini, Cesare. *403.*
Luppé, Robert de. *407.*
Lutgen, Odette. *201.*
Lüthy, Herbert. *225, 231, 501, 601.*
Luzuriaga, Jorge. *603.*
Lycos, Kimon. *405.*
Lynch, L.E. *401.*

M

M., C. *402.*
M., Ch. *205.*
M., J. *501.*
M., P. *201, 227, 502.*
Maanen, W. van. *226.*
Macaigne, Pierre. *227, 230, 502, 602.*
Macchia, Giovanni. *204, 600.*
Maccio, Marco. *411.*
Macciocchi, Maria A. *502.*
Mace, C.A. *406.*
Macé, Gabriel. *502.*
Macgrégor, Joaquín. *402, 405.*
Maciel, Luiz Carlos. *600.*
Mackey, David. *102.*
Macksey, Richard. *101.*
Mackworth, Cecily. *237, 604.*
MacArthur, Roderick. *219.*
MacCabe, Joseph. *400.*
MacCarthy, Desmond. *304.*
MacGregor, G. *402.*
MacIntyre, Alasdair. *402, 412.*
MacNiven, C.D. *401.*
MacRae, D.G. *402.*
Madaule, Jacques. *304.*
Maddocks, Melvin. *603.*
Madinier, Gabriel. *400.*
Madral, Philippe. *225.*
Magnan, Henry. *218, 227, 230, 231.*
Magny, Claude-Edmonde. *100, 101, 105, 110, 208, 300, 302, 400, 402, 407, 602.*
Maheu, René. *502.*
Mahmud, Z.N. *101.*
Maier, Willi. *400.*

Maione, P. *604.*
Maire, Gilbert. *400.*
Majault, Joseph. *601.*
Majault, Joseph, et al (eds). *600.*
Major, Jean-Louis. *301, 604.*
Malcolm, Donald. *402.*
Mallet, Robert. *602.*
Mallinson, Vernon. *602.*
Malrieu, P. *412.*
Man, Paul de. *603.*
Mandel, Arnold. *502.*
Mandel, Oscar. *101.*
Mander, John. *602.*
Manegat, Julio. *602.*
Mankowitz, Wolf. *205, 208.*
Manno, Ambrogio. *400, 411.*
Mannzen, Walter. *401.*
Manousos, D. *301.*
Manser, Anthony R. *400, 401, 405, 406, 407, 600.*
Mansfield, Lester. *402.*
Manson, A. *504.*
Manuel, Frank E. *600.*
Manzella Frontini, G. *204.*
Maquet, Albert. *603.*
Marantz, Enid. *101.*
Marc'O. *201.*
Marcabru, Pierre. *208, 213, 222, 225, 231, 237.*
Marcel, Gabriel. *105, 110, 200, 201, 205, 208, 210, 213, 225, 231, 237, 400, 401, 402, 407, 410, 502.*
Marcenac, Jean. *102.*
Marcerou, Jacques. *212.*
March, Richard. *101.*
Marchand, Jean-José. *101, 301, 501, 502.*
Marcotte, Gilles. *603.*
Marcuse, Herbert. *407.*
Mardoré, Michel. *201.*
Marein, J. *208, 213.*
Margolin, J.C. *401.*
Marín Ibáñez, Ricardo. *400.*
Marion, Denis. *215, 219.*
Maritain, Jacques. *402.*
Mark, James. *401.*
Marks, Elaine. *501.*
Markus, R.J. *402.*

Markus, Thomas B. *200.*
Marlet, Michael. *403.*
Marlotte, Édouard. *236.*
Marmori, Giancarlo. *604.*
Marnat, Marcel. *501.*
Marra-López, José R. *504.*
Marsak, Leonard M. *400.*
Marsay. *501.*
Marshall, Margaret. *213, 602.*
Marson, M.J. *401.*
Martain, Gilles. *208.*
Martelli, G. *602, 603.*
Martin-Deslias, 999
Martin, G.-H. *219.*
Martin, Marcel. *103.*
Martin, Vincent. *400.*
Martinet, Gilles. *502.*
Martini, Giuseppe Sergio. *700.*
Martins, Wilson. *300.*
Martinson, Helga. *600.*
Marzac, Nicole A.-D. *101.*
Mason, H.A. *105, 108, 110, 203.*
Maspéro, François (ed.). *500.*
Massey, Irving. *100.*
Massiet, Raymond. *201.*
Massis, Henri. *600.*
Masson, Georges-Armand. *600.*
Masters, Brian. *600.*
Masullo, Aldo. *400.*
Mathieu, B.-M. *603.*
Matignon, Renaud. *503.*
Matoré, Georges. *101, 604.*
Matthews, Honor. *100, 200.*
Maublanc, René. *401, 602.*
Mauduit, Jean. *205, 219, 225.*
Maulet, Pierre. *110, 410.*
Maulnier, Thierry. *110, 200, 205, 208, 210, 213, 219, 225, 230, 231, 236, 237, 301, 401, 501, 502, 504, 600, 602.*
Maur, Fabrice. *604.*
Mauriac, Claude. *104, 201, 208, 213, 216, 240, 301, 503, 505, 600, 602, 603.*
Mauriac, François. *104, 106, 225, 236, 300, 306, 307, 412, 500, 502, 600, 602, 604.*
Maurin, Mario. *201.*

Mauro, A. *400, 412.*
Mauroc, Daniel. *201.*
Maurois, André. *100, 301, 403, 600.*
Mauroux, Jean-Baptiste. *502.*
Mayano, Pedro B. *400.*
Mayberry, George. *110.*
Mayer, Hans. *600.*
Mayerhoff, Milton. *401.*
Mays, Wolfe & S.C. Brown (eds.). *400.*
Mazars, Pierre. *504.*
McBride, William L. *401, 411, 500.*
McCall, Dorothy. *200.*
McCarten, John. *234, 237.*
McCarthy, Mary. *402, 502.*
McClure, Stewart E. *110, 410.*
McEachran, F. *402, 601.*
McElroy, Davis D. *100.*
McGill, V.J. *406, 407.*
McIlvain, B.J. *100.*
McInnes, Neil. *602.*
McLaren, James. *201.*
McLaughlin, Richard. *104, 110.*
McLeod, Norman. *411.*
McMahon, Joseph H. *305, 400, 601.*
McNicholl, Ambrose. *404.*
Mean, André. *502.*
Megret, Christian. *222, 225.*
Mehl, Roger. *402, 603.*
Meier, P.J. *412.*
Melchior-Bonnet, Chr. *603.*
Melchiorre, Virgilio. *400.*
Mele, Angelo. *604.*
Memmi, Albert. *602.*
Mendel, Sydney. *105, 201, 217.*
Mendes, J. *101, 604.*
Mendes, J. & J. Maia. *603.*
Mendoza, Esther C. *401.*
Mengod, Vincente. *604.*
Mennemeier, Fr. N. *200, 301.*
Mercier, Jeanne. *402, 604.*
Méré, Charles. *205, 208.*
Merle, Robert. *502.*
Merleau-Ponty, Maurice (ed.). *400.*
Merleau-Ponty, Maurice. *101, 205, 400, 401, 402, 403, 406, 407, 500, 502, 600.*
Merlin, Frédéric. *602.*

Mermier, G. *223.*
Merritt, Richard N. *401.*
Mertens, Pierre. *503.*
Mesnard, Pierre. *600.*
Meszaros, Istvan. *401.*
Meyer, Hans. *400.*
Meyer, Rudolf W. *401.*
Meyerhoff, Hans. *304, 401.*
Meyerhoff, Milton. *401.*
Meyhew, Alice. *403.*
Micha, Alex. *402.*
Michalson, Carl. *402.*
Michaud, Guy. *302.*
Michel, André. *602.*
Michel, Georges. *201.*
Michel, Henri. *600.*
Michel, Jacqueline. *219.*
Michel, Jean-Paul. *504.*
Michel, Karl Markus. *603.*
Michelis, P.A. *401.*
Miedzianogora, Myriam. *407.*
Mignon, P.-L. *201, 208.*
Mihalich, Joseph C. *400, 401, 402.*
Milano, Paolo. *110.*
Millar, Ruby. *110.*
Miller, Henry. *101.*
Miller, J.-A. *602.*
Millet, R. *224, 502.*
Millholland, D. *402.*
Milroy, Vivian. *205, 208.*
Minar, Jaroslav. *201.*
Mindan Manero, M. *402.*
Miranda. *208.*
Miserocchi, Manlio. *201.*
Miskotte, Kornelis Heiko. *604.*
Misrahi, Robert. *504.*
Mitchell, Barbara. *208.*
Mithois, J.-P. *230.*
Mittenzwei, Werner. *201.*
Moe, Per. *604.*
Moeller, Charles. *600, 604.*
Mohy, Simone. *208.*
Moisdon, René. *215.*
Mole, Jack. *401.*
Molina, Fernando. *402.*
Möller, Joseph. *400.*
Molnar, Thomas. *201, 400, 500, 501, 504, 603.*

Mondrone, D. (S.J.). *101, 402.*
Moneyron, Lucie. *205.*
Monnerot, Jules. *604.*
Monnier, Jean-Pierre. *100.*
Monsour, Bernard. *604.*
Montague, Ashley. *603.*
Montanelli, Indro. *602.*
Montesi, Gotthard. *401.*
Monthaye, Gaston. *400.*
Montigny, René. *402.*
Montigny, Serge. *230, 502.*
Moore, Harry T. *600.*
Moore, Sebastian. *401.*
Moravia, Alberto. *604.*
Moravia, Sergio. *401.*
Moreau, Pierre F. *505.*
Morelle, Paul. *208, 213, 227, 230, 237, 602.*
Morellet. *212.*
Moreno, Julio L. *401.*
Morgan, Claude. *107.*
Morgan, E. *604.*
Morgan, Frederick. *208.*
Morot-Sir, Édouard. *411, 412.*
Morpurgo-Tagliabue, Guido. *300, 301.*
Morriën, Adriaan & J.Vermeulen. *604.*
Morriën, Adriaan. *604.*
Morris, Edward. *102.*
Morris, M.M. *105.*
Morris, Phyllis. *400, 401.*
Morrissette, Bruce. *101, 214, 604.*
Mortimer, Raymond. *402, 604.*
Morton, Frederic. *110.*
Moser, Tilmann. *412.*
Mosley, James P. *501.*
Mottier, G. *400.*
Mouchard, Claude. *308.*
Mougin, Henri. *402.*
Mouillaud, Maurice. *225, 502.*
Moullet, Luc. *234.*
Mounier, Emmanuel. *400, 402, 503, 600.*
Mounin, Georges. *402.*
Mourgue, Gérard. *600.*
Mourre, Michel. *225.*
Moussarie, Pierre. *603.*

Mow, Joseph B. *401.*
Moynahan, Julian. *107.*
Mueller, Fernand-Lucien. *400, 402.*
Mueller, William R. *101.*
Muggeridge, Malcolm. *503, 603.*
Mukerjea, S.V. *100, 604.*
Mullaney, James V. *408, 410.*
Müller-Schwefe, H.R. *400, 401.*
Muller, H.J. *200.*
Müller, Horst. *200.*
Müller, Max. *400.*
Mullett, Charles F. *105.*
Munford, Clarence J. *401.*
Munson, Gorham. *107, 301.*
Muralt, André de. *403.*
Murdoch, Iris. *100, 101, 400, 406, 408.*
Murena, H.A. *603.*
Muret, Marc-Antoine. *502.*
Murphy, Richard T. *400.*
Murray, John. *604.*
Murray, T.B. *602.*
Mury, Gilbert. *237.*
Muuss, Rolf. *401.*
Muzass, P. *109.*
Muzindusi, H.J. *105.*
Myrhe, Amund. *604.*

N

N., C. *234.*
Nabokov, Vladimir. *107.*
Nadeau, Maurice. *100, 110, 300, 308, 310, 402, 410, 502, 503, 603.*
Naesgaard, S. *604.*
Naess, Arne. *400.*
Nahas, Hélène. *100, 600.*
Naidu, P.S. & A. Thyagarajn. *406.*
Narbonne, Jacques. *502.*
Natanson, Maurice. *401, 405, 407.*
Nathan, George J. *208, 210, 213, 219.*
Naury, J.-P.(pseud. Burnier). *502.*
Nauta, L.W. *401, 502, 600.*
Naville, Pierre. *400, 403, 500, 502.*
Nelson, Benjamin. *305.*
Nelson, Robert J. *200.*
Némo, Philippe. *201.*
Nepveu-Degas, Jean. *225.*
Neri, Guido. *503.*

Nerlich, Michael. *101, 301.*
Néry, Jean. *208, 218.*
Nesmond, Philippe. *201.*
Netzer, Jacques. *604.*
Neuhaus, R. & J. Bahr. *203.*
Neuvéglise, Paule. *602.*
Neveux, Georges. *205, 304.*
Newman, F. *401.*
Nicholson, Hubert. *101.*
Nicol, Eduardo. *400.*
Nicolai, R. *403.*
Nicoll, Allerdyce. *200.*
Nicollier, Jean. *402.*
Niel, André. *400.*
Nielson, M.L. *201.*
Niftrik, G.C. van. *400, 401.*
Nikolaiev, V. *604.*
Nimier, Roger. *225, 600.*
Nizan, Henriette. *602.*
Nizan, Paul. *107.*
Nordentoft, Søren. *401.*
Nordheim, Werner von. *203.*
Nore, Peter. *604.*
North, Philippe. *402.*
North, R.J. *200.*
Nott, Kathleen. *401, 603.*
Noulet, É. *602.*
Novack, George. *403.*
Novy, Yvon. *204, 208.*
Nuño Archer, P. *401, 601.*
Nykerslooth, R. de. *502.*
Nyren, Dorothy. *307.*

O

O., M. *412.*
O'Brien, Conor Cruise. *301, 603.*
O'Brien, Justin. *110, 603.*
O'Donnell, Donat. *301, 604.*
O'Keefe, Winston. *212.*
O'Mara, Joseph. *402.*
O'Neill, John. *503.*
Odajnyk, Walter. *400.*
Oertel, Ferdinand. *201.*
Oever, Dim Van den. *503.*
Ofstad, Harald. *235.*
Ogiermann, Helmut (S.J.). *411.*
Ohye, Kenzaburo. *601.*
Oisermann, T.I. *411.*

Olafson, F.A. *403.*
Olafson, Frederick A. *400, 401.*
Olaso, Ezequiel de. *412.*
Olguine, Constantin. *502.*
Olivier, Claude. *225.*
Olivier, Jean-Jacques. *221.*
Ollivier, Albert. *502.*
Olson, Robert G. *401, 402.*
Onimus, Jean. *101, 105, 402, 403.*
Openchaim, M. *405.*
Ormesson, Jean d'. *310, 502, 503, 504, 602.*
Ortégat, Paul. *400.*
Orwell, George. *501.*
Orwell, Sonia. *310.*
Otero, Lisandro. *502.*
Ott, Karl-August. *110.*
Ottensmeyer, O.S.B. *604.*
Ottesen, Otto. *602.*
Otto, Maria. *203, 407.*
Ouellet, Réal. *310.*
Outie, Claude. *218.*
Ouy, Achille. *402.*
Owens, T.T. *401.*
Oxenhandler, Neal. *105, 229, 604.*

P

P. St. *236.*
P., H. *502.*
P.F. *208.*
P., P. *237.*
Pacaly, J. *203.*
Paci, Enzo. *201, 400, 603, 604.*
Pagano, Giacomo M. *238, 400, 401.*
Page, Alan. *604.*
Paget, Jacques. *504.*
Paget, Jean. *207, 208, 212, 213, 237.*
Paillou, Paul-Henri. *402.*
Painter, George. *110.*
Paissac, Henry. *400.*
Palaiseul, Jean. *602.*
Pales, A. *604.*
Palinure. *230.*
Palmer, Jeremy. *235.*
Palmier, J.-M. *602.*
Pandolfi, Vito. *200.*
Paniker, Salvador. *604.*
Papone, A. *400.*

Parain-Vial, Jeanne. *407, 411, 412.*
Parain, Brice. *502.*
Pareyson, L. *403.*
Parinaud, André. *502.*
Paris, André. *208, 213.*
Paris, Jean. *502.*
Parisot, Paul. *502.*
Parisse, Jacques. *304.*
Parker, Emmett. *602.*
Parquin, Jean. *225.*
Parrish, Philip. *104.*
Parrot, Louis. *110.*
Parsons, H.L. *206.*
Pascal. *602.*
Pascal, Jérôme. *231.*
Pasqueteau, François & Arno Munster. *411.*
Passmore, John A. *400.*
Pastore, Annibale. *402.*
Patocka, J. *401.*
Patri, Aimé. *222, 301, 304, 401, 402, 403, 412, 501, 603, 604.*
Patte, Daniel. *400.*
Patte, John. *601.*
Patterson, Yolanda. *600.*
Paulhan, Jean. *300, 301.*
Paulus, Claude. *209.*
Pautasso, S. *602.*
Pauwels, Louis. *502.*
Payot, Ludovic. *504.*
Peacock, Ronald. *203.*
Pederson, Olaf. *400.*
Peel, Robert. *408.*
Peillard, Léonce. *602, 604.*
Péjovic, Danilo. *601.*
Péju, Marcel. *224, 500, 502.*
Pelayo, Donato. *504.*
Pellegrin, Jean. *105.*
Pellegrini, Alessandro. *601.*
Pelorson, Georges. *208.*
Peloux, Jean. *207.*
Peluso, Giacinto. *604.*
Peman, José María. *208.*
Peñalver Simo, Patricio. *401.*
Peñalver, Juan. *201.*
Penent, Jacques-Arnaud. *502.*
Perche, L. *503.*
Pérez Candamil, D. *401.*

Pérez Minik, Domingo. *201.*
Pérez-Senac, Ramón. *101, 402.*
Perier-Daville, Denis. *502.*
Perilleux, G. *601.*
Perkins, Robert L. *401, 503.*
Perraud, François. *201.*
Perrin, Michel. *236.*
Perros, Georges. *604.*
Perroud, Robert. *100, 500, 502, 601.*
Pervin, Lawrence A. *401.*
Pesch, Edgar. *400.*
Pessis, B. *402.*
Peters, Renate. *100.*
Petersen, F. *604.*
Peterson, Virgilia. *110.*
Petit, L. *216.*
Pètrement, Simone. *401.*
Petruzzellis, Nicola. *401, 411, 603.*
Petter, D.M. de. *406.*
Pettit, Philip. *401.*
Peuchmaurd, J. *307.*
Peyre, Henri. *100, 101, 108, 110, 225, 501, 600, 601, 603.*
Peyret, Jean-François. *310.*
Pfeil, Hans. *401.*
Pfister, Thierry. *502.*
Pharazyn, André. *502.*
Phelan, Kappo. *205, 208, 210, 213.*
Philip, André. *502.*
Phillips, E.M. *107.*
Phillips, R.P. *410.*
Phillips, William. *503.*
Piancella, Cesare. *401.*
Piatier, Jacqueline. *504, 603.*
Picado Sotela, S. *401.*
Picard, Gabriel. *407.*
Picard, Raymond. *108.*
Picchi, Mario. *603.*
Picon, Gaétan. *108, 304, 600, 602, 603.*
Pieper, J. *401.*
Pierce, Roy. *400, 411.*
Pierre, André. *201.*
Piersanti, U. *411.*
Pignagnoli, Sante. *406.*
Pignarre, R. *310.*
Piguet, Jean-Claude. *412.*
Pilkington, A.E. *401.*

Piñera Llera, Humberto. *401.*
Pingaud, Bernard. *208, 219, 239, 301, 401, 503, 602, 604.*
Pinto, Alfonso. *216.*
Pinto, Eveline. *308.*
Pintos, J.-L. *400.*
Pioch, Georges. *210, 213.*
Piorkowski, Henry. *401.*
Pippitt, Aileen. *307.*
Pires, Celestino. *401.*
Pirlot, Jules. *401.*
Piron, Daniel. *505.*
Pivot, Bernard. *201, 301, 309, 504, 602.*
Plank, William Gene. *100.*
Plantinga, Alvin. *401.*
Plessen, J. *400.*
Plessen, Jacques. *604.*
Pleydell-Pearce, A.G. *401.*
Pleynet, Marcelin. *601.*
Plinval, Georges de. *402.*
Plumyène, Jean & R. Lasierra. *500.*
Podhoretz, Norman. *307.*
Podleck, A. *400.*
Pohl, Gerhart. *105.*
Poirot-Delpech, Bertrand. *205, 208, 213, 222, 225, 231, 237, 502, 601.*
Polack, Frederick L. *400.*
Pole, David. *401.*
Polin, Raymond. *401.*
Pollmann, Leo. *100.*
Pomerait, André de. *208, 210.*
Pompeo Farakovi, Ornella. *501.*
Pons, Christian. *201.*
Pontalis, J.-B. *210, 402, 604.*
Poole, Roger C. *401.*
Poore, Charles. *503.*
Popkin, Henry. *237.*
Porcarelli, Vanio. *401.*
Porchi, Gabriele. *403.*
Portal, Georges. *225, 237, 604.*
Porter, Dennis. *105.*
Portilla, Jorge. *105.*
Pos, H.J. *402.*
Potoacki, Charles. *401.*
Potter, Stephen. *208.*
Pouillon, Jean. *100, 209, 402, 404, 411.*
Poulantzas, Nicos. *411.*
Poulet, Georges. *105.*
Poulet, Robert. *504.*
Powell, Elton George. *108.*
Praag, Siegfried E. van. *604.*
Prasteau, J. *204, 602.*
Prenter, R. *401.*
Prentice, R.P. *407, 603.*
Prescott, Orville. *603.*
Presseault, Jacques. *400, 401.*
Preston Cole, J. *401.*
Prince, Gerald. *100, 101.*
Priouret, Roger. *502.*
Pritchett, V.S. *104, 107, 301.*
Proto, M. *502.*
Pruche, Benoît. *400.*
Prunair, Jacques. *700.*
Pucciani, Oreste F. *206, 235, 237, 301, 602.*
Pucciani, Oreste F. (ed.). *217.*
Pugh, G.T. & B.H. Carroll, Jr. *104, 225.*
Purnal, Roland. *205, 208.*
Py, Albert. *102.*

Q

Quenzer, Wilhelm. *408.*
Querido, R.M. *402.*
Quesada, Francisco Miró. *401.*
Queval, Jean. *216.*
Quiles, Ismael. *400.*
Quinn, Bernard J. *201, 202, 600.*
Quinto, José María de. *208, 213.*

R

R., J.-F. *205, 301.*
R.J.B. *412.*
R.L.H. *301.*
Rabi. *201, 501.*
Rabil, Albert. *400.*
Radford, Jocelyn. *604.*
Rahv, Betty T. *100.*
Raillard, Georges. *105, 503, 602, 603.*
Raine, Kathleen. *208.*
Raines, Charles A. *401.*
Rainho, A.A. Leite. *400.*
Rainoird, Manuel. *604.*
Ramier, Jean. *225.*

Ramona Rey, María. *223.*
Ramos, O.G. *401.*
Ramsey, P. *400.*
Rankin, K.W. *401.*
Ransan, André. *205, 225.*
Raphael, David D. *200.*
Rapin, Maurice. *205.*
Rastier, Jacques. *210, 213.*
Ratte, John. *604.*
Rau, Catherine. *301, 401.*
Rauch, Leo. *400, 401.*
Rave, D. *400.*
Ravon, Georges. *228.*
Ray, F.L. *200.*
Rayford, Julian Lee. *301.*
Raymond, John. *110, 201.*
Read, Herbert. *301, 304, 400, 600.*
Rebatet, Lucien. *504.*
Rebora, Roberto. *604.*
Reboul, Gabriel M. *402.*
Reboul, Olivier. *400.*
Reck, Rima Drell. *100, 602.*
Redeker, Hans. *400.*
Redfern, W.D. *108, 600.*
Reding, Marcel. *400.*
Redon, J. *309.*
Rees, D.A. *401.*
Reggiani, Serge. *236.*
Reinhardt, Kurt F. *402, 408.*
Reiss, T.J. *201.*
Renaitour, Jean-Michel. *208.*
Renaud, Armand. *401.*
Rétif, André. *603.*
Revel, Jean-François. *310, 400, 401, 404, 412.*
Rey, Étienne. *208.*
Reyes, Salvador. *110.*
Reynaud, Jean-Daniel. *411.*
Rhoades, Donald H. *402.*
Ricardou, Jean. *300.*
Rice, Philip Blair. *402.*
Richard, J.-P. *412.*
Richards, Lewis A. *100.*
Richardson, Maurice. *208.*
Richter, Liselotte. *400, 402.*
Rickman, H.P. *203.*
Ricks, Christopher. *307.*
Rico, L.A. *100.*

Ricoeur, Paul. *223, 404.*
Ricou, Georges. *205, 208.*
Rideau, Émile (S.J.). *400, 401.*
Ridge, George R. *201, 223.*
Riefstahl, Hermann. *407, 411, 502.*
Riese, Laura. *219, 603.*
Rigsby, G.U. *600.*
Rilliet, Jean. *501.*
Rindauer, Gerhart. *201.*
Rinieri, Jean-Jacques. *210, 219, 402.*
Rintelen, Fritz-Joachim von. *400, 402.*
Rioux, Lucien. *602.*
Risi, N. *603.*
Ritchie, A.M. *406.*
Ritsch, Frederick. *500.*
Ritzen, Quentin. *504, 603.*
Riu, Federico. *237, 401.*
Rivera de Ventosa, F. *218, 412.*
Rives, Jacques. *216.*
Rivière, Claude. *602.*
Rivollet, André. *228.*
Rivoyre, Christine de. *219, 224.*
Ro., J. *208.*
Robbe-Grillet, Alain. *100, 105.*
Robert, G. *604.*
Robert, Jacques. *227, 600.*
Robert, Jean-Dominique. *401, 402.*
Robert, Laszlo. *602.*
Robert, Marthe. *310.*
Roberts, David E. *401, 407.*
Roberts, Peter. *237.*
Robichon, Jacques. *101, 225, 602.*
Robin, Armand. *107.*
Robinet, André. *401.*
Robson, W.W. *602.*
Rocquet, Claude-Henri. *201.*
Roditi, Édouard. *304.*
Rodríguez Bustamente, Norberto *301.*
Rodríguez-Alcalá, Hugo. *401.*
Roedig, Charles F. *208.*
Roenet, Louis. *402.*
Roger, J. *600.*
Roig, Rosendo. *310.*
Roinet, Louis. *402.*
Rolland, J.-F. *230, 231.*
Rollin, Jean. *604.*
Rolo, C.J. *110.*

Rom, Paul & Heinz L.Ansbacher. *102.*
Romano, B. *401.*
Romeyer, Blaise. *401.*
Romi, Yvette. *104, 239.*
Ronfani, Ugo. *310.*
Rony, Jean. *501.*
Roosli, Joseph. *402.*
Rosbo, Patrick Kerlero de. *225.*
Rose, H.H. *604.*
Rose, Marilyn G. *201.*
Rosenberg, Harold. *501, 603.*
Rosenberg, Merrill A. *201.*
Rosenfeld, Isaac. *104.*
Rosita. *225.*
Rosseels, Maria. *237.*
Rossi, Aldo. *404.*
Rossi, Lino. *300, 401.*
Rostand, Maurice. *205, 208.*
Rostenne, Paul. *401.*
Roubiczek, Paul. *402.*
Roud, Richard. *201.*
Roudiez, Leon S. *307, 602.*
Rougemont, Denis de. *502.*
Roulet, Lionel de. *205.*
Roullet, Serge. *103.*
Roure, Rémy. *202, 502.*
Rousseau, R. *218.*
Rousseaux, André. *110, 300, 301, 304, 401, 502, 602.*
Roussel, Jean. *604.*
Roussel, Stéphane. *502.*
Rousselot, Jean. *301.*
Rousset, David. *502.*
Routier, Marcelle. *602.*
Roux, François de. *204, 219.*
Rovatti, A. P. *400.*
Rowland, John. *402.*
Roy, Claude. *237, 240, 301, 310, 502, 503, 504, 601, 602.*
Royce, Barbara C. *305.*
Royle, Peter. *101, 203, 604.*
Roza, Robert. *604.*
Rozin, N.W. *401.*
Rubinstein, L.H. *203.*
Rudnitzkii, K. *201.*
Rudorff, Raymond. *600.*
Rühle, J. *500.*

Ruig, Felix. *401.*
Ruig, M.R. *412.*
Russell, John. *109, 205, 208, 225.*
Rütsch, Julius. *101.*
Rutten, Willy. *235, 401.*
Ruyer, Raymond. *405, 411.*
Ruytinx, Jacques. *402.*
Rybalka, Michel. *201, 303, 308, 401, 602.*
Rycroft, Charles. *603.*

S

S., C.-W. *210.*
S., G. *208.*
S., R. de. *205.*
Sábato, Ernesto. *100, 101.*
Sabetti, A. *411.*
Sabran, Beatrice. *231, 237.*
Sadoul, Georges. *213, 216, 604.*
Saget, Justin. *301, 304, 604.*
Sahu, Sreenivassa. *401.*
Saillet, Maurice (ed.). *600.*
Saint Phalle, Thérèse de. *236, 602.*
Saint-Pierre, Michel de. *213, 214, 219.*
Saint-Robert, Philippe de. *502.*
Sainz Mazpule, Jesús. *401.*
Saisselin, Rémy G. *105, 604.*
Sakari, A. *211.*
Saksena, Nita. *603.*
Salel, Jean-Claude. *211, 304.*
Salgues, Yves. *602.*
Salinas, Laurent Marcel. *401, 405.*
Salmona, Bruno. *201.*
Salvan, Albert J. *604.*
Salvan, Jacques L. *400, 401, 407.*
Salvatore, Antonio. *101.*
Samson, J.P. *402.*
Sanabria, José Rubén. *401.*
Sanavio, Piero. *602.*
Sanborn, Patricia F. *400.*
Sánchez Villaseñor, José. *400.*
Sandberg, Henri. *602.*
Sandier, Gilles. *200, 201, 225, 237.*
Santelli, César. *603.*
Santerre, F. de. *224, 239.*
Santoni, Ronald E. *201, 401, 407, 601.*
Santucci, A. *400.*

Sanvic, Romain. *208.*
Sanvoisin, Gaétan. *224.*
Saporta, Marcel. *502.*
Saraiva, María Manuela. *504.*
Sargent, L.T. *409.*
Saro. *401.*
Sarocchi, Jean. *203, 235.*
Sarraute, Claude. *236.*
Sarrochi, Jean. *203.*
Sartre, J.-P. *200, 205.*
Sartre, J.-P., et al. *201, 400, 502, 602.*
Sattler, Jerome M. *401.*
Saurel, Renée. *205, 208, 227.*
Sauriat, André. *604.*
Sauvage, Léo. *219, 236, 502.*
Savabria, José Rubén. See under Sanabria.
Savage, Catherine. *108.*
Savage, D.S. *301.*
Savary, Léon. *225, 228.*
Savater, Fernando. *401.*
Savonuzzi, Claudio. *602.*
Scanlon, John D. *405.*
Scarpelli, Umberto. *400.*
Schacht, Richard. *400.*
Schaeffer, Marlyse. *236.*
Schaepman, P.M. *400.*
Schaff, Adam. *400, 401, 403, 502.*
Schaldebrand, Mary Aloysius. *400, 401.*
Schamhardt, F. *208.*
Schaper, Eva. *401.*
Schauder, Karlheinz. *222.*
Schier, Donald. *603.*
Schiff, Paul. *405.*
Schifres, Alain. *600.*
Schittecatte, Philippe. *502.*
Schiwy, Günther. *404.*
Schlisske, Günther. *400.*
Schlocker, Georges. *201, 310.*
Schlötke-Schröer, Christa. *101.*
Schlumberger, Jean. *502.*
Schmauch, J. *203.*
Schmidt, Albert-Marie. *231.*
Schmidt, Paul F. *402.*
Schneemann, R.T. *405.*
Schneider, Friedrich. *400, 402.*
Schneider, Isidor. *219.*

Schneider, Pierre. *201.*
Schneider, Werner. *411.*
Schnir, M.-R. *204.*
Schnitzler, Henry. *201.*
Schogt, H.S. *604.*
Schoon, J. *502.*
Schrader, George A. *401.*
Schrag, Calvin O. *400, 401, 602.*
Schrumpf. *218.*
Schuetz, Alfred. *405.*
Schulze Vellinghausen, A. *200.*
Schumann, Carl. *237.*
Schwappach, G. *407.*
Schwarz, Theodor. *411.*
Schwarzer, Alice. *502.*
Schweitzer, Genevieve. *502.*
Sciacca, Michele Federico. *604.*
Scipion, Robert. *504.*
Scize, Pierre. *602.*
Scolari, B. *237.*
Scorer, M.P. *200.*
Scott, Nathan A., Jr. *400, 600.*
Scruggs, Charles E. *217.*
Scurani, A. *401.*
Séailles, André. *218.*
Sebastin. *201.*
Secret, Daniel. *237.*
Secretain, Philibert. *412.*
Sée, Edmond. *228, 231, 237.*
Seel, G. *411.*
Segher, Pierre. *301.*
Segond, J. *402.*
Segre, Umberto. *411.*
Seidlin, Oskar. *203.*
Seijas, Rodolfo. *600.*
Sellars, Roy W. *401, 410.*
Selle, Mgr.H. *400.*
Selz, Jean. *229, 231, 237.*
Semerari, G. *403.*
Sempé, J.C. *305.*
Senard, Jean. *401, 502.*
Sénart, Philippe. *219, 225, 601, 602, 603.*
Sennep. *212, 230, 236.*
Serant, Paul. *231, 412, 502, 504.*
Serge, Daniel. *603.*
Serrano-Plaja, Arturo. *105.*
Serrano, Eugenia. *604.*

Sertillanges, A.D. *604.*
Servent, Gaston. *216.*
Sève, Lucien. *400, 401, 411.*
Sévérac, Guy. *602.*
Seymour-Smith, Martin. *602.*
Shalom, A. *401.*
Shapiro, Stephen A. *603.*
Shattuck, Roger. *101.*
Shaw, Irwin. *213.*
Shearson, W.A. *400.*
Shefner, Helena. *100.*
Shepherd, Leslie A. *100.*
Sheridan, James F. *411.*
Shirai, K. *601.*
Sholokov, M. et al. *502.*
Shouery, Imad T. *400, 401.*
Shrivastava, S.N.L. *402.*
Siciliano, Italo. *600.*
Siegmund, Georg. *401.*
Siepmann, E.O. *201, 604.*
Siewert, Eva. *210.*
Sigaux, Gilbert. *301, 401.*
Sigüenza, P. José. *407.*
Silvain, Jean. *208.*
Simier, Pierre. *502.*
Simon, Alfred. *225, 237.*
Simon, Claude. *502.*
Simon, Gérard. *604.*
Simon, John K. *100, 101, 102, 307.*
Simon, Pierre-Henri. *101, 200, 223, 310, 401, 404, 500, 502, 504, 600, 602, 603.*
Sinari, Ramakant. *401.*
Singer, Daniel. *502.*
Singer, Irving. *301.*
Singerman, B. *200.*
Sion, Georges. *201, 209.*
Skjervheim, Hans. *400.*
Skloot, Robert. *200.*
Skvor, Georges. *502.*
Sliney, D. *604.*
Slochower, Harry. *203.*
Slonim, Marc. *106, 501.*
Slonims, Thelma. *602.*
Smit, Gabriel. *237.*
Smith, Colin. *400, 401.*
Smith, H.A. *201.*
Smith, Horatio (ed.). *602.*

Smith, Madeleine. *102.*
Smith, Stevie. *501.*
Smith, Vincent E. *400, 402.*
Snow, C.P. *110.*
Sokel, Walter. *401.*
Söll, L. *603.*
Sollers, Philippe. *404.*
Solomon, Robert C. *400.*
Solomon, Robert C. (ed.). *400.*
Solotaroff, Theodore. *401, 503.*
Soloveva, I. *603.*
Somers, P.P. *105.*
Sonnemann, Ulrich. *400.*
Sontag, Susan. *307.*
Soper, William W. *400.*
Sorel, Jean-Jacques. *502.*
Sorensen, Ernst. *402.*
Soriano, Francesco. *219.*
Sotelo, Ignacio. *403, 411, 604.*
Souchet, Claude-Roland. *310, 503.*
Soukhomline, V. *501.*
Soupiron, Paul. *236.*
Souris, André. *604.*
Soustelle, Jacques. *604.*
Souviron, J.M. *600.*
Sowder, William. *301.*
Spaak, Claude. *402.*
Spadaro, Giuseppe Ottavio. *604.*
Spanggaard, Kristen D. *402.*
Speaight, Robert. *201, 225.*
Spender, Stephen. *110, 301, 604.*
Spiegelberg, Herbert. *402, 407.*
Spiess, Emil. *402.*
Spiraux, Alain. *212.*
Spivack, Charlotte. *201.*
Spoerri, Theophil. *203, 400, 604.*
Squadrilli, Rosa Alba. *604.*
Srinivasa Murthy, C.V. *402.*
Srinivasan, G. *401.*
St. Aubyn, F.C. *305, 407.*
St. Aubyn, F.C. & R.G. Marshall (eds). *203.*
Stabryla, Stanislaw. *203.*
Stack, George J. *411.*
Stafford, J. *603.*
Stamm, Rudolf. *203.*
Stamps, A. *401.*
Steel, A.J. *602.*

Stefani, Mario. *400.*
Stefanini, Luigi. *400, 402.*
Steffen, Günther. *407, 502.*
Stein, Elliott. *201.*
Steinecke, Alan Quentin. *108.*
Steinhoff, Peter A. *409.*
Stengele, Roger. *234.*
Stenström, Thure. *200, 203, 603.*
Stéphane, Roger. *307.*
Stern, Alfred. *201, 400, 401, 402.*
Stern, Günther. *405.*
Stern, Karl. *600.*
Sternberg, Jacques. *104.*
Stevens, Linton C. *301.*
Stewart, Harry E. *604.*
Stockum, Th. C. van. *203.*
Stockwell, H.C.R. *101, 407.*
Stokes, Sewell. *208.*
Stolowicki, Christophe. *602.*
Stoltzfus, Ben F. *100, 101.*
Straelen, Van H. *400.*
Strapontin. *212.*
Strasser, Stephan. *401.*
Stratford, Philip. *201.*
Straub, Frédérique. *205.*
Streller, Justus. *400.*
Strickland, Geoffrey. *601, 604.*
Stringlhamber, P. Louis. *105.*
Strobl, W. *401.*
Stromberg, Kjell. *504.*
Strozier, W.A. *201.*
Struyker Boudier, C.E.M. *400.*
Stumpf, Samuel E. *400.*
Stur, E.J. *400.*
Sturani, Enrico. *219.*
Styan, J.L. *200, 204, 217.*
Subercaseaux S., Bernardo. *301.*
Suckling, Norman. *602.*
Suderow, Edwin W. *603.*
Sueur, Georges. *205.*
Suffert, Georges. *502.*
Suhl, Benjamin. *300.*
Sultan, Ather. *401.*
Sulzer, Elisabeth. *600.*
Sungolowsky, Joseph. *501.*
Suppo, Angela. *401.*
Surer, Paul. *200, 201.*
Susini, Germaine. *208.*

Sutherland, Donald. *101.*
Sutton, Nina. *602.*
Suzuki, Michihiko, et al. *700.*
Sweeney, Leo. *401.*
Sylvain. *604.*
Sylvain, Patrice. *213, 224.*
Sypher, Wylie. *600.*
Szogyi, Alex. *201, 307.*
Szondi, Peter. *200.*
Szulc, Tad. *501.*

T

T. *231, 237.*
T., A. *104.*
T., L. *210.*
Tabouis, Geneviève. *502.*
Talbot, Serge. *604.*
Talmey, Allene. *201.*
Tanneguy de Quenetain. *604.*
Tanoux, Jean. *204.*
Tans, J. *604.*
Taper, Bernard. *201.*
Tardieu, Jean. *208.*
Tassing, Einar. *604.*
Taubman, Robert. *107.*
Tauxe, Henri-Charles. *206, 401, 502, 503, 504, 505, 604.*
Tavernier, René. *604.*
Taylor, Hawley Conover. *100.*
Taylor, Hélène Scherff. *410.*
Taylor, John R. *208.*
Taylor, Robert E. *101.*
Tembeck, Robert. *235.*
Terduyn, Eric. *604.*
Terrex, Jean-Luc. *231.*
Tessier, Carmen. *212, 227, 602.*
Texcier, Jean. *402.*
Thalberg, Irving. *401.*
Theisen, J. *400.*
Theobald, David W. *401.*
Théolleyre, Jean-Marc. *502.*
Thériot, Jacques. *604.*
Thérive, André. *104, 107, 603.*
Thespis. *237.*
Theunissen, Michael. *400.*
Thévenaz, Pierre. *225, 400.*
Thibaudeau, Jean. *310.*
Thiébaut, Marcel. *110, 201, 219, 231.*

Thieberger, Richard. *602.*
Thody, Philip (ed). *235.*
Thody, Philip. *100, 101, 301, 305, 401, 501, 600, 603.*
Thomas, Charles. *501.*
Thomas, Henri. *110.*
Thomas, J.H. *401.*
Thomas, Peter H. *601.*
Thompson, Lawrence. *301.*
Thompson, Willie. *412.*
Thomson, J.S. *401.*
Thonnard, F.J. *401.*
Thoorens, Léon. *402, 604.*
Thorel, Paul. *602.*
Thum, B. *402.*
Thyssen, Johannes. *400, 401, 402.*
Tibaldi, Giancarlo. *404.*
Tibbetts, Paul. *401.*
Tiempo, César. *603.*
Tijeras, Eduardo. *502.*
Tillard, Paul. *502.*
Tillich, Paul. *400.*
Tillier, Maurice. *104, 502.*
Tindemans, C. *201.*
Tint, Herbert. *412.*
Tiryakian, Edward A. *400.*
Tison-Braun, Micheline. *100, 600.*
Tober, J. *206.*
Todd, Olivier. *237, 410, 501.*
Tollenaere, M. de. *401.*
Ton, Delfeil de. *602.*
Topitsch, Ernst. *402.*
Tordai, Zador. *403, 407.*
Torre, Guillermo de. *101, 600.*
Torrevejano, Mercedes. *501.*
Tortel, Jean. *301.*
Toscano, G. *401.*
Touchard, J., R. Girardet & R. Remond. *500.*
Touchard, Pierre-Aimé. *208, 210, 213, 237.*
Tournier, Michel. *408.*
Towarnicki, Frédéric & Aline Elmayan. *200.*
Toynbee, Philip. *107, 225, 603.*
Tramer, Friedrich. *402.*
Tran-duc-Thao. *403.*
Travers, P.L. *201, 219.*

Treich, Leon. *219.*
Tremblay, N.J. *304.*
Treves, Renato. *103.*
Trewin, J.C. *237, 240.*
Trieux, Jean. *101.*
Trilling, Diana. *110.*
Triolet, Elsa. *225, 228.*
Tristan, Raymond. *604.*
Trocchi, Alexander. *602.*
Troisfontaines, Roger. *402, 407.*
Trooz, Charles de. *200, 223.*
Trotignon, Pierre. *401.*
Troyat, Henri. *208.*
Truc, Gonzague. *400, 502, 503, 604.*
Truchet, Jacques. *206.*
Truffaut, François. *208.*
Tucker, W. *501.*
Tufte, Leif. *310.*
Tulloch, Doreen M. *402.*
Turienzo, S.A. *401.*
Turnell, Martin. *302, 307.*
Tymieniecka, Anna-Teresa. *400.*
Tynan, Kenneth. *236.*

U

Ubelhor, M. *402.*
Ubersfeld, Annie. *226.*
Ullán, José-Miguel. *503.*
Ullmann, Stephen. *100, 101, 108.*
Ulrich, Ursula O. *232.*
Unger, Eric. *407.*
Untermeyer, Louis. *600.*
Upchurch, Norma. *200.*
Uranga, Emilio. *401.*
Urmeneta, Fermín de. *401.*
Urmson, J.O. *401.*
Ussher, Arland. *400, 402.*

V

V.-H., D. *230.*
V., C. *237.*
V., G. *412.*
V., J.-P. *215.*
Vaccari, G. *400.*
Vaes, Guy. *310.*
Vague, Jean. *208.*
Vahanian, Gabriel. *402.*
Vailland, Roger. *402.*

Valensi, Raphael. *230.*
Valenti, C. *411.*
Valentini, Francesco. *403.*
Vallone, Aldo. *604.*
Valogne, Catherine. *207, 224.*
Van de Houwven, J. *407.*
Van de Pitte, M.M. *401.*
Van den Esch, J. *402.*
Van Geelen, J. *201.*
Van Laere, Francis. *203.*
Van Marter, Leslie Edward. *401.*
Van Overbeke, P.M. *400, 411.*
Van Raalte, L. *604.*
Vancourt, R. *400.*
Vandiest, J. *402.*
Vandromme, Pol. *310.*
Vanni-Rovighi, Sofia. *402, 407.*
Varaigne, Roland. *502.*
Varenne, Françoise. *221.*
Varenne, Roger. *225.*
Varet, Gilbert. *407, 700.*
Varin, René. *100.*
Varlin, Catherine & René Guyonnet (eds). *500.*
Varloot, Jean. *210.*
Vasa, H. *410.*
Vasoli, C. *403.*
Vassilieff, Elizabeth. *405.*
Vedaldi, Armando. *400.*
Veloso, A. *604.*
Vendôme, André. *301, 304.*
Ventadour, Fanny. *604.*
Ventosa, P. *412.*
Ventosa Palanca, S. *200.*
Verdot, Guy. *204, 205, 222, 224, 225, 231.*
Verga, Leonardo. *603.*
Verhoeff, Johan Peter. *200, 235.*
Vermorel, Jean. *504.*
Verneaux, R. *105, 401, 402, 407.*
Vernet, Daniel. *502.*
Verney, Alain. *207.*
Veronesi, G. *227.*
Verret, Michel. *501.*
Versini, Georges. *231, 237.*
Verstraeten, Pierre. *200, 201, 301, 401, 404.*
Verstraeten, Robert. *504, 603.*

Vervin, Claire. *602.*
Vestre, Bernt. *400, 600.*
Vettard, Camille. *600.*
Vial, Fernand. *101, 201, 235, 409, 410.*
Vian, Boris. *601, 602.*
Viard, Jacques. *604.*
Viatte, Auguste. *101, 301, 602, 603.*
Vieira, R.A. *600.*
Vier, Jacques. *223, 225, 602, 603.*
Vietta, Egon. *203, 205, 400, 402.*
Vigevani, Roberto. *305.*
Vigier, Jean-Pierre. *502.*
Vigneron, Jean. *222, 225, 231, 237.*
Vigorelli, Giancarlo. *604.*
Vilar, Jean. *201.*
Villefosse, Louise de. *502.*
Villelaur, A. *603.*
Villeneuve-Trans, R. de. *600.*
Villeneuve, Suzanne, et al. *603.*
Vincent, Gérard. *208.*
Vingan, Antoine. *401.*
Vinkenoog, Simon. *604.*
Vinneuil, François. *208.*
Virasoro, Miguel Angel. *401.*
Virasoro, Rafael. *400.*
Vircillo, Domenico. *401.*
Virieux-Reymond, A. *401.*
Virtanen, Reino. *102.*
Visentin, Giovanni. *201.*
Vita, L.W. *406.*
Viterbo, Raoul. *215.*
Vivaldi, C. *604.*
Vivet, J.-P. *218.*
Vloemans, Antoon. *101, 401.*
Vogel, Heinrich. *203.*
Vogt, K.P. *401.*
Volkaert, Walter. *604.*
Volmane, Vera. *104.*
Voss-Bark, Conrad. *201.*
Vossen, Frantz. *236.*
Votaw, A. *201.*
Vowles, Richard B. *201.*
Voyeur. *216.*
Vuillemin, Jules. *401.*

W

W. *401.*

W., A. *218.*
W., J. *208, 213.*
Waelhens, Alphonse de. *101, 401, 402, 407, 411.*
Wahl, François. *503.*
Wahl, Jean. *105, 400, 401, 402, 407.*
Walker Linares, Francisco. *201.*
Walker, Leslie J. *105.*
Walker, Roy. *225.*
Wall, Bernard. *502.*
Waller, Robert. *402.*
Walsh, J. *504.*
Walsh, Moira. *234.*
Walther, E. & Max Bense. *305.*
Waltz, Matthias. *602.*
Wang, Joan Parsons. *100.*
Wardman, H.W. *108, 201.*
Warnier, R. *604.*
Warnock, Mary. *301, 400, 401, 402, 412.*
Warnod, André. *208, 210.*
Wasintynski, Jeremi. *206.*
Watson, Graeme. *105.*
Wavre, Rolin. *600.*
Wax, Emmanuel. *201.*
Wayens, Albert. *604.*
Weales, Gerald. *225, 237.*
Weber, Carl August. *203, 402.*
Weber, Eugène. *234.*
Weber, Hildegard. *201.*
Weber, Jean-Paul. *602.*
Weber, Werner. *603.*
Weghe, Jan van den. *401.*
Weidner, Walther. *201.*
Weigert, E. *401.*
Weightman, John. *100, 110, 304, 307, 310, 503, 602, 603.*
Weil, Eric. *402.*
Weimar, Karl S. *206.*
Wein, Hermann. *401, 411.*
Weiner, Judith. *222.*
Weinert, Hermann Karl. *602.*
Weinrich, Harald. *404.*
Weisberg, Harold. *408.*
Weischedel, Wilhelm. *401.*
Weisert, John J. *203.*
Weizsäcker, Victor von. *407.*
Wellek, René. *301.*

Welsbacher, Richard C. *200.*
Werner, Charles. *401.*
Werner, Eric. *411, 500, 503.*
Werrie, Paul. *201.*
Werth, Alexander. *502.*
West, Anthony. *237.*
West, Paul. *100, 206, 600, 604.*
Weyergans, Franz. *600.*
Whartenby, H. Allen. *602.*
Whitaker, Marie. *302.*
White, Jack Palmer. *225.*
Whiting, Charles G. *301.*
Whittemore, Robert C. *401.*
Whittington-Egan, R. *503.*
Widmer, Kingsley. *604.*
Wieczynski, Joseph. *401.*
Wieland, J.H. *401.*
Wiemken, H. *201.*
Wilbur, Richard. *237.*
Wild, John D. *400, 401, 402, 408.*
Wilde, Jean T. & William Kimmel (eds). *400.*
Wildenhof, U. *401.*
Wilder, Amos N. *604.*
Will, Frederic. *100, 101.*
Willi, Victor. *402.*
Williams, A. *205.*
Williams, Bernard. *406.*
Williams, D.D. *406.*
Williams, J.S. *235.*
Williams, Raymond. *200, 201, 401, 602.*
Willingham, John R. *301.*
Wilson, Clothilde. *105, 603.*
Wilson, Colin. *105, 301, 400.*
Wilson, Edmund. *100, 101, 110, 304.*
Wind, Edgar. *402.*
Winn, Ralph B. *402.*
Winner, Percy. *225, 502, 602.*
Winthrop, Henry. *401.*
Wiriath, Marcel. *600.*
Wisdavet, Wit. *400.*
Wissant, André de. *301.*
Wisser, Richard. *223.*
Witt, Mary Ann. *235.*
Woelffel, J. *402.*
Wolff, E.-M. *405.*
Wolff, Edgar. *401.*

Wolff, Egon. *502.*
Wolff, Walter. *225.*
Wollheim, Richard. *304, 501.*
Wolman, Benjamin B. (ed.). *400.*
Wolter, A.B. *400.*
Woodcock, George. *603.*
Woodle, Gary. *500.*
Worsley, T.C. *201, 205, 208, 219, 231.*
Wreszin, Michael. *201.*
Wright, Richard. *211.*
Wurmser, André. *109, 230.*
Wurtenberg, G. *401.*
Wurtenberg, Gustav. *201.*
Wyatt, Euphemia. *208, 213, 219.*
Wyschogrod, Michael. *401.*

Y

Y. *218.*
Yacine, Kateb. *604.*
Yanitelli, Victor R. *110, 307, 503, 603, 700.*
Yefime. *110.*
Yolton, John W. *407.*
Yon, André F. *300.*
Young, S. *208.*
Ysmal, Pierre. *505.*

Z

Zand, Nicole. *103.*
Zaner, Richard M. *400.*
Zants, Emily. *101.*
Zaslavski, D. *402.*
Zbinden, Louis-Albert. *412.*
Zdarzil. Herbert. *401.*
Zeegers, V. *402.*
Zehm, Günter A. *200, 217, 500.*
Zeltner-Neukomm, Gerda. *100.*
Zeltner, Gerda. *214.*
Zéraffa, Michel. *100, 101, 237, 604.*
Ziegler, Gilette. *603.*
Ziegler, Jean. *404, 502.*
Zimmerman, Eugenia N. *105, 400, 603.*
Zimmermann, H.-J. *213.*
Zimmerningkat, Martin. *105.*
Zivanovic, Judith K. *200, 201.*
Zuidema, Syste Ulbe. *400, 600.*
Zweig, Paul. *602*

This publication was produced on an IBM 360 model 67 computer using a phototypesetting program developed by Computing Services and printed by Printing Services of The University of Alberta.
The typeface is Times Roman, 10 on 12 point.

3-9-76